"卓越法律人才培养计划"系列教材

商法学

BUSINESS LAW

王旭霞　主编

法律出版社
LAW PRESS · CHINA

总　序

梁亚民*

自改革开放以来，法学俨然成为一门显学，其表征是蔚为大观的法学教育规模。然而，我国的法学院校非但不能"盛产"总统，而且法学专业的就业率连创新低。这种尴尬的状况，诚如英国文学巨匠查尔斯·狄更斯在《双城记》开篇所言："这是最好的时代，这是最坏的时代。"于是，法学教育到了非改革不可的时候了！

2011年，教育部、中央政法委联合启动了卓越法律人才教育培养计划。无疑，这一计划将拉开法学教育改革的帷幕，甚至有观点认为这是法学教育领域的重新洗牌。无论如何估量这项改革的意义，当务之急应是准确把握"卓越"的内涵。如果不能勾勒出卓越法律人才的肖像，或许我们的所有努力都将成为无的之矢。法学教育与司法实践严重脱节，这已是不争的事实。但绝不能认为在原有的培养方案中简单增加实务类课程就能实现"卓越"的目标。事实上，大学的法学教育过去不是，今后也不会是仅仅培养法官、检察官和律师的，所以，要始终将法律素养包括法律知识、技能、思维方法以及公平正义理念、法律信仰等的培养作为核心任务。

甘肃政法学院有幸成为全国首批12个西部基层法律人才教育培养基地之一。这得益于我校多年来坚持以区域经济社会发展与法治建设为导向，围绕"法学创品牌，公安学办特色，法商结合，多学科协调发展"的学科专业建设基本思路所作的实践和探索。"十一五"以来，我校法学专业先后获批教育部、财政部特色专业建设点，入选教育部、财政部"法学应用性人才培养模式创新实验区"项目、教育部大学生校外实践教育基地项目以及教育部首批专业综合改革试点专业，建成省级精品课程7门。由于偏居西北一隅，赖以发展的基础薄弱，学校笨鸟先飞，就实施卓越计划展开了理论层面的研讨和设计。我们的宗旨是做好做足西部文章和特色文

---

* 甘肃政法学院校长、教授。

章，以卓越计划为引擎，稳步推进法学专业综合改革，通过学校和实务部门的全方位合作谱写法律人才培养新的篇章。就卓越法律人才应当具备的素质，我们初步达成了共识，形成了自己的标准：通专兼备、知行合一、道术并重。我们坚信，既熟悉法律的技巧和技能，脚踏实地、解决问题，又仰望星空、敬畏法律，有人文关怀和强烈的正义感和使命感的法律人才，才是我们今天和今后需要的法律精英。

基于上述认识，甘肃政法学院决定立项建设一套立足中国特色社会主义法治建设实践，服务西部基层法律人才培养、适合西部经济社会发展需求、理论与实际紧密结合的系列教材。这套由我校优秀中青年骨干教师编写、法律出版社出版的法学系列教材注重学思结合，知行统一，因材施教。教材编写目的是为强化学生的法律职业伦理观念和学生的法律实务技能培养，提高学生运用法学与其他学科知识方法解决实际法律问题的能力，促进法学教育与法律职业的深度衔接，以适应西部跨越式发展和长治久安的需要，结合政法人才培养体制改革，面向西部基层，辐射全国，培养一批具有较强实践能力，能够以我国的社会主义现代化法制建设为己任的法律人才。此外，教材的体例设计在注重理论量化分析及司法考试有效信息呈现的基础上将强化信息技术应用，全面配备多媒体教学课件，以此提高教师应用信息技术水平，更新教学观念，改进教学方法，提高教学效果。鼓励学生利用信息手段主动学习、自主学习，增强运用信息技术分析解决问题的能力。

诗云："菁菁者莪，乐育材也，君子能长育人材，则天下喜乐之矣！"目前我国正朝着法治国家的目标迈进，其间最需要的就是既像法律人一样思考更像法律人一样行动的卓越法律人才。这是法学院校义不容辞的责任，而通往"卓越"的路就在脚下。

是为序。

2013 年 8 月

目　录

第一编　商法总论

---

〔1〕 范健主编:《商法》(第4版),高等教育出版社、北京大学出版社2010年版,第61～63页。

第二编　个人独资企业法与合伙企业法

第三编　公　司　法

第四编 企业破产法

第五编 证 券 法

第六编　票　据　法

第七编　保　险　法

第一编　商法总论

第一章 商法导论

◇ 知识结构图

- 商法导论
  - 商法的概念和特征
    - 商法的概念
    - 商法的调整对象
    - 商法的特征
  - 商法的体系和渊源
    - 商法的体系
    - 商法的渊源
  - 商法的产生与发展
    - 古代商法
    - 中世纪商法
    - 近现代商法
    - 中国商法的产生与发展
    - 现代商法的发展趋势
  - 商法与其他法律部门的关系
    - 商法的独立性
    - 商法与民法
    - 商法与经济法
    - 商法与行政法
  - 商法的基本原则
    - 商主体法定原则
    - 商主体维持原则
    - 保障交易便捷、迅速原则
    - 维护交易安全原则

◈ 本章导读

商法是调整商事关系的法律规范的总称，它主要包括商主体法和商行为法两大内容。与其他法律部门相比较，商法具有营利性、交融性、技术性、国际性、适应性等特点。近代商法肇始于中世纪的商人习惯法。商主体法定原则、商主体维持原则、保障交易便捷、迅速原则和维护交易安全原则是商法的基本原则。商法以商事关系作为其调整对象，以利益调节作为其独特的调节机制。在商法和民法的关系上，有“民商合一”和“民商分立”两种立法体例，在我国，一般将商法作为民法的特别法。商法与经济

法、行政法也有着密切的关系。

◉ 司考重点

熟悉商法的概念、调整对象及特征;掌握商法的基本原则,理解商法的地位,商法与民法的关系,商法与经济法的区别

第一节 商法的概念和特征

一、商法的概念

(一)商的含义

商法就其一般意义而言是关于"商"事和"商"人的法律。因此,欲研究商法的概念、规则和制度,必先研究"商"的内涵和外延。"商",在英语和法语中表述为"Commerce",在拉丁语中表述为"Commerium",日语为"商"。"商"是一个古老的用语,依不同社会条件和历史条件而有不同的内容。例如:早在中国的古代,人们就提出了"通财鬻货曰商"[1],"商其远近,度其有无,通四方之物,故谓商"[2],这种理解是将"商"视为买卖。我国古代这些对"商"的最初解释,反映了当时社会对"商"的朴素认识。随着人类社会经济和文化的演进、发展,人们对"商"有了新的认识和理解,在现代社会,"商"的概念已经逐渐发展成为社会学、经济学、法学等多学科、多层次的概念。

在一般意义上,"商"可理解为买卖。经济学上,"商"被理解为直接媒介财货交易的行为,系沟通生产与消费的中间环节,不过,法学上对商的界定,其侧重点并不在于从商的方式,即生产环节还是流通环节,而是看是否具有商的目的,即是否以营利为目的。凡是商主体从事营利性营业活动,即为"商"。可见,商法上的"商"是商主体从事各种营利性行为的总称。[3]

按照商法学者们的通说,现代商法中商事的范围大致可分为以下四种[4]:

第一,直接媒介财货交易以及传统上被纳入基本商事活动的"固有商",如交易所交易、买卖商交易、证券交易、票据交易、海商海事活动等。又称为"第一种商"。

第二,间接以媒介货物交易为目的的营业活动。它实际上是某种辅助"固有商"营业得以实现的"辅助商",如货物运送、仓储、代理、行纪、居间、包装等。又称为"第二种商"。

---

[1] 《汉书·(食货志)》(下)。

[2] 《白虎通义》。

[3] 朱弈锟:《商法学——原理·图解·实例》(第2版),北京大学出版社2007年版,第3页。

[4] 赵中孚主编:《商法通论》(第5版),中国人民大学出版社2013年版,第4页。

第三,虽不具有直接或间接媒介货物交易之行为目的,但其行为性质与“固有商”和“辅助商”有密切联系或者为其提供商业条件的营业活动,如银行、融资、信托、承揽、运送、制造、加工、出版、印刷、摄影营业等。又称为“第三种商”。

第四,仅与“辅助商”或第三种商有牵连关系的营业活动,如广告宣传、人身与财产保险、旅馆营业、饭店酒楼、戏院舞厅、旅游服务、娱乐营业、信息咨询等。又称为“第四种商”。

(二)商法的概念

商法(business law/commercial law),又称为商事法,是指调整有关商事关系的法律规范的总称。从商法的规范构成上来理解,商法可以分为广义的商法和狭义的商法,狭义上的商法仅指国内法中的商事私法,广义上的商法,既包括国内法中调整商事关系的私法,又包括调整商事关系的公法,而且包括调整商事关系的国际商法。根据商法的表现形式,商法可以分为形式意义上的商法和实质意义上的商法。形式意义上的商法,是指民商分立国家中所制定的并冠以“商法典”之名的法律,如法国、德国、日本、韩国等四十多个国家颁行的商法典;实质意义上的商法,是指一切调整商事关系的法律规范的总称。形式意义的商法着眼于规范的表现形式和法律的编纂结构,它最终表现为一个成文的法律文件——商法典。实质意义的商法,是指以商事为其规范对象的各种法规,即包括以“商事”和不以“商事”命名的一切调整商事关系的法律规范的总称。由此可见,形式意义的商法仅存在于民商分立的国家中,而实质意义的商法则不同,无论是民商分立的国家还是民商合一的国家,也无论是大陆法系国家还是英美法系国家,都存在实质意义的商法。

我国虽然没有形式意义的商法,但随着市场经济体制的建立,实质意义上的商法已经大量存在,主要表现为大量的商事单行法,如公司法、合伙企业法、证券法、票据法、保险法、破产法等。

二、商法的调整对象

商法调整的对象,是指营利性主体在从事营业性行为中所发生的商事关系的总和。具体表现如下:[1]

(一)营利性主体基于商事交易所产生的内部组织关系

在现代社会中,作为营利性的商事形态呈组织样化,但就社会生活总体而言,以公司制为主的现代企业则是主导的形式。商法对组织体内部关系的调整体现在股东之间、股东与公司之间,公司内部组织机构股东会、董事会、监事会之间的关系,公司破产时清算组的组织关系,合伙企业内部各个成员之间的关系等。

(二)营利性主体基于营业性行为所产生的各种关系

商法只调整营利主体的营利行为,不调整营利主体的非营利行为,即不调整营利

---

〔1〕 覃有土:《商法学》(第2版),高等教育出版社2008年版,第9页。

主体所从事的与商事活动无关的行为。商法所调整的营利主体的活动必须发生在持续的营业之中,偶尔发生的营利行为不是商法调整的对象。应当指出的是,商事主体之间法律地位是平等的,他们之间发生的法律关系都是通过契约(合同)来实现的。对于民法中已有的规定,应认为是由民法加以调整,商法只调整因为商事主体身份而使得合同行为应遵循特殊规则的那部分内容。例如:公司法与证券法中的股权转让关系、保险法中的保险合同关系等。因此,基于商事主体的营业性而使这类商事关系与民事关系区别开来。

(三)国家对营利主体及其营业行为实施监管所产生的关系

商法所调整的营利主体在经营过程中所形成的经济关系,既包括营利主体的内部关系,亦包括国家对其行为实施监督所形成的外部关系。其中,最为典型的为商事登记,为各国商事立法中的重要内容。

三、商法的特征

(一)营利性

营利性是指经济主体通过经营活动而获取经济利益的特性。商法主要规范的是商事主体的营利行为。商事主体从事商事活动,其直接和主要目的就在于营利,商法整个制度的设计都是为了满足商事主体的营利性要求。营利是商法的根本价值追求,从这一角度而言,商法也可称为"营利法"。一切商法制度的设计都必须考虑商事行为的营利性这一要求,尽可能减少市场运作过程中的交易成本和制度成本。因此,更进一步说,商法上有关维护社会交易安全之宗旨,诚实信用和公平交易原则之适用,以及维护交易迅捷、安全之规定,实质上均是商法营利性特征的反映。商法中关于商主体身份之确立、商行为之界定、商活动之目的及商事立法和司法原则之确定,无不与营利有关。各国商法关于商业账簿制度、商业财务制度的一般规定,关于买卖、票据、证券、保险等商事特别法的某些规则,都从不同角度促进了商法所调整的商人营利活动目的的实现,强调了商法追求经济效益的价值取向。

(二)交融性

商法的交融性,主要表现为私法和公法的交融、组织法与行为法的交融,任意法与强制法的交融及实体法,兼有程序法。

在大陆法系国家,法律被分为公法和私法。从历史渊源和传统的法学观念来看,商法和民法一样,是典型的私法,是私法的主要表现形式之一。在20世纪,随着国家在社会经济领域中的活动日益扩张,带来了所谓"私法公法化倾向"。私法公法化在很大程度上表现在商法领域,即商事立法越来越多地体现政府经济职权色彩和干预意志、调整私人与政府和社会间经济关系、维护社会公共利益的内容,这些内容体现了明显的公法属性。但是,我们强调商法的私法和公法交融性,只是表明私法和公法相互渗透的现状,而绝不意味着商法已经变为公法了。事实上,现代商法虽带有公法色彩或含有公法因素,但其本质仍是私法,商法中的"公法条款始终处于为私法交易服务的地位,由此,它还不能从根本上改变商法的私法属性”。[1] 强调商法的私法性,是要突出商人的法律地位,使其在商事交易中具有独立性、自主性和平等性;承认商法含有公法因素,是要兼及现代社会经济生活的复杂性和风险性,对商事交易活动加以适当引导和监管,最终仍是为了维护交易者(私人)的利益。还要强调的是,公法性规范并不等于经济法,其与经济法是国家通过宏观调控直接干预、替代私人交易的目的不同,商法公法化的目的在于创造激励机制,使私人交易在不损害社会公共利益的范围内进行。

商人或商事组织是商事交易的基础,商事交易是商人的最基本活动。商事组织和商事交易均为商法规制的对象,这样,商法就既有组织法的一面,又具有行为法的一面。组织法是解决市场主体的规范问题,即解决“市场准入”问题,行为法是解决主体准入市场后的交易规则,即解决“游戏规则”问题。商法中的组织法,如公司法中关于有限责任公司和股份有限公司的设立、保险法中有关保险公司的设立、证券法中有关证券公司的设立等规定;商法中的行为法,如证券法中的证券的发行与交易的规定、票据法中的全部规定等。

同商法呈现出组织法与行为法交融的态势相对应,商法亦呈现出强行法规范和任意法规范的交融。组织法和行为法具有不同的性质。组织法的强行法性质较强,因为商事组织是否健全,直接影响到商事交易的安全、社会秩序的稳定以及与商事组织有利害关系的各方当事人的利益能否实现均衡,所以应由法律严格规定。如商主体(组织)法中奉行的商主体形式法定主义原则,就禁止当事人通过约定创设法律没有明文规定的商事组织。相反,商法对商行为的规定,多采任意性规范,注重当事人行为自由,允许当事人通过协议约定其交易行为,这是因为商事交易讲求迅速、便捷、灵活。如保险法中关于保险特约条款的订立,海商法中关于船舶所有权及共同海损的计算、海上运输合同当事人责任的约定,都可以依当事人的意思而自行订立,而排除法律规范的适用。正因为商法具有任意法与强行法相交融的特征,有人认为,商法是一切法律中最为自由的,同时又是最为严格的。[2]

作为实体法,商法又具有极强的程序性,包括大量的非诉讼程序规范和诉讼程序规范。(1)非诉讼程序规范可谓比比皆是。公司设立程序、股份和债券发行程序、证券交易程序、股东大会和董事会会议程序、公司分立与合并程序、解散与清算程序等,不一而足。票据法上的出票、背书、承兑、付款和追索程序,以及保险法上的索赔与理赔程序等。其目的在于,确保当事人实体权利的实现。(2)诉讼程序规范。破产程序最为典型,破产申请与受理、债权人会议、破产宣告、破产清算以及和解与整顿均为诉讼

〔1〕 [德] 海曼:《商法典评纂》(第1卷),法律出版社1991年版,第5页。转引自范健:《商法》,高等教育出版社、北京大学出版社2007年版,第5页。

〔2〕 张国健:《商事法论》(修订版),台湾三民书局1980年版,第24页。

程序规则。证券和票据丧失后的公示催告程序,亦然。公司法还规定了股东派生诉讼(derivative action),即针对不法侵害公司利益的行为,由股东代表公司提起诉讼。公司法上规定其起诉前置条件、管辖、诉讼当事人以及和解规则等。通过双管齐下,实体与程序规范并举,无疑保障了当事人权利的实现。[1]

(三)技术性

商法是将市场经济的基本内容、基本规则及基本运作方式翻译成法律语言而构成的法律规则,因此,市场经济的一些基本要求和基本内容都与商法规范具有直接的联系,由此决定了商法规范必然具有很强的可操作性、技术性,即商法规范必然包含大量的技术性规范,并且这些技术性规范并不能简单地凭伦理道德意识判断其行为效果。这与民法偏重伦理规范不同,即凭社会主体的简单常识和伦理判断就可确定其行为性质,而并不需要当事人必须有丰富的法律专业知识和专业判断能力。技术性是商法的显著特色。如公司法上股东会、股东大会和董事会法定人数、董事和监事的选举与罢免规则,证券法上的证券交易、持续信息披露以及上市公司收购,票据法上采取的票据文义性、独立性、无因性,票据的出票、背书、承兑、抗辩及追索权的行使,更是具有高度的技术性。保险法上保险费率的精算、偿付能力、保险保证金、保险准备金、保险保障基金以及保险资金运用规则,亦具有较强的技术性。它们犹如一部设计精巧的机器,若不懂其操作规程,便无从下手。

(四)国际性

商法最初起源于商事交易习惯,而商事交易本身是一种跨国界的活动。因此,在人类社会早期阶段,商法主要是一种跨国商事交易习惯和惯例,这种状况一直延续到中世纪。西方社会进入资本主义阶段之后,贸易在各国经济生活中的地位日益提高,国家开始重视对贸易的管制,便纷纷制定本国商法。这样,商法才开始成为一种典型的内国法。但是随着科技的进步、国际交往的加强和国际贸易的发展,许多商事关系都涉及国外主体或其他涉外因素。而国内商法是不适宜调整有涉外因素的商事关系的。不仅如此,商法所调整的市场经济本身就具有良好的成长性和显著的跨地域性,一国国内市场经济的发展离不开他国经济的发展。特别是在全球一体化日趋明显的今天,国与国之间的经济交往越来越密切,任何一国的市场经济不依赖其他国家而独立发展几乎已不可能。因而国内商法也就不能再局限于本国的领域内,而要顾及有关的国际公约和国际惯例。21世纪以来,随着贸易全球化趋势愈益加强,商法国际化呼声日益高涨,最终导致两种趋向:其一,国际商事立法得到加强,制定和缔结了大量的国际商事法律、国际条约、国际惯例;其二,各国不断修改本国商法规则,使其相互之间以及与国际商事法律、惯例之间更为协调。正因如此,当今世界各国商法都带有较强的国际性色彩。

---

〔1〕 朱弈锟:《商法学——原理·图解·实例》(第2版),北京大学出版社2007年版,第7页。

第二节　商法的体系和渊源

一、商法的体系

商法的体系是指商法作为一个独立的法律部门,其内部具有逻辑联系的各项商事法律制度所组成的系统结构。在不同的国家和不同的法系以及不同的历史时期中,商法的体系不尽相同。

传统商法在体系上主要包括商主体法和商行为法两大内容。商主体法则包括商人的概念和种类;商人资格之取得;商人名称,即商号;商人财产管理,即商事登记;商人权利之委托,即经理权、代办权;商人的特殊形式,即从事辅助性行业的商人,如代理商、居间商。此外,还涉及商人身份的补救措施或不完全形态,如表见商人、拟制商人或小商人等。商行为法主要涉及一般商行为和特殊商行为。一般商行为主要包括商事物权、商事债权、商事交易中的交互计算方式等内容;特殊商业行为则包括商事买卖、代理、居间、信托、运输、仓储、银行、票据、保险及海商等内容。传统商法体系不仅与自由市场经济原则相一致,同时也表现出了经济规模的局限性和未高度发达状态。进入 20 世纪之后,尤其在 20 世纪下半叶,现代商法在体系上打破了传统商法的格局,它已不再局限于商主体法和商行为法两个方面,而是形成了商主体法、商事管理法、商行为法、商事秩序法这样一个商法体系。商法已不仅仅涉及商人身份,更规定了商事经营机构的组织程序与结构,如企业法、公司法等以更加完整的形态加入到商法的行列之中;商法不仅确认了商行为的种类、范围、法律效力,而且规定了对行为者和行为本身的管理措施,如证券交易法、期货交易法、工商经营权利保护法等。此外,建立理想和完整的商事法律秩序也成为商法的一项主要内容。为此,许多国家都制定了与完整形态的市场秩序相关的商事责任法、商事制裁法、商事仲裁程序法等。

在传统商法中,大陆法系国家的商法与英美法系国家的商法之间的区别也是颇为明显的。在大陆法系国家,商法的体系除商主体法和商行为法之外,还包括公司法、票据法、保险法、海商法。而商身份法和商行为法则涉及商行为人种类、资格之取得及效力、商号、商事账簿、商事运输、商事仓储、商事代理、商事行纪。在传统英美法系国家,商法的体系则包括商事买卖、商事合同、商事代理、公司法、合伙法、破产法、担保法、票据法等,如前所述,随着现代商事交易的发达,尤其随着国际统一商事立法进程的加快,两大法系在商法上的差异正逐渐缩小。

二、商法的渊源

商法的渊源是指商法规范借以表现和存在的形式。它是对商事行为具有约束力的法律规范效力的重要来源,是商事经营活动的重要法律依据。

在我国,商法的渊源主要为制定法、立法和司法解释、商事自治法等。一般来说,它可以分为以下几种。

1. 法律

此即全国人民代表大会及其常务委员会制定、颁布的规范性文件。如《公司法》、《票据法》、《证券法》、《保险法》、《海商法》、《信托法》、《证券投资基金法》、《合伙企业法》、《个人独资企业法》、《商业银行法》、《中外合资经营企业法》、《中外合作经营企业法》、《外资企业法》以及《民法通则》、《民事诉讼法》、《合同公约》、《国际商事合同通则》、《国际贸易术语解释通则》等。

2. 行政法规

此即国务院及其所属机构制定的规范性文件。如《公司登记管理条例》、《企业法人登记管理条例》、《企业名称登记管理规定》、《国有企业财产监督管理条例》、《国务院关于股份有限公司境外上市外资股的规定》、《股份有限公司国有股股东行使股权行为规范意见》、《银行结算方法》等。

3. 地方性法规

此即地方国家权力机关和行政机关制定的规范性文件。如《深圳经济特区商事条例》等。

4. 国际条约、国际惯例

此即我国参加的国际条约。如《1996 年国际船舶载重线公约》、《1972 年国际海上避碰规则公约》、《1979 年海上搜寻救助公约》、《联合国国际货物销售合同公约》。

5. 立法解释

此即全国人大常委会关于商事法律的解释。

6. 司法解释

此即最高人民法院对商事立法的解释。

7. 商事自治规则

此即商主体就其组织、运作、成员的权利义务、相对人权利义务等内容自主制定的,不与国家法律和行政规章相冲突的规则。其具体形式主要有:(1)公司章程;(2)交易所业务规则;(3)一些商主体预先制作的定型合同条款。

至于商事判例和商法学说,虽然不是我国商法的渊源,但它们在审判实践中已经越来越多地受到重视。

第三节 商法的产生与发展

哪里有贸易,哪里就有法律。“商法的形成实际上来自于实践,他们的系统化过程不是由民法学者的传播，而是由于其推行者的努力”。[1] 法国学者丹尼斯·特伦的这段话非常精辟地描述了商法产生的原因。商法具有清晰的发展线索和历史连续性。由于人类社会生产分工和商事交易活动的普遍性，世界各民族都“以不同形式表现出使个人服从生产与交换一般条件的共同规则”。从这种意义上讲，商法的起源是多元的，各民族都有着各自表现形式的商事习惯与商事规范。但严格意义上的商法，却是与民法同源同体，孕育于古希腊、古罗马，肇始于万民法，形成于欧洲中世纪，发达于近现代的历史运动。[2]

一、古代商法

虽然在欧洲古代法中并不存在、也不可能存在独立的商法或与之相类似的完整制度，但调整商事关系的商事规范已在古希腊法和古罗马的万民法中得到体现，我们姑且称为“古代商法”。古代商法主要有以下几个特点：第一，在法律形式上以商事惯例为主，就是有一些成文法规定，也是对一些商事惯例的认可，存在于诸法合体，刑民合一、公私合一的法典中，不可能形成与一般私法相区别的、调整商人或商行为的相对独立的商法规范体系。第二，在内容上，主要是以调整对集市的管理为主。如对交易行为、主体、交易对象以及相关的债权债务为主。第三，古代商法在产生之初便崇尚自由、重视公平，从而为后世商法的发展确立了基本观念。第四，古代的商事惯例和商事习惯法从一开始就具有很强的国际性。

二、中世纪商法

欧洲中世纪的商法是近代商法的起源。在11世纪晚期和12世纪进入商法形成的关键时期，正是在那时，近代西方商法——Lex Mercatoria（即商人习惯法，也称the law Merchant）的基本概念和制度才得以形成。更为重要的是，也是正在那时，商法在西方才第一次逐渐被人们看作是一种完整的、不断发展的体系，看作一种法律体系[3]。商法最初的形式是商人习惯法，这一制度形成有着特定的社会根源。中世纪的欧洲（约395～1500年）是封建专制统治的社会，同时也是农业社会。11世纪后，欧洲的农本经济进入了发展时期，“十字军”东征的胜利使得欧洲通向东方的商路相继开通，这就为欧洲大量剩余产品涌向东方市场提供了条件。此种东西方贸易的发展首先促进了地中海海上贸易的发达和地中海沿岸一些新兴城市的商业贸易的繁荣，其中被称为“通往东方门户”的威尼斯、热那亚、佛罗伦萨的商业地位尤为引人注目。随着地中海沿岸城市的发展，产生了商会，商人已成为众多阶层中的一个独立阶层，他们迫切需要对其利益给以法律上的保护，以实现商业发展和商事交易的自由。然而，与地区经济发展形成鲜明对比的是，中世纪的欧洲大陆实际上仍稳定地处于封建法和寺院法的支配之

---

[1] 《中国大百科全书·法学卷》，中国大百科全书出版社1985年版，第505页。

[2] 李功国：《商人精神与商法》，载王保树主编：《商事法论集》（第2卷），法律出版社1997年版，第29页。

[3] 《简明不列颠百科全书》（第9册），中国大百科全书出版社1986年版，第486页。

下,对商人加以种种歧视。按照许多封建公国的法律,不但放贷收息、借本经营、商业投机和各种转手营利活动受到明令禁止,就是诸多非生产性中介商业活动、正常的债权让与交易也被认为是违法行为……正是在贸易发展与封建法制的尖锐冲突的背景下,商会不得不另立规范。商会在自身发展中形成了自己的自治权和裁判权,因此有条件运用其商事生活习惯订立自治规约,并实施于本商会内。该种规约于11世纪至14世纪实行数百年,终于形成了中世纪商法即商人习惯法。

形成于中世纪的商人习惯法就其形式和内容而言,具有以下三个特点:

其一,奉行属人主义原则。中世纪的商法是商人习惯法,即商人法,它通常采取属人主义立场,是商人按自己的商业交易习惯形成的行业行为规范,具有自律性的形式特征。其大部分规则仅适用于商人之间。在许多情况下往往仅适用于行会内部的商人之间,以后随着商人习惯法实践的发展,许多有关的规则也被适用于商人与非商人的纠纷。这一原则在现实生活中的实现及其所积累的实践经验,创造了商身份法的立法条件,为后来商法的制定以及属人主义(主观主义)商法典的制定奠定了基础。

其二,商人习惯法的内容往往涉及某些最主要的商事要素和商事活动,近现代商法中的一些重要原则、商法的特征、现代商法的主要理念不同程度地得到体现。例如,商人资格及公示规则、诚实信用原则、商事合伙、商业代理、票据制度、保险制度、海商法制度、借贷结算规则、善意取得与交付取得制度等,在商人法中均已具有雏形。其中的许多规则明显反映了商事活动的营利性、迅捷性和保护交易安全的要求。

其三,商人习惯法实质上是不同地域、不同商人团体的各类不成文法的总称,而不同地域所形成和适用的商人习惯法往往又有内容差异。这一状况进而发展成了欧洲中世纪商法林立的格局。也正由于如此,才出现了席卷18世纪欧洲的商事统一立法运动。

三、近现代商法

近代商法是在中世纪商法的基础上发展起来的,但与中世纪商人习惯法相比,近代商法产生、发展的社会经济背景发生了很大变化。16世纪以后,随着资本主义商品经济关系的萌芽,欧洲的一些国家封建割据势力的衰落,统一的民族国家逐渐形成。在这一时期,早期的自治城邦不复存在,商人团体逐渐消失,资本主义的商品经济关系受到保护,中世纪占统治地位的寺院法开始被废弃,这一切都为民族国家制定统一法律以及商人习惯法向成文法转变创造了条件。与此同时,自17世纪以来,商业活动在经营机制、组织形式、交易方式、传统观念、理论思辨上都发生了一系列巨大变革。各种竞争手段得到广泛的运用。金融、票据、保险、海商、运输、破产以及各种社会中介服务组织都渗入到商事领域,商业的横向联系和纵向环节都发生了重大变化。这样,在商品流通领域就出现了不同经营实体组成的物流、商流、信息流和资本流各大系统。

商业领域内的大变革、大发展,为商事的变革和发展创造了客观条件,亦提出了新要求。在此背景下,欧洲的法国和德国率先开始了本国商事法律统一运动,并波及其他欧陆国家。通过这一运动,商人习惯法被纳入国内法的范畴并得到了发展。在英国,采用将一系列司法判决通过法规重述的方法,将商人习惯法纳入了整体意义上的普通法,完成了商人习惯法向国内法的转变。

到了19世纪以后,随着欧洲资产阶级革命的成功,社会关系又一次发生了根本的变革。保护资本主义商品经济关系,推动商事活动,促进统一完整的商品市场的形成,成为许多新兴国家的基本目的。同时,为了彰显政治运动的胜利,使政治上统一的斗争在法律上得到全面反映,从19世纪开始,欧洲大陆国家在早先的商事立法基础上,相继开始了大规模的法典编纂活动。由此,商法开始在大多数大陆法系国家作为一个独立的法律部门出现。这一过程的完成标志着近现代商法的产生。

(一)法国

国家制定商法始于法国。1673年,法国路易十四颁布了被后世商法学者称为近代法国商事立法起源的《陆上商事敕令》。1681年,路易十四国王又颁布了法国《海事敕令》。1807年,为了反映法国大革命的政治观点和哲学[1]、巩固资产阶级革命成果,法国在其《陆上商事敕令》和《海事敕令》的基础上率先制定了统一的《商法典》,它是近现代社会第一部独立的商法典,开创了大陆法系国家民商分立体制的先河。该法典总计4编,共计648条,包括通则(含公司、商行为和票据)、海商、破产、商事法院。该法典对两个敕令的重大修改是摒弃了古典商法中的商人法主义立场,而以商行为观念作为其立法基础,开创了现代商法中的商行为立法主义,以此概括了法国资产阶级大革命消除等级特权,主张人权平等的思想成果。法国商法典的编制内容采取客观主义原则,即以商行为观念为立法基础,该法典是近代商事法的典范。由于法国商法典制定过程比较仓促,即使在法国,它也未能使大家都感到满意。在以后岁月中,随着经济生活情况的变化,法典被多次修改和补充,许多内容从原来的法典中被删除,而分别制定成单行法。其中,比较重要的单行法规有1909年的《营业财产买卖投资法》、1919年的《商事登记法》、1917年的《工人参加股份公司法》、1935年的《票据法》、1966年的《商事公司法》、1985年的《司法重整与司法清算法》、1992年的《知识产权法》等。在整个19世纪,法国商法在世界上处于领先地位,受其影响而制定的商法典很多,主要有1821年的《希腊商法典》、1829年的《西班牙商法典》、1838年的《荷兰商法典》、1850年的《土耳其商法典》、1867年的《比利时商法典》,以及意大利、葡萄牙、埃及、波兰、南斯拉夫、罗马尼亚、巴西、智利、阿根廷等国家的商法。这些国家的商法都以法国商法为直接或间接的历史渊源,从而构成了法国商法体系。

---

〔1〕［英］施米托夫:《国际商法——新的商人习惯法》,载《国际贸易法文选》,中国大百科全书出版社1993年版,第9页。

(二)德国

德国从18世纪起即以习惯法为依据,开始制定成文商事法。德意志帝国未统一以前,德国的商事法皆为普鲁士邦所制定,其主要有:1727年的《普鲁士海商法》、1751年的《普鲁士票据法》、1776年的《普鲁士保险法》、1794年的《普鲁士普通法》。1861年在德国统一前夕,以《普鲁士普通法》为基础制定了《德国普通商法典》,史称德国旧商法,由此表现了商法独立的法典化倾向。该法共5编,911条,第一编商人地位,第二编商事公司,第三编合伙,第四编商行为,第五编海商。

由于1861年的德国旧商法主要是以普鲁士邦法和法国商法典为蓝本制定的,不完全适应德国国情,同时,为了使政治上统一的斗争在法律上得到及时反映,1871年德国统一后,对商法进行了全面修改,并于1897年5月10日颁布,1900年1月起正式生效。该法典总计4编,31章,905条,包括总则、商事公司及隐名合伙、商行为、海商。该法典的最大特点是在理论上坚持主观主义原则,即以商人为本位作为立法的基础,商人是商法的中心。根据这一原则,同一行为,商人为之,谓之商行为,适用商法;非商人为之,不属于商行为,适用民法或其他法律。德国新商法颁行至今,大部分内容至今仍在适用,但修改也很多,已达40余次,涉及条款几百处。其中比较大的修改有:1937年将有关股份公司和股份两合公司的规定从商法中分离出来单独立法,1953年对有关代理商的条款进行了重大修改,1976年的修改确立了农业、林业经营者的商人地位,1986年根据欧共体指令,把商事账簿从第一编分离出来,经扩充后单独设为第三编,使商法典变为5编,1998年的修改创设了一个统一的商人概念。不再区分必然商人(或称免登记商人)和必登记商人(或应登记商人),以及完全商人和小商人。德国新商法颁行后,直接或间接以其为范例而编制或修订本国商法或制定商事法规的国家主要有奥地利、瑞典、挪威、丹麦、日本以及清朝末期的中国等。其中,在世界上首先采用民商合一立法体例的瑞士法,将商事法规归类于债编,列入民法典之中,不过其内容和基本精神依然仿照德国商法,仅仅形式有所不同。

(三)英国和美国

英美商法法系以英美两国商法为代表,其特点是商事习惯法、判例法与商事成文法并存。英美商法起源于英国法,它以习惯法和判例法为其法律渊源而有别于大陆法系。在英国法中,商事法是指以一般的商事习惯和判例所形成的法律,他们皆受普通法和衡平法的支配。自19世纪中叶起,一批商事成文法相继在英国诞生。主要有1882年的《票据法》、1885年的《载货证券法》、1889年的《商务代理法》、1890年的《合伙法》、1893年的《货物买卖法》、1894年的《商船法》、1894年的《破产法》、1906年的《海上保险法》、1907年《有限合伙法》、1948年的《公司法》、1963年的《股份转让法》、1982年的《保险公司法》等。

美国法律在传统上承袭了英国法律,采用习惯法和判例法,其商事法也以英国普通法为基础。19世纪后,商事立法也开始在美国盛行。根据美国宪法规定,各州拥有商事立法权,因而起初各州的商事立法内容很不统一,这给商事交易带来很大不便。到 19 世纪末,美国统一州法委员会着手制定统一的商事法规,推荐给各州采用。先后制定有 1896 年《统一流通票据法》、1906 年《统一买卖法》、1906 年《统一仓库收据法》、1909 年《统一股票转让法》、1909 年《统一提单法》、1918 年《统一附条件销售法》以及后来制定的《统一信托收据法》等,这些法规后经整理和完善编纂为《统一商法典》,于 1952 年公布。此外,美国在这一时期还制定了州际通商法、破产法、公司法、反托拉斯法等一系列商事法规。受英美商法影响的主要有澳大利亚、加拿大、印度、新加坡、马来西亚等国的商事法律。

四、中国商法的产生与发展

我国古代社会长期奉行诸法合体,各个部门法完全被纳入一个法典之中,因此,不存在独立的商法部门或集中的商法制度;同时,由于中国古代社会是一个重农抑商的社会,商品经济极不发达,调整这一经济关系的商法亦难以发达,即使有不少散见于律令中的关于买卖、钱庄、银票、手工作坊、店铺牌匾等的规定,用现代的眼光看,很大程度上也带有行政法和刑法的属性。

近现代意义上的商法在我国始于清朝末年。清政府在推行新政时,把制定商法典看成是振兴工商业的治国大策之一。1903 年派载振、伍廷芳等人起草商法,于 1904 年公布了《公司律》和《商人通则》,1906 年公布了《破产律》,与此同时还起草了《公司注册试办章程》、《商标注册暂行办法》等,随后又聘请了日本人志田钾太郎起草了《大清商律草案》,该草案共计 1008 条,其中有公司法 6 编,海船法、票据法 3 编。这些立法大多尚未颁行即为辛亥革命所废止。民国政府成立后,在大清商律草案的基础上,于 1914 年制定颁行了《中华民国商律》,此后又颁行了《公司条例》与《商人通例》。国民政府迁都南京后,改采民商合一立法体例,于 1929 年制定了兼含商法章节的民法典。该法典将旧商法中的商法总则、商人、经理人、代办商、商行为、交互计算、行纪、仓库、运送等制度均并入民法债篇,某些不能并入民法典的商法制度,则分别以单行法规定。1929 年以后,国民政府又相继制定了《票据法》、《公司法》、《海商法》、《保险法》、《商业登记法》、《船舶登记法》、《动产担保交易法》等,形成旧中国民商合一与单行商法补充的立法格局。

新中国成立后,在很长的一段时期内,由于实行计划经济,国家的立法重心在于强化国家调控经济活动的能力和国家干预经济行为的行政手段,因此,商法极不发达。1992 年市场经济体制确立后,相继颁布了《海商法》、《公司法》、《合伙企业法》、《票据法》、《保险法》、《商业银行法》、《证券法》、《拍卖法》、《个人独资企业法》、《企业破产法》等一系列商事法律。可以说商法已进入了全面复兴的初步阶段。

五、现代商法的发展趋势[1]

1. 大陆法系和英美法系的相互渗透[2]

大陆法系商法和英美法系商法历来有着不同的传统。但是,随着国际贸易和国际投资的发展,两大法系商事法律制度的相互借鉴和吸收则成为必然。大陆法系商法和英美法系商法相互渗透的典型是公司法领域。大陆法系公司法引进英美法系公司法经验的突出事例是1937年的《德国股份法》,它率先突破了大陆法系公司法固守的资本确定制(即法定资本制),而吸收英美法系公司法授权资本制的经验,即公司章程规定公司资本总额,并规定公司设立后5年内,在资本总额的半数内,不经股东会决议,而由董事会发行新股增加资本。此后,大陆法系其他国家修改公司法,也先后采用了这一经验。同时,大陆法系国家公司法还引进了英美法系国家公司法的董事会制度,并且加大了董事会权限。值得注意的是,英美法系国家公司法也积极引进大陆法系国家公司法的经验,其突出事例是英美法系国家公司法仿效德国、法国公司法的做法,废除越权原则。该原则自英国贵族院于1875年的一个案例中提出之后,几乎在英美法系国家里沿用了一个世纪。依该原则,公司行为不能超越公司章程所规定的经营目的。但是,德国、法国等一批大陆法系国家公司法没有关于严格越权原则的规定。这种差别,显然是不利于两大法系国家间的国际贸易和国际投资的。因此,美国律师协会公布的《标准公司法》于1969年率先修改了这一原则。继之,加拿大1975年的《联邦商事公司法》、澳大利亚1983年和1985年的《公司法》也修改了这一原则。最后,英国于1989年在《公司法》修改中彻底否定了越权原则,根据该法的规定,允许公司章程大纲笼统地规定公司的经营目的是作为一般的商业公司从事商业或贸易。同时,公司章程大纲对公司经营目的的任何限制都不足以影响公司具体行为的有效性。这样,两大法系国家的公司法在此问题上就取得了一致。

2. 国际化与统一的趋向

现代商事交易的实践已经向人们表明,现代市场经济是一个开放的体系,它已经打破了国家和地区的界线而日益呈现出世界化、全球化、一体化的趋势,国际经济的一体化,既表现为国家间商品的自由的流通,也表现为国家间的人员、资本、劳务的自由流动。于是,人们在缔结商事关系时对法律规则有了统一的要求,迫切需要商法的国际化和统一。这种商法国际化和统一的工作是在20世纪初全面展开的。就商事活动的综合性调整而言,一些地区性的商事公约先后问世,诸如《关于国际私法的公约》(包括含有国际商法内容的国际私法典,哈瓦那,1928年2月20日)、《关于陆上国际商法的条约》(蒙得维的亚,1940年3月19日)等。就商事主体的规范而言,不仅有承认外国公司公约的出现,如《承认外国公司、社团和财团法律人格的公约》(海牙,1956年6

---

〔1〕 赵中孚主编:《商法通论》,中国人民大学出版社2013年版,第18~20页。

〔2〕 王保树主编:《中国商事法》,人民法院出版社1996年版,第32页。

月1日)、《关于相互承认公司和法人社团的公约》(布鲁塞尔,1968年2月29日),而且有直接在欧盟国家产生约束力的规则和协调欧盟国家公司法的各种指令的问世,如《关于欧洲经济利益集团的规则》(1958年)、《关于企业合并控制的规则》(1989年)、《关于欧洲公司的第一号指令(公司的设立与无效)》(1968年)、《关于欧洲公司的第二号指令(股份有限公司的资本及相关规定)》(1977年)、《关于欧洲公司的第三号指令(公司的合并)》(1978年)、《关于欧洲公司的第六号指令(公司的分割)》(1984年)、《关于欧洲公司的第七号指令(公司的年度会计)》(1983年)、《关于欧洲公司的第八号指令(公司的年度会计)》(1984年)、《关于欧洲公司的第十一号指令(分公司设立的公开要件)》(1989年)、《关于欧洲公司的第十二号指令(一人公司)》(1989年)等,这些指令,几乎涉及公司法的各个方面。就票据的规范而言,现今已有日内瓦公约体系、普通法体系和通用体系三个体系。其中,日内瓦公约体系有1930年6月7日的《日内瓦统一汇票和本票法公约》、《日内瓦解决汇票与本票若干法律冲突公约》、《汇票与本票印花税公约》等,适用于批准上述公约的所有欧洲大陆国家和一些拉美国家;普通法系中的流通票据法仍然以英国1882年《票据法》中的各种概念为依据。尽管流通票据法已在世界范围统一为两大体系,但其商事交易中的不方便仍是极为明显的。因此,人们一直在探索票据法的世界范围的统一,如国际商会制定的《跟单信用证统一惯例》(1974年至2007年间5次修订)、《商事票据托收统一规则》(1967年)。同时,联合国国际贸易法委员会自1968年开始,一直在试图制定《汇票和本票统一法公约》、《支票统一公约》,以实现以上两大法系票据规则的统一。[1]

3. 商务电子化的趋向

随着信息数字化、互联网时代的到来,商法进入了一个全新的发展时期,即电子商务时期。电子商务就是"通过电子手段来进行的商务活动。基于对包括文本、声音和图像等的数据的电子化的处理和交换,电子商务包括了对货物和服务的电子交易、数字内容的网上交货、电子资金转移、电子股票交易、电子提单、商业拍卖、合作设计开发以及针对用户的直接广告和售后服务等各种各样的商业行为"。电子商务的本质就在于它通过采用现代信息技术手段,以数字化通信网络和计算机装置替代传统交易过程中纸介质信息载体的存储、传递、统计、发布等环节,从而实现商品和服务交易,以及交易管理等活动的全过程无纸化,并达到高效率、低成本、数字化、网络化、全球化等目的。

电子商务法具有以下两个特征:(1)它以商人的行业惯例为其规范标准;(2)它具有跨越任何国界、地域的,全球化的天然特性。而这两点恰恰是商人法的特征所在。[2]

电子商务对商法的影响是极大的,主要体现在以下几个方面:

---

〔1〕 王保树主编:《中国商事法》,人民法院出版社1996年版,第33~34页。

〔2〕 [英]施米托夫:《国际贸易法文选》,赵秀文译,中国大百科全书出版社1993年版,第5页。

（1）对公司法的影响。电子商务将对公司的管理方式和股东行使权利的方式产生影响。例如，股东的授权形式、投票方式、信息披露方式、财务报表的公开都可以在网上进行，相应地，公司的管理方式和股东行使权利的方式等都要做相应的调整。由于政府网络的开通，公司注册、变更登记、缴纳税收等均可在网上进行。

（2）对票据法的影响。现行的票据法是基于纸面形式制定的，随着电子商务手段的普遍推广，纸面票据的使用范围越来越小。票据结算已变为主要是在网上进行，如电子资金划拨、信用卡使用等。

（3）对合同法的影响。电子商务最深刻的革命将发生在合同法领域，不仅要约、承诺均在网上进行，而且合同也在网上履行。不仅企业间的大宗交易，而且消费者与产品生产者或供应者之间的交易也在网上进行。

随着电子商务的推行，电子商务立法也如火如荼。美洲、欧洲、亚太地区的许多发达国家纷纷制定了电子商务法。不仅如此，联合国贸易发展委员会也于1996年制定并通过了《电子商务示范法》。可以预见，电子商务必然带来商法的深刻变革。

第四节 商法与其他法律部门的关系

一、商法的独立性

在一个国家的法律体系中，如何确立商法的地位，如何把握商法与民法、商法与经济法之间的关系，是20世纪以来商法理论中最为重要和基础的问题之一，这一问题集中表明了商法的价值，决定着商法的前途和命运。

划分法律部门的标准主要是调整对象，即法律所调整的社会关系，其次是调整方法、价值功能等。商法能否作为一个独立的法律部门存在，根本的依据是看它有没有自己特定的调整对象。独立的商法调整对象反映了商法独立存在的可能性和必要性，是商法部门建立的基础，是商法区别于其他法律部门的本质特征所在。[1] 从商法调整的社会关系来看，商法专门调整商事关系；从商法的立法精神和基本原则来看，商法奉行自由主义和严格主义相结合的精神，并贯彻强化企业组织、保护交易安全、促进交易简便迅捷的原则。加之前述商法固有的特点，可以说商法能够与其他法律部门相区别而独立存在。立法上的民商合一仅仅是一种立法技术上的选择，即将商法典的内容附加到民法典之中，它仅仅消除了形式意义上的商法典，在法律理论和法律体系上，并不能消除商法作为一个独立的法律部门的存在，不能否定商法在理论上的完整性。在国外，无论大陆法系还是英美法系，无论奉行民商合一还是民商分立，无论是否编纂有法典，大多采肯定说，承认商法是一个独立的法律部门，它与民法在基本原则、调整对

---

〔1〕 范健主编：《商法》（第4版），高等教育出版社、北京大学出版社2011年版，第13页。

象、调整方法、社会功用、社会价值等方面都存在巨大差异。但是承认商法的独立性，并非是否定其与民法的共性，即民法是私法的普通法，而商法是私法的特别法，二者之间存在的是一种无法割裂的私法普通法与特别法之间结构上的关联。[1]

二、商法与民法

商法与民法的关系是商法与其他法律部门的关系中最重要的和最基本的问题之一，也最易引起理论争议，它是商法的独立性之关键所在。在大陆法系国家，无论立法体例上奉行民商合一还是民商分立，在法律部门的划分上，商法都是一个相对独立的法律部门。理论上，商法与民法的联系十分密切，区别也颇为明显。一般来说，它们之间的关系主要表现在以下几个方面：[2]

1. 民法与商法是调整民商事行为的法律。它们在法律调整中形成的法律关系，人们习惯将其联系在一起，称民商事法律关系或民商法律关系。但是，在法律部门的相互关系上，民法是普通法或基本法，商法是特别法；民法是抽象化的法律表现，商法是具体化的法律表现。例如，民事所有权制度是商事交易财产的一般规定；商事物权制度是商事交易财产的特别规定。票据权利、企业所有权、股权等都是不同于一般民事物权，涉及商事物权的特别规定。又如，民事主体制度是商主体的一般规定，商主体制度则是民事主体制度的特别规定；公司的权利能力和行为能力，公司的经营范围等都是不同于一般民事主体，涉及商主体的特别规定。

2. 民法与商法都属于私法范畴，在调整平等主体之间关系方面的法律规范具有共同性。但是，民法是纯私法，调整的是平权关系；商法则以私法为主体，兼具公法性内容，调整的是平权与不平权兼有的关系，如商事登记、商事账簿、商事破产程序、证券发行与管理等都兼有很强的调整不平权关系的公法色彩。因此，民法是私法规范体系；商法是以私法规范为主体，私法规范与公法规范相结合的法律规范体系。

3. 民法作为基本法或普通法，调整的范围广泛，它适用于各类民事主体所实施的民事行为。商法调整范围有限，它仅仅适用于民事主体中从事商事经营活动那一部分，或仅仅适用于民事行为中与营利相关的那一部分行为，即商人所从事的商行为。民商法并行但不完全兼容，民法的内容并不全部在商法之中，商法的内容很大一部分民法中未涉及。

三、商法与经济法

商法与经济法的关系是20世纪以来影响商法发展的又一理论难点。不仅在传统的社会主义国家，商法被经济法兼容和取代，即使在现代西方国家，经济法的发展也已经成为影响商法独立性的一大因素。由于经济法本身没有形成统一的理论体系，更没有能成功地制定出法典，因此，在经济法与商法的关系上，理论上的观点亦莫衷一是。

---

[1] 范健主编：《商法》（第4版），高等教育出版社、北京大学出版社2010年版，第22页。

[2] 范健主编：《商法》（第4版），高等教育出版社、北京大学出版社2011年版，第20页。

这种差异在很大程度上是因经济法的调整对象所导致的。

经济法的概念一直存在广义和狭义的解释。在广义上,经济法是调整社会全部经济关系的法律规范的总称,经济法既调整经济组织关系,又调整经济交易关系;既调整平等主体之间的横向民事关系,又调整不平等主体之间的纵向服从性行政关系;既调整国内经济关系,也调整涉外经济关系;既调整宏观经济关系,也调整微观经济关系。按照这一理论观点,商法是经济法的一个部分,为经济法所兼容。近年来,随着广义经济法理论的日益贫弱和商法独立地位的不断提高,这一观点越来越多地遭到否定。

在狭义上,经济法是以"反不正当竞争法"、"反垄断法"、"国家宏观调控法"、"国家参与法"为中心,体现国家权力对经济交易行为予以干预的法律规范的总称。按照这种观点,商法与经济法的区别主要表现在以下几个方面:(1)在调整对象上,商法主要调整平等主体之间的交易活动,对行政机关的调整也主要局限于商事管理机关的商事管理行为。经济法则不仅调整经济活动的主体,即经营主体的行为,而且调整国家及其代表机构,如权力机关和行政机关参与经济活动或运用国家权力干预经济活动的行为。(2)在调整方法上,商法注重维持私法中传统的"意思自治原则",经济法则信守"国家统治原则"。(3)在法律属性上,商法是以平等主体为本位的私法,以任意性规范为主;经济法则是以国家为本位的公法,以强制性规范为主。(4)在体系构成上,商法以商主体、商行为、公司法、票据法、证券法、保险法、海商法等为内容;经济法则以价格、金融、税收、投资、公平交易、反垄断、贸易管制等为内容。

按照狭义的经济法理论,经济法是伴随着现代经济的发达,需要借助于国家手段对经济活动予以干预,为弥补传统商法的不足而产生的一个新的法律部门,它是现代市场经济中对传统商法的补充。[1]

四、商法与行政法

商法是私法(具有公法的色彩),行政法是公法。行政法调整的是具有隶属和管理关系的主体之间的行政关系,所采用的主要是公法调节机制,所关注的是行政效率的实现。而商法则不同,其所调整的是平等主体之间的商事关系,所采用的主要是私法调节机制,所关注的是主体营利目的的实现。[2]

但商法和行政法也不无关系。在现代社会中由于国家经济管理职能的加强,行政权的活动范围不断扩大。特别是在国家调节市场,市场引导企业的经济背景下形成的私法公法化走势,使得行政法与商法的关系更加紧密,如商事登记与核准,商标的注册与管理,保险业设立的限制,专卖业的管理,车辆、船舶及不动产的登记,都涉及行政法领域。这些制度的目的在于保障商事秩序的建立和商事权利的实现。从这个意义上说,商事活动中的行政法调整,是行政法对商法的补充。

---

〔1〕 范健、王建文:《商法学》(第4版),法律出版社2015年版,第15页。

〔2〕 任先行、周林彬:《比较商法导论》,北京大学出版社2000年版,第115页。

第五节 商法的基本原则

商法的本质是私法,因此,它首先应当遵循作为一般私法的民法的基本原则,如平等原则、诚实信用原则、意思自治原则、公序良俗原则、尊重公共利益原则,依法自由行使权利原则,等等。其次,商法作为一个独立法律部门,还有一些特有的基本原则。

所谓商法的基本原则,是指反映商法的基本宗旨,对各类商事关系具有普遍适用意义,对于统一的商法规则体系具有统领作用的基本法律准则。商法的基本原则贯穿于整个商法制度和规范之中,是制定、解释、执行和研究商法的出发点。商法的基本原则包括规制商主体的基本原则和规制商行为的基本原则两类。这些原则的目的和功能是保障各类商事法律关系基本要素的稳定和统一,保障商事交易公平、快捷、安全地进行。

一、商主体法定原则

现代各国一般都制定有大量的强制性规范对商主体的资格予以严格控制,形成了商主体严格法定原则。它主要包括商主体类型法定、商主体内容法定和商主体公示法定三个方面。[1]

商主体类型法定是指在确保商主体形态多样性的基础上,对可以进行商事经营活动的商主体在组织形式上由法律以强行法予以明确设定和控制,非经法律设定者不得享有商主体资格;投资者不得任意创设或商主体自行变更法定类型之外的商主体形式,例如,在多数西方国家,无限责任公司、两合公司、股份两合公司、合作社等都是商主体。我国公司法只规定了股份有限公司和有限责任公司,则无限责任公司不可能取得商主体的地位。而作为我国法定商主体形态的个体工商户、农村经营承包户等则在西方国家商主体概念中却不存在。此差异其实就是商主体类型法定结果的具体表现。

商主体内容法定是指可以进行经营活动的商主体的财产关系和组织关系由法律予以明确规定;当事人不得随意创设。法律对股份有限公司、有限责任公司、合伙企业、独资企业、中外合作经营企业等商主体的财产关系及其组织机构的要求存在重大差异,对商主体内容的不同要求,构成了不同商主体之间的根本性差异,形成了不同类型商主体自身的特点。

商主体公示法定是指商主体之成立,不仅必须符合法定的实质要件,还必须按照法定程序通过商事登记并公告而对外予以公示。否则,投资者便达不到设立商主体(或变更、注销商主体)所预期的法律效果。经登记并公告而公示之后,该公示事项具有对抗第三人的效力,非经法定公示者,不得用以对抗善意第三人。正是商主体公示法定原则构成了商事登记制度。

---

〔1〕 赵旭东:《商法学》,高等教育出版社2011年版,第11~12页。

商主体法定原则是传统自由主义商事交易行为向现代国家干预的商事活动转变的结果，是现代商事管理制度的核心，是商事登记制度的基础。它充分反映了作为私法的商法所含有的公法性成分。

二、商主体维持原则

商主体维持原则是指商法基于商主体的使命和社会责任而积极救济、强化商主体(特别是商法人)成为健全商事组织体并实现其必要存续和发展的原则。商法将商主体的维持作为一项贯彻始终的基本原则，积极致力于发挥商主体全面集中人力、物力、财力的机能，尽可能保留商主体不使其解体。商法中体现商主体维持原则的制度主要有以下几个方面：一是确保企业资本。资本是企业存续和发展的基本条件，确保企业资本是强化商事组织的物质基础。二是确定商使用人的地位。除了资本要素，人的要素也是商主体的重要构成要素，公司法中关于经理的聘任及职权的规定、关于职工权益的规定等，都较为集中地体现了商主体维持原则。三是风险分散制。商法一方面要维持商主体资本集中，另一方面又要合理分散商主体经营风险，例如，保险法之商事保险制度的建立则在抵御并化解商主体经营风险于社会，在维持商主体存续上发挥着不可或缺的独特功用；又如，公司有限责任制的引入将公司部分风险尽可能地转嫁、分散给股东和公司债权人，而股份有限公司将股份分散于多数人实际上就是一种危险分担，所以说股份有限公司制度的创立本身就体现了风险分散效用；[1] 再如，海商法关于承运人赔偿责任限额、海难救助报酬给付者的责任及共同海损分担者的责任等规定也都能最大限度地分散商主体所面临的风险，从而有效维持商主体的存续及发展。四是企业解散、破产风险的预防。如对商法人规定和解、重整等特别制度，以此为陷入破产境地的商法人及时摆脱困境并得以复兴提供尽可能的机会，从而有效防止因破产、解散所造成的不必要损失。

三、保障交易便捷、迅速原则

商事交易以营利为目的。现代商事实践中，交易速度和效率对于营利性实现的程度，具有至关重要的意义。因此，商事交易应以效率为先，兼顾公平。按照通说，商法中保障交易便捷、迅速的原则主要体现为交易简便性、短期时效主义和交易定型化规则三个方面。

交易简便性，是指尽可能地简化商事交易的形式，使交易更易于进行。按照世界各国商事法的规定，相当一部分商事法律行为采取文义行为方式和要式行为方式，使得此类法律行为中的大部分内容通过强行法或推定法预先加以确定，将少部分特殊内容留待交易当事人约定，由此形成法律行为文件的标准化和证券化，这对于简化交易手续、保障交易便捷所起的作用是显而易见的。如现代各国商法实践中广泛采用的票据、提单、保险单、流通证券等均是此种法律行为文件标准化的典型。

---

[1] 赵万一主编：《商法基本问题研究》，法律出版社2002年版，第70页。

短期时效主义，实质使交易行为产生的债权时效期间予以缩短，从而快捷地确定行为的效果。[1] 商法对于各类商事请求权普遍采取不同于普通私法上时效期间的短期时效。如各国商法对于商事合同的违约求偿权大多适用2年以内的短期消灭时效，对于票据请求权大多适用6个月、4个月，甚至60日的短期消灭时效，海商法上对于船舶债权人的先取得权多适用1年以内的短期消灭时效，保险法上对于保留补偿请求权通常也适用短于普通私法时效期限的短期时效。商法上的短期时效主义旨在推动商事交易纠纷的迅速解决，以牺牲债权人的时效利益为代价换取了交易迅捷的社会效益，体现了现代商事法的价值取向。

交易定型化包括交易形态的定型化和交易客体的定型化。交易形态的定型化，是指商法通过强行法规则将典型交易形态预先加以多种定型，使任何人无论何时交易，都可以取得同样的效果。例如，销售商依法将各种定型化的货物标价并陈列，使得买受人得以迅速地决定承诺与否。所谓交易客体定型化，是指交易对象的商品化与证券化。商法通过权利证券化简化了权利转让程序，如公司法上的股票、票据法上的票据、保险法上的保险单。

四、维护交易安全原则

商事交易的便捷迅速性固然重要，但商事交易同时也需要安全，没有安全性的便捷迅速将毫无意义。商法对交易安全的维护主要是通过强制主义、公示主义、外观主义和严格责任主义来实现的。

强制主义又称干涉主义、要式主义，是指国家通过商法公法化手段对商事交易施以强行法规则。一方面，现代各国商法多通过公法性规范直接调控商事管理关系。另一方面，现代各国商法日益偏重运用强行法规则对商事活动加以控制，对许多商事交易采取要式主义。此外，现代商法发展了多种法律责任并存的法律调整机制。承担责任的方式包括经济责任、行政责任、连带责任与单独责任。例如，多数国家的票据法规定，发票人出具空头支票时，依法不仅导致票据法上的赔偿责任，而且将导致行政责任甚至刑事责任。外观主义在德国、法国称为外观法理，在英美法上称为禁止反言，是指以交易当事人行为的外观为准去认定行为产生的法律效果。在法律行为中，内心意思与外观表示不一致的时候很多，依照外观主义原则，法律行为完成之后，出于对交易安全的保护，原则上不得撤销。也就是说，公示于外表的事实，即使与该事实的实际情况不符，对于信赖该外观事实而有所作为的人是有效的，以维护交易的安全。严格责任是指在商事交易中，债务人无论是否有过错，均应对债权人负责。因为现代商事交易一方面是大量、连续和反复进行的，另一方面又多依赖于少数负责人，其负责人的责任若不严格规定，则将妨碍交易的安全。所以许多国家的商事法对商主体的责任标准较高，实行严格责任，以更好地保护债权人的利益。

---

[1] 王远明、甄峰主编：《商法学》，湖南人民出版社、湖南大学出版社2001年版，第15页。

思考题

1. 简述商法的概念和特征。
2. 试述商法的基本原则。
3. 试述商法的独立性。

案例分析

2008年9月，可口可乐提出以每股12.2港元，总计近180亿港元全面收购汇源果汁，合计持有汇源果汁公司66%股份的汇源果汁控股有限公司、法国达能集团和美国华平基金三大股东表示接受并做出不可撤回的承诺。每股作价较汇源当时股价溢价近两倍。并引起了汇源在香港上市股价大幅上升。

2008年9月18日，可口可乐公司向商务部递交了申报材料。11月20日，商务部认为可口可乐公司提交的申报材料达到了《反垄断法》第23条规定的标准，对此项申报进行立案审查，并通知了可口可乐公司。由于此项集中规模较大、影响复杂，2008年12月20日，初步阶段审查工作结束后，商务部决定实施进一步审查，书面通知了可口可乐公司。在进一步审查过程中，商务部对集中造成的各种影响进行了评估，并于2009年3月18日作出了禁止这项经营者集中的决定，即可口可乐收购汇源案未通过中国审查。[1]

商务部阐述了否决收购的三大原因：①如果收购成功，可口可乐有能力把其在碳酸饮料行业的支配地位传导到果汁行业；②如果收购成功，可口可乐对果汁市场的控制力会明显增强，使其他企业没有能力再进入这个市场；③如果收购成功，会挤压国内中小企业的生存空间，抑制国内其他企业参与果汁市场的竞争。

问：结合本案，说明民法、商法与经济法的关系。

---

〔1〕《中华人民共和国商务部公告》2009年第22号。

第二章　商　主　体

◇ 知识结构图

- 商主体
  - 商主体概述
    - 商主体的概念
    - 商主体的特征
  - 商主体的分类
    - 法定商人、应登记商人和任意商人
    - 固定商人和拟制商人
    - 大商人和小商人
    - 商个人、商合伙和商法人
  - 商中间人与商辅助人
    - 商中间人
      - 代理商
      - 居间商
      - 行纪商
    - 商辅助人
      - 经理人
      - 代办人

◈ 本章导读

商主体是指依照商法规定，从事以营利为目的的活动并以其为经常职业，享有商事权利，承担商事义务和责任的个人和组织。对于商主体概念的确定，各国采取客观主义、主观主义和折中主义三种立法原则。商主体的法律特征体现在行为、职业、营业、技能、登记注册、资格等方面。根据不同的标准和目的以及各国不同的传统，商主体有多种分类。从组织形态上看，商主体可分为商个人、商合伙和商法人。

◉ 司考重点

理解商主体的概念和特征，掌握商个人、商合伙与商法人的区别

第一节 商主体概述

一、商主体的概念

商主体是指依照商法规定,从事以营利为目的的活动并以其为经常职业,享有商事权利,承担商事义务和责任的个人和组织。简言之,商主体是具有商事能力的商事法上权利与义务的归属者。

在如何确定商主体的概念这一问题上,世界各国有三个不同的立法原则,即客观主义原则、主观主义原则和折中主义原则。[1]

客观主义原则,又称实质主义原则,它是指商法着眼于行为自身的商的性质,并将其行为主体确定为商主体。法国大革命以后,商法从其专属于商人团体的法中解放出来,成为一般市民的法。在此背景下,商人不再是一个享有从事商行为特权的阶层。相反,一般市民都可以经商。所以,商主体的确定不应再依据其身份,而应根据其是否从事商行为。由此,规制商主体的客观主义原则就应运而生了。首创这一原则的是《法国商法典》,该法典第1条明确规定:商人者,以商行为为业者。德国旧商法也采用此原则,该法典第4条规定,以商行为为业者是商人。特别是1885年的《西班牙商法典》,该法典以自己的鲜明特色向人们揭示了客观主义原则应有内涵,即重视商行为概念的基础作用,以商行为概念揭示商主体的范围,强调商主体资格对商行为的依存。

主观主义原则,又称形式主义原则。主观主义原则首先确定商主体的概念,然后导出商行为的概念,在确定商主体范围时,着眼于商行为的形式,通过列举商行为(如销售、制造、加工、运输、广告等)来确定商人的范围。1897年《德国商法典》即德国新商法典是采用该原则规定商主体的代表。依该法典的规定,商人是从事商事经营的人。该法典强调商主体这一概念在法律适用中的核心地位,而不是依商行为的客观性质确定商主体。瑞士债务法也是采用主观主义原则规定商主体的一个典型,依该法典第934条规定,从事商业制造业及其他以商人的经营方法营业并将其商号注册登记者为商人。

折中主义原则是对客观主义原则的修改,它同时将商主体和商行为概念作为商法的基础,并且,在规定商主体时,既注意商行为的客观性质,又着眼于商行为的形式。法国现行商法典是采用这一原则的代表。它以商行为概念作为规定商主体即商人的基础,但同时也在一定程度上以商人规定商行为的范围。《日本商法典》也采用折中主义原则规定商主体,它一方面以一定行为的自身性质将其视为商行为,而另一方面又

---

[1] 王保树:《商事法理念与理念上的商事法》,载《商事法论集》(第1卷),人民法院出版社1997年版,第23页。

列举出另外一些行为,仅在商业情况下视为商行为。在此基础上,视以商行为为业者是商人。

上述之原则中,客观主义原则注重行为的客观的商性质,从而高度概括商主体的特征。但是,这种概括往往会出现含混不清的缺点。主观主义原则通过列举商行为确定商主体的范围。它克服了客观主义概括含混不清的缺点,但社会经济发展迅速,列举主义很难摆脱挂一漏万的痼疾。折中主义原则将概括主义和列举主义有机结合,从而较好地确定了商主体的特征和范围。正是基于这一原因,多数国家采用此原则规定商主体。

二、商主体的特征

概括说来,商主体具有以下几个基本特征:[1]

1. 行为特征

商主体总是要实施一定的经营行为。至于商主体的哪些行为是商行为,则应由法律明确加以规定。如上所述,有的国家的商法对商行为作概括性规定,有的则作列举性规定,有的是同时采用概括性规定与列举性规定。对商主体的认定,我们不能仅从身份出发,而要从行为的内容和性质出发。不实施特定商行为的人不能被认定为商主体。

2. 职业特征

商主体必须以实施商业交易为其职业。职业是该商主体所经常从事或赖以谋生的活动。如果偶尔从事交易行为,如农民将自留地上种的自己吃不完的菜拿到集市出卖,就不是我们这里所讨论的职业行为,因而偶尔出卖蔬菜的农民就不是商人。

3. 营业特征

商主体的活动总是以营业的方式进行。所谓营业是指商人以谋取利益为目的反复不断地从事同一性质的经营活动。从时间上看,这种活动可以有一定期限,也可以是无限期的,但不能是偶发的。从内容上看,这种活动是有一定范围的,而不是毫无限制的。也就是说,营业行为是在较长时期内反复实施相同类别的商业交易行为。

4. 技能特征

商主体从事商行为必须具备相应的知识、信息、经验、技术和能力。随着商品经济的发展,对商主体必须具备某种知识与能力的要求会越来越高。在商品经济发展的初期,对商主体的这种要求并不突出,法律上也没有明确。但在现代商品经济条件下,缺乏相应的知识技能而能从事商业活动是不可想象的。一些国家的立法已在这方面作了具体规定,如美国《统一商法典》在界定商人时,就特别强调商主体的专门知识技术。

5. 注册特征

取得商主体资格须先向政府注册部门办理注册登记。政府注册部门要对欲从事

---

〔1〕 顾功耘主编:《商法教程》,上海人民出版社 2001 年版,第 35 页。

某种商行为的人所应具备的条件进行审核。一般来说,未经政府注册部门注册,不能从事商业性活动(但也有例外,如我国的农村承包经营户)。

6. 资格特征

一般来说,大多数商主体经注册登记才具有商事权利能力和行为能力,并享有商事权利和承担商事义务。商主体的商事权利能力和行为能力受到注册登记的限制。商主体以自己的名义实施商行为,其后果也由自己独立承受。

第二节 商主体的分类

商主体的分类是指依据不同的标准,对商主体进行的类型划分。

一、依照商主体是否以注册登记为其要件,可以将商主体分为法定商人、应登记商人和任意商人。德国采用这种方法划分商主体

法定商人又称必然商人或免登记商人,是指从事法律规定的特定的商行为,无须注册登记即自动取得商人资格的商人。

应登记商人是指依法经注册登记并在核定的范围内从事行为的商人。在德国商法中,法定商人以外的商事活动经营者,如果需要一种以商人方式建立起来的经营活动,即有义务在商事登记簿上登记注册。成为应登记商人应具备以下条件:(1)经营者从事法定商人所经营的业务及农林业务以外的经营,主要是原材料的生产和所有种类的服务性行业经营。这些经营必须是以营利为目的、符合商事经营基本特征的。(2)经营者必须有一套有规则的、以商人身份和组织机构建立起来的经营方式。(3)经营者必须在商事登记簿上登记注册,否则,登记法院可以通过强制性罚款的办法来促使企业履行登记义务。[1]

任意商人又称自由登记商人,是指可任由主体决定是否进行注册登记、商人资格与登记无关的商人。在德国商法中,成为任意商人应当具备以下条件:(1)经营者从事农业、林业及其附属业的经营。所谓附属业是指虽然不直接从事农业和林业,但在人力、物力上与农业、林业有直接的、不可分离的联系,同时又具备一定独立性的经营。(2)经营者根据经营的范围和种类,也需要一种以商人方式建立起来的经营活动。(3)经营者可自由决定是否在商事登记簿上进行注册登记。

二、依照商主体是以商行为为标准还是以采取企业设备和企业形态为标准,可以将商主体分为固定商人和拟制商人。日本商法采取这一分类方式

固定商人是指以谋取利益为目的,有计划、反复、继续地从事一种或多种营业并以此为职业的人。这里的营业可以是主观意义上的营业,即商人为营业的目的而进行的

---

〔1〕 赵中孚主编:《商法总论》,中国人民大学出版社1999年版,第75页。

活动。也可以是客观意义上的营业,即商人为了一定的营利目的而运用其全部的有组织的财产。营利性是商主体最为显著的外部特征,只要以营利为目的,不论结果如何,都不能否认主体的商人性。一般我们所言的营利是追求超出成本的收益,并将它在团体成员、各股东之间进行分配。而日本法上使用的是广义的营利概念,主体只要采取独立核算制,一般都认定其行为具有营利目的。例如,公益法人在营利事业中,把盈利用于未来事业时,也被认定为商人。

拟制商人是指虽然不以实施商行为为业,但依据法律的规定而将其视为商人。由于现实经济生活的不断发展,法定商人的范围日益显得狭窄,拟制商人正是为了解决这一矛盾而由法律创制的。例如,现行《日本商法典》第 4 条第 2 款规定,以下行为人,虽然不以实施商行为为业,也视为商人,其主要包括:(1)依店铺及其他类似设施,以出卖物品为业者;(2)经营矿业者;(3)依商法典公司编规定设立的以营利为目的的社团。根据德国商法的规定,如果企业已经在商事登记簿上登记注册并且正在从事经营活动,即便企业并不从事商行为,但鉴于登记的效力,该企业应当被视为商人。

三、依商主体的规模为标准,可以将商主体划分为大商人和小商人

大商人又称为完全商人,小商人又称为不完全商人。在确立大小商人的标准上,各国不尽相同,有的以资金为标准,有的以经营范围或纳税义务为标准。比如,日本将公司对外营业资金不足2000 日元的商人界定为小商人。当然,大商人与小商人在性质上并没有什么不同。只是立法对小商人的规制要宽松一些,如小商人一般来说不需要建立像大商人那样严格完整的规章制度。《日本商法典》第 8 条规定,该法关于商业登记、商号及商业账簿的规定,不适用于小商人。德国在 1998 年以前,也将商人划分为大商人和小商人,但根据 1998 年德国的《商法改革法》,已不再作这样的区分。

四、依照商主体的组织形态,可以将商主体划分为商个人、商合伙和商法人。这是最基本的商主体分类方式。它抛弃了传统商法中关于商人分类细微而繁杂的规定,为现代商法所采用

商个人又称为商自然人、个体商人,是指依商法规定,独立从事商事活动,享有商事权利、承担商事义务的自然人。在我国,商个人主要表现为个人独资企业、个体工商户和农村承包经营户。商个人具有以下特征[1]:(1)身份的双重性。商个人具有商人和自然人的双重身份。作为自然人应当具有权利能力和行为能力,作为商人应当具有与其经营规模相适应的资本金或物质基础,并且一般须经过登记方可实施商行为。(2)形式的多样性。商个人可以采取独资企业的形式,也可以采取店铺、摊点、流动的小商贩的形式。在我国,商个人可以表现为一个自然人(公民)、“户”(个体工商户、农村承包经营户),也可表现为个人投资设立的个人独资企业。(3)行为的营利性。商个人的经营活动以营利为目的。(4)经营的集中性。商个人在经营中,即使采取独资企

---

〔1〕 徐学鹿主编:《商法总论》,人民法院出版社 1999 年版,第 209 页。

业的形式,业主都是个人,业主集经营决策等经营权利于一身。(5)责任的无限性。商个人对外承担无限责任,即不以投入企业或营业的资本为限。商个人从事商事活动所发生的债务,个人经营的,以个人财产承担;家庭经营的,以家庭财产承担。目前,我国关于商个人的法律渊源有:《民法通则》、《民法总则》、《个人独资企业法》、《个体工商户条例》、《私营企业暂行条例》。

商合伙是由合伙人订立合伙协议,共同出资、合伙经营、共享收益、共担风险,并对合伙的债务承担无限连带责任的营利性组织。在我国,商合伙被称为合伙企业,由自然人、法人和其他组织依法成立,为非法人企业,具有极强的人合性。商合伙不具有完全的责任能力,普通合伙人对合伙经营产生的债务承担无限连带责任;商合伙以合伙协议为设立的基础;商合伙的财产为合伙人共有,这种财产与合伙人的其他财产未彻底分离,商合伙自身没能成为一个完全独立的财产。目前,我国关于商合伙的商法的法律渊源有:《民法通则》、《民法总则》、《合伙企业法》、《中外合作经营企业法》,其中《合伙企业法》是最主要的渊源。商合伙与民事合伙存有明显的区别:商事合伙是基于营利目的而设立,有商号,并经过登记取得商主体资格的非法人企业。我国《合伙企业法》规定的合伙企业就是典型的商事合伙。民事合伙因民事主体的消费活动和生活目的而存在,不以营利为目的,大多比较松散,一些非营利性团体或俱乐部也是民事合伙。

商法人,是指按照法定构成要件和程序设立的,参与商事法律关系,依法独立享有权利和承担义务的法人。法人制度历史久远,但是,我国真正以商法人的标准所建立的法人制度的出现,应是在公司制度建立之后[1]。商法人应具有以下三个特征:第一,法人性。商法人属于法人的一种,应当具有法人的基本特征,包含四个方面:(1)依法设立。依法定的程序和条件,履行法人登记而取得主体资格,具有商事权利能力和行为能力。(2)具有独立的财产。商法人的财产来源于其成员的投资,但独立于其成员的财产,商法人可以独立地占有、使用和处分。商法人独立的财产是其独立进行商事活动、承担独立责任的前提和保障。(3)设有组织机构。商法人是一个法律拟制体,必须设有健全的组织机构,按照自己的意愿,通过自己的选择来活动,以实现团体意志。商法人对外进行商事活动,是按照组织体的共同意志,而不是某个成员或某几个成员的个人意志。(4)有责任能力。商法人以其全部财产对债务承担独立、无限清偿责任,资不抵债时实行破产,而不需要由其成员承担责任。这种责任独立是绝对的,不能涉及他人。第二,社团性。所谓社团性,是指商法人应由两个以上的出资人组成,但一人公司的出现是传统社团性理论的突破。第三,营利性。即商法人必须从事以营利为目的的经营活动。目前,我国关于商法人的商法的法律渊源主要有:《民法通则》、《民法总则》、《公司法》、《全民所有制工业企业法》、《中外合资经营企业法》、《中外合

---

〔1〕 赵万一主编:《商法》(第4版),中国人民大学出版社2013年版,第21页。

作经营企业法》、《外资企业法》、《城镇集体所有制企业条例》、《公司登记管理条例》、《企业法人登记管理条例》。

第三节 商中间人与商辅助人

一、商中间人

(一)商中间人的概念

与从事直接商行为的商主体相比,以从事间接商行为或中介商行为为业者,称为商中间人。在商事登记中,其名称中常冠以"中介公司"、"代理公司"或"经纪公司"等,以示职业特征和主体身份。

在工商业高度发达的社会,商中间人已经成为商品交换不可缺少的一环,将其列入商主体研究的范围有一定的理论价值。商中间人为商事主体之一,从事经营性行为,但与直接从事商品生产和商品交换的商主体在经营方式、权利能力、行为能力和责任能力以及政府对其所实施的管制方式、税收方式等方面有明显的差异,因此,确立商中间人的法律地位又具有十分重要的实践意义。

(二)商中间人的类型

商中间人主要包括以下三种类型:

1. 代理商

代理商为独立的商人类型,商事代理顺应了商事活动的客观要求,是对民事代理的革新与发展。无论大陆法系还是英美法系国家,对代理商及其从事的行为都有专门立法。在我国也大量存在商事代理活动,但尚缺乏关于代理商或代理行为的专门立法。在司法实践中,商事代理纠纷适用于《民法通则》中关于民事代理的有关规定。在大陆法系国家,代理商是指接受他人委托固定地为其他业主促成交易或以其他业主的名义缔结交易。具体而言,代理商具有以下特点:

(1)代理权源于被代理人之委托,即商事代理只能是委托代理,无法定代理、指定代理之类型。(2)代理商的行为具有营利性,被代理方可以是商人,也可以是非商人。代理人在营利的前提下,向被代理人提供服务:这是区别于民事代理的根本所在。(3)代理商须经过注册并进行连续性经营。(4)代理商不以显名为必要,既可以以被代理人名义,也可以以自己的名义从事商事活动。(5)代理商是完全商人,其行为具有独立性。代理商通过自己的营业活动收取佣金以及为几个被代理人的代理人,代理商不依赖于被代理人而存在,有别于企业雇员。

2. 居间商

居间商是指为获取佣金而积极促成契约缔结的商人。通常居间商掌握着具有一定特殊性的专门的市场知识,对特定领域的市场行情比较熟悉和精通,正是由于居间商特殊的市场技能，居间商对于促进商事交易发挥着举足轻重的作用，大陆法系国家商法典对其均有明确的规定。我国合同法对居间合同仅作了一般性规定，而没有考虑商事居间的特殊性，对居间商之立法尚有待完善。居间商具有以下法律特征：(1)居间商是合同缔结的积极促成者。居间商追求行为结果之报酬，因此，其能充分利用机会并寻找机会，表现出相当的灵活性和积极性。(2)居间商是合同的中介人，并不受委托人与第三人所订合同之约束。居间人仅给委托人提供订约的机会，或充当委托人与第三人订立合同的媒介、桥梁，使双方得以订立合同，并不参加委托人与第三人的订约洽谈过程，对其促成活动所导致的后果也不负有义务。(3)居间商有权收取佣金。居间活动是一种经营性活动，具有有偿性，委托人应当依合同约定或法律规定向居间人支付报酬。一般情况下，合同成立后，居间商才有资格获取佣金。

3. 行纪商

行纪商是指以自己的名义为委托人从事贸易活动的商主体。其特点为：(1)行纪商以自己的名义实施商行为。行纪商与第三人进行贸易时，必须以自己的名义，而不以委托人名义进行。这是行纪商与代理商及居间商的根本区别。行纪商在接受委托后，是以自己的名义与第三人进行交易，独立享受权利和承担义务，委托人与第三人不发生直接法律关系。(2)行纪商为委托人的利益从事贸易活动。行纪商虽然以自己的名义从事贸易活动，与第三人直接发生法律关系，但其所产生的权利和义务最终由委托人承受，风险也由委托人承担，因此，行纪人在实施行纪行为时，必须对委托人负责。(3)行纪商必须遵从委托人的指示。行纪商在办理受托的行纪事务时，必须在委托人指示的权限内进行，不得超越权限、自作主张，否则应自行承担责任。(4)行纪商在办理行纪事务时所产生的一切费用由委托人负担。

二、商辅助人

(一)商辅助人的概念

商辅助人又称为商使用人，是指受商主体委任或雇佣，辅助商主体从事商事经营活动的人。商辅助人有两个基本特征：一是辅助性，即只是辅助商主体的行为，按商主体的指令或根据合同约定做好辅助性工作。二是从属性，即在商事活动中仅能以商主体的名义在商主体的授权范围之内从事商事活动。按照基于法律关系的不同，分为基于雇佣关系产生的商辅助人和基于委托关系产生的商辅助人。基于雇佣关系产生的商辅助人，是指依据商主体和商辅助人订立的雇佣合同而产生的商辅助人，包括推销员、采购员等。基于委托关系产生的商辅助人，是指依据商主体和商辅助人之间订立的委托合同而产生的商辅助人，包括经理人、代办人等。

(二)商辅助人的类型

1. 经理人

经理人是指接受商人授权而为商人进行商事管理及商事经营的人，是商事活动中的特殊行为主体。西方发达国家商法不同程度地对经理人及经理权有专门立法，我国没有这方面的专门立法。我国公司法有相关规定。从法律上讲，经理权以民法上的代理权为基础，但又有其特殊性，主要表现为：(1)经理人的经理权来源于商人的直接授权，由商主体与经理人之间的委托或雇佣合同来确定其权利范畴，并非法律规定，是典型的直接代理人，并以被代理人的名义为商行为。经理人的选任及解任，由商主体依规定进行。(2)经理人的主要职责是对内管理商人的日常经营活动，对外代理商人处理各类业务，如企业的生产计划、投资方案、规章制度、人员聘任等。(3)经理人对外全权代表商人，经理人对于第三人视为具有管理上的一切权利，如对经理人的代理权加以限制的，不得对抗善意第三人。(4)经理人在行使代表权时，其业务活动签名必须与商主体的商号、印鉴结合才产生法律效力，以表明该行为与个人行为相区别。(5)经理人应尽心尽责，谨慎履行职责，维护商主体利益，不得谋私利，因失职造成损失的，应承担赔偿责任。(6)依各国立法及商业惯例，经理人除特别授权外不得处分商主体的不动产，目的在于防止权利滥用，维护商人核心财产的稳定性。

2. 代办人

代办人是指受商主体委托，于一定处所或一定地区内，以商主体的名义办理其事务之全部或一部分的非经理人。代办商与经理人相似，其权利均来源于商主体的直接授权。但两者有较大的区别：(1)经理人的权利广泛，对内有管理权，对外有代表权，在法律上，经理人的行为对商人直接生效，所以，一旦授予他人经理权，商人便承担由此产生的风险和责任；而代办商的权限较小，一般均被限定在对外业务范围内。法律上对代办商的权利也予以限制。(2)经理人的权利必须通过明示授予，代办商的权利则可以通过默示授予。(3)代办商可以为数商号代理或介绍，而经理人仅隶属于一个商号[1]。

思考题

1. 简述商主体的概念和特征。
2. 简述商个人、商合伙与商法人的区别。
3. 简述民事合伙与商合伙的区别。

---

[1] 赵万一主编：《商法》(第4版)，中国人民大学出版社2013年版，第27页。

第三章 商事行为

◇ 知识结构图

- 商事行为
  - 商事行为概述
    - 商事行为的概念
    - 商事行为的特征
  - 商事行为的种类
    - 单方商事行为和双方商事行为
    - 绝对商事行为和相对商事行为
    - 基本商事行为和附属商事行为
    - 一般商事行为和特殊商事行为
  - 一般商行为
    - 商事债权行为
    - 商事物权行为
    - 商事交互计算
  - 特殊商行为　商事买卖、商事代理、商事信托等

◈ 本章导读

商事行为应当是商事主体所从事的以营利为目的，旨在设立、变更或消灭商事法律关系的经营行为。大陆法系国家商法中认定商行为标准的立法模式，有主观主义、客观主义和折中主义。商行为具有主体的商人性、目的的营利性、行为的经营性、技术性的特征。对于商行为，依据不同的标准和目的，有多种分类。

◉ 司考重点

商事行为的概念、特征

第一节　商事行为概述

一、商事行为的概念

商事行为,又称为商行为,是大陆法系商法中的特有概念。大陆法系学者通常认为,商主体制度和商行为制度是构成商法的两大基本制度,商法的主要内容都是为规范这两大制度而设,其他规则仅具有辅助性的意义。在英美法系国家特别是美国,其商法虽然也表现出制定法的特征,但这些国家更多强调的是商事立法的实用性和实践性,并不重视对商法中抽象概念的逻辑演绎,因此,没有商事行为的概念。

在大陆法系国家,商行为是相对于民事行为而言的,它有不同于民事行为的独特之处。正是这种独特之处,使得商法能从民法中独立出来,自成体系。

由于法律传统不同,大陆法系国家对商事行为的认定有不同的标准。归纳起来,主要有以先前的法国商法为代表的客观主义标准,以德国商法为代表的主观主义标准,以及以日本商法为代表的折中主义标准。

客观主义标准认为,应当以行为的内容和形式来判断某种行为是否属于商事行为,而不论该行为是否为商人所为。按照客观主义标准,不管行为人是不是商人,只要其行为具有营利性,就属于商事行为。主观主义标准是以行为人的身份来确定行为的性质的,认为只有商人所从事的特定行为才属于商事行为。折中主义标准则认为,应采用客观主义和主观主义双重标准来判断某种行为是否属于商事行为。

在我国,商事行为并非严格意义的法定用语,而是商法理论研究和实务当中所使用的一个概念。正因为如此,人们对商事行为的概念没有一个统一的认识。但大多数人认为,应当从以下方面把握商事行为的概念:第一,商事行为应与商事主体这一特定的身份相关,商事行为应是商事主体所为的行为;第二,商事行为应当是以营利为目的的经营行为;第三,商事行为应当是一种旨在设立、变更或消灭商事法律关系的行为。据此,在我国,商事行为应当是商事主体所从事的以营利为目的,旨在设立、变更或消灭商事法律关系的经营行为。[1]

二、商事行为的特征

商事行为作为一种特殊的法律行为,既具有法律行为的共性,又具有自身的特征。概括分析各国商事立法以及一般商法理论,可以认为,商事行为具有以下特征:[2]

(一)商事行为的主体具有明显的商人性

在各种商事交易活动中,其主要的参与者是各类商事主体,包括商个人和商法人。

---

〔1〕 赵旭东:《商法学教程》,中国政法大学出版社2004年版,第41页。

〔2〕 任尔昕:《商法学》,科学出版社2009年版,第26页。

商事行为是以营利为目的的,而在各类社会主体中,只有商事主体以此为存在的基础,也是其追求的最终目的。因此,商事行为与商事主体之间存在一定的因果关系,尤其是在采取主观主义标准的国家中,其法律规定只有商人所为的行为才能被认定为商事行为。需要说明的是,这里所称的商人是依法经过登记并取得经营资格的人,对于不具备经营资格的人是否可以成为商事行为主体的问题,各国法律也有所规定,通常有价证券的买卖行为以及票据行为等法律特别规定的商事行为,对行为主体的经营资格并无强制性要求。

(二)商事行为是以营利为目的的行为

营利性是"商"的本质特征,商事行为也具有这样的特征。如前所述,商事行为主要是指商事主体的以营利为目的的行为,商事主体的存在就是为了追求资本增值,其行为的目的也是在追求利益最大化的结果。营利性的目的是判断和推定商事行为重要事实依据之一,许多国家的商法之所以将商事主体的行为和营业行为推定为商事行为,主要是根据商事主体和营业行为的营利性目的作出判断的。

(三)商事行为是经营性行为

经营性是指营利行为的连续性、反复性,它表明商事主体至少在一段时期内连续不断地从事某种性质相同或相似的营利活动,因而,商事行为应当是一种职业性的营利活动。因此。"偶然所为之营利行为,不得成为营业",不属于商事行为。由于国家一般将连续性、反复性的营利活动纳入了专门管理的范围,要求其实施者进行商事登记,故凡是商事登记的行为可以推定为商事行为。

(四)商事行为具有很强的技术性特征

商事行为的技术性特征,一般表现为行为方式以及程序等方面设计的法定性和强行性,如对票据行为无因性、要式性、文义性、独立性的设计,对期货交易程序和证券交易程序的设计,保险合同标准条款的设计等,这些都是商事行为技术性特征的具体表现。科学技术的发展,尤其是电子计算机和互联网在商业领域的广泛应用,推动了商事交易的发展,也对商事行为产生了巨大的影响,商事行为的技术性含量也更高了,网上交易行为的出现,打破了传统的交易方式,商事行为的技术性特征将表现得越来越突出。

第二节 商事行为的种类

从大陆法系国家的商事立法的内容来看,对商事行为所做的分类,主要是对商事行为概念的补充,以达到使商事行为的概念更加准确、更加完整的目的。从不同的角度或者以不同的标准可以将商事行为分为不同的种类。

一、单方商事行为和双方商事行为

根据商事交易双方当事人的目的不同,可以将商事行为分为单方商事行为和双方商事行为。单方商事行为是指交易双方中仅有一方当事人以营利为目的的商事行为,单方商事行为的当事人中只有一方为商事主体,而另一方不是商事主体。如零售商与消费者买卖行为,公交公司与乘客之间的行为等。双方商事行为是指交易的双方当事人都是以营利为目的的交易行为,双方当事人都是具有经营资格的商事主体。如制造商之间、销售商之间以及他们相互之间的买卖行为,广告商与制造商或销售商等之间的交易行为,等等。

一般来说,商法是各国对双方商事行为法律调整的主要手段,只有在特定情况下,其他法律才会对双方商事行为进行必要的控制,如各国反垄断法对双方商事行为的法律控制。但各国对单方商事行为法律调整的规定则有些不同。因为在单方商事行为中,双方当事人的地位具有一定的特殊性,其中一方为商事主体,另一方是非商事主体,从经济实力和掌握专门技能方面讲,也表现出双方地位的不同,此外,双方当事人行为的目的也是不相同的,一方以实现商品或服务的价值为目的,另一方则追求的是商品或者服务的使用价值。从某种意义上讲,单方商事行为实质上是发生在商事主体与民事主体之间的交易行为。基于对此问题的理解角度不一样,使得各国对单方商事行为的法律规定有所不同。以德国、日本为代表的国家认为,单方商事行为虽然具有一定的特殊性,但其本质上仍然属于商事行为的范畴,应当受到商法的统一控制。以法国为代表的国家认为:单方商事行为是商事行为与一般民事行为的结合,因此商法中诸多统制性规定仅适用于商人一方当事人,而不适用于非商人一方当事人。

二、绝对商事行为和相对商事行为[1]

绝对商行为是指依照行为的客观性和法律的规定而必然认定的商行为。它不以行为主体是否为商人和行为本身是否具有营利性为认定要件,仅仅以行为的形式为认定要件。在许多国家,票据行为、证券交易行为、融资租赁行为、保险行为、海商行为等均为绝对商行为。绝对商行为通常由法律限定列举,不得作推定解释。相对商行为是指依行为的主观性和行为自身的性质而认定的商行为。它以行为主体是否为商主体和行为是否具有营利特性为认定要件。凡是由商人所从事的营利行为就是商行为。

三、基本商事行为和附属商事行为

依据同一商事营业内商事行为的内容不同,将商事行为分为基本商事行为和附属商事行为。基本商事行为是指在同一商事营业内直接以营利性交易为内容的商事行为,是绝对商事行为和营业商事行为的总称。附属商事行为又称为"辅助商事行为",是指在同一商事营业内具有协助基本商事行为实现的辅助行为,不具有直接营利性的属性,是间接媒介商品交易的行为。简单来讲,附属商事行为是商事主体为营业而附带进行的行为。

把商事行为分为基本商事行为和附属商事行为,在理论上和司法实践中对确认具

---

〔1〕 范健主编:《商法》(第4版),高等教育出版社、北京大学出版社2010年版,第58页。

体商事行为的性质是具有实际意义的。在传统商法理论中基本商事行为也被称作“买卖商事行为”或“固有商事行为”,这主要是因为传统商法理论多强调基本商事行为“直接媒介商品交易的”的属性。在现代经济条件下,随着一些新的产业的出现,诸如信息、技术产业等,这些原有对基本商事行为的一些界定规则,已不能完全适应商事行为的发展变化,需要将一些新的营利性营业行为补充、纳入到基本商事行为的范围内。

四、一般商事行为和特殊商事行为

按照商事行为是否被法律特别调整,将商事行为分为一般商事行为和特殊商事行为。一般商行为是指商事交易中具有共性的,并受商法规范调整的行为。其主要包括商事债权行为、商事物权行为、商事交易结算行为。特殊商行为是指在商事交易中具有个性,并受商法中的特别法调整的行为,如商事信托、商事运输、商事租赁等。

第三节 一般商行为

一、商事债权行为

作为民事法律行为的特殊形态,商行为首先表现为一种特殊形式的债权行为。债的关系首先表现为一种民事法律关系,因此,商事债权行为的构成要件以民事法律行为的构成要件为基础。在具体行为的法律适用中,民法提供了基本原则,商法则根据商事交易的特点作出了特殊的规定,这些特殊规定在法律效力上优先于民法的规定。在西方国家的商法典和商法学理论中,商事债权的特殊性主要涉及商事合同缔结过程中要约与承诺的特殊性、对意思表示之缄默和缄默之错误的特殊性规定等内容。

二、商事物权行为

物权首先是民法中的一个基本范畴,规定在民法典之中。在大陆法系国家民法典中,物权通常包括物之占有、土地物权一般规则、所有权、地上权、地役权、先买权、物上负担、抵押、土地债务、定期土地债务、动产质权、权利质权等内容。民法所规定的物权原则,通常对于私法活动具有普遍适用的价值,是商事物权的基础。在一般商事活动中,涉及物权问题,可以适用民法中的有关规定。但是,对于一些特殊商行为,在民法之外,商法中有特殊的补充性规定,这些特殊规定对于商行为具有规范性意义,由此,它们在一定程度上构成了商事物权与民事物权在法律上的差异。当然,任何一种商事物权行为,仅仅适用商法的规定是不够的,它还必须借助于民法中的规定予以考虑。

商事物权在内容上主要涉及商事所有权,即商行为中所涉及的财产所有权的特殊性问题,如商事交易中财产所有权之取得、财产的让与,公司法上的财产权、股东权等;商事质权,即商行为中所涉及的动产质权之设定、动产质权之时效、动产质权之实现等;商事留置权,即商事留置权的形成与排除、商事留置权的效力等。

三、商事交互计算

商事交互计算是在各国商法中被普遍采用的商行为,它实际上是一种活期账户结算方法。它通过双方的约定,以结算结果和结算后所确定的余额来实现债务了结。在这种债务了结方式中,借助于定期结算,交易双方当事人在商事业务往来中形成的债权和债务不断得以清算,从而避免了单方面独立的债权和债务的生效。对于商事交互计算的概念、方法、原则,交互计算关系的形成条件,交互计算的法律效力,交互计算中的担保与抵押以及交互计算关系的解除等,一些国家的商法典中都有明确的规定。

第四节 特殊商行为[1]

一、商事买卖

商事买卖是商法中最重要、最常见的特殊商行为之一,是一种特殊而专门的商事交易形式。在各国商法中,商事买卖以民事买卖为基础和出发点,但是商事买卖与民事买卖并不可相提并论。民、商法中关于买卖的概念、性质、对象以及原则不尽相同。尤其在欧洲大陆法系国家,在民法典之外所制定的商法典中,都有对商事买卖行为的特别规定。这些规定一般是从商事交易的迅速、明确、安全角度出发所提出的,主要涉及商事买卖中的迟延责任、商事买卖中给付标的物瑕疵责任的特殊性问题。我国至今没有制定专门的买卖法,《合同法》第九章"买卖合同"可以被视为我国现行法律中关于买卖的专门规定。但是,《合同法》中关于买卖的规定,没有区别民事买卖和商事买卖,没有对商事买卖作出有别于一般民事买卖的特殊规定。因此,就商事买卖而言,仅有这些规定,在立法上仍然是不完善的。

二、商事代理

商事代理是最基本的商行为之一。从商行为角度研究代理,与前面从商主体角度研究代理商,虽然彼此存在不可分割的联系,但两者侧重点各有不同,这种不同还导致了立法模式和立法方法上的差异。

从行为角度考察,商事代理是指在商事交易中,代理人在代理权限内,以被代理人的名义实施法律行为,其结果由被代理人承担的一种商行为。无论大陆法系还是英美法系,商法中对商事代理都有专门规定。不过,在英美法系国家,由于没有民法传统,因此,代理法主要是指商事代理法。而在大陆法系国家,民法是商法的基本法,代理行为在立法上分为民事代理与商事代理,并且分别规定于民法典和商法典之中。商事代理以民事代理关系为其法律关系的构成基础,但在主体、客体和内容上都存在一定的差异。这种差异在大陆法系的不同国家中又存在区别。以商主体为立法中心的国家,特别强调代理商的资格;而以商行为为立法中心的国家,则强调行为的营利性。在我国,立法上至今没有严格区分民事代理与商事代理。《民法通则》第四章、《民法总则》

---

[1] 范健主编:《商法》(第4版),高等教育出版社、北京大学出版社2010年版,第61~63页。

第七章对民事代理作了专门规定,而商事代理,至今还没有专门立法,司法实践中的商事代理行为通常主要参照适用《民法通则》、《民法总则》中的规定。

三、商事行纪

商事行纪是指商主体以自己的名义为他人(委托人)购买或销售货物、有价证券,由此获取报酬,并以此作为职业性经营的行为。从商行为角度研究行纪与前面从商主体角度研究行纪,其侧重点同样存在差异。从行为角度考察,行纪行为是大陆法系国家商法中的一种典型商行为。它与代理和居间不一样,在民商分立的国家,只有商法典才规定有行纪商或行纪商行为;民法典中没有关于行纪的规定。因此,它是相对独立于民法典的典型商行为。

四、商事居间

商事居间是指商主体为获取一定的报酬(佣金)而从事的为委托人与第三人订立合同提供缔约机会或者进行介绍,以促成合同订立的行为。从行为角度研究居间与前面从主体角度研究居间相比,同样存在侧重点上的差异。与代理一样,商事居间以民事居间法律关系为其构成和存在的基础,但两者在主体、客体和内容方面都存在颇为重要的差异。这种差异产生的根本原因在于,作为商行为,商事居间的营利性特征导致其行为的构成、行为的有效性以及行为之后果等方面有别于民事居间的特殊性。

五、商事信托

信托最初是英美法系中的一个概念,现已被大陆法系国家商法广泛接受。信托又称为信任委托,它是指委托人将其财产移转到受托人,受托人以自己的名义依照委托人的指定,为受益人的利益或特定目的,管理或者处理财产的行为。信托可分为民事信托和商事信托。民事信托是以安排个人资产移转、承继等为目的的民事法律行为。商事信托是以获取商业利益为目的的商事法律行为。将信托适用于商事领域,最初的动因在于筹集有效资本,并基于此创造出适用于个人、企业和其他组织的共同参与的资本经营模式。在当代现实经济生活中,商事信托无论在种类方面,还是在规模方面,都远远超过民事信托。商事信托种类繁多,它已经涉及现实经济生活的许多方面。常见的商事信托主要有投资基金信托、附担保的公司债信托、贷款信托、设备买卖融资担保信托、公司股东表决权信托、雇员受益信托等。我国现实生活中已经开始出现商事信托,但这方面的立法至今仍很不完善。

六、商事信用

商事信用是英美法系国家商法中使用的一个概念。它是指在商事活动中,商品销售、提供服务、提供贷款等交易中取得商品,接受服务或贷款的一方,同意在将来规定的日期支付货款、服务报酬、贷款本息的承诺。这种承诺代表了一种保证,实际上体现了信守诺言的行为。西方社会流行的记账买卖就是一种简单的商事信用。不过,为了更好地维护商人的利益,目前的商事信用更多地与信用担保联系在一起。我国现实生活中已经开始出现商事信用,但这方面的立法至今仍很不完善。

七、商事期货交易

商事期货交易是商事买卖的一种特殊形态,它是指按照期货交易所的规定,由期货买卖双方商主体在交易所内预先签订产品买卖合同,而期货的支付和货物的交割要在约定的远期进行的一种买卖商行为。由于期货买卖具有一定的投机性,它常常从物的交易变成了期货合约的交易。因此,期货商行为与一般买卖商行为相比,其最大的差异在于,前者交易的标的是货物,而后者交易的标的更多的是合约本身;后者比前者具有更大的投机性和风险性。在我国,伴随着市场经济的繁荣,期货交易已经在现实经济生活中较为广泛地出现,这方面的立法也在不断完善之中。

八、融资租赁

融资租赁是在传统民事租赁行为基础之上发展起来的一种商行为。它是指融租人和承租人双方商主体约定,融租人根据承租人的决定,向承租人选定的第三人(供货方)购买承租人选定的物件,然后将其租给承租人长期使用,以承租人支付租金的方式来收回投资的一种商行为。融资租赁行为实质上是将传统民商法中的买卖行为、租赁行为、金融信贷行为三者结合一体而创造出的一种新的商行为。它在一定程度上代表着特殊商行为在当代的发展。融资租赁是在传统民商法律行为基础之上发展起来的一种新的商行为,现代西方发达国家都对其有专门立法。我国现行法律中,有关融资租赁商行为的规则,主要规定在《合同法》第十四章“融资租赁合同”之中。

九、商事仓储

商事仓储是指由商主体所从事的仓库经营,即货物储存和保管之商行为。在大陆法系国家商法典中,商事仓储是一种典型的商行为。但是,商法中的这一商行为是以民法中寄托行为理论为基础的。传统商法中的商事仓储包括仓储和保管,在立法上未对两者作出十分严格的区分。但我国《合同法》将保管和仓储分别立法,分别在第十九章和第二十章中规定了“保管合同”和“仓储合同”,这一立法模式更注重了两者之间的区别。

十、商事货运

商事货运是以特定的标的物为运输对象的特殊运输商行为,是运输交易中的基本行为方式。这种商行为是一般运输商行为的基础,并与其他的运输商行为,如客运商行为等保持着密切的联系。在一些没有制定统一运输法的国家,常常将运输法中的基本原则规定在货运商行为之中。商事货运与旅客运输在立法上不一样。商事货运是典型的商行为,是商法调整的对象,而旅客运输由于涉及人身问题,因此在许多国家,它不仅仅由商法调整,更多地涉及民法、旅客运输法、交通法等法律法规的调整。我国《合同法》没有对货运和旅客运输作出严格区分并分别立法,而是将这两方面的问题统一规定在第十章“运输合同”之中。

◈ 思考题

1. 简述商行为的概念及立法模式。
2. 商行为的特征有哪些？
3. 商行为有哪些分类？
4. 简述商行为与民事法律行为的联系与区别。

第四章　商 事 登 记

◇ 知识结构图

- 商事登记
  - 商事登记概述
    - 商事登记的概念及法律特征
    - 商事登记的目的
    - 商事登记的立法情况
    - 商事登记的一般原则
  - 商事登记的范围和主管机关
    - 商事登记的范围
    - 商事登记主管机关
  - 商事登记的种类和登记事项
    - 商事登记的种类
    - 登记事项
  - 商事登记的程序和效力
    - 商事登记程序
    - 商事登记的效力

◈ 本章导读

商事登记是指商主体创办人意在设立、变更或终止商主体资格，依照法律规定的条件和程序，向登记主管机关申请，登记主管机关予以审查核准并登记公告的商事制度。商事登记是由创办人申请行为和登记主管机关审查、核准、登记、公告等一系列行为构成的。商事登记的一般原则包括强制登记原则、公开原则、审查法定条件原则。商事登记有设立登记、变更登记、注销登记及分支机构登记、分公司登记、商业名称登记等。商事登记有创设及公示商事主体的效力，并且对外也产生效力。

◉ 司考重点

商事登记的种类、商事登记的程序、商事登记的效力

第一节 商事登记概述

一、商事登记的概念及法律特征

商事登记是指商事主体创办人意在设立、变更或终止商事主体资格,依照法律规定的条件和程序,向登记主管机关申请,登记主管机关予以审查核准并登记公告的法律行为。

就其法律性质而言,具有三个特征:

1. 商事登记是一种创设、变更或终止商事主体资格的法律行为

商事登记的基本目的和意义在于创设、变更或终止商事主体作为民事主体的资格和能力。按照多数国家的法律规定,特定商事主体的资格及商事能力的取得,实质上是具体商事登记行为发生的法律效果,因而特定商事能力的起始取决于商事登记行为生效的时间。

2. 商事登记是要式法律行为

商事登记须依法定程序向法定的登记主管机关履行,其登记注册的事项和内容也由法律特别规定,属于强行法的内容。按照我国和多数国家的法律规定,商事登记必须包括一些必要条款,如商业名称、营业所、注册资金、经营范围等。

3. 商事登记本质上是一种带有公法性质的行为

虽然商事登记有一定的私法性质,但多数国家总是将商事登记制度纳入行政法范畴。在我国,商事登记属于"依申请"的行政行为,它由行政相对人的申请登记行为和行政主管机关的审核登记注册行为组成。[1]

二、商事登记的目的

商事登记的目的,主要涉及三个方面:

第一,商事登记的基本目的在于设立、变更、终止商主体资格,使自己的合法经营受到法律的保护。

第二,商事登记在于公示商主体的营业状况,使公众在了解商事主体经营的基本情况的基础上决定是否与商事主体进行交易,从而维护交易的安全。

第三,通过商事登记,主管部门就可以通过商事登记掌握商事主体的基本情况,便于政府进行宏观调控,对商主体的营业行为进行公法控制。

三、商事登记的立法情况

商事登记法是指规范商事登记行为,确定登记主管机关、登记事项、登记程序等内容,调整商事登记关系的法律规范的总称。商事登记法有三种立法模式:第一种是以

---

〔1〕 赵中孚主编:《商法通论》(第5版),中国人民大学出版社2013年版,第82页。

德国为代表，将商事登记规定在商法典中，所有商事主体普遍适用；第二种是以法国为代表，商事登记法单独制定，作为商法的特别法；第三种是以日本为代表，在商法典中对商事登记作出一般的、原则性的规定，在此基础上，另外制定了商事登记法作为具体适用的规范。

我国目前尚未制定出统一的商事登记法，调整商事登记关系的法律规范除散见于各民商事法律、法规之外，主要有《企业法人登记管理条例》、《公司登记管理条例》、《合伙企业登记管理办法》、《企业名称登记管理规定》、《企业法定代表人登记管理规定》等。

四、商事登记的一般原则

商事登记的一般原则是指在商事登记活动中所应遵循的最基本的规则，它是商法基本原则在商事登记制度中的具体体现，是商事登记的本质反映。

（一）强制登记原则

强制登记原则和任意登记原则相对应。强制登记原则是指一般取得、变更和终止商事主体资格，必须经过登记主管机关核准登记并公告的程序，才发生法律效力。它的含义是：第一，商事主体的设立、变更和终止必须进行登记，非经设立登记者不具有商事权利能力和行为能力，不得从事商事活动；第二，商事登记应就法律规定的商主体的全部必要事项进行登记，商事主体对应该登记的事项未进行登记的，不能发生对抗第三人的效力。早期的商事登记一般都采取任意登记的原则，但为了防止设立商事主体不实导致欺诈行为的发生，现代立法逐渐趋向于采取强制登记原则。我国是一个比较典型的采取强制登记原则的国家。

（二）公开原则

公开原则是指商事主体登记后，必须向社会公开其登记的事项，任何人都有权查阅、复制。公开原则是商法的基本原则之一，其目的在于维护交易安全、便捷，这也是在商事登记制度中设立该原则的目的之一，通过公开，使商事主体的有关登记事项做到众所周知，以达到保障交易安全、便捷的目的。

（三）审查法定条件原则

审查法定条件原则，是指登记主管机关在法定的职权范围内，按照商事主体实体法规定的条件进行全面的审查。商事登记从本质上讲，属于程序法的范畴，它并不能根据登记机关自己的意思，决定某一企业是否具备商事主体资格，是否可以取得法人资格。商事登记主管机关的审查只是对申请人是否达到实体法上所规定的条件，采取不同的审查原则，对法定条件审查的要求不同，如形式审查、实质审查和折中审查；不同类型商事主体，对法定条件的审查要求也不同。

第二节 商事登记的范围和主管机关

一、商事登记的范围

商事登记的范围是指哪些商事主体是法律规定必须进行商事登记的主体，以及进行何种商事登记。如前面所述，商事主体取得主体资格，应当符合法律规定的条件和程序，向登记主管机关提出申请，由主管机关进行确认，但是，确认的程序和方式，则会因商事主体类型的不同而不同。也就是说，申请登记的商事主体的形态不同，法律所要求的登记事项和程序也就有很大的不同。

根据各国法律，并不是所有的从事营利性商业活动的商事主体都要进行商事登记，有些商事主体是无须进行登记的。到底哪些商事主体必须依法进行商事登记，哪些商事主体不需要进行登记，各国的规定不尽相同。德国商法规定，只有完全商人，即有自己商号的商事主体，才履行商事登记，小商人、不具备商人条件但偶尔从事商事行为的商事主体，不必进行商事登记。日本的商法也规定了小商人不必进行登记。我国台湾地区"商业登记法"规定，下列商事主体可以不必进行商事登记：(1)沿门沿路叫卖者；(2)于市场外临时性设摊营业者；(3)自任操作或虽雇用员工而仍由自己操作的家庭农、林、渔、牧业者；(4)自任操作或虽雇用员工而仍由自己操作的家庭手工业者；(5)符合中央主管机关所定的其他小规模营业标准的。当然如果他们要取得商事主体的资格，也必须经过法律确认，只不过无须进行登记而已。

在我国，应当商事登记的商事主体主要有两大类，一类是具备企业法人条件的商事主体，另一类是不具备企业法人条件的企业或经营组织。我国《企业法人登记管理条例》及其实施细则规定，具备企业法人条件的国有企业、集体企业、私营企业、联营企业、在中国境内设立的外商投资企业（包括中外合资经营企业、中外合作经营企业、外资企业）和其他企业，应根据国家的有关规定，按其所属行业申请企业法人登记。对于不具备企业法人条件的企业与经营单位，可以按法规中所列行业申请营业登记，从事经营活动。这些单位有：联营企业、企业法人所属的分支机构、从事经营活动的事业单位和科技性社会团体；事业单位和科技性社会团体设立的经营单位；外商投资企业设立的从事经营活动的分支机构；其他从事经营活动的单位，如个体工商户、个人独资企业。外商投资企业设立的常设办事机构也应当申请商业登记。此外，公司和合伙企业分别依据《公司登记管理条例》和《合伙企业登记管理办法》进行商事登记。

我国法律没有对不进行登记的商事主体作出规定，在实践中，农村承包经营户一般不需要进行商事登记。

二、商事登记主管机关

商事登记主管机关是指按照法律的规定，依法享有商事登记管理职权的，接受商事登记申请，办理商事登记的国家机关。

各国对商事登记主管机关的规定不尽相同，其主要有三种模式：第一，法院是商事登记主管机关。如德国、日本商法规定，商事登记由商人营业所所在地法院办理，法院设立商事登记簿，注册登记簿由法官保管。第二，法院和授权的行政机关是商事登记主管机关。如法国商法规定，法院办理一般商事登记，授权的行政机关办理公司的商事登记。第三，商事登记由授权的行政机关负责办理。英国、美国等国家规定由专门的行政机关办理商事登记。我国商事登记主管机关的确定就采取这一模式。

在我国，商事登记主管机关是各级工商行政管理机关。各级工商行政管理机关独立行使登记管理权，实行分级管理原则。在我国，工商行政管理机关由三级组成，分别是中央工商行政管理机关和各省、自治区、直辖市工商行政管理机关，以及市、县、区工商行政管理机关。工商行政管理机关的级别不同，各自的管理权限也不同。

国家工商行政管理机关具体的登记管辖范围包括以下几类：(1)国务院授权部门批准成立的全国性公司及大型企业；(2)国务院授权投资的公司和企业；(3)国务院授权投资机构或者部门单独投资或者共同投资设立的公司和企业；(4)外商投资企业；(5)省、自治区、直辖市人民政府批准设立的或政府授权部门审查同意由政府各部门设立的经营进出口业务、劳务输出或对外承包工程的公司；(6)依照法律的规定或者国务院的规定，应当有国家工商行政管理机关登记的其他公司。

省、自治区、直辖市工商行政管理机关负责各辖区范围内的商事登记事务，其登记范围具体包括：(1)省、自治区、直辖市人民政府批准设立的股份有限公司；(2)省、自治区、直辖市人民政府授权投资的公司及企业；(3)国务院授权投资机构或者部门与其他出资人共同投资设立的有限责任公司；(4)省、自治区、直辖市人民政府授权投资机构或者部门单独或者共同投资设立的有限责任公司；(5)国家工商行政管理机关委托登记的公司及企业。凡是超过本辖区范围内的上述商事主体，应当由该商事主体所属的省自治区直辖市的工商行政管理机关登记。

其他商事主体的登记，按照本辖区工商行政管理机关管辖的原则，由各市、县、区工商行政管理机关负责商事登记事务。对于设区的市，其市与区之间登记权限的划分，根据法律规定，由省、自治区、直辖市工商行政管理机关规定。

第三节　商事登记的种类和登记事项

一、商事登记的种类

各国法律对商事登记的种类所作的规定不尽相同。在我国，商事登记的种类根据商事主体的类型不同而稍有不同。《企业法人登记管理条例》规定的登记种类有：开业登记、变更登记和注销登记。《公司法》中规定的登记种类包括：设立登记、变更登记、注销登记和分公司的设立登记。此外,在我国的商事登记法中还有关于商号登记的各项规定。

(一)设立(开业)登记

设立登记是商事主体创办者为设立商事主体,使之取得商事主体资格,按照法律规定的程序,向登记主管机关申请,并由登记主管机关办理登记的法律行为。不同类型的商事主体,设立登记的具体要求是不同的。

根据《企业法人登记管理条例》的规定,申请设立企业法人的登记,应当向登记主管机关提交下列文件和证件:(1)组织负责人签署的登记申请书;(2)主管部门或者审批机关的批准文件;(3)组织章程;(4)资金信用证明、具有法定资格的验资证明或者资金担保;(5)企业主要负责人的身份证明;(6)住所和经营场所使用证明;(7)其他有关文件、证件。如果是公司设立登记,根据《公司法》和《公司登记管理条例》的规定,在公司设立登记前,应当先进行公司名称的预先登记。

此外,目前我国对外商投资企业的设立登记申请,还有一定的特殊要求。对于设立不具备法人条件的企业或者经营单位、外商投资企业设立分支机构或办事机构的登记申请,应当依法提交相应的文件。

商事登记主管机关受理登记后,经审查对符合法律规定设立条件的申请单位,应当核准登记注册,并颁发《企业法人营业执照》或者《营业执照》。

(二)变更登记

变更登记是指商事主体对已登记的事项或者其他重大事项进行变更的,依法向登记主管机关申请,并由登记主管机关办理登记的法律行为。已登记的商事主体对名称、住所、经营场所、法定代表人、经济性质、经营范围、经营方式、注册资本、实收资本、经营期限、股东姓名或名称、股东人数等登记事项进行变更的,以及商事主体发生合并、分立、转让、出租、联营、增设或者撤销分支机构的,都应当依法进行变更登记。如果是公司,公司章程的修改,也应当向登记主管机关提交修改后的公司章程或者公司章程修正案。

商事主体变更登记时,应当符合法律规定的条件。我国相关法律规定,商事主体发生变更登记的,应当在作出决定后或者主管部门或者审批机关批准后30日内,向登记主管机关办理变更登记。

(三)注销登记

注销登记是指商事主体歇业、被撤销、宣告破产或者其他原因终止营业时,向登记主管机关办理消灭商事主体资格登记的法律行为。

商事主体在申请注销登记时,应当提交相关的法律文件,如申请报告、法院作出的宣告商事主体破产的裁定或上级主管机关作出的撤销决定或者有关行政管理机关作出的行政裁定以及清理债务完结的证明等。经核准后,登记主管机关办理注销登记,撤销注册号,收缴营业执照正本、副本,收缴公章,并将注销登记情况通知开户银行,自此,商事主体资格消灭。

(四)分支机构的登记

分支机构是指具备法人资格的商事主体在其住所以外设立的从事经营活动的不具备法人资格的经济组织。分支机构的特点是没有独立法律地位,不具备法人资格,只是法人的一个附属机构,因而没有自己独立的名称、章程、财产,法人对分支机构的经营活动承担全部责任。分支机构的登记同样包括设立登记、变更登记、注销登记三种,其基本内容也基本一致。凡是分支机构的登记,其经营范围不得超过其法人的经营范围,如果是限制经营的项目,即使法人可以经营,也并不表明分支机构可以经营。分支机构的登记必须有法人要求成立分支机构的申请。

二、登记事项

登记事项是对商事主体最基本特征的反映和描述,是在办理商事登记时,应当在商事登记簿上登记的项目。

各国法律对登记注册事项的规定,具有明显的技术性特征。作为一个具有独立地位的商事主体,其最基本的构成包括:商事主体的名称、财产(资本)和组织形式。虽然各国对商事登记事项的规定不尽相同,但基本的内容还是围绕着商事主体的最基本构成要素来规定的。因此,总体上讲,各国法律中对这些基本项的规定还是相同的。

《德国商法典》规定,开始经营时的基本商事业务、商号、企业地址及其所有人的变更、特别商事代理权的授予和撤销,以及股份有限公司和有限责任公司的组建等,必须登记在商事登记簿中,法院亦可令其登记,当事人拒不登记的处以罚金。《意大利民法典》规定,企业主在申请登记时,在申请书中应当载明企业主姓名、出生地点和出生日期、国籍、商号、企业目的、企业所在地、经管人或者代理人的姓名等事项。我国的《企业法人登记管理条例》及实施细则和《公司登记管理条例》规定,商事登记注册事项主要包括:商业名称、住所、经营场所、企业类别、法定代表人、经济性质、经营范围、注册资本、实收资本、经营期限、有限责任公司股东和股份有限公司发起人的姓名或者名称以及商事主体的分支机构等;外商投资企业还包括投资总额、董事长、副董事长、总经理、副总经理等。这些登记事项不仅仅是对商事主体基本特征的描述,而且还具有重要的法律意义。如住所是确定诉讼管辖法院、债务履行地等事项的依据;注册资本在实行法定资本制的国家,具有一定的担保作用;法定代表人是对内对外代表企业行使职权的人;经营范围决定着企业的商事权利能力和商事行为能力,等等。

除以上应登记注册事项外,在商事登记法律法规中,还规定了一些由当事人自由决定登记的事项,如自然人商人的商号,这些事项经登记后,也产生一定的法律效力,其变更和消灭也必须进行登记。

第四节 商事登记的程序和效力

一、商事登记程序

商事登记是解决商事主体市场准入和市场退出的法律程序。对于符合登记条件的,经法定程序登记后,就会产生一定的法律后果。各国对商事登记程序的规定大同小异,一般分为申请和受理、审查、登记、公告四个主要阶段。[1]

(一)申请和受理

申请和受理是指商事主体向登记主管机关提出设立、变更、终止主体资格的申请,登记管理机关决定受理的法律行为。

各国法律规定,登记申请应当采取书面形式,必须按照法律规定的要求提交相关的文件、证件,并填报登记注册表。如果经营活动必须经行业主管机关批准,还应当提交相应的批准文件。符合法律规定条件的,登记主管机关予以受理。

(二)审查

商事登记事项必须真实、合法,登记主管机关在决定受理登记申请后,就需要对登记申请书及有关文件进行审查。但登记机关应在何种程度上进行审查,在各国立法与学说上存在三种主张:

1. 形式审查主义

即登记机关对于登记申请书及有关文件,仅于形式上审查其是否符合法律要求,而对其所记载事项的真实性,则不负有审查的责任。法律要求登记申请人要保证登记事项是真实的,并对虚假登记承担相应的法律责任。如果要采用这种审查方式,应当建立起相关的配套制度,以达到公示公信的目的,保护交易安全。采此立法主义的国家有瑞士、比利时等。

2. 实质审查主义

即登记机关不仅要从形式上审查登记申请书是否合法,而且还必须对申请登记事项的真实性加以审查。依此主义,凡经登记之事项,皆有证明其真实性之效力。但进行实质审查的登记机关责任较重,工作量较大,实际操作困难较大,一般国家不采用这种制度。

3. 折中审查主义

即主张登记主管机关有实质审查的职权,但没有必须进行实质审查的义务。登记主管机关在审查申请登记材料时,对一些重点或者存在疑问的登记事项,有权进行实质审查,但已登记的事项是不能作为推定的事实,其证据效力由法院作出裁决。

过去,我国在企业登记方面一直采取实质审查模式,即登记机关不但要审查登记

---

[1] 赵中孚:《商法总论》,中国人民大学出版社1999年版,第159页。

申请文件是否齐全，还要审查登记事项是否真实、合法、有效。2004 年 7 月 1 日起实施的《行政许可法》和《企业登记程序规定》正式将实质审查制转变为折中审查制。现行《公司登记管理条例》第 51 条第 1 款第 2 项规定："申请文件、材料齐全、符合法定形式，但公司登记机关认为申请文件、材料需要核实的，应当决定予以受理……"可见，公司登记亦采用了折中审查主义。

（三）登记

登记机关通过审查，认为申请人申请登记的事项符合法律规定的，应在法定期间内作出予以核准登记的决定，发给登记证明和营业执照，并及时通知申请登记的企业。公司登记机关自发出公司登记受理通知书之日起 30 日内，经过审查和核实后，对提出请求登记的申请，作出核准登记或者不予登记的决定。

（四）公告

商事登记经审查批准后，应当及时予以公告。所谓公告，就是将登记的有关事项通过报刊或其他途径向社会公开。通过公告，不仅使一般社会公众了解登记商事主体的相关信息，便于交易，而且有利于社会监督和保障企业的合法权益。依据我国法律规定，商事登记公告只能由登记主管机关公告，其他任何单位未经登记主管机关的批准，无权公告，公告形式由登记主管机关决定。

二、商事登记的效力

商事登记的法律效力可以分为对内的效力和对外的效力两部分。对内的效力是指对申请登记的商人本身产生的效力；对外的效力是指对第三人产生的效力。

（一）商事登记的对内效力

1. 创设效力。关于商事登记对商主体创设效力的规定各国法律不尽相同，可以归纳为如下情形：（1）商事登记是商法人获得法律人格的必要条件，未经登记及宣告，商法人不能成立，其行为不能被视为商行为。但是对于商个体和商合伙而言，商事登记仅仅具有宣告性，是其商人身份的法律认可。如果行为人未经登记而从事了商事经营活动，其不享有商人享有的权利，但必须履行商人应履行的义务。如德国、法国、瑞士的商法就奉行这一原则。（2）商事登记不是商主体资格取得的必要条件，未经登记，行为人实施了商行为，同样可以享有商人的权利并履行商人的义务。商事登记的作用仅在于保护商号和商主体的商标等其他与商主体相关的特殊权利。荷兰等国家的商法奉行这一原则。（3）商事登记是各类商主体成立的必要条件，未经商事登记程序，行为人即使实施了商事经营活动，也不得享有商人的权利，也无须履行商人的义务，这种行为可认定为无效行为。在我国，根据工商登记法规的规定，商事登记不仅仅是商法人取得法人资格的前提条件，也是其他不具备法人条件的商主体取得商事经营活动资格的前提条件。我国法律严禁未经登记的无证经营行为，对无照经营者予以行政处罚。

2. 商事登记具有保护商事主体名称的专用权的效力。登记注册行为具有授予商事主体对特定的名称享有独占性的使用权和专用权的效力，这一点在各国的法律中都有所体现。在我国,商业名称的登记包含在商主体的登记程序中。

3. 商事登记具有免责效力。免责效力主要是基于变更登记和终止登记而发生的,根据变更、废止事项,商事主体发生部分免责,终止登记产生消灭商事主体资格效力,同时免除商事主体全部责任。

(二)商事登记的对外效力

商业登记的目的在于使社会公众知悉商事主体的营业内容,商事登记的对外效力即为公示效力,就是指凡经登记的内容应当推定其具有相应的法律效力,善意第三人根据登记事项所为的行为,应当有效。公示效力的规定在于保护交易相对人或不特定第三人的利益。在我国,现行商业登记立法着重于商事主体经营资格的取得及国家对商事主体经营活动的管理,登记的公示效力非常有限。在这方面,大陆法系国家商法所奉行的几个重要原则,对于我们更好的理解商事登记的效力具有一定的参考意义[1]。

1. 必须登记的事项在未履行登记或已履行登记但尚未公告的情况下,对第三人的保护。对于这一问题,多数国家法律规定,只要必须在商事登记簿上登记的事项还未履行登记或还未予以公告,任何该必须登记事项的参与人都不可以用该事项来对抗第三人,除非第三人已经了解了该事项的真实情况。这一规则的前提是,第三人必须是真正的不知情人,必须对当事人在履行商事登记之前是否已具备商行为能力真正不知晓。由于这种不知情必须是善意的、积极的,而不能是由于第三人自己的严重过失所导致的不知情。此外,第三人由于不知情而产生的对原有事实的信任是导致他的法律行为的直接原因。法律规定这一原则将直接导致两个结果:第一,未经登记的事项在法律上所导致的直接后果不能有利于负有登记义务的未登记事项参与人;第二,未登记事项在法律适用上必须有利于第三人。我国《公司法》第32条规定:"公司应当将股东的姓名或者名称及其出资额向公司登记机关登记;登记事项变更的,应当办理变更登记。未经登记或者变更登记的,不得对抗第三人。"

2. 应登记事项在得到正确登记和公告之后对行为人和第三人的保护。关于这一问题,一些国家法律规定,如果登记事项已经登记并已经公布,该事项则对第三人生效。但是,如果在登记事项公布之后一定时间以内,第三人既不知道,也无责任必须知道该登记事项,那么,该登记事项对其法律行为不生效力。对于这种不生效力的有效期限,在时间上各国法律都有一个严格的限定。如《德国商法典》规定的有效期为15天。

3. 已登记事项在公布发生差错的情况下对第三人的保护。关于这个问题,一些国家法律规定,如果登记事项公布有误,第三人可以针对负有登记义务的登记人,根据已公布之事实为法律行为。除非第三人已经知道公布事实有误。在此,第三人必须是善意第三人,必须是该事项的局外人,不能是该事项的直接参与人;同时,第三人对公布

---

[1] 范健主编:《商法》(第4版),高等教育出版社、北京大学出版社2010年版,第76页。

内容之信任必须是导致他的法律行为的直接原因。这一规则的目的在于保护善意第三人,它加大了登记义务人的责任。

思考题

1. 简述商事登记的概念及法律特征。
2. 商事登记的主要程序有哪些?
3. 商事登记会产生哪些法律效力?

案例分析

2000 年,B1、B2 公司等 20 余家客户将共 3580 万元的资金汇入筹建的 D 期货公司(目标公司)账户中,后 D 公司再将该资金以支票形式转回 B1、B2 公司,B1、B2 公司收到上述款项后,经会计师事务所验资,于次日将该笔资金作为“投资款”转回 D 公司筹建账户。D 公司会计记载时将其记入“接受股东投资款”,D 公司工商档案载明的股东为 B1、B2 公司。

2008 年,黑龙江省高院作出判决,认定 B1 公司就 6035 万元向 C 银行承担清偿责任,B2 公司在 9300 万元范围内承担连带责任。嗣后,C 银行申请执行,黑龙江省高院作出执行裁定,冻结了 B1、B2 公司在 D 公司的股权。

2009 年,A 公司提起执行异议之诉,主张 A 公司是 D 公司的实际出资人、股东及享有出资权益,请求停止执行该执行裁定。[1]

请结合商事登记的对抗效力回答本案中 A 公司的诉讼请求能否得到支持?

[1] 最高法(2013)民二终字第 111 号判决。

第五章　商业名称

◇ 知识结构图

- 商业名称
  - 商业名称概述
    - 商事名称的概念
    - 商事名称的法律特征
    - 商事名称与其他相关概念的关系
  - 商业名称的选用
    - 商业名称选用的立法原则
    - 商业名称选用的规则
  - 商业名称的登记
    - 商业名称登记的立法模式
    - 商业名称登记的程序
    - 商业名称登记的效力
  - 商业名称权
    - 商业名称权概述
    - 商业名称权的性质
    - 商业名称权的利用
    - 商业名称的保护

◈ 本章导读

商业名称是商主体在商事活动中表彰自己的名称，在商业名称的选用上，各国均有限制性规定，在我国，商业名称一般由所在地区、商号或者字号、营业范围（或行业特征）和组织形式（或责任形式）几部分组成。商业名称一经登记，便产生排他效力、救济效力和公示效力。商业名称专用权的内容包括专有使用权、转让权、许可使用权、禁用权等。在商事实践中，主要通过实体法和程序法来保护商业名称专用权，此外，还包括商业名称的国际保护。

◉ 司考重点

商业名称及商业名称权的特征，商业名称权的利用与保护

第一节　商业名称概述

一、商业名称的概念

商业名称，是指商主体在营业活动中表彰自己的名称。在我国法律中，商业名称的法律渊源主要有《民法通则》、《民法总则》、《企业名称登记管理规定》以及工商登记的单行法规。《民法通则》中对个体工商户和个人合伙的商业名称称为“字号”。对于法人，《民法通则》则使用“名称”一词[1]，而《企业名称登记管理规定》中对工商企业的名称称为“企业名称”，与此同时，该规定第7条中将“字号”等同于“商号”。[2] 多数学者从传统习惯出发，将商主体的名称统称为商号。

二、商业名称的法律特征

（一）商业名称是生产经营者法律主体化的标志

商业名称是商主体在进行营业行为时用以代表自己的名称，是区别于其他商主体的标志。商业名称还代表着商主体具有法定的经营资格和商事能力，没有商主体的存在，也就没有商业名称。只有商主体才能使用和拥有商业名称，商主体一旦取得商业名称，就成为法律上权利的享有者和义务的承担者，并享有该商业名称的专用权。如果商主体出借商业名称，或者明知他人使用而不加以制止或提出异议，那么，该商主体就应当承担相应的法律责任。

（二）商业名称具有规范性

所谓商业名称的规范性是指商业名称的本身应当符合法律的规定，一般只有经过法律确认的商业名称，才具有法律意义。商业名称是表彰商主体的文字，它必须反映商主体，各国商事法律对商业名称的选用、确认、使用、效力都作了专门的规定。如商业名称的基本构成、商号选用的限制性规定、强制登记原则、商业名称的转让规则、公司名称专用原则等都具有强制性规范的特征，一个有效的商业名称必须符合这些规定。

（三）商业名称是商主体商誉的载体，具有财产性质

商业名称，尤其是商号，代表着商主体的形象，具有一定的价值，其价值体现为市场对该商主体的产品和服务的认同度，是商主体的一种重要资源和无形资产。因此，商业名称属于一种工业产权，它可以依法继承、转让，也可以作为投资或者合作的条

---

〔1〕《民法通则》第26条规定：“个体工商户可以起字号。”第33条规定：“个人合伙可以起字号，依法经核准登记，在核准登记的经营范围内从事经营。”第99条规定：“企业法人有权使用、依法转让自己的名称。”

〔2〕《企业名称登记管理规定》第7条规定：“企业名称应当由以下部分依次组成：字号（或者商号，下同）、行业或者经营特点、组织形式。”

件，许可其他商主体使用。

（四）商业名称具有唯一性和排他性

一般来讲，一个商主体只能使用一个商业名称，在登记机关所辖的范围内，不得与已登记注册的同行业商主体的商业名称相同或者近似。

三、商业名称与其他相关概念的关系

作为商主体的一种标志性符号，商业名称与其他一些相关概念，既有联系又有区别。

（一）商业名称与商号

商号的概念存在广义和狭义两种解释：在广义上，商号等同于商业名称；在狭义上，商号仅仅指商业名称中的字号，即商业名称与商号之间是种属关系，商号只是商业名称中的一个重要组成部分，而且是核心部分。因此，在实际生活中人们对一些商主体只称其商号，省略了名称中的其他部分，如"海尔"、"长虹"、"IBM"、"松下"等。

（二）商业名称与商标

商标也是一种标志，是用以区别不同商主体所生产或者经营的同一和类似商品或服务的标志。商标是由文字、图案或者其组合等构成的，具有显著性特征。商标与商业名称之间是有密切联系的。从所产生权利的性质上讲，两者都是一种专有性权利，都具有财产权的性质；从法律保护的依据上讲，在《巴黎公约》中，两者同属工业产权的范畴；并且商业名称中的商号常常被商主体用作产品和服务的商标文字，使人们很容易将商标与商业名称混淆。由于立法的缺陷，实践中，商业名称与商标的权利冲突常有发生。但是，商标与商业名称的区别是明显的。商标是区别商品和服务的标志，而商业名称是区别不同商主体的标志；商标的保护是有时间限制的，商业名称保护没有年限限制；商标除可以以文字构成之外，还可以由图案或者文字与图案的组合构成，在使用文字时可以使用本国文字，亦可使用其他文字，商业名称只能由文字构成，而且文字一般只能是本国文字；商标的注册是自愿的，商业名称的注册一般具有强制性；一个商主体可以拥有多个商标，但只能有一个商业名称。此外，两者取得的程序也不相同。

（三）商业名称与原产地名称

原产地名称是指一个国家、地区或地方的地名，用于指示一项产品来源于该地，其质量或特征完全或主要取决于地理环境，包括自然和人为因素。如"西湖龙井"、"兰州百合"、"贵州茅台"、"宜兴紫砂壶"等。原产地名称不具有专有性，该产地的所有商主体都可以使用，因此，原产地名称就不属于任何人，单独的商主体是不能申请注册的，也不能进行原产地名称的转让或许可使用。原产地名称主要体现的是产品质量，而商业名称中所在地意义在于标示商主体的注册或营业地。

（四）商业名称与商业招牌

商业招牌是商主体悬挂在其营业所前作为标志的牌子，往往在商业招牌中包含有商业名称。在多数情况下，商业招牌会采用与商业名称具有一定的联系的字、词、符号、图案等。使用商业招牌的目的在于宣传商主体，具有一定的广告作用，法律对其所进行的保护也是有限的。[1]

第二节　商业名称的选用

商业名称是商主体表彰自我的文字，又是商誉的载体。从商主体的角度讲，对商业名称的选用一般都比较慎重，既要保证使他人易于了解商业名称的来历、营业范围、责任形式等，又要宣扬自己的特征和个性，给公众一种较为深刻的影响，同时也要避免与他人的商业名称发生混同。从商法的角度讲，各国法律主要是追求商业名称与商主体在法律上的一致性，以及对商主体的可识别性，从而达到维护交易安全的立法目的。

一、商业名称选用的立法原则

各国关于商业名称选用主要有真实主义和自由主义两种立法体例。

（一）商业名称真实主义

商业名称真实主义是指选定的商业名称必须与经营者的名称或与营业内容相一致，否则不予承认且无法予以转让或继承。法国、德国、瑞士及拉美的许多国家采用此种立法，采用商业名称真实主义的国家，对于非法人的商事主体的商业名称的选定更为严格，要求商事主体的商业名称与营业主的姓名以及营业种类必须相符。在这些国家，往往还有“商号连续原则”，以保证商誉的传承性，即一个人如果购买或继承了某个商事主体的业务，或者根据租赁契约经营他人的业务，他可以在原来业主或其继承人同意的情况下，继续保留和沿用原来的商业名称。通过这种方式，新的业主可以从原来的商业名称所具有的商业信誉中获利。此时，商业名称真实主义让位于商业名称连续原则。[2]

（二）商业名称自由主义

商业名称自由主义是指商事主体选用何种名称作为商业名称，以及商业名称与营业主的姓名及营业种类是否相同，法律原则上不予限制。英美法国家往往采用此种主义。日本、我国香港特区、台湾地区也采商业名称自由主义。不过此原则同样要受一定程度的限制。

从总体上看，各国商事法律对商业名称的选用规则逐渐在向自由主义靠拢。法人形态的商主体基本上采用的是自由主义原则，尤其是股份公司，而对于非法人形态的商主体，尤其是一些具有人合性质的商主体，各国所采取的规定则不尽相同。

对于我国商业名称的选用采用什么主义，学者有不同的意见。我们倾向于认为，

---

〔1〕 任尔昕主编：《商法学》，科学出版社2009年版，第42页。

〔2〕 赵中孚主编：《商法学》（第5版），中国人民大学出版社2013年版，第95页。

我国商业名称的选用原则上采自由主义,但仍然存在很多的限制,如《企业名称登记管理规定》规定的相关限制。

二、商业名称选用的规则

不管是真实主义原则,还是自由主义原则,各国法律对商业名称的选用都有诸多限制,商业名称的选用必须符合法律的规定。我国《企业名称登记管理规定》中对商业名称选用的限制主要体现在以下几个方面:

(一)商业名称的构成

商业名称由四个部分构成,依次是商主体所在地的省(或自治区、直辖市)或市(州)或者县(包括市辖区)行政区划名称、字号、行业或经营特点、组织结构或责任形式。在商业名称中只有"字号"一项是自由选择的,其他部分均为强制性规定,商事主体无选择权。但经国家工商行政管理局核准的下列企业的企业名称中可以不冠以企业所在地行政区划名称:经申请并获同意,在企业名称中使用"中国"、"中华"或者冠以"国际"字样的企业;历史悠久,字号驰名的企业;外商投资的企业。

(二)商业名称的特别要求

1. 商主体应当使用与其性质相符的名称。根据《公司法》的规定,公司名称必须标明公司的种类,如名称中应当分别标明"有限责任公司"或"股份有限公司"字样。《个人独资企业法》第11条规定:"个人独资企业的名称应当与其责任形式及从事的营业相符合。"《合伙企业法》第15条规定:"合伙企业名称中应当标明'普通合伙'字样。"第56条规定:"特殊的普通合伙企业名称中应当标明'特殊普通合伙'字样。"第62条规定:"有限合伙企业名称中应当标明'有限合伙'字样。"个人独资企业与合伙企业在其名称中不得使用"有限"或者"有限责任"字样。同时,依特别法设立的公司,商业名称应符合特别法的规定,如商业银行、保险公司、证券公司的商号中,应分别有"银行"、"保险"、"证券"的字样。

2. 商事主体设立分支机构的,商事主体及其分支机构的名称应当符合下列规定:在商业名称中使用"总"字的,必须下设三个以上分支机构;不能独立承担责任的分支机构,其名称应当冠以其所属的商事主体的名称,缀以"分公司"、"分厂"、"分店"等字样,并标明该分支机构的行业和所在地行政区划名称或者地名,但其行业与所从属的企业一致的,可以从略。能够独立承担民事责任的分支机构,应当使用独立的名称,并可以使用其所属企业的名称中的字号。能够独立承担民事责任的分支机构再设立分支机构的,所设立的分支机构不得在其名称使用总机构的名称。

(三)商业名称选用的禁止性规定

1. 单一商号原则。为了维护商事交易的正常秩序,商主体原则上只能使用一个商业名称。在一般情况下,不允许一个商主体使用或变相的使用一个以上的商业名称。但如果确有特殊需要的,经省级以上登记主管机关核准,企业可以在规定的范围内使用一个从属名称。

2. 商业名称中不得含有的内容和文字。商业名称中不得含有以下的内容和文字：有损于国家、社会公共利益的；可能对公众造成欺骗或者误解的；外国国家（地区）名称、国际组织名称；政党名称、党政军机关名称、群众组织名称、社会团体名称及部队番号，汉语拼音字母（外文名称中使用的除外）、数字；其他法律、行政法规规定禁止的。

3. 相同或近似企业名称的禁用。在登记主管机关辖区内不得与已登记注册的同行业企业名称相同或者近似。

4. 联营商事主体的名称可以使用联营成员的字号，但不得使用联营成员的名称。联营商事主体应当在其名称中标明“联营”或者“联合”字样。

第三节　商业名称的登记

商业名称的登记是指商主体依法对其名称进行注册的法律行为，是商主体取得商业名称专用权的法律程序，是对商业名称变动的法律确认。

一、商业名称登记的立法模式

商业名称是使商主体人格特定化，并且区别于其他商主体的标志，是商主体商誉的体现。商业名称的取得及其变动，各国商事法律规定的不尽相同，主要有两种模式，其一是自愿注册原则。只要商主体的商业名称不违反商事法律的强行性规定，且商主体有效成立，那么该名称即可生效。英美法系国家一般采用这种模式。其二是强制注册原则。商业名称的取得、变更、注销和撤销，不仅要符合法律的强行性规定，而且必须要经过登记注册方可生效。采用这一模式的大多为大陆法系国家。一般而言，多数国家的强制登记原则只是针对商法人，尤其是公司形态的商主体，而对于非法人形态商主体只要求其名称符合法律强行性的规定即可，尤其是对商个人，包括商自然人和个人独资企业，对于商合伙而言，各国法律规定却不尽相同。不论是前一种模式，还是后一种模式，商业名称的登记都是商主体保护其名称专用权的重要法律依据。从各国的立法情况看，商业名称登记并不是一个单独的法律程序，也没有形成专门的商业名称登记制度，商业名称的登记注册只是商事登记的一部分。

二、商业名称登记的程序

在现行各国的商事法律中，商业名称登记是商事登记的一部分，因此，商业名称登记的程序原则上要符合商事登记制度的有关规定。一般分为申报、核准登记、核发证书和公告四个阶段。

1. 申报

作为商事登记法定事项的商业名称登记的申报，一般应当与商主体登记同时进行。新设立的商主体，其商业名称的申报材料作为企业设立申请材料的一部分，并不单独进行申报。在我国,不同种类的商主体的商业名称申报,要求并不完全相同,在法律规定的特殊情况下,商主体应当在设立登记之前,预先单独申请商业名称登记。

2. 核准登记

受理商业名称登记的主管机关是商事登记主管机关,登记机关在收到申报材料后法定的期间内应当作出核准或者驳回申请的决定。登记机关收到申报材料,应当对材料进行审查,主要是看申报的商业名称的当事人是否具备申报资格,商业名称是否违反法律的禁止性规定,是否与其他商主体已登记的商业名称相同或相似,还要审查申报的商业名称是否规范。对于符合法律规定的予以登记注册,不符合法律规定的作出驳回申请的决定。

3. 核发证书

我国法律规定,登记主管机关应当在收到企业提交的申报材料起,10 日内作出核准或者驳回申请的决定,对于符合规定的予以登记注册,对预先单独申请登记的,应当同时核发《企业名称登记证书》或《企业名称预先核准通知书》。该《证书》或《通知书》是公司或者其他企业设立登记提交的必备文件。

4. 公告

商事登记主管机关核准商业名称后,应当及时将登记之事实依法定方式予以公告。登记机关应当将登记事项记载于商事登记簿上,若法律有规定还应当在相关媒体对登记注册的事项予以发布,同时,商主体必须在其营业场所公示其名称,其印章、账户、牌匾、信笺中所使用的名称应当与登记注册的商业名称相同。

三、商业名称登记的效力

商业名称一经登记注册后,商主体就取得该名称的专用权,主要产生三方面的基本效力:其一是排他效力;其二是救济效力;其三是公示效力。

1. 排他效力

排他效力是指商业名称登记后,具有排斥他人使用相同的或者类似的商业名称的效力。排他效力是商业名称特征的反映,各国法律一般都规定,在登记机关所辖的范围内,一个商主体只能使用一个商业名称,不得与已登记注册的同行业商主体的商业名称相同或者近似。在进行商业名称登记时,若有两个以上的申请人就同一个商业名称,向登记主管机关申请注册登记时,该商业名称只能根据法律规定的原则给其中一个申请人进行登记注册。对于两个商主体因已登记注册的商业名称相同或相似而发生争议时,登记主管机关一般是采用注册在先原则处理。

商业名称登记的排他效力不是绝对的,是在法律规定的范围内发生的。一般而言,排他效力范围主要表现为两个方面:一是地区范围。即在法律规定的地区内,不得与已登记的商业名称相同或相似。二是营业范围。即在同一营业或者同一行业范围内,不得与已登记的商业名称相同或相似。多数国家的法律对此都作了规定,只不过具体的范围因国家不同而不同。《德国商法典》第 30 条规定:"任何一个新的商号均须与在同一地点或在同一乡镇已经存在的和已经登入商业登记簿或登入合作社登记簿的一切商号明显相区别。”《日本商法典》第19条规定：“在同一市镇村内，不得因经营同一营业，而登记他人已登记的商号。”

2. 救济效力

所谓救济效力是指商主体对他人侵犯其商业名称专用权的行为，有依法请求法律保护的权利。商主体因商业名称登记注册取得具有排他效力的名称专用权，若他人未经同意在同一营业中，使用与该商主体相同或相似的商业名称，则其行为构成了不正当竞争，被侵犯的商主体可以寻求法律保护，要求侵害者停止使用并赔偿因此而造成的损失。

发生商业名称登记的救济效力，必须满足两个条件：其一是被侵犯商业名称必须是已经登记注册的商业名称；其二侵犯行为必须是法律上规定的不正当竞争行为。《日本商法典》第20条、第21条也对侵犯他人商业名称的不正当行为及其救济作出了规定：“任何人不得以不正当目的，使用使人误认为他人营业的商号。”“在同一市镇村内，因经营同一营业而使用他人已登记的商号者，推定其为以不正当竞争目的而使用者。”“已登记商号者，对于以不正当竞争为目的使用同一或类似商号者，可以请求其停止使用该商号。但是，这种请求不妨碍损害赔偿请求。”

3. 公示效力

不论商业名称的取得是采取强制注册原则，还是自愿注册原则，只要是商业名称被核准登记，就产生了公示效力。社会公众可以通过查阅、复制商事登记簿，了解登记事项，也可以通过媒体或其他方式了解登记之事实。此外，法律要求商主体在商事活动中必须使用其登记注册的商业名称，也是公示效力的体现。

第四节　商业名称权

一、商业名称权概述

商业名称权，是指商事主体对其商业名称所拥有的权利，主要包括商业名称专有权以及商业名称使用权。商业名称专有权是为排除他人为不正当竞争的目的而使用与商主体相同商业名称或者类似商业名称的权利。商业名称使用权是为商主体不受他人妨碍的使用其商业名称的权利。

商业名称权具有以下三个特征：

1. 区域性。商业名称权具有严格的地域限制，即效力空间限制。除全国性企业以外，商业名称登记后产生的排他效力和救济效力只限定在所登记的某一地区，如省、自治区、直辖市、市、县等范围。

2. 公开性。多数国家规定，商事名称应注册登记而予以公开，为他人知晓。商业名称的创设、变更、废止、转让、继承等都必须通过登记程序向社会公示，不得故意隐瞒或使用其他名称。未经公开，不得对抗善意第三人，不对外发生效力。

3. 可转让性。商业名称权是一种无形资产，各国立法都普遍肯定商业名称权的可转让性。但同时为了交易的安全，各国立法对商业名称的转让均有一定限制。

二、商业名称权的性质

目前，对商业名称专用权的性质仍然存在一些争论，主要争论的焦点表现为商业名称专用权是人格权？财产权？还是人格权与财产权的结合？我们认为商业名称专用权是以人格权为本质，具有人格权和财产权的双重属性。

商业名称权的人格权属性是商业名称本质的体现。所谓人格权，从广义的角度讲，是表彰法律主体资格的权利，包括姓名权、名誉权、荣誉权、名称权等。如前所述，商业名称的本质或其最初的意义是商人们用以区别于其他商人的标志，这一表述显然说明了，商业名称的意义在于表彰商人的主体性，与自然人的姓名无异。现代商事法律制度中规定，商主体对其商业名称享有排他性专用权，商主体有权使用或者变更自己的商业名称，同时，在法定的范围内，商主体有权排除其他商主体使用相同或者相似的名称，对盗用或假冒自己名称的行为有权请求法律保护。因此，从本质上讲，商业名称专用权属于人格权的范畴。

财产权是表彰法律主体对具有财产价值的客体所享有的权利，根据客体的表现形态不同，财产权可以分为物权、债权以及知识产权等。如前所述，商业名称本身并不具有财产价值，商业名称的价值体现为市场或者社会对商主体的认同度，是市场或社会对商主体物的因素、人的因素，以及商主体的行为等因素总体评价的反映，是商誉的重要组成部分。所谓商誉就是商主体带给交易对方的商业信誉。自十八九世纪以来，各国逐渐开始将商誉的内容纳入知识产权的范围，商业名称也就成为知识产权法所保护的对象。1883 年形成的《保护工业产权巴黎公约》要求其成员国必须对商主体的商号予以保护，1967 年的《世界知识产权组织公约》给知识产权所下的定义中也包含商号，1992 年国际保护工业产权协会东京大会将商号权也划分为“识别性标记权利”一类，作为知识产权的一部分。因此，商业名称专用权具有财产权的属性。但这种财产权不同于一般的财产权，通常以商主体人格权的存在为其存在的前提条件，它的价值依附于商主体本身，它所表现的是商主体的商业信誉，对以商主体为核心的各种因素的反映十分敏感，它的价值的形成或者价值增值是一个长期积累的过程，但其价值的丧失则可能是非常迅速的。

综上所述，我们认为，商业名称权，其根本的性质依然是人格权属性，财产权是其第二性的属性，即商业名称是表彰商主体资格的权利，是区别于其他商主体的标记，具有财产价值。

三、商业名称权的利用

商业名称权的利用是商主体行使其商业名称转让权和许可使用权活动的总称。

由于商业名称中所在地区、营业范围(或行业特征)和组织形式(或责任形式)三个基本构成是法定的,因此,商业名称的利用主要是对商号或者字号的利用。

(一)商业名称的转让

如前所述,商业名称是一种无形财产,可以依法转让和继承,而商业名称权是以人格权为其本质属性,商业名称的基本法律意义在于表彰商主体资格,因此,各国商事法律都在确认商业名称可以进行转让和继承的同时,又对其作出了一定的限制。这些限制规定的目的在于,避免在市场中出现商业名称的混同,给他人造成误解,影响商事交易的安全,以便能更好地维护市场交易秩序和各方当事人的合法权益。

从各国商事立法情况来看,对商业名称转让的规定主要有两种立法模式:其一,商业名称权不可以单独转让,必须连同营业一起转让,但在营业终止的情况下,商业名称权可以单独转让,大多数国家均有此规定;其二,商业名称权可以单独转让,如法国,但名称转让后不得用于营业中的签名。在我国,根据现行立法和司法实践,商业名称权可以转让,但一般应与商主体的经营同时转让,至于商业名称权是否可以单独转让,理论上依然存在较大的争议。

(二)商业名称的许可使用

商业名称的许可使用是在不改变名称专用权利人的前提下,许可其他商主体使用其名称的法律行为。从各国商事实践中来看,商业名称的许可使用一般不是单独发生的,通常在商主体的对外直接投资活动中,以及涉及商标、专利、专有技术等其他工业产权的交易中一并发生的。

四、商业名称的保护

(一)商业名称法律保护的内容

商业名称法律保护的内容,从实体法的角度讲,主要是从确认权利、规定权利内容以及侵犯他人商业名称专用权的法律责任三方面进行的;从程序法的角度讲,主要规定了商业名称取得、变更、注销的法律程序,以及当侵权行为发生后商业名称专用权人请求救济的方式。

根据我国相关法律的规定,对商业名称的法律保护主要采用民事保护、行政保护两种方法,商业名称专用权人的权利救济也主要指诉讼救济和行政救济两种。民事保护主要体现在以下几个方面:(1)法律确认商主体享有商业名称专用权;(2)法律规定商业名称专用权具有人格权和财产权的双重属性;(3)侵犯商业名称专用权的民事责任。行政保护就是负责商业名称登记的行政机关,在法定的职权范围内,对商业名称所进行的保护。其主要表现为以下三个方面:(1)登记机关依法对商业名称进行登记;(2)依法监督商业名称的使用;(3)对商主体违反商业名称管理规定行为和侵犯他人商业名称专用权的行为予以行政制裁。

(二)商业名称的国际保护

商业名称的国际保护是国际贸易发展的必然要求,它是指一个国家对其他国家商主体商业名称专用权的法律保护。在世界经济一体化、全球化的今天,商业名称的国际保护显得尤为重要。商业名称作为工业产权的一部分,其国际保护可以通过互惠、双边条约或者多边的国际公约来实现的。目前,多边的国际公约是商业名称国际保护的主要途径。《保护工业产权巴黎公约》是目前对商业名称进行保护的主要国际公约。《巴黎公约》产生于1883年,由法国、比利时、巴西、危地马拉、意大利、荷兰、葡萄牙、西班牙、萨尔瓦多、瑞士和塞尔维亚共同发起缔结的。这个公约于1884年生效。目前,世界上许多国家都参加了这个公约,我国也于1985年加入了该公约。

思考题

1. 试述商业名称与商号、商标、原产地名称的关系。
2. 商业名称登记后产生哪些效力?
3. 简述商业名称权的性质、内容。

案例分析

某外资企业广州日康医疗器械有限公司在一次展会上发现青岛一家同样经营医疗器械的公司在其名称中包含了自己的商号日康,该青岛公司的名称为青岛日康医疗器械有限公司(下称青岛公司),外资企业认为,自己公司在中国已具有一定的知名度,尤其是在青岛,公司多年来的业务发展很成功,市场占有率较高。青岛公司之所以在其名称中使用自己的商号,是有意利用自己公司在青岛的商誉,是一种侵犯企业名称权的行为,要求青岛公司停止使用该企业名称,请结合企业名称的排他效力分析本案。

第六章　商 业 账 簿

◇ 知识结构图

- 商业账簿
  - 商业账簿概述
    - 商业账簿的概念
    - 商业账簿的立法原则
    - 商业账簿的法律意义
    - 商业账簿的保管
  - 商业账簿的种类
    - 会计凭证
    - 会计账簿
    - 会计报表

◈ 本章导读

商业账簿是记载和反映商主体自身营业和财务状况的法律依据。对商主体以外的利害关系人而言，商业账簿是了解其营业、财务状况及资信能力，据此作出是否与之交易、向其投资的决策，以便更好地维护自身利益。对有关主管机关而言，商业账簿是主管机关进行财务、物价检查、考核经济效益、进行审计的主要依据，特别是国家税务机关征税的主要依据。商业账簿是清理债权债务的主要依据。在我国，根据会计法的规定，商业账簿可分为会计凭证、会计账簿和会计报表三种。

◉ 司考重点

商业账簿的立法原则、商业账簿的种类、会计报表的分类与公示

第一节 商业账簿概述

一、商业账簿的概念

商业账簿是商事主体根据会计规则,依法制作的用以记载其营业活动和资产状况的书面簿册。商业账簿有形式和实质之分。形式意义上的商业账簿是指按有关会计的法律规定制作的账簿文件的总称。实质意义上的商业账簿是指商事主体设置的反映商事主体活动的一切账簿文件。不论账簿的设置是不是依据相关会计法律法规制作的,只要是反映了商事主体的活动,就是商业账簿,它包括各种正式账簿、会计报表、年度决算报告以及各种财产债务清册等。现代各国商事立法中多采取实质意义上的商业账簿。

商业账簿制度的产生与商事经营活动有着内在的联系。商事活动是一种以营利为目的的活动,商业账簿实质上就是对商事主体营利性商业活动的记载。如产生于古代埃及的"散页账簿记",就是商人为了掌握自己的盈利状况所作的简单记载。我国是世界上建立账簿制度最早的国家之一。早在西周时就有了簿记制度。不仅用于考核官厅的岁入岁出,而且也被商人用来考核自己的盈亏。欧洲的商业账簿制度源于古罗马时期,商品经济的发展,使商业账簿的产生成为一种必然,在当时的商船上设立了一个书记之职,专门负责对各种商事交易的记载。进入中世纪后,商人阶层的形成,使得商人行会和商业联盟得以兴起和扩展,通过商人行会和商业联盟组织管理,使商业簿记制度得到了进一步发展,由分散走向独立,逐渐形成了较为规范、统一的制度。到了中世纪后期,这些以商业习惯为表现形式的账簿制度,逐渐被各国所采纳,并在有关的法律中对商业账簿的编制规则、内容等作了较为全面的规定。

二、商业账簿的立法原则

各国商法对于商事主体是否必须制作商业账簿,采取不同的立法原则。

(一)自由原则

即法律不要求商事主体必须制作商业账簿,但是在诉讼中若商事主体不能提供商业账簿,在法律上将导致对其不利的后果。英美法系国家多采用这一原则。如美国《统一商法典》中对商事主体是否设立账簿,就未作强制性的规定。但为了避免在诉讼中使自己处于不利地位,商事主体一般都设置繁简不同的商业账簿。

(二)强制原则

即商事主体必须按法律规定的记载内容和方法制作商业账簿,并由国家有关部门进行审查和监督。大陆法系国家多采用这一原则。如《法国商法典》在第8条中规定,一切具有商人身份的自然人或法人应对影响其企业财产的活动进行会计登记;这些活动按时间顺序进行登记,并要求以财产清单的形式,至少每年一次对企业的积极要素和消极要素的存在和价值进行核对；无论商自然人还是商法人，都应根据会计登记和财产清单建立年度账目。现行《德国商法典》第三编专门规定了商业账簿，该法第238条规定：任何商人均负有记账和依通常簿记的原则，在账簿中记载其商事行为和财产状况的义务；簿记必须使具有鉴定能力的第三人能够在适当的时间内了解经济业务和企业的状况；对经济业务必须能够在其发生和处理上进行追踪。我国《会计法》第2条规定：国家机关、社会团体、企业、事业单位、个体工商户和其他组织办理会计事务，必须遵守会计法；第3条规定：会计机构，会计人员必须遵守法律、法规，按照法律规定办理会计事务，进行会计核算。

（三）折中原则

即商事主体必须制作商业账簿，但未规定制作商业账簿的内容和形式，也未规定国家有关部门的监管。日本是采行此原则的国家。日本商法规定，关于制作商业账簿的规定，以及有关解释问题，应当依照公正的会计惯例来处理。法律对此未作强制性规定。

另外，从事小规模商事交易活动的商个人，法律一般不要求其制作商业账簿。但我国对此问题的规定较为特别，根据财政部1986年发布的《关于个体工商户账簿管理规定》的规定，个体工商户必须按税务机关的规定建立、使用和保管账簿、凭证。但经营规模小，确无建账能力，而聘请财会人员又有实际困难的，可报经税务机关批准，暂缓建账。不过购货簿和发票及其他收支凭证粘贴簿则必须建立。

三、商业账簿的法律意义

对商事主体自身而言，商业账簿是记载和反映商事主体自身营业和财务状况的法律依据。设置商业账簿，是为了保证会计资料能合法、真实、准确、完整地记载。由于商业账簿明确记载了商事主体营业和财务状况，这样就可以使商事主体自身正确知道自己的经营状况，从而准确地作出决策。[1]

对交易相对人而言，可以通过商事主体的账簿来了解其营业、财务状况及资信能力，据此作出是否与之交易、向其投资的决策，以便更好地维护自身利益。

对有关主管机关而言，商业账簿是主管机关进行财务、物价检查、考核经济效益、进行审计的主要依据，特别是国家税务机关征税的主要依据。

对债权人而言，在商事主体破产时，商业账簿是清理债权债务的主要依据。

对公司股东而言，账簿是股东及时了解公司经营状况，决定股息红利、取回剩余财产、计算股票账面价格，从而使股东正确及时行使相关权利的重要依据。

在法律诉讼方面，账簿乃是重要的证据材料。根据规定，只要账簿内容属实，就是具备证据效力的重要书证，比其他证据有更强的证明力。

四、商业账簿的保管

正因为账簿具有多方面的重要意义，国家法律才不仅规定账簿的类型、形式、建账

---

〔1〕 覃有土主编：《商法学》，高等教育出版社2008年版，第80页。

方法，且明定对账簿的保管措施。各国法律均规定商事主体有保管商业账簿的义务，多数国家的商业账簿保管实行期限制，即明确规定各类商业账簿应保存的最短期间。德、意、法、比、日等国均规定为10年；西班牙规定的期限较短，为5年；荷兰规定的期限最长，为30年。也有国家规定以商事主体营业存续期限为准。

关于账簿的保管期限，我国《税收征收管理法》第24条规定，从事生产、经营的纳税人、扣缴义务人必须按照国务院财政、税务主管部门规定的保管期限保管账簿、记账凭证、完税凭证及其他有关资料。《税收征收管理法实施细则》第29条规定，账簿、记账凭证、报表、完税凭证、发票、出口凭证以及其他有关涉税资料应当合法、真实、完整。账簿、记账凭证、报表、完税凭证、发票、出口凭证以及其他有关涉税资料应当保存10年。而《会计档案管理办法》第8条规定，会计档案的保管期限分为永久、定期二类。定期保管期限分为3年、5年、10年、15年、25年五类。其中会计账簿类档案的保管期限为15年。

第二节　商业账簿的种类

各国商法对商事账簿的分类所作的规定不尽相同。在我国，根据会计法的规定，商业账簿可分为会计凭证、会计账簿和会计报表三种。

一、会计凭证

（一）概念

会计凭证，是记录经济业务的发生和完成情况，明确经济责任，作为记账依据的书面证明。

（二）种类

会计凭证包括原始凭证和记账凭证。

原始凭证，又称单据，是在经济业务事项发生或完成时填写的，用来证明经济业务事项已经发生或者完成，明确经济责任并用作记账原始凭证的一种凭证，它是进行会计核算的重要资料。

记账凭证，是指会计人员根据审核无误的原始凭证及有关资料，按照经济业务事项的内容和性质加以归类，并确定会计分录，作为登记会计账簿依据的会计凭证。

原始凭证和记账凭证同属于会计凭证。但两者又存在以下区别：原始凭证是由经办人员填制的，记账凭证一律由会计人员填制；原始凭证是根据已经发生或者完成的经济业务事项填制的，记账凭证则是根据经审核后的原始凭证填制的；原始凭证是填制记账凭证的依据，记账凭证则是登记会计账簿的依据。

（三）审核

由于原始凭证是会计核算的起点和基础，是记账的原始依据。因此原始凭证必须真实、准确、完整地记录和反映每一项经济业务事项，如果原始凭证有错误或被伪造，就会破坏经济业务的本来面貌，也会影响会计信息的真实性和完整性。因此，原始凭证必须经会计机构、会计人员审核。会计凭证的审核包括形式审核和实质审核。形式审核是审核会计凭证的填制和备置是否符合规定要求；实质审核则是按法律法规规定，审查会计凭证所记录业务内容的真实性、完整性。

二、会计账簿

（一）会计账簿的概念及作用

会计账簿，是指以会计凭证为依据，由一定格式并相互联系的账簿组成的，对单位的全部经济业务事项进行全面、分类、系统、序时地登记和反映的簿册。

会计账簿在会计工作和经济管理工作中具有重要作用，主要表现在：提供全面系统的会计信息，并为会计报表的编制提供依据；确保财产、物资的安全与完整，维护所有者的合法权益；提供经营成果的详细资料，为经营成果的分配和各项计划的执行情况的考核评价提供依据；提供会计分析的参考资料，为会计检查提供依据。

（二）我国会计法对会计账簿的规定

根据我国会计法，会计账簿应遵循以下规定：会计账簿登记，必须以经过审核的会计凭证为依据，并符合有关法律、行政法规和国家统一的会计制度的规定。会计账簿包括总账、明细账和其他辅助性账簿。会计账簿应当按照连续编号的页码顺序登记。会计账簿记录发生错误或者隔页、缺号、跳行的，应当按照国家统一的会计制度规定的方法更正，并由会计人员和会计机构负责人（会计主管人员）在更正处盖章。使用电子计算机进行会计核算的，其会计账簿的登记、更正，应当符合国家统一的会计制度的规定。各单位发生的各项经济业务事项应当在依法设置的会计账簿上统一登记、核算，不得违反会计法和国家统一的会计制度的规定私设会计账簿登记、核算。各单位应当定期将会计账簿记录与实物、款项及有关资料相互核对，保证会计账簿记录与实物及款项的实有数额相符、会计账簿记录与会计凭证的有关内容相符、会计账簿之间相对应的记录相符、会计账簿记录与会计报表的有关内容相符。

三、会计报表

（一）会计报表的概念及作用

会计报表，又称会计表册，它是用货币单位综合反映商事主体在一定时期内，即一定的会计期间内的生产经营活动和财务状况的一种书面报告文件。它一般是根据会计账簿的记载，按照主管部门统一印制的格式、内容和方法要求编制而成的。会计报表的作用是通过有重点地、简明地、全面地反映商事主体的财务状况和经营状况，从而向商事主体的管理部门、交易相对人（利害关系人）以及政府有关部门等会计报表使用人提供必要的财务资料和会计信息。

(二)会计报表的内容

一般而言,会计报表的内容包括资产负债表、损益表、利润分配表、财务状况变动表和财务情况说明书。

1.资产负债表

资产负债表是最基本的会计报表,也是国际上通行的会计报表。资产负债表是反映商事主体在某一特定时期财务状况的报表,根据"资产 = 负债 + 股东权益"这一公式编制而成。资产负债表的作用在于,向人们提供某一特定时期商事主体的资产、偿债能力、商事主体的债务、商事主体的财务等会计信息,从而为经营者、投资者、债权人、未来投资者、银行以及国家经济决策层的决策提供重要依据。

2.损益表

损益表,也称利润表,是反映商事主体在一定时期收益和亏损情况的会计报表。损益表根据"收入 - 费用 = 利润"这一公式编制,是反映商事主体在一定时期经营状况(即盈利或亏损情况)的动态会计报表。

3.利润分配表

利润分配表是反映商事主体利润分配、亏损弥补和未分配利润结余情况的会计报表,是损益表的附表。通过利润分配表,可以分析商事主体的盈利能力、股东投资回报情况,从而为潜在投资者的投资决策提供依据。

4.财务状况变动表

财务状况变动表是综合反映商事主体一定会计期间,资金取得来源及资金用途走向的整个理财过程,以及由此引起的财务状况变动情况的会计报表。

5.财务情况说明书

财务情况说明书是对资产负债表、损益表、财务状况变动表所列示的资料以及未列示但对商事主体财务状况有重大影响的事项所作的说明。主要采用文字形式,必要时附以图表。财务状况说明书是我国独有的会计报表内容,有助于报表的使用者详细了解商事主体的财务状况、经营状况和会计政策。

此外,根据会计报表的编制时间,可将其分为定期报表和不定期报表。定期报表是按固定日期编制的,包括年度会计报表,季度会计报表和月份会计报表。年度会计报表简称年报,是全面反映商事主体年末财务状况及年度内财务状况变动情况和整个会计年度经营成果情况的报表;季度会计报表,简称季报,是反映商事主体一个季度内财务状况和一个季度经营成果情况的报表;月份会计报表,简称月报,是反映商事主体月末财务状况和每个月份经营成果情况的报表。不定期报表是不定期编制和反映商事主体日常或特殊情况的会计报表。

(三)会计报表的公示

根据我国公司法,公司的会计报表应按法律规定在一定范围内向社会公示。实行会计报表的公示制度是公司制度的内在要求,它对于保护股东、债权人、交易相对人的利益,维护交易安全和社会经济秩序,确保社会公众利益,都有重要的作用。

由于商事主体类型的不同,法律对其会计报表公开的范围和方式的要求也不相同。在我国,公司主要采用以下三种方式公示其会计报表:(1)将报表置备于公司住所供股东查阅或送交各股东;(2)向有关部门或单位报送会计报表;(3)公告公司的会计报表。

思考题

1. 商业账簿的法律意义有哪些?
2. 简述商业账簿的种类。

案例分析[1]

上诉人(原审被告):上海××超市有限责任公司(以下简称××超市)。

被上诉人(原审原告):上海×××商贸总公司(以下简称×××公司)。

1997年4月,××超市经工商核准设立,股东为×××公司和某某超市商业公司(后更名为某某超市股份有限公司)。××超市的公司章程约定:××超市应当在每一年度终了时制作财务会计报告,经依法审验后,10天内送交各股东及政府有关部门,并接受其监督;股东有权自行聘请审计师、会计师查阅公司账簿,查阅时,公司应当提供方便。

2005年3月23日,×××公司向某某超市出具承诺函一份,承诺放弃在××超市中对宝山世纪某某的经营管理权、利润分配权、表决权等一切股东权利,该承诺在××超市存续期内持续有效。

××超市提供给×××公司的2007年3月31日资产负债表记载,期末股东权益为12243880.16元,经上海汇洪会计师事务所有限公司审计调整后的期末股东权益为8835166元。

2008年9月至2009年8月,×××公司多次向××超市发函,要求××超市向其提供经营和资产情况报告以及会计师事务所的年度审计报告。××超市收函后,或以×××公司要求过于广泛为由拒绝,或以有关审计报告和资产评估报告已经提供并得到确认为由拒绝。×××公司遂向法院提起诉讼,请求判令××超市提供2000年1月至起诉当月止的公司月度、年度会计报告、账簿及原始凭证供其查阅、复制。

问题:《公司法》第33条第2款规定:“有限责任公司股东要求查阅公司会计账簿的,应当说明目的。公司有合理根据认为股东有不正当目的,可能损害公司合法利益

[1] 谭小辉:《股东查阅公司会计账簿的正当目的及实现方式》,载上海市第二中级人民法院:《人民司法》2011年第6期。

的，可以拒绝提供查阅。”

结合本案请思考，在司法实践中，如何准确把握该条款所规定的正当目的？相关举证责任如何分配？股东是否有权委托代理人查询会计账簿？股东在查阅会计账簿时的范围如何把握，能否请求查阅原始凭证？股东知情权与公司经营管理权如何平衡保护？

第二编　个人独资企业法与合伙企业法

第七章　个人独资企业法律制度

知识结构图

- 个人独资企业法律制度
  - 个人独资企业概述
    - 个人独资企业的概念
    - 个人独资企业与个体工商户的比较
  - 个人独资企业的设立、运营管理与终止
    - 个人独资企业设立的条件
    - 个人独资企业的运营管理
    - 个人独资企业的终止
  - 个人独资企业的权利和义务
    - 个人独资企业的权利
    - 个人独资企业的义务

本章导读

个人独资企业是指由一人单独出资设立，由一人拥有和控制，并且由一人承担无限责任的企业。与个体工商户相比，两者在具有一些共同特征的同时，也存在明显的差异。个人独资企业及其分支机构的设立需符合一定的条件，其设立、变更和终止都必须进行登记。按照《个人独资企业法》的规定，个人独资企业的投资人享有个人独资企业的所有权，个人独资企业享有一定的权利，承担相应的义务。个人独资企业的解散与清算需履行相关法律程序，对其后果承担相应的责任。

司考重点

个人独资企业的特征，个人独资企业的财产，个人独资企业的事务管理及债务承担等

第一节　个人独资企业概述

一、个人独资企业的概念

个人独资企业，又称个人企业，是指由一人单独出资设立，由一人拥有和控制，并且由一人承担无限责任的企业。个人独资企业具有如下特点：

1. 个人独资企业不具有法人资格。独资企业法意义上的个人独资企业仅指由自然人出资设立的企业，属于商个人；法人或者其他社会组织单一投资设立的企业，如国有独资企业、集体独资企业以及具有法人资格的外商独资企业等不在其列。

2. 个人独资企业是由一人出资设立的企业。个人独资企业的成员具有单一性，只能由一个投资者出资设立，并且出资人只能是自然人，这是其与其他商事组织的重要区别。

3. 个人独资企业是一种为自己所有、自己控制，由自己承担无限责任的企业。个人独资企业不具有独立的法人人格，其成员的单一性、自然性决定了它只能以其业主的人格为其人格，其营业上的一切活动均以个人独资企业业主的个人或身份来进行，业主享有决定企业事项的权利，在经营上由业主自己管理业务。在债务承担上，应先以企业财产承担责任，在企业财产不足以清偿债务时，应由投资人以其个人财产承担无限责任。

4. 个人独资企业的财产具有相对独立性。尽管个人独资企业的财产由业主所有，企业本身不享有所有权，但投资人的财产和用于经营的企业财产仍然存在区别，企业财产在财务制度上相对独立于投资者的其他个人财产。

二、个人独资企业与个体工商户的比较

个体工商户是我国法律制度中特有的概念和形式，作为自然人从事工商业经营的法律形式，个体工商户与个人独资企业具有一些共同的特征：两者均属于商个人，其成员都是自然人；在资本金上法律均无限制；投入财产的所有权及其收益属于投资者个人等。但二者之间也存在比较明显的差异：

1. 成立的法律依据不同。个人独资企业依《个人独资企业法》成立并受其规范；个体工商户依《城乡个体工商户管理暂行条例》成立并受其规范。

2. 成立的条件不同。个人独资企业必须具有合法的企业名称、固定的生产经营场所、必要的生产经营条件和相应的从业人员；对个体工商户则没有这种要求。

3. 享有的权利不同。个人独资企业具有广泛的经营自主权利，可以依法设立分支机构、可以取得土地使用权、可以印制商标、可以招用员工；个体工商户在这些方面均受到限制。

4. 解散程序不同。个人独资企业解散，必须由投资人自行清算或者由人民法院指

定清算人进行清算;个体工商户歇业则无须清算,只需向原登记机关办理歇业手续,缴纳营业执照。

5. 承担民事责任的除斥期间不同。个人独资企业解散以后,原投资人对企业存续期间的债务仍应承担偿还责任,但债权人在5年内未向债务人提出偿债请求的,该责任消灭;但法律并没有规定个体工商户还债的除斥期间。

第二节　个人独资企业的设立、运营管理与终止

一、个人独资企业设立的条件

(一)个人独资企业设立的实质条件

设立个人独资企业应当具备下列条件:

1. 投资人为一个自然人,且只能是一个中国公民。《个人独资企业法》规定,外商独资企业不适用该法。我国实行一国两制,我国台湾地区、香港特区、澳门特区的自然人设立的全部资本为其所有的企业,要参照《外资企业法实施细则》办理,不适用《个人投资企业法》。

2. 有合法的企业名称。个人独资企业的名称应当符合名称登记管理的有关规定,并与责任形式及从事的营业相符合,不得使用"有限责任"或者"公司"字样。

3. 有投资人申报的出资。《个人独资企业法》虽没有对投资者注册资本的最低限额作出规定,但明确规定投资人申办个人独资企业要申报出资。不过,这种出资并非注册资本,而是企业经营的必要条件。

4. 有固定的生产经营场所和必要的生产经营条件。

5. 有必要的从业人员。个人独资企业只有具备必要的从业人员,才能进行正常经营。至于可以聘用员工的数量,法律则没有规定。

(二)个人独资企业设立的程序条件

1. 申请

根据国家工商局颁布的《个人独资企业登记管理办法》第9条的规定,投资人应当向工商行政管理部门提出设立个人独资企业的注册申请,注册应提交的文件、证件包括:投资人签署的个人独资企业设立申请书、投资人身份证明、企业住所证明以及国家工商行政管理局规定提交的其他文件。从事法律、行政法规规定须报经有关部门审批的业务的,应当提交有关部门的批准文件。委托代理人申请设立登记的,应当提交投资人的委托书和代理人的身份证明或者资格证明。个人独资企业设立申请书应当载明企业的名称和住所、投资人的姓名和居所、投资人的出资额和出资方式以及经营范围及方式。

个人独资企业投资人以个人财产出资或者以其家庭共有财产作为个人出资的,应

当在设立申请书中予以明确说明。

2. 审查登记

工商管理登记机关应当在收到设立申请文件之日起15日内,对于符合登记条件的设立申请及时予以登记,发给营业执照;对不符合条件的,不予登记,并应当给予书面答复,并说明理由。

个人独资企业的营业执照的签发日期,为个人独资企业的成立日期。在取得营业执照前,投资人不得以个人独资企业名义从事经营活动。

(三)个人独资企业分支机构的设立

个人独资企业可以依法设立分支机构。个人独资企业设立分支机构,应当由投资人或者其委托的代理人向分支机构所在地的登记机关申请登记,领取营业执照。分支机构经核准登记后,应将登记情况报该分支机构隶属的个人独资企业的登记机关备案。

个人独资企业分支机构的民事责任应由设立该分支机构的个人独资企业承担。

二、个人独资企业的运营管理

个人独资企业的运营管理模式有两种:

(一)自己管理

在这种管理模式下,企业主自己亲力亲为,自任企业的厂长或经理,对企业事务进行管理,可以更好地了解和把握企业的经营状况,但往往在时间和技术知识方面尚不能尽如人意。

(二)他人管理

他人管理是指个人独资企业的企业主委托或者聘用他人管理本企业事务的管理模式。业主委托或聘用他人管理企业事务的,要签订书面的委托或聘用合同,明确授权的范围。受托人应当忠实勤勉谨慎的履行其管理职责,不得从事下列行为:利用职务上的便利,索取或者收受贿赂;利用职务或者工作上的便利侵占企业财产;挪用企业的资金归个人使用或者借贷给他人;擅自将企业资金以个人名义或者以他人名义开立账户储存;擅自以企业财产提供担保;未经投资人同意,从事与本企业相竞争的业务;未经投资人同意,同本企业订立合同或者进行交易;未经投资人同意,擅自将企业商标或者其他知识产权转让给他人使用;泄露本企业的商业秘密;法律、行政法规规定的其他禁止行为。

依据《个人独资企业法》的规定,接受投资人委托或聘用管理个人独资企业事务的人员应该遵守合同的约定和法律的规定,若因为违反约定或者违反法律规定给投资人及个人独资企业造成损害,须承担损害赔偿、返还财产等民事责任;有违法所得的,没收违法所得;构成犯罪的,依法追究刑事责任。

三、个人独资企业的终止

(一)个人独资企业的解散

个人独资企业出现下列情形时,应当解散:

(1)投资人决定解散;

(2)投资人死亡或者被宣告死亡,无继承人或者继承人决定放弃继承;

(3)被依法吊销营业执照;

(4)法律、行政法规规定的其他情形。

(二)个人独资企业的清算

1. 清算程序

个人独资企业解散时,应依法进行清算。

个人独资企业解散,由投资人自行清算或者由债权人申请人民法院指定清算人进行清算。投资人自行清算的,应当在清算前15日内书面通知债权人,无法通知的,应当予以公告。债权人应当在接到通知之日起30日内,未接到通知的应当在公告之日起60日内,向投资人申报其债权。

2. 清算时的债权清偿

个人独资企业解散的,财产应当按下列顺序清偿:(1)所欠职工工资和社会保险费用;(2)所欠税款;(3)其他债务。

个人独资企业的投资人对个人独资企业的债务承担无限责任,当个人独资企业的财产不足以清偿企业债务时,投资人应当以其个人财产予以清偿。如果投资人在申请企业设立时明确以其家庭共有财产作为个人投资的,还应当依法以家庭共有财产承担无限责任。

3. 注销

个人独资企业的投资人或者清算人应当于清算结束之日起15日内向原登记机关申请注销登记。个人独资企业申请注销登记,应当向登记机关提交下列文件:(1)投资人或者清算人签署的注销登记申请书;(2)投资人或者清算人签署的清算报告;(3)国家工商行政管理局规定提交的其他文件。

个人独资企业办理注销登记时,应当缴回营业执照。经登记机关注销登记,个人独资企业终止。

个人独资企业解散后,债权人仍可以向个人独资企业投资人就个人独资企业存续期间的债务主张偿还责任,但须在5年内提出,否则投资人的清偿责任消灭。该时效期间为除斥期间。

第三节 个人独资企业的权利和义务

一、个人独资企业的权利

1. 投资人的财产所有权

我国《个人独资企业法》第17条规定:“个人独资企业投资人对本企业的财产依法

享有所有权,其有关权利可以依法进行转让或继承。”根据这一规定,个人独资企业的投资人对企业财产享有所有权。这里的财产包括个人投资于企业的财产(如企业的设备、资金、产品等),也包括其他个人财产(如营业场所、汽车等)。这里的“所有权”的含义是指个人独资企业的投资人,对上述财产都可以所有人的身份,依法行使占有、使用、收益和处分的权利。个人独资企业财产权利的转让或继承,是个人独资企业投资人行使财产权利的应有之义。

2. 企业经营权

(1)企业名称专用权。个人独资企业的名称由工商行政管理机关核定,准予登记后,具有专有性和排他性,在规定的范围内享有专用权,受国家法律的保护,任何单位和个人都不得盗用、假冒其名称。同时,已经核准登记的个人独资企业的名称,在核准登记机关管辖范围内的其他企业不得使用,个人独资企业的名称经核准后,企业可以以此名称刻制图章,在银行开立账户,可以企业名义向银行申请贷款。

(2)在核准登记范围内的自主经营权。自主经营权是个人独资企业拥有的一项基本权利,也是个人独资企业自主进行各种生产经营活动的前提。自主经营权与经营范围不同。经营范围是个人独资企业民事行为能力的体现,是从静态的角度规定个人独资企业可以依法从事生产经营的事项。自主经营权主要包括以下几个方面的权利:

第一,个人独资企业的投资人有权按照自己的意志,自由地使用企业的资金和设备,依法聘请雇工,从事各种具体的生产经营活动。

第二,个人独资企业投资人有权在核准的经营范围内,确定企业的经营规模、经营方针、发展规划,有权依法关闭个人独资企业。

第三,个人独资企业有权排除来自其他组织、单位和个人对个人独资企业的非法干扰,有权要求追究违法行为人的责任。

(3)组织机构设置权。由于个人独资企业的投资人集生产经营的决策权、指挥权和监督权于一身。因此,个人独资企业的机构设置一般比较精简,人员比较精练,便于令行禁止。又因个人独资企业的经营规模和业务情况不尽相同,法律也不能对其作出统一要求。在这种情况下,投资人有权根据生产经营规模和生产经营活动的实际需要,有选择地在企业内设置必要的机构,以适应市场发展的客观需要。个人独资企业是否设置以及如何设置机构,都是个人独资企业的独立权利,其他任何行政主管部门均无权要求个人独资企业设置什么相应的对口机构。

(4)工资制度决定权。工资制度直接关系到劳资关系,影响企业的发展兴衰。个人独资企业有权按所聘用职工的技术水平和工作难易强度,确定其工资级别或工资计算标准,既可以将工资划分成若干等级,也可以将工资划分成基本工资和浮动工资,还可以采用计时工资或计件工资形式。此外,个人独资企业有权对为企业作出贡献的职工予以特殊奖励。

(5)专利和商标的申请权。个人独资企业在技术上的发明创造、对产品的外观设计、实用新型,凡具有新颖性、创造性和实用性的,均可以申请专利;个人独资企业在自愿的原则下,可以申请注册商标,经国家商标局核准注册,即享有商标权。

(6)贷款申请权。企业的经营资本是由投资人的自有资本和借贷资本构成的。而借贷资本的取得往往是从金融机构获得。借贷资本的获得,对于个人独资企业有效地开展经营活动,捕捉商业机会和壮大企业规模,都具有十分重要的意义。

(7)个人独资企业可以取得土地使用权。这一规定在制度上保证了开设个人独资企业对使用土地的要求。个人独资企业取得土地使用权要按照我国土地管理法律法规的规定办理有关手续。

(8)拒绝摊派权。我国《个人独资企业法》第25条规定:"任何单位和个人不得违反法律、行政法规的规定,以任何方式强制个人独资企业提供财力、物力、人力;对于违法强制提供财力、物力、人力的行为,个人独资企业有权拒绝。"这一规定,对于减轻企业不合理负担,为企业创造宽松的经营环境,无疑具有重要的作用。

二、个人独资企业的义务

个人独资企业既享有上述广泛的权利,也应履行相应的义务。个人独资企业应负担的义务主要有:

1. 依法开展经营活动的义务

我国《个人独资企业法》第4条第1款规定:"个人独资企业从事经营活动必须遵守法律、行政法规,遵守诚实信用原则,不得损害社会公共利益。"在这一原则指引下,独资企业在经营活动中,应当遵循各项法律的规定,做到诚信不欺,不损害竞争对手的合法利益,不损害国家和社会公益,保护环境,等等。

2. 依法履行纳税义务

我国《个人独资企业法》第4条第2款规定:个人独资企业应当依法履行纳税义务。依法纳税是每一个纳税主体应尽的义务。

特别要指出的是:根据2000年《国务院关于个人独资企业和合伙企业征收所得税问题的通知》所作的规定,为公平税负,支持和鼓励个人投资兴办企业,促进国民经济持续、快速、健康发展,自2000年1月1日起,对个人独资企业和合伙企业停止征收企业所得税,其投资者的生产经营所得,比照个体工商户的生产、经营所得征收个人所得税。具体税收政策的征收办法由国家财税主管部门另行制定。

3. 为企业建立财务会计制度

《个人独资企业法》第21条规定:个人独资企业应当依法设置会计账簿,进行会计核算。

4. 依法履行职工劳动保护义务

我国《个人独资企业法》总则第6条、第三章第22条和第23条对此作了相关规定。此项义务应包括:

(1)与职工签订劳动合同。与职工签订劳动合同是我国劳动法律的基本要求,然而相当多的企业,特别是私营企业漠视此项规定,以各种各样的理由不与职工签订劳动合同,致使职工的基本权利得不到保障,这是我国社会生活中比较常见的现象。因此,我国《个人独资企业法》明确要求企业必须与职工签订劳动合同。

(2)保障职工的劳动安全。个人独资企业在其生产经营过程中应当为职工提供符合国家标准的安全工作环境和安全防护措施,对劳动者进行安全卫生教育,尽量减少安全事故的发生。

(3)按时、足额发放职工工资。个人独资企业可以根据本企业的经营状况自主确定对本企业职工的工资发放标准和发放形式,但是不得低于本地区民政和劳动部门规定的最低标准。发放工资应当按劳取酬,同工同酬,不得采取歧视政策,不得随意拖欠或克扣员工工资。加班应按照规定支付加班工资。

(4)按照国家规定参加社会保险,为职工缴纳社会保险费。社会保险制度是由国家和社会对公民在年老、疾病、伤残、失业、生育、死亡、遭遇灾害、面临生活困难时依法给予物质帮助,以保障公民个人和家庭以及遗属基本生活需要的法律制度。社会保障是国家职能的应有之义。我国《劳动法》规定,国家发展社会保险事业,建立社会保险制度,设立社会保险基金,使劳动者在年老、患病、工伤、失业、生育等情况下获得帮助和补偿。社会保险水平应当与社会经济发展水平和社会承受能力相适应。社会保险基金按照保险类型确定资金来源,逐步实行社会统筹。用人单位和劳动者必须依法参加社会保险,缴纳社会保险费。

5. 服从国家有关机关的监督、检查和管理

在市场经济的大环境下,个人独资企业也要接受国家的监督检查和调控。国家对私营企业的监督、检查和管理是通过工商、税务、交通、物价、劳动、银行、公交、卫生、城建、环保等部门来实现的。个人独资企业在遇到这些部门行使职权时有义务积极协助配合,不得抗拒或者阻挠,如果影响到正常的监督检查活动应当依法承担责任。

思考题

1. 简述我国商个人的范围。
2. 简述个人独资企业的法律特征。
3. 我国个人独资企业的设立条件是什么?

案例分析

被告宏胜农用机械修理厂系个人独资企业,在2006年至2008年间多次向原告利达机械配件厂购买配件,合计欠货款68986元,被告出资人张春利以宏胜农用机械修理厂名义和原告利达机械配件厂于2008年8月达成还款协议,约定宏胜农用机械修理厂于2009年8月前还清所有欠款。2008年11月5日,张春利(甲方)与王志峰(乙方)达成转让协议,甲方决定将宏胜农用机械修理厂转让给乙方,并约定转让之后所发生的

债权债务由乙方承担，宏胜农用机械修理厂依此在工商部门办理了企业投资人变更登记。后原告依还款协议要求被告宏胜农用机械修理厂偿还到期债务，但被告以投资人变更为由拒绝偿还。原告诉至法院，要求宏胜农用机械修理厂承担到期债务的清偿责任，在审理期间又依原告申请追加张春利为被告。被告宏胜农用机械修理厂辩称，宏胜农用机械修理厂为个人独资企业，原厂负责人是张春利，2008 年 11 月 10 日变更为王志峰，并办理了工商变更登记，依据协议的约定，转让前的债务应由张春利承担，请求驳回原告对宏胜农用机械修理厂的诉讼请求。被告张春利辩称宏胜农用机械修理厂负责人的变更不能影响债务的承担方式，故应由企业承担清偿责任。

问：结合个人独资企业法的相关原理回答本案应如何处理？

第八章　合伙企业法律制度

◇ 知识结构图

- 合伙企业法律制度
  - 合伙企业概述
    - 合伙企业的概念
    - 合伙企业的特征
    - 合伙与合伙企业的法律地位
  - 普通合伙企业
    - 普通合伙企业的概念
    - 普通合伙企业的设立
    - 普通合伙企业的财产
    - 普通合伙企业的内部关系
    - 普通合伙企业的外部事务
    - 普通合伙企业的入伙、退伙
    - 特殊的普通合伙企业
  - 有限合伙企业
    - 有限合伙企业的概念和特征
    - 有限合伙企业的设立
    - 有限合伙企业的事务执行
    - 有限合伙人的权利和对外责任承担
    - 有限合伙企业的入伙和退伙
  - 合伙企业解散、清算和破产
    - 合伙企业的解散
    - 合伙企业的清算
    - 合伙企业的破产

◈ 本章导读

合伙企业是各合伙人基于营利目的的实现及营业之必要，以商法为规范基础设立，合伙人之间的权利义务关系适用商事法律规范。本章重点讲述合伙企业的概念、特征、法律地位、合伙企业的设立、合伙企业的内外部关系及合伙企业的变更、终止等法律制度。

◉ 司考重点

合伙企业的设立条件，合伙企业的财产，合伙人的权利义务，合伙事务的执行及债务承担，有限合伙企业的特殊规定，合伙企业的解散、清算和破产

第一节　合伙企业概述

一、合伙企业的概念

合伙企业,是指依法设立的,由各合伙人订立合伙协议,共同出资、共同经营、共享收益、共担风险的营利性组织。我国合伙企业法规定,合伙企业,是指自然人、法人和其他组织依照本法在中国境内设立的普通合伙企业和有限合伙企业。

二、合伙企业的特征

合伙企业具有以下特征:

1. 合伙企业以营利为目的,属于营利性组织,是一种商事合伙,具有非法人性质。

2. 合伙企业是两个以上的合伙人共同出资设立,出资是合伙人的基本义务,也是其取得合伙人资格的前提条件。我国《合伙企业法》规定,合伙人是自然人、法人和其他组织。但合伙企业法同时也规定,国有独资公司、国有企业、上市公司以及公益性的事业单位、社会团体不得成为普通合伙人,合伙人为自然人的,应当具有完全民事行为能力。

3. 合伙企业以合伙协议为成立的法律基础。合伙协议是调整合伙关系、规范合伙人相互权利义务、处理合伙纠纷的基本法律依据,对全体合伙人具有约束力。

4. 全体合伙人共同经营,合伙人之间具有互为代理人的资格。合伙人作为合伙企业财产的共同投资人对合伙企业有全面的管理权。合伙人在合伙企业的经营范围内对其他合伙人具有当然的代理权。合伙企业的相对人有理由信赖这种当然的代理权存在,如果合伙人之间内部对此代理权存在限制性的约定,该约定不得对抗善意第三人。

但是对于有限合伙企业,我国法律规定,有限合伙人不执行合伙事务,不得对外代表有限合伙企业。

5. 合伙人共负盈亏,共担风险,对外承担无限连带责任。合伙人既可以按其对合伙企业的出资比例分享合伙盈利,也可按合伙人约定的其他办法来分配合伙盈利。当合伙企业财产不足以清偿合伙债务时,合伙人还需要以其他个人财产来清偿债务,即承担无限责任,而且任何一个合伙人都有义务清偿全部合伙债务,即承担连带责任。

但是对于有限合伙企业,我国法律规定,有限合伙人以其出资额为限对合伙企业债务承担责任。

三、合伙与合伙企业的法律地位

对于合伙的法律地位,学界有三种认识:第一种观点认为,合伙不能成为民事主体,它只是各合伙人之间所形成的契约关系,不具有团体性,不能享有民事权利能力和民事行为能力;第二种观点认为,合伙是独立于自然人和法人之外的第三种民事主体;

第三种观点认为，合伙可以成为民事主体，但应看具体情况，一些简易合伙不能成为民事主体，只有稳定的、具有组织和字号的合伙才可以成为民事主体。

我们认为，合伙企业具有相对独立的民事主体地位，其理由在于：

1. 合伙企业财产具有相对独立性。合伙企业的财产尽管归全体合伙人共有，但合伙企业对其具有财产权益，除法律另有规定之外，合伙人在合伙企业清算前不得请求分割合伙企业的财产。因此，合伙财产与合伙人个人的财产是相对分离的。

2. 合伙企业人格具有相对独立性。尽管合伙企业不具有独立的权利能力和行为能力，但它有相对独立的人格，可以拥有自己的字号，可以以注册登记的合伙企业名义进行经营，可以作为诉讼上的当事人参与诉讼。一般情况下，涉及合伙企业不动产或其他财产权利的处分、经营范围的改变以及改变合伙企业名称等事务，都须有全体普通合伙人一致同意的意思表示，这种意思表示是一种独立于合伙人个人意思，反映合伙企业行为能力的"团体意思"。

3. 合伙企业承担民事责任具有相对独立性。尽管合伙企业财产并没有完全独立于普通合伙人，但合伙企业可以自己的名义对外负债，在承担民事责任时先以合伙企业的财产清偿，只有在合伙企业的财产不足以清偿债务时，才要求普通合伙人以个人财产偿还。[1]

第二节 普通合伙企业

一、普通合伙企业的概念

普通合伙企业，是指由普通合伙人组成，合伙人对合伙企业债务依照《合伙企业法》规定承担无限连带责任的一种合伙企业。

二、普通合伙企业的设立

（一）普通合伙企业设立的条件

按照我国《合伙企业法》的规定，符合下列条件的，可以申请设立普通合伙企业：

1. 合伙人须符合法律规定的条件

合伙人的人数须有两个以上。只有具备人数上的最低要求，才可以成立合伙；合伙人的资格应不违反法律的限制性规定，合伙人可以是自然人，也可以是法人或者其他组织。自然人作为普通合伙人的，应当具有完全民事行为能力。但国有独资公司、国有企业、上市公司以及公益性的事业单位、社会团体不得成为普通合伙人。

2. 须有书面合伙协议

合伙协议是合伙人设立普通合伙企业的意思表示要件，合伙协议应由全体合伙人

---

〔1〕 鲁晓明主编：《商法》，清华大学出版社2013年版，第48页。

协商一致,采用书面形式,经全体合伙人签名、盖章后生效。合伙人按照合伙协议享有权利和履行义务。合伙协议应当载明下列事项:合伙企业的名称和主要经营场所的地点;合伙目的和合伙经营范围;合伙人的姓名或者名称、住所;合伙人的出资方式、数额和缴付期限;利润分配、亏损分担方式;合伙事务的执行;入伙与退伙;争议解决办法;合伙企业的解散与清算;违约责任。除合伙协议另有约定外,经全体合伙人一致同意,可以对合伙协议进行修改或者补充。对于合伙协议未约定或者约定不明确的事项,可以由合伙人协商决定;协商不成的,可以依照相关法律、行政法规的规定处理。

3. 有合伙人认缴或者实际缴付的出资

合伙人的出资是合伙企业经营的物质基础,普通合伙企业合伙人出资较为灵活,合伙人可以用货币、实物、知识产权、土地使用权或者其他财产权利出资,也可以用劳务出资。合伙人以实物、知识产权、土地使用权或者其他财产权利出资,需要评估作价的,可以由全体合伙人协商确定,也可以由全体合伙人委托法定评估机构评估。合伙人以劳务出资的,其评估办法由全体合伙人协商确定,并在合伙协议中载明。合伙人应当按照合伙协议约定的出资方式、数额和缴付期限,履行出资义务。以非货币财产出资的,依照法律、行政法规的规定,需要办理财产权转移手续的,应当依法办理。

合伙人未履行出资义务,应当按照合伙协议的约定对其他合伙人承担违约责任。

合伙人按照合伙协议的约定或者经全体合伙人决定,可以增加或者减少对合伙企业的出资。

4. 有合伙企业的名称和生产经营场所

只有拥有名称,合伙企业才能以自己的名义参与民商事活动,并进行诉讼。依照合伙企业法的规定,普通合伙企业名称中应当标明"普通合伙"字样,对于特殊的普通合伙企业要求其名称中应当标明"特殊普通合伙"字样。

生产经营场所是合伙企业从事生产经营活动的所在地,合伙企业的主要经营场所只能有一个,并且应当在其企业登记机关管辖区域内。

5. 法律、行政法规规定的其他条件

如果法律、行政法规对合伙企业的设立有特殊要求的,还应当符合相关规定。

(二)普通合伙企业的设立程序

1. 设立申请

申请设立普通合伙企业,应当向企业登记机关提交登记申请书、合伙协议书、合伙人身份证明等文件。合伙企业的经营范围中有属于法律、行政法规规定在登记前须经批准的项目的,该项经营业务应当依法经过批准,并在登记时提交批准文件。

2. 核准登记

申请人提交的登记申请材料齐全、符合法定形式,企业登记机关能够当场登记的,应予当场登记,发给营业执照。除前述情形外,企业登记机关应当自受理申请之日起20日内,作出是否登记的决定。予以登记的,发给营业执照;不予登记的,应当给予书面答复,并说明理由。

3. 成立时间

普通合伙企业的营业执照签发日期,为合伙企业成立日期。合伙企业领取营业执照前,合伙人不得以合伙企业名义从事合伙业务。

4. 分支机构的设立

合伙企业可以设立分支机构。合伙企业设立分支机构,应当向分支机构所在地的企业登记机关申请登记,领取营业执照。

三、普通合伙企业的财产

(一)普通合伙企业财产的性质

合伙财产包括合伙人的出资、以合伙企业名义取得的收益和依法取得的其他财产。合伙企业财产属于合伙人共有。原则上,在合伙企业进行清算前,不得请求分割合伙企业的财产。合伙人在合伙企业清算前私自转移或者处分合伙企业财产的,合伙企业不得以此对抗善意第三人。

(二)普通合伙企业合伙人财产份额的转让

合伙人财产份额的转让是指合伙企业的合伙人向他人转让其在合伙企业中的全部或者部分财产份额的行为。

普通合伙企业具有典型的人合性质,合伙人的信用和合伙人之间的信任关系是合伙企业的信用基础。如果合伙人将其财产份额转让给第三人,则第三人受让后成为新的合伙人,但新的合伙人并不一定为其他合伙人所信任,从而有可能危及合伙事业。因而,《合伙企业法》规定,除合伙协议另有约定外,合伙人向合伙人以外的人转让其在合伙企业中的全部或者部分财产份额时,须经其他合伙人一致同意。

合伙人财产份额的内部转让,因不涉及合伙人以外的人参加,合伙企业存续的基础没有发生实质性变更,因此不需要经过其他合伙人一致同意,只需要通知其他合伙人即可产生法律效力。

合伙人向合伙人以外的人转让其在合伙企业中的财产份额的,在同等条件下,其他合伙人有优先购买权;但是,合伙协议另有约定的除外。

所谓优先购买权是指在合伙人转让其财产份额时,在多数人接受转让的情况下,其他合伙人基于同等条件可先于其他非合伙人购买的权利。优先购买权的发生存在两个前提:一是合伙人财产份额的转让没有约定的转让条件、转让范围的限制;二是优先购买的前提是同等条件。同等的条件,主要是指购买的价格条件,当然也包括其他条件。这一规定的目的在于维护合伙企业现有合伙人的利益,维护合伙企业在现有基础上的稳定。

(三)普通合伙企业财产份额的出质

合伙人以其在合伙企业中的财产份额出质的,须经其他合伙人一致同意;未经其他合伙人一致同意,其行为无效,由此给善意第三人造成损失的,由行为人依法承担赔偿责任。

四、普通合伙企业的内部关系

（一）普通合伙企业合伙事务的执行

合伙人对执行合伙事务享有同等的权利，按照合伙协议的约定或者经全体合伙人决定，可以委托一个或者数个合伙人对外代表合伙企业，执行合伙事务。作为合伙人的法人、其他组织执行合伙事务的，由其委派的代表执行。由一个或者数个合伙人执行合伙事务的，执行事务的合伙人应当定期向其他合伙人报告事务执行情况以及合伙企业的经营和财务状况，其执行合伙事务所产生的收益归合伙企业，所产生的费用和亏损由合伙企业承担。

委托一个或者数个合伙人执行合伙事务的，其他合伙人不再执行合伙事务。不执行合伙事务的合伙人有权监督执行事务合伙人执行合伙事务的情况。合伙人为了解合伙企业的经营状况和财务状况，有权查阅合伙企业会计账簿等财务资料。

合伙企业可以聘任经营管理人员。被聘任的合伙企业经营管理人员应当在合伙企业授权范围内履行职务。被聘任的合伙企业的经营管理人员，超越合伙企业授权范围履行职务，或者在履行职务过程中因故意或者重大过失给合伙企业造成损失的，依法承担赔偿责任。

（二）普通合伙企业的表决方式和议事规则

合伙人对合伙企业有关事项作出决议，按照合伙协议约定的表决办法办理。合伙协议未约定或者约定不明确的，实行合伙人一人一票并经全体合伙人过半数通过表决办法。

对于涉及合伙企业的一些重大事项，如改变合伙企业的名称，改变合伙企业的经营范围、主要经营场所，处分合伙企业的不动产，转让或者处分合伙企业的知识产权和其他财产权利，以合伙企业名义为他人提供担保，聘任合伙人以外的人担任合伙企业的经营管理人员等，应当经全体合伙人一致同意。

（三）合伙人的异议权和撤销权

合伙人分别执行合伙事务的，执行事务的合伙人可以对其他合伙人执行的事务提出异议。提出异议时，应当暂停该项事务的执行。如果发生争议，应当由合伙人依照合伙协议约定的表决方式表决决定。

受委托执行合伙事务的合伙人不按照合伙协议或者全体合伙人的决定执行事务的，其他合伙人可以决定撤销该委托。

（四）普通合伙人的忠实义务

1. 竞业禁止

合伙人不得自营或者同他人合作经营与本合伙企业相竞争的业务。合伙人违反《合伙企业法》规定或者合伙协议的约定，从事与本合伙企业相竞争的业务，该收益归合伙企业所有；给合伙企业或者其他合伙人造成损失的，依法承担赔偿责任。

2. 自我交易的禁止

原则上,合伙人不得同本合伙企业进行交易。合伙人只有在下述情况下,才可以与本合伙企业进行交易:第一,合伙协议另有约定;第二,经全体合伙人同意。否则,必须经全体合伙人的事后追认。合伙人违反《合伙企业法》的规定或者合伙协议的约定,与本合伙企业进行交易的,该收益归合伙企业所有。

3. 不利益行为的禁止

合伙人不得从事损害本合伙企业利益的活动。合伙人从事损害本合伙企业利益的活动而给合伙企业或者其他合伙人造成损失的,应当依法承担赔偿责任。

4. 擅自行为的禁止

合伙人对合伙企业法规定或者合伙协议约定必须经全体合伙人一致同意始得执行的事务擅自处理,给合伙企业或者其他合伙人造成损失的,依法承担赔偿责任。不具有事务执行权的合伙人擅自执行合伙事务,给合伙企业或者其他合伙人造成损失的,依法承担赔偿责任。

(五)普通合伙企业的利润分配、亏损分担

合伙企业的利润分配、亏损分担,按照合伙协议的约定办理;合伙协议未约定或者约定不明确的,由合伙人协商决定;协商不成的,由合伙人按照实缴出资比例分配、分担;无法确定出资比例的,由合伙人平均分配、分担。合伙协议不得约定将全部利润分配给部分合伙人或者由部分合伙人承担全部亏损。

合伙企业存续期间,合伙人按照合伙协议的约定或者经全体合伙人决定,可以增加或者减少对合伙企业的出资。

入伙的新合伙人与原合伙人享有同等权利,承担同等责任。入伙协议另有约定的,从其约定。新合伙人对入伙前合伙企业的债务承担无限连带责任。

五、普通合伙企业的外部事务

合伙企业的外部事务即合伙企业与第三人的关系,包括合伙企业与善意第三人的关系、与合伙企业的债权人的关系、与合伙人的债权人的关系。

(一)与善意第三人之间的关系

合伙企业对合伙人执行合伙事务以及对外代表合伙企业权利的限制,不得对抗善意第三人。

为了经营中的便利,经合伙人协商一致,可由一名或数名合伙人作为执行合伙人,而执行合伙人以外的其他合伙人依法不应再执行合伙企业事务,也无权代表合伙企业。但是,这种约定只是在合伙企业内部形成限制,在第三人不知情的状况下,非执行合伙人越权代表合伙企业与第三人为商业行为时,其他合伙人及执行合伙人不得以越权合伙人越权而主张交易无效。但依据具体业务之性质和规模,第三人应当知道合伙人有越权的情况以及越权合伙人与第三人有勾结损害合伙企业利益的情况除外。这样的原则也适用于执行合伙人超越合伙人授权而为行为的状况。

(二)合伙企业的债务承担

合伙企业的债务是指在合伙关系存续期间,合伙以其全体合伙成员的名义在与第三人发生民事权利、义务关系时形成的债务。

合伙企业是独立的商主体,合伙企业的财产在合伙企业存续期间,具有稳定性。当合伙企业对外产生债务时,合伙企业应当先以其全部财产进行清偿。当其财产不足以清偿时,各个合伙人才承担无限连带责任。也就是说,合伙人的无限连带责任是补充的,合伙企业的债权人不得未经向合伙企业主张债权,而直接向合伙人主张债权。

(三)与合伙人的债权人的关系

合伙人个人所负的与合伙企业无关的债务,应以合伙人个人的财产进行清偿。合伙人的个人财产不足以清偿其个人所负债务的,该合伙人只能以其从合伙企业分取的收益用于清偿;之所以限制在用合伙企业的收益对合伙人个人债务承担补充责任,是为了不改变合伙人的资格与身份,使合伙企业能得以继续存在。当合伙人的个人财产及从合伙企业分取的收益仍不足以清偿个人债务时,债权人也可以依法请求法院强制执行该合伙人在合伙企业中的财产份额用于清偿。法院强制执行合伙人的财产份额时,应当通知全体合伙人,其他合伙人有优先购买权;其他合伙人未购买,又不同意将该财产份额转让给他人的,应依法为该合伙人办理退伙结算,或者办理削减该合伙人相应财产份额的结算。

合伙企业与合伙人的债权人之间的关系界限是清楚的,表现在以下两个方面:

(1)抵销的禁止。合伙人的债权人不得以其对合伙人的债权抵销其对合伙企业的债务。原因在于合伙企业与合伙人是不同的主体。

(2)代位的禁止。合伙人的债权人不得代位行使该合伙人在合伙企业中的权利。这是合伙企业的人合性决定的。

六、普通合伙企业的入伙、退伙

(一)入伙

新合伙人入伙,除合伙协议另有约定外,应当经全体合伙人一致同意,并依法订立书面入伙协议。订立入伙协议时,原合伙人应当向新合伙人如实告知原合伙企业的经营状况和财务状况。

入伙可以采取两种方式:(1)合伙人之外的人从原始合伙人手中取得部分或者全部份额;(2)合伙人之外的人投入资本,取得合伙人资格。

除非入伙协议另有约定,入伙的新合伙人与原合伙人享有同等权利,承担同等义务。新合伙人对于入伙之前企业已经存在的债务,应承担无限连带责任。

(二)退伙

1. 退伙的形式

(1)自愿退伙。自愿退伙,又称声明退伙,是指合伙人依约定或单方面向其他合伙人声明退伙。当合伙协议约定了合伙企业经营期限的,则有下列情形之一的,合伙人可以退伙:①合伙协议约定的退伙事由出现;②经全体合伙人一致同意;③发生合伙人难以继续参加合伙的事由;④其他合伙人严重违反合伙协议约定的义务。合伙协议未约定合伙期限的,合伙人在不给合伙企业事务执行造成不利影响的情况下,可以退伙,但应当提前30日通知其他合伙人。

(2)除名退伙,是指在合伙人出现法定事由的情形下,由其他合伙人决议将该合伙人除名。开除的事由包括:①未履行出资义务;②因故意或重大过失给合伙企业造成损失;③执行合伙企业事务时有不正当行为;④发生合伙协议约定的其他事由。对合伙人的除名决议应当书面通知被除名人。被除名人接到除名通知之日,除名生效,被除名人退伙。被除名人对除名决议有异议的,可以自接到除名通知之日起30内,向人民法院起诉。

(3)法定退伙。法定退伙是指基于法律规定的事由而退伙,又称当然退伙。当然退伙的法定事由包括:①作为合伙人的自然人死亡或者被依法宣告死亡;②个人丧失偿债能力;③作为合伙人的法人或者其他组织依法被吊销营业执照、责令关闭撤销,或者被宣告破产;④法律规定或者合伙协议约定合伙人必须具有相关资格而丧失该资格;⑤合伙人在合伙企业中的全部财产份额被人民法院强制执行;⑥当合伙人被依法认定为无民事行为能力人或者限制民事行为能力人的,经其他合伙人一致同意,可以依法转为有限合伙人,普通合伙企业依法转为有限合伙企业。其他合伙人未能一致同意的,该无民事行为能力或者限制民事行为能力的合伙人退伙。上述法定退伙事由实际发生之日为退伙的生效日。

合伙人死亡或者被依法宣告死亡的,合伙人资格丧失,对该合伙人在合伙企业中的财产份额享有合法继承权的继承人,按照合伙协议的约定或者经全体合伙人一致同意,从继承开始之日起,取得该合伙企业的合伙人资格。

但是,有下列情形之一的,合伙企业应当向合伙人的继承人退还被继承合伙人的财产份额:①继承人不愿意成为合伙人;②法律规定或者合伙协议约定合伙人必须具有相关资格,而该继承人未取得该资格;③合伙协议约定不能成为合伙人的其他情形。合伙人的继承人为无民事行为能力人或者限制民事行为能力人的,经全体合伙人一致同意,可以依法成为有限合伙人,普通合伙企业依法转为有限合伙企业。全体合伙人未能一致同意的,合伙企业应当将被继承合伙人的财产份额退还该继承人。

2. 退伙结算和债务承担

合伙人退伙,其他合伙人应当与该退伙人按照退伙时的合伙企业财产状况进行结算,退还退伙人的财产份额。退伙人对给合伙企业造成的损失负有赔偿责任的,相应扣减其应当赔偿的数额。退伙时有未了结的合伙企业事务的,待该事务了结后进行结算。退伙人在合伙企业中财产份额的退还办法,由合伙协议约定或者由全体合伙人决定,可以退还货币,也可以退还实物。

退伙人对基于其退伙前的原因发生的合伙企业债务,承担无限连带责任。合伙人退伙时,合伙企业财产少于合伙企业债务的,退伙人应当依照合伙协议的约定分担亏损。合伙协议未约定或者约定不明确的,由合伙人协商决定;协商不成的,由合伙人按照实缴出资比例分配、分担;无法确定出资比例的,由合伙人平均分配、分担。

七、特殊的普通合伙企业

特殊的普通合伙企业,是指在特定情况下,不由全体合伙人对合伙债务承担无限连带责任的普通合伙。特殊的普通合伙是普通合伙的一种,是普通合伙的一种特殊形式。其特殊性在于,在法律规定的特定情况下,各合伙人对合伙债务承担的责任不同,除此之外,都适用普通合伙的规定。

我国有大量以专业知识和专门技能为客户提供有偿服务的专业服务机构,如会计师事务所、评估师事务所、建筑师事务所等,可以设立为特殊的普通合伙。这些机构,有专业活动的特殊性,其从业人员是以自己的专业知识和专门技能为客户提供有偿服务,彼此之间的业务重合之处不多,有些成员甚至相互不认识,要求每个合伙人为他人的故意或者重大过失造成的合伙债务承担连带责任,并不公平。采用特殊的普通合伙形式,有利于扩大合伙的规模,增强合伙的实力和竞争力。

在特殊的普通合伙企业中,一个合伙人在执业活动中因故意或者重大过失造成的合伙债务,应当承担无限责任;数个合伙人在执业活动中因故意或者重大过失造成的合伙企业债务,数个合伙人应承担无限连带责任;其他合伙人仅以其在合伙企业中的财产份额为限承担责任。合伙人在执业活动中非因故意或者重大过失造成的合伙企业债务以及合伙企业的其他债务,由全体合伙人承担无限连带责任。

特殊的普通合伙企业名称中应当标明"特殊普通合伙"字样。特殊的普通合伙企业应当建立执业风险基金、办理职业保险。执业风险基金应当单独立户管理,用于偿付合伙人执业活动造成的债务。

第三节　有限合伙企业

一、有限合伙企业的概念和特征

有限合伙企业是指由有限合伙人与普通合伙人根据合伙协议共同组成的,普通合伙人对企业债务承担无限连带责任,有限合伙人仅以出资为限承担有限责任的合伙组织。有限合伙具有如下特征:

(一)有限责任与无限责任相结合

有限合伙的主要特征是,在一个合伙企业中,普通合伙人对合伙的债务承担无限连带责任,有限合伙人对合伙的债务承担有限责任。这种责任承担形式既保留了普通合伙中合伙人责任的特点,又借鉴了有限责任公司股东承担有限责任的优点。有限合伙主要适用于从事高科技项目的风险投资企业,但也可以适用于一般中小企业。

(二)由普通合伙人执行合伙事务

有限合伙通常由具有专业知识和技能的人做普通合伙人,执行合伙事务。有限合伙人不执行合伙事务,不得对外代表有限合伙。

二、有限合伙企业的设立

与普通合伙企业的设立相比,有限合伙企业的设立具有如下特征:

(一)主体要件

有限合伙有合伙人数的限制,《合伙企业法》规定有限合伙的人数为2人以上50人以下,其中至少应有1人为有限合伙人。

(二)合伙协议要件

有限合伙协议除应符合关于普通合伙协议的规定外,还应当载明下列事项:(1)普通合伙人和有限合伙人的姓名或者名称、住所;(2)执行事务合伙人应具备的条件和选择程序;(3)执行事务合伙人权限与违约处理办法;(4)执行事务合伙人的除名条件和更换程序;(5)有限合伙人入伙、退伙的条件、程序以及相关责任;(6)有限合伙人和普通合伙人相互转变程序。

(三)出资要件

有限合伙的出资方式可以是货币、实物、知识产权、土地使用权或者其他财产权利。普通合伙人还可以劳务出资,但有限合伙人不得以劳务出资。

(四)名称要件

有限合伙企业名称中应当标明"有限合伙"字样。

三、有限合伙企业的事务执行

有限合伙企业由普通合伙人执行合伙事务。执行事务合伙人可以要求在合伙协议中确定执行事务的报酬及报酬提取方式。

有限合伙人不执行合伙事务,不得对外代表有限合伙企业。有限合伙人的下列行为,不视为执行合伙事务:

(1)参与决定普通合伙人入伙、退伙;(2)对企业的经营管理提出建议;(3)参与选择承办有限合伙企业审计业务的会计师事务所;(4)获取经审计的有限合伙企业财务会计报告;(5)对涉及自身利益的情况,查阅有限合伙企业财务会计账簿等财务资料;(6)在有限合伙企业中的利益受到侵害时,向有责任的合伙人主张权利或者提起诉讼;(7)执行事务合伙人怠于行使权利时,督促其行使权利或者为了本企业的利益以自己的名义提起诉讼;(8)依法为本企业提供担保。

四、有限合伙人的权利和对外责任承担

(一)有限合伙人的特殊权利

相比于普通合伙人,有限合伙人有以下特殊权利:(1)除合伙协议另有约定外,有限合伙人可以同本有限合伙企业进行交易;(2)除合伙协议另有约定外,有限合伙人可以自营或者同他人合作经营与本有限合伙企业相竞争的业务;(3)除合伙协议另有约定外,有限合伙人可以将其在有限合伙企业中的财产份额出质;(4)除合伙协议另有约定外,有限合伙人可以向合伙人以外的人转让其在有限合伙企业中的财产份额,有限合伙人转让合伙份额,应当提前30日通知其他合伙人;(5)作为有限合伙人的自然人在有限合伙企业存续期间丧失民事行为能力的,其他合伙人不得因此要求其退伙;(6)作为有限合伙人的自然人死亡、被依法宣告死亡或者作为有限合伙人的法人及其他组织终止时,其继承人或者权利承受人可以依法取得该有限合伙人在有限合伙企业中的资格。

(二)有限合伙人对外的责任承担

有限合伙人原则上以其认缴的出资额为限对合伙企业的债务承担责任。对于有限合伙人承担对外责任,需要注意以下几种情况:

1. 有限合伙人表见代理时的责任承担。有限合伙人尽管无权代表有限合伙企业进行交易,但当有限合伙人以合伙企业名义进行活动,而第三人有理由相信有限合伙人为普通合伙人并与其进行交易时,成立表见代理。有限合伙人对该笔交易承担与普通合伙人同样的责任,即无限连带责任。

2. 有限合伙人无权代理时的责任承担。有限合伙人在没有获得有限合伙企业对于事务执行的任何授权情况下,以有限合伙企业或者普通合伙人的名义与他人进行交易时,成立无权代理。有限合伙人的无权代理行为给有限合伙企业或者其他合伙人造成损失的,该有限合伙人应当承担赔偿责任。

3. 责任形式的转变。除合伙协议另有约定外,经全体合伙人一致同意,普通合伙人可以转变为有限合伙人,有限合伙人可以转变为普通合伙人。有限合伙人转变为普通合伙人的,对其作为有限合伙人期间合伙发生的债务承担无限连带责任。普通合伙人转变为有限合伙人的,对其作为普通合伙人期间合伙发生的债务承担无限连带责任。

五、有限合伙企业的入伙和退伙

(一)入伙

与普通合伙人入伙不同,新入伙的有限合伙人对入伙前有限合伙企业的债务,以其认缴的出资额为限承担责任。

(二)退伙

有限合伙人有下列情形之一的当然退伙:作为合伙人的自然人死亡或者被依法宣告死亡;作为合伙人的法人或者其他组织依法被吊销营业执照、责令关闭撤销,或者被宣告破产;合伙人在合伙企业中的全部财产份额被人民法院强制执行。由于有限合伙人仅以出资为限承担责任,因此合伙人是否丧失偿债能力不是有限合伙人当然退伙的法定事由。

与普通合伙相比,有限合伙在退伙方面的特殊之处主要有:

1. 作为有限合伙人的自然人在有限合伙企业存续期间丧失民事行为能力的,其他合伙人不得因此要求其退伙。

2. 作为有限合伙人的自然人死亡、被依法宣告死亡或者作为有限合伙人的法人及其他组织终止时,其继承人或者权利承受人可以依法取得该有限合伙人在有限合伙企业中的资格。

3. 有限合伙人退伙后,对退伙前发生的合伙企业债务,仅以其退伙时从有限合伙企业中取回的财产为限承担责任。

第四节　合伙企业解散、清算和破产

一、合伙企业的解散

合伙企业的解散,是指根据合伙协议的约定或法律的规定,结束合伙协议关系,终止合伙企业的行为。我国合伙企业法明确规定,合伙企业有下列情形之一时,应当解散。

(一)合伙协议约定的经营期限届满,合伙人决定不再经营

合伙协议约定有经营期限,期限届满时合伙人不愿继续经营,合伙企业当然终止。这意味着合伙协议约定的经营期限届满并不必然导致合伙企业的解散,只有在合伙人不愿继续经营时才会引起合伙企业解散的后果。

如果合伙协议约定的经营期限届满后合伙人对继续经营合伙事业均无异议,则可以认为合伙人一致同意延长合伙经营期限,但应在原约定的经营期限届满之日起15日内向原登记机关办理有关变更登记手续。

(二)合伙协议约定的解散事由出现

合伙人可以在合伙协议中约定合伙企业解散的事由,作为合伙企业是否解散的条件,条件成就,合伙企业即解散。

(三)全体合伙人决定解散

合伙企业可由全体合伙人基于合意共同设立,自然也可以基于全体合伙人的合意共同决定解散。无论合伙协议中是否约定经营期限,合伙人均可通过合意而终止合伙协议,解散合伙企业。如果一部分合伙人同意解散,而另一部分合伙人不同意,则不能解散合伙企业,而由同意解散的合伙人退伙,合伙企业继续存在。当然,在不同意解散的合伙人只有一人时,合伙关系自然无法维持,合伙企业应当解散。

(四)合伙人已不具备法定人数

合伙企业应当有二个以上的合伙人,如果合伙企业成立后因退伙等原因只剩一个合伙人,便出现了合伙人不足法定人数的现象,当这种情形持续满30天时,合伙企业应当解散。如果这一人仍想从事经营,他可以改用其他符合法定条件的经营形式,而不能以合伙企业形式继续经营。

（五）合伙协议约定的合伙目的已经实现或无法实现

合伙协议约定的合伙目的，是合伙企业存续、经营的目标，也是成立合伙协议的全体合伙人目的所在。如何判定合伙目的已经实现或无法实现，由合伙人自行判断，应当以合伙协议或者全体合伙人的决定为根据。如果全体合伙人一致认为合伙企业的合伙目的已经实现或者无法实现，则合伙企业失去了存在的必要，所以应该解散。

（六）被依法吊销营业执照、责令关闭或者被撤销

只要合伙企业被依法吊销营业执照、责令关闭或者被撤销，它就失去了进行经营活动的法定资格，没有了法律上存在的基础，若再继续经营活动，就属于违法行为，所以应该解散。

（七）出现法律、行政法规规定的合伙企业解散的其他原因

为了顺应经济社会的发展，其他法律、行政法规可能根据需要对合伙企业解散原因作出规定。设定这个兜底条款，有利于和其他法律、行政法规相协调。

二、合伙企业的清算

（一）合伙企业的清算方式

合伙企业的清算包括合伙人自行确定清算人清算和由合伙人或者其他利害关系人申请人民法院指定清算人进行清算两种方式。

1. 合伙人确定清算人。合伙企业解散，清算人由全体合伙人担任；未能由全体合伙人担任清算人的，经全体合伙人过半数同意，可以自合伙企业解散事由出现后15日内指定一个或者数个合伙人，或者委托第三人担任清算人。

2. 合伙人或者其他利害关系人申请人民法院指定清算人。自合伙企业解散事由出现之日起15日内未确定清算人的，合伙人或者其他利害关系人可以申请人民法院指定清算人。

（二）合伙企业的清算程序

合伙企业的清算一般应遵循如下程序：

1. 确定清算人。清算人可以由合伙人自行确定和由合伙人或者利害关系人向人民法院申请指定。

2. 通知债权人。清算人应当通知债权人或者发出公告，请债权人申报债权。清算人应自被确定之日起10日内将合伙企业解散事项通知债权人，并于60日内在报纸上公告。

3. 登记债权。债权人应当在自接到通知书之日起30日内，未接到通知书的债权人自公告之日起45日内，向清算人申报债权。债权人申报债权，应当说明债权的有关事项，并提供证明材料。清算人应当对债权进行登记。

4. 执行清算事务。清算人在清算期间执行下列事务：(1)清理合伙企业财产，分别编制资产负债表和财产清单；(2)处理与清算有关的合伙企业未了结的事务；(3)清缴所欠税款；(4)清理债权、债务；(5)处理合伙企业清偿债务后的剩余财产；(6)代表合

伙企业参加诉讼或者仲裁活动。清算期间,合伙企业存续,但不得开展与清算无关的经营活动。

5. 剩余财产的分配。合伙企业的财产原则上按下列顺序清偿:(1)支付清算费用;(2)合伙企业所欠职工工资、社会保险费用、法定补偿金;(3)缴纳所欠税款;(4)清偿债务。

在按照以上顺序清偿完毕之后,如果仍有剩余财产的,由各合伙人按照合伙协议的约定办理;合伙协议未约定或者约定不明确的,由合伙人协商决定;协商不成的,由合伙人按照实缴出资比例分配;无法确定出资比例的,由合伙人平均分配。

6. 注销登记。清算结束,清算人应当编制清算报告,经全体合伙人签名、盖章后,在15日内向企业登记机关报送清算报告,申请办理合伙企业注销登记。合伙企业注销后,原普通合伙人对合伙企业存续期间的债务仍应承担无限连带责任。

三、合伙企业的破产

合伙企业不能清偿到期债务的,债权人可以依法向人民法院提出破产清算申请,也可以要求普通合伙人清偿。合伙企业依法被宣告破产的,普通合伙人对合伙企业债务仍应承担无限连带责任,但有限合伙人仅以其认缴的出资额为限对合伙企业债务承担责任。

思考题

1. 比较合伙和合伙企业。

2. 比较普通合伙企业和有限合伙企业。

3. 什么是特殊的普通合伙企业? 我国合伙企业法对其有何特殊规定?

4. 简述合伙协议的法律特征。

5. 比较普通合伙企业、特殊的普通合伙企业以及有限合伙企业中合伙人的责任形式。

6. 简述合伙企业财产的性质。

7. 比较普通合伙人和有限合伙人财产份额的转让异同。

8. 简述合伙人的权利义务以及对有限合伙人的特殊规定。

9. 简述合伙企业与第三人的关系。

10. 简述入伙、退伙的法律后果。

案例分析

甲、乙、丙、丁四人决定投资设立一普通合伙企业,并签订了书面合伙协议。合伙协议的主要内容如下:(1)甲以货币出资10万元,乙以机器设备折价出资8万元,丙以劳务作价出资6万元,丁以货币出资4万元;(2)约定了分配利润和承担债务的比例;(3)由甲执行合伙企业事务,对外代表合伙企业,其他三人均不再执行合伙企业事务,但对外签订合同应经其他合伙人同意。合伙协议中未约定合伙企业的经营期限。合伙企业在存续期间,发生下列事实:(1)甲擅自以合伙企业的名义与A公司签订了一批货物买卖合同,A公司不知道该合伙企业的内部限制。乙获知后,认为该合同不符合合伙企业利益,经与丙、丁商议后,即向A公司表示对该合同不予承认。(2)经其他合伙人同意,合伙人丁撤资退伙。合伙企业又接纳戊入伙,并修改了合伙协议。(3)合伙企业的债权人A公司就合伙人丁退伙前发生的债务要求合伙企业的现合伙人甲、乙、丙、戊及已经退伙的丁共同承担连带清偿责任。丁以自己已经退伙为由,拒绝承担清偿责任。戊以自己新入伙为由,拒绝对其入伙前的债务承担清偿责任。(4)执行合伙事务的合伙人甲为了改善企业经营管理,独自决定聘任合伙人以外的张某担任该合伙企业的经营管理人员;并以合伙企业名义为B公司提供担保。(5)合伙人乙在其个人与C公司的买卖合同中,无法清偿C公司的到期债务8万元,C公司向人民法院提起诉讼,并胜诉,C公司申请强制执行乙在合伙企业中的财产份额。要求:根据以上事实并结合合伙企业法律制度的规定,回答下列问题。

1. 甲以合伙企业名义与A公司所签的货物买卖合同是否有效?说明理由。

2. 丁的主张是否成立?说明理由。如果丁向A公司偿还了全部债务,丁可以向哪些当事人追偿?

3. 戊的主张是否成立?说明理由。

4. 甲聘任张某担任合伙企业的经营管理人员以及为B公司提供担保的行为是否合法?说明理由。

5. C公司的要求是否符合法律规定?说明理由。

第三编　公　司　法

第九章　公司与公司法概述

◇ 知识结构图

- 公司与公司法概述
  - 公司的概念与特征
    - 公司的概念
    - 公司的特征
  - 公司的沿革与作用
    - 公司的沿革
    - 公司的作用
  - 公司法概述
    - 公司法的概念、性质与调整对象
    - 公司法的特点
    - 公司法的立法目标和基本原则
  - 公司的分类
    - 以公司股东的责任范围为标准
    - 以公司股份转让方式为标准
    - 以公司的信用基础为标准
    - 以公司之间的关系为标准
    - 以公司的国籍为标准
  - 我国公司的种类

◈ 本章导读

公司是市场经济中最重要的主体，是最典型的企业法人，公司法是调整公司法律关系的法律规范，是民商法体系中十分重要的法律部门。本章从公司的法律概念入手，介绍了公司的法律特征、公司与其他企业形式的相互区别、公司的分类、公司法的性质、特点与作用，使得对公司与公司法有一个概括性的了解。

◉ 司考重点

公司的概念、法律特征及公司的种类；公司法的概念与特征，公司法与相关部门法的关系；公司的分类标准，一人有限责任公司的组织机构，国有独资公司的概念与特征、组织机构

第一节 公司的概念与特征

一、公司的概念

公司,是最普遍使用的概念,是社会经济活动最主要的主体,也是最重要的企业形式。然而,在不同的国家,由于立法习惯及法律体系的差异,公司的概念却不尽相同。在大陆法系国家,公司是指依法定程序设立的以营利为目的的社团法人。在英美法系国家,学理上强调公司是有别于合伙的人的组合,确认公司的本质属性有二:法人与有限责任。英国一般称公司为“company”,美国称公司为“corporation”。

我国《公司法》第2条规定:“本法所称公司是指依照本法在中国境内设立的有限责任公司和股份有限公司”,第3条规定:“公司是企业法人,有独立的法人财产,享有法人财产权。公司以其全部财产对公司债务承担责任。有限责任公司的股东以其认缴的出资额为限对公司承担责任;股份有限公司的股东以其认购的股份为限对公司承担责任。”依此,在我国,公司是指股东依照公司法的规定,以出资方式设立,股东以其认缴的出资额或认购的股份为限对公司承担责任,公司以其全部财产对公司债务承担责任的企业法人。

二、公司的特征

(一)营利性

公司是以营利为目的的经营组织。所谓营利,就是通过经营获取利润,以较少的经营投入获取较大的经营收益。营利是一切企业组织存在和活动的基本动机和目的,是经营活动的出发点和归属点。因此,营利性也称为企业性。公司的营利性是其与生俱来的本性,公司由投资者的出资组成,投资者的投资目的是获得投资的收益和回报,而要实现这一目的,必然要求公司最大限度的追求经营利润。公司的营利性非仅指其自身简单的盈利,还包括向其成员分配盈利的特殊内容。某些公益性的社团法人,甚至包括财团法人,通过进行经济活动并能取得一定的盈利,但此盈利不是为了分配给其成员,而是为了某种社会公益事业,而公司这种组织的盈利则完全是为了其成员的投资利益,这正是营利性法人与公益性法人的根本区别所在。公司的营利性也并非指简单的赚钱,而是通过营业性的商事行为而取得盈利。所谓营业,首先是以营利为目的。其次是营业必须具有内容的确定性并保持其经营的连续性和稳定性。此外,公司的营业还具有行业性的特点,某些行业的经营活动虽然也是以营利为目的,但不是作为公司的营业活动,从事这种活动的组织一般不称为公司,如医院等医疗卫生组织、律师事务所等自由职业组织以及农场等单纯的农业组织,一般都不采取公司形式,也不受公司法调整。

(二)法人性

公司具有独立法人地位。公司的法人特征具体表现在:

1. 公司拥有独立的财产。这种独立财产既是公司赖以进行经营活动的物质条件和经营条件，也是其承担义务和责任的物质保证。虽然公司的财产是由股东出资构成，但一经出资给公司，所有权即归公司享有，公司对其财产享有法人财产权，而股东只享有股权。我国《公司法》第 3 条规定："公司是企业法人，有独立的法人财产，享有法人财产权。公司以其全部财产对公司的债务承担责任。"这里的法人财产权应包括公司对物的财产的所有权和对其他财产享有的财产权，如债权、知识产权等。

2. 公司设有独立的组织机构。完善、健全的组织机构既是公司进行正常经营活动的组织条件，也是公司法对每个公司提出的要求。与民法对一般企业法人要求的组织条件不同，公司法对公司的组织机构规定更加严格、健全及规范。这种组织机构包括公司的管理机构和公司的业务活动机构，管理机构是形成公司决策、对内管理公司事务，对外代表公司进行业务活动的机构，如股东（大）会、董事会、监事会、经理等，而公司的业务活动机构则包括公司的科室、会计、审计、销售等机构。

3. 公司独立承担财产责任。公司以其自身拥有的全部资产对其债务负责。公司的独立责任是其独立人格的标志，是公司具有法人地位的集中表现。公司财产责任的独立性至少包括以下三个方面的含义：其一，公司责任与股东责任相互独立。公司只能以自己拥有的财产对外清偿债务，而股东除缴纳出资外，对公司的债务不再负责清偿。其二，公司责任与其工作人员责任的相互独立。公司的民事活动虽由其董事、经理等管理人员实施，但不能由此要求公司的管理人员清偿公司的债务。其三，公司责任与其他公司或法人组织责任的独立。公司与其他法人之间虽然存在千丝万缕的联系，包括母公司与子公司之间的关系，或存在主管部门与下属企业的隶属关系，但是在法律地位上它们都是独立的法人，也只能各自独立承担财产责任。

（三）社团性

公司是以股东投资为基础组成的社团法人。在传统民商法上，一般把法人分为社团法人与财团法人两大类。根据传统公司法，公司是社团法人的一种，它是由二人以上的股东组成的，单独一人一般不能组成公司，而只能是独资企业。需要指出的是，在公司的社团性问题上，各国公司法理论与立法存在不同的见解和态度，集中表现在对于一人公司的承认和否定上。具体表现出三种不同的态度：一是完全承认，二是完全不承认，三是有限制地承认。总体来说，完全承认和完全不承认一人公司的国家为数较少，而有限制的承认者居多。

我国公司法顺应各国先后承认一人公司的国际潮流，尊重实际上的一人公司在我国存在的现实，完全承认了一人有限责任公司，并专列一节对其作了特别规定。这是我国公司法的一大突破，也是对公司社团性理论的一大突破，承认一人公司并非是对公司社团性的完全否定，从根本上说，一人公司只是公司形式的例外。总体而言，社团性仍是公司法人的基本特点。

第二节　公司的沿革与作用

一、公司的沿革

公司从产生到发展，从一种形式到多种形式，从简单到复杂，却经历了一个漫长的发展过程。

（一）西方国家公司的产生和发展

1. 公司的萌芽时期

公司并不是自古以来就有的，在公司出现以前，从事商业活动的除单个的个人以外，主要是独资企业和各种合伙组织。独资企业是最原始的企业形式，与独资企业并存的，是各种合伙组织。在古罗马时期，就出现了不同结构、不同目的、不同范围的各种合伙组织，这些合伙形式在罗马法中都已有具体规定，其特点在于虽然它们作为一个团体出现，从事营业活动，但没有独立的法律人格，不是独立的民事主体。

在公司产生以前，虽然上述合伙组织一直没有取得法人地位，但却有其他一些具有法人地位的团体出现，如国家、地方自治团体、养老院、救贫院等公益慈善团体。到中世纪，这种团体又得到了进一步发展。许多组织根据特许状或政府的特别准许而成立并成为独立的法人实体。

2. 无限公司的产生、发展及其立法

最早产生的公司是无限公司，这种无限公司只不过是赋予了合伙团体以法人地位而成的，但是在无限公司中股东也要对公司债务承担无限连带责任这一点上，实质上它与合伙没有本质上的区别，其唯一的区别就在于无限公司具有法人地位，因而它的出资人称股东，而合伙的出资人称合伙人。

有关无限公司的第一个立法是1673年法国路易十四颁布的《商事条例》，该条例正式规定了无限公司这种形式，但其名称为普通公司。自此，无限公司不仅在实践中已经存在，而且也得到了法律的正式确认与调整。1807年的法国商法典把这种公司又改名为合名公司，作了更完备的规定，许多欧洲国家效法使用，日本商法典也对无限公司作了规定。所谓的“合名公司”就是无限公司，所谓的“合名”，是指这种公司的名称必须包含所有股东的名字，以使他人能够从名称中知晓该公司由哪些股东组成。后来，在德国允许不用合名，而称其为“开名公司”，表明该公司股东姓名公开，但可以不把所有股东的姓名写进公司名称中。无限公司产生以后，曾有过相当程度的发展，但后来随着股份有限公司、有限公司的出现，它便退居到次要的地位。到目前，各国的无限公司已经比较少。在立法上，各国除了在原来的商法典或其他法律中保留无限公司的规定外，一般没有再进行专门的立法。

3. 两合公司的产生、发展及其立法

两合公司由15世纪出现的康孟达组织演变而来。康孟达本是一种商事契约，是航海者与资本家合作的一种商业合伙形式。按康孟达契约，由资本家出资，由航海家到海外进行贸易活动，其盈利由双方按比例分配，当发生亏损时，航海家承担无限责任，而资本家仅以其出资额负责，这种形式后来又从海上贸易发展到陆上贸易，最终导致了两合公司的产生。从历史顺序看，两合公司是在无限公司之后产生的另一种公司形式。实际上，康孟达组织后来发展成为两种企业形式，一种是隐名合伙，另一种则是两合公司。两合公司是一般大陆法国家的称谓，日本的两合公司有的译为“合资公司”。在英美，没有两合公司的名称，但有与其类似的企业组织，即有限合伙，实质上，二者的法律性质是相同的。

两合公司中的无限责任股东负责公司的经营管理，而有限责任股东只提供资本，分享盈利，这使得它能适应不同人的客观条件和需要以达到盈利的目的。但两合公司也有其不足，其有限责任股东虽承担责任较轻，但是却无权参加到公司经营管理中，其出资转让也受到较大限制。因此，两合公司虽也是一种历史久远的公司形式，但现代以来已日趋衰落，实际存在的已经比较少见。至于股份两合公司，则是在股份有限公司出现以后，于18世纪末产生的一种公司形式。它的出现本是为了吸收两合公司和股份有限公司的优点，使其处于更有利的竞争地位，但后来它与两合公司都没有得到发展，目前已基本消失。

4. 股份有限公司的产生、发展及其立法

股份有限公司的产生，是集资经营、共担风险的法律形式逐渐完善的表现，是欧洲殖民地国家的商业活动、特别是进出口贸易不断发展的结果。英国股份有限公司的产生过程具有典型的代表性。在欧洲的中世纪，从事商业活动的主要是那些合伙组织，到16世纪，出现了一些专门对某个国家进行商业贸易的商业冒险公司，其经营被认为是“风险事业”，客观上要求集资经营和风险分担。到了1555年，女皇特许与俄国公司进行贸易，从而产生了第一个现代意义上的股份有限公司。最著名的英国东印度公司也在这个时期成立（1600年）。到了18世纪，股份有限公司已发展到法德，并从19世纪开始推行于世界各地，同时也从对外贸易业发展到银行业、保险业、制造业等其他行业。到现代，股份有限公司已经成为西方资本主义世界占统治地位的公司形式。

股份有限公司的立法也随股份有限公司的发展而不断完善。到十八九世纪之后，各国相继开始了股份有限公司的立法。1807年法国商法典首次对股份有限公司作了完备、系统的规定。在德国，最初是在商法典中对股份有限公司作了规定，但后来根据需要，将股份有限公司单独立法，这就是德国1937年颁布的《股份及股份两合公司法》，简称《股份法》。日本关于股份有限公司的立法自始都在商法典中，从1890年颁布商法后，分别于1899年和1911年对其中的公司法内容作了两次修改，1950年则以股份有限公司法为中心对商法典的有关内容作了彻底修改。在英国，其公司法只调整开放式公司(类似于股份有限公司)和封闭式公司(类似于有限公司),美国公司法的调整对象与英国基本相同,但其特点是立法权在各州,为了消除各州分别制定公司法造成的混乱,美国的学术机构开始主持起草统一公司法的范本,如1950年的"标准商事公司法",但这些法只是提供给各州议会采纳适用,并不具有在各州直接适用的法律效力。

5. 有限公司的产生、发展及其立法

有限公司是最晚出现的一种公司形式。有限责任公司与其他公司最大不同点,就在于它并不是企业组织自然演进的必然产物,其本身并没有如其他公司种类般的深层历史经验或文化传统底蕴,它完全是德国法学界颇具匠心地在强调股东信用的无限公司与资合性的股份有限公司之间,将两种公司形态的优点熔于一炉而创设的一种崭新的公司形态,为人们提供一种更便利、更有效的投资工具,主要是为了配合当时日益发达的中小企业的发展需求。可见,有限责任公司的产生,带有明显的人为设计的痕迹,正如学者所言,任何其他公司之法律形态均是基于现实经济生活的必要,经过长期历史之发展而形成,然而有限责任公司则完全是德国立法者之桌上创造物,乃为德国法学之最天才的创造物,或甚有夸称其为奏着空前伟功之立法史上之一大异例者。[1]有限公司基本上吸收了无限公司、股份有限公司的优点,避免了二者的不足,尤其适用于广大中小企业,因而它一经产生,便在欧美国家迅速普遍推行起来,进而扩展到世界各国,目前,在西方国家,就其数量而言,大多数国家有限公司占首位。

有限公司的立法,最早的应推德国1892年的《有限责任公司法》。仿效德国,法国于1919年制定了《有限公司法》,后将其并入1966年的《统一公司法》之中。日本于1938年也制定了《有限公司法》。总的来看,各国的有限公司法大都在商法典之外单独立法,这是由于有限公司出现较晚的缘故。而英国和美国的封闭式公司一般是与开放式公司一起规定在统一的公司法之中。有限责任公司最初的设计,就是立足于合伙等人合性企业组织,纳入资合性公司有限责任的优点,以克服以往人合性企业组织成员责任过重的弊端。所以,在有限责任公司的具体制度设计上,或者沿袭人合性企业组织的一些特点而作有某些特殊制度安排,如股东人数有上限规定、股东转让股份须经过一定的严格程序等;或者相对于资合性公司作有某些缓和性制度规定,如有限责任公司的公示性规定不如股份有限公司的有关规定严格、有限责任公司的机构设置也相对灵活,公司规模较小人数较少的可不设董事会或监事会,而仅设董事或监事,甚至在有的立法中股东会也不是必设机构。

6. 西方国家公司立法的特点

(1)立法体例上,各国公司法逐渐脱离商法典而独立成为单行法,其内容则日趋具体、完备,这是由公司组织的不断发展和对其实行法律调整的需要所决定的。(2)内容

---

[1] 赵东济:《论大陆公司法上有关有限责任公司之概念与特性》,载《东吴大学法律学报》2000年第12期。

日趋统一。一些国家公司法中的先进、有效的制度一经实行,其他国家往往跟随仿效。如英美法国家所创立的授权资本制就被原实行法定资本制的大陆法国家所采用。(3)公法日益渗入公司法。公司法本属私法范围,但由于对公司实行社会管理、政府干预,使公司法中公法性质的规定越来越多。(4)不断改革和创新公司法的制度和规则。如许多国家从恪守公司的社团性发展到允许或有条件的允许一人公司的设立、对关联公司的法律规制等。(5)加强对第三人和社会利益的保护。最突出的就是实行公示主义原则,即要求将公司的主要业务事项,特别是商业账簿、财务状况呈报和公布,使公众得以知晓。

(二)中国公司的产生与发展

中华人民共和国成立前,中国长期处在封建社会,商品经济不发达,因而作为现代公司形式的企业也发展较晚。清末帝国主义入侵后,清政府仿效英美通过招商集股方式兴办轮船、电报等企业,著名的招商局就是当时以现代集股方式成立的最早的公司之一,而最早的成文公司立法则是清政府于1904年颁布的《公司法》。中华民国成立后,1914年颁布了《公司条例》。1929年12月,国民党政府颁布了《公司法》,这是一部比较完整的现代中国公司立法,这部公司法也基本上仿效了法、德、日等大陆法国家的公司立法及其精神。

中华人民共和国成立以后,1950年政务院通过了《私营企业暂行条例》,规定了五种公司形式:无限公司、有限公司、两合公司、股份有限公司及股份两合公司。为了鼓励公司合营,政务院于1954年9月通过了《公私合营工业企业暂行条例》,这种公私合营企业实际上就是有限公司。20世纪70年代末之后,中国公司发展进入新的时期,出现了三种类型公司并存的局面。首先,联合公司的设立在全国范围内展开。其次,在对外开放政策指导下,为了吸引外商投资,国家于1979年7月颁布了《中华人民共和国中外合资经营企业法》,1986年4月颁布了《中华人民共和国外资企业法》,1988年4月颁布了《中外合作经营企业法》。这期间,各种外商投资公司迅速发展,它们是我国20世纪80年代改革开放之后最早出现的有限责任公司。最后,传统的出资联合形式的股份制公司组织也开始复兴。在经济比较发达的东部沿海城市和其他中心城市,一批股份有限公司、有限公司纷纷成立。1992年,当时的国家经济体制改革委员会制定并发布了《有限公司规范意见》和《股份有限公司规范意见》。1993年12月29日,《中华人民共和国公司法》正式颁布,并于1994年7月1日正式施行,2005年,又对《公司法》作了较大的修改和创新,中国公司法从此进入了一个新的阶段。

二、公司的作用

(一)获取投资收益

公司是投资者可以选择的股权式的投资工具。公司的营利并非为公司本身,而是为公司的股东即公司的投资者,公司的一切经营收益最终都要分配给公司的股东。因此,本质上说,公司就是一种股权式的投资收益形式。

(二)限制投资风险

公司是限制投资风险的有效形式。公司以其本身的独立责任和股东的有限责任为基础的法律特征,使得投资者的责任限制在其投资额的范围内,投资者能够预见到所能承担的最大风险,从而割断了公司责任与股东责任的连带,使股东的投资风险得到有效的控制。

(三)募集经营资金

公司是筹集资金最为有效的组织形式。组建和成立公司本身就是募集资金的重要手段,公司成立后亦具有优越的融资能力,其中最重要的融资方式就是公司可以发行股份和公司债券,公司的融资相比起其他融资方式具有融资成本低、融资手段灵活和规模大、速度快等特点。

(四)实行科学管理

公司是现代化企业管理的典型组织形式。股东以股权为依据,按照公司法规定的方式参与公司经营管理,对公司实行间接控制,公司的股东会、董事会及监事会作为公司的权力机构、管理执行机构及监督机构,依照公司法的规定行使其职权,各机构的产生、权限充分贯彻了分权与制衡,以及权利、义务和责任统一的原则,使公司的管理达到了高度的民主化和科学化水平。

第三节 公司法概述

一、公司法的概念、性质与调整对象

公司法是规定各种公司的设立、活动、解散以及其他对内对外关系的法律规范的总称。公司法不仅指法典性质的统一《公司法》,也包括涉及公司法律关系的所有法律、法规、规章以及司法解释等,它们都是公司法的存在形式,属公司法的法律渊源。在法律性质上,公司法应属私法、商事法和商事主体法。首先,公司法属于私法。虽然公司法中包含了公法性质的内容,但就其本性而言,应当属于私法,其原因在于公司法主要调整私人或民事主体之间的关系,调整的方法主要是通过设定民事权利义务以及民事责任的追究。其次,公司法属于私法中的商事法。公司是商事关系中最普通、最主要的商业组织或团体,公司本身是一种营利性的社团法人组织,不管其具体经营活动是从事生产制造,还是商品流通,其根本目的都是营利,而这种经营活动正是商法所调整的商事关系。最后,公司法属于商事法中的商事主体法。公司是一种由多数人组成的团体,因而对其实行法律调整的公司法即具有主体法或组织法的性质。公司法确认了公司的法律地位,赋予其法人资格,公司法对公司从产生到消灭整个过程的各种法律关系和活动都作了具体而详尽的规定。

公司法的调整对象主要是指在公司设立、组织、运营或解散过程中所发生的社会

关系。具体有:(1)公司内部财产关系。如公司发起人之间、发起人与其他股东之间、股东相互之间、股东与公司之间在设立、变更、破产、解散以及清算过程中所形成的带有经济内容的社会关系。(2)公司外部财产关系。主要指公司从事与公司组织特征密切相关的营利性活动,与其他公司、企业或个人之间发生的财产关系,如发行公司股票或公司债券。(3)公司内部组织管理与协作关系。主要指公司内部组织机构,如股东会或股东大会、董事会、监事会相互之间的关系,公司同公司职员之间发生的管理或合同关系。(4)公司外部组织管理关系。主要是指公司在设立、变更、经营活动和解散过程中与有关国家经济管理机关之间形成的纵向经济管理关系,如公司的设立审批、登记,股份与公司债的发行审批、交易管理,公司财务会计的检查监督,等等。

二、公司法的特点

(一)主体法和行为法的结合

所谓主体法,是指规范某类组织设立、变更、终止及组织机构与运行的法律。公司法正是规定公司的组织形式及其法律地位,规范公司组织的设立、变更、终止及组织机构相互关系的法律。与其他主体法不同,公司法虽然是一种主体法或组织法,但同时也具有商业活动法的特点和内容。公司法之所以具有活动法的特点,主要由于这些商业活动与公司的组织特点密切联系,或者说它是公司这种组织所特有的活动内容,需要在公司法中对此作出一并规定。

(二)强制性与任意性的结合

商事法是一切法律之中最为自由的,而同时又是最为严格的法律。公司法中大量的规范属于任意性规范,这是由公司法的私法性质决定,对于不损害第三人和社会利益的行为,公司法充分体现出私法自治和契约自由的原则,允许当事人的自愿协商和对法律规则的选择。同时,公司活动不仅仅会涉及股东间的利益,更涉及公司之外的第三人或债权人的利益,为了保障债权人的利益并且维护社会交易的安全,必须将公司法的某些制度和规则法定化和强制化。

(三)公司法一般表现为成文法

无论在采取成文法形式的大陆法国家,还是在采取判例法形式的英美法国家,公司法基本上都采取了成文法的形式,其原因就在于公司法对于公司的类型实行严格的法定主义,对于公司的设立条件、组织机构、公司的法律人格、公司和股东的责任、公司会计等都予以全面系统的法律规范。同时,公司法作为主体法,应具有基本的系统性和稳定性,以成文法的形式可以避免判例法的分散和易变。

(四)公司法具有一定的国际性

公司法属于商法的一部分,而商法是最具有国际性的法律规范,其原因就在于商法是以商事关系为调整对象,商事关系本身就具有一定国际性,为此不仅世界各国在本国商事立法方面注意保持与其他国家商事法的协调和衔接,而且在国际间也订立有许多国际性商事公约,作为对商事活动主体的公司进行法律调整的公司法也必然具有国际性的特点。

三、公司法的立法目标和基本原则

公司法的基本原则,是公司法调整公司关系的基本准则,是公司立法的基本理念和指导思想,也是公司法律制度设计的立法目标和价值取向。我国公司法在肯定和吸收现代公司法原则的基础上,结合我国现实,也逐步形成了具有中国特色的公司法基本原则。

(一)鼓励投资原则

公司是以营利为目的的组织,是投资的工具,是股东共同投资、获取投资收益的法律形式。因此,公司法的重要原则之一就是鼓励民商事主体的投资创业行为,推动公司设立,促进资本市场的发展和繁荣。《公司法》改变原来过分强调规范、限制的倾向,而转向对各种投资主体投资行为的鼓励、对各种投资资源的充分利用以及对各种投资形式和投资渠道的开拓,大幅度降低公司最低资本额、放宽股东出资形式、允许资本分期缴纳、取消股份有限公司设立审批等,这一切重大修改都是对鼓励投资原则的充分体现。

(二)股东有限责任原则

有限责任原则,是指股东仅以其出资额为限对公司债务承担责任。现代国家的公司法在引入公司法人制度后,都将有限责任制度作为整个公司法的基石。我国《公司法》在确认公司拥有独立法人人格的同时,也确认了股东的有限责任。《公司法》第3条规定:"公司是企业法人,有独立的法人财产,享有法人财产权。公司以其全部财产对公司的债务承担责任。有限责任公司的股东以其认缴的出资额为限对公司承担责任;股份有限公司的股东以其认购的股份为限对公司承担责任。"

(三)公司自治原则

公司自治就是允许公司在法律规定的范围内自主决定公司的一切事项,法律只对某些涉及他人和社会利益的事项进行干预,法律中的任意性条款只供当事人选择适用,公司章程或决议可以另外的规定或约定排除任意性条款的适用。我国原公司法存在的突出问题之一是强制性与任意性规范的性质区分不明,二是强制性规范过多而任意性规范不足,法律规定呈现出过度的刚性和强制性,缺少应有的弹性和任意性,而公司法修改形成的一个重要的共识和立法原则就是尊重股东权利,加强公司自治,为此,公司法对其强制性和任意性规范作了重新的定性和安排,注意和强调公司法规范的任意性,减少强制性规范的范围。

(四)公司及利益相关者保护原则

公司的设立和运作离不开相关人的努力和贡献,公司经营的成败得失对这些利益相关者有着密切影响。因此,保护股东、债权人和职工等公司利益相关者的权益就成为现代公司法律制度的又一使命。我国《公司法》第1条规定,公司法的立法宗旨在于"规范公司的组织和行为,保护公司、股东和债权人的合法权益,维护社会经济秩序,促进社会主义市场经济的发展”。由此,公司法的主要立法目标就是维护公司及其利益相关者的合法权益。

1. 保障公司的合法权益

我国公司脱胎于计划经济时期的国有大中型企业,长期政企不分和企业非市场行为的影响使得在进行了公司制改造后,许多企业仍缺乏独立的意志,维护自身合法权益的观念极为淡薄,因而,这一原则对我国公司具有更为重要的意义。我国《公司法》第5条第2款明确宣示:“公司的合法权益受法律保护,不受侵犯”,充分体现出了公司法保护公司权益的立法精神,为公司的发展提供了强有力的法律支持。

2. 保障股东合法权益

股东是公司的组成成员,是公司设立和存在的基础,同时它又在公司中承担最大的风险:股东将财产投入公司后,就丧失了对该财产的支配权。对股东权益的保护成为各国公司立法的重心所在。我国公司法也将保护股东权益作为公司法的一项重要原则予以确认,并规定了股东广泛的权利。我国《公司法》第4条规定:“公司股东依法享有资产收益、参与重大决策和选择管理者等权利。”针对我国公司,尤其是国有企业改造而来的公司股权结构不合理所导致的中小股东受到大股东压制的事实,我国《公司法》特别增加和完善了广大中小股东享有的各种权利,如少数股东的股东会召集与主持权、临时股东会的请求召开权、提案权、累积投票权、代表诉讼权、建议与质询权和公司解散请求权等。

3. 保障债权人利益和交易安全

公司法的重要作用之一是对债权人利益提供有效的保护。我国公司法将对债权人的保护明确写进立法宗旨之中,并在公司法中规定了一系列的制度。如为确保公司财产的安全性、为债权人提供有效担保,设计了一系列具体的资本制度,包括法定最低注册资本额的规定、非货币出资的限制等。另外,为防止公司股东滥用公司人格,保护公司债权人利益,我国公司法明确规定了公司法人人格否认制度。

4. 保障职工的合法权益

人力资本是公司生产经营的要素,职工是人力资本的提供者,对职工利益的保护也同样是公司法固有的使命和目标,同时由于职工相对于作为雇主的公司经常处于较为弱势的地位,这就更需要公司法提供强制性的规则加以保护。各国公司法经历长期的发展,也逐渐建立了保护职工利益的法律制度,包括职工董事设置、职工持股计划等。我国公司法对职工的保护也给予了充分的重视,并在公司法中作出了以下重要的规定:(1)两个以上的国有企业或者其他两个以上的国有投资主体投资设立的有限责任公司,其董事会成员中应当有公司职工代表。其他有限责任公司或股份有限公司董事会成员中也可以有公司职工代表,职工代表由公司职工通过职工代表大会、职工大会或者其他形式民主选举产生。(2)公司监事会应当包括股东代表和适当比例的公司职工代表,其中,职工代表的比例不得低于1/3,具体比例由公司章程规定。(3)公司必须保护职工的合法利益,依法参加社会保险,加强劳动保护,实现安全生产。公司应加强公司职工的职业教育和岗位培训,提高职工素质。(4)公司职工依法组织工会,开展工会活动,维护职工的合法权益。公司研究决定经营方面的重大问题时,应当听取公司工会的意见,并通过职工代表大会或者其他形式听取职工的意见和建议。

(五)股东平等原则

股东平等原则是指股东在基于股东资格而发生的法律关系中,原则上应按其持有的股份的性质或数额享受平等待遇,同种性质的股份应该享有同样的权利、承担同样的义务,不能有所歧视和实行差别待遇。然而,现实公司的股权结构使得公司中常常出现大股东过度控制、中小股东受到欺压的现象,因此,特别需要建立对中小股东特别保护的法律规则,以实现股东事实上的平等。我国公司法中的许多规定都是这一原则的体现和要求,如少数股东股东大会的召集权和主持权、股东表决权的限制、累积投票制、异议股东股份回购请求权、股东代表诉讼制度等。

(六)权力制衡原则

权力制衡原则是指公司的内部治理应当注重权力之间的相互制衡与协调,权力制衡原则在大陆法系和英美法系的具体表现形式有所不同。在大陆法系国家,通常将公司的决策权赋予股东会、执行权赋予董事会、监督权赋予监事会,以实现权利之间的制约和平衡。英美法系国家则不设独立的监督机关,而在其公司执行机关内部设置有监督职能的机构或个人,如外部董事、审计师等。我国公司法在采纳大陆法系机构模式的基础上,明确规定公司一般应设置股东会、董事会、监事会三种主要的公司机构,并详细界定了三种机构的权力配置及职责分工,同时,我国公司法还规定上市公司可以设置独立董事制度,这是吸收了英美法系制度的合理因素,以此确保了公司不同权力的正确行使和有效监督制约。

(七)公司社会责任原则

何谓公司社会责任迄今尚未形成统一的结论。一般认为,公司的社会责任是指公司不仅对股东负有责任,而且应对股东之外的雇员、债权人、供应商、客户以及公共利益负有责任。同时,公司的社会责任不仅包含法律明文规定的责任,更强调法律尚未明文规定而根据一般社会观念或道义应承担的非法定责任。我国《公司法》第5条规定:“公司从事经营活动,必须遵守法律、行政法规,遵守社会公德、商业道德,接受政府和社会公众的监督,履行社会责任。”

第四节 公司的分类

尽管我国公司法只规定了两种类型的公司即有限责任公司和股份有限公司,但公司法理论上是存在不同类型的公司的,即使是有限责任公司和股份有限公司也可以依据不同的标准而将其分别归入不同类型的公司分类之中。依据不同的标准,可将公司作不同的分类,而每一种分类均有其法律上之意义。有些类型的公司我国公司法未作规定,故不具有立法和司法的意义,但从学理上进行把握和理解仍然是很重要的,它们对于准确地理解和领会公司法的原理具有重要意义。

一、以公司股东的责任范围为标准

以公司股东的责任范围为标准,亦即以公司股东是否对公司债务承担责任为标准,可将公司分为无限责任公司、两合公司、股份两合公司、股份有限公司和有限责任公司。这是最主要的公司分类。

无限责任公司是指由两个以上股东组成、全体股东对公司债务负无限连带责任的公司。两合公司是指由部分无限责任股东和部分有限责任股东共同组成,无限责任股东对公司债务负无限连带责任、有限责任股东仅以出资额为限承担责任的公司,股份两合公司是指由部分对公司债务负无限连带责任的股东和部分仅以所持股份对公司债务承担有限责任的股东共同组建。因这三种公司因其固有缺陷,数量已经很少,特别是股份两合公司。我国公司法未对此三种公司作出规定,但在不少西方国家的公司法上,仍然存在此三种类型的公司,尽管其数量只占少数。

股份有限公司是指公司全部资本分为等额股份,股东以其所持股份对公司承担责任,公司以其全部资产对公司债务承担责任的公司。在公司发展历史上,股份有限公司是在两合公司之后产生的,股份有限公司因其可以在社会上广泛筹资、股份可以自由转让、公司可以实行所有权与经营权分离的经营方式和分权制衡机制以及股东有限责任等特点,尤其适合于大型企业的经营,现今已成为十分重要的公司形式。我国公司法将股份有限公司作为最基本的公司形式之一予以调整。

有限责任公司是指股东仅以其出资额为限对公司承担责任、公司以其全部资产对公司债务承担责任的公司。在公司的发展史上,有限责任公司出现的较晚,由于它较好地吸收了其他公司形式的优点并克服其不足,所以这种公司形式在世界各国得到了迅速发展。我国公司法也将有限责任公司作为一种主要公司形式予以确认。

我国《公司法》上的公司的股东都是承担有限责任的,公司以自己的财产独立承担责任。只是有限责任公司的股东是以其认缴的出资额为限对公司债务承担责任,而股份有限公司的股东是以其认购的股份为限对公司债务承担责任。

二、以公司股份转让方式为标准

以公司股份转让方式为标准,亦即以公司股份是否可以自由转让和流通为标准,可将公司分为封闭式公司与开放式公司。封闭式公司又称不公开公司、不上市公司、私公司等,是指公司股本全部由设立公司的股东拥有,且其股份不能在证券市场上自由流通转让的公司。有限责任公司属于封闭式公司,开放式公司又称公开公司、上市公司等,是指可以按法定程序公开招股,股东人数通常无法定限制、公司的股份可以在证券市场公开自由转让的公司,这种公司事实上就是指股份有限公司中的上市公司,并非所有的股份有限公司都是上市公司，但是股份有限公司都具有开放性，都可以申请向社会公开发行股份和募集资金，而有限责任公司是不能向社会公开发行股份的，也就无法通过此方式募集资金。

我国《公司法》上的公司，有限责任公司属于封闭性公司，股份有限公司属于开放性公司，但股份有限公司中的非上市公司仍然具有封闭性，只有股份有限公司中的上市公司才是真正意义上的开放式公司。

三、以公司的信用基础为标准

以公司的信用基础为标准，亦即以公司的交易信用来源和责任承担依据为标准，可将公司分为人合公司与资合公司以及人合兼资合公司。人合公司是指公司的经营活动以股东个人信用而非公司资本的多寡为基础的公司，人合公司的对外信用主要取决于股东个人的信用状况，故人合公司的股东之间通常存在特殊的人身信任或人身依附关系，无限责任公司是典型的人合公司。资合公司是指公司的经营活动以公司的资本规模而非股东个人信用为基础的公司。由于资合公司的对外信用和债务清偿保障主要取决于公司的资本总额及其现有财产状况，因此，为防止公司由于资本不足而损害公司债权人利益，各国法律都对资合公司的设立和运行作了较为严格的规定，如强调最低注册资本额、法定公示制度等。股份有限公司是典型的资合公司。人合兼资合公司是指公司的设立和经营同时依赖于股东个人信用和公司资本规模，从而兼有两种公司的特点。两合公司、股份两合公司和有限责任公司均属此类公司。

所以，我国《公司法》上的公司，有限责任公司属于以人合为主但兼具资合性质的公司，股份有限公司是典型的资合公司，但股份有限公司中的非上市公司仍具有一定的人合性质。

四、以公司之间的关系为标准

以公司相互之间的法律上的关系为标准，亦即以公司之间在财产上、人事上、责任承担上的相互关系为标准，可将公司分为总公司与分公司、母公司与子公司。

总公司又称本公司，是指依法设立并管辖公司全部组织的具有企业法人资格的总机构。总公司通常先于分公司而设立，在公司内部管辖系统中，处于领导、支配地位，分公司是指在资金、业务、人事等方面受本公司管辖而不具有法人资格的分支机构。分公司不具有法律上和经济上的独立地位，但其设立程序相对简单。我国《公司法》第14条规定，公司可以设立分公司。设立分公司需要向公司登记机关申请登记，领取营业执照，分公司不具有企业法人资格，其民事责任由总公司承担。但是，需要注意的是，分公司尽管不具有法人资格，不享有独立的财产权利，不能独立承担民事责任，但分公司能够以自己的名义从事法律行为，有相应的权利能力和行为能力，在民法的民事主体理论上，分公司可以归入非法人组织之中，非法人组织属于既不同于自然人又不同于法人的另外一类法律主体。

母公司是指拥有其他公司一定数额的股份或根据协议，能够控制、支配其他公司的人事、财务、业务等事项的公司。母公司最基本的特征,不在于是否持有子公司的股份,而在于是否能够参与子公司业务经营,子公司是指一定数额的股份被另一公司控制或依照协议被另一公司实际控制和支配的公司,子公司具有独立法人资格,拥有自己所有的财产,自己的公司名称、章程和董事会,对外独立开展业务和承担责任,但涉及公司利益的重大决策或重大人事安排,仍要由母公司决定。我国《公司法》第14条第2款规定:"公司可以设立子公司,子公司具有法人资格,依法独立承担民事责任。"

五、以公司的国籍为标准

以公司的国籍为标准,亦即以公司在哪一国登记注册并取得主体资格、受该国法律管辖为标准,可将公司分为本国公司、外国公司和跨国公司。依照我国《公司法》的规定,允许外国公司在中国境内设立分支机构,从事生产经营活动,但外国公司属于外国法人,其在中国境内设立的分支机构不具有中国法人资格,该分支机构在中国境内进行经营活动而产生的民事责任,由其所属外国公司承担(《公司法》第196条)。

第五节　我国公司的种类

我国公司法认可了两种公司类型,即有限责任公司和股份有限公司。

(一)有限责任公司

1.有限责任公司的概念与特征

有限责任公司,又称有限公司,是指由50个以下股东出资设立的,每个股东以其所认缴的出资额为限对公司承担责任,公司以其全部财产对公司的债务承担责任的企业法人。

(1)股东人数的限制性。我国1993年《公司法》不承认一人公司,规定有限责任公司由2个以上50个以下的股东共同出资设立。2005年修订后的《公司法》承认一人公司,取消了股东人数下限的规定,规定股东人数上限为50人。有限责任公司虽为资合公司,却具有一定的人合性,股东须相互信任,这就决定了股东人数不可能太多,有必要做出上限的规定。

(2)股东责任的有限性。有限责任公司的股东,仅以其出资额为限对公司负责,公司债权人不得直接向股东主张债权或请求清偿,这是有限责任公司与无限责任公司的根本区别。

(3)股东出资的非股份性。有限责任公司的资本一般不分为股份,每个股东仅以其出资额为限对公司负责。在我国,有限责任公司的股东出资一般均为单一出资制,出资的非股份性较为明显。

(4)公司资本的封闭性。有限责任公司的资本只能由全体股东认缴,不能向社会募集股份,不能发行股票。有限责任公司股东转让其出资须经全体股东过半数同意;

不同意转让的股东应当购买该转让的出资，如果不同意购买该转让的出资，视为同意转让。因其资本具有封闭性特点，有些国家将有限责任公司称为封闭性公司。

(5)公司组织的简便性。有限责任公司的设立程序简便，组织机构简单、灵活，股东会的召集方法及决议的形成程序较为简便。

(6)资合与人合的统一性。有限责任公司从本质上说是一种资本的联合，但因其股东人数上限的规定，资本又有封闭性的特点，股东相互之间具有人身信任因素，具有人合的色彩。

2. 一人公司

所谓一人公司，系一人有限责任公司的简称，是指仅有一个自然人股东或者一个法人股东的有限责任公司。一人公司有狭义和广义之分。狭义的一人公司，仅指股东为一人，全部资本由一人拥有的公司，又称形式上的一人公司。广义的一人公司不仅包括形式上的一人公司，也包括实质上的一人公司，即公司的真正股东只有一人，其余股东仅为持有最低股份的挂名股东，多表现为家族式公司。随着公司组织形式的发展，特别是有关法人理论和制度的不断完善，一人公司已越来越多地得到了许多国家公司法的认可。

我国1993年《公司法》除承认国有独资公司外，对一人公司未予承认，对此学界长期以来一直存有争议。在2005年修订《公司法》时，对于是否承认一人公司仍有不同的看法。大多数学者主张应当承认一人公司，其主要理由是：承认一人公司是世界各国公司法发展的趋势，承认一人公司有利于鼓励投资，承认一人公司有利于消除以虚拟股东来规避法律的行为。立法机关经权衡利弊，在修订后的《公司法》中全面承认了一人公司，还专门用一节对一人公司作出了特别规定，这些特别规定的主要内容是：(1)一个自然人只能投资设立一个一人有限责任公司，且该一人有限责任公司不能投资设立新的一人有限责任公司。(2)一人有限责任公司应当在公司登记中注明自然人独资或者法人独资，并在公司营业执照中载明。(3)一人有限责任公司应当在每一会计年度终了时编制财务会计报告，并经会计师事务所审计。(4)一人有限责任公司的股东不能证明公司财产独立于股东自己财产的，应当对公司债务承担连带责任。

3. 国有独资公司

(1)国有独资公司的概念与特征。国有独资公司是指国家单独出资、由国务院或者地方人民政府授权本级人民政府国有资产监督管理机构履行出资人职责的有限责任公司。与一般意义的有限责任公司相比较，国有独资公司具有以下特征：①公司股东的单一性。国有独资公司的股东仅有一人，它实质上是一人有限责任公司。②单一股东的特定性。国有独资公司的单一股东只能是国务院或者地方人民政府授权的本级人民政府的国有资产监督管理机构，由国有资产监督管理机构履行出资人职责。③股东责任的有限性。国有独资公司是有限责任公司的一种特殊类型。国有独资公司享有由股东投资形成的全部法人财产权，依法享有民事权利，承担民事义务；公司以其全部法人财产，依法自主经营，自负盈亏。

(2)国有独资公司的内部组织机构。

①国有独资公司的董事会。国有独资公司董事会的成员为3～13人，由两种人组成：一是由出资人委派，即由国有资产监督管理机构委派；二是由公司职工代表大会选举产生。国有独资公司的董事会设董事长一人，可以设副董事长。董事长、副董事长由国有资产监督管理机构从董事会成员中指定。

依照《公司法》规定，国有独资公司必须设立董事会。国有独资公司董事会的地位有别于一般有限责任公司的董事会，这主要表现在国有独资公司的董事会除可行使一般有限责任公司董事会职权外，基于国有资产监督管理机构的授权，还可行使股东会的部分职权，此种职权是一般有限责任公司的董事会所不具备的。

②国有独资公司的监事会。国有独资公司设监事会，监事会成员不得少于5人，其中职工代表的比例不得低于1/3，具体比例由公司章程规定。监事会成员由国有资产监督管理机构委派；但是，监事会成员中的职工代表由公司职工代表大会选举产生。

③国有独资公司的经理。国有独资公司设经理，由董事会聘任或解聘。经国有资产监督管理机构同意，董事会成员可以兼任经理。

(3)国有独资公司负责人的专任制度。我国《公司法》第69条规定，国有独资公司的董事长、副董事长、董事、高级管理人员，未经国有资产监督管理机构同意，不得在其他有限责任公司、股份有限公司或其他经济组织兼职。这是国有独资公司负责人实行专任制度的法律依据。所谓专任制度，是指国有独资公司的负责人原则上只能在其所在的公司任职，未经股东同意，不得兼任其他经济组织的负责人。

(二)股份有限公司

1.股份有限公司的概念与特征

股份有限公司，又称股份公司，是指注册资本由等额股份构成并通过发行股票筹集资金，股东以其认购的股份为限对公司承担责任，公司以其全部资产对公司债务承担责任的企业法人。

股份有限公司与其他公司类型相比较，具有以下特征：

(1)股东责任的有限性。股份有限公司的股东仅以其所认购的股份为限对公司负责。对公司及公司的债权人不负任何财产上的责任，公司的债权人不能直接向公司股东提出清偿债务的要求，更不能要求用股东个人的财产清偿债务。

(2)资本募集的公开性。股份有限公司可以通过发行股票的形式来筹集公司的资本，任何人只要愿意支付股金，购买股票，就可以成为股份有限公司的股东。

(3)股东出资的股份性。股份有限公司的资本要均分为等额的股份，每个股东所持有的股份数额可以不同，但每股的金额必须相等。公司资本的股份化，不仅便于集资，而且便于股权的行使和利润的分配。

(4)公司股票的流通性。股份有限公司的股票可以作为交易的标的，原则上可以自由买卖。股票的流通性使股票的持有者有了更多的投资选择机会,使公司可以拥有众多的股东,同时也导致股东的频繁变动。

(5)公司财产的独立性。股份有限公司股东的出资,构成了公司独立的财产。股东向公司出资,使其投入公司财产的所有权转化为股权,从而实现了股权与公司法人所有权的分离,公司才有了独立于股东的财产,并形成了公司法人所有权。

2. 上市公司

上市公司,是指其股票在证券交易所上市交易的股份有限公司。上市公司具有以下特点:

第一,上市公司是股份有限公司的一种。根据股份有限公司的股票是否获准上市交易,可以将股份有限公司分为上市公司与不上市公司。

第二,上市公司是股票在证券交易所交易的股份有限公司。股份有限公司的股票具有流通性,既可进行店头交易或柜台交易,也可以上市交易,即在证券交易所进行交易。

第三,上市公司是股票获准上市的股份有限公司。股份有限公司要成为上市公司必须符合法定的条件,且须履行法定程序。

◈ 思考题

1. 试析公司有限责任与公司法人人格否认。

2. 试析公司的营利性与公司的社会责任之间的关系。

3. 试析公司法的基本原则。

4. 2009年3月16日,某市荣华实业分公司与化工公司签订购销进口化肥合同,约定由荣华分公司提供化肥8000吨,总价款为1048万元,同年5月20日前及6月20日前分两次交货。同年4月7日该合同经市公证处公证。化工公司依约将314.5万元定金汇往荣华分公司及指定的收款公司。同年5月19日和26日,兴华分公司函告化工公司,货已在日本装船,约在6月上旬到港,因要交纳关税及其他开支,要求化工公司再提供100万元。化工公司多次派人到港口查询,却不见船到港。此后荣华分公司没有交货,又返回38万元给化工公司,尚欠376.5万元未退。

2009年6月14日,荣华分公司与市星源肥料贸易公司签订购销进口化肥合同,由荣华分公司发给星源公司进口化肥8000吨,总价款为1095.9万元,交货时期分别为6月30日前和8月15日前。合同经公证处公证,星源公司将定金307万元汇给荣华公司,但荣华分公司既未交货,也不退还定金。2009年7月15日,荣华分公司与市化学公司签订合同,由荣华分公司提供进口化肥5000吨,总价款为722.5万元,合同公证后,荣华分公司得定金144.5万元。交货期满后,荣华分公司无货可供,未履行合同。

2010年7月,化工公司、化学公司、星源公司联合向法院起诉,请求判令荣华分公司承担违约责任,退回定金,赔偿损失。

法院查明:荣华分公司的前身大华公司原属甲市商检局管辖,后商检局与兴华总公司达成了将下属的大华公司转给兴华总公司管辖的意向协议,但两主管单位的业务部门没有办理正式交接手续。大华公司于2009年6月正式起用深华实业公司的牌照,形成两块牌子一套人马。荣华分公司是荣华总公司向工商局谎报注册资金2000万元而登记成立的。在荣华分公司经理刘某携款外逃后,荣华总公司于2009年6月25日调走其剩余资金、财产,收取了荣华分公司的印章。

现问:(1)谁是荣华分公司的发起人?(2)荣华分公司是否具备法人资格?(3)荣华分公司的债务由谁负责?(4)化工、化学、星源公司的起诉中应以谁为被告?

第十章　公司的人格与能力

◇ 知识结构图

- 公司的人格与能力
  - 公司的人格独立与人格否认
    - 公司人格的独立
    - 公司法人人格否认制度
  - 公司的能力
    - 公司的权利能力
    - 公司的行为能力

◇ 本章导读

公司作为最典型的法人,之所以具有独立的人格,一方面表现在公司必须独立于股东之外,另一方面则体现为公司能够独立的承担民事责任。实践表明,如果将有限责任绝对化或者将人格独立推向极致,也可能会导致下列问题:为控制股东滥用公司人格创作了机会,成为规避债权的工具,对债权人有失公正。因此有必要在特定情况下对公司人格暂时予以否认,以保护债权人利益。公司的权利能力、行为能力均区别于自然人的权利能力和行为能力。值得注意的是,公司目的范围如今已不构成对公司权利能力的限制。

◉ 司考重点

公司法人独立人格的表现,公司法人人格否认的情形和构成要件

第一节 公司的人格独立与人格否认

一、公司人格的独立

英国1897年的萨洛蒙诉萨洛蒙公司案,最早确立了公司独立人格制度。公司的法律人格独立,这是现代公司法律制度中的一项重要的内容,公司的演进是一个漫长的历史过程,公司独立人格的产生和最终确立也是如此,由分散的人格到由数人聚集而成的团体人格,最后再到公司的独立人格,表现为从低级到高级的辩证统一过程。合伙企业作为公司的起点,是人类社会最早出现的联营形式,股份公司和有限责任公司是公司人格制度发展的高级形态,并为世界各国所普遍采用。公司独立人格主要表现为两方面:一是公司人格与组成公司的成员人格相分离,其独立的基础就在于二者的财产是可分的,公司财产虽然由组成公司的成员也就是出资人的出资构成的,但却与出资人的其他财产相分离,是由公司独立支配的;二是公司以公司的财产对债务独立承担责任,而出资人仅仅以出资额为限承担有限责任,不对公司债权人直接负责,因此,可以这样说,现代法人制度在股份有限公司和有限责任公司中获得了最完美的体现,它不仅刺激了投资人的积极性,促使公司规模迅速扩大,实现了公司所有与公司经营的分离,并且成为社会经济发展的强有力的杠杆。公司与股东人格分离的基础就是有限责任,有限责任制有利于鼓励投资,加速资本的积累,同时,在有限责任制度下,股东仅以出资额为限对公司债务承担责任,责任的有限性使得股份的价值成为与股东的具体人格无关的抽象物,增强了股份的自由转让性,加强了股份在市场的流通性,进而通过证券市场实现资源的优化配置成为可能。公司要独立于股东,不仅在财产权上要与股东分离,而且在责任上也必须与股东相分离,这种分离的基础就是有限责任,即股东仅以出资额为限对公司承担责任,超过了出资额股东则无责任。从这个意义上讲,有限责任制是现代公司制度的核心,被称为“传统的奠基石”。

公司人格独立在我国国企改革的实践中至今仍具有十分重要的意义。第一,只有公司人格独立,才能实现政企分离。要实现政企分离,不仅要承认公司具有独立的人格,还要承认公司具有独立的财产,更要承认公司独立承担民事责任。我国《公司法》第3条规定:“公司是企业法人,有独立的法人财产,享有法人财产权。公司以其全部财产对公司的债务承担责任。”正是有了这样的认识,才使公司摆脱了政府的控制和对政府的依赖。第二,只有公司人格独立,才能逐步完善我国的法人制度。公司是最典型的法人,公司制度的发展就是法人制度的发展。因此,承认了公司人格独立,才能鼓励股东投资。公司之所以对资本具有强烈的吸引力,主要在于有限责任。正是因为责任有限,才能有效地化解投资风险,使股东有投资热情和积极性。

二、公司法人人格否认制度

(一)公司法人人格否认的概述

公司法人人格否认制度,又称公司法人格否认制度(disregard of corporate personality),美国称"揭开公司面纱"(lifting the veil of the corporation),英国称"刺破公司面纱"(piercing the veil of the corporation),德国称"直索责任",日本称"透视理论",指为阻止公司独立人格的滥用,就具体法律关系中的特定事实,否认公司的独立人格与股东的有限责任,责令公司的股东对公司债权人或公共利益直接负责的一种法律制度。它的产生主要源于公司法人人格的异化及股东有限责任的滥用,公司人格否认制度最早出现于英美法系国家的判例法中,后为一些大陆法系国家所吸收。公司法人人格否认制度具有以下特征:(1)公司必须具有独立法人人格。(2)只是对特定个案中公司独立人格予以否认,而不是对该公司法人人格的全面、永久地否认。(3)该制度主要是为了保护债权人的利益,它在性质上属于民事责任,是私法上的责任。由此可见,公司法人人格否认不是对公司人格独立制度的否定,而是对公司法人人格制度的维护和完善,是对公司当事人之间利益失衡的一种事后救济。

(二)我国公司法人人格否认制度的形成与立法

自1993年原《公司法》颁布以来,我国公司制度得到了迅速发展,但是也出现了许多公司人格和股东有限责任被股东滥用的行为。由此,公司法人人格否认制度得到广泛的关注和深入的研究,并形成相当程度的共识。这些年来,司法机关在公司案件审理中也开始逐步接受法人人格否认的理论,一些司法解释性的文件不同程度地体现了该制度的原则和精神。例如,1994年最高人民法院《关于企业开办的其他企业被撤销或者歇业后民事责任承担的批复》第1条第3项规定,当企业开办的企业实际没有投入自有资金,或投入的自有资金达不到《企业法人登记管理条例实施细则》第15条第7项或其他有关法规规定的数额以及不具备企业法人其他条件的,即使领取了企业法人营业执照,人民法院亦可否定其法人资格,其民事责任由开办该企业的企业法人承担。2003年1月3日最高人民法院公布的《关于审理与企业改制相关的民事纠纷案件若干问题的规定》第35条规定:"以收购方式实现对企业控股的,被控股企业的债务仍由其自行承担。但因控股企业抽逃资金、逃避债务,致使被控股企业无力偿还债务的,被控股企业的债务则由控股企业承担。"

通过2005年的公司法修改,我国《公司法》最终以成文法的形式明确肯定了公司人格否认制度。《公司法》第20条规定:"公司股东应当遵守法律、行政法规和公司章程,依法行使股东权利,不得滥用股东权利损害公司或者其他股东的利益,不得滥用公司法人独立地位和股东有限责任损害公司债权人的利益;公司股东滥用公司法人独立地位和股东有限责任,逃避债务,严重损害债权人利益的,应当对公司债务承担连带责任。"同时,针对一人公司中容易发生股东与公司财产混同的情形,《公司法》第63条又特别规定:"一人有限责任公司的股东不能证明公司财产独立于股东自己的财产的,应当对公司债务承担连带责任。"由此,形成了我国公司法人人格否认制度的基本结构和内容。首先是正面的行为规则要求,即确立了股东不得滥用公司法人资格和股东有限责任的原则;其次是对人格滥用行为的法律后果的规定,即当股东有滥用行为,逃避债务,严重损害债权人利益时,应当对公司债务承担连带责任。此外,关于一人有限责任公司财产混同下的人格否认问题,还确立了举证责任倒置的原则,以此敦促一人公司的股东遵守相关的法律规定。

公司人格否认制度的确立是我国公司法制度的一个重大突破,同时也是世界公司立法的一大创新,虽然这一制度本身早已被许多国家所采用,但把它作为一个成形的法律制度统一、明确、系统地规定在成文法中,的确是我国公司法的重大创新。

(三)公司法人人格否认适用的情形

1. 公司资本显著不足

公司资本不足并非是指公司资本不符合法定最低资本额,如果公司注册资本低于法定最低资本额的要求,属于公司法上明令禁止的行为,无须通过人格否认追究责任。这里所说的资本显著不足,是指公司成立时股东实际投入公司的资本额与公司经营所隐含的风险相比明显不足,其判断的依据是经营的需求而非法律的具体规定。

2. 利用公司回避合同义务

在公司被用来作为回避合同义务的场合,公司的法人人格通常也将被否认。公司被用来回避合同义务的情形主要包括:(1)为逃避契约上的特定不作为义务而设立新公司从事相关活动,如商业保密义务、竞业禁止义务、不得制造特定商品的义务等;(2)通过成立新的公司逃避债务,主要是将公司资产转移到新公司而逃避原公司的债务;(3)利用公司对债权人进行欺诈以逃避合同义务。

3. 利用公司规避法律义务

利用公司规避法律所规定的强制性义务,如为了逃税、洗钱等非法目的而成立公司等。

4. 公司法人人格的形骸化

公司法人人格形骸化实质是公司与股东完全混同,公司仅仅是股东的另一形象,是股东行为的工具,因而失却独立存在的价值。具体表现在:(1)股东对公司的不正当控制。指股东通过对公司的控制而实施不正当影响,使公司丧失了独立的意志和利益,成为为股东谋取利益的工具。(2)财产混同。指公司的财产不能与该公司的股东或其他公司的财产作清晰明确的区分,此时公司缺乏了独立的财产,同时也就缺乏了作为独立人格存在的基础。(3)业务混同。主要表现在公司与股东从事同一业务,业务的进行不加以区分,大量交易活动中形式上的交易主体与实际主体不符或无法辨认。(4)组织机构混同。指公司与股东在组织机构上存在严重的交叉、重叠,如出现"一套班子、两块牌子"等情况。

(四)公司法人人格否认的适用后果

1. 对公司的适用后果

公司法人人格否认仅是在特定的法律关系中否认公司的独立人格,从而追究滥用法人人格的股东的责任,实现利益补偿,但适用了该制度,并非意味着要彻底、永久地否认公司的人格。

2. 对股东的适用后果

公司法人人格否认所追究的责任主体应仅限于实施滥用行为的股东,而不应扩及其他所有的股东,同时,依据我国《公司法》第20条的规定,当股东有滥用行为,逃避债务,严重损害债权人利益时,应当对公司债务承担连带责任。

第二节 公司的能力

一、公司的权利能力

公司权利能力指公司作为法律主体依法享有权利和承担义务的法律资格。公司权利能力,是一个颇为复杂的有争议性问题,对其认识也发生了很多变化。由于公司与自然人在性质上的差异,以及公司法对公司的特殊要求,公司的权利能力在性质上、法律上都受到一定的限制,并由此形成了公司权利能力区别于自然人权利能力的种种特征。

(一)公司权利能力限制的基本法理

公司权利能力的限制来自于三个方面:一是基于自然性质的限制,即公司法人不享有结婚、继承等方面的权利能力;二是目的限制,即公司作为营利法人可以从事营利活动;三是法律限制,即公司不得从事法律、行政法规禁止经营、限制经营和特许经营(未经特许的)的项目。这样来讲,说明公司权利能力与其被核定登记的经营范围并无直接联系。公司将其所从事经营活动的业务范围记载于公司章程,登记于公司营业执照,称为经营范围。公司的经营范围必须由公司章程作出规定,必须依法登记,公司可以修改公司章程,改变经营范围,但是应该办理变更登记,但是,如果当事人超越经营范围订立合同,法院不因此认定合同无效。

(二)公司的转投资能力

根据2005年《公司法》第15条、第16条以及2006年修订的《合伙企业法》第2条、第3条的规定,公司的转投资能力几乎不受任何限制。详细规则如下:(1)公司可以向其他企业,这里的“企业”包括公司企业、合伙企业、中外合资经营企业、中外合作经营企业等;(2)对投资对象的唯一限制是:国有独资公司、上市公司不得成为普通合伙企业的合伙人,也不得成为有限合伙企业的普通合伙人;(3)对于转投资的额度,法律没有任何限制,章程有限制的,从其规定;(4)在公司内部,对外投资的决议只能由公司董事会或者股东会、股东大会作出，其他机关无权作出，至于董事会与股东（大）会之间的分工，依章程规定。

（三）对外担保能力

公司为自身的债务提供担保的，完全属于公司自治的范畴，法律不进行任何干预；对于为他人债务提供担保即对外担保的，《公司法》第16条、第121条、第148条第3项规定如下：

1. 公司对外担保的额度与对象没有任何限制，章程对担保的总额及担保的数额有限额规定的，从其规定。

2. 法律重在规范对外担保的决议程序。

（1）对外担保的议决权在董事会或者股东会、股东大会。（2）为公司的股东或者实际控制人提供担保的，必须经过股东会或者股东大会决议。（3）为公司股东或者实际控制人提供担保的，被担保的股东或者受实际控制人支配的股东，不得参与对该担保事项进行的表决，即实行股东表决回避制度。该项表决由出席会议的其他股东所持表决权的过半数通过。（4）上市公司在1年内担保（包括对外担保与为自身担保）金额超过公司资产总额30%的，应由股东大会作出决议，且经出席会议股东所持表决权的2/3以上通过。

二、公司的行为能力

（一）公司行为能力的含义

公司行为能力指公司基于自己的意思表示，以自己的行为独立取得权利和承担义务的能力。

公司的行为能力与公司的权利能力同时产生，同时终止，范围和内容也与权利能力相一致，即公司有权从事实现公司经营目的所必需的一切法律行为。当然，公司权利能力受到的限制，也同样适用于公司行为能力。

（二）公司行为能力的实现方式

首先，公司的意思能力是一种社团的意思能力，它的意思能力必须通过公司的法人机关来形成和表示，公司的法人机关由股东会（股东大会）、董事会和监事会组成，其中股东会（股东大会）为意思形成机关，董事会为公司意思的执行机关，监事会是公司的监督机关，负责公司意思实现的监督工作。

其次，公司的行为能力借助于公司的代表机关，即法定代表人来实现。依照公司章程的规定，法定代表人由董事长、执行董事或者经理担任，并依法登记。公司的法定代表人按照公司的意思，以公司的名义，对外进行法律行为，为公司取得权利和承担义务，在公司权利能力范围内，法定代表人所实施的法律行为就是公司的法律行为，该法律行为所产生的权利义务就是公司的权利义务。

实践中，公司法定代表人往往会超出公司的经营范围从事活动，这属于越权行为。传统公司法坚持越权原则，认定法定代表人越权行为无效而对公司不产生法定后果，这样有利于保护股东和公司的利益,但是对与公司进行交易的第三人来讲却显失公平。因此,随着现代市场经济的发展,各国法律日益重视对第三人利益的保护,许多国家对越权行为的处理逐渐由严格主义转向扩张主义,纷纷主张公司能力不受其章程限制。当然,这并不意味着,公司的法定代表人可以为所欲为,许多国家公司法不同程度规定了公司法定代表人对越权行为给公司带来的不利后果承担责任。

(三)公司行为能力的内容

1. 公司的民事行为能力

公司的民事行为能力,是指公司能够通过自己的意思表示,设立、变更或消灭民事法律关系,独立地享有民事权利和承担民事义务的能力,其中,公司具有独立承担责任能力更为重要,即公司享有由股东投资形成的全部法人财产权,依法享有民事权利,承担民事责任。公司的责任能力是其权利能力和行为能力的延伸,基础在于公司享有独立的财产权。

2. 公司的侵权行为能力

公司的侵权行为能力,即公司在其经营范围内进行活动,对他人造成损害的能力。

构成公司侵权行为能力的要件有:第一,须是公司法定代表人或其委托授权的工作人员的行为;第二,须为公司法定代表人或其他工作人员在执行职务时的加害行为;第三,须具备侵权行为的一般构成要件。公司侵权行为的法律后果有:由公司对侵权行为承担赔偿责任;由公司法定代表人或其他工作人员承担相应的法律责任。

3. 公司的犯罪行为能力

公司的犯罪行为能力,即公司的行为违反法律、构成犯罪时,公司作为刑事主体依法承担刑事责任的资格。

思考题

1. 试述公司人格独立与人格否认之间的关系。
2. 试述公司的行为能力与自然人行为能力之间的关系。

第十一章　公司的设立

知识结构图

- 公司的设立
  - 公司设立概述
    - 公司设立的概念及立法原则
    - 公司设立的方式
  - 公司设立的条件
    - 有限责任公司设立的条件
    - 股份有限公司设立的条件
  - 公司的设立登记
    - 公司登记概述
    - 公司设立登记的程序
    - 分公司的设立登记
  - 公司设立的效力
    - 公司设立完成
    - 公司设立失败
    - 公司设立无效
  - 公司的名称和住所
    - 公司的名称
    - 公司的住所
  - 公司章程
    - 公司章程概述
    - 公司章程的特征
    - 公司章程的制定
    - 公司章程的记载事项
    - 公司章程的修改

本章导读

投资者如果选择公司这种组织形式来作为获取利润的手段，必须按照法律规定的条件和程序，完成相应的行为，为想要组建公司的组织取得独立的主体资格，这就是公司的设立过程。随着公司与社会生活的联系日益紧密，公司的设立也逐渐成为国家干预的重要领域之一。我国《公司法》作为规范公司组织和行为的基本法律，不仅在《公司法》的“总则”部分对公司的设立作了概括性的规定，而且用了相当的篇幅分别对有限责任公司和股份有限公司设立的方式、条件和程序等作了具体规定。

司考重点

有限责任公司设立的条件及设立的程序，股份有限公司的设立条件；股份有限公司的发起设立和募集设立的程序；发起人的含义、法律地位，发起人的法律责任

第一节　公司设立概述

一、公司设立的概念及立法原则

公司设立，是指公司发起人为促成公司成立并取得法人资格，依照法律规定的条件和程序所进行的一系列法律行为的总称。公司设立与公司成立是两个不同的概念，公司的成立是指已经具备了法律规定的实质要件，完成设立程序、由主管机关发给营业执照而取得公司法人主体资格的一种法律事实，主要表现为一种法律上的状态。

（一）公司设立的原则

公司设立的原则是指公司设立的基本依据及基本方式。从罗马社会到近代工业社会，公司的设立先后经历了自由设立、特许设立、核准设立、单纯准则设立和严格准则设立等设立原则。

1. 自由设立主义

自由设立主义又称放任设立主义，指是否设立、设立何种公司、怎样设立等相关事宜完全由当事人自由为之，法律不加以任何干涉。由于这种设立原则下的设立过程随意，与合伙企业的界限也难以分辨，难免会造成许多不具备基本条件的组织也以公司名义出现，使债权人的权益得不到有效保障，所以后来各国、各地区的公司立法很少再采用这种设立原则。

2. 特许设立主义

所谓特许设立主义，是指公司的设立必须经过国家元首特别许可或者经过国家立法机关颁发特别法令予以许可。特许设立盛行于17世纪至19世纪的英国，如1600年的东印度公司，1694年的英格兰银行。特许主义主要是应对自由设立主义而产生的，其目的是纠正自由设立主义之下的公司滥设现象。特许主义也存在导致公司设立过度管制的弊端，这种对公司的设立予以过度管制的做法不能适应公司普遍发展的要求，并且有浓厚的封建特权色彩。所以，近代各国或地区公司立法除对某些特殊公司仍采取特许设立主义原则外，对一般的公司则很少采用。

3. 核准设立主义

核准设立主义也称许可设立主义，是指公司设立除了必须具备法律所规定的条件外，还必须经过行政主管机关的核准，否则不得成立。如果说特许设立主义是在公司设立问题上赋予权力机关的一种特权，那么核准设立主义则是赋予了行政机关一种特权，但现在一般认为，由国家行政部门干预公司的设立，不仅不利于公司的普遍发展，而且容易滋生腐败。核准设立主义原则除了适用于设立银行等与国计民生有密切联系的行业的公司外，在多数情形下已不再广泛采用。

4. 单纯准则设立主义

所谓单纯准则设立主义，是指公司的设立，只要符合国家法律规定的要件即可，无须经权力机关或行政机关核准。1862 年的英国公司法首先采用这一设立原则，并在 19 世纪被不少国家采用。这种做法适应了公司大量出现的形势，有利于公司的普遍发展。

5. 严格准则设立主义

严格准则设立主义，即以法律进一步严格规定公司设立的要件并加重发起人的责任，同时又规定公司设立必须要经过国家主管机关的登记才得成立及取得独立主体资格。由于严格准则设立主义既无特许设立主义和核准设立主义的烦琐，又避免了自由设立主义与单纯准则设立主义程序过于简单和不利于管理的弊病，所以被当今大多数国家或地区的公司立法所采用，也是当今公司设立原则的趋向。

（二）我国公司设立的原则

我国在公司设立问题上曾经长期实行核准设立主义，这种做法在我国公司法制尚不健全的时代，曾经起到过积极作用，但随着经济的发展，其弊端日益显露。我国在总结公司设立实践的基础上，充分借鉴国外的立法经验，对公司设立制度进行了重大改革。《公司法》第 6 条规定："设立公司，应当依法向公司登记机关申请设立登记。符合本法规定的设立条件的，由公司登记机关分别登记为有限责任公司或者股份有限公司；不符合本法规定的设立条件的，不得登记为有限责任公司或者股份有限公司。""法律、行政法规规定设立公司规定必须报经批准的，应当在公司登记前依法办理批准手续。"结合上述规定及我国公司设立实践可以看出，我国现行公司法规定的公司设立原则是严格准则设立主义和核准设立主义的结合。

二、公司设立的方式

从大陆法系各国或地区的公司立法来看，公司设立的方式有发起设立和募集设立两种。大多数国家或地区的公司立法均认可这两种设立方式，在法国、意大利、瑞士和荷兰等国采取发起设立方式较为普遍，而日本等国采取募集设立方式较普遍。我国公司法对发起设立和募集设立方式均有具体规定。

（一）发起设立

发起设立又称共同设立或单纯设立，是指由发起人认购公司应发行的全部股份而设立公司。这种设立方式的最大特点在于，公司所有的资本都来自于公司的发起人，公司不能向社会公开募集股份，原则上发起设立可以适合于任何公司的设立，不过，因无限公司、两合公司、有限责任公司的较强的人合性特征，资本具有封闭性，所以其设立方式均为发起设立；而股份有限公司属于开放性公司，可以向社会发行股份，因而股份有限公司的设立既可以采取发起设立方式，也可采取募集设立方式。一般而言，只有在设立公司时，无须向社会公众募集资金，仅凭发起人的出资就可以达到公司资本总额要求的情况下，才采取发起设立的方式，如公司所需资本数额较大，而发起人又难以认购全部股份的,则不宜采用该种设立方式。2005年《公司法》第78条同时确立了发起设立与募集设立两种设立方式,并且在发起设立中允许发起人所认购股份可以分期缴纳。

(二)募集设立

募集设立也称渐次设立或者复杂设立,是指由发起人认购公司应发行股份的一部分,其余股份向社会公开募集或者向特定对象募集而设立公司。在各类型公司中,只有股份有限公司和两合公司在设立阶段可对外募集股份,所以,这种设立方式可适用于股份有限公司和股份两合公司。我国则只有股份有限公司可以采用这种设立方式。在我国国有企业股份制改造过程中,募集设立包括社会募集和定向募集两种形式。采取社会募集方式设立,是指公司发行的股份除由发起人认购的一部分外,其余股份应当向社会公开发行;采用定向募集方式设立,是指公司发行的股份除由发起人认购外,其余股份不向社会公开发行,但可以向其他法人发行部分股份,经批准也可向本公司内部职工发行部分股份。在广泛地募集社会资金方面,募集设立具有发起设立所无可比拟的优越性,它可以通过发行股份的方式充分地吸收社会闲散资金,并且能在短期内筹集到设立公司所需的巨额资本,缓解发起人的出资压力,便于公司的成立。但采取这种设立方式也有弊端:首先,这种设立方式须对外募集股份,还需召开创立大会,因此在审批程序上也较发起设立更加复杂,而且还有可能受到国家金融政策等方面的制约;其次,由于股权的高度分散,不利于实现发起人对公司的控制权;最后,募集设立还有可能被少数不法分子利用作为欺诈的手段。

针对募集设立方式的上述弊端,各国或地区的公司立法一般都对募集设立采取一定措施予以限制。我国《公司法》第80条、第84条对此有规定:"股份有限公司采取募集方式设立的,注册资本为在公司登记机关登记的实收股本总额。""以募集设立方式设立股份有限公司的,发起人认购的股份不得少于公司股份总数的百分之三十五,但是,法律、行政法规另有规定的,从其规定。"

第二节 公司设立的条件

一、有限责任公司设立的条件

我国《公司法》第23条规定:"设立有限责任公司,应当具备下列条件:(一)股东符合法定人数;(二)有符合公司章程规定的全体股东认缴的出资额;(三)股东共同制定公司章程;(四)有公司名称,建立符合有限责任公司要求的组织机构;(五)有公司住所。"

(一)主体条件

主体条件是指股东资格及人数条件,即股东须符合法定人数和资格。

1. 股东人数要求

(1)对于有限责任公司的上限,各国或地区的公司立法多作最高限额规定。我国《公司法》第24条规定:“有限责任公司由50个以下股东出资设立。”由该规定可以看出,我国对有限责任公司的股东人数的上限作了严格限定,即不超过50人。

(2)对于有限责任公司股东人数的下限,各国或地区公司立法的规定也不尽相同。如规定须在5人以上,或3人以上,或2人以上,等等。由于对一人公司的承认,许多国家或者地区已经取消了有限责任公司最低股东人数的要求。我国《公司法》承认了一人公司,并对“一人有限责任公司”和“国有独资公司”分别作了专节规定。此外,《公司法》第217条还规定,“外商投资的有限责任公司和股份有限公司适用本法,有关外商投资的法律另有规定的,适用其规定”。

2. 股东资格要求

各国或地区的公司立法对于有限责任公司股东的资格,多与对股份有限公司发起人资格的规定基本相同。依我国公司法及相关法律的规定,有限责任公司的股东必须具备相应的资格。[1]

(二)财产条件

财产条件是指作为公司所必需具备的物质条件,主要是资本要件。世界各国的公司法规定不具备公司设立的资本条件的,公司不得成立。

我国2005年《公司法》对公司最低注册资本数额、货币出资比例,公司成立时首次出资比例及货币出资比例做了限制性规定,2013年12月28日第十二届全国人民代表大会常务委员会第六次会议对现行《公司法》作出修改,取消了此类限制,并将《公司法》第26条修改为:“有限责任公司的注册资本为在公司登记机关登记的全体股东认缴的出资额。”“法律、行政法规以及国务院决定对有限责任公司注册资本实缴、注册资本最低限额另有规定的,从其规定。”

(三)组织条件

组织条件包括公司的名称、住所、章程及依法建立的组织机构等。公司名称是公司的法定登记事项,可以使公司的法人人格具有特定性,便于公司对外进行法律上、经济上的交往。设立有限责任公司必须具备公司章程。有限责任公司的公司章程是记载公司组织规范及其行动准则的书面文件,体现着全体股东的共同意志,并对全体股东、公司的组织机构和经营管理人员均有约束力。我国《公司法》对公司章程应该载明的事项作了明确规定。[2]有限责任公司是通过内部组织机构的活动进行运作的,组织机构的建立可以使公司具备意思能力与执行能力,便于对外实施行为,各国或地区的公司立法一般都规定公司的内部组织机构。依照我国公司法的规定,有限责任公司的

---

〔1〕 参见本书第十三章“股东与股东权”的相关内容。

〔2〕 参见本章第六节“公司章程”的相关内容。

内部组织机构分为股东会、董事会和监事会等，但由于有限责任公司的具体形式、股东人数、经营规模、资本来源都不相同，法律、法规要求其建立的组织机构也不尽一致。如《公司法》第50条规定："股东人数较少或者规模较小的有限责任公司，可以设一名执行董事，不设董事会。执行董事可以兼任公司经理。"[1]

二、股份有限公司设立的条件

我国《公司法》第76条规定："设立股份有限公司，应当具备下列条件：(一)发起人符合法定人数；(二)有符合公司章程规定的全体发起人认购的股本总额或者募集的实收股本总额；(三)股份发行、筹办事项符合法律规定；(四)发起人制订公司章程，采用募集方式设立的经创立大会通过；(五)有公司名称，建立符合股份有限公司要求的组织机构；(六)有公司住所。"

(一)主体条件

主体条件也就是发起人人数及资格条件，即发起人必须符合法定人数且须具备法定资格。为防止发起人在设立过程中徇私舞弊，损害其他认股人及公众的利益，维护社会经济秩序，法律对其主体的要求，也较之对于有限责任公司股东的要求更为严格。

1. 发起人必须符合法定人数

股份有限公司的发起人是指订立创办公司的协议、提出设立公司的申请，向公司出资或认购股份，并对公司设立承担责任的人。我国《公司法》第78条规定股份有限公司应有2个以上200个以下的发起人，其主要原因是：由于募集设立方式条件要求严格，设立程序相对复杂，导致公司设立时间长、成本高，股份有限公司的设立人为避免法律对募集设立的各种要求，而多采发起设立方式，但是，当发起人过多时，其设立已经具有了公众性，不应再适用发起设立的规定。

2. 发起人的资格

对于股份有限公司发起人的资格，各国或地区的公司立法通常规定为：发起人既可以是自然人，也可以是法人。作为自然人的发起人，必须是完全民事行为能力人。作为法人的发起人，应是法律上不受特别限制的法人。是否对发起人的国籍、住所作要求，要根据一国的社会、经济和政治等多种因素来确定。依我国《公司法》第78条的规定，"股份有限公司须有过半数的发起人在中国境内有住所"。

(二)财产条件

股份有限公司是典型的资合公司，公司的存在和对外的信用基础首先取决于其股本，我国在2013年12月28日第十二届全国人民代表大会常务委员会第六次会议上修改了《公司法》，取消了股份有限公司最低资本限额的规定，将第81条改为第80条，并将第3款修改为："法律、行政法规以及国务院决定对股份有限公司注册资本实缴、注册资本最低限额另有规定的，从其规定。"

---

[1] 参见本书第十五章"公司的治理结构"的相关内容。

(三)组织条件

组织条件主要包括公司名称、类别、住所、经营范围等的选定以及公司的组织机构等。这些内容均为公司章程的主要内容,也是公司登记的主要事项,对公司的经营活动有着重要的影响。股份有限公司是通过公司的组织机构进行运作的。依我国《公司法》的规定,股份有限公司的内部组织机构分为股东会、董事会和监事会等。其中,股份有限公司由股东组成股东大会。股东大会是公司的权力机构;股份有限公司设董事会,董事会对股东大会负责;股份有限公司设监事会,监事会由股东代表和适当比例的公司职工代表组成,具体比例依法由公司章程规定。[1]

第三节　公司的设立登记

一、公司登记概述

(一)公司登记的含义

公司登记是指公司在设立、变更、终止时,由申请人依法在公司注册登记机关提出申请,经主管机关审查无误后予以核准并记载法定登记事项的行为。我国《公司法》在相关条款中对公司登记作了原则性规定。国务院1994年6月颁布并分别于2005年12月、2014年2月、2016年2月修订的《中华人民共和国公司登记管理条例》(以下简称《公司登记管理条例》),明确规定有限责任公司和股份有限公司的设立、变更和终止,都应该依照该条例办理登记。此外,我国1988年发布并分别于2011年1月、2014年2月、2016年2月修订的《中华人民共和国企业法人登记管理条例》(以下简称《企业法人登记管理条例》),以及国家工商行政管理总局发布的一系列行政规章,公司登记均应适用。

(二)公司登记与营业登记

公司登记不同于营业登记。公司登记属于法人登记,目的是创设法律人格,赋予公司以独立主体资格。营业登记又被称为商事登记、商业登记,其作用则是政府承认某项营业及其某一商号的合法性,准许其开业。

在我国,公司的这两种登记是合并进行的,并由同一机关主管。具体方法是:对符合条件、准予登记的公司发给《企业法人营业执照》;对外商投资企业发给《中华人民共和国企业法人营业执照》;对非法人企业发给《营业执照》;对外商投资的非法人企业、外商投资企业及外国公司的营业性分支机构发给《中华人民共和国营业执照》。

(三)公司登记的类型

公司登记通常分为设立登记、变更登记和解散登记等。设立登记是设立过程中所

---

[1] 参见本书第十五章“公司的治理机构”的相关内容。

作的登记，它是公司设立过程的最后一道环节，设立登记经注册后，公司便告成立；变更登记是改变公司名称、注册资金、经营范围、经营方式、住所、经营场所、法定代表人、经济性质、经营期限等原来的登记注册事项以及增设或撤销公司分支机构时等所作的登记；解散登记是指公司解散时进行的注销登记。

（四）公司登记的机关及权限

公司登记须在国家规定的公司注册登记机关进行，各国或地区的公司登记机关有所不同：有的是以法院为登记机关，有的是在政府注册官署或州务卿秘书处登记，有的是在政府机关进行登记并由法院派专员进行监督。在我国，依《公司登记管理条例》及相关法律文件的规定，公司登记机关是国家工商行政管理局和地方各级工商行政管理局。公司登记无论是设立、变更还是注销，均应在同一登记机关进行登记，而且，即使企业迁移或跨地区设立分支机构需要在其他登记机关登记，同时也还需要在原登记机关做变更登记。

二、公司设立登记的程序

公司设立一经登记，公司即告成立，取得了从事生产经营和商业服务活动的资格。公司登记的程序因公司类型及登记种类的不同而异，我国《公司法》对于各种登记分别规定在不同的章节中。一般而言，各种公司的设立登记应共同遵守的基本程序主要有下列各项：

（一）申请

1. 公司设立登记的申请人

依我国《公司登记管理条例》第 20 条和第 21 条的规定，公司设立登记的申请人分别为：

（1）设立有限责任公司，应当由全体股东指定的代表或者共同委托的代理人作为申请人；（2）设立国有独资公司，应当由国务院或者地方人民政府授权的本级人民政府国有资产监督管理机构作为申请人；（3）设立股份有限公司，应当由董事会向公司登记机关申请设立登记。

2. 提出申请时应提交法律规定的各类文件[1]

2013 年 12 月 28 日，第十二届全国人民代表大会常务委员会第六次会议对现行公司法作出修改，删去《公司法》第 29 条："股东缴纳出资后，必须经依法设立的验资机构验资并出具证明。"并将第 30 条改为第 29 条，修改为"股东认足公司章程规定的出资后，由全体股东指定的代表或者共同委托的代理人向公司登记机关报送公司登记申请书、公司章程等文件，申请设立登记。"

（二）审查核准

依照《公司登记管理条例》第 52 ~ 54 条的规定，登记主管机关对于设立登记申请

---

[1] 详见《公司登记管理条例》第 20 条、第 21 条。

的各种文件应进行审查,经过形式审查合格的,即出具《受理通知书》,如果登记机关认为申请文件、材料需要核实的,在决定予以受理的同时,书面告知申请人需要核实的事项、理由以及时间;决定不予受理的,应当出具《不予受理通知书》,说明不予受理的理由,并告知申请人享有依法申请行政复议或者提起行政诉讼的权利。

(三)公告

登记主管机关核准登记后,应发布公司登记公告。公告的内容一般包括公司的名称、住所、法人代表、公司类别、注册资本、经营范围和方式、注册号等,经公告程序后,公司登记程序才告全部完成,此时,登记事项才可发生对抗第三人的效力。我国《公司法》第6条第3款还特别规定:"公众可以向公司登记机关申请查询公司登记事项,公司登记机关应当提供查询服务。"

(四)登记的更正和撤销

我国公司立法还规定有公司登记的更正和撤销制度。依我国《公司登记管理条例》第63条、第64条的规定,如果办理登记时虚报注册资本、提交虚假证明文件或者采取其他欺诈手段隐瞒重要事实取得登记的,登记主管机关应责令改正,处以相应数额的罚款;情节严重的,撤销公司登记或吊销营业执照。

三、分公司的设立登记

(一)设立分公司的两种情形

1. 在公司设立的同时设立分公司,在这种情况下,出资者或股东一般在章程中可以就设立分公司的事项做出规定,我国《公司法》对此未作硬性要求,可由当事人任意决定。

2. 在公司成立后设立分公司,在公司成立以后,股东可以根据需要决定设立分公司。

(二)设立分公司的有关规定

为了加强对分公司的管理,各国或地区的公司立法都规定分公司必须依法进行登记,才能以分公司的名义合法从事经营活动。依我国《公司法》第14条以及《公司登记管理条例》第七章的规定,设立分公司应当遵守下列要求:(1)设立公司的同时设立分公司的,应当就所设分公司向分公司所在地的市、县公司登记机关申请登记,领取营业执照。(2)设立分公司的,应当自做出决定之日起30日内向公司登记机关提交申请登记;法律、行政法规或者国务院决定规定必须报经有关部门批准的,应当自批准之日起30日向公司登记机关申请登记。(3)分公司的法定登记事项主要包括:名称、营业场所、负责人、经营范围,分公司的名称应当符合国家有关规定,分公司的经营范围不得超出总公司的经营范围。(4)分公司变更登记事项的,应当向公司登记机关申请变更登记。公司登记机关核准变更登记的,换发《营业执照》。(5)分公司被公司撤销、依法责令关闭、吊销营业执照的,公司应当自决定作出之日起30日内向该分公司的公司登记机关申请注销登记。申请注销登记应当提交公司法定代表人签署的注销登记申请书和分公司的《营业执照》。公司登记机关准予注销登记后,应当收缴分公司的《营业执照》。

第四节 公司设立的效力

公司设立的效力即公司设立行为的法律后果。设立行为的后果有二:一是经过设立程序,符合法定条件,被核准登记,公司取得法律人格;二是经过设立程序,不符合法定条件,未经核准登记,公司设立失败或公司被确认设立无效或被撤销。但无论公司成立还是不成立,发起人对其设立行为,都要承担相应的法律责任,这也是设立行为效力的重要表现。

一、公司设立完成

(一)设立完成的一般效力

公司设立完成,意味着公司自此取得法律人格,可依注册登记的经营范围和经营方式开展生产经营活动。公司设立完成后,对其名称取得专用权,其他企业或个人不得盗用其名称从事行为,而公司则可以依法许可他人有偿使用其名称。

(二)设立中公司的法律地位

从发起人设立公司到公司正式成立,需要经过一段时间,这一时期的公司称为设立中的公司,对于设立中公司的法律地位,理论上存有不同观点,一般认为,设立中的公司是一种权利能力受限制的社团,而发起人则为设立中公司的执行机关。

(三)发起人的责任

1. 资本充实责任

发起人的资本充实责任又称"差额填补责任",是指为了确保资本的充足和可靠,保证法律人格健全,由发起人相互担保出资义务的履行,从而确保实收资本与公司章程所规定的资本相一致的民事责任。公司资本充实原则以及由此导出的资本充实责任不仅是平衡这些不同利益的产物,更是维护公司债权人利益、确保整体社会交易秩序的需要,发起人资本充实责任同样蕴含着效益理念,规定发起人连带认缴和差额填补的资本充实责任,既可避免因资本不足而导致公司不能成立或设立无效现象的发生,减少社会资源的无谓浪费,又可以促进公司人格的健全和营运价值的实现,提高社会资源的使用效益,还可以促使发起人尽心尽责,提高设立效率。[1]

我国《公司法》第30条、第93条对发起人的资本充实责任做了明确规定:"有限责任公司成立后,发现作为设立公司出资的非货币财产的实际价额显著低于公司章程所定价额的,应当由交付该出资的股东补足其差额;公司设立时的其他股东承担连带责

[1] 冯果:《现代公司资本制度比较研究》,武汉大学出版社2000年版,第92~97页。

任。”“股份有限公司成立后,发起人未按照公司章程的规定缴足出资的,应当补缴,其他发起人承担连带责任。”“股份有限公司成立后,发现作为设立公司出资的非货币财产的实际价额显著低于公司章程所定价额的,应当由交付该出资的发起人补足其差额;其他发起人承担连带责任。”需要注意的是,资本充实责任是一种严格责任,不论公司设立时发起人对资本不实这一事实是否知悉或应否知悉,发起人均须承担连带的补充责任。

2. 损害赔偿责任

为防止发起人借设立公司之名侵害公司及第三人利益,各国或地区的公司立法多要求发起人必须就自己的设立行为对公司负责。我国《公司法》第94条第3项明确规定:“在公司设立过程中,由于发起人的过失致使公司利益受到损害的,应当对公司承担赔偿责任。”

二、公司设立失败

(一)公司设立失败的含义

设立失败是指公司未能够完成设立行为的情形。公司未完成设立行为的原因有很多,但最为普遍的原因是公司设立在条件上不符合法律规定或在程序上有瑕疵,公司登记机关以合法理由拒绝予以登记,拒绝核发营业执照,因而使得公司设立行为不能够全部完成。

(二)发起人的责任

在公司法实践中,因设立失败而导致公司不能成立的情形下,通常也会引发发起人的责任问题。我国《公司法》第94条规定:“股份有限公司的发起人应当承担下列责任:(一)公司不能成立时,对设立行为所产生的债务和费用负连带责任;(二)公司不能成立时,对认股人已缴纳的股款,负返还股款并加算银行同期存款利息的连带责任;(三)在公司设立过程中,由于发起人的过失致使公司利益受到损害的,应当对公司承担赔偿责任。”该条即是对在公司设立失败时发起人责任的规定。

1. 连带赔偿责任

设立费用及债务原则上应由成立后的公司承担,但当公司不能成立时,先前发生的与设立相关的费用及债务就失去了公司这一拟定的承担主体,只能改由实施设立行为的主体(发起人)承担。由于发起人之间的关系近似于合伙关系,因此各国或地区的公司立法多规定对此准用合伙的有关规定,即由发起人对设立行为所产生的费用和债务承担连带赔偿责任。

2. 对已收股款的返还责任

在股份有限公司设立失败,不能达到设立公司的预期目的的情况下,如果认股人已经缴纳了股款,依照我国《公司法》的相关规定,发起人对认股人已缴纳的股款,负有返还股款并加算银行同期存款利息的连带责任,虽然该规定是专门针对设立股份有限公司的情形,但实际上,在设立有限责任公司而设立失败的情况下,可以同样适用上述原则,即应当要求发起人返还出资或所认缴的股款。至于发起人相互之间的责任承担,应按其约定或投资比例进行划分。

三、公司设立无效

(一)公司设立无效的含义

公司设立无效在广义上包括两种情形:一是设立失败;二是设立无效。狭义的公司设立无效仅指后者,是指公司的设立虽然在形式上已经完成甚至是公司已经获得营业执照,但实质上却存有条件或者程序方面的缺陷,或者说设立有瑕疵的,法律上认为该公司应当撤销,该公司的设立应当被认定为无效。

(二)设立无效的原因

公司设立无效主要是因设立行为违反法律规定引起的。设立无效的原因大致可以归结为下列三个方面:

1. 设立主体有瑕疵,即发起人或股东主体资格欠缺或其意思表示有缺陷,主要表现有:(1)发起人或股东中有无行为能力人或限制行为能力人,这些人所实施的设立行为无效。(2)某发起人或股东所实施的设立行为不是基于其真实的意思表示,如因欺诈、胁迫而做出意思表示。(3)发起人或者股东明知其行为将侵害债权人利益而做出设立的意思表示。

2. 设立行为本身有瑕疵,即设立公司时违反法定条件和法定程序的要求,或者违反其他强制性法律规定。主要表现有:(1)发起设立的发起人没有认足公司应发行的全部股份或者募集设立所发行的股份超过招股说明书规定的截止期限而尚未募足的;(2)公司的设立不符合公司法规定的条件,如发起人不符合法定资格或者不足法定人数、没有公司名称或者住所、所建立的组织机构不符合公司的要求、公司章程欠缺绝对必要记载事项或记载违法、公司发行股份存在重大缺陷或者没有召开创立大会等。

3. 其他原因。如创立大会本已决议不设立公司。

(三)设立无效的提出

公司设立无效只能在公司设立登记后发生。对公司设立无效的提出可分两种情况:(1)公司开始营业前。在公司设立登记后、营业开始前,对公司设立无效的主张,任何人均可提出。(2)公司开始营业后。一般而言,在公司设立登记完成并开始营业后,对公司设立无效的主张只能在法定期间内、由特定人通过诉讼程序提出,限制提出诉讼期间的目的主要是避免法律关系长期处于不稳定的状态,这一期间属于除斥期间,而不是时效期间,不发生中止或者中断的问题。

(四)设立无效诉讼的法律后果

1. 原告胜诉的法律后果

(1)如果公司设立无效是因设立程序违反强制性规定等客观瑕疵导致的,则公司进入清算程序,清算完结,公司即告消灭。

(2)如果设立无效是因设立人的主观瑕疵造成的,且该无效原因只存在于某股东,经由其他股东协议一致，可以保留该公司，而存有无效原因的股东视为其退出公司。在法院做出设立撤销或者设立无效判决之后，公司应将该判决予以公告，告知社会公众，同时，公司应依法进行清算并注销登记。清算可以由公司自己组织进行。如果公司不能组织清算或者清算发生障碍，法院可以根据利害关系人的请求选任清算人。

2. 原告败诉的法律后果

在公司设立无效诉讼的进行过程中，如果作为设立无效原因的瑕疵已经得到弥补，而且根据公司现状和各种条件，认定设立无效不妥时，法院可以驳回其请求。如果经法院判决原告败诉，其他利害关系人仍然可以再次提出诉讼。原告败诉时，如果原告有恶意或重大过失的情形，应对公司承担损害赔偿责任。

第五节　公司的名称和住所

一、公司的名称

公司作为法人，与自然人一样，是权利义务关系的主体，应当有自己的名称，是明确主体的标志以及权利义务的归属。公司名称在公司设立登记时作为登记事项之一，在经过公司登记机关的登记后，就成为公司的法定名称，公司有了确定的名称，等于是确立了自己的标志，就区别于其他公司或者社会组织，同时也有利于公司开展经营活动，依法享有权利和履行义务。为了使社会公众通过公司名称就能够了解公司的性质、责任形式，进而能够基本评价公司的实力、信用，维护交易相对人的合法权益，维护交易安全，稳定社会经济秩序，因此，公司名称应当客观反映社会公众普遍关注的公司基本情况，尤其是公司的责任形式。因此，我国《公司法》规定，依法设立的有限责任公司，必须在公司名称中标明有限责任公司或者有限公司字样；依法设立的股份有限公司，必须在公司名称中标明股份有限公司或者股份公司字样。

公司名称通常包括以下四个方面的内容：一是公司种类，公司名称必须标明“有限责任公司”、“有限公司”或者“股份有限公司”、“股份公司”；二是具体名称，公司名称的这部分内容，应当依法确定，对于法律、行政法规禁止使用的名称，不得采用，如在公司名称中不得含有对国家、社会或者公共利益有损害的名称，外国国家名称，国际组织名称等；三是营业种类，公司名称中的营业种类，虽然法律并无强制性规定，但一般惯例要求与其营业规模或者营业种类相适应，如××服装公司；四是公司所在地，如上海××食品公司。

依据国家有关规定，公司只能使用一个名称。公司名称经过依法登记后，就产生了法律上的权利与义务关系，即公司名称只能由该公司使用，如该公司可以自由地将公司名称使用于自己的经营活动中，而其他公司或者组织就不得使用该公司的名称开展经营活动。如果他人非法使用该公司名称，该公司有权依法要求侵害人赔偿损失。

由于公司名称与社会经济生活关系甚大，为了保障公司及交易相对方的合法权益，维护社会交易秩序，各国或地区的法律对公司名称都作了相应规定。

（一）国外的公司名称制度

各国或地区关于公司名称选择的立法原则不尽相同，主要可以概括为以下三种：

（1）名称真实主义，即法律对公司名称的选择应加以严格的限制，要求公司名称必须要真实地反映公司的营业种类、经营范围等，否则禁止使用，采用名称真实主义原则的代表国家主要是法国。（2）名称自由主义，法律对公司名称原则上不加以限制，其名称与公司的营业种类、经营范围等有无联系，听凭公司自己决定。大多数国家或地区对公司名称的规定都采用自由主义原则。当然，这种自由主义是相对而言的，并非绝对的自由。（3）折中主义，即法律规定公司成立时的名称应当真实地反映公司的营业种类、经营范围等，但是在转让、继承时可以不改变原主姓名。德国即采用折中主义。

（二）我国的公司名称制度

我国法律对于有限责任公司、股份有限公司的名称，明确规定应反映公司营业种类，显然应采用公司名称真实主义。在我国，公司名称的立法规定主要有《公司法》第8条和其他有关法规与规章，如1994年6月24日国务院发布的《公司登记管理条例》和2000年1月国家工商行政管理局发布的并于2004年修订的《企业名称登记管理实施办法》。

1. 公司名称的特征

依我国有关法律的规定，公司的名称具有下列法律特征：

（1）公司的名称具有唯一性。即一定时期一个公司只准使用一个名称。如确有特殊需要，经省级以上登记主管机关的核准，可以在规定的范围内使用一个从属名称，但股东为自然人的有限责任公司和外商投资公司不允许使用从属名称，并且，从属名称不能用来开展经营活动以及招揽业务。

（2）公司的名称具有排他性。即一定范围内只有一个公司可使用经过注册的特定名称。这是保护工业产权、防止商业欺诈、防止不正当竞争的一项重要的法律措施。因此，在某公司名称注册后，当第三人使用同一名称作为自己的商号、商标、服务标记的都构成对该公司商誉的侵犯以及对客户的民事欺诈，而且，不仅使用相同名称为法律所禁止，类似名称也为法律所不允许。

值得注意的是，根据我国《企业名称登记管理规定》，我国公司名称的排他范围是相当有限的：其一，在同一登记机关辖区内，同行业的企业不能有相同或类似的名称。因此，在两个登记机关各自的辖区内，同行业企业出现相同或类似的名称是难以受制约的。对此，各国或地区的立法都有不同规定。其二，对不同业务的公司，是否使用相同或类似名称，我国公司立法未作禁止规定。针对上述问题，我国台湾地区“公司法”第18条规定：“同类业务之公司，不问是否同一种类，是否同在一省（市）区域之内，不得使用相同或类似之名称；不同类业务之公司，使用相同名称时，登记在后之公司，应于名称中加记可资区别之文字。”我们认为这一规定可以借鉴。

(3)公司名称具有可转让性。公司名称可以依法转让,或许可他人有偿使用名称中的商号。

2. 公司名称的构成

我国《企业名称登记管理实施办法》第9条规定:“企业名称应当由行政区划、字号、行业、组织形式依次组成,法律、行政法规和本办法另有规定的除外。”依该规定,除法律另有规定外,公司名称应当依次包括下列四个部分:(1)公司所属的行政区划名称,即注册机关的行政管辖级别和行政管辖范围。我国《企业名称登记管理规定》和《公司登记管理条例》均规定公司名称前应冠以企业所在地省、市或县行政区划名称,并规定在国家工商总局注册的,可以冠以“中国”、“中华”、“国际”等字样,在省工商局注册的可以冠以“××省”,依此类推。(2)字号,[1]即公司的特有名称,一般由两个或两个以上的汉字或少数民族文字组成。这是公司名称的核心内容,也是公司名称中唯一可由当事人自主选择的内容。不过,法律对此也往往规定了某些禁用条款。(3)公司的行业,即公司的名称应显示出公司的主要业务及行业性质,我国《企业名称登记管理规定》和《公司登记管理条例》均规定公司名称应当标明行业或经营特点。(4)公司的形式,即公司的种类,如“股份有限公司”或“有限责任公司”。我国《公司法》第8条规定:“依照本法设立的有限责任公司,必须在公司名称中标明有限责任公司或者有限公司字样。”“依照本法设立的股份有限公司,必须在公司名称中标明股份有限公司或者股份公司字样。”

3. 公司分支机构的名称

我国立法对公司分支机构的名称没有专门规定,但根据国务院颁布的《企业名称登记管理规定》设立企业分支机构的,企业及其分支机构的名称应当符合下列规定:(1)在企业名称中使用“总”字的,必须下设三个以上分支机构。(2)不能独立承担民事责任的分支机构,其名称应当冠以其所从属的企业名称,缀以“分”、“分厂”、“分店”等字样,并标明该分支机构的行业和所在地行政区划名称或者地名,但其行业与其所从属的企业一致的,可以从略。(3)能够独立承担民事责任的分支机构(此非严格法律意义上的分支机构——笔者注),应当使用独立的名称。(4)能够独立承担民事责任的分支机构再设立分支机构的,所设立的分支机构不得在其名称中使用总机构的名称。

4. 公司名称的核准和登记

我国法律对公司名称实行强制注册制,即公司名称权的取得必须以设立登记为要件;公司名称变更,也必须经变更登记。我国的公司登记机关是各级工商行政管理部门。公司名称由工商行政管理部门实行分级管理:凡是冠以市名或县名的,由该市或县工商行政管理局管理;凡是冠以省名或自治区名而不冠以市名、县名的,由该省或该

---

[1] 在我国国家工商行政管理局的文件中,字号和商号通用,但字号使用得更频繁。

自治区的工商行政管理局管理;凡是使用“中国”、“中华”字样的,由国家工商行政管理局管理;外商投资企业的名称由国家工商行政管理局核定。

公司名称经登记之后由登记机关发给《公司名称登记证书》。如果是申请公司名称预先核准的,发给《公司名称预先核准通知书》。我国《企业名称登记管理实施办法》第31条规定:“企业名称有下列情形之一的,不予核准:(一)与同一工商行政管理机关核准或者登记注册的同行业企业名称字号相同,有投资关系的除外;(二)与同一工商行政管理机关核准或者登记注册符合本办法第十八条的企业名称字号相同,有投资关系的除外;(三)与其他企业变更名称未满1年的原名称相同;(四)与注销登记或者被吊销营业执照未满3年的企业名称相同;(五)其他违反法律、行政法规的。”

5. 公司名称预先核准制度

为防止公司名称发生混淆并提高注册的效率,许多国家或地区实行公司名称预先核准制度,我国也是如此。《企业名称登记管理实施办法》第22条第1款规定:“设立公司应当申请名称预先核准。”可见,申请名称预先核准已经成为我国公司登记前的一个必要步骤。公司名称经预先核准后,预先核准的公司名称保留期为6个月。在保留期内,不得以预先核准的公司名称从事营业,也不得转让预先核准的公司名称。保留期届满,不办理公司设立登记的,其名称自动失效。

(三)公司的名称权

公司的名称权是指公司对其依法取得的名称享有的独占和排他的权利。公司名称经登记注册后,即取得其名称的专用权。

1. 确定公司名称权的原则

为保证名称权的专属性,使得在一定地域范围之内公司名称不至于混淆,在申请登记时,如有两个以上的公司向同一登记机关申请注册同一名称的,由登记主管机关依照申请在先原则进行核定;如有两个以上公司向不同登记机关申请注册同一名称的,由登记主管机关依照受理在先原则核定;如果两个以上的公司因已经注册的名称相似或相同而发生争议,由登记主管机关依照注册在先原则进行处理。这就是公司名称权确定上的登记对抗主义。我国现行法即采用登记对抗主义。

2. 公司名称权的转让

公司的名称权是可转让的,但对于是否可以单独转让,各国或地区的规定也不尽相同。依我国相关法律的规定,公司名称可以随公司或者公司的一部分一并转让,即我国不允许公司名称的单独转让。

3. 公司名称权的效力

公司名称经登记注册后,即取得该名称的专用权,在法律上具有排他的效力。我国现行法规采用的是登记对抗主义。这种排他性主要表现在两个方面:一是表现在排除其他登记、使用同一或相近似名称的权利;二是停止其他不正当使用同一名称的权利。

二、公司的住所

(一)公司住所的确定

关于公司的住所的确定,各国或地区的法律规定不尽相同,大致有下列三种做法:一是管理中心主义,即以登记时的常设管理机关所在地为住所。二是营业中心主义,即以公司的具体业务执行地为住所。三是由公司的章程来确定。我国《公司法》第10条的规定与《民法通则》第39条、《民法总则》第63条的规定一致:公司以其主要办事机构所在地为住所。由此可见,我国公司法实质上采用的是管理中心主义。2013年,国务院常务会议中指出,应按照方便注册和规范有序的原则,放宽市场主体住所(经营场所)登记条件,由地方政府具体规定。

(二)公司住所的法律意义

确定公司的住所,具有十分重要的法律意义:

第一,可以确定公司的诉讼管辖地。《民事诉讼法》规定,对法人或者其他组织提起的民事诉讼,由被告住所地人民法院管辖,《民事诉讼法》还规定,因合同纠纷、票据纠纷或者侵权行为等提起的民事诉讼,可以由被告住所地人民法院管辖。公司作为商事活动的重要主体,在经营活动中难免会与其他经济组织发生各种纠纷,因此确定公司的住所地,对于解决纠纷、维护社会经济秩序、保障当事人的合法权益具有重要的现实意义。

第二,可以确定公司的受送达地点。公司在经营活动中,必然会与外界发生各种联系,确定了公司的住所地,有利于其他组织能够及时迅速地与公司取得联系,也有利于公司能够以自己的住所地为据点向外进行联系。同时,在各类经济纠纷案件中,无论公司是原告还是被告,有了明确的住所地,人民法院就能够及时、迅速地送达各种法律文书,为公司或者其他当事人依法维护自己的合法权益提供了保障。

第三,有利于确定债务的履行地。《合同法》规定"履行地点不明确,给付货币的,在接受货币一方所在地履行,交付不动产的,在不动产所在地履行其他标的在履行义务一方所在地履行",在合同双方就履行地点约定不明确或者没有达成协议的情况下,以所在地为准来确定履行地点。对公司来说,此时的履行地就是其住所地。因此,确定了公司的住所,对于对方当事人来讲,等于也就是为自己确定了债务履行地。

第四,有利于确定公司的登记机关。公司成立必须经过登记,按照《公司登记管理条例》的规定,国务院授权部门批准设立的股份有限公司,国务院授权投资的公司,国务院授权投资的机构或者部门单独投资或者共同投资设立的有限责任公司,外商投资的有限责任公司以及依照法律的规定或者按照国务院的规定应当由国家工商行政管理局登记的其他公司,由国家工商行政管理局负责登记;省、自治区、直辖市人民政府批准设立的股份有限公司,省、自治区、直辖市人民政府授权投资的公司,国务院授权投资的机构或者部门与其他出资人共同投资设立的有限责任公司,省、自治区、直辖市人民政府授权投资的机构或者部门单独或者共同投资设立的有限责任公司以及国家工商行政管理局委托登记的公司,由省、自治区、直辖市工商行政管理局负责登记;除上述公司以外的其他公司,由市、县工商行政管理局负责登记。因此,确定了公司的住所地,就等于确定了该公司的登记管理机关,为检举、控告公司违法活动提供了便利,有利于维护社会经济秩序的稳定。

根据《公司法》的规定,公司以其主要办事机构所在地为住所。其中的"办事机构所在地",是指执行公司的业务活动、决定和处理公司事务的机构所在地。在公司的"办事机构"只有一个的情况下,即以该机构所在地为公司的住所;在公司的"办事机构"有多个并分别位于不同的地方时,则以"主要办事机构"为公司的住所。至于如何区分公司的"主要办事机构"与"次要办事机构",则要以公司的登记为准,即以公司登记时所注明的主要办事机构为公司的住所。

(三)法律对公司住所的规定

住所是公司章程的必备条款之一,而公司章程又是申请注册登记的必备文件之一。所以,公司成立之前就应有拟定的住所,经注册登记后,具有相应的法律效力;住所是应当进行注册登记的事项,住所应登记而不登记或变更住所后而不做变更登记,不得以其事项对抗第三人;一个公司只能有一个住所。如果有多个办事机构,则以统辖全部事务和分支机构的办事机构所在地为住所;设立分公司的,分公司也应有营业场所,并需要在营业场所所在地的登记机关办理登记。但分公司不是法人,且我国法律不承认可以有多个住所,故分公司的营业场所不具有住所的地位和效力。

第六节 公司章程

一、公司章程概述

对于公司而言,最重要、最基础的契约莫过于公司章程,章程被视为公司的根本大法,是公司自治的根本依据。公司章程,是指公司依法制定的、规定公司名称、住所、经营范围、经营管理制度等重大事项的基本文件,也是公司必备的规定公司组织及活动基本规则的书面文件。公司章程是股东共同一致的意思表示,载明了公司组织和活动的基本准则,是公司的宪章。公司章程具有法定性、真实性、自治性及公开性的基本特征。公司章程与《公司法》一样,共同肩负调整公司活动的责任。作为公司组织与行为的基本准则,公司章程对公司的成立及运营具有十分重要的意义,它既是公司成立的基础,也是公司赖以生存的灵魂。我国《公司法》第11条规定:"设立公司必须依法制定公司章程,公司章程对公司、股东、董事、监事、高级管理人员具有约束力。"在我国公司法中,针对制定公司章程的不同情形,分别使用了"制定"和"制订"两种不同的表述,表达不同的法律含义。章程"制定",强调发起设立公司的投资者签字盖章后形成的文本为最后文本,可以作为申请公司登记的文件;章程"制订"则不同,文本虽经发起设立的投资者签字盖章但尚须经设立过程中的其他程序由其他主体予以确认或者通过,才能作为申请公司登记的文件。[1]

关于公司章程之性质,主要有契约说和自治法说两种不同观点,契约说流行于英美法系国家,自治法说流行于大陆法系国家。在我国,学术界和实务界对此亦无统一观点,大致归纳为如下几种:(1)契约说。公司章程是公司与股东成员之间签署契约之形式,即公司章程是规范公司与股东成员之间权利义务之契约,此为英美法系国家流行之观点。在我国,亦有学者将公司章程之契约性质分解为二,即公司与成员之间协议,以及公司成员与成员之间一种协议。[2] 有学者认为,从普通法角度来讲,说公司章程是契约,主要有以下几种结果:股东受契约约束和享有权利的前提必须是以成员身份,公司章程也构成成员之间的契约约束,但在大多数情况下,法院不允许在成员间执行契约,该契约只能由公司来执行。可见,章程主要是约束公司与股东间的契约。[3] (2)合同说。对于公司章程之性质,有学者基于契约与合同之区分,认为公司章程符合合同特征,因此公司章程为全体股东或发起人之合同。[4] (3)自治规则说。此为我国学界通说,即认为公司章程是公司自治性质之根本规则。有学者指出,公司章程是社团法人之自治规则,因为章程一经订立,不仅对参与制定章程之股东或发起人有约束力,对于以后参加公司之股东亦有约束力,其效力并不限于制定章程之发起人,显然,其性质与合同迥然有别。[5]

二、公司章程的特征

(一)公司章程的法定性

公司章程的制定、内容以及修改程序都是由法律明确规定的。《公司法》规定,公司在设立初期制定公司章程,无论是有限责任公司还是股份有限公司都必须有自己独立的章程,这是公司设立和成立的必要条件之一。各国公司法对公司章程应当记载的事项均有明确的规定,尤其是绝对必要记载事项的欠缺可能会导致章程的无效,进而妨碍公司的成立。虽然,我国《公司法》没有明确区分公司章程中的绝对必要记载事项和相对必要记载事项,但是,我国《公司法》对章程内容有限制性的规定,可以说,公司章程内容的法定性是对意思自治原则的限制,公司章程条款必须遵循公司法的强制性规范的规定,不得改变或违背。公司章程的修改必须依据法律的规定,由具有修改权限的机关依据法定的程序进行修改,并经登记机关的登记之后才能对外发生效力。正由于公司章程的法定性,一些公司治理的制度就会通过法律规定被强行地推行,各个

---

[1] 赵旭东:《商法学》,高等教育出版社2007年版,第216页。
[2] 胡果威:《美国公司法》,法律出版社1999年版,第50页。
[3] 顾敏康:《再谈公司章程的性质》,载中国民商法律网,"商事法学"版,2006年7月21日。
[4] 石少侠:《公司法》,吉林人民出版社1998年版,第86~87页。
[5] 石少侠:《公司法》,吉林人民出版社1998年版,第86~87页。

公司根据公司法的规定,引进予以推行的公司治理措施。同时,国家通过有关法律规定来监督公司治理的实施情况,如某些公司情况的变更要经过国家行政部门的形式或实质性审查。这样,公司法从总体框架上对公司治理进行引导,公司章程从实施细则上进行规定,负责具体落实公司治理策略。

(二)公司章程的自治性

公司章程是公司的自治规则。公司章程的自治特征主要表现为公司不同则公司章程不同。公司法只能就公司的普通问题对公司行为做出一般性规定,而不可能兼顾到每个公司的特殊性。公司制定章程时可以在公司法所允许的范围内,针对本公司的成立目的、所处的行业、股东构成、股权结构等不同情况,确定本公司具体的组织和活动规则。公司章程自治性特征,充分体现出了公司经营自由的精神。公司章程的自治性正体现各个公司治理策略的差异。在不违反法律、行政法规的前提下,各个公司根据具体情况的不同通过公司章程,制定具体的公司治理制度政策,如股东的大会的权限、职工参与的方式、小股东利益保护方式等。这既有利于推行的国家主张的公司治理规则,也有利于企业根据自身的特点制定相关公司治理政策。

(三)公司章程的公开性

公司章程的信息以一定的方式公示出去,是一种外部性价值的体现。当今各国公司法几乎都要求将公司章程作为申请公司设立必要条件,在此基础上,章程的内容向社会公开,以供公众查询,国家亦根据依法登记的章程,对公司进行监督管理。公司章程的公示性对公司治理也有着重要作用。一方面,由于公司章程对外是公开的,它向第三人表明信用以及使得相对人能够充分了解公司组织及基本情况的最重要的法律文件,了解公司详细的组织和财产状况,为投资者、债权人和第三人与该公司进行交往提供了条件和依据,从而便于公司对外展开经营活动,有利于维护交易安全,进而增强了外部人对公司的监督作用,进而对有利于推行公司治理政策;另一方面,政府可以通过公司登记了解公司的相关情况以及信息,从而对其进行有效的监管,降低了盲目性干预所带来的监管成本,这也有利于公司治理策略的健康推行。

三、公司章程的制定

公司章程的制定[1]是针对公司的初始章程而言的,章程是公司的设立要件之一,因此,章程的制定发生在公司设立环节。根据我国公司法的规定,公司章程的制定主体和程序因公司的种类不同而异,有限责任公司与股份有限公司不同,发起设立的股份有限公司与募集设立的股份有限公司也不同。当然,无论是上述何种情形,发起设立公司的投资者都是制定公司章程的重要主体。在我国,公司章程是要式文件,必须

---

[1] 在我国《公司法》中,针对制定公司章程的不同情形,分别使用了"制定"和"制订"两种不同的表述,表达不同的法律含义。章程"制定",强调发起设立公司的投资者签字盖章后形成的文本为最后文本,可以作为申请公司登记的文件;章程"制订"则不同,文本虽经发起设立的投资者签字盖章但尚须经设立过程中的其他程序由其他主体予以确认或者通过,才能作为申请公司登记的文件。

采用书面形式。

(一)有限责任公司章程的制定

《公司法》第23条规定,设立有限责任公司,应当具备的条件之一就是股东共同制定公司章程。《公司法》第60条规定,“一人有限责任公司章程由股东制定”。可见,有限责任公司章程的制定者是“股东”。根据《公司法》第65条的规定,国有独资公司章程由国有资产监督管理机构制定,或者由董事会制订报国有资产监督管理机构批准。可见,国有独资公司章程制定主体有两类:第一类是国有资产监督管理机构;第二类则是国有独资公司的董事会。前者的权限是制定章程;后者的权限是制订章程,还须报国有资产监督管理机构批准。

(二)股份有限公司章程的制定

关于股份有限公司的章程,根据《公司法》第76条的规定,设立股份有限公司应当具备的条件之一就是发起人制订公司章程,采用募集方式设立的须经创立大会通过。这是针对股份有限公司的一般要求。由于股份有限公司有发起设立和募集设立两种方式,公司章程的制定过程也并不完全一致。

1. 发起设立的股份有限公司。对于发起设立的股份有限公司,在公司成立之后将成为公司股东的投资者还是限于发起人,投资者并没有社会化,因此,发起设立的股份有限公司仍然具有相对封闭性的特点,发起人所制订的章程已经基本反映了公司设立时的所有投资者的意志。根据《公司法》第83条的规定,以发起设立方式设立股份有限公司的,发起人首次缴纳出资后,应当选举董事会和监事会,由董事会向公司登记机关报送包括公司章程在内的系列文件,申请设立登记。

2. 募集设立的股份有限公司。对于募集设立的股份有限公司,在公司成立之后成为公司初始股东的不仅有发起人,而且还有众多的认股人,公司的股东已经社会化,因此,募集设立的股份有限公司属开放式的公众性公司。因此,发起人所制订的公司章程并不一定能够反映公司设立的所有投资者、特别是广大认股人的意志。因此,在公司申请设立登记之前,必须召开创立大会,讨论审议与设立公司有关的事宜。根据《公司法》第90条第2款的规定,由发起人、认股人组成的创立大会,其职权之一就是通过公司章程。只有经过创立大会通过的章程,才能反映公司设立阶段的所有投资者的意志。

四、公司章程的记载事项

公司法关于公司章程记载事项的规定,依据其效力不同,可分为绝对必要记载事项、相对必要记载事项、任意记载事项。

1. 绝对必要记载事项。所谓绝对必要记载事项,是指公司法规定的公司章程必须记载的事项,公司法有关公司章程绝对必要记载事项的规定属于强制性规范。从法理角度讲,若不记载或者记载违法,则章程属无效,而章程无效的法律后果之一就是公司设立无效。绝对必要记载事项一般都是与公司设立或组织活动有重大关系的基础性的事项,如公司的资本数额、公司的名称和住所、公司的经营范围、公司机构、公司的法定代表人等。我国《公司法》第25条规定:“有限责任公司章程应当载明下列事项:(一)公司名称和住所;(二)公司经营范围;(三)公司注册资本;(四)股东的姓名或者名称;(五)股东的出资方式、出资额和出资时间;(六)公司的机构及其产生办法、职权、议事规则;(七)公司法定代表人;(八)股东会会议认为需要规定的其他事项。”我国《公司法》第81条规定:“股份有限公司章程应当载明下列事项:(一)公司名称和住所;(二)公司经营范围;(三)公司设立方式;(四)公司股份总数、每股金额和注册资本;(五)发起人的姓名或者名称、认购的股份数、出资方式和出资时间;(六)董事会的组成、职权和议事规则;(七)公司法定代表人;(八)监事会的组成、职权和议事规则;(九)公司利润分配办法;(十)公司的解散事由与清算办法;(十一)公司的通知和公告办法;(十二)股东大会会议认为需要规定的其他事项。”

2. 相对必要记载事项。所谓相对必要记载事项,是指公司法中规定的可以记载也可以不记载于公司章程的事项。就性质而言,公司法有关相对必要记载事项的法律规范,属于授权性的法律规范。这些事项记载与否,都不影响公司章程的效力,事项一旦记载于公司章程,就要产生约束力。当然,没有记载于公司章程的事项不生效。

3. 任意记载事项。所谓任意记载事项,是指在公司法规定的绝对必要记载事项及相对必要记载事项之外,在不违反法律、行政法规强行性规定和社会公共利益的前提下,经由章程制定者同意自愿记载于公司章程的事项,任意记载事项充分体现出了对公司自主经营的尊重。

五、公司章程的修改

公司章程的修改,即公司章程的变更。由于公司章程的变更涉及许多不同主体的利益调整,公司法规定了修改公司章程的规则。

1. 修改公司章程的权限专属于公司的权力机构。在大陆法系国家,例如德国、法国、日本、意大利等国家,修改公司章程的权限属于公司股东会是立法通例。我国《公司法》规定,有限责任公司和股份有限公司章程的修改,属于股东(大)会的职权范围。

2. 修改公司章程须以特别决议为之。公司章程的修改不仅对公司关系甚大,而且还有可能关系到其他不同主体的利益调整,因此,公司法将公司章程的变更规定为特别决议事项,从而提高了通过章程修改所需表决权的比例。我国《公司法》规定,有限责任公司修改章程的决议,必须经代表2/3以上表决权的股东通过;股份有限公司修改章程必须经出席股东大会的股东所持表决权的2/3以上通过。

思考题

1. 试析我国公司瑕疵设立的法律后果。
2. 试述公司设立中发起人的法律责任。

3. 如何理解公司章程的法律性质?

4. 湘潭市有4家生产经营冶金产品的集体企业,拟设立一股份公司,只发行定向募集的记名股票。总注册资本为900万元,每个企业各承担200万元。在经过该市有关领导同意后,正式开始筹建。4个发起人各认购200万元,其余100万元向其他企业募集,并规定,只要支付购买股票的资金,就即时交付股票,无论公司是否成立。且为了吸引企业购买,可将每股1元优惠到每股0.9元。1个月后,股款全部募足,发起人召开创立大会,但参加人所代表的股份总数只有百分之七多一点。主要是有2个发起人改变主意,抽回了其股本。创立大会决定仍要成立公司,就向公司登记机关提交了申请书,但公司登记机关认为根本达不到设立股份公司的条件,且违法之处甚多,不予登记。此时,发起人宣布不成立公司了,各股东的股本也随即退回。但这样一来,公司在设立过程中所产生的各项费用及以公司名义欠的债务达12万元,加上被退回股本的发起人以外的股东要求赔偿利息损失3万元,合计15万元的债务,各发起人之间互相推诿,谁也不愿承担。各债权人于是推选2名代表到法院状告4个发起人,要求偿还债务。4个发起人辩称,公司不能成立,大家都有责任,因此各人损失自己承担。

现问:

(1)本案的股份公司成立过程中有哪些违法之处?(2)本案4个发起人是否应承担公司不能成立时所产生的债务?为什么?

第十二章　公司的资本制度

◇ 知识结构图

- 公司的资本制度
  - 公司资本制度概述
    - 公司资本的概念
    - 公司资本制度的类型
    - 公司资本原则
  - 股东出资制度
    - 股东出资制度概述
    - 股东出资的形式
  - 增资与减资
    - 增加资本
    - 减少资本

◈ 本章导读

资本，是公司法中最基本的概念之一，资本制度在公司法中起着主导性的作用，公司法中的许多其他制度和规则都与资本制度有着内在的密切的联系，一些法律规则实质上是资本制度的具体体现和要求。学习本章，应重点理解和掌握资本与相关法律概念的关系、公司法的资本原则和资本形成制度、股份发行的分类、增资与减资的条件和程序。应对资本、最低资本额、增资、减资的法律意义有基本的理解和认识。

◉ 司考重点

资本制度的类型，股东出资方式；增加及减少注册资本的具体规定

第一节　公司资本制度概述

一、公司资本的概念

公司资本(capital),又称股本或股份资本,是公司成立时章程规定的,由股东出资构成的财产总额。因此,资本具有以下几个特点:(1)资本是公司自有的独立财产。在公司占有、使用的财产中,有的是自有即自己所有的财产,有的是借贷来的财产,公司法上的资本仅仅是指公司自己所有、不受他人支配的独立财产。资本也是公司的原始财产,公司成立后,会有多种财产来源,但最初的财产就是公司的资本。(2)资本是一个抽象的财产金额。资本是抽象的价值金额,不是具体的财产形式,虽然构成资本的财产总是以货币、实物、工业产权、土地使用权等具体形式存在,但资本却是不受具体财产形式影响的财产金额。因此,同样的资本会有完全不同的具体财产构成,而相同的财产构成又会代表完全不同的资本。(3)资本来源于股东的出资。公司资本是公司全体股东的永久性投资,只能由股东出资构成,股东出资总额即为公司资本总额,通过经营积累或接受赠与等形成的财产,不属于股东出资而不能直接计入公司资本。(4)资本是在公司成立时由章程予以规定的。任何公司成立时都必须制定章程,而公司资本则是章程必须予以记载的事项。(5)资本是一个确定不变的财产数额。公司资本一经确定,即不能自然或随意改变。公司的盈利或亏损,导致其资产数额的变化,但这并不自然改变其资本额。如果根据实际情况需要改变,亦须严格履行相关的法定程序。

二、公司资本制度的类型

公司资本是通过股份或资本的发行而形成的,它可以在公司设立时一次性形成,也可以在公司成立后分次形成,各国公司法对资本的形成方式有不同的设计,并制定了其相应的法律规则,由此产生了以下三种相对稳定的资本制度。

(一)法定资本制

法定资本制,是指在公司设立时,必须在章程中明确规定的公司资本总额,并一次性发行、全部认足或募足,否则公司不得成立的资本制度。其主要内容为:(1)公司在设立时,必须在公司章程中明确规定资本总额。(2)公司设立时,必须将资本或股份一次性全部发行,由发起人或股东全部认足。(3)资本或股份经认足后,各认股人应根据规定缴纳股款。对于缴纳股款的,分为一次性缴纳和分期缴纳两种方式,但分期交纳时,每次缴纳的股款数不得少于应缴纳股款的一定比例,其余部分,可由公司另行通知缴纳。(4)公司成立后,因经营或财务上的需要而增加资本的,必须经股东(大)会决议、变更公司章程的新股发行程序。

法定资本制的主要特点是资本或股份的一次发行,而不是一次缴纳股款。几乎在所有实行法定资本制的大陆法国家,都允许股款的分期缴纳,只是要求首次缴纳的部分不得低于资本总额的一定比例会有所差别,如法国规定为25%。同时,对分期缴纳有一定的时间限制,法国规定为5年。另外,对于实物出资,一般不允许分期缴纳,如德国、瑞士等。而在各国实践中,一次性缴纳的情况较为普遍,分期缴纳的则为少数。

我国的法定资本制也经历了一个改革的过程。1993年《公司法》不仅要求股份的一次认足,而且必须一次缴纳。当时,只有中外合资经营企业有所例外,允许中外双方出资的分期缴纳。2005年《公司法》全面采用分期缴纳制,在明确注册资本为认缴资本而非实缴资本、允许分期缴纳的基础上,规定了相应的限制,即"全体股东首次出资额不得低于注册资本的百分之二十,也不得低于法定的注册资本最低限额,其余部分由股东自公司成立之日起两年内缴足;其中投资公司可以在五年内缴足",2013年12月28日第十二届全国人民代表大会常务委员会第六次会议取消有限责任公司最低注册资本3万元、一人有限责任公司最低注册资本10万元、股份有限公司最低注册资本500万元的限制;不再限制公司设立时股东(发起人)的首次出资比例和缴足出资的期限。公司实收资本不再作为工商登记事项。

从理论上讲,大陆法系的法定资本制有以下优点:利于公司资本的稳定,防止公司设立中的欺诈行为,使公司从成立之初就有足够资金来担保债务的履行;利于提高市场交易的安全性。但同时,这一制度也因给某些大型公司设立形成资金障碍、导致某些公司资本的闲置和浪费、增资程序烦琐、耗费时间与金钱等弊端而受到批判。为此,大陆法系不少国家公司法逐渐放弃了以往严格的法定资本制,吸收了英美法系公司法的做法,改采折中资本制。

(二)授权资本制

授权资本制,是指在公司设立时,应在章程中载明公司资本总额,但公司不必发行资本的全部,只需要认足或缴足资本总额的一部分,公司即可成立。其余部分,授权董事会在认为必要时,一次或分次发行或募集。授权资本制的内容如下:(1)公司在设立时,必须在章程中载明资本总额,此点与法定资本制相同,但同时章程亦应载明公司首次发行资本的数额。(2)公司章程所定的资本总额不必在公司设立时全部发行,只需要认足或募足其中的一部分即可。(3)公司成立之后,如因经营或财务上的需要欲增加资本,仅须在授权资本数额内,由董事会决议发行新股,而无须股东会议变更公司章程。

授权资本制的主要特点是资本或股份的分期发行,而不是像法定资本制的一次发行、分期缴纳,正是在授权资本制之下,才有了授权资本与发行资本的概念和区别,公司章程所定的只是授权资本,发行资本则取决于公司决定发行的数额。授权资本制具有如下优势:第一,公司不必一次发行全部资本或股份,减轻了公司设立的难度;第二,授权董事会自行决定发行资本而不必须经股东会决议来变更公司章程,简化了公司的增资程序;第三,董事会根据具体情况发行资本,既适应了公司经营活动的需要,又避免了大量资金在公司中的闲置,能充分发挥财产的效益。但同时,授权资本制也有其弊端,由于公司章程中的资本仅是一种名义上的数额,同时又未对公司首次发行资本的最低限额及发行期限作出规定,因而极容易造成公司实缴资本与其实际经营规模和资产实力的脱节,也容易发生欺诈性的商业行为,并对债权人的利益造成风险。授权资本制是英国和美国公司法长期发展的产物,从总体上看,它是比较成功的一种制度,基本上能满足市场经济的需要,因而,许多大陆法国家纷纷采用授权资本制或修改原有的法定资本制向授权资本制靠拢,甚至有学者认为由法定资本制到授权资本制是现代西方国家公司法的发展趋势之一。

(三)折中资本制

折中资本制,是在法定资本制和授权资本制基础上衍生和演变而成的资本制度,具体又分为许可资本制和折中授权资本制两种类型。

1. 许可资本制,是指在公司设立时,必须在章程中明确规定公司资本总额,并一次性发行、全部认足,同时,公司章程可以授权董事会在公司成立后一定期限内,在授权时公司资本一定比例的范围内,发行新股、增加资本,而无须股东会的特别决议。原实行法定资本制的大陆法系国家,包括德国、法国、奥地利等基本上都已实行了许可资本制,如《德国股份法》第202~206条规定,公司章程可以授权董事会在公司成立后5年内,在授权时公司资本的半数范围内,经监事会同意而发行新股,增加资本。许可资本制是在法定资本制基础上,通过对董事会发行股份的放宽限制、简化公司增资程序而形成的。这种制度既坚持了法定资本制的基本原则,又吸收了授权资本制的灵活性。但许可资本制的核心仍是法定资本制。

2. 折中授权资本制,是指公司设立时,也要在章程中载明资本总额,并只需发行和认足部分资本或股份,公司即可成立,未发行部分授权董事会根据需要发行,但授权发行的部分不得超过公司资本的一定比例,与许可资本制的相同点都是授权董事会发行,但许可资本制是在资本总额之外发行,而折中授权资本制是在资本总额范围内发行。原实行法定资本制的一些大陆法系国家和地区,如日本和我国台湾地区实行的就是这种折中授权资本制。《日本商法》第166条规定,公司设立时发行的股份总数不得低于公司股份总数的1/4。我国台湾地区"公司法"第156条规定:"股份总数得分次发行,但第一次应发行之股份不得少于股份总数的四分之一。"

折中授权资本制是在授权资本制基础上通过对董事会股份发行授权的限制,并规定其发行股份的比例和期限形成的,这种制度既坚持了授权资本制的基本精神,又体现了法定资本制的要求,其核心则是授权资本制。

三、公司资本原则

(一)资本确定原则

这一原则是指公司在设立时,必须在章程中对公司的资本总额作出明确规定,并须全部认足或募足,否则公司不能成立。公司成立后若发行股份,必须履行增资程序,经股东会决议并修改公司章程。资本确定原则是关于公司资本形成的基本原则。按这一原则,公司资本既要确定,又须认足,这正是资本形成制度中法定资本制的内容,因此,通常又把资本确定原则等同于或称为法定资本制,实质上,法定资本制是体现资本确定原则的资本形成制度。资本确定原则的确立最初是基于对股份有限公司设立的规范和限制,其后,这一原则也被适用于有限责任公司。资本确定原则的目的是为保证公司设立时资本的真实可靠,使公司形成稳固的财产基础和健全的财务结构,并防止公司的滥设,维护经济秩序的稳定以及交易的安全,但其不足是增加了公司设立的难度,也容易造成资金在公司中的闲置和浪费。

(二)资本维持原则

其又称资本充实原则,它是指公司在其存续过程中,应经常保持与其资本额相当的财产。在公司成立之时,公司资本即代表公司的实有财产,但在公司经营一段时间后,其实有财产会由于公司的亏损而低于公司的资本,即使公司成立后未开展经营活动,也会因财产无形贬损而使资本的实际财产价值低于其原有的价值,从而使公司的实际财产能力与其明示的资本数额和信用脱节。资本维持原则的立法目的正是防止资本的实质减少,保护债权人利益,同时也防止股东对盈利分配的不当要求,确保公司本身业务活动的正常开展。

资本维持原则是贯穿于整个公司资本制度、适用于公司全部存续期间的重要原则,各国公司法围绕资本制度建立的大多数法律规则都是资本维持原则直接或间接的体现:(1)退股股东禁止。公司成立后,股东不得随意抽回其出资。(2)不得折价发行股份。公司股份可以溢价发行也可以按面额平价发行,但不允许折价发行。(3)发起人和股东对出资承担连带认缴责任。其中包括股份未被全部认购时的认购担保责任、股款未被全部缴纳时的缴纳担保责任以及实物出资过高估价时的差额填补责任。(4)没有盈利,不得分配。否则,就等于拿公司资本向股东分配。(5)按规定提取和使用公积金。公司公积金的作用除扩大再生产外,主要用于充实公司资本和弥补公司经营的亏损。(6)禁止收购本公司的股份。公司收购本自己的股份,等于股东退股,收回的股份等于未能发行,会导致资本虚假。因此,除特殊情况外,原则上不允许公司收购自己的股份。(7)不得接受以本公司股份提供的担保。此种担保的实现会导致公司取得自己的股份,与公司不得收购自己股份的规则相悖。

资本维持原则虽然一般作为股份有限公司的资本原则加以阐释,但事实上它也基本适用于有限公司。这一原则不仅是大陆法系国家适用的法律原则,同时也在英美法系国家适用,甚至其在英美法系中处于比大陆法系更为突出的地位。我国《公司法》对资本维持原则亦有充分的体现,对于上述资本维持的法律规则基本上都有明文的具体规定。《公司法》中关于非货币出资是这样规定的:"股东可以用货币出资,也可以用实物、知识产权、土地使用权等可以用货币估价并可以依法转让的非货币财产作价出资;但是,法律、行政法规规定不得作为出资的财产除外"(第27条)、有限责任公司初始股东对非货币财产出资价值担保和差额填补责任的规定（第30条）、股份有限公司不得低于股票面额发行股份的规定（第127条）、“除因合并和减少资本等四种情况外，公司不得收购本公司股份”的规定（第142条）、“公司在弥补亏损、提取法定公积金之前，不得向公司股东分配利润”的规定（第166条）等都体现了资本维持原则的要求。

（三）资本不变原则

这一原则是指公司的资本一经确定，即不得随意改变，如需增减，必须严格按法定程序进行。由此可见，这里的不变，并非资本绝对的不可改变，而是指不得随意增减。资本不变原则的立法意图与资本维持原则是相同的，即防止因资本总额的减少而导致公司财产能力的降低和责任范围的缩小，保护债权人利益。实质上，资本不变原则是资本维持原则的进一步要求，如果没有资本不变原则的限制，公司实有财产一旦减少，公司即可相应减少其资本额，那么资本维持原则也就失去了实际的意义。可以这样说，资本维持原则维持的是公司资本的实质，而资本不变原则维持的是资本的形式。

我国《公司法》的资本不变原则主要体现在对公司增减资本的严格规定上，《公司法》中对公司增减资本规定了严格的条件和程序，要求必须经股东会决议通过，并依法办理变更登记。而且，对于减少资本，特别规定了债权人保护程序，即公司减少资本时，必须要编制资产负债表及财产清单，向债权人发出通知，并于30日内在报纸上公告，债权人有权要求公司对其清偿债务或提供相应担保。

公司资本原则形成于大陆法系国家，同时也为英美法系国家不同程度的吸收和采纳。确立公司资本原则的根本原因是现代公司法人制度的成熟和完善，是公司独立财产责任和股东有限责任的必然要求，其目的主要是保护债权人利益以及保证公司本身的正常发展，维护交易安全和社会经济秩序的稳定。

第二节　股东出资制度

一、股东出资制度概述

出资是指股东（包括发起人和认股人）在公司设立或者增加资本时，为取得股份或股权，根据协议的约定以及法律和章程的规定向公司交付财产或履行其他给付义务。

股东出资制度与公司资本制度紧密联系，公司资本来源于股东的出资，全体股东的出资总和就是公司的资本总额，公司法既有严格的资本制度，必有与之配套的股东出资制度。在法定资本制之下，资本确定、维持和不变的原则正是通过股东出资行为的规则加以实现的。股东必须一次出资到位的规则保证了公司资本的确定，股东不得抽逃出资的规则体现了资本维持的要求。没有严格的股东出资制度，就无法建立真正的公司资本制度，就此而言，公司资本制度的价值和功能同时也就是股东出资制度的价值和功能。公司法上的有限责任与无限责任是以股东的出资额为界限的，有限责任就是股东以其出资额为限对公司债务负责,无限责任就是股东不以其出资额而以其全部财产对公司债务负责。实际上,股东只要履行了出资义务,就不再对公司承担财产责任,所谓的责任不过是已经缴纳的出资不能收回而已。由此,股东出资成为其承担有限责任的前提条件,而全体股东的出资总额达到法定公司最低资本额,又是公司取得独立法人人格并承担独立责任的必要条件。

出资既是股东的基本义务,也是其取得股权的事实根据和法律根据。股东既享有股权,就应承担出资的义务,出资实质上是股权的对价,任何人欲取得公司股东的身份和资格,必以对公司的出资承诺为前提,而要获得实际的股东权益,则应以出资义务的实际履行为前提。同时,股东享有股权的大小取决于其出资的比例或数额,有限公司股东通常按出资比例享有股权,股份有限公司则按股东出资的金额享有股份。出资是股东最基本最重要的义务,这种义务既是一种约定义务,同时也是一种法定义务。股东一般是通过签署公司设立协议(或发起人协议)或认股书的形式约定其各自的出资比例或金额,出资条款构成公司设立协议的主要内容之一,同时,出资又是公司法规定的股东必须承担的法定义务,作为公司成立的条件,公司设立必须制订章程,而出资义务的分配则是公司章程的必备事项,不论股东之间作何种约定,都不能免除股东的出资义务。

二、股东出资的形式

股东出资制度上,公司法实行的是出资形式法定主义,即股东以何种财产出资,不完全取决于股东自身拥有何种财产或资源,也不完全取决于公司经营需要何种财产或资源,而是由法律直接规定了何种财产可以作为股东对公司的出资。我国《公司法》采列举与抽象性出资标准相结合的方式,即一方面列举了货币、实物、知识产权、土地使用权四种最为普遍的出资形式,另一方面,又规定了"可以用货币估价并可以依法转让的"非货币财产可以出资的抽象标准,从而大大地放宽了股东出资的财产范围。

(一)货币出资

货币出资是法律关系最为简单、当事人间最少发生争议和纠纷的出资形式,只要当事人按约定的金额和时间将货币交付与公司或汇入公司的设立账户,出资义务即为履行。货币出资的一个特别法律问题是能否以借贷资金作为公司注册资本。所谓以借贷资金作为资本或出资,包括两种情况:一是以公司为借款人对外借贷,并由公司承担还款责任;二是以股东为借款人对外借贷,并由股东承担还款责任。前者虽由股东联系安排借款使公司获得资金,但却同时形成公司对外负债,股东并未实际地承担出资的责任,这种借贷出资应为法律所禁止;后者对股东来说是借贷资金,但对公司却不是借贷资金,并不形成公司负债,股东则实质上履行了出资的义务,只不过这种履行的条件是通过对外的负债而获得,因而这种借贷出资应得到承认和允许。

(二)实物出资

实物出资即以民法上的物出资,包括房屋、车辆、设备、原材料、成品或半成品等。

用于出资的实物首先应具有财产价值,因而才可能进行出资额和资本额的界定。其次,出资的实物可以是公司经营所需,也可以与公司的经营使用无关,其允许用于股东出资在于公司可以对其变现支配并实现其财产价值。此种实物是否可以用作出资,应由股东协商确定。

(三)知识产权出资

知识产权出资包括工业产权出资和著作权出资。对于工业产权,存有狭义与广义的两种不同解释,狭义的工业产权仅指商标权和专利权,广义的工业产权范围较为广泛,根据《保护工业产权巴黎公约》第1条的规定,工业产权的保护对象至少应包括专利、实用新型、外观设计、商标、服务标记、厂商名称、货源标记、原产地名称等。对于工业产权出资,一般而言,只要符合工业产权的条件即可作为股东出资,但在特殊情形下,法律对此有特别的要求或限制。例如,《中外合资经营企业法实施细则》即对外国合营者(即外国股东)出资的工业产权或专有技术规定了特殊的要求。对于著作权出资,1993年《公司法》中没有规定,只规定了工业产权出资,2005年《公司法》将其改为知识产权出资,意味着著作权也成为法定的出资形式之一。其实,著作权完全具备法定出资形式的要件,它既具有可估价的财产价值,也完全可以依法转让。著作权与商标权、专利权一样,其权利中都包含有可转让的财产权内容,因此,完全可以将著作权的财产性权利用于出资。尤其是,随着计算机技术的发展,计算机软件著作权受以越来越多的重视,成为知识经济时代重要的无形财产。允许以计算机软件著作权出资,是适应知识经济时代的要求,推动科技进步,加速科技生产力转化的要求。

(四)土地使用权出资

土地使用权成为公司法的法定出资形式,有着客观的原因和充分的根据。首先,土地是民事主体所能拥有的最重要的财产。在民事主体的财产构成中,土地从来都占据重要的位置。其次,对土地的需求是公司经营活动最普遍的需要。公司的经营活动必须有相应的生产经营场所和必要的生产经营条件,而土地无疑是公司经营场所的最基本的形式。最后,土地作为天然的和有限的资源,在财产价值上,通常具有超乎一般动产的更高价值和其他财产难以比拟的保值增值性。土地也完全符合公司法所要求的可用货币估价和可依法转让的要件。因而,在任何国家,土地都当然成为公司财产的重要组成部分,是公司股东出资的最重要的标的。

土地使用权是公司实践中十分普遍而又重要的出资标的,由中国土地制度和土地使用权本身的特点所决定,又形成了对土地出资的以下特殊法律条件和要求:

1. 土地的出资是使用权的出资,而不是所有权的出资。企业或公司对土地享有的权利是使用权,而不是所有权,当企业以土地出资的时候,所出资的标的是土地的使用权而不是土地的所有权。

2. 用于出资的土地使用权只能是国有土地的使用权,而不能是集体土地的使用权。以土地使用权出资,实质上就是使用权从出资者向公司的转让,而依据现行法律的规定，能够作为财产权进行转让的只是国有土地的使用权。因此，如果集体组织欲以集体所有的土地对外投资，则必须首先将集体土地通过国家征用的途径变为国有土地，再从国家手里通过土地出让的方式获得国有土地的使用权，然后，才能进行有效的投资。

3. 用于出资的土地使用权只能是出让土地的使用权，而不能是划拨土地的使用权。在中国，国有土地的使用权分为划拨土地使用权和出让土地使用权，前者为各种社会组织基于其特定的社会职能从国家那里无偿取得，后者则是以向国家缴纳土地出让金的方式而有偿取得。以土地使用权出资，是土地使用者营利性的投资行为，因而只能以有偿取得的出让土地使用权出资，划拨土地的使用权只能由原使用人自己使用，而不能用于对外投资。

4. 用于出资的土地使用权应是未设抵押等权利负担、没有权利瑕疵的土地使用权。存在权利瑕疵的权利如用于出资，将使投资者或股东的出资变得不实，违反公司法所确定的资本确定原则，在内部会损害其他投资者的利益，在外部则会损害公司债权人的利益。因此，出资的土地不应背负权利的负担，而且，在出资之后，出资人亦应继续承担免除土地负担的义务。

根据我国《公司登记管理条例》的规定，股东不得以劳务、信用、自然人姓名、商誉、特许经营权或者设定担保的财产等作价出资。

第三节 增资与减资

公司法虽然确立了资本确定原则、资本维持原则、资本不变原则，但公司资本并非绝对的不变。实际上，随着公司经营活动的展开、业务范围和市场状况的变化，客观上也要求公司资本相应地增加或者减少。由此，公司法对公司资本的增加和资本的减少作了系统的法律规定。

一、增加资本

（一）增资的目的和意义

增加资本，简称增资，是指公司基于筹集资金，扩大经营等目的，依照法定的条件和程序增加公司的资本总额。公司增资通常具有以下目的和意义：(1)筹集经营资金，可以开拓新的投资项目或投资领域，扩大现有经营规模。(2)保持现有运营资金，减少股东收益分配。在公司已形成大量公积金和未分配利润情况下，通过增加资本可以停止或者减少对股东的收益分配，可以使公司继续占用现有的资金。(3)调整现有股东结构以及持股比例，改变公司管理机构的组成，通过吸收新的股东，可以改变现有股东的成分与结构，在现有股东范围内的增资，通过认购新股比例，则可以调整现有股东相互间的持股比例，而股东结构和持股比例发生变化之后，公司将可实现其管理机构和管理人员的重新安排与调整。(4)增强公司实力,提高公司信用。资本规模直接反映公司的综合资产实力和经营规模,增资由此成为提高公司商业信用并取得竞争优势的重要方式。

(二)增资的方式

1. 内部增资与外部增资。内部增资,是由现有公司股东认购所增加的公司资本。外部增资,是指由公司股东之外的投资者认购而新增的公司资本,内部增资和外部增资可以同时采用。

2. 分配性增资与追加性增资。分配性增资,是内部增资的一种方式,是在现有股东不作新的投入情况下,通过将未分配利润用于股东出资缴纳、把公积金转为资本的方式增加资本,其结果是改变了公司资产的性质以及结构,而不改变其总的价值金额,只增加了公司的资本总额,不增加公司的资产总量。追加性增资,是通过现有股东或其他投资者对公司的新的投入而增加资本,其结果是既增加公司的资本,也增加公司的资产。

3. 同比增资与不同比增资。同比增资,是内部增资时各股东按原出资比例或持股比例同步增加出资,增资后各股东的持股比例不变。不同比增资,是内部增资时各股东改变原出资比例或持股比例而增加出资,也可能有的股东不增加出资,增资后各个股东的股权比例或持股比例将发生变化。

4. 增加股份数额与增加股份金额。这是股份有限公司采用的增资方式。增加股份的数额,即公司在原定股份总数之外发行新的股份。增加的股份,既可以由原有股东优先认股,也可以向社会公开发行。增加股份金额,即公司在不改变原定股份总数的情况下增加每股股份的金额或面额。此种增资只能是内部增资,即由原有股东增加自己的股份出资。

5. 公司债转换增资与债转股增资。公司债转换增资,是指将公司发行的可转化公司债依照规定的条件转换成为公司的股份,由此导致公司资本的增加。公司债转股增资,是我国商业银行改革和资产重组的过程中所实行的特殊增资方式,即将银行对债务人公司所享有的债权按约定的方法折抵为对该公司一定金额的股权,银行由此从债权人变成为该公司的股东,由此导致公司资本的增加。

(三)增资的条件和程序

增加资本能够增强公司实力,提高公司信用,有利于保护债权人利益以及交易安全,因此,各国立法对有限公司增资的条件通常不作强制性要求,而是由公司自行决定。但因股份有限公司其公众性特点,法律对其增资则予以必要的限制。在授权资本制或认可资本制之下,股份如果分期发行,法律通常规定公司在发行完章程所定的股份总数之前,一般不得再增加资本,同时,公司如果增资,其增资后第一次发行的股份不得低于新增股份的一定比例,如1/4等。我国《证券法》等有关法规关于新股发行条件的规定同时也是股份有限公司增资的条件。公司增加资本,会导致股权的稀释和股权结构的变化，是影响现有股东利益并可能引发严重利益冲突的公司重大事项。因此在法律程序上，公司增资必须经过股东大会决议，变更公司章程，并办理相应的变更登记手续。我国《公司法》第43条规定，有限公司股东会对增加资本作出决议，必须经代表2/3以上表决权的股东通过。违反上述增资条件和程序，会导致公司增资的无效或被撤销。

二、减少资本

（一）减资的目的和意义

减少资本，简称减资，是指公司基于某种情况或需要，依照法定条件和程序，减少公司的资本总额。根据资本不变原则，公司的资本不得随意减少，但并非绝对不可改变，而是可以通过法定的程序减资。减资的目的和意义在于：（1）公司为了缩小经营规模，或停止经营项目。（2）减少资本过剩，提高财产效用。如果公司资本过高会导致资本在公司中的停滞和浪费，不利于充分发挥社会财富的经济效益。（3）实现股利分配，保证股东利益。在“无盈不分”的盈利分配原则之下，如果公司亏损严重，将使股东长期得不到股利的分配，不利于调动股东的积极性。通过减资，可以尽快改变公司的亏损状态，使公司具备向股东分配股利的条件。（4）缩小资本与净资产差距，真实反映公司资本信用状况。如果公司亏损严重，资本与其净资产差额过大，公司资本也会失去其应有的标示公司信用状况的法律意义，通过减少资本，使得二者保持基本的一致。（5）公司分立。在派生分立情况下，原公司的主体地位不变，但总体资产减少，也会要求资本的相应减少。

（二）减资的方式

1. 同比减资与不同比减资。同比减资，是各股东按原出资比例同步减少出资，减资后各股东的持股比例不变。不同比减资，是各股东改变原出资比例而减少出资，也可能有的股东不减少出资，减资后各股东的股权比例或持股比例将会发生变化。

2. 返还出资的减资、免除出资义务的减资与消除股权或股份的减资。返还出资的减资，是对已缴足出资额的股权或股份，将其部分出资款返还给股东，此种减资的结果既减少公司的资本，也减少公司的资产。免除出资义务的减资，是指对尚未缴足出资额的股权或股份，免除股东全部或部分缴纳出资的义务。消除股权或股份的减资，是在公司因亏损而减资时，直接取消部分股权或股份，或者直接减少每个股份的金额，并抵销本应弥补的公司亏损，后两种减资的结果只是改变了公司资产的性质和结构，并不改变其总的价值金额，只减少公司的资本总额，而不减少公司的资产总量。

3. 减少股份数额与减少股份金额。减少股份数额，即每股金额并不减少，而只是减少股份总数。其具体方法又分为消除股份和合并股份。减少股份金额，即不改变股份总数，只减少每股的金额。

（三）减资的条件和程序

根据我国《公司法》第177条和其他有关规定，公司减资的条件和程序如下：（1）股东大会作出减资决议,并相应地对章程进行修改。有限公司作出减资决议,必须经代表2/3以上表决权的股东通过。(2)公司必须编制资产负债表及财产清单。(3)通知债权人和对外公告。公司应当自作出减资决议之日起10日内,通知债权人,并于30日内在报纸上公告。(4)债务清偿或担保。债权人自接到通知书之日起30日内,未接到通知书的自公告之日起45日内,有权要求公司清偿债务或者提供相应的担保。(5)办理减资登记手续。资本是公司注册登记的主要事项之一,公司成立之时,其资本总额已登记注册,减少资本引起主要登记注册事项的变更,因而须办理减资登记手续,并自登记之日起,减资生效。

思考题

1. 试述资本确定原则在我国公司法中的具体表现。

2. 试述公司减资应遵循的程序。

3. 试比较有限责任公司股东违反出资义务的民事责任与股份有限公司的发起人的法律责任。

4. 某国有企业A、集体企业B和某科研单位C签订合同决定共同投资设立某科技发展有限责任公司D,A以厂房出资,作价30万元,B以现金17万元出资,C以技术成果出资,作价15万元。后B因资金不足实际出资12万元。

问:(1)D公司能否有效成立?为什么?(2)A、B以非货币形式向公司出资,应办理什么手续?(3)B承诺出资17万元,实际出资12万元,应承担什么责任?

第十三章　股东与股东权

◇ 知识结构图

- 股东与股东权
  - 股东
    - 股东资格认定概述
    - 股东资格认定的形式特征与实质特征
    - 股东资格的证明方式
  - 股东权
    - 股东权的概念及特征
    - 股东权的内容
  - 股权的转让
    - 有限责任公司的股权转让
    - 股份有限公司股份的转让

◈ 本章导读

股东的法律地位主要表现在股东享有股东权与股东平等原则。股东的权利因公司的种类及股权的性质不同而不尽一致。股东权是公司法中的核心问题之一。股东可以亲自行使股权,也可以委托代理人代为行使股权。为保障股东权的行使,公司法既规定了股东直接诉讼权,又规定了股东代表诉讼权。尽管公司法原则上不对股东之间的股权转让予以限制,但基于章程自治原则,各国公司法大多允许公司通过公司章程对股东之间的股权转让予以特别限制。

◉ 司考重点

股东的概念、股东的权利、股东的义务;名义股东与实际股东;股东资格的认定。有限责任公司股权转让的限制,有限责任公司股权转让中股东的优先认购权,有限责任公司股权转让的特殊形式;股份有限公司股份转让的原则、方式,掌握股份转让的限制

第一节　股　　东

股东,是指基于对公司的出资或其他合法原因,持有公司资本一定份额,依法享有股东权利并承担相应义务的人。具体而言,有限责任公司的股东是指在公司成立时向公司投入资金或在公司存续期间依法继受取得股权并享有权利和承担义务的人;股份有限公司的股东就是在公司成立时或在公司成立后合法取得公司股份并对公司享有权利和承担义务的人。

在多数国家,凡是向公司出资而取得股份,不论公司属于何种类型,均统称为股东;在个别国家则将出资者统称为公司成员,而仅将股份有限公司的出资者称为股东。我国《公司法》在有关股份有限公司的规定中,使用了发起人的概念,而在有限责任公司的规定中则统一使用了股东概念,实际上发起人与股东是两个既相互联系又有区别的概念:公司的发起人,是指参加订立发起人协议、提出设立公司的申请、认购公司股份并对公司设立承担责任者。发起人是公司当然的股东,但公司的股东并不以发起人为限。除发起人外,任何在公司设立阶段或公司成立后认购或受让公司股份的人都可以成为公司的股东。在有限责任公司,除非公司在成立后又吸收新的股东,股东一般都是公司的发起人。不过,我国公司法对有限责任公司的发起人采用了“出资人”的概念. 从而使其区别于被专用于股份有限公司的狭义的发起人的概念。

一、股东资格认定概述

(一)股东的概念

股东是指通过向公司出资或者通过受让股权而成为有限责任公司或股份有限公司成员的,对公司享有权利、承担义务者。股东资格是公司的投资人取得和行使股东权利、承担股东义务的前提和基础。因此,确认股东资格无论是对于投资者还是公司以及公司债权人来说都具有重要意义。公司股东资格的取得,以对公司的出资为最基本条件,为原始取得,通常为公司设立时的出资人,或公司增资时公司股本新的购买者;通过继承、受赠或股权受让而取得股东资格者,为继受取得。

当前公司法实践中发生的大量与公司股权相关的案件中,股东资格的认定是经常涉及的问题,因此正确认定股东资格成为有效解决此类纠纷的前提条件。为解决这一难题,我国《公司法》和一些地方立法都对此问题有所规定和尝试。无论是依原始取得还是依继受取得,从理论上讲,取得股东资格的有限责任公司股东大体上应具备以下特征:(1)向公司实际出资或依法继受;(2)公司登记主管机关对公司股东的登记或变更登记;(3)取得出资证明书;(4)股东名册对股东的记载或变更记载;(5)实际享有股东各项权利。完全具备上述特征的股东取得股东资格当然毫无疑义,但实践中不完全具备上述特征的有限责任公司股东较为多见。

(二)股东的分类

股东因其身份不同而划分为不同类型的股东。在我国,股东的基本类型有:

1. 自然人股东。自然人作为公司的构成成员,应当具有完全的民事行为能力,包括本国公民和外国公民。

2. 法人股东。法人股东是指法人作为公司的构成成员,包括企业法人(本国公司、外国企业等)、事业单位法人和社会团体法人,但不包括机关法人。事业单位法人和社会团体法人仅指依照法律、行政法规和国务院其他规定允许投资于企业者。

3. 国有股股东。国有股股东是国家作为公司的构成成员。国有股股东由国有资产监督管理机关和其他履行出资人职责的机构履行出资人职责。

二、股东资格认定的形式特征与实质特征

股东是向公司出资或者认购股份并记载在公司章程或股东名册上的人。由此可见,股东资格的确定需要符合两个条件:一是向公司出资或者认购公司股份;二是股东姓名或者名称被记载在公司章程或股东名册。前者是认定股东身份的实质要件;后者是认定股东身份的形式要件。根据我国法律的规定,在认定股东资格时应综合考虑实质要件和形式要件等方面。不能仅以其中一个实质或形式要件来认定。

1. 实质要件

就实质要件而言,股东资格的取得必然是基于对公司的出资,未出资者不能取得股东资格,公司作为资本型企业,股东出资是其成立的基础,因此,股东向公司出资是取得股东资格的基础条件。对股东资格的认定首先要看该股东是否实际向公司注入资金。实际资金注入的方式可能不同,在有限责任公司设立时,是股东所认缴的出资;在继受取得股东资格的情形,对公司资金的注入是由原股东完成的,这种先注入的资金因为继受行为而转换为继受人注入的资金。因此,当就某个股东资格的认定发生争议时,首先应该考虑的是该股东是否向公司出资取得了股东资格的实质要件。但是,无论争议股东是否具备出资要件,都不足以认定或否定其股东资格,还要考虑若干形式要件是否具备。实质要件包括实际出资、出资证明书、实际行使股东权利、股权转让、股权赠与、股权继承以及以法律文书而为的强制转让等行为。

2. 形式要件

从形式上讲,投资人因向公司投资而成为股东的,必须借助于外观形式才能得以表彰。取得股东资格的形式条件是指股东资格为他人所认知和识别的形式,包括公司章程的记载、股东名册的记载、公司登记机关的登记等。

三、股东资格的证明方式

1. 实际出资

实践中投资者未实际履行出资义务或瑕疵履行的情况并不罕见,如果将出资作为取得股东资格的必要条件,就难以处理某些实务问题。当今多数国家的立法倾向于出资并非股东资格取得的必备要件。我国《公司法》也规定了股东可以分期缴纳出资,这

意味着股东出资与股东资格并不必然相联系；同时，当出现瑕疵出资的情况时，要缴足出资额，并要向其他股东承担违约责任，并未涉及取消股东资格的问题。

2. 签署公司章程

投资者签署公司章程是表明自己愿意成为社团法人的成员，是表明投资者向公司出资，欲为公司股东的意思表示。一般情况下，没有在公司章程中记载为股东的投资者不具有股东资格。发生股权转让改变股东时，必须修改公司章程，重新记载股东姓名或名称；如果未修改公司章程，转让行为不具有对抗公司及其他股东的效力，受让人也不具有股东资格。公司章程是由设立公司的股东制定并对公司、股东、公司经营管理人员具有约束力的调整公司内部组织关系和经营行为的自治规则。[1] 公司章程是公司必须具备的法定文件之一。公司章程对公司内部成员，包括股东、董事、监事、高级管理人员具有约束力，即对内具有约束力，对外则具有公示的效力。公司章程对与股东资格确认的重要意义得到普遍认可。因为公司章程由全体股东共同制定，并记载了有关公司的主要事项，包括公司的注册资本、股东的出资方式、出资额、公司名称和住所等，股东要在公司章程中签字并盖章。在公司设立时，公司将章程提交公司登记机关核准，转让股权时需要变更公司章程并到公司登记机关申请变更登记。据此，公司章程不仅表明了出资者向公司出资，有作为公司股东的真实意思表示，而且也在一定程度上起到了公示的作用。所以，公司章程所记载的有关股东身份的内容可以作为确定股东资格的依据。

3. 取得出资证明书或股票

投资者出资后，只要公司一经成立，投资者就自然地转化为公司股东，公司就有义务向出资者签发出资证明书或者股票，投资者也享有出资证明书或者股票的请求权。这种权利来源于其股东身份，出资证明书和股票在其中只起到证据的作用，即使没有出资证明书或者股票，只要投资者能够证明其已经依据公司章程和设立协议缴纳了出资，就应当依法认定其股东资格。出资证明书是有限责任公司股东出资的凭证，是有限责任公司成立后应当向股东签发的文件，是一种权利证书。[2] 根据我国《公司法》第31条的规定，出资证明书应当载明下列事项：公司名称；公司成立日期；公司注册资本；股东的姓名或者名称、缴纳的出资额和出资日期；出资证明书的编号和核发日期。理论界对出资证明书能否作为确认股东资格的证据，存在肯定说和否定说两种观点。否定说认为，出资证明书只是物权性凭证，只能证明出资人已向公司出资，不能证明其与公司之间存在成员关系。[3] 因此，出资证明书不能单独成为股东资格的证明文件。肯定说认为，从内容和作用来看，出资证明书具有出资凭证的性质，对于证明股东出资

〔1〕 赵旭东：《公司法学》，高等教育出版社2006年版，第170页。

〔2〕 赵旭东：《公司法学》，高等教育出版社2006年版，第331页。

〔3〕 蒋大兴：《公司法的展开与评判方法·判例·制度》，法律出版社2001年版，第445～446、493页。

具有无可怀疑的证据力。进而,出资证明书具有证明股东资格的效力。否定说忽略了这样一个问题,即出资证明书是公司成立以后公司向股东签发,记载股东的姓名或者名称。换言之,签发出资证明书,是公司对于出资人股东地位的承认。因此,出资证明书不仅仅是物权凭证,更可以作为股东资格的凭证。[1]

4. 被载入股东名册

各国立法普遍认为,股东名册具有当然授予股东资格的法律效力。我国《公司法》明确了股东名册的权利推定效力,股东名册上记载的股东可直接确认其股东资格,否认其股东资格应当承担举证责任。股东名册未记载的股东,并不必然就没有股东资格,因为将股东记入公司股东名册,是公司的一项义务,如果公司拒不作股东登记或者登记错误的,属于履行义务不当,不能产生剥夺股东资格的法律效力,虽未记载于股东名册,但如果能以其他证据如公司章程记载、工商登记等证明出资人或受让人身份的,应当认定其具有股东资格。

5. 列名于工商登记

工商登记具有对抗第三人的效力。出资人未经工商登记或股东转让股权后未变更工商登记,不具有对抗第三人的效力。一般情况下,公司之外的第三人可以此为据认定股东。需要注意的是,此处的第三人是指善意第三人,如果有充分证据证明第三人明知或应知工商登记虚假或有误的,其主张则不能被支持。《公司法》第32条第3款也仅规定了工商登记的对抗效力,公司股东名单通过工商登记对外公示后便产生公信力,即使该登记有瑕疵,善意第三人也有理由信赖该公示内容,并在依此与公司或登记股东发生交易后,要求公司及登记股东承担责任,公司、登记股东不得以工商登记有误为由对抗该第三人。

第二节 股东权

一、股东权的概念及特征

股东权是基于股东资格而依法享有的权利。通常包括:重大事项表决权;选举公司董事、监事权;管理监督权;分派股利权;优先认股权;股份转让权;剩余财产分配权等。根据股东平等原则,任何股东均享有股东权,非依法律和章程规定,任何人不得予以剥夺。但是,股东地位平等并非其权限大小完全相同。根据各国法律的规定,股东的权限范围,通常与其责任形式相适应;股东的权利大小,一般同其出资份额相一致。股东权具有以下特征:(1)股东权内容具有综合性。公司法理论将股权分为自益权和共益权。自益权一般属于财产性的权利,如股息或红利分配请求权、新股优先认购权、

---

[1] 刘阅春:《有限责任公司股东身份认定的法理分析》,载《人民司法》2003年第12期。

剩余财产分配权、股份转让权等。共益权则是公司事务参与权，一般为非财产性权利，如表决权、公司文件查阅权、召开临时股东会请求权、对董事及高级职员监督权等。(2)股权是股东通过出资所形成的权利。出资者通过向公司出资，以丧失其财产的所有权为代价，换取股权，成为公司股东。(3)股东权是一种社员权。股东出资创办作为社团法人的公司，成为该法人成员，因而取得社员权。社员权是一种独立类型的权利，包括财产权和管理参与权。社员权既不同于传统私法中纯粹的物权或债权，又不同于传统私法中纯粹的人格权或身份权。社员权谓之权利，其实更像是一种资格或权限，其实质是团体中的成员依其在团体中的地位而产生的具有利益内容的权限。

二、股东权的内容

我国《公司法》第4条规定，公司股东依法享有资产收益、参与重大决策和选择管理者等权利。除该条之外，公司法在很多其他条文中都规定了股东的具体权利。

(一)出席或委托代理人出席股东(大)会并行使表决权

股东(大)会是由全体股东组成的，因此，股东不论大小，都有权参加股东会，并依章程行使表决权。股东表决权，又称股东决议权、投票权，是指股东基于其股东地位而享有的，就股东(大)会的决议事项作出赞成、反对或者弃权的意思表示，从而形成公司意思的权利。股东表决权具有固有权、共益权、单独股东权等属性。如果股东本人因故不能参加股东会议，有权委托他人代为参加并代为行使表决权。股东在股东(大)会的职权范围内享有了表决权，也就相应地拥有了对董事及监事的任免权，以反对公司重大事项的决策权。

(二)依公司法及公司章程的规定转让出资或股份

依照公司资本维持原则，在股东向公司出资并获得股东权后，法律禁止股东随意抽逃出资，但股东为了转移投资的风险或者收问本金，可以转让其出资或股份。对于有限责任公司，基于公司所具有的人合性特征，不仅公司法规定股东向股东以外的人转让股东权须经其他股东过半数同意，而且公司章程还可以做更为严格的限制，甚至在特定情况剥夺股权转让的自由；对于股份有限公司资合性特点，除因特定原因要受到限制外，股东可以比较自由地转让其股份。

(三)知情权

股东要参与对公司的重大事项的决策，其前提是要掌握公司的经营状况，因此各国公司法普遍规定了股东对公司经营状况和财务状况的知情权，并且该项权利不能以章程加以限制或剥夺。股东的财务信息知情权包括财务会计报告查阅权、会计账簿查阅权以及检查人选任请求权。我国《公司法》第33条第1款规定："股东有权查阅、复制公司章程、股东会会议记录、董事会会议决议、监事会会议决议和财务会计报告。"同条第2款还规定："股东可以要求查阅公司会计账簿。股东要求查阅公司会计账簿的，应当向公司提出书面请求，说明目的。公司有合理根据认为股东查阅会计账簿有不正当目的的，可能损害公司合法利益的，可以拒绝提供查阅，并应当自股东提出书面请求之日起15日内书面答复股东并说明理由。公司拒绝提供查阅的,股东可以请求人民法院要求公司提供查阅。"我国台湾地区"公司法"第118条第1款也明确规定:"有限责任股东,得于每会计年度终了时,查阅公司账目、业务及财产情形;必要时.法院得因有限责任股东之申请,许其随时检查公司账目、业务及财产之情形。"

我国1993年《公司法》第110条规定:"股东有权查阅公司章程、股东大会会议记录和财务会计报告,对公司的经营提出建议或者质询。"显然,该项规定所包含的财务信息相对较为狭隘,从而大大削弱了股东财务信息知情权的存在价值。我国2005年修改的《公司法》第97条规定:"股东有权查阅公司章程、股东名册、公司债券存根、股东大会会议记录、董事会会议决议、监事会会议决议、财务会计报告,对公司的经营提出建议或者质询。"与旧法相比,该规定所赋予的股东的财务信息知情权已较为完备。实践中,为了避免股东滥用查阅权而影响公司的正常经营活动,损害公司的利益,有必要对股东的查阅权作出一些限制,例如,在查阅的时间、地点以及查阅的目的等方面做出规定。

(四)对公司的经营提出建议或质询的权利

此项权利是针对股份有限公司股东而享有的,因为有限责任公司股东能够充分介入公司经营管理活动中,因而就不特别需要对公司的经营提出建议或质询的权利。建议权是指股东有权就其认为有利于公司经营的决策或者措施向公司提出意见或建议。但在我国,《公司法》规定的建议权形同虚设,股东向谁提起建议,其建议又如何处理,都缺乏明确的规定。质询权是指股东认为公司经营不善时或对公司的某些行为存在疑问,有权以口头或书面形式向公司机关提出疑问,并要求予以解答。对此,我国《公司法》第150条第1款明确规定:"股东会或者股东大会要求董事、监事、高级管理人员列席会议的,董事、监事、高级管理人员应当列席并接受股东的质询。"这表明我国《公司法》将发动质询程序的权利主体限定为股东会或者股东大会,将义务主体规定为董事、监事、高级管理人员,质询的场所为股东会或者股东大会会议,质询范围未做限定,应理解为董事、监事、高级管理人员职务范围内的一切具体事项。

(五)利润的分配权

投资者向公司出资主要就是为了获取收益。各国的公司法对红利的分配都作了严格的限制。我国《公司法》第166条规定:"公司分配当年税后利润时,应当提取利润的百分之十列入公司法定公积金。公司法定公积金累计额为公司注册资本的百分之五十以上的,可以不再提取。公司的法定公积金不足以弥补以前年度亏损的,在依照前款规定提取法定公积金之前,应当先用当年利润弥补亏损。公司从税后利润中提取法定公积金后,经股东会或者股东大会决议,还可以从税后利润中提取任意公积金。公司弥补亏损和提取公积金后所余税后利润,有限责任公司依照本法第三十五条的规定分配;股份有限公司按照股东持有的股份比例分配,但股份有限公司章程规定不按持股比例分配的除外。股东会、股东大会或者董事会违反前款规定,在公司弥补亏损和提取法定公积金之前向股东分配利润的,股东必须将违反规定分配的利润退还公司。公司持有的本公司股份不得分配利润。”

(六)股权优先受让权

基于有限责任公司人合性的特征,我国《公司法》第71条第3款规定:经股东同意转让的股权,在同等条件下,其他股东有优先购买权。两个以上股东主张行使优先购买权的,协商确定各自的购买比例;协商不成的,按照转让时各自的出资比例行使优先购买权。公司章程对股权转让另有规定的,从其规定。依此,有限责任公司股东转让股权时,其他股东原则上有优先购买权,但公司章程可以限制或禁止该权利的行使。股份有限公司作为最典型的资合公司,股东股份的转让不受其他股东的限制,因此法律不赋予其他股东优先受让权,否则将严重危害股份的流动性。

(七)新股优先认购权

我国《公司法》第34条规定,公司新增资本时,股东有权优先按照实缴的出资比例认缴出资,但是,全体股东约定不按照出资比例优先认缴出资的除外。该规定赋予了有限责任公司的股东新股优先认购权。基于股份有限公司的资合性特征,公司法并未赋予其股东的新股优先认购权,公司发行新股时原有股东应按照一般发行与认购程序进行认购,股份有限公司也可以向原股东以其持股比例配送或配售新股。

(八)提议召开临时股东(大)会的权利

各国公司法均规定,达到法定比例人数的有表决权的股东可以提议召开临时股东(大)会。按照我国《公司法》第39条和第100条之规定,在有限责任公司中,代表1/10以上表决权的股东,可以提议召开临时股东会议;在股份有限公司中,单独或者合计持有公司股份10%以上的股东请求时,应在2个月内召开临时股东大会。

(九)公司剩余财产分配请求权

公司依法终止清算后,股东可以按照出资比例或持股比例分配剩余财产。公司终止后股东依法取得公司的剩余财产,即享有剩余财产的分配请求权。

(十)股东诉权

为切实保障股东的合法权利,各国公司法都普遍确立了股东诉权,即股东基于股东权被侵害而享有的提起诉讼的权利。依股东诉权原理,当董事、监事、高级管理人员行为对公司造成损害公司未予追究时,可由股东代公司提起追究其责任的诉讼;当股东会的召集程序及决议内容或方法违法或者违反公司章程时,股东亦可就此提起诉讼。

股东直接诉讼,是指股东为维护自身利益而以自己的名义直接提起的诉讼。公司法所规定的法定股东权及公司章程所赋予的股东权被侵害的,股东均可依法提起直接诉讼。因侵害股东权的主体不同,股东直接诉讼的被告既有可能是公司本身,也可能是公司的董事、高级管理人员。对此,我国《公司法》第152条作了具体规定:“董事、高级管理人员违反法律、行政法规或者公司章程的规定,损害股东利益的,股东可以向人民法院提起诉讼。”此外,《公司法》还将撤销决议之诉、公司解散之诉等股东直接诉讼作出了明确规定。例如,《公司法》第22条第2款规定:“股东会或者股东大会、董事会的会议召集程序、表决方式违反法律、行政法规或者公司章程,或者决议内容违反公司章程的、股东可以自决议作出之日起六十日内,请求人民法院撤销。”《公司法》第182条规定:“当公司经营管理发生严重困难,继续存续会使得股东利益受到重大损失,通过其他途径不能解决的,持有公司全部股东表决权百分之十以上的股东,可以请求人民法院解散公司。”

为了全面保障股东权的行使,公司法既规定了股东直接诉讼权,又规定了股东代表诉讼权。股东代表诉讼,又称股东派生诉讼,是指当公司的合法权益受到不法侵害而公司又怠于起诉时,符合法定条件的股东有权为了公司的利益以自己的名义直接向人民法院提起诉讼。

股东权中的上述权利又可依不同标准进行分类:

1.以权利行使之目的为标准,可分为自益权与共益权,自益权是指股东专为自己利益行使的权利,如发给股票或其他股权证明请求权、股份转让权、股息和红利分配请求权、公司剩余财产分配请求权等,共益权是指股东为自己利益同时也为公司利益而行使的权利,如出席股东会并行使表决权、请求法院宣告股东会决议无效权、请求召集股东临时会或自行召集权。

2.以权利主体之不同为标准,可分为普通股股东权和特别股股东权,前者是指一般股东享有的权利,后者则是专属特别股股东所享有的权利,有关特别股股东权利的范围、行使顺序、数额、优惠待遇限制等一般都在公司章程中加以规定。我国《公司法》对此未作规定。

3.以权利之性质为标准,可分为固有权和非固有权,前者指根据公司法规定不得以章程或股东会决议予以剥夺的权利,如特别权与共益权,后者指可依公司章程或股东会议加以剥夺的权利,自益权多属此类权利。

4.以权利之行使方式为标准,可分为单独股东权和少数股东权,前者指股东一人可单独行使的权利,如表决权、股息红利分配请求权、股东代表诉讼权等,后者指达不到一定股份数额便不能行使的权利,如股东会临时召集请求权、公司重整申请权等。

第三节　股权的转让

一、有限责任公司的股权转让

(一)股权转让的方式

1.股东之间的股权转让

股东之间的股权转让,因其属于内部转让,仅对公司内部股东之间的股权结构产生影响,各国公司法大多都不予限制。我国《公司法》也未对股东之间的股权转让作特别限定。股东之间可以自由转让其全部出资或部分出资,即股东之间的转让不受限制,也不需要经过股东会表决通过。根据我国的产业政策,在国有股必须控股或者相对控股的有限责任公司,股东之间的股权转让不能使国有股丧失控股或相对控股的地位,若依公司具体情况确需非国有资本控股,则必须报国家有关部门的审批。

2. 股东向股东以外的人转让股权

有限责任公司虽然在本质上属于资合性公司,但又兼具人合性特点,公司股东人数一般较少,因而股东之间的人身信用程度较高,股东内部关系的稳定对公司而言至关重要。当股东将其股权转让给公司股东之外的第三人时,虽然股东之间的股权结构并未改变,但股东之间相互信赖、和谐稳定的关系就会遭到破坏。因此,为了保证有限责任公司的内部稳定,大多数国家(地区)的公司法都对股东向股东以外的人转让股权做出了严格的限制。我国《公司法》第 71 条第 2 款规定:“股东向股东以外的人转让股权,应当经其他股东过半数同意。股东应就其股权转让事项书面通知其他股东征求同意,其他股东自接到书面通知之日起满三十日未答复的,视为同意转让。其他股东半数以上不同意转让的,不同意的股东应当购买该转让的股权;不购买的,视为同意转让。”

3. 股东优先购买权的行使

我国《公司法》第 71 条第 3 款规定:“经股东同意转让的股权,在同等条件下,其他股东有优先购买权。两个以上股东主张行使优先购买权的,协商确定各自的购买比例;协商不成的,按照转让时各自的出资比例行使优先购买权。”该规定从有限责任公司的人合性特征出发,为了维护公司内部的信用联系,明确规定了股东的优先购买权。这里主要涉及三个方面的问题:(1)只有当公司中某个股东要将其出资转让给股东以外的人时,其他股东才有这种优先权。如果只是股东之间的内部转让,则不存在优先购买权的问题。(2)这种优先权只能是同等条件下的优先权,如果转让给股东以外的人所给出的条件优于本公司的股东,则本公司股东就不得以行使优先权为由要求将股份转让给自己。(3)两个以上股东主张行使优先购买权并相互协商不成的,应当按照转让时各自的出资比例行使优先购买权。

(二)股权转让的特殊方式

1. 因强制执行程序而发生的股权转让

我国《公司法》第 72 条规定:“人民法院依照法律规定的强制执行程序转让股东的股权时,应当通知公司及全体股东,其他股东在同等条件下有优先购买权。其他股东自人民法院通知之日起满二十日不行使优先购买权的,视为放弃优先购买权。”实践中,关于该规定的具体含义尚存在不同认识。为此,《公司法解释(四)(征求意见稿)》作了比较有操作性的具体规定。

2. 因继承、夫妻共有财产分割而发生的股权转让

各国公司法大多未就此作具体规定,因而应适用关于股东向股东以外的人转让出

资或股权时的一般规定。《法国商事公司法》在关于有限责任公司的第二章第44条第1～2款规定："公司股份通过继承或夫妻之间清算共同财产时自由转让,并在夫妻之间以及直系亲属和直系卑亲属之间自由转让。""但是,章程可规定,配偶、继承人、直系尊亲属、直系卑亲属,只有在按章程规定的条件获得认可后,才可成为股东。"[1]我国《公司法》第75条规定："自然人股东死亡后,其合法继承人可以继承股东资格;但是,公司章程另有规定的除外。"这表明只要公司章程没有另作规定,自然人股东死亡后,其合法继承人无须其他股东同意即可继承股东资格,但是公司章程另有规定的除外。该法未就夫妻共有财产分割而发生的股东的出资或股权转让给股东以外第三人的问题作出明确规定,故应适用关于股东向股东以外的人转让出资的一般规定。

3. 股东退股

所谓退股,指有限责任公司股东要求公司购买其所持股权,从而完全退出公司出资人行列的一种特殊的股权转让方式。我国《公司法》明确规定了有限责任公司股东退股制度。该法第74条第1款规定："有下列情形之一的,对股东会该项决议投反对票的股东可以请求公司按合理的价格收购其股权:(一)公司连续五年不向股东分配利润,而公司该五年连续盈利,并且符合本法规定的分配利润条件的;(二)公司合并、分立、转让主要财产的;(三)公司章程规定的营业期限届满或者章程规定的其他解散事由出现,股东会会议通过决议修改章程使公司存续的。"第74条第2款规定："自股东会会议决议通过之日起六十日内,股东与公司不能达成股权收购协议的,股东可以自股东会会议决议通过之日起九十日内向人民法院提起诉讼。"由此可见,我国《公司法》确立的有限责任公司股东退股权实质上是一种异议股东股权收购请求权。由此可见,公司法充分保障了股东投资退股的自由,最大限度的化解了因股权转让可能出现的"僵局"。

二、股份有限公司股份的转让

股份的转让,即以法律行为移转股份。股份的转让发生股东权移转的效力。股份有限公司的股东原则上可以依法自由转让其持有的股份,此即股份转让自由原则。股份转让自由权不得以章程禁止或限制,有此规定应属无效。[2]各国公司法大多有此规定,或虽未明确规定但也并未作任何限制,故可推定其可自由转让。对此,《公司法》第137条规定："股东持有的股份可以依法转让。"依此,公司章程不得对股份转让作法律规定之外的限制性规定。

(一)股份转让的法律限制

股份转让可能会影响到公司财产的稳定,部分股东对股份的处分也有可能损害另一部分股东的利益,此外,股份转让还有可能带来股票投机,因此,为了保护公司和股

[1] 《法国商法典》,金邦贵译,中国法制出版社2000年版,第106页。

[2] 柯芳枝:《公司法论》,中国政法大学出版社2004年版,第184页。

东的利益,各同公司法都对股份转让作了必要的限制。以便将股份转让可能产生的弊端限制在尽可能小的范围之内。我国《公司法》对股份转让作了如下限制:

1. 对发起人所持股份的转让限制

股份有限公司的发起人发起设立公司后,发起人即成为公司的首批股东,发起人对公司的成立及成立初期的组织及财产稳定和公司的经营管理有着重要影响。为了避免发起人借设立公司之名投机牟利、损害其他股东及社会公众的利益,保证公司成立后一段时期能顺利经营。《公司法》第 141 条第 1 款规定:“发起人持有的本公司股份,自公司成立之日起一年内不得转让。公司公开发行股份前已发行的股份,自公司股票在证券交易所上市交易之日起一年内不得转让。”

2. 对公司董事、监事、高级管理人员持有本公司股份的转让限制

随着公司制度的进一步发展,各国公司法逐渐取消了董事必须是股东的传统原则,允许非股东进入董事会和监事会,并以加重董事、监事、高级管理人员在经营中的个人责任作为对其行为的制约。但当董事、经理持有本公司的股票时,为防止其利用内幕消息炒作本公司股票牟利,法律对董事、监事及高级管理人员对其所持有的股份在任期内的转让进行必要的限制。对此,《公司法》第 141 条第 2 款规定:“公司董事、监事、高级管理人员应当向公司申报所持有的本公司的股份及其变动情况,在任职期间每年转让的股份不得超过其所持有本公司股份总数的 25%;所持本公司股份自公司股票上市交易之日起一年内不得转让。上述人员离职后半年内,不得转让其所持有的本公司股份。公司章程可以对公司董事、监事、高级管理人员转让其所持有的本公司股份作出其他限制性规定。”

(二)股份转让的方式

依据我国《公司法》第 138 条的规定,股东转让其股份,应当在依法设立的证券交易场所进行或者按照国务院规定的其他方式进行。为使柜台交易等其他证券交易方式获得制度空间,《公司法》还规定了“或者按照国务院规定的其他方式进行”。

记名股票是将股东的姓名或者名称记入股票和股东名册,所以不能随意转让,必须由股票持有人以背书的形式出让。依我国《公司法》第 139 条之规定,记名股票,由股东以背书方式或者法律、行政法规规定的具他方式转让;转让后由公司将受让人的姓名或者名称及住所记载于股东名册。同时,我国《公司法》规定,股东大会召开前 20 日内或者公司决定分配股利的基准日前 5 日内,不得进行该股东名册的变更登记;但是,法律对上市公司股东名册变更登记另有规定的,从其规定。

无记名股票因股票票面不记载股东姓名或名称,只要将股票交付给受让人,对方就成为持股人,转让行为即告成立。无记名股票的转让,可按票面价进行,也可按发行价或市价进行,主要由转让方与受让方商定。我国《公司法》第 140 条规定:“无记名股票的转让,由股东将该股票交付给受让人后即发生转让的效力。”在现代证券市场上,这种转让一般通过证券商在证券交易所发出指令,由电脑系统撮合成交,无须持股人

与受让人见面,转让效率比记名股票显然要高。上市公司的股票,依照有关法律、行政法规及证券交易所交易规则上市交易。

◈ 思考题

1. 试析股东资格认定中的形式特征与实质特征。

2. 试述股权的法律性质。

3. 试述有限责任公司的股权转让的法律规制。

4. 王某及H公司均为2008年11月设立的W股份公司的股东。2009年2月王某为出国将所持32万元的记名股票证书在H公司所在地背书给了其法定代表人,得到了32万元的现金支票后出国了。同年3月,H公司又接受了该W股份公司董事黄某的股票10万元。还是在这个月,H公司财务室不慎被盗,窃贼偷走了王某转让给H公司的32万元股票证书。H公司遂在报纸上登载遗失声明,宣布被盗的股票证书失效,然后向W股份公司申请补发股票。在W股份公司对其申请审查期间,窃贼在证交所以低价将股票证书转让给了康某。W股份公司对H公司的申请审查后认为不符合法定程序,不予补发。这时,窃贼被抓获,交代了盗窃的过程和所窃股票证书的去向。但对于股票的归属却发生了纠纷。康某说其从窃贼手中受让股票时并不知其是窃贼,股票应归其所有;H公司认为股票是从其财务室盗走的,且王某已转让给了H公司,认为股票应归其所有;W股份公司认为王某和H公司私下进行股票转让无效,决定按票面金额予以收购。此时,该股票一直呈上涨趋势,故三方争执不下。于是三方诉至法院,要求确定这32万元股票的归属。

现问:(1)本案中各当事人之间的股票转让都合法吗?(2)W股份公司有权收购本公司发行的股票吗?(3)你认为本案的32万元股票应归谁所有?

第十四章　公司债券

◇ 知识结构图

- 公司债券
  - 公司债券概述
    - 公司债券的概念与特征
    - 公司债券的种类
      - 记名公司债券和不记名公司债券
      - 担保公司债券和无担保公司债券
      - 可转换公司债券和不可转换公司债券
  - 可转换公司债券
    - 可转换公司债券的概念
    - 可转换公司债券的法律特征

◈ 本章导读

公司债券是表彰公司与不特定的社会公众之间形成的金钱债务关系的有价证券，是公司重要的融资方式之一。为保护投资者利益和稳定社会经济秩序，法律对公司债券的发行条件和发行程序以及对公司债券的转让场所和转让方式作了明确的规定。可转换公司债券是一种重要的公司债券，具有债券股权化的特征。

◉ 司考重点

公司债券的概念与特征，可转换公司债券的特征与转换

第一节 公司债券概述

一、公司债券的概念与特征

公司债券是公司为筹集资金向社会公众发行的,约定到期还本付息的有价证券。公司债券是公司债的表现形式,公司债是公司债券的实质内容,两者形同表里。公司债券持有人有权按照约定收回本金,获得利息,但无权参与公司的经营管理。作为表彰公司债权人权利的凭证,公司债券具有以下法律特征:

(1)公司债券是一种要式有价证券。公司债券表明债券持有人对公司拥有一定数量的债权,且其具有较强的流通性。这使公司债券与公司一般金钱债务的债权凭证仅以契约或其他证据形式表现且不具有流通性有所不同。

(2)公司债券是公司依法发行的有价证券。公司债券必须是依法成立的公司依公司法或其他相关法律规定的条件和程序发行的。这使公司债券区别于企业债券、金融债券和国家债券。

(3)公司债券是集中发行、内容定型且以不特定的社会公众为发行对象的有价证券。公司债券的发行是以筹集大规模的资金为目的,在一定时期内,将借入总额依一定金额予以划分,与不特定的公众分别形成发行条件和方法等内容具有定型性的契约,即标准契约。而一般金钱债务是公司与特定的债权人(如银行或其他金融机构)之间形成的不具有集中性和内容定型性的债务。

(4)公司债券是定期还本付息的有价证券。公司债券的持有人对公司拥有的债权是有期限的,公司在规定期限到达时,须向持券人无条件还本付息。这使公司债券与股票具有不同的性质。

二、公司债券的种类

依不同的划分标准,可以对公司债券进行不同的分类。各国公司法或证券法对公司债券的分类主要有以下三种:

(一)记名公司债券和无记名公司债券

这是依公司债券中是否记载持有人的姓名或名称而作的分类。在公司债券上记载持有人姓名或名称,并在置备的公司债券存根簿上载明持有人的姓名或名称及债券编号等事项的公司债券为记名公司债券,反之,则为无记名公司债券。这种分类的法律意义在于:

(1)两者转让的程序不同。记名债券转让应以背书方式进行,并由公司在公司债券存根簿上记载受让人的有关事项,否则不发生转让效力。而无记名债券的转让只需在依法设立的证券交易场所将债券交付给受让人即发生转让效力。

(2)两者被盗、遗失或灭失时的补救方法不同。记名债券发生被盗、遗失或灭失时，债券持有人可以通过公示催告程序申请法院宣告其无效后，由公司补发债券。而无记名债券发生被盗、遗失或灭失时，不能采取公示催告程序宣告债券无效并由公司进行补发，持券人的损失无法补救。

(3)两者在付息时提示证券的要求不同。各国公司债券普遍采取附息票方式定期支付债券利息。记名债券持有人在领取利息时，不仅要出示债券，而且还要出示能证明其为债券存根簿上载明的持有人的相关证件。无记名债券持有人可以凭息票领取利息，也可以凭债券领取利息。

(二)担保公司债券和无担保公司债券

这是以公司债券是否设置担保为标准而作的分类。担保公司债券是公司对债券本金的偿还提供财产担保或第三人担保的债券。根据担保方式的不同，可以分为：抵押债券、担保信托债券、保证债券、设备债券等。无担保公司债券又称普通债券、信用债券，是指不设置任何担保而仅以公司信用作为基础发行的债券。这种分类的法律意义在于，当公司债券不能按期受偿时的法律后果不同：担保公司债券到期不能受偿时，债权人可依担保权的行使优先获得清偿，而无担保公司债券的债权人仅为一般债权人，公司到期不能还本付息时，持券人只能以普通债权人的身份提出偿债要求。因此，与无担保公司债券相比，担保公司债券更能保障债权人的利益。鉴于此，各国公司法对无担保公司债券发行的程序和条件均作了严格规定。

(三)可转换公司债券和不可转换公司债券

这种分类一般是以公司债券是否可以转换为公司股票为标准的。前者是指债券持有人可以依自己的意志，在一定期限内按事先确定的办法，将其持有的债券转换为股票的公司债券；后者是指不能转换为公司股票的公司债券。这种分类的法律意义在于，公司债券的持有人享有的权利不同：可转换公司债券的持有人享有是否将其所持债券转换为股票的选择权，并由此享有不同的权利，即非股权即债权，而不可转换公司债券的持有人只能享有到期受偿的债权。

除上述几种分类外，公司债券还可以分为：参加公司债券和非参加公司债券(这是以公司债券持有人是否有权参加公司股东会或公司红利分配为标准而作的分类)；可赎回公司债券和不可赎回公司债券(这是以公司是否有权在到期日之前收回债券并清偿债务为标准而作的分类)等。

依我国公司法的规定，公司可以依法发行记名公司债券与无记名公司债券以及可转换公司债券和不可转换公司债券。对于其他公司债券种类，法律未作明确、具体的规定。

第二节　可转换公司债券

一、可转换公司债券的概念

可转换公司债券是指可按约定条件转换为公司股票的公司债券.可转换公司债券的发行主体只能是上市公司。可转换公司债券持有人享有是否将其持有的债券转换为公司股票的选择权。公司发行可转换公司债券的,除应当具备公司债券的发行条件外,还应当符合股票发行的条件。发行可转换公司债券须经股东大会决议,并在债券募集办法中规定具体的转换办法,发行此种债券应当报请国务院证券监督管理部门核准。债券上应当标明可转换公司债券字样,并在公司债券的存根簿上载明可转换公司债券的数额。

二、可转换公司债券的法律特征

可转换公司债券是一种介于普通公司债券与股票的债券,具有以下法律特征:

1. 可转换公司债券具有债券和股票的双重属性。可转换公司债券在转换为股票以前具有债券的性质,持有人是公司的债权人,享有债权人的权利并承担相应的义务。一旦转换为股票,就具有股票的所有属性,持有人为公司的股东,享有股东的权利并承担相应的义务。因此,它是一种潜在的股票,具有债券股份化的特征。

2. 可转换公司债券的持有人享有的转换请求权是一种形成权。作为一种形成权,它依持有人的单方意志而发生转换与否的效力。可转换公司债券在发行时,发行人就赋予债券持有人在将来确定的转换期内,享有转换与否的选择权。持有人有权选择以债券抵缴认股款取得公司股票,公司应当按照其转换办法向债券持有人换发股票,也可以选择放弃这种转换权利,在债权到期后收回本金,取得固定利息。

3. 可转换公司债券的投机性和风险都大于普通公司债券。由于可转换公司债券附加了转换为股票的权利,所以,其发行价格比普通公司债券高,其票面利率则通常低于银行贷款利率和普通公司债券的利率。因而,对于发行公司而言,发行可转换公司债券是一种低成本的融资方式。对债券持有人而言,当发行公司业绩良好且股票市场价格上涨时,选择将债券转换为股票可以获得较高的收益;但是,当公司业绩不佳且股票市场价格下落时,持有人可能获得的投资收益还不如普通公司债券。因此,与普通公司债券相比,可转换公司债券具有投机性较强、风险较大的特征。

思考题

1. 什么是公司债券?公司债券与股票有何不同?
2. 什么是可转换公司债券?它有何特征?

第十五章　公司的治理结构

◇ 知识结构图

- 公司的治理结构
  - 公司治理结构概述
    - 公司治理结构的概念
    - 公司治理结构的主要模式
  - 股东会
    - 股东会的概念、地位
    - 股东会会议
  - 董事会
    - 董事会的概念及职权
    - 董事会的产生
    - 董事会会议
  - 监事会
    - 监事会的概念及职权
    - 监事会的产生及议事规则
  - 经理
    - 经理的概念
    - 经理的职权
  - 董事、监事、高级管理人员的义务
    - 董事、监事、高级管理人员的任职资格
    - 董事、监事、高级管理人员的忠实义务
    - 董事、监事、高级管理人员的勤勉义务

◈ 本章导读

公司的治理机构各国模式不尽相同，大致可分为大陆法系型与英美法系型。各国早期公司法均奉行股东会中心主义，自20世纪初以来逐步奉行董事会中心主义，而我国奉行的仍是股东会中心主义。基于股东会决议事项的重要程度不同，法律规定的通过决议的法定多数标准也有所不同。根据决议事项和多数标准不同，股东会决议可分为普通决议和特别决议。董事会拥有对内经营管理权和对外代表权。从各国运营实际看，监事会设或不设各有利弊。我国公司的监督制度也正经历着理论与实践的双重检讨，并进一步探寻完善的方案。在英美法系，董事、经理等高级管理人员基于其与公司的信托关系而承担“受托义务”。在大陆法系国家，注意义务和忠实义务主要源于民事法律，其他法定义务则主要源于公司法和其他有关法律。

◉ 司考重点

股东会的地位和性质、股东会的职权，股东会会议的相关规定；董事会的组成、董事会的职权、任职资格；监事会的职权、组成、监事会会议；公司高级管理人员的任职资格条件

第一节 公司治理结构概述

一、公司治理结构的概念

我国1993年《公司法》制定以后,有关公司内部机构的概念逐渐为人们所熟悉。但人们对于这些概念的法律特征、在公司法中的地位以及其在公司实践中的作用等的认识并不十分清晰。在深化改革的过程中,1999年9月《中共中央关于国有企业改革和发展若干重大问题的决定》明确提出了公司治理结构的法律问题,认为“公司法人治理结构是公司制度的核心。要明确股东会、董事会、监事会和经理层的职责,形成各负其责、协调运转、有效制衡的公司法人治理结构”。自此,公司治理结构的研究逐渐成为热点课题。

公司治理结构(governance structure),也翻译为公司管制、法人治理结构或公司治理。所谓“结构”应理解为兼具“机构”、“体系”和“控制机制”多重含义。[1] 公司治理结构概念最早于20世纪80年代初期出现在经济学文献中。公司治理就是公司组织机构现代化、法治化的问题,其含义有狭义和广义之分。广义的公司治理可以理解为关于企业组织方式、控制机制、利益分配的一系列法律、机构、文化和制度安排,它界定的不仅仅是企业与其所有者之间的关系,而且包括企业与其所有利益相关者之间的关系。狭义的公司治理解决的是因所有权和控制权相分离而产生的代理问题,它要处理的是公司股东与公司高层管理人员之间的关系问题。狭义的公司治理强调解决的权力分离情况下股东和经营者之间的代理问题,而广义的公司治理强调公司利益相关者之间的关系问题。从法学角度讲,公司治理结构就是为维护股东、公司债权人以及社会公共利益,保证公司正常、有效地运营,由法律和公司章程规定的有关公司组织机构之间权力分配与制衡的制度体系。可见,公司治理结构是牵涉公司的股东及相关利益者的利益能否实现和公司能否正常运作的重大问题,它不仅是公司制度的核心,而且对公司和整个社会的经济健康都具有至关重要的作用。

二、公司治理结构的主要模式

由于各国法律、历史文化传统、政治制度及其他条件的不同,以及适应外在环境的差异性,各国公司治理结构的具体模式各有其特点,其所有者、经营者和监督者的角色定位在不同国家存在一定差异,反映了不同的管理理念。根据公司机关内部分权与制衡模式的不同,公司治理结构模式主要表现为以下三种模式。

(一)单层委员会制

在英美法系国家,公司治理结构实行单层委员会制,其特征在于公司的权力集中

---

〔1〕 梁能主编:《公司治理结构:中国的实践与美国的经验》,中国人民大学出版社2000年版,第4页。

于出资方,强调在资本的不断流动中提高效率,此模式以美国与英国为代表,又称英美模式,在此模式下公司只有股东会与董事会,董事会由股东会产生并对股东会负责。股东会作为公司的权力机关外,公司重大事项的决策权由董事会行使,公司高级管理人员也由董事会聘任,公司通常不设专门的监管机构。

从公司法基础理论来讲,服东会是公司的权力机关。是公司利益的唯一享有者。依此,公司治理结构的首要特点是股东本位,董事会是股东选出的经营者。然而,实践中股东会的权力仅限于在公司法与公司章程明文列举的部分,未予列举的则全部由公司执行机关董事会行使。因此,在公司治理结构中,董事会事实上处于核心地位。董事会是公司的经营决策机构,对公司日常的经营活动作出决策;董事会任命公司的高级管理人员如经理、总裁、秘书等来执行公司的业务。在董事会中还可以设立各种委员会,其中重要的就是由外部董事组成的审计委员会,它代表董事会行使对公司业务、财务的监督权。由此可见,这种模式是在董事会内部实行经营权与监督权的分离。就其实质而言,英美模式属于"董事会中心主义"。

(二)双层委员会制

在德国、奥地利、荷兰等大陆法系国家,公司制度实行双层委员会制(双层制),即公司设立具有上下级关系的股东会、董事会和监事会,其特征在于吸收职工参与到公司的经营管理活动中,强调公司的稳定发展。该模式源于荷兰的东印度公司,以德国为代表,故又称德国模式。在董事会与监事会的关系上,该模式为双层结构:由监事会推选董事组成董事会,负责公司的具体经营管理。在监事会与董事会构成的双层结构中,体现民主管理的监事会居于负责经营管理的董事会之上,股东会下设监事会,监事会向股东会负责并报告工作;监事会下设董事会,董事会向监事会负责并报告工作。德国公司治理结构的双层委员会制主要体现了两个方面的特点:一是职工与资本所有者对公司实施共同治理,二是监督职责与经营职责的分离。这种结构实际上也是"董事会中心主义",股东大会的权力被削弱。但是,监事会却拥有着制约董事会的极大权力,其不仅仅行使监督权,还享有董事的任免权以及董事报酬的决定权和重大业务的批准权。

(三)单层二元委员会制

日本公司法在双层委员制的基础上,创设了董事会与监事会处于并列地位的折中模式,在该模式下,监事会和董事会都是由股东会选举产生,二者相互独立并处于并列地位。我国在建立现代企业制度时,在公司制度中引入了法人治理结构的概念,其基本理念是对企业的所有者、管理者和监督者之间的权责利关系进行规范,从而解决企业的不同利益主体之间的利益、约束、风险等问题,显然该模式属于单层二元委员会制,即三个机构之间相互独立、相互制衡、以确保公司各方利益的均衡以及合理目标的实现。

应当说明的是,不管各国公司法对公司治理结构作何具体规定,公司法的规定相对于丰富多彩的公司实践而言,都只是提供了最基本的原则性规定,只能确定公司治理结构的基本架构，规范公司治理结构中的普遍性问题，而不可能概括出统一的、最佳的治理模式。因此，我国《公司法》将许多具体架构规定交由公司章程确定，体现了公司法之私法自治原则。

第二节 股东会

一、股东会的概念、地位

《公司法》第36条规定："有限责任公司股东会由全体股东组成，股东会是公司的权力机构，依照本法行使职权。"从法律的这一规定可以看出，股东会是指依法由全体股东组成的公司权力机构。对于股东会的法律地位应该从以下三个角度去理解：

1. 股东会作为公司的组织机构之一，是公司的最高权力机关。这表明了股东会在公司组织机构中的地位。由于股东会是由公司全体股东组成的，代表着公司资本所有者的权益，因此，其有权决定公司的重大事项，包括选择管理者。它在公司组织机构中居于最高的层次，掌握着公司的最高的权力，是公司的权力机构，这就是公司法对股东会法律地位的界定，并由此决定了股东会与其他组织机构之间的法律关系。

2. 股东会必须由全体股东组成。股东会作为股东行使股东权的法定方式，因此任何一个具有股东资格的人都有权参与股东会，并通过参加公司最高权力机构来行使自己的股东权利。因此，作为股东行使权利的法律机关，股东会必须由全体股东组成，即使是仅持有一股的股东，也有权通过参与股东会表达自己的意思，维护自己的权益。股东无论出资比例大小，都是股东会的组成人员。出资比例高低，只能影响表决权的大小，不影响以股东身份参加股东会。

3. 股东会是法律规定的必须依法设立的公司组织机构。针对不同类型的公司，法律有时会作出比较灵活的规定，如规定国有独资公司不设股东会。但对于一般的有限责任公司来说，股东会为法律规定的必设机构。

二、股东会会议

（一）股东会会议的种类

由于股东会是由人数众多的全体股东组成，但股东会作为组织机构又必须形成自己统一的意志，所以股东会只能采取会议的方式来形成决议。股东会的会议方式一般分为定期会议和临时会议两类。

1. 定期会议，是依照法律和公司章程的规定在法定期限内必须召开的、主要讨论决定公司股东会职权范围内的例行重大事务的会议。有限责任公司的股东会定期会议召开的时间由公司章程规定，一般有限责任公司股东会年会于每个会计年度结束之后即行召开。股份有限公司的股东大会应该每年召开一次，其年会一般于会计年度终了后6个月内召开。

2. 临时会议,又称特别会议,是指在必要时在两次年会之间不定期召开的全体股东会议。《公司法》第39条规定,有限责任公司中经代表1/10以上表决权的股东,1/3以上的董事,监事会或者不设监事会的公司的监事提议召开临时会议的,应当召开临时会议。《公司法》第100条规定,董事人数不足本法规定人数或者公司章程所定人数的2/3时,公司未弥补的亏损达实收股本总额1/3时,单独或者合计持有公司10%以上股份的股东请求时,董事会认为必要时以及监事会提议召开时,都应当在2个月内召开临时股东大会。

(二)股东会的职权

股东会为公司最高权力机构,因此,股东会行使的职权一般是针对公司的重要事项。股东会有法定职权和章程职权两类,公司可以在章程中规定除法定职权以外的其他职权。

根据《公司法》第37条的规定,股东会可以行使下列法定职权:(1)决定公司的经营方针和投资计划;(2)选举和更换非由职工代表担任的董事、监事,决定有关董事、监事的报酬事项;(3)审议批准董事会的报告;(4)审议批准监事会或者监事的报告;(5)审议批准公司的年度财务预算方案、决算方案;(6)审议批准公司的利润分配方案和弥补亏损方案;(7)对公司增加或者减少注册资本作出决议;(8)对发行公司债券作出决议;(9)对公司合并、分立、变更公司形式、解散和清算等事项作出决议;(10)修改公司章程。同时该条第(10)项肯定了公司股东会可以行使公司章程规定的其他职权。

(三)股东会的召集

根据《公司法》第38条和第40条的规定,在有限责任公司中,首次股东会会议由出资最多的股东召集和主持。此处的股东会会议,有限责任公司设立董事会的,股东会会议由董事会召集,董事长主持;董事长不能履行职务或者不履行职务的,由副董事长主持;副董事长不能履行职务或者不履行职务的,由半数以上董事共同推举1名董事主持。有限责任公司不设董事会的,股东会会议由执行董事召集和主持。董事会或者执行董事不能履行或者不履行召集股东会会议职责的,由监事会或者不设监事会的公司的监事召集和主持;监事会或者监事不召集和主持的,代表1/10以上表决权的股东可以自行召集和主持。为了提高股东会会议的效率和股东的出席率,也为了防止董事会或控股股东在股东会上利用突袭手段控制股东会决议,公司法规定,召开股东会会议,应当于会议召开15日以前通知全体股东,但是,公司章程另有规定或者全体股东另有约定的除外。

根据《公司法》第101条的规定,在股份有限公司中,股东大会会议由董事会召集,董事长主持;董事长不能履行职务或者不履行职务的,由副董事长主持;副董事长不能履行职务或者不履行职务的,由半数以上董事共同推举1名董事主持。董事会不能履行或者不履行召集股东大会会议职责的,监事会应当及时召集和主持;监事会不召集和主持的,连续90日以上单独或者合计持有公司10%以上股份的股东可以自行召集和主持。召开股东大会会议,应当将会议召开的时间、地点和审议的事项于会议召开20日前通知各股东。

(四)股东会的议事规则

我国《公司法》第42条、第43条对有限责任公司股东会的议事规则、表决方式等进行了规定:股东会会议由股东按照出资比例行使表决权,但公司章程另有规定的除外。股东会的议事方式和表决程序,除法律有规定的外,由公司章程规定。这两个法律条文肯定了股东表决权、股东会议事方式和表决程序的协议安排,充分体现了公司自治精神。

根据《公司法》的规定,有限责任公司股东会的决议方式有两种,一种是通过召开股东会议的方式做出决议,另一种是指当股东对股东会职权范围内的事项以书面形式一致表示同意的,可以不召开股东会会议,直接做出决定,由全体股东在决定文件上签名、盖章即可。这是法律对股东会书面决议的认可,也是出于对公司提高效率的合理安排。

根据《公司法》第43条的规定,有限责任公司股东会的一般决议依公司章程表决,但股东会会议做出修改公司章程、增加或者减少注册资本的决议,以及公司合并、分立、解散或者变更公司形式的决议,必须经代表2/3以上表决权的股东通过。

根据《公司法》第103条的规定,股份有限公司股东大会采取一股一权的表决权规则,股东大会的一般决议,必须经出席会议的股东所持表决权过半数通过。但是,股东大会作出修改公司章程、增加或者减少注册资本的决议,以及公司合并、分立、解散或者变更公司形式的决议,必须经出席会议的股东所持表决权的2/3以上通过。

(五)股东会决议的无效和撤销

股东会的决议是公司团体的意思表示,一经依法形成即发生效力。但由于各种原因的存在,股东会的决议可能存在瑕疵,或者在内容上有悖于法律或者章程,或者是在程序上违反法律的规定。我国《公司法》对股东会(董事会)决议的无效和撤销作出了明确的规定。

1. 股东会决议的无效

股东会决议内容违反法律或者公司章程的,该决议属于无效决议。决议内容是否违反了法律或者章程,决议本身即可做出判断,无须经其他程序确认,因而,这种无效被称为当然无效,这与民法中的绝对无效的民事行为相同,自始无效,绝对无效,不以特定人提起诉讼为无效要件。我国《公司法》并未将违反公司章程作为股东会决议无效的事由,只是强调“决议内容违反法律、行政法规的无效”。

2. 股东会决议的撤销

股东会的召集程序或者决议方法违反法律和章程规定时,股东在一定期限内可以请求法院作出撤销其决议的判决,宣告其决议无效。

3. 股东诉讼的担保

为维护公司权益,防止股东滥诉,我国公司法规定,股东提起股东会、董事会决议无效或撤销之诉的,人民法院可以应公司的要求,要求股东提供相应的担保。在诉讼前,公司根据股东会、董事会决议已经办理变更登记的,法院宣告该决议无效或者撤销该决议后,公司应当向公司登记机关申请撤销变更登记。

第三节 董 事 会

一、董事会的概念及职权

(一)董事会的概念

董事会是由董事组成的、对内掌管公司事务、对外代表公司的经营决策机构。公司设董事会,由股东会选举产生。在公司的治理结构中,董事会具有以下特征:

1. 董事会由股东会选举产生,对股东会负责,贯彻执行股东会的决议。股东会认为董事会的工作没有达到忠实和勤勉义务的,可以通过法律或章程规定的程序撤换或罢免董事会成员。

2. 董事会是公司的核心机关。董事会不仅仅是股东会的业务执行机关,它还具有独立的权限和责任,在事实上董事会已成为公司经营决策的核心,除了法定的股东会决议事项外,董事会对大部分的事项均可作出独立决定。这点在英美法系国家表现得尤为突出。

3. 董事会是执行公司事务的机关。董事会的权力不能分解于董事个人。任何董事均不能以个人名义行使董事会权力。董事会行使权力只能是通过召开董事会会议,通过表决程序形成代表董事会集体意思的决议。董事会会议实行委员会制,按照少数服从多数的原则来确定董事会的意思。因而,各国公司法大多明确规定了董事人数应为单数。

4. 董事会是公司的必设和常设机构,只有特定情况下,股东人数较少和规模较小的有限责任公司可以不设董事会,由一名执行董事来行使董事会的职权。

(二)董事会的职权

各同公司法都赋予了董事会十分广泛的职权,这些职权一般分为两类,即对内的经营管理权和对外的业务代表权。我国公司立法对董事会的职权采用列举法明确规定。相比较其他国家,尤其是英美法系国家,我国公司董事会的权力范围相对较小。根据我国《公司法》第46条、第108条之规定,在我国的公司治理结构中,董事会享有以下职权:(1)召集股东会会议,并向股东会报告工作;(2)执行股东会的决议;(3)决定公司的经营计划和投资方案;(4)制订公司的年度财务预算方案、决算方案;(5)制订公司的利润分配方案和弥补亏损方案;(6)制订公司增加或者减少注册资本以及发行公司债券的方案;(7)制订公司合并、分立、解散或者变更公司形式的方案;(8)决定公司内部管理机构的设置;(9)决定聘任或者解聘公司经理及其报酬事项,并根据经理的提名决定聘任或者解聘公司副经理、财务负责人及其报酬事项;(10)制定公司的基本管理制度;(11)公司章程规定的其他职权。

二、董事会的产生

(一)董事会的产生

在公司兴起的早期,各国立法一般不对董事人选附加限制条件。但随着公司管理专业化的要求日益突出,各国公司法都对董事的任职资格规定了限制条件,法律一般从积极资格与消极资格两个方面规范董事的任职资格,一般包括以下几项:

(1)身份条件。关于董事人选的身份条件,各国公司立法上要围绕两个方面加以规范:首先,董事人选是否必须是公司股东,对此,主要有三种立法模式:一是董事必须具有股东身份,如英国、法国;二是允许非股东充任董事,如美国、日本及我国台湾地区;三是原则上不要求董事必须是股东,但允许公司以章程规定董事必须持有资格股,如德国。我国《公司法》对此并未作具体规定。其次,是否允许法人担任董事。美国、德国等国家的公司法规定董事必须是自然人,法人不能够担任董事;英国、我国台湾地区则规定法人可以担任董事,但必须指定一名有行为能力的自然人作为其常任代表。我国《公司法》对此未作规定。

(2)年龄条件。各国公司法均规定未成年人不能担任公司董事,对年龄上限,多数国家不作限制,但也有少数国家对年龄超过一定限度的人出任董事附加了一定条件。如英国公司法规定,如果任命一个超过70岁的董事,需要股东会通过决议对此情况作特别说明。法国公司法则规定,70岁以上的董事不能超过董事会成员的1/3,董事长年龄不能超过65岁。我国《公司法》对董事的年龄条件并未作明确规定,但有关于无民事行为能力人和限制民事行为能力人不能担任公司董事的规定。

(3)国籍条件。多数国家对董事人选的国籍没有限制,但有少数国家规定董事人选必须具有特定国籍或居民身份。如瑞士公司法就规定,如果公司只有一名董事,则该董事必须是居住在瑞士境内的瑞士公民;如果有数名董事,则该董事会的多数成员必须是居住在瑞士境内的瑞士公民。我国《公司法》未对董事人选的国籍或居民身份作出限制。

(4)能力、品行条件。为避免股东信任的落空,多数国家的公司立法都限制禁止有不良行为记录或个人资信状况较差的人出任董事。我国《公司法》第146条规定,有下列情形之一的,不得担任公司的董事、监事、高级管理人员:①无民事行为能力或者限制民事行为能力;②因贪污、贿赂、侵占财产、挪用财产或者破坏社会主义市场经济秩序,被判处刑罚,执行期满未逾5年,或者因犯罪被剥夺政治权利,执行期满未逾5年;③担任破产清算的公司、企业的董事或者厂长、经理,对该公司、企业的破产负有个人责任的,自该公司、企业破产清算完结之日起未逾3年;④担任因违法被吊销营业执照、责令关闭的公司、企业的法定代表人,并负有个人责任的,自该公司、企业被吊销营业执照之日起未逾3年;⑤个人所负数额较大的债务到期未清偿。公司违反前款规定选举、委派董事、监事或者聘任高级管理人员的,该选举、委派或者聘任无效。董事、监事、高级管理人员在任职期间出现上述所列情形的,公司应当解除其职务。

(5)其他条件。为避免董事利用其特殊地位,损害公司利益,有些国家的公司法还规定为承担特定社会角色的人不能兼任公司董事,一些国家的法律明确禁止政府官员、公证员、律师兼任公司董事,监事不得为本公司董事。

(二)董事会的组成及任期

董事会通常设董事长1名,副董事长若干名。董事长对内为股东会、董事会的主席,对外则多为公司的法定代表人。我国《公司法》规定:有限责任公司的董事会由3人至13人组成,董事会设董事长1人,可以设副董事长;股东人数较少或者规模较小的有限责任公司,可以设1名执行董事,不设董事会。董事长、副董事长的产生办法由公司章程规定。董事长可为公司的法定代表人。两个以上的国有企业或者两个以上的其他国有投资主体投资设立的有限责任公司,其董事会成员中应当有公司职工代表;其他有限责任公司董事会成员中可以有公司职工代表。董事会中的职工代表由公司职工通过职工代表大会、职工大会或者其他形式民主选举产生。股份有限公司的董事会由5~19人组成,董事会设董事长1人,可以设副董事长。董事长和副董事长由董事会以全体董事的过半数选举产生。董事长可为公司的法定代表人。

董事的任期,各国的规定不同,但大多规定了最长期间,其任期短者1~2年,长者5~6年。我国《公司法》规定,董事任期不得超过3年,可连选连任。首届董事任期自公司成立时起算,公司成立之后改选的董事,则除股东会决议规定了起讫日期或自上届董事任期届满之日计算外,应自当选之日起算。

三、董事会会议

(一)董事会会议的种类

董事会会议是指董事会在职责范围内研究决策公司重大事项和紧急事项而召开的会议,由董事长主持召开,根据议题可请有关部门及相关人员列席。董事会会议是董事会议事的主要形式。董事按规定参加董事会会议是履行董事职责的基本方式。

董事会定期会议是指由法律和公司章程确定的每年度定期召开的董事会会议。至于每一年度召开几次,由公司章程在法律确定的限度内自定。我国《公司法》规定,股份有限公司董事会每年度至少召开两次会议;有限责任公司董事会会议的次数,《公司法》未作具体限制,由公司章程确定。

临时会议,亦称特别会议,是遇有法定事由不定期召开的董事会会议。我国《公司法》规定,股份有限公司代表1/10以上表决权的股东、1/3以上董事或者监事会,可以提议召开董事会临时会议。董事长应当自接到提议后10日内,召集和主持董事会会议。在上市公司,经全体独立董事1/2以上同意,独立董事有权提议召开董事会。

（二）董事全会议的召集和决议

我国《公司法》第47条规定：董事长召集和主持董事会会议，检查董事会决议的实施情况。董事长不能履行职务或者不履行职务的，由副董事长履行职务；副董事长不能履行职务或者不履行职务的，由半数以上董事共同推举一名董事履行职务。

我国《公司法》未规定有限责任公司董事会会议的法定人数。而是授权公司章程自行规定，而将股份有限公司董事会会议的法定人数规定为董事会总人数的过半数。当董事不能亲自出席董事会会议时，可以书面委托他人代理出席。我国《公司法》规定了股份有限公司董事职权可以代理行使，而对有限责任公司未作规定，应理解为公司法授权公司章程决定。

与股东会决议一样，董事会决议也可分为普通决议和特别决议。普通决议用于决定一般事项，只需符合法定人数的出席董事的简单多数同意，即可通过。特别决议则用于决定特别事项，通常需要有2/3董事出席并经过半数或者更多的出席董事同意方能形成。适用特别决议的特别事项，通常由公司章程确定。

董事会表决实行一人一票制，每一名董事对提请董事会审议的事项有一票表决权。根据他国立法例及商事惯例，当决议事项与董事有利害关系时，该董事应当回避，不得参与表决。

我国《公司法》第48条规定，有限责任公司董事会的决议方式和表决程序由公司章程规定。对股份有限公司的董事会决议也仅作了原则性规定：董事会会议应有过半数的董事出席方可举行。董事会作出决议，必须经全体董事的过半数通过。

第四节　监　事　会

一、监事会的概念及职权

监事会是由股东（大）会选举的监事以及由公司职工民主选举的监事组成的，对公司的业务活动进行监督和检查的法定必设和常设机构。监事会，也称公司监察委员会，是股份公司法定的必备监督机关，是在股东（大）会领导下，与董事会并列设置，对董事会和总经理行政管理系统行使监督的内部组织。

监事的人数应视公司的类型、规模以及经营范围而定，各国一般都是授权公司根据具体情况以章程确定。我国《公司法》规定，监事会成员不得少于3人，有限责任公司股东人数较少或规模较小的，可以不设监事会，设一至二名监事。监事会设主席一人，股份有限公司还可设副主席，主席和副主席由全体监事过半数选举产生。

我国《公司法》规定，监事会享有以下职权：（1）检查公司财务；（2）对董事、高级管理人员执行公司职务的行为进行监督，对违反法律、行政法规、公司章程或者股东会决议的董事、高级管理人员提出罢免的建议；（3）当董事、高级管理人员的行为损害公司的利益时,要求董事、高级管理人员予以纠正;(4)提议召开临时股东会会议,在董事会不履行本法规定的召集和主持股东会会议职责时召集和主持股东会会议;(5)向股东会会议提出提案;(6)依照本法第152条的规定,对董事、高级管理人员提起诉讼;(7)公司章程规定的其他职权。

二、监事会的产生及议事规则

(一)监事的选任

在不实行职工参与制的国家,监事会代表股东利益,监事一般由股东会选任,其选任方式与董事相同。除此之外,股份有限公司在发起设立时,可以由发起人互选监事;在募集方式设立时,由创立大会选举出监事。有限责任公司的监事还可以在章程中指定。在实行职工参与制的国家,监事分别由股东会、职工或工会选任。我国《公司法》规定,监事会应当包括股东代表和适当比例的公司职工代表,其中职工代表的比例不得低于1/3,具体比例由公司章程规定。监事会的股东代表由股东会选任、职工代表由公司职工民主选任。董事、高级管理人员不得兼任监事。

我国《公司法》规定:监事的任期每届为3年。监事任期届满,连选可以连任。监事任期届满未及时改选,或者监事在任期内辞职导致监事会成员低于法定人数的,在改选出的监事就任前,监事仍应当按照法律、行政法规和公司章程的规定,履行监事的职务。

(二)监事会会议的召集与决议

我国《公司法》规定:有限责任公司监事会每年度至少召开一次会议,监事可以提议召开临时监事会会议。监事会的议事方式和表决程序,除本法有规定的外,由公司章程规定。监事会决议应当经半数以上监事通过。监事会应当对所议事项的决定作成会议记录,出席会议的监事应当在会议记录上签名。

股份有限公司监事会设主席一人,可以设副主席。监事会主席和副主席由全体监事过半数选举产生。监事会每6个月至少召开一次会议,监事可以提议召开临时会议。监事会的议事方式和表决程序,除本法有规定的外,由公司章程规定。监事会决议应当经半数以上监事通过。

监事会主席召集和主持监事会会议;监事会主席不能履行职务或者不履行职务的,由监事会副主席召集和主持监事会会议;监事会副主席不能履行职务或者不履行职务的,由半数以上监事共同推举一名监事召集和主持监事会会议。

第五节　经　　理

一、经理的概念

“经理”一词,在大陆法系国家的立法与学说中含义相当复杂。采民商分立立法例的国家和地区一般都在商法典总则中对经理作出规定,而采用民商合一立法例的国家和地区,则一般都在民法典中对经理作出具体规定。依照日、韩商法典的规定,经理人属"商业使用人"范畴,与商人不是同一概念,他是"给予代替营业主而行使营业中一切裁判上和裁判外行为权限的雇佣人"。[1] 德国商法典虽然未对经理给出明确定义,但规定:"经理权只能由营业的所有人或其法定代理人、并且只能以明示的意思表示授予。"[2]我国澳门地区商法典对经理作了较为清晰的解释,认为"经理系指商业企业主委任以经营企业之人,该委任得按商业习惯以任何职务名称为之"。[3] 这一解释颇有独到之处,其价值就在于把握了经理地位的实质意义,不因名称形式而否决其具有实质经理地位的人的身份,而从这个意义讲,经理是法律创制的"人",其身份特性为法律所赋予。与商法典不同的是,民法典是从契约角度来解释经理的地位。如《意大利民法典》在劳动编中将经理定义为"接受企业主的委托经营商业企业的人"。[4] 我国台湾地区"民法"同样在债编中对经理作了规定,认为经理是"有为商号管理事务,及为其签名之权利之人。"[5]经理,在现代公司治理结构中,是指在董事会的领导下负责公司日常生产经营管理工作的业务执行机构,是由董事会聘任的、负责组织日常经营管理活动的公司常设业务执行机关。

在现代公司中,股东会负责公司各项重大事项的决策;董事会负责执行股东会决策,同时还要承担股东会权限之外的经营决策,董事会为了履行自己的上述职能,就需要有一批专门的经营管理人员来帮助自己达到经营管理公司的目的,特别是在规模相对较大的公司,业务繁重,仅靠董事会无法承担日常的经营管理工作,那么就更需要专门的机构来辅助董事会进行业务执行和经营管理工作。

二、经理的职权

我国《公司法》第49条规定:有限责任公司可以设经理,由董事会决定聘任或者解聘。经理对董事会负责,行使下列职权:(1)主持公司的生产经营管理工作,组织实施董事会决议;(2)组织实施公司年度经营计划和投资方案;(3)拟订公司内部管理机构设置方案;(4)拟订公司的基本管理制度;(5)制定公司的具体规章;(6)提请聘任或者解聘公司副经理、财务负责人;(7)决定聘任或者解聘除应由董事会决定聘任或者解聘以外的负责管理人员;(8)董事会授予的其他职权。公司章程对经理职权另有规定的,从其规定。

经理的职权主要包括这样四个方面:第一,组织经营权。经理是公司日常业务的执行机构,要负责公司的日常生产经营管理工作。同时,经理作为董事会的执行机构,还要负责执行董事会制定的公司年度经营计划、投资方案以及董事会的其他决议。第

---

[1] [日]龙田节编:《商法略说》,谢次昌译,甘肃人民出版社1985年版,第3页。

[2] 参见《德国商法典》第48条(1)。

[3] 参见《澳门商法典》第64条(1)。

[4] 参见《意大利民法典》第2203条。

[5] 我国台湾地区"民法"第553条。在"公司法"中经理人属于职务范围内的公司负责人之一。

二,公司内部规章的拟订、制定权,包括公司内部机构设置方案、公司基本管理制度的拟订权和公司的其他具体规章的制定权。第三,人事任免权。经理可以向董事会提出公司副经理、财务负责人的人选,由董事会决定聘任或者解聘;同时,经理可以直接聘任或者解聘除应由董事会决定聘任或者解聘以外的其他负责管理人员。第四,董事会授予的其他职权。此外,经理作为董事会的执行机构,还可以列席董事会会议。

经理作为公司的常设机构,属于公司的雇员,公司章程有权对经理的职权做出不同于法律的规定。因而,《公司法》规定,公司章程对经理职权另有规定的,从其规定。例如,有的国家公司法为了保护公司股东的股东权,保证公司的核心财产的安全,对公司经理处分公司不动产的权利进行限制。如《德国商法典》第 49 条第 2 款规定:"对于不动产的转让与抵押,只有当经理人被专门授予这方面的权限时,他才有权处理该事务。也只有在经理被特别授权时,他才有权出让不动产或在不动产上设定负担。"《公司法》虽然没有做出类似限制,但如果公司章程对经理的职权作出了限制性规定,应按照章程的规定执行。当然,公司章程如果将经理法定职权以外的其他权利赋予经理,也是《公司法》所允许的。

第六节 董事、监事、高级管理人员的义务

一、董事、监事、高级管理人员的任职资格

董事、监事、高级管理人员对于一个公司经营的成败起着非常重要的作用,因而,各国公司法都会对其任职资格予以一定的限制。根据我国《公司法》第 146 条的规定,有下列情形之一的,不得担任公司的董事、监事、高级管理人员:

(1)无民事行为能力或者限制民事行为能力人。这是对公司董事、监事、高级管理人员的最为基本的要求。董事、监事、高级管理人员要执行公司职务,独立行使权利、履行义务并承担责任,因此,首先必须具备完全行为能力。

(2)因贪污、贿赂、侵占财产、挪用财产或者破坏社会主义市场经济秩序,被判处刑罚,执行期满未逾 5 年,或者因犯罪被剥夺政治权利,执行期满未逾 5 年。董事、监事、高级管理人员管理、监督的是公司财产的运营,应当具有较高的诚信度,而对于那些采取非法手段牟取私利的人,应当限制他们担任公司的董事、监事和高级管理人员。因此,对于因贪污、贿赂、侵占财产或者破坏社会主义市场经济秩序,被判处刑罚或者因犯罪被剥夺政治权利的人员,在刑罚执行期满后的一定期限内,不适宜担任公司领导职务。

(3)担任破产清算的公司、企业的董事或者厂长、经理,对该公司、企业的破产负有个人责任的,自该公司、企业破产清算完结之日起未逾 3 年。有这类情形的人员通常在经营管理能力方面有所欠缺,应该让他们经过一段时间的重新实践学习,积累经验

并提高能力后，再从事公司经营管理工作。

(4)担任因违法被吊销营业执照、责令关闭的公司、企业的法定代表人，并负有个人责任的，自该公司、企业被吊销营业执照之日起未逾3年。这类人员属于对公司、企业的严重违法行为负有领导责任的人员，这类人员缺乏守法意识，应当让他们经过一段时间的反省、增强法律观念、培养守法意识后，再来担任公司的领导职务。

(5)个人所负数额较大的债务到期未清偿。发生这类情形可能是由于当事人不信守承诺，到期不清偿债务，也可能是当事人无力偿还。不管属于哪种情况，聘请这类人员担任公司领导职务都是有很大风险的。另外，根据《公务员法》的有关规定，国家公务员不得兼任公司的董事、监事、高级管理人员。

公司如果违反规定选举、委派具有上述情形的董事、监事或者聘任高级管理人员的，该选举、委派或者聘任无效。董事、监事、高级管理人员在任职期间出现上述所列情形的，公司应当解除其职务，重新选任。这是强调高管人员任职期间需要持续满足任职资格的要求，与前款结合之后使任职资格的限定更加周密。注意，此处所谓高级管理人员，根据《公司法》第217条的规定，具体是指公司的经理、副经理、财务负责人，上市公司董事会秘书和公司章程规定的其他人员。

二、董事、监事、高级管理人员的忠实义务

(一)忠实义务的概念

忠实义务，在大陆法系中也被称作“善意行事的义务”，在英美法系有时被称作“受托义务”，是指董事、监事、高级管理人员在履行职责时，必须以公司的最大利益为基础和出发点，不得使自己的利益与所承担的对公司和股东的义务发生任何冲突，不得做出有损于公司利益的行为。忠实义务体现了民法中的诚实信用原则，其本质属性是公司高管与公司之间因信义义务而产生的诚信法律关系。忠实义务要求公司高管应尽力实现公司利益最大化，并且在任何时候都应将公司利益放在首位。只有公司高管认真严谨地履行了忠实义务规范，公司的各项内部控制制度和外部法律监督制度，才能够顺畅有序地运转。在英、美公司法中，忠实义务是由董事具有代理人和受托人的双重地位决定的，董事与公司之间更多体现为一种信托关系，而大陆法系国家公司法中的忠实义务更多源于董事与公司的委任关系或代表关系。我国《公司法》在充分借鉴两大法系国家公司法的基础上，较为系统全面地规定了董事忠实义务的具体内容。

(二)忠实义务的具体内容

董事、监事、高管的忠实义务有自己的表现形式和内容，各国忠实义务的具体表现也不尽相同，但是一般来说，忠实义务的主要内容可以概括如下：

1. 自我交易禁止

董事、高级管理人员作为公司的代理人，不得同作为本人的公司缔结合同，将自己的财产转让给公司，由公司对董事提供贷款或就第三人对董事的贷款或准贷款提供担保。实践中，自我交易主要有三种表现形式：(1)自我贷款，指公司对董事、高级管理人员提供贷款或准贷款或者是为董事的贷款或准贷款提供担保;(2)自我契约,指董事、高级管理人员与公司订立合同,转让或受让公司的财产;(3)自我雇佣,指公司雇佣董事自己为公司提供相应的劳务服务,如雇佣公司董事为公司的法律顾问、会计师等。各国公司法对于自我交易持严厉的禁止态度,主要就是担心董事在从事自我交易时会利用自己手中所掌握的权利损害公司利益而使自己获取不当利益。

2. 不得利用公司机会之义务

董事、监事、高级管理人员利用其所居职位,可以接触到大量的商业信息,对于该种信息,董事应将其提供给公司,以促进公司利益的发展,不得置公司利益于不顾,而谋取私利。关于公司机会的理论,首先发源于美国,在英国和大陆法系的德国也存有此种学说。关于公司机会的含义,1984 年美国法学会出版的《公司控管规则》曾有如下描述:“一个公司机会是指在商业活动中产生的机会(包括合同权利和其他有形或无形财产的利用)。”我国《公司法》第 148 条第 1 款第 5 项规定:“未经股东会或者股东大会同意,利用职务便利为自己或者他人谋取属于公司的商业机会,自营或者为他人经营与所任职公司同类的业务。”依此,我国《公司法》已明确规定了禁止董事篡夺公司机会之义务。

3. 竞业禁止义务

我国《公司法》第 148 条第 1 款第 5 项规定:“未经股东会或者股东大会同意,利用职务便利为自己或者他人谋取属于公司的商业机会,自营或者为他人经营与所任职公司同类的业务。”同条第 2 款规定,“董事、高级管理人员违反前款规定所得的收入应当归公司所有。”实践中,公司董事、高管若从事与公司所营业务具有竞争性的业务,则不仅会在利益上与公司存在冲突,而且公司高管还有可能滥用本应属于公司的商业机会。因此,各国公司法都有关于公司高管竞业禁止义务的规定。例如,《意大利民法典》第 2390 条规定,“董事不得在其他与公司竞争的公司中出任无限责任股东,也不得为自己或他人的利益从事与公司竞争的业务,经股东大会准许的情况不在此限。”《联邦德国股份公司法》第 88 条第 1 项规定,“未经监事会许可,董事会成员既不允许经商,也不允许在公司业务部门中为本人或他人的利益从事商业活动。未经许可,他们不得担任其他商业公司的董事会成员,或者业务领导人,或者无限责任股东。监事会的许可只能授予某些商业部门或商业公司或某种商业活动。”

4. 保守公司秘密义务

公司商业秘密关系到公司的生存与发展,董事对他们自己掌握的有关公司的秘密,不得泄露给公司之外的其他人,否则,对公司造成的损害应承担法律责任。我国《公司法》第 148 条第 1 款第 7 项规定,董事、高级管理人员不得擅自披露公司秘密。董事、高级管理人员泄露公司秘密的行为如果仍在持续,公司可以请求法院责令董事、高级管理人员停止实施该种行为,造成损害的,应责令董事、高级管理人员和其他有关人员对公司承担赔偿责任。

5. 其他忠实义务

我国《公司法》第148条第1款在对董事、高级管理人员的忠实义务作了具体规定的基础上，又在第8项作了补充规定：董事、高级管理人员不得有“违反对公司忠实义务的其他行为”，这一兜底性条款，使未能列举的董事、高级管理人员的忠实义务得以被涵括。

三、董事、监事、高级管理人员的勤勉义务

勤勉义务，在大陆法系往往被称为“善良管理人的注意义务”，在英美法系国家被称为“注意义务”、“勤勉、注意和技能义务”。忠实义务和勤勉义务一并构成公司董事、监事和高管法律义务的两大类。忠实义务的重点在于董事、监事、高管行为的目的以及做出决策的出发点是否正确，是否为了实现公司的利益最大化；勤勉义务的着重点则是董事、监事、高管的行为本身以及做出决策的过程是否尽职、到位，如果董事、高管在履行职责时没有达到合理的谨慎程度，则应对公司承担相应的法律责任。法律要求董事对公司负有勤勉义务，还要求在履行职务时必须具备一定的专业知识、技能并应当谨慎。就现代公司的职权设定来看，勤勉义务主要是指董事在进行决策时，具有积极获取相关信息并谨慎决策的义务。具体要求是，董事在进行任何一项商业决策之前，都应当全面收集并了解可合理获得的实质性信息，董事不能只是进行简单的信息收集，还应当以一种“批评性眼光来评估和处理相关信息的义务”，同时还要求董事应在知悉相关信息的基础上，本着履行其义务的必要注意而行为。忠实义务侧重点在于考察董事是否存在实体上的利益冲突，而勤勉义务则关注的主要是董事的决策程序，在于对董事决策程序完备性的要求方面，美国法院一般认为，董事在决策时没有考虑和考虑不够之间存在本质的区别；只要董事进行了一定形式的考虑，即使该考虑是最基本的，法院也不应再审查董事的决策程序；董事进行了一些考虑但省略了部分程序的行为不违反勤勉义务。

我国《公司法》第149条原则性地确立了董事、监事、高级管理人员的勤勉义务，该条规定：“董事、监事、高级管理人员执行公司职务时违反法律、行政法规或者公司章程的规定，给公司造成损失的，应当承担赔偿责任。”该规定与我国台湾地区“公司法”第23条第1款之规定基本相同，均未就其界定标准作出相应规定，但随着高管违反勤勉义务案件的增加，对高管勤勉义务的判断标准早已是亟待解决的难题，因此，董事、监事、高级管理人员勤勉义务的具体界定还有赖于司法实践尤其是司法解释对其进行完善。

思考题

1. 试述公司治理结构中的基本模式及发展方向。
2. 试述表决权的代理行使中的法律规制。
3. 试述股东会会议的召集程序。

4. 试析董事会决议的表决方式。

5. 简述董事、高级管理人员的忠实义务的主要内容。

6. 某股份有限公司于2008年3月10日组成，股本总额为人民币3000万元，其中2200万元系向社会公开发行募集的股本。2009年1月8日，该公司为进行技术改造，增资发行1000万元股本。2011年为增加实力，与另一股份有限公司进行合并。两公司于3月10日作出合并决议，4月1日通知债权人，5月6日开始在报纸上刊登公告两次，并于8月1日正式合并，并办理了工商登记。该股份有限公司董事会召开年度会议。董事会成员为15人，本人出席会议的5人，有3人因故不能出席而委托他人参加会议，其中甲委托董事长代为出席，乙委托某监事代为出席，丙委托其出任董事的本法人股东单位的一位负责人出席。董事会会议日程包括：(1)决定公司投资方案；(2)就发行公司债券作出决议；(3)决定公司内部管理机构的设置调整；(4)制定公司若干具体规章。以上各事项均经出席会议董事的过半数通过。

试问：该公司的上述活动有无与《公司法》不符之处。如有不符之处，请说明原因。

第十六章　公司的财务与会计

◇ 知识结构图

- 公司的财务与会计
  - 公司财务会计概述
    - 财务会计的概念
    - 财务会计制度的法律调整
  - 公司财务会计报告
    - 公司财务会计报告的概念
    - 公司财务会计报告的构成
    - 财务会计报告的编制、审查及披露
  - 公司税后利润分配
    - 分配原则和顺序
    - 公积金制度

◈ 本章导读

公司的财务会计法律制度是规范公司财务管理和会计核算的基本规则，功能在于以货币价值形式及时、准确地反映公司的财务状况和经营成果，向经营者、投资者和管理者等相关各方提供可以依赖的财务会计资料与信息。本章首先介绍了财务会计的概念及调整财务会计制度的法律依据，接着阐述了财务会计报告的编制、审查及披露规则，最后介绍了公司利润分配和公积金制度。

◉ 司考重点

公司财务会计报告的审查与披露规则、公司税后利润的分配顺序、公积金的提取和用途

第一节　公司财务会计概述

一、财务会计的概念

公司财务是指公司生产经营活动中有关资金筹集、使用、管理和收益分配的活动。

公司会计是指以货币为计量单位,以记账、算账和报账等方式,对公司的整个财务活动和经营状况进行核算和监督的活动,公司财务与会计密不可分。

调整公司财务与会计活动的各项法律规则被称为公司财务会计制度。我国《公司法》第163条规定:"公司应当依照法律、行政法规和国务院财政部门的规定建立本公司的财务、会计制度。"建立财务会计制度有利于保护股东利益、债权人利益和社会公众利益,有利于提升公司经营管理水平,也有利于实施政府监督。

二、财务会计制度的法律调整

在我国,调整公司财务会计的法律除了《公司法》之外,还有《证券法》、《会计法》、《注册会计师法》、《企业财务会计报告条例》、财政部发布的企业会计准则、证监会发布的规章等。

第二节　公司财务会计报告

一、公司财务会计报告的概念

财务会计报告是指企业对外提供的反映企业某一特定日期财务状况和某一会计期间经营成果、现金流量等会计信息的文件。我国《公司法》第165条规定:"公司应当在每一会计年度终了时编制财务会计报告,并依法经会计师事务所审计。财务会计报告应当依照法律、行政法规和国务院财政部门的规定制作。"

二、公司财务会计报告的构成

公司财务会计报告包括财务报表和其他相关信息。财务报表至少应当包括资产负债表、利润表、现金流量表等报表及其附注。公司对外编制的财务会计报告分为年度、半年度、季度和月度财务会计报告。

三、财务会计报告的编制、审查及披露

公司的财务会计报告应在公司董事会的领导下,在财务经理的直接主持下完成。

监事会、不设监事会的公司的监事可对公司财务进行检查。监事会、不设监事会的公司的监事发现公司经营情况异常,可以进行调查;必要时,可以聘请会计师事务所等协助其工作,费用由公司承担。公司的财务会计报告应当依法经会计师事务所审计。

有限责任公司应当按照公司章程规定的期限将财务会计报告送交各股东。股份

有限公司的财务会计报告应当在召开股东大会年会的20日前制备于本公司,供股东查阅;公开发行股票的股份有限公司必须公开其财务会计报告。

第三节 公司税后利润分配

一、分配原则和顺序

公司可对当年税后利润进行分配。我国《公司法》第166条第4款规定:“公司弥补亏损和提取公积金后所余税后利润,有限责任公司依照本法第三十五条的规定分配;股份有限公司按照股东持有的股份比例分配,但股份有限公司章程规定不按持股比例分配的除外。”第166条第2款规定:“公司的法定公积金不足以弥补以前年度亏损的,在依照前款规定提取法定公积金之前,应当先用当年利润弥补亏损。”利润分配应当按照如下顺序进行:弥补以前年度的亏损;提取10%的法定公积金;提取任意公积金;向投资者分配利润。公司进行利润分配时,相同种类的每一股份所分得的利润应该相同。但根据《公司法》第166条第6款的规定,公司持有的本公司股份不得分配利润。有限公司股东按照实缴的出资比例分取红利,全体股东另有约定的除外;股份公司股东按照持有的股份比例分得红利,公司章程另有规定的除外。《公司法》第167条第5款规定:“股东会、股东大会或者董事会违反前款规定,在公司弥补亏损和提取法定公积金之前向股东分配利润的,股东必须将违反规定分配的利润退还公司。”

二、公积金制度

公积金是依照法律和公司章程的规定以及股东会决议而积累的资金。公积金有助于弥补意外亏损,增强公司财力,扩大公司业务。我国《公司法》第168条规定:“公司的公积金用于弥补公司的亏损、扩大公司生产经营或者转为增加公司资本。但是,资本公积金不得用于弥补公司的亏损。法定公积金转为资本时,所留存的该项公积金不得少于转增前公司注册资本的百分之二十五。”

(一)资本公积金

资本公积金是指公司非营业活动所产生的收益。我国《公司法》第168条规定:“股份有限公司以超过股票票面金额的发行价格发行股份所得的溢价款以及国务院财政部门规定列入资本公积金的其他收入,应当列为公司资本公积金。”除了溢价款,资本公积金的来源还有国务院财政主管部门规定列入资本公积金的其他收入,例如,处置公司资产所得收入、资产重估价值与账面净值的差额、接受捐赠等。《公司法》第204条规定:“公司不依照本法规定提取法定公积金的,由县级以上人民政府财政部门责令如数补足应当提取的金额,可以对公司处以二十万元以下的罚款。”

(二)盈余公积金

盈余公积金是指公司按照规定从净利润中提取的累计资金。它包括:(1)法定公积金。法定公积金是指公司法规定必须从税后利润中提取的公积金。我国《公司法》第 167 条第 1 款规定："公司分配当年税后利润时，应当提取利润的百分之十列入公司法定公积金。公司法定公积金累计额为公司注册资本的百分之五十以上的，可以不再提取。"(2)任意公积金。《公司法》第 167 条第 3 款规定："公司从税后利润中提取法定公积金后，经股东会或者股东大会决议，还可以从税后利润中提取任意公积金。"

思考题

1. 公司财务会计报告的审查规则是什么？
2. 公司财务会计报告的披露规则是什么？
3. 公积金的提取和使用规则是什么？
4. 公司盈余的分配顺序是什么？

第十七章　公司的变更与终止

◇ 知识结构图

- 公司的变更与终止
  - 公司的合并
    - 公司合并概述
    - 公司合并的程序
    - 公司合并的法律后果
  - 公司的分立
    - 公司分立概述
    - 公司分立的法律后果
  - 公司的解散与清算
    - 公司清算的概念
    - 公司清算的种类
    - 公司清算的程序
    - 清算组

◈ 本章导读

本章首先从公司的合并、分立的概念和特征入手，主要介绍了公司的合并、分立的形式、程序及公司合并、分立的法律后果和意义等内容，试图通过公司法的基本机理使学生对这种现代社会中重要的经济现象有深刻的理解。

◉ 司考重点

公司合并的概念、形式，公司合并的程序和法律效果，公司合并的程序和法律效果；公司解散的概念、分类；公司清算的概念、分类，清算组的产生和职权，清算程序，与公司解散、清算相关的特殊问题

第一节　公司的合并

一、公司合并概述

公司合并是指,两个或两个以上公司通过订立合并协议,依照公司法等有关法律、法规的规定,不经过清算程序,直接变更为一个公司的法律行为。

公司合并是公司变更的一种特殊形式。根据我国公司法的规定,公司合并有两种形式:一种是吸收合并,另一种是新设合并。(1)吸收合并。吸收合并又称存续合并、并吞合并或兼并,是指两个或两个以上的公司合并时,其中一个公司因吸收(兼并)了其他公司而成为存续公司的合并形式。其法律特征主要有:吸收公司是原已存在的公司,合并后其继续存在,主体不发生变化;被吸收公司因合并而解散消亡,其原有的法律主体资格及实体已不存在;被吸收公司的解散可不必经过清算程序,因其权利义务由被吸收公司全盘承继。(2)新设合并。新设合并也被称为创设合并,是指由两个或两个以上的公司合并时,参加合并的各原有公司同归解散,而另设立一个新公司的公司合并形式。其法律特征为:新设公司是由各加入公司共同组建的;新设公司以原公司的法人资格消灭为前提;新设公司接管了原有各公司的债权和债务;新设公司的成立与原有公司解散同时发生。

无论是吸收合并还是新设合并,均具有共同特征:第一,公司合并须以当事人之间订立有合并协议为前提。公司合并协议是指由两个或两个以上的公司就公司合并的有关事项而订立的书面协议,它一般由准备合并的公司的法定代表人或者其授权的代理人以公司的名义签订。一般来讲,其主要内容包括:(1)合并协议各方的名称、住所、法定代表人;(2)合并后公司的名称、住所、法定代表人;(3)合并后公司的投资总额和注册资本;(4)合并形式;(5)合并各方债权债务的承继方案;(6)职工安置办法;(7)违约责任;(8)解决争议的方式;(9)签约日期、地点;(10)合并协议各方认为需要规定的其他事项。第二,公司合并是公司之间共同的法律行为。公司合并是公司的一种自由行为,其合并与否及合并的方式完全取决于公司之间的意志,任何一方均不能强迫另一方同自己合并,否则合并无效。有限责任公司之间、股份有限公司之间以及有限责任公司同股份有限公司之间可以自由合并。但是,按照世界各国通行的做法,有限责任公司与股份有限公司合并时,其存续的公司只能是股份有限公司,而不能是有限责任公司。第三,公司合并是一种不需要通过清算程序即可消灭和变更的行为。公司合并可以在不进行清算的前提下改变公司的存在形式、财产结构和股权结构。公司通过合并程序,可以减少对公司的清算、债权债务清偿和财产的处理等,避免支付解散清算费用,同时也无须通过清算程序。另外,因合并而消失的公司的资产及债权债务,一并转移至合并后的存续公司或新设公司,亦不需要通过清算程序。

二、公司合并的程序

根据我国公司法的规定,公司合并的程序为:

1. 订立合并协议

合并协议应由合并各方的代表根据公司的决定协商签订。协议应当以书面形式出现,其内容前文已有述及,主要应载明法律、法规规定的事项以及双方当事人约定的事项。

2. 通过合并协议

公司合并是公司作出的重大法律行为,直接关系到股东的权益,属于公司的重大事项。故而,公司合并应当由公司股东会或者股东大会作出合并决议。有限责任公司的合并要经代表2/3以上表决权的股东通过;国有独资公司的合并,应由国有资产监督管理机构决定;股份有限公司股东大会对公司合并作出决议,必须经出席会议股东所持表决权2/3以上通过。

3. 编制资产负债表和财产清单

在吸收合并的情况下,各并入公司应组织编制资产负债表和财产清单,吸收公司要委派财务人员或聘用审计、会计师事务所的工作人员协助处理。在新设合并的情况下,各并入公司应共同组建一个新设公司的筹建机构,履行上述职责。编制资产负债表和财产清单的目的,就在于明确需要合并公司的资产状况,使债权人明确知晓。

4. 通知债权人和公告

根据我国《公司法》第173条的规定,公司合并,应当由合并各方签订合并协议,并编制资产负债表及财产清单。公司应当自作出合并决议之日起10日内通知债权人,并于30日内在报纸上公告。债权人自接到通知书之日起30日内,未接到通知书的自公告之日起45日内,可以要求公司清偿债务或者提供相应的担保。

5. 办理公司变更或设立登记

公司合并后,应当依法向工商行政管理机关办理合并变更或者设立登记。属于吸收合并的,应当办理有关资产、股东、管理者等方面的变更登记,被吸收的公司应被注销;属于新设合并的,合并各方都应被注销,由新设的公司办理设立登记。

三、公司合并的法律后果

由于公司合并是一种法律行为,故而其必然产生一定的法律后果。公司合并法律后果主要表现为:(1)公司的消灭效力。公司合并,不论其为新设合并抑或为吸收合并,都必然会有一方公司或双方公司消灭。同时,消灭的公司要办理注销登记。此时,公司的法人人格已经不复存在,而且由于消灭公司的全部权利和义务已由存续公司或新设公司概括承受,所以因合并而解散的公司无须经过清算程序,其法人人格即归于消失。(2)公司的变更效力。在吸收合并中,存续的公司应当是原公司,其公司主体继续存在。但是公司的主要内容已发生重大变化,比如股东人数、资本总额、内部组织机构及股权份额的变化,这些变化导致存续公司承受消灭公司的权利和义务而发生组织变更。(3)公司的成立效力。在新设合并的情况下,原来参与合并的各方公司终止,而与此同时却创设了一个新的公司,该公司应当根据公司设立的规定,进行设立登记,重新取得新的法人资格。所以,新设合并亦导致了公司的成立。(4)股东资格承继的效力。股东个人有加入存续或新设的公司的选择权。要么他加入存续公司或新设公司,要么退出股份(出资)。如果股东愿意加入合并后的公司,那么他就可以其持有的股份数或出资数,换取存续公司或新设公司的股份或出资数。如果股东不愿意加入合并后的公司,他要么直接不加入,要么可以请求公司收买其所拥有的股份或出资额。由此可见,股东资格随着股份的转让或出资的转让而发生承继的法律效力。(5)公司债权债务的概括承继。因为合并而消灭的公司,其权利和义务由合并后存续的公司或因合并而新设的公司承继。我国《公司法》第174条规定,公司合并时,合并各方的债权、债务,应当由合并后存续的公司或者新设的公司承继。

第二节　公司的分立

一、公司分立概述

公司分立是指一个公司通过依法签订分立协议,不经过清算程序,分为两个或两个以上公司的法律行为。公司分立属于公司的变更范畴,是公司变更的一种主要形式和手段。在激烈的市场经济竞争中,越来越多的市场主体都在努力寻找适合自身的生存方式,因此许多公司往往根据专业化分工的需要,将原来公司中从事某一类或某一部分业务的机构独立出来,另行成立一个公司法人,使其独立对外承担民事责任,以便独立经营。

公司分立可以分为新设分立与派生分立。(1)新设分立。新设分立又称为解散分立,是指将原来一个具有法人资格的公司分割成两个或两个以上具有法人资格的公司的法律行为。新设分立以原来公司法人资格的消灭为前提。被解散的公司应当到公司登记机关办理相应的注销登记手续。分立出来的公司,应当到相应的公司登记机关办理公司设立登记手续,而且新分立的公司要符合公司设立的条件。(2)派生分立。派生分立是指将原来的一个公司的一部分分立出去成立一个新的公司的法律行为,分出去的公司的法人资格不以原有公司法人资格的消灭为前提,原有公司法人资格依然存在,但由于分出去一部分,原有的股东人数、资金数额、生产规模等方面会发生变化。

二、公司分立的法律后果

公司分立的法律后果,主要有以下几点:

1. 公司的设立效力。公司分立,无论其为新设分立还是派生分立,最终都会有一个或一个以上的公司设立。因此,公司的设立是公司分立的必然法律后果。

2. 公司的解散效力。在新设分立的情况下,公司全部资产分别划归两个或两个以上的新公司,原有公司失去其法人资格,这样分立的必然结果就是原公司解散。

3.公司的变更效力。在派生分立情况下,由于公司以其部分资产另设一个或数个新的公司,所以原公司是存续的,但原公司的存续并不代表原公司并未发生任何形式的变更。事实上,原公司股东人数、资产金额、业务范围已发生了很大变化。这样,存续公司就发生变更的法律效力了。

4.股东资格的兼容。公司分立的内容除财产分立外,还涉及股东的退出或重新加入。派生分立时,股东可以从原有的公司中分立出来,加入分立出来的新公司,或者可以继续留存于存续公司中;新设分立时,股东可以分别加入新设立的公司。由此可见,公司的分立并非代表公司股东资格的消灭,股东仍可以以其所持有的股份行使其股东权利。

5.债权债务的承继。分立后的公司按照分立协议的约定和法律规定,承受原公司的债权和债务。根据我国《公司法》第176条的规定,除在分立前与债权人就债务清偿达成的书面协议另有约定的以外,其他情况下,公司分立前的债务由分立后的公司承担连带责任。

第三节 公司的解散与清算

一、公司清算的概念

公司的清算是指公司解散后,处分其财产,终结其法律关系,从而消灭公司法人资格的法律程序。公司除因合并或分立而解散外,其余原因引起的解散,均须经过清算程序。

公司的解散和公司的清算是既相互区别又相互联系的法律概念。解散是清算的前提,清算是解散的后果。解散是一种法律事实,它构成法人消灭的原因;清算是一种法律程序,它构成法人消灭的过程。

清算由一系列的行为构成,并需遵循相应的法律程序。通过清算程序,结束解散公司既存的法律关系,分派公司的剩余财产,从而最终消灭公司的法人资格,由此可见,公司进入清算程序并不导致法律人格的消灭,这就涉及清算中公司的法律地位的问题,清算中公司客观上存在处分公司财产并处理公司各种法律关系的需要,各国公司立法均确认了清算中公司具有限制的法律人格。在清算期间,公司的法律人格仍旧存续,但其权利能力被限制在于清算有关的事务中,这种受限制的人格被称为清算法人。我国《公司法》第186条第3款规定:“清算期间,公司存续,但不得开展与清算无关的经营活动。公司财产在未依照前款规定清偿前,不得分配给股东。”在进入清算程序后,公司原有的治理结构已经解体,因而清算中公司的法定代表人和业务执行机关都由清算人担任,尤其对内执行清算业务,对外代表清算中公司。

二、公司清算的种类

公司的清算可以从各种角度进行不同的分类：

1. 根据公司是否在破产情形下进行清算，公司清算可分为破产清算和非破产清算

破产清算是指公司因清偿不能而被依法宣告破产时，由法院组成清算组清理资产及债权债务，并依法分配破产财产的清算程序。我国《公司法》第190条规定，公司被依法宣告破产的，应该依照有关企业破产的法律实施破产清算。非破产清算，是指在公司资产足以清偿全部债务的情况下进行的清算，包括自愿解散的清算和强制解散的清算。这种清算的财产除了用以清偿公司的全部债务外，还要将剩余财产分配给公司的股东。非破产清算可以转化为破产清算。根据《公司法》第187条的规定，清算组在清理公司财产、编制资产负债表和财产清单后，发现公司财产不足以清偿债务的，应当依法向人民法院申请宣告破产。

2. 根据清算是否受到法律或行政机关的干预，公司清算可分为普通清算和特别清算

普通清算，是指由公司自行依法组织的清算组按法定程序所进行的清算。特别清算，是指当解散的公司实行普通清算有显著困难时，由法院或行政机关组织、任命清算组并加以监督所进行的清算。

我国《公司法》第183条规定，"因本法第一百八十一条第（一）项、第（二）项、第（四）项、第（五）项规定而解散的，应当在解散事由出现之日起十五日内成立清算组，开始清算。有限责任公司的清算组由股东组成，股份有限公司的清算组由董事或者股东大会确定的人员组成。"这是关于普通清算的规定。该条同时也规定，"逾期不成立清算组进行清算的，债权人可以申请人民法院指定有关人员组成清算组进行清算"。这是属于特别清算的规定。另外，上文中所指出的破产清算是特别清算。

3. 根据清算是否按照法定程序进行，可以将清算分为任意清算和法定清算

任意清算，是指仅按照公司章程规定或者股东决定的清算方法进行的清算，它只适用于无限公司、两合公司这类以股东之间相互信赖关系为基础且股东对债权人负无限连带责任的人合公司，因为这类公司的上述法律特征，使得公司即使终止后，在法定期限内他们仍须对公司债务负无限连带责任。故而，实行任意清算，一般不会损害债权人的利益，也不会危及社会利益。所以，法律允许这两类人合公司采用任意清算程序。

法定清算，是指必须按照法律规定的程序进行的清算。法定清算适用于各种类型的公司清算，但资合公司只能实行法定清算。因为"资合公司的股东对公司债权人负间接有限责任，公司债权人只能对公司而不能对其股东主张权利。如允许任意清算，就可能使债权人的利益得不到有效的保护"。[1] 所以，我国新公司法中只规定了适用

〔1〕 朱炎生等主编：《公司法》，厦门大学出版社2003年版，第158页。

于有限责任公司和股份有限公司的法定清算，而未规定任意清算。

三、公司清算的程序

公司清算需要按下列程序进行：

1. 成立清算组

清算组是指在公司解散后，依法成立的从事公司清算事务、处理公司财产和债权债务关系以终结公司各种权利义务关系的临时性执行机构。《公司法》第183条规定，公司依照法律规定解散的，应当在15日内成立清算组，开始清算。有限责任公司的清算组由股东组成，股份有限公司的清算组由董事或者股东大会确定的人员组成。逾期不成立清算组进行清算的，债权人可以申请人民法院指定有关人员组成清算组进行清算。人民法院应当受理该申请，并及时组成清算组进行清算。破产清算的，应当按照《民事诉讼法》和《企业破产法》等的规定组织清算。

2. 公告和通知债权人，催报债权

清算组成立后应立即在法定期限内通知已知的债权人并公告通知未知的债权人，以便债权人在法定的期限内向清算组申报债权。债权人申报并提供相应的证明后，清算组应进行登记，以此作为财产分配的依据。《公司法》第185条规定，清算组应当自成立之日起10日内通知债权人，并于60日内在报纸上公告。债权人应当自接到通知书之日起30日内，未接到通知书的自公告之日起45日内，向清算组申报其债权。债权人申报债权，应当说明债权的有关事项，并提供证明材料。清算组应当对债权进行登记。

3. 清理公司财务，编制资产负债表和财产清单

清算组要全面的清理包括有形资产和无形资产以及固定资产和流动资产在内的所有资产，同时还有债权和债务。在清理后，还要编制资产负债表和财产清单，作为下一步工作的基础。

4. 在特殊情况下，向人民法院宣告破产

根据《公司法》第187条的规定，清算组在清理公司财产、编制资产负债表和财产清单后，发现公司财产不足以清偿债务的，应当依法向人民法院申请宣告破产。公司经人民法院裁定宣告破产后，清算组应当将清算事务移交给人民法院。转向破产清算后，按照《民事诉讼法》和《企业破产法》规定的有关程序进行。

5. 制订清算方案，并经相关部门、组织确认

我国新公司法规定，清算组在清理公司财产、编制资产负债表和财产清单后，应当制订清算方案，并报股东会、股东大会或者人民法院确认。

6. 分配财产

公司的清算方案经过确认后，清算组即可依法按照清算方案分配财产，按照公司法的相关规定，公司财产的法定分配顺序是：(1)支付清算费用；(2)支付职工工资、社会保险费用和法定补偿金；(3)清缴公司所欠税款及清算过程中产生的税款，清偿公司

债务;(4)按照前述四项款项分配完毕后的公司剩余财产,有限责任公司按照股东的出资比例分配,股份有限公司按照股东持有的股份比例分配。

四、清算组

1. 清算组的法律地位

清算期间,清算组织的法律地位为执行清算事务及代表公司的法定机关。在公司清算期间,公司的董事会不再依其职责代表公司,公司的财产、印章、财务文件等均由清算组织接管。清算组织对内负责处理公司未了结的事务,并对外代表公司进行诉讼。

2. 清算组的组成

清算组的组成因解散事由的不同而不同:(1)普通清算组的组成 根据我国公司法的规定,有限责任公司的清算组由股东组成,股份有限公司的清算组由董事或者股东大会确定的人员组成。逾期不成立清算组进行清算的,债权人可以申请人民法院指定有关人员组成清算组进行清算。这是关于普通清算组的规定。(2)特别清算组的组成。根据我国破产法的规定,破产清算组的成员由人民法院从企业上级主管部门、政府财政部门等有关部门和专业人员中指定。如果有些有限责任公司和股份有限公司不存在上级主管部门,那么法院可以直接从专业人员中指定。

3. 清算组的职权

按照我国《公司法》第 184 条的规定,清算组行使下列职权:

(1)清理公司财产,分别编制资产负债表和财产清单。清算组成立后,要全面清理公司的全部财产,将包括固定资产、流动资产、有形资产、无形资产及债权、债务在内的全部公司财产,编制成资产负债表和财产清单后,作为公司清偿债务和分配剩余财产的依据。然后将上述报表和清单目录递交监事会审查,并于清算结束之后,将上述表册报股东会确认。

(2)通知、公告债权人。我国《公司法》第 186 条规定,清算组应当自成立之日起 10 日内通知债权人,并于 60 日内在报纸上公告。债权人应当自接到通知书之日起 30 日内,未接到通知书的自公告之日起 45 日内,向清算组申报其债权。通知、公告债权人的目的是,要让债权人在法定期限内向清算组申报债权从而作为债权人将来分配财产的依据。

(3)处理与清算有关的公司未了结的业务。公司进入清算期间后,一切未了结束的事务均应由清算组了结。对于公司未履行完毕的合同,清算组有权决定是否履行。

(4)清缴所欠税款以及清算过程中产生的税款。税收是国家的财政来源,向国家缴纳税收是公司的义务。在清算期间,公司原来应缴纳而未缴纳的税收以及在清算过程中产生的税款,应由清算组进行清理,及时缴清。

(5)清理债权、债务。清算组应依照法律的规定对公司的债权、债务进行清理。收取债权是清算组最主要最重要的职权,并可以增加公司的清算财产,便于处理公司的对外债务;同时,清偿债务也是保护债权人等其他主体利益,实现清算价值的主要方面。

(6)处理公司清偿债务后的剩余财产。公司的剩余财产是指公司在按法定顺序清偿完清算费用、职工工资和劳动保险费用、缴纳所欠税款,清偿公司债务后所剩的财产。公司财产按前款规定清偿后的剩余财产,有限责任公司按照股东的出资比例分配,股份有限公司按照股东持有的股份比例分配。

(7)代表公司参与民事诉讼活动。清算期间,清算组为公司的代表机构。清算组有权以公司的名义参与民事诉讼活动,行使诉讼权利,履行诉讼义务。

4. 清算组的义务

按照我国公司法的相关规定,清算组在清算期间履行下列义务:(1)依法通知债权人。清算组要按照新公司法规定的日期和次数进行公告,这既是其权利也是其义务。(2)不得从事与公司清算无关的活动。清算期间,公司不得开展新的经营活动,否则即构成违法,清算组及其成员须对此负法律责任。(3)编制清算报告、注销公司的义务。公司清算结束后,清算组应当制作清算报告,报股东会或者有关主管机关确认,并报送公司登记机关,申请注销公司登记,公告公司终止。(4)忠实、勤勉义务。清算组成员应当忠于职守,依法履行清算义务。清算组成员不得利用职权收受贿赂或者其他非法收入,不得侵占公司财产。清算组成员因故意或者重大过失给公司或者债权人造成损失的,应当承担赔偿责任。

思考题

1. 简述公司合并的概念和特征。
2. 公司合并的法律后果有哪些?
3. 公司分立的程序是什么?
4. 清算组的法律地位和职权是什么?
5. 公司法对公司清算时财产分配顺序是如何规定的?

第四编　企业破产法

第十八章　破产法概述

◇ 知识结构图

- 破产法概述
  - 破产与破产法
    - 破产的概念及其演变
    - 破产法的概念与立法目的
  - 破产法的历史沿革
    - 外国破产制度的历史沿革
    - 我国破产制度的历史沿革

◈ 本章导读

破产是当债务人出现财务危机时，对债务人采取的破产预防和破产清算等相关法律制度的统称。现代意义上的破产制度不仅摒弃了对债务人的贬斥内涵，而且越来越注重诸如破产重整、破产和解、个人债务重组甚至其他非司法或者准司法性质的破产预防制度的构建。破产法是对债权债务关系的终极性调整措施，原则上不改变破产程序开始之前既定的权利义务属性，因而具有突出的程序法性质，但在破产程序对民事诉讼程序的准用中，又保留了自己特有的程序规范。各国破产立法由于基本国情与立法传统的差异，相互间形成了一定的制度差异。我国 1986 年的《企业破产法(试行)》已经完成了初步建立起我国企业破产法律制度并试运行的历史使命，历时 13 年重新制定的新《企业破产法》已于 2006 年 8 月 27 日通过颁布，于 2007 年 6 月 1 日起生效实施。

◉ 司考重点

破产法的概念、立法目的等

第一节 破产与破产法

一、破产的概念及其演变

破产(bankruptcy/insolvency)是指债务人因不能偿债或资不抵债时,由债权人或债务人诉请法院宣告破产并依破产程序偿还债务的一种法律制度。具体而言,破产的概念具有狭义和广义之分。狭义上的破产是指破产清算,是当债务人不能清偿到期债务并且资不抵债时,为满足债权人正当合理的清偿要求,在法院的指挥和监督之下,就债务人的总财产实行的以分配为目的的清算程序;广义上的破产是指由破产清算程序与破产和解、破产整顿等预防性程序共同构成的一个统一的破产法律制度体系。

破产的概念经历了一个由狭义向广义演变的过程,大致能够反映出如下两种带有趋势性的破产立法价值取向:

其一,破产日渐摒弃了对破产债务人的贬斥内涵,不仅不在贬义上加以使用,甚至将越来越多的对债务人同情、救济和正当利益的保护添加进不断修改的或重新制定的破产法之中。

其二,各国在完善破产清算制度的同时,对企业普遍构建了相对完备的破产预防程序,甚至对自然人的破产也设定了专门的预防性的债务调整制度(如美国、我国香港特区等),这标志着破产法已进入了一个新的发展阶段,甚至可以说,某种程度上渗入了社会法的属性。

随着破产法价值取向的上述变化,各国在修改或重新制定自己的破产法时,纷纷改变了破产债务人和破产法的传统语词,例如英语国家大多将过去的“bankrupt”改为“insolvent”,将“Bankruptcy Act”改为“Insolvency Act”。

二、破产法的概念与立法目的

(一)破产法的概念

破产法是关于债务人出现破产原因时,宣告其破产并对债务人的全部财产进行清算或者为避免债务人进入破产清算程序所建立起来的破产预防法律制度的总称。

对破产法的立法形式可以从狭义与广义不同角度予以理解。狭义的破产法专指破产法典。如我国于2006年8月27日通过的《企业破产法》;广义的破产法则还包括其他有关破产的法律、法规、行政规章、司法解释,及散见于其他立法中的调整破产关系的法律规范,如《商业银行法》、《保险法》、《公司法》、《合伙企业法》等立法中有关破产的规定。最初的破产法仅指对债务人进行破产清算的法律,而现代意义上的破产法则均由破产清算制度与挽救债务人的和解、重整制度两方面的法律构成。在立法体例上,有的国家将这两类法律规定在同一部法典之中,如我国;有的国家则对之分别立法,如日本。

（二）破产法的立法目的

就破产法的立法目的，根据认识程度和认识角度的不同，可以作出多方面的描述。这里仅从破产法对债权人、债务人及社会经济的角度作一简单介绍。

1.债权人利益的终极保护

破产制度的产生首先源于债权公正保护的终极理念。债权债务关系作为现代社会一类重要的社会关系，具有独特的“有期限性”、“平等性”、“易争执性”等诸多特征，这些特征一方面决定着债权债务纠纷通常可以通过当事人间的私下和解、个别诉讼、个别履行或者个别执行程序来解决；另一方面决定着当债务人出现资不抵债以及不能清偿债务的情势后，每个债权人都可能面临着与其他债权人的冲突和竞争，这就必然使正常的债权保护效应减弱和失灵。基于此，“为维持多数相互竞合的债权人间公平清偿起见，不能不特别考虑债权之实现方法，为此一需要而产生的制度，则为破产制度”[1]。

在破产程序之外，两个以上的债权人就债务人的特定财产申请强制执行时，个别债权的实现方式存在执行优先主义与执行平等主义两种模式。优先主义，是指先对债务人财产申请执行的债权人享有优先于其他无法定优先权的债权人受偿的权利；平等主义，是指先申请执行的债权人除享有法定优先权（如抵押、质押权）者外，并无优先受偿的权利，应与后申请的债权人一起按债权数额比例公平分配。

由于平等主义的构建和运行存在参与分配的主体有限、有执行依据的债权人实际参与分配的概率较低等缺陷，而优先原则又必然会导致债权人之间的恶性竞争，“并且此种竞争最终会造成对于所有债权人来说的（破产财产）价值贬损”，所以，“按有序的方式来完成债务人资产的处理是符合债权人集体利益的”，[2]破产法的目的正是“为债权人的集体利益去实现债务人资产利用的最大化”，[3]它既可能使债务人的总资产价值得以维持甚至增加，又可能提高债务人资产处置的效益，还可以降低用于预防他人的“损人利己”行为而必须付出的防御性代价，它在使所有债权人的集体行为统一于破产程序的前提下，力图确保每个债权人的获偿状态趋于更佳。

因此，给债权人利益以平等的和最大限度的保护乃为破产法得以产生的首要目的，它是从立法的角度超越个别债权人利益的局限，通过排除个别债权人的强制执行而为全体债权人提供一体的合理保护的程序制度，同时也是破产程序不同于个别强制执行程序的主要功能所在。

---

[1] 陈荣宗：《破产法》，台湾三民书局1982年版，第1页。

[2] ［美］O. 哈特：《企业、合同与财务结构》，费方域译，上海三联书店、上海人民出版社1998年版，第198页以下。

[3] 郁光华：《论破产法的经济逻辑原理》，载魏振瀛、王贵国主编：《市场经济与法律》，北京大学出版社1995年版，第179页。

2. 债务人的必要挽救与救济

破产程序较之于个别执行程序的不同功能还体现在对债务人的挽救和救济方面。[1] 具体表现在:(1)债务人不能清偿到期债务时,债务人自己可自愿提出破产申请,从个别诉讼和执行的烦琐中解脱出来,免去债务实现方面相应的时间和费用;(2)在破产程序进行过程中,债务人还可与债权人达成和解,从中享受到部分债务的免除、分期或延期偿还债务进而避免最终破产清算的益处;(3)破产重整程序可以在债务人企业出现不能清偿的危险之时就及早开始挽救程序,并且允许债务人出现经营或者财务危机之时就主动寻求破产保护和挽救,避免“病入膏肓”之后破产清算程序的被迫运用。

在允许自然人破产的情况下,固定主义立法例可以使自然人利用破产宣告后取得的财产开始新的营业;免责主义立法例可免除自然人对剩余债务的清偿责任,债务人可以收集资财,东山再起等。

3. 健康的财务危机处理机制和有序的市场主体退出机制

就社会经济而言,完备的破产预防制度可以对出现“病变”的企业及早进行诊断和治疗,为社会留存尽可能多的生产单位,同时为社会成员留存尽可能多的就业岗位;破产清算程序,可以通过对破产债务及时、合理的清理,消除破产状态下债务的恶性膨胀,避免连锁破产,使社会经济不至于因某些企业主体的消灭而停止或中断循环;破产法通过对经营水平低下企业的淘汰,有助于合理调整产业和产品结构,实现资源的优化配置和合理利用,使企业在符合整个社会经济合理发展的基础上,实现更高层次的竞争,进而促进整个社会生产力水平的提高;破产法还可以通过对破产企业的处理,敦促社会一般企业增强危机意识,改善经营状况,避免和减少破产现象的发生。

第二节 破产法的历史沿革

一、外国破产制度的历史沿革

现代破产法是由各国不同的法律渊源逐步发展形成。具有破产法社会调整作用性质的法律规定,最早萌芽于简单商品经济社会的古罗马国家,其产生的最初原因,是为维护债权人的利益,保证对全体债权人的公平、有序清偿。而后随着社会的发展进

[1] 对破产人的救济是破产制度文明发展的产物。只是到了近代,对债务人的救济才引起人们较多的注意。如18世纪意大利古典刑事法学派创始人贝卡里亚提出,重要的应该是把故意破产者同无辜破产者区别开来,后者如果能向法官证明使他丧失财产的原因是他人的作恶或不仁或是人的谨慎所无法避免的不测风云,难道应该剥夺他唯一的可怜财产——赤贫的自由,而确定他有罪让他体尝罪犯的痛苦吗?对于后者,应为其保留选择恢复元气的方法的权利。参见[意]贝卡里亚:《论犯罪与刑罚》,黄风译,中国大百科全书出版社1993年版,第82~83页。

步,债务人的利益、社会整体利益才逐步得到社会重视,被破产法纳入调整范围。

(一)古罗马时期破产法的萌芽

考察破产法的发展历史,往往离不开对罗马法上个别强制执行制度的回顾。因为从一定程度上讲,破产是从那时的个别执行制度脱胎而来的。

在古罗马十二铜表法制定之前,债务人须以其生命和身体对债权人负责。债务人不能偿债时,或被杀死,或被充作奴隶,或被羁押。债务人成为社会的弃儿。为了限制贵族滥用职权,随意解释习惯法,平民要求制定成文法,经过长期的斗争,成立了拥有全权制定法律的十人团,于公元前451~公元前450年公布了十二铜表法。《十二铜表法》设定了一些程序和措施以图改进对债务人的过分虐待现象。但尽管《十二表法》有此对债务人较为宽大的规定,债务人的地位却并未发生根本改变,对债务人的虐待也未停止。此后又经过平民长期的斗争,公元前326年通过的《帕特利亚·帕披利亚法》(Lex Peatilia Papiria de Nexis),禁止了因欠债将罗马平民处死或贩卖为奴隶,在债务清偿上废除了对人的执行,逐步转化为对财产的执行。此后,罗马法中又建立了总括拍卖、个别拍卖以及委付等制度。

古罗马时期的破产制度具有以下特点:破产法的执行对象,由对债务人人身与财产的共同执行逐步转化为对财产的执行。实行自力救济与公力救济相结合,以自立救济为主的执行方式。以审判形式对无力偿还债务者进行清算,债权人平等获偿。

(二)中世纪欧洲各国破产法

在中世纪欧洲,破产法律制度得到较大发展。意大利破产法首创商人破产主义,以停止支付作为破产原因,并为保护债权人利益建立了预防债务人欺诈性转让财产的嫌疑期制度,以追回被非法转让的财产。西班牙对破产法的发展也有重要的影响,据考证,和解程序最早便萌芽于其《七章律》。该法律规定,一个值得同情的债务人,有权同其大多数债权人达成一项延期偿还或减少债务的协议,债权人不同意者也得受其约束。

中世纪欧洲多数国家的破产法奉行商人破产主义,仍存在自力救济因素,立法以对债权人保护为宗旨,少有考虑债务人的利益,对债务人实行不免责主义,实行破产惩戒主义。

(三)近现代西方国家破产法

法国于1807年颁布了《拿破仑商法典》,其第三卷为破产篇。这是第一部系统的资产阶级破产法典,对后世的影响甚大。该法实行商人破产主义,以停止支付为破产原因,对债务人不免责。

德国统一后,于1877年制定颁布《德意志帝国破产法》,自1879年10月1日起施行。该法经修改后于1898年重新颁布,自1900年起施行。德国1877年破产法被誉为经典的百年法典。德国于1978年开始对破产法进行改革,于1994年制定新的《支付不能法》。该法主要突出以下内容:(1)实行单一程序,消除破产程序与和解程序并存状态;(2)加大诉讼外重整的力度;(3)采取措施,防止财团财产出现不足;(4)加强债权人自治;(5)提高分配的公正性;(6)实行消费者支付不能制度和剩余债务免除制度。

比利时在近代破产法上的主要贡献是独立的破产和解立法。1887 年比利时颁布《司法和解法》,为预防债务人破产提出了法律救济渠道。此后为世界各国效仿,享有盛誉。

破产法在英美法系国家中出现较晚,是在借鉴大陆法系破产法的基础上产生的。英美法系的国家本以判例法著称,但是破产法却长期体现为成文法的形式。英国第一部具有典型近代意义的破产法,是于 1883 年修改后颁布的破产条例,曾于 1880 年、1913 年两次修改。1914 年颁布新破产法,该法适用于自然人破产案件,公司法人的破产则在公司法中规定,由此形成公司与个人两套破产程序,这曾构成英国破产法的一个特点。1986 年英国颁布《无力偿债法》,将自然人破产与公司法人的破产合为一体,并设置重整制度。

美国的破产立法产生较晚。美国的破产法属于联邦立法。由联邦统一立法的目的,是为防止债务人利用各州立法的不统一,跨州转移财产、逃避债务。美国于 1978 年颁布了现行《破产法典》。《破产法典》对世界破产立法最大影响之一,是其第 11 章所建立的预防债务人破产最为有效的重整制度。

近现代西方国家的破产法具有以下特点:

(1)破产已经被视为市场经济的一种正常法律现象,破除了破产惩戒主义的影响,免责主义已为多数国家所采纳。

(2)以一般破产主义取代商人破产主义,法人作为破产法的主体出现。在投资者负有限责任的公司破产时,原本需要通过免责制度取得的余债免除利益,股东可以通过有限责任制度得以实现,这使得债权人与债务人之间的利益关系出现新的变化。

(3)广义的破产法都是由破产清算制度和预防债务人破产的和解、重整制度组成。重整制度是预防企业破产最为积极有效的措施,已经为世界各国所普遍采用。目前在一些国家的立法中存在缩小和解制度适用范围、扩大重整制度适用范围的趋势。

二、我国破产制度的历史沿革

(一)旧中国的破产法律制度

由于我国曾长期处于农业社会阶段,工商业不发达,加上"父债子还"的传统观念根深蒂固的影响,在社会关系的法律调整上并未产生对破产制度的需求,债务人即便不能清偿债务,实践中也无破产的必要。所以,我国清末以前的律法中,并无对破产制度的规定。

在前清刑律中曾有规定,对于不能偿债者,可由官厅拘捕监禁,分别查封寓所资财,及原籍家产,勒令家属限 2 个月将"侵蚀各款"清偿完毕。随着清末国内外商务交往的日渐繁多,清政府于 1906 年起草破产律,计 9 节 69 条。该法采商人破产主义,破产程序的进行均由地方官主持办理,商会辅之,非商人也得参照办理。其中第 40 条有

"归债成数,各债主一律办理"的规定,与多数债权人的平等受偿的正当目标相吻合,然而却有悖于当时债务清偿上"先洋款、后官款、后华商分摊"之惯例,最终于1908年11月被明令废止。

1911年辛亥革命之后,国民党政府重新制定各种法律。1915年由前北京法律修订馆拟定破产法草案,内容分为实体法、程序法、罚则三编,共337条。该法以德国破产法、日本旧破产法为蓝本,虽具备破产法的梗概,然亦有错误失当之处,当时未能公布实施。1927年,司法部将该破产法草案呈准暂予施行。1934年,又颁布《商人债务清理暂行条例》,共68条,不分章节,其主要目的在采用强制和解制度,而于和解不成时,使债权人可利用清算程序,迅速实现其权利。1935年4月,立法院民法委员会开始起草破产法。当时农村经济面临衰落的危机,工商业倒闭事件屡屡发生,个人无力偿债者也比比皆是。为适应社会对破产清算程序的需求,破产法采一般破产主义,并将破产清算程序与破产和解程序同时规定,对破产人实行非惩戒主义和免责主义。该法分总则、和解、破产、罚则四章,共159条,于同年7月17日公布,翌日公布破产施行法,均自同年10月1日起施行。该法经1937年和1980年的局部修改,目前仍为我国台湾地区现行的"破产法"。

(二)新中国破产法的产生与发展

1.《企业破产法(试行)》

我国现行的破产法律制度是在计划经济体制向市场经济体制的过渡中建立起来的。1986年12月2日,第六届全国人大常委会第十八次会议通过了《中华人民共和国企业破产法(试行)》(以下简称《企业破产法(试行)》),这标志着我国企业破产法律制度的初步建立。该法正式通过之前,曾就草案进行过多次修改,并由当时的全国人大常委会进行了激烈的讨论。可以说,《企业破产法(试行)》的颁布,对于促进当时经济体制改革的进一步深入,加强企业改善经营管理状况,提高劳动生产率以及就业观念的转变等,都起到了巨大的推动作用。[1]

从《企业破产法(试行)》的有关内容看,以下几方面特点显得比较突出:其一,适用范围限定为全民所有制企业。其二,宣告企业破产的原因是"企业因经营管理不善造成严重亏损,不能清偿到期债务"。其三,债权人和债务人均可提出破产申请,但债务人申请破产须经其上级主管部门同意。其四,债务人不能直接提出破产整顿的申请,只有对于那些债权人提出破产申请的案件,在人民法院受理案件之日起3个月内,债务人企业的上级主管部门提出申请对债务人进行整顿的,债务人方可进入和解整顿程序。

---

[1] 由于《企业破产法(试行)》通过颁布之时,《全民所有制工业企业法》尚未出台,故而《企业破产法(试行)》将其生效实施的时间,延长至《全民所有制工业企业法》实施满3个月之日。事实上,《企业破产法(试行)》是从1988年11月1日生效实施的。

鉴于《企业破产法(试行)》仅适用于全民所有制企业,而其他企业同样需要破产法的调整,1991年4月9日,第七届全国人大第四次会议通过施行的《中华人民共和国民事诉讼法》,并于第二编(审判程序编)中专设第19章"企业法人破产还债程序",适用于全民所有制企业以外的具有法人资格的其他企业的破产案件。

《企业破产法(试行)》共分6章43条,《民事诉讼法》中的"企业法人破产还债程序"一章只有8个条文。这些较为笼统的规定,无论是在实体权利的处理方面还是程序规范的适用方面,都不能充分满足司法实践的需求。故而,最高人民法院于1991年下发了《关于贯彻执行〈中华人民共和国企业破产法(试行)〉若干问题的意见》(以下简称《破产法意见》),并于1992年下发了《关于适用〈中华人民共和国民事诉讼法〉若干问题的意见》(以下简称《民诉法意见》),对企业破产案件审理中可能遇到的问题作了较为详细的司法解释,以求保障企业破产法的正确实施。自2002年9月开始,1991年司法解释为最高人民法院一部新的破产法司法解释所替代。

随着我国经济体制改革的不断深入以及对市场经济体制改革目标的确立,此部破产法中的内容已不能完全满足经济体制改革和经济发展的需要,并日渐暴露出其诸多缺陷,主要包括:(1)受计划经济观念和体制的影响,立法存在立法理念和目标方面的偏差,在制度设计方面也显得不成熟;(2)立法内容的过于简单、粗糙,诸多制度存在疏漏,法律规范缺少可操作性;(3)对国外已有的成功的立法经验与制度借鉴不足;(4)适用对象范围上存在较大的局限性;(5)与其他法律之间的相互协调并不到位。

2. 企业破产法的重新制定

1994年3月,全国人大财经委员会根据第八届全国人大常委会立法规划的要求,着手组织新破产法的起草工作。但此后新破产法长时期不能出台,部分原因在于相对于我国推行改革政策所造就的日新月异的社会情势变迁,破产法理论准备得不充分及现有理论成果在一定程度上不敷立法的需求所致,也在于破产案件中不同的利益相关者在破产财产分配中可能存在的利益冲突。

而鉴于新破产法长时间的酝酿而迟迟不能出台,破产审判实践中的诸多新问题又亟须加以统一规范,最高人民法院于2002年7月颁布了《关于审理企业破产案件若干问题的规定》(以下简称《破产法规定》),自同年9月1日开始实施。这是最高人民法院第二次对《企业破产法(试行)》作出全面系统的司法解释,该司法解释的施行一定程度上进一步推进了中国破产案件的规范化审理。

第十届全国人大常委会第二十三次会议于2006年8月27日通过了新的《中华人民共和国企业破产法》(以下简称《企业破产法》),于2007年6月1日生效实施。从《企业破产法》的立法结构和内容看,此次立法至少在以下方面实现了重要的制度革新:(1)赋予非法人组织以破产清算能力。(2)设定了独立的破产清算、破产重整、破产和解程序。当事人提出破产申请时可以直接提出清算申请,也可以依法直接提出破产和解或者破产重整的申请。(3)确立了(破产)管理人在破产程序中的中心地位。(4)对银行、非银行金融机构、保险公司等采取分离立法的模式。(5)对破产企业所欠职工的工资及其他依照新企业破产法应当享有优先权的相关费用及补偿金,实行"新旧划段"的处理方法。(6)允许范围内的国有企业破产在一定期限内继续实行特殊的处理方法。

思考题

1. 何谓破产?狭义破产与广义破产的内涵有什么不同?
2. 破产概念演变所反映的破产立法价值取向为何?
3. 破产立法对于债务人的积极意义何在?
4. 债权人申请破产的动因何在?
5. 我国2006年新《企业破产法》在哪些方面实现了制度革新?

第十九章　破产程序法

◇ 知识结构图

- 破产程序法
  - 破产程序的开始
    - 破产程序开始的要件
      - 障碍要件
      - 能力要件
      - 原因要件
    - 破产申请
    - 破产案件的管辖
    - 破产案件的受理
  - 破产债权的申报、调查与确认
    - 破产债权的申报
    - 破产债权的调查
    - 破产债权的确认
  - 破产管理人
    - 破产管理人的概念
    - 破产管理人的任职资格
    - 破产管理人的选任方式
    - 破产管理人的职责
    - 破产管理人的监督
    - 破产管理人的报酬
  - 债权人会议和债权人委员会
    - 债权人会议
    - 债权人委员会
  - 重整
    - 重整的申请与审查
    - 重整期间的营业
    - 重整计划的制订和批准
    - 重整计划的执行
  - 和解
    - 和解制度概述
    - 和解的成立和生效
    - 和解协议的效力
    - 破产和解协议的无效及终止执行
  - 破产清算
    - 破产财产的变价
    - 破产财产的分配
    - 破产程序的终结

◈ 本章导读

本章主要对破产程序部分进行介绍，包括破产程序的申请、管辖、受理；破产债券的申报、调查与确认、债权人会议和债权人委员会、管理人以及重整、和解和破产清算等程序。管理人（破产管理人）是总管破产预防和清算事务的个人或者机构。债权人会议将保证破产案件中利益受威胁最大的债权人对程序的适当参与。破产重整旨在通过促进债务企业复兴从而维护社会利益；破产和解制度则是债务人与债权人就债务清偿事务达成和解以预防破产。而破产清算程序则最终主要是为了满足普通破产债权的公平分配而设。

◉ 司考重点

破产程序的开始要件、破产案件的管辖、受理、债权人会议和债权人委员会、管理人的任职资格、选任方式、职责、报酬；重整的申请与审查、重整期间的营业、重整计划的制订和批准、重整计划的执行；和解的成立和生效、和解协议的效力；破产财产的变价、分配以及破产程序的终结

第一节　破产程序的开始

一、破产程序开始的要件

所谓破产程序开始的要件，是指破产程序开始所应当具备的条件，包括具备破产能力的资格要件、达到破产界限的原因条件以及决定破产程序开始的其他要件。具备破产程序开始条件的案件才能正式进入破产程序。

（一）障碍要件

破产程序开始的障碍要件也称破产障碍，是指阻却对债务人启动破产程序或者作出破产宣告的法定事由。各国破产法规定的破产程序开始的障碍要件并不完全相同，通常主要有以下情形：

1. 债务清偿

债务清偿是指在债务人具备破产原因时，债务人本人清偿债务或者第三人代为清偿债务，或者债权人免除债务的，即构成债的消灭，从而使“不能清偿到期债务”的事实状态发生改变，因此债务人不再具备破产原因，实际上也没有必要对债务人开始破产程序。

2. 提供担保

债务人不能清偿到期债务实际上是其丧失信用的一种表现形式，担保则是信用获得的一种情形。当然，这种担保既可能是债务人提供的财产担保，也可能是第三人提供的财产担保或信用担保,但是,只要债务人能够为债权人的利益提供充分的保障,也就没有必要对债务人开始破产程序。

3. 债权人与债务人之间达成和解

现代破产法上规定了破产和解程序,在根据破产和解程序,债务人与债权人达成和解协议以后,当然没有必要进入破产清算程序。实际上,相关破产立法例明确破产和解程序的效力优先于破产清算程序。

4. 重整程序的开始

重整程序是在债务人具备破产原因或者存在破产危险的情形下根据法律规定确定的一种破产预防程序。由于重整程序可以最大限度地减少破产引发的社会震荡,可以达到社会整体利益的最大化,因此,重整程序也当然地被确定为效力优先于破产清算的程序。

此外,我国最高人民法院《破产法规定》第12条规定,人民法院经审查发现有下列情况的,破产申请不予受理:(1)债务人有隐匿、转移财产等行为,为了逃避债务而申请破产的;(2)债权人借破产申请毁损债务人商业信誉,意图损害公平竞争的。这显然是从破产案件的受理环节而非从破产宣告的环节上设定的障碍条件。新破产法对此未作规定,但实践中仍有适用的空间。

(二)能力要件

破产能力就是民商事主体被宣告破产的资格。对于破产能力的规定,世界各国破产法主要存在两种立法例,也即,一般破产主义与商人破产主义。一般破产主义是指破产法适用于不能清偿债务的所有的债务人,即一般破产主义承认所有的民商事主体都具有破产能力,包括自然人、法人、非法人组织、遗产等。英国、德国、美国等采此立法例。商人破产主义是指破产法仅仅适用于商人。法国、意大利、比利时等国都曾经采取商人破产主义。但多数国家破产立法的总体趋势是逐步转向一般破产主义。

我国现行《企业破产法》确定了企业法人破产主义为原则。根据第135条的规定,其他法律规定企业法人以外的组织的清算,属于破产清算的,参照适用本法规定的程序。企业法人以外的组织的破产能力得依照其他法律来认定。

(三)原因要件

1. 破产原因的界定

破产原因,又称破产界限,是指法院据以对债务人开始破产程序或者宣告债务人破产的依据,是破产程序适用所依据的特定的法律事实,属于破产程序开始的实质要件。

由于破产程序的内涵不同,破产原因的含义也有所不同,广义的破产程序还包括和解程序与重整程序,所以,和解程序、重整程序开始的原因也可以成为破产原因。但破产法理论上有时将破产原因与和解原因和重整原因做相应的区分,破产原因特指法院可以作出破产宣告的界限。

需要明确的是,破产原因作为法院宣告债务人破产的特定的法律事实,必须符合两个要求。首先,必须是客观存在的一种事实状态;其次,这种事实状态必须符合法律规定。犹如破产能力属于法律赋予一样,破产原因的标准也是由法律规定的。

2. 破产原因规则的功能

破产原因规则具有以下意义:

(1)破产原因是判断债务人是否破产的决定性因素。破产制度规范的是债务人不能清偿债务时所适用的债务清理程序,也是影响债务人身份的重要法律制度。破产原因正是债权人申请债务人破产或者债务人申请自己破产的事实依据。这一特定的法律事实反映出债务人的债务与财产状况,并且表明债务人无力清偿依法应当承担的债务清偿责任。

(2)破产原因决定破产程序的开始。破产原因规则的不同直接决定了破产程序开始的条件。破产原因的标准要求越严格,破产程序开始的可能性就越小,债权人之间主张权利的博弈合作性就越低,债权人之间主张平等受偿以及债务人解脱债务约束条件也就越高。此外,由于破产原因规则直接约束债务人的行为,同时约束债权人对于债务人的授信行为以及债权约束机制,因而对于整个经济秩序具有十分重要的影响。

(3)破产原因直接影响破产清算程序与破产预防程序,并进一步影响到主体对于自己财产的处分权与控制权。构成破产原因,意味着债务人的主动权与控制权的限制,债务人为了恢复自己的控制权与对财产的处分权,唯一的办法就是消除破产原因,从而达到预防破产的目的。破产重整程序与破产和解程序就是对于构成破产原因的企业所作出的积极挽救努力的一种体现。

3. 破产原因的内涵

《企业破产法》第 2 条第 1 款规定:"企业法人不能清偿到期债务,并且资产不足以清偿全部债务或者明显缺乏清偿能力的,依照本法规定清理债务。"可见,就破产程序而言,我国破产法规定的破产原因有以下三个:

(1)不能清偿债务。不能清偿债务,有时也称为现金流量标准下的确定债务人"无偿付能力"的破产原因规则,即无偿付能力就是指债务人不能支付到期债务的法律事实。一般认为,不能清偿债务包括以下含义:

第一,债务人缺乏清偿能力。债务人清偿能力由债务人的财务状况、信用等多种因素决定,所以,常常需要结合债务人的这些相关因素综合得出结论。缺乏偿付能力是指债务人客观上没有能力清偿债务,而不是债务人主观上不愿意支付或者出于恶意而拒绝支付,或者是债务人由于过错没有向债权人清偿债务或者错误地认为自己无力支付的主观评价。

第二,债务人不能清偿的是到期债务。到期债务既可能是法律规定或当事人约定的债务到期,也可能是根据债务的性质推定已届清偿期,或者是没有清偿期但经过催告确定为已届清偿期的。

第三,债务人不能清偿债务处于一种持续状态。不能清偿到期债务不是指债务人暂时地不能清偿,因为债务人的偿债能力受各种因素的影响,如果债务人不能偿债是由于暂时的可以克服的财务困难,就应当认定为一般的民法上给付迟延或者暂时支付不能,应当允许债务人分期或者延期偿还,而不是直接适用成本更高的破产程序。

以上述三个条件作为认定不能清偿债务标准的,既是债权人申请债务人破产时法院审查的客观标准,也是债务人本人申请破产时法院审查判断的客观标准。当然,在债权人申请债务人破产的情形下,债务人也可以据以进行抗辩。

(2)停止支付。在破产法理论或者破产实践中最常见的事实是债务人没有清偿到期债务。停止支付实际上是债务人以口头、书面方式明示或者以不作为、躲避债务方式表示其不能支付一般债务的行为。所以,停止支付实际上是债务人主观上的行为态度,与债务人客观上处于不能清偿债务经济状态的破产原因并不相同。停止支付大多在债务人无力清偿债务时发生,因为在没有清偿能力的客观背景下,无论债务人的主观愿望如何,最终必然是债务人的停止支付。考虑到停止支付的复杂原因与实际性质,债务人停止支付只能推定为不能清偿债务,因为在有的情形下是债务人一时不为支付行为,有的情形下是债务人不愿支付。既然为推定,自然可以举证推翻。债务人可以通过举证证明自己不符合前述不能清偿债务的各项条件的,法院也就不能宣告债务人破产。当然,债务人要避免被宣告破产的,应负举证责任,否则就可推定债务人不能清偿债务而认为构成破产原因。

(3)债务超过。又称资不抵债,是根据资产负债表标准确定破产原因的一种规则,债务超过意味着债务人的全部财产价值额不足以抵偿其所负的全部债务。债务超过属于特殊的破产原因,适用于法人破产与遗产破产。

以债务超过作为破产原因认定标准的立法,依赖于会计上对法人的资产状况与负债状况的对比判断。影响这种判断的因素主要有:记入资产的会计标准与资产价值的评估等。由于资产的价值评估本身就有许多不确定因素,加之资产价值受市场因素的影响较大,因而,法院对于债务超过的标准把握往往比较严格。[1]

二、破产申请

破产申请是破产申请权人向法院请求宣告债务人破产的意思表示,是破产申请权人破产请求权行使的具体体现。通常是破产程序开始的基本形式要件。在我国,由于法律没有规定法院依职权宣告债务人破产,因此,破产申请就成为破产程序开始的绝对要件。

(一)破产申请的主体

破产申请的主体即为有权向法院提出申请债务人破产的人,通常包括债权人与债

〔1〕 有些国家立法上为了保护债权人的利益,避免公司信用风险扩张以及维护股东尤其是股份有限公司股东的利益,规定在公司存在债务超过的破产原因时,公司董事应当立即向股东会作出报告或者立即向法院提出破产预防申请。

务人。但在某些特别法律规定的场合,可能是其他主体。例如,公司在清算过程中提出破产申请的主体是公司的清算组[1];商业银行、证券公司、保险公司等金融机构破产申请的主体可以是金融监督管理机构[2]。

在广义破产程序中,破产申请权人应当根据不同的程序规定不同的申请权。例如,在重整程序中,出资额达到一定比例的股东也有权提出重整申请。

1. 债权人

债权人作为破产申请权人,一方面是债权请求权内容的当然延伸,另一方面也反映了现代社会采取司法途径解决债权债务关系时对于债权的尊重。

(1)债权人破产申请权的作用。债权人破产申请权的作用表现在破产申请本身以及破产宣告对于债权人利益的体现。前者是指债权人在债务人不能清偿债务时可以采取包括申请债务人破产这一终极程序来促使债务人积极履行自己的债务。尽管债权人以损害债务人商誉、损害竞争对手为目的的申请债务人破产的,通常不会被人民法院受理。但是,因为存在破产申请约束,确实可使债务人更积极地面对自己所应当承担的债务,并可使债权人在破产程序中得到比之于一般民事执行程序无法得到的利益,主要是:其一,债权人可以从债务人的总财产中获得债务清偿的机会。例如,在司法扣押优先权制度下,如果有的债权人诉讼迟缓,导致债务人的主要财产成为其他债权人优先受偿的财产,就需要一种制度来保证取得与其他债权人同等的清偿机会,破产制度可以达到这种效果。其二,如果债务人存在欺诈性交易行为或者偏颇清偿行为等,一旦启动破产程序,就可以行使破产撤销权,最大限度地归拢破产财产甚至可以恢复原来被损害的利益。其三,降低债权人债权实现的直接成本。破产案件的收费方式以及破产费用与民事诉讼制度有所不同,债权人不必花费一般民事诉讼中获得生效判决文书以及执行判决书中所需要花费的费用,因而在与债务人较量的过程中,取得最大的优势。

(2)债权人作为破产申请权人的条件。基于债权平等原理,无论是自然人债权或是法人债权,或者是其他民事主体的债权,作为债权人均可以享有破产申请权。

2. 债务人

债务人在不能清偿债务或者有可能陷入不能清偿债务的财务状态时,不仅有提出破产清算申请的权利,而且有权直接提出重整或者和解申请。债务人享有申请权是债务人获得破产救济利益的重要保障。

(1)债务人破产申请权的价值。首先,在通常意义上,允许债务人申请破产是因为破产免责制度的产生。其次,允许债务人自己申请破产,可以保证破产制度的有效实

---

〔1〕《企业破产法》第7条第3款规定,企业法人已解散但未清算或者未清算完毕,资产不足以清偿债务的,依法负有清算责任的人应当向人民法院申请破产清算。

〔2〕《企业破产法》第134条第1款赋予有关金融监督管理机构进行重整或提出破产清算申请的权利。

施。一方面是因为债务人自己最了解自己的经营状况与资产质量等,对于所拥有的资产是否具有有效的价值有最充分的认识,启动破产程序后可以及时地将失去有效组合价值的资源通过市场进行重新配置;另一方面是债务人提出破产申请,能够将债务人的全部财产状况公布于债权人,保证破产目的的实现。最后,赋予债务人破产申请权,可以鼓励债务人按照法律规定的程序将财产公平清偿给债务人,也因为如此,英国等国的破产法对于债务人自愿申请破产几乎没有什么条件限制,作为自愿地债务清偿安排,关键在于债权人与债务人之间达成妥善安排。

(2)债务人申请破产的性质。债务人申请破产常常被认为是一种权利,在包含破产免责制度的破产程序中,债务人通过破产程序能够得到实在的利益。

但需要特别强调的是,法人债务人的自愿破产申请更为常见的是申请破产预防程序的适用,这或许是破产制度法人债务人的主要吸引力所在。

(3)债务人申请破产的限制。债务人申请破产是否需要限制,是指具有破产能力的债务人在申请破产的时候是否存在一定的限制条件。对于某些特殊的市场主体,破产申请仍可以给予限制。我国《企业破产法》第134条规定:“商业银行、证券公司、保险公司等金融机构有本法第二条规定情形的,国务院金融监督管理机构可以向人民法院提出对该金融机构进行重整或者破产清算的申请。国务院金融监督管理机构依法对出现重大经营风险的金融机构采取接管、托管等措施的,可以向人民法院申请中止以该金融机构为被告或者被执行人的民事诉讼程序或者执行程序。”

(4)法人债务人破产申请权的行使主体。根据法人的特殊性,需要确定法人破产申请作出的方式。根据公司法等相关法律的规定,法人需要申请破产的,应当由公司的股东大会按照法律与章程规定的程序作出,并且由法人的代表机关表达破产申请;在其他法人申请破产的情形下,也应当由设立该法人的主体按照法律规定以及章程规定的程序提出破产申请。

(二)破产申请的形式

破产申请作为一种重要的法律行为,法律对其规定了明确的方式。在破产法比较发达的国家,通常采取表格式破产申请。各类破产申请主体只要根据规定填写相应的表格,提供相关资料,即可完成破产申请。此外,破产申请由于包括债务人自愿破产申请与债权人申请的非自愿破产申请两类,在破产申请的形式上也有所不同。

1. 破产申请的一般形式

按照我国企业破产法的规定,破产申请的形式要件主要有:(1)破产申请权人提出破产申请。破产申请的主体在我国破产清算程序中为债权人与债务人;破产重整程序中除债权人、债务人外,还包括公司股东;破产和解程序的申请主体则仅限于债务人。(2)向有管辖权的法院提出破产申请。(3)破产申请应当以书面方式提出。(4)破产申请人应当缴纳破产申请费用,但债务人提出申请的除外。

2. 破产申请书及其证据材料

由于各国破产立法对于主体破产能力规定的不同、申请主体的不同，破产申请书与提交材料的要求有所不同。

(1)破产申请书。在债务人申请破产的场合，申请人应当按照法律规定说明债务人已经处于资不抵债、不能清偿债务、符合破产原因与符合破产宣告条件的情况，并提出申请使用的程序类别。在债权人申请破产的场合，申请人应当按照法律规定说明债务人拖欠申请人债务，没有清偿债务，债务人符合破产原因要求等原因或者事实。具体格式包括申请人与被申请人、申请事项、申请的事实与理由以及其他应当说明的情况。

(2)证据材料的提供。根据我国《企业破产法》第8条的规定，向人民法院提出破产申请，应当提交破产申请书和有关证据。破产申请书应当载明下列事项：①申请人、被申请人的基本情况；②申请目的；③申请的事实和理由；④人民法院认为应当载明的其他事项。债务人提出申请的，还应当向人民法院提交财产状况说明、债务清册、债权清册、有关财务会计报告、职工安置预案以及职工工资的支付和社会保险费用的缴纳情况。

(三)破产申请的撤回

破产申请的撤回，是指破产申请人提出破产申请后，再提出破产申请撤回要求，并经过许可而使破产申请丧失法律效力的制度。各国法律规定大致有法院许可主义、任意撤回主义、有限制的自由撤回主义与区别主义。例如，俄罗斯破产法规定，债务人申请破产的，不得撤回，债权人申请破产的，在法院受理前可以撤回；德国破产法规定，在破产程序开始前或者申请被驳回前，申请人均可撤回申请。我国《企业破产法》第9条规定："人民法院受理破产申请前，申请人可以请求撤回申请。"

三、破产案件的管辖

破产案件的管辖，又称破产管辖，是指各级法院之间与同级法院之间受理破产案件的分工与权限。破产案件的管辖制度实际上包括是否需要建立独立的专门法院管辖问题、级别管辖、地域管辖、裁定管辖，由此确定不同法院之间的职权分工以及管辖权不明与管辖权争议时的确定。

(一)地域管辖

我国《企业破产法》第3条规定："破产案件由债务人住所地人民法院管辖。"住所地管辖作为破产案件的管辖原则主要理由在于：住所地作为企业法人的注册地，最容易识别企业法人的国籍等因素，有利于确定法律的适用；住所地企业的管理机关拥有企业的信息，可以为破产案件的审理提供信息支持与其他方面的支持；住所地通常是企业的主要营业地，能够降低破产债务人与债权人之间参加破产程序的成本，提高破产程序的效率；住所地法院的管辖有利于与破产有关事务的外部协调，例如，在作出终结破产程序中对于破产企业法人的注销登记等。

(二)级别管辖

破产案件的级别管辖是指不同级别法院之间受理破产案件的标准。《企业破产法》对此仍然没有明确。但《破产法规定》曾经规定,基层人民法院一般管辖县、县级市或者区的工商行政管理机关核准登记企业的破产案件;中级人民法院一般管辖地区、地级市(含本级)以上的工商行政管理机关核准登记企业的破产案件;纳入国家计划调整的企业破产案件,由中级人民法院管辖。

根据我国破产管辖的规定,高级人民法院、最高人民法院不直接办理破产案件。根据破产程序中有关上诉事项的审理,则可以由高级人民法院审理。

四、破产案件的受理

破产案件从申请的提出到法院的审查以及作出受理与否的决定,就是破产案件的受理程序。破产案件的受理就是破产申请经过法院审查,认为符合法定的立案条件的,予以接受并开始破产程序的司法行为。破产案件的立案有法定的条件要求,申请人提出破产申请后,并不启动破产程序,受理申请的法院在法定时间内,对于破产申请进行审查,对于符合条件的,以裁定方式接受破产申请,对于不符合条件的,则裁定驳回申请。

(一)破产申请的审查

无论是债权人或是债务人申请破产,都应当提交申请书。申请书一般应当包括的事项有:

1. 申请人与被申请人的基本情况。债务人提出申请的,不填写被申请人。

2. 申请目的。申请目的需要明确申请人申请开始的破产程序的种类,是申请和解或是重整程序,或是申请破产清算。

3. 申请的事实与理由。在债务人申请时,应当说明已经具备破产原因,到期债务不能清偿的事实,同时提交证明所陈述的事实的证明材料。破产申请向法院提出后,人民法院根据破产申请受理的要件进行审查。

(1)形式审查。破产案件的形式审查是指法院对于破产申请的程序的合法性审查,主要审查申请人是否适格、申请的形式要件是否符合、是否属于接受法院管辖等。破产申请人的适格性审查在于审查申请人是否具有破产申请能力等问题。破产申请形式有瑕疵的,受理法院有权要求申请人在规定期限内补正。申请人在规定期限内补正的,破产受理程序继续进行,在规定期限内没有补正的,法院即裁定驳回申请或者视为撤回申请。如果接受法院没有管辖权的,通知申请人向有管辖权的法院申请。

(2)实质审查。破产案件的实质审查主要包括债务人是否具有破产能力以及是否存在破产原因等问题的审查。不具备实质要件的,直接驳回。

(二)被申请破产债务人的异议权

债务人是否构成破产原因,需要法院进行审查。审查的内容需要考察债务人的财务状况,是否构成不能清偿到期债务的情形。而在债权人申请债务人破产时,债权人提供的证据是仅仅证明债权人存在到期债务没有清偿的事实,至于债务的真实性以及债务人没有清偿债务的原因等重要事实并不清晰。因此,各国破产法一般规定在债务人被申请破产的,法院应当将债务人被申请破产的事实尽快通知债务人。

(三)破产申请的驳回

人民法院接受破产申请后的审查应当按照规定的程序在7日内作出是否受理破产申请的裁定。需要补充材料的,应当在收到更正、补充的材料7日内作出是否受理的决定。

法院对破产案件审查后,认为不符合法律规定或者其他要求的,应当以裁定方式驳回申请。驳回申请的原因就是破产程序的开始要件的不具备,或者存在破产程序开始的障碍要件。

驳回破产申请的事由可能包括:没有预交诉讼费用、申请人或者被申请人不符合破产程序启动的主体要件、破产原因等程序启动要件的欠缺、破产申请存在恶意等。

(四)破产申请瑕疵的救济

无论是债权人还是债务人提出破产申请时,法院经过审查均可能发现其不符合破产立案条件的情形,对此,需要采取如下相应的救济手段。

1. 更正与补充。人民法院收到破产申请后,应当在7日内决定是否立案。如果认为申请人提交的材料需要更正、补充的,人民法院可以责令申请人限期更正与补充。按期更正与补充的,人民法院应当在收到更正、补充材料后7日内决定是否立案;未按期更正、补充的,视为撤回申请。

2. 驳回后的上诉。对于申请人提出的破产申请,人民法院认为不符合立案条件,又不需要作出更正与补充的,应当作出不予受理的裁定;经过更正与补充仍然不符合要求的,也应作出不予受理的裁定。申请人对驳回申请裁定不服的,是否可以上诉,在《企业破产法(试行)》中并没有明确规定,新《企业破产法》进一步规定了此项上诉权,可以在裁定送达之日起10日内向上级人民法院提起上诉。

(五)破产案件受理的效力

1. 破产受理对债务人的效力

(1)债务人财产处分权的限制。破产案件受理后,债务人处分与管理财产的权利应当受到限制,因为债务人与债权人之间的利益冲突表明债务人具有现实的损害债权人利益的动机。

(2)个别清偿行为的限制。破产程序开始的目的就在于公平地清理债权债务关系,或者在破产清算程序中合理分配破产财产。债务人对于个别债权人的个别清偿行为与破产程序公平清偿、集中清偿的基本价值相违背。个别清偿行为实际上就是对于个别债权人的优遇清偿。当然,个别清偿行为的限制不是对于个别清偿行为的绝对禁止。为保证破产受理之后债务人营业的继续维持,债务人仍然有可能与其他人发生往来而实施清偿行为。为了保证这种交易不影响债权人的利益与破产程序的进行,在程序上应当规定这种个别清偿行为在管理人接管以前需经过法院同意,在管理人接管以后当然由管理人决定,在实体上应当规定以继续进行生产经营为前提,以债务人与债权人负对等义务为条件。

(3)债务人的人身限制。破产程序开始后,债务人的身份地位受到一定的限制。我国《企业破产法》对债务人企业法定代表人的人身限制作为对法定代表人的一项义务要求作了规定。按照规定,自人民法院受理破产申请的裁定送达债务人之日起至破产案件终结之日,债务人企业法人的法定代表人承担下列义务:妥善保管其占用和管理的所有财产、印章和账册、文书等资料和其他物品;根据人民法院、管理人要求进行工作,并如实回答询问;列席债权人会议并如实回答债权人的询问;未经人民法院许可,不得离开住所地;不得新任其他企业的董事、监事、经理等职务。经人民法院决定,承担上述义务的可以扩大到企业的财务管理人员和其他经营管理人员。

2. 破产受理对债权人的效力

(1)债权到期。破产程序是为全体债权人利益设计的概括执行程序,具有加速债权到期的效力。在破产程序开始的场合,无论债权是否届期,均有权申报债权。债权加速到期制度与一般的民事执行程序显有差异,关键在于破产程序是最终的债权实现机会。当然,对于未到期的债权计算其债权额时,应当扣除未到期部分的利息或者其他利益。

(2)破产债权的财产担保权行使的限制。对于债务人的财产所享有的抵押权、质权、留置权等担保物权的债权人,享有先于普通债权人的债权在担保物变卖或处理得到的价款中优先受偿的权利。但是,破产申请受理后,应当发生破产财产保全的效力。有财产担保的债权人也应当申报债权。未经同意,不得行使优先权。

(3)债权申报。债权申报,是债权人向法院正式提出参加破产程序的申请,表明其已参加破产程序获得债权实现的意思表示。债权申报后的债权人成为破产债权人,在破产程序中享有各种破产债权人的权利。《企业破产法》规定,债权人在破产程序终结以前均可以申报债权,但是对已经分配的破产财产不能主张权利。

3. 破产受理对第三人的效力

破产案件受理后,债务人的财产处分的权利的限制包括债权受领。为此,新破产法规定了债务人之债务人的义务,要求债务人的债务人向管理人履行债务。《企业破产法》第17条规定,人民法院受理破产申请后,债务人的债务人或者财产持有人应当向管理人清偿债务或者交付财产。债务人的债务人或者财产持有人故意违反前款规定向债务人清偿债务或者交付财产,使债权人受到损失的,不免除其清偿债务或者交付财产的义务。

4. 对其他民事诉讼程序的影响

(1)解除对债务人的财产保全,中止执行程序。财产保全,也称诉讼保全,其目的在于保证判决的执行,即为了保证个别清偿的实现。这与破产法所要实现的概括式公平清偿目的不符。因此，对于原在民事诉讼执行过程中已经查封、扣押、冻结或者以其他措施保全的债务人财产，在破产案件受理后，应当解除原保全措施，统一纳入破产财产的保全范围内。对债务人财产的民事执行程序也必须中止，由债权人凭生效的法律文书向管理人申报债权。故《企业破产法》第19条规定，人民法院受理破产申请后，有关债务人财产的保全措施应当解除，执行程序应当中止。

(2)民事诉讼或仲裁中止。人民法院受理破产申请后，债务人丧失了对其财产的管理、处分权，全部财产与经营管理事务均由管理人接管，自然也不能继续参与民事诉讼或仲裁，只能由管理人代为行使其诉讼权利。为此，《企业破产法》第20条规定，人民法院受理破产申请后，已经开始而尚未终结的有关债务人的民事诉讼或者仲裁应当中止；在管理人接管债务人的财产后，该诉讼或者仲裁继续进行。

(3)民事诉讼的专属管辖。根据《企业破产法》第21条的规定，人民法院受理破产申请后，有关债务人的民事诉讼，只能向受理破产申请的人民法院提起。应注意的是，只有在人民法院受理破产申请后新提起的有关债务人的民事诉讼才产生专属管辖问题，对于破产程序开始前已经进行的民事诉讼，在管理人接管债务人财产后继续在原受案法院进行。

第二节　破产债权的申报、调查与确认

一、破产债权的申报

破产债权的申报是指法院受理破产案件后，债权人在法律规定或法院指定的期限内主张并证明其债权的制度。具体内容包括申报期限、申报范围、申报内容以及申报效力等。

(一)申报的期限

《企业破产法》第45条规定："人民法院受理破产案件后，应当确定债权人申报债权的期限。债权申报期限自人民法院发布受理案件公告的次日起计算，最短不得少于三十日，最长不得超过三个月。"

债权人在申报期限内没有申报债权的，如果立法剥夺其依据破产程序主张自己权利及获得破产分配的机会，这对那些有正当理由而没有申报债权的债权人是不公平的。因此，立法一般允许债权人向法院请求延展申报期限。《企业破产法》第56条规定，如果债权人未在申报期限内申报债权，可以在破产财产最终分配前申报。但补充申报的债权不能参加申报以前的破产分配，审查和确认补充申报的费用，由补充申报人承担。

(二)申报方式

我国《企业破产法》第49条规定，债权人申报债权时，应当书面说明债权的数额和

有无财产担保,并提交有关证据。由此认定,我国破产债权申报方式应当采用书面形式。如果债权人口头向管理人申报债权的,申报无效。

(三)申报机关

《企业破产法》第46条第1款规定:"债权人应当在人民法院确定的债权申报期限内向管理人申报债权。"管理人是法定的债权申报接受人。之所以把法定接受人定为管理人,是因为管理人是由法院指定并对法院负责,在某种程度上,管理人行使法院的职责,因此,管理人可以代表法院接受债权申报。

(四)债权申报的范围

我国《企业破产法》第46~55条规定了具体可申报债权的范围:

(1)附条件、附期限的债权和诉讼、仲裁未决的债权。(2)附担保债权。该种债权是指附有法律规定的特别担保方式来担保债权实现的债权。我国担保法规定的担保方式主要有五种,即抵押、质押、留置、保证和定金。(3)追偿权。追偿权是指债务人的保证人或者债务人的其他连带债务人在其可能代债务人履行义务后向债务人追偿的权利。(4)未履行合同产生的债权。合同成立后,尚未履行合同的当事人一方开始破产程序的,根据《企业破产法》第53条的规定,管理人或者债务人依照本法规定解除合同的,对方当事人以因合同解除所产生的损害赔偿请求权申报债权。(5)委托合同中的债权。该债权是指受托人处理委托人的事务所产生的请求权。《企业破产法》第54条规定:"债务人是委托合同的委托人,被裁定适用本法规定的程序,受托人不知该事实,继续处理委托事务的,受托人以由此产生的请求权申报债权。"(6)票据关系产生的债权。《企业破产法》第55条规定:"债务人是票据的出票人,被裁定适用本法规定的程序,该票据的付款人继续付款或者承兑的,付款人以由此产生的请求权申报债权。"

(五)债权申报的效力

债权申报的效力是债权申报对相关主体产生的约束力。包括对已申报债权人、未申报债权人以及申报接受人所受的约束。

第一,对已申报债权人的效力,可以依破产程序行使权利。债权人可以变更和撤销债权申报。债权的诉讼时效因债权申报而中断。

第二,对未申报债权人,还有补充申报的机会,但必须在破产财产最后分配前完成补充申报,而且此前已进行的分配,不再对其补充分配。

第三,对债权申报接受人的效力,申报接受人接到债权申报后,必须按照法律规定的形式进行登记和管理。在我国,债权申报接受人是管理人。

二、破产债权的调查

破产债权的调查是指调查人对申报的债权是否符合申报规则以及作为破产债权性质、数额等进行审查分析的一种程序。在破产法上,破产债权调查制度的内容包括确定债权调查日期、调查形式、调查对象以及调查结果等。

(一)债权的调查人与调查日期

债权调查人是指主持调查债权的个人或组织。我国《企业破产法》第57条、第58

条规定，管理人收到债权申报材料后，应当登记造册，对申报的债权进行审查，并编制债权表。编制的债权表，应当提交第一次债权人会议核查。此处所谓“审查”与“核查”，相当于债权的调查。[1]

各国立法都有关于债权调查日的规定。债权调查人不同，调查日的确定也不同。实行法院负责制的，由法院确定调查日期。

（二）债权的调查内容与调查方式

对于债权调查的内容，各国的规定基本相同。即调查申报债权是否符合法律要求、债权是否有效、是否符合破产债权的条件、债权的性质、数额和发生原因。

债权调查的方式主要通过债权人和债务人（破产人）陈述进行。一般情况下，债务人必须本人到场陈述，有正当理由时可以让代理人到场。债权人陈述意见既可以由本人进行也可以通过代理人进行，代理人进行不需要有正当理由，但应当出示代理权证书。

我国《企业破产法》采用了异议调查方式。在管理人编制了债权表后，提交第一次债权人会议核查。如果有异议，可以向受理的人民法院提起诉讼。

三、破产债权的确认

破产债权的确认是指对申报的债权经过债权调查，最后按照一定标准确定为参加破产程序的破产债权制度。

破产程序开始后，债权人申报债权、经过债权调查后，再针对债权的性质、债权数额进行确认，最后作为破产分配的依据。申报的债权经过确认，即发生破产债权效力，破产债权人可以参加债权人会议，按照确认的数额行使表决权。

《企业破产法》第58条规定，破产债权的确认权归属法院，对于债务人、债权人无异议的债权，由人民法院裁定确认。如果有异议的，经过诉讼确认。

（一）破产债权确认的方式

破产债权确认方式是指承认破产债权的步骤和形式。

《企业破产法》采用了异议确认和无异议确认两种方式。具体程序是：管理人对申报的债权进行形式审查，编制债权表；然后交由债权人会议核实调查，债权人、债务人无异议的，法院裁判确认；有异议的，法院诉讼确认。

（二）破产债权确认的条件

从破产债权的性质分析，需要确认的内容包括四个方面：（1）债权是否成立；（2）是否可以强制执行；（3）是否符合债权申报和调查规则；（4）是否符合法定的债权确认标准。

（三）破产债权额的确定

债权额的确定应当是破产债权确认的核心内容，它是破产分配的根据。根据破产

---

〔1〕 我国1986年《企业破产法（试行）》第15条规定：“负责债权调查和确认的机关为债权人会议。”现行《企业破产法》免除了债权人会议的债权确认职权。

法的概括执行性质，债权额的确定首先应当对其进行等质化处理。等质化的要求有三：(1)非金钱债权金钱化；(2)履行期限统一化；(3)不确定债权确定化。

第三节 破产管理人

一、破产管理人的概念

破产管理人(即企业破产法所谓管理人)是指依照破产法规定，在破产重整、破产和解和破产清算程序中负责债务人财产管理和其他事项的机构或个人。破产程序开始后，破产事务的管理和破产财产的清算工作繁杂沉重，加之大量的法律事务和非法律事务掺杂其间，因而远非法院的人力物力所能胜任。故有必要成立专门的清算或管理机构。

二、破产管理人的任职资格

管理破产事务是一项专业性很强的活动，为了保障破产程序的顺利进行，各国破产法一般都对管理人的专业素质有一定要求[1]。

我国破产法也规定了管理人的任职资格，包括积极资格和消极资格两方面的要求。

(一)破产管理人的积极资格

我国《企业破产法》第24条第1款规定："管理人可以由有关部门、机构的人员组成的清算组或者依法设立的律师事务所、会计师事务所、破产清算事务所等社会中介机构担任。"第2款规定："人民法院根据债务人的实际情况，可以在征询有关社会中介机构的意见后，指定该机构具备相关专业知识并取得执业资格的人员担任管理人。"企业破产法的这种规定，使得破产管理人的任职资格走向了市场化、社会化的轨道。

1. 有关部门，机构的人员组成的清算组。《企业破产法》施行前，我国未设立管理人制度，承担与管理人类似职能的是清算组。现行《企业破产法》改清算组制度为管理人制度，无疑具有积极意义。考虑到国有企业政策性破产及新旧法法律衔接的需要，破产法规定清算组可担任管理人，但清算组担任管理人主要限于以下情形：(1)破产申请受理前，根据有关规定已经成立清算组，并且清算组的组成符合法律规定的要求的；(2)《企业破产法》施行前国务院规定的期限和范围内国有企业破产案件，即国有企业政策性破产案件；(3)有关法律规定企业破产时成立清算组的，《商业银行法》、《保险法》均规定商业银行、保险公司破产时应成立清算组进行清算；(4)人民法院认为可以指定清算组为管理人的其他情形。

2. 社会中介机构，主要包括依法设立的律师事务所、会计师事务所、破产清算事务

---

〔1〕 付翠英编著：《破产法比较研究》，中国人民公安大学出版社2004年版，第283～284页。

所等。这些社会中介机构具有很强的专业知识与技能,各国破产法均规定其可担任管理人。

3. 自然人,是指社会中介机构中具备相关专业知识并取得执业资格的人员。基于破产清算人系专司管理和清算事务,故以会计师、律师或其他通晓计算、经营、法律、经贸知识的人士为宜。自然人担任管理人的案件多为事实清楚、债权债务关系简单、债务人财产相对集中的企业破产案件。因管理人未能尽注意义务与忠实义务而给债权人、债务人或第三人造成损失的,须应依法承担赔偿责任,而个人能力有限,故原则上,个人担任管理人的,应当参加执业责任保险。我国《企业破产法》第 24 条第 4 款也对管理人的执业责任保险作了强制性的规定。

(二)破产管理人的消极资格

为保证破产管理人公正有效地履行其职责,《企业破产法》第 24 条第 3 款规定,在破产管理机构从业的管理人员,除了具备该条第 2 款规定的积极资格,即相关专业知识并取得执业资格之外,还规定了管理人员的消极资格,即下列情形之一:(1)因故意犯罪受过刑事处罚;(2)曾被吊销相关专业执业证书;(3)与本案有利害关系;(4)人民法院认为不宜担任管理人的其他情形。企业破产法所规定的这些消极资格,不仅是对管理人员之技能的要求,更重要的是对其不良记录者的排斥,是一种道德风险的预防机制。

三、破产管理人的选任方式

(一)选任主体

从各国关于破产管理人的选任模式看,主要有:(1)法院选任模式;(2)债权人选任模式;(3)法院与债权人选任相结合之双轨模式;(4)法院选任与债权人异议模式。根据我国《企业破产法》第 22 条关于"管理人由人民法院指定。债权人会议认为管理人不能依法、公正执行职务或者有其他不能胜任职务情形的,可以申请人民法院予以更换",显然我国是采用了法院选任与债权人异议相结合的模式,只不过,我国立法的表达是"法院指定"与"债权人会议申请"。应当说,这种模式较之于其他模式有一定的优越性。

(二)选任范围

破产管理人的选任范围,有以下三种立法模式,即大陆法系模式、英美法系模式和我国台湾地区模式:(1)大陆法系模式对破产管理人的选任范围不作明确规定,而以空白条款的方式授权法官自由裁量地决定。(2)英美法系模式对破产管理人的选任范围作出明确规定,法官只能在此范围内选任破产管理人。(3)我国台湾地区模式既划定一个范围,但又不作具体限制。

从我国《企业破产法》第 24 条的规定中,我们可以看到,人民法院指定管理人可以在律师事务所、会计师事务所、破产清算事务所等社会中介机构,或者清算组,或者有资格的个人之中选任。

(三)选任时间与任职时间[1]

《企业破产法》第13条规定:"人民法院裁定受理破产申请的,应当同时指定管理人。"可见,法院选任破产管理人的时间是在法院裁定受理破产申请之同时。而且,破产管理人任职的时间,也是在法院作出裁定受理破产申请的同时。

四、破产管理人的职责

我国企业破产法不仅围绕债务人之财产的保管、清理、估价、处理和分配等对管理人的职责作出了规定,而且还详细地规定了管理人在清算程序、重整程序与和解程序中的职责、权利、义务以及法律责任。

(一)管理人的义务

1. 勤勉与忠实义务。《企业破产法》第27条规定:"管理人应当勤勉尽责,忠实执行职务。"该规定明确了管理人的两项重要义务,即勤勉与忠实(或者注意与信义义务)。另外,《企业破产法》第29条还规定:"管理人没有正当理由不得辞去职务。管理人辞去职务应当经人民法院许可。"

2. 报告工作并接受监督之义务。根据《企业破产法》第23条的规定,管理人在依法执行职务时,应当向人民法院报告工作,并且要接受债权人会议和债权人委员会的监督;管理人应当列席债权人会议,向债权人会议报告职务执行情况,并回答询问。

3. 报告义务。《企业破产法》第69条规定:"管理人实施下列行为,应当及时报告债权人委员会:(一)涉及土地、房屋等不动产权益的转让;(二)探矿权、采矿权、知识产权等财产权的转让;(三)全部库存或者营业的转让;(四)借款;(五)设定财产担保;(六)债权和有价证券的转让;(七)履行债务人和对方当事人均未履行完毕的合同;(八)放弃权利;(九)担保物的取回;(十)对债权人利益有重大影响的其他财产处分行为。""未设立债权人委员会的,管理人实施前款规定的行为应当及时报告人民法院。"

(二)管理人的职责

根据《企业破产法》第25条的规定,管理人所履行的职责主要是:(1)接管债务人的财产、印章和账簿、文书等资料;(2)调查债务人财产状况,制作财产状况报告;(3)决定债务人的内部管理事务;(4)决定债务人的日常开支和其他必要开支;(5)在第一次债权人会议召开之前,决定继续或者停止债务人的营业;(6)管理和处分债务人的财产;(7)代表债务人参加诉讼、仲裁或者其他法律程序;(8)提议召开债权人会议;(9)人民法院认为管理人应当履行的其他职责。

该条第2款规定:"本法对管理人的职责另有规定的,适用其规定。"管理人的其他职责散见于《企业破产法》的其他各条,如管理人在履行上述以及其他条款所规定之职责时,可以聘用必要的工作人员,但必须经得人民法院的许可(第28条);管理人负责管理财产和营业事务的,可以聘任债务人的经营管理人员负责营业事务(第74条)。

---

[1] 黄滢:《破产债权人利益保护制度研究》,中南财经政法大学2006年硕士学位论文。

《企业破产法》第26条还规定,在第一次债权人会议召开之前,管理人决定继续或者停止债务人的营业或者有本法第69条规定的报告事项之一的,应当经人民法院许可。

（三）管理人其他特殊职责

管理人除了上述职责,在重整程序、和解程序以及变价和分配中还要履行以下职责:

1.管理人在重整程序中的职责

(1)监督自行管理财产和营业事务的债务人。《企业破产法》第73条规定:“在重整期间,经债务人申请,人民法院批准,债务人可以在管理人的监督下自行管理财产和营业事务。”“有前款规定情形的,依照本法规定已接管债务人财产和营业事务的管理人应当向债务人移交财产和营业事务,本法规定的管理人的职权由债务人行使。”

(2)借款与担保。《企业破产法》第75条第2款规定:“在重整期间,债务人或者管理人为继续营业而借款的,可以为该借款设定担保。”

(3)制作并提交重整计划草案。《企业破产法》第80条规定:“管理人负责管理财产和营业事务的,由管理人制作重整计划草案。”重整计划草案应当在法院裁定债务人重整之日起6个月内,同时向法院和债权人会议提交。债务人或者管理人未按期提出重整计划草案的,有可能导致人民法院裁定终止重整程序。

管理人应当就重整计划草案向债权人会议作出说明,并回答其询问。

(4)提出批准重整计划的申请。《企业破产法》第86条第1款规定:“各表决组均通过重整计划草案时,重整计划即为通过。”自重整计划通过之日起10日内,管理人应当向人民法院提出批准重整计划的申请。人民法院经审查认为符合法律规定的,应当自收到申请之日起30日内裁定批准,终止重整程序,并予以公告(第86条第2款)。

(5)移交财产和营业事务。人民法院裁定批准重整计划后,已接管财产和营业事务的管理人应当向债务人移交财产和营业事务(第89条第2款)。

(6)监督债务人并提交监督报告。根据《企业破产法》的规定,自人民法院裁定批准重整计划之日起,在重整计划规定的监督期内,由管理人监督重整计划的执行;在监督期内,债务人应当向管理人报告重整计划执行情况和债务人财务状况;监督期届满时,管理人应当向人民法院提交监督报告。自监督报告提交之日起,管理人的监督职责终止;经管理人申请,人民法院可以裁定延长重整计划执行的监督期限。

(7)请求法院宣告债务人破产。在监督债务人执行重整计划时,管理人发现债务人履行不能或者不履行的,有权请求法院裁定终止重整计划的执行,并宣告债务人破产。

2.管理人在和解程序中的职责

《企业破产法》规定,债权人会议通过和解协议的,由人民法院裁定认可,终止和解程序,并予以公告。管理人应当向债务人移交财产和营业事务,并向人民法院提交执行职务的报告。

3. 管理人在变价和分配中的职责

(1)拟订破产财产变价方案。《企业破产法》第111条第1款规定:"管理人应当及时拟订破产财产变价方案,提交债权人会议讨论。"

(2)适时变价。《企业破产法》第111条第2款规定:"管理人应当按照债权人会议通过的或者人民法院依照本法第六十五条第一款规定裁定的破产财产变价方案,适时变价出售破产财产。"

(3)拟订破产财产分配方案。《企业破产法》第115条规定:"管理人应当及时拟订破产财产分配方案,提交债权人会议讨论。""债权人会议通过破产财产分配方案后,由管理人将该方案提请人民法院裁定认可。"

(4)执行破产财产分配方案。《企业破产法》第116条规定:"破产财产分配方案经人民法院裁定认可后,由管理人执行。"管理人按照破产财产分配方案实施多次分配的,应当公告本次分配的财产额和债权额。管理人实施最后分配的,应当在公告中指明,并载明本法有关附生效条件或者解除条件债权的分配事项。

(5)破产终结时的职责。《企业破产法》第120条规定:"破产人无财产可供分配的,管理人应当请求人民法院裁定终结破产程序。""管理人在最后分配完结后,应当及时向人民法院提交破产财产分配报告,并提请人民法院裁定终结破产程序。""人民法院应当自收到管理人终结破产程序的请求之日起十五日内作出是否终结破产程序的裁定。裁定终结的,应当予以公告。"

(四)管理人的法律责任

《企业破产法》第130条规定:"管理人未依照本法规定勤勉尽责,忠实执行职务的,人民法院可以依法处以罚款;给债权人、债务人或者第三人造成损失的,依法承担赔偿责任。"按照民法—侵权行为法原理,社会中介机构和个人作为管理人,给债权人、债务人或者第三人造成损失的,应该以专家责任认定,以严格责任为归责原则。

《企业破产法》第131条规定:"违反本法规定,构成犯罪的,依法追究刑事责任。"

五、对管理人的监督

管理人应当向人民法院报告工作,并接受债权人会议和债权人委员会的监督。管理人应当列席债权人会议,向债权人会议报告职务执行情况,并回答询问。但第一次债权人会议召开前,由于尚未成立债权人会议和债权人委员会,管理人在处理事关债权人利益的重大事项时,应事先取得人民法院的许可。

六、破产管理人的报酬

众所周知,破产事务的处理耗时费力,责任重大,加之破产管理人有负担财产责任的风险,因而,国外立法大多规定了破产管理人享有取得报酬的权利。报酬的数额,德国、日本及我国台湾地区都规定由法院决定,法院核定时,应斟酌破产案件的繁简、破产财产的规模、破产分配的比率、破产管理人耗费之时间精力及其努力程度、同业标准等因素。

我国企业破产法确认了管理人可以通过管理破产财产而合法地获得报酬,这个制度的确立意旨在于激励管理人,使之在承担巨大责任和风险的同时,对称地获得相应的酬劳。《企业破产法》第28条第2款规定:"管理人的报酬由人民法院确定。债权人会议对管理人的报酬有异议的,有权向人民法院提出。"

第四节　债权人会议和债权人委员会

一、债权人会议

债权人会议,是在破产程序进行中,为便于全体债权人参与破产程序以实现其破产程序参与权和监督权,维护全体债权人的共同利益而由全体登记在册的债权人组成的表达债权人意志和统一债权人行动的议事机构。设立债权人会议的根据主要在于:(1)统一债权人意志和行动,保证破产程序的有序化;(2)公平保护全体债权人的利益;(3)实现破产案件处理的程序经济目标。

(一)债权人会议的组成

1. 债权人会议主席

按照企业破产法的规定,债权人会议设主席一人,[1]由人民法院从有表决权的债权人中指定。债权人会议主席主持债权人会议。

2. 债权人会议的成员

一般说来,债权人会议由出席人员、列席人员共同组成。

(1)依法申报债权的债权人。就会议出席人员的范围,《企业破产法》第59条第1款规定:"依法申报债权的债权人为债权人会议的成员,有权参加债权人会议,享有表决权。"

如果将该款规定与《企业破产法》关于债权申报的内容结合起来作一列举,债权人会议成员应当包括但不限于因下列债权而进行申报的债权人:①附条件、附期限的债权和诉讼、仲裁未决的债权;②连带债权人中共同申报的债权或者代表全体连带债权人申报的债权;③债务人的保证人或者其他连带债务人已经代替债务人清偿债务并以其对债务人的求偿权申报的债权;④债务人的保证人或者其他连带债务人尚未代替债务人清偿债务但以其对债务人的将来求偿权申报的债权(债权人已经向管理人申报全部债权的除外);⑤管理人或者债务人依照法律规定解除合同的,对方当事人以因合同解除所产生的损害赔偿请求权申报的债权;⑥委托合同的委托人进入破产程序后,受托人不知其事而继续处理委托事务的,受托人以由此产生的请求权申报的债权;⑦票据的出票人进入破产程序后,该票据的付款人继续付款或者承兑的,付款人以由此产

[1] 2002年最高人民法院《破产法规定》第39条曾规定:"……必要时,人民法院可以指定多名债权人会议主席,成立债权人会议主席委员会。"此前的司法实务中曾有此做法。

生的请求权申报债权。

由于企业破产法规定职工的债权不必申报，所以，职工不列入债权人会议成员。

企业破产法在承认所有申报债权的债权人都有会议出席权的同时，对会议成员的表决权作出了明确的界定。按照规定，债权尚未确定的债权人，除人民法院能够为其行使表决权而临时确定债权额外，不得行使表决权；对债务人的特定财产享有担保权的债权人，未放弃优先受偿权利的，对于债权人会议就和解协议和破产财产分配方案的表决不享有表决权。

(2)债权人的委托代理人。债权人可以委托代理人出席债权人会议。债权人委托代理人代为出席的，应向法院或债权人会议主席提交委托人的有效授权委托书。关于代理人的资格，法律并无特别规定，委托其他债权人或者债权人以外的一般人均无不可。代理人代为出席的，其权利的行使应与债权人的地位相同，享有债权人应有的发言、表决等权利。

(3)列席人员。债权人会议的列席人员，是指会议正式成员之外不享有表决权的参会人员。按照《企业破产法》的规定：①债务人企业的法定代表人有义务列席债权人会议并如实回答债权人的询问；人民法院有权决定，企业的财务管理人员和其他经营管理人员是否有义务列席债权人会议并回答债权人的询问。②管理人应当列席债权人会议，向债权人会议报告职务执行情况，并回答询问。③债务人的出资人代表可以列席讨论重整计划草案的债权人会议。

《企业破产法》第126条规定："有义务列席债权人会议的债务人的有关人员，经人民法院传唤，无正当理由拒不列席债权人会议的，人民法院可以拘传，并依法处以罚款。债务人的有关人员违反本法规定，拒不陈述、回答，或者作虚假陈述、回答的，人民法院可以依法处以罚款。"

3. 不具有表决权的参加人员

我国现行企业破产法在会议的出席人员和列席人员之外，还规定了一种具有特殊身份和权利的参加人员，即"债权人会议应当有债务人的职工和工会的代表参加，对有关事项发表意见"(第59条第5款)。

(二)债权人会议的召集

债权人会议的召开，以保障债权人共同利益的实现及债权人破产程序参与权的行使为目的，以方便破产程序的公正、顺利进行为必要。因而，立法应当对会议的召集、召集事由、主持、通知等事项作出明确规定。

《企业破产法》第62～63条规定，"第一次债权人会议由人民法院召集，自债权申报期限届满之日起15日内召开。以后的债权人会议，在人民法院认为必要时，或者管理人、债权人委员会、占债权总额1/4以上的债权人向债权人会议主席提议时召开"。"召开债权人会议，管理人应当提前15日通知已知的债权人"。

从上述规定可知：(1)第一次债权人会议由人民法院召集，自债权申报期限届满之日起15日内召开[1]。(2)债权人会议的召集依据,除第一次债权人会议由法院依照职权决定外;其他债权人会议既可以依照法院的职权决定召开,也可以由管理人、债权人委员会、占债权总额1/4以上的债权人向债权人会议主席提议。(3)除第一次债权人会议外[2],其他会议的通知事项由管理人负责,管理人应当提前15日通知已知的债权人。

(三)债权人会议的职权

债权人会议的职权的设定,不仅涉及债权人会议与管理人之间的职权划分,而且涉及债权人会议与法院之间的职权划分问题,甚至最终还会影响到破产立法究竟采用债权人自治、法院主导还是管理人中心主义的程序运作模式。从我国立法关于债权人会议的职权设定内容上看,我国是在债权人自治的基础上,突出了法院主导和管理人中心的混合模式。

我国《企业破产法》第61条第1款规定,"债权人会议行使下列职权:(一)核查债权;(二)申请人民法院更换管理人,审查管理人的费用和报酬;(三)监督管理人;(四)选任和更换债权人委员会成员;(五)决定继续或者停止债务人的营业;(六)通过重整计划;(七)通过和解协议;(八)通过债务人财产的管理方案;(九)通过破产财产的变价方案;(十)通过破产财产的分配方案;(十一)人民法院认为应当由债权人会议行使的其他职权"。

(四)债权人会议的决议

我国破产立法采用人数和债权额双重标准,因为单采人数标准,虽能保障多数债权人的利益却未必符合少数大额债权人的利益;而单采债权额标准则又反过来可能损害多数小额债权人的利益。因而采取了与前述第二种立法例相似的做法,将债权人会议的议决事项分为普通决议事项和特殊决议事项两种情况,分别设定不同的议决规则。

1. 普通决议规则

《企业破产法》第64条规定:"债权人会议的决议,由出席会议的有表决权的债权人过半数通过,并且其所代表的债权额占无财产担保债权总额的1/2以上。但是,本法另有规定的除外。"

2. 特殊决议规则

《企业破产法》第84条规定,重整计划草案的通过,须经出席会议的同一表决组的债权人过半数同意,并且其所代表的债权额占该组债权总额的2/3以上。

第97条规定:"债权人会议通过和解协议的决议,由出席会议的有表决权的债权人过半数同意,并且其所代表的债权额占无财产担保债权总额的2/3以上。"

3. 会议决议的效力

鉴于债权人会议系债权人借以实现其破产程序参与权的会议体机关,因而,债权

---

[1] 《企业破产法》第84条、第96条还分别对人民法院召集债权人会议就重整计划草案的表决、和解协议草案的讨论通过作了规定。

[2] 第一次会议由人民法院发布通知和公告。

人会议的任何一项决议,一旦为会议所通过,对所有债权人,不论其出席会议与否,参加表决与否,表决赞成与否,均具有约束力。

4. 违法决议的救济

《企业破产法》第 64 条第 2 款规定,"债权人认为债权人会议的决议违反法律规定,损害其利益的,可以自债权人会议作出决议之日起 15 日内,请求人民法院裁定撤销该决议,责令债权人会议依法重新作出决议"。[1] 至于法院是否得依职权或者依破产管理人的申请对债权人会议的决议裁定撤销,现行立法尚无明文。

5. 对决议有异议的救济

当人民法院根据破产法的规定对债权人财产的管理方案和破产财产的变价方案作出裁定时,任何债权人表示不服的,均可自裁定宣布之日或收到通知之日起 15 日内向该人民法院申请复议。复议期间不停止裁定的执行。

当人民法院根据破产法的规定对破产财产的分配方案作出裁定时,债权额占无财产担保债权总额 1/2 以上的债权人表示不服的,可自裁定宣布之日或者收到通知之日起 15 日内向该人民法院申请复议。复议期间不停止裁定的执行。

二、债权人委员会

(一)债权人委员会的设置

债权人委员会,是代表债权人会议,为实现债权人的共同利益、确保破产程序的顺利进行而设立的常设机构。债权人委员会的设置是为了克服债权人会议这种临时机构无法履行日常性监督职能的缺陷。

按照《企业破产法》关于债权人会议职权的规定,债权人会议对管理人拥有监督权,但显然这种监督存有以下先天缺陷:(1)债权人会议是会议体机构,无法对破产管理人和破产程序的进行实施日常性监督;(2)债权人会议的频繁召开会影响到破产案件处理的成本和效率;(3)债权人会议主要代表无担保破产债权人的利益,通常只有无担保债权人方享有表决权。因而,自所有利害关系人角度言之,债权人会议的监督难免失之偏颇。

固然,人民法院对破产案件负有总体监督的职责,但仅有这种监管是不够的,因为法院肩负着繁重的审判任务,只能对重大的或有争议的破产事务做出决定;况且破产事务中有大量的非法律事务渗透其中,要使法院对具体的法律和非法律事务实施详尽周到的监督恐为法院力所不及。

基于此,《企业破产法》第 67 条规定:"债权人会议可以决定设立债权人委员会。"毕竟,破产案件的处理有繁简难易之分,因而,具体到特定的案件,未必都设债权人委员会。设定与否,由债权人会议根据案件处理的繁简程度、时间长短等决定。原则上,不论是否进行和解和整顿,债权人会议应在第一次会议上决定债权人委员会的设置,

---

[1] 有学者指出,对违法决议提请裁定不应受到期间的限制,得于程序进行中的任何期间提出。此说不无道理。详见邹海林:《破产程序和破产法实体制度比较研究》,法律出版社 1995 年版,第 156 页。

但也不妨嗣后于破产程序进行中随时决定设置。

(二)债权人委员会的组成

按照《企业破产法》的规定,“债权人委员会由债权人会议选任的债权人代表和一名债务人的职工代表或者工会代表组成。债权人委员会成员不得超过九人。债权人委员会成员应当经人民法院书面决定认可”。

从债权人委员会的人员构成可以看出,其任务除了着重维护位居多数的一般债权人的利益外,还需兼顾诸如别除权人、取回权人、抵销权人以及工资和税款等权利主体的合法利益。

(三)债权人委员会的职权

《企业破产法》第68条规定:“债权人委员会行使下列职权:(一)监督债务人财产的管理和处分;(二)监督破产财产分配;(三)提议召开债权人会议;(四)债权人会议委托的其他职权。”

债权人会议除行使上述职权外,依照《企业破产法》第69条的规定,还享有获知报告的权利。按照规定,管理人实施下列行为,应当及时报告债权人委员会:(1)涉及土地、房屋等不动产权益的转让;(2)探矿权、采矿权、知识产权等财产权的转让;(3)全部库存或者营业的转让;(4)借款;(5)设定财产担保;(6)债权和有价证券的转让;(7)履行债务人和对方当事人均未履行完毕的合同;(8)放弃权利;(9)担保物的取回;(10)对债权人利益有重大影响的其他财产处分行为。

关于债权人委员会行使职权的方式,法律并无明确规定。原则上,债权人委员会当以决议的方式行使其职权,但遇有可以单独行使的职权的,比如就有关事项向债务人提出询问,也可单独行使。

企业破产法就债权人委员会行使职权时,有关机构或人员的协助义务作了明确的规定,按照规定,债权人委员会执行职务时,有权要求管理人、债务人的有关人员对其职权范围内的事务作出说明或者提供有关文件。管理人、债务人的有关人员违反本法规定拒绝接受监督的,债权人委员会有权就监督事项请求人民法院作出决定;人民法院应当在5日内作出决定。

第五节　重　　整

一、重整的申请与审查

(一)重整的概念和特征

1. 重整的概念

破产法中的重整,是指对于已濒于破产又有再生希望的债务人实施的旨在挽救其生存的预防程序。重整程序的目的不在于公平分配债务人的财产,而在于拯救那些值得拯救和能够拯救的债务人，使其摆脱困境，走向复兴，并借以保护债权人、股东及员工的权益，维护社会整体安全，以促进社会经济的发展。

2. 重整的特征

相对于破产清算和消极避免破产的和解程序而言，重整程序作为积极拯救债务人的程序，具有以下特征：

（1）重整的对象一般为大型企业。重整虽可积极拯救企业，但其程序比较复杂、费用较高、社会代价较大，因此，多数国家的破产立法均将其对象限制在较小的范围之内，即一般适用于大型企业。

（2）重整的原因较破产清算、和解原因为宽。破产清算与和解的原因都是债务人不能清偿到期债务。而重整的原因并不以此为限，对于那些因经营或财务困难将要成为无力偿债的企业，亦可适用重整程序。

（3）重整的措施具有多样性。重整的措施除包括债权人对债务人的妥协让步外，还包括企业的部分或整体出让、合并与分立、追加投资、租赁经营等。这些措施在和解程序中是不存在的。

（4）参与重整程序的主体具有广泛性。破产清算与和解程序的主体仅限于债权人和债务人。而在重整程序中，其参加者不仅包括债权人和债务人，而且包括股东（出资人）。股东不仅可以申请企业重整，而且对重整计划草案的通过有表决权。

（5）重整程序优先于破产清算和和解程序。重整程序一旦开始，不但正在进行的一般民事执行程序应当中止，而且正在进行的破产清算程序或和解程序也应当中止。一般认为，当破产申请、和解申请与重整申请同时并存时，法院应当优先受理重整申请。[1]

（二）重整申请

1. 申请权人

有权提出重整申请的当事人包括债务人、债权人和出资人。

（1）债务人。由于重整程序本身是以拯救债务人为目的，唯有债务人自己最了解自己的财务状况，最清楚自己有无再建的希望及继续经营的价值，所以，在债务人出现重整原因时，各国破产法均以债务人申请重整为原则。

（2）债权人。债务人的债权人虽有提出重整申请的资格，但许多国家的破产法都要求其债权额须达到法定比例。如《日本公司更生法》第17条第2款规定：集有相当于资本1/10以上债权的债权人可以提出重整申请；我国台湾地区“公司法”第282条规定：相当于公司已发行股份总数金额10%以上的公司债权人可以提出重整申请。我国企业破产法对此未作限制。

（3）出资人。主要是指公司股东。允许出资人申请重整是重整程序与破产、和解

〔1〕 但我国《企业破产法》对此并没有作出明确规定。

程序的主要区别之一,是重整程序调动各方面因素实现积极拯救债务人目标的反映。与债权人提出重整申请相同,出资人也应具备一定条件才可提出重整申请。根据我国《企业破产法》第70条第2款的规定,出资额占债务人注册资本1/10以上的出资人,可以向人民法院申请重整。

2. 申请重整的法定条件

这里所指的法定条件系指申请重整的实质要件,包括重整能力和重整原因两个方面:

(1)重整能力。重整能力是指可以成为重整对象的资格或能力。根据我国《企业破产法》的规定,只要是企业法人都具有重整能力、破产能力和和解能力。

(2)重整原因。重整原因是指可以对重整对象开始重整程序的事实状态,也就是债务人有不能清偿到期债务或者有可能丧失清偿能力的事实。相对于破产原因与和解原因而言,重整原因较为宽松,除破产原因与和解原因外,有破产原因或和解原因之虞,亦可构成重整原因。我国《企业破产法》规定的重整原因就宽松于破产清算。

3. 申请的方式与时间

重整申请为要式法律行为,须以书面形式进行,不得以口头为之,这是各国立法的共通之处。

根据我国《企业破产法》第70条的规定,重整申请权人提出重整申请的时间必须在破产宣告之前,破产宣告后不得再提出重整申请。具体分两种情况:一是申请权人直接向法院申请重整,这种情况可以是当事人发生财务困难、有不能清偿债务之虞但具备重整原因时提出,也可以是具备破产原因时,由当事人就适用破产程序、和解程序或重整程序作出选择后提出;二是在债务人已经开始破产程序但尚未宣告破产前,申请权人可以提出重整申请,从而将破产程序转换为重整程序。

4. 管辖法院

重整申请应向有管辖权的法院提出。依我国《企业破产法》之规定,管辖法院为债务人住所地人民法院。应注意的是,此种管辖属专属管辖,当事人不得以协议变更。

(三)法院的审查

法院对重整申请的审查是保障重整成功的关键,因此,法院受理重整申请后,必须对重整申请进行审查。尽管各国法律对重整申请的要求各不相同,但就审查的内容来看,不外乎形式审查和实质审查两个方面:

1. 形式审查

一般来说,形式审查的事项主要包括:(1)拟重整的企业是否属法律规定的重整对象;(2)受理法院对重整事件有无管辖权,如无管辖权,应移送有管辖权的法院;(3)申请人有无申请权,有无当事人能力及诉讼能力,如由代理人代理申请,其代理权有无欠缺;(4)是否已提出申请书,并载明法定事项;(5)申请重整的企业是否确定宣告破产,是否依破产法达成和解协议，或企业是否解散；(6)申请人是否缴纳申请费用。经审查，法院认为申请形式不合法但可以补正者，应限期补正。如不能补正，应裁定驳回。例如，公司已被宣告破产或已依破产法达成和解协议或已解散时，即应裁定驳回重整申请。如经审查符合形式要件，即进入实质审查阶段。

2. 实质审查

形式审查合法后，法院应进行实质审查，即应审查被申请重整的债务人是否具备重整能力和重整原因。经审查，被申请重整的债务人如不具备重整能力和重整原因，法院应驳回重整申请；如具备重整能力和重整原因，应裁定准许债务人重整，并予以公告。相对于形式审查而言，实质审查不但复杂多变、难以操作，而且意义十分重大。可以说，实质审查是重整成功与否的关键点，也是整个重整程序中最为重要的一环。

二、重整期间的营业

重整期间，是指法院裁定债务人重整之日起至重整程序终止的时间段。在这一期间，破产法为确保债务人继续营业，同时又不损害债权人利益，采取了三项保护措施：即营业授权制度、自动冻结制度和充分保护制度。

(一)营业授权制度

营业授权，是指在重整期间对负责企业重整的机构赋予特别的权利。它包括继续营业的机构和有关营业活动的特别授权两方面的内容。

1. 重整期间的营业机构

破产法理论通常把重整期间的营业机构称为“重整人”，意指由法院指定的在重整期间负责债务人财产管理和营业事务以及拟定重整计划的机构。

与绝大多数国家和地区的破产法相同，我国企业破产法上的重整人亦称管理人。所不同的是，管理人并非必然是重整期间的营业机构。根据《企业破产法》第73条的规定，在重整期间，经债务人申请，人民法院批准，债务人可以在管理人的监督下自行管理财产和营业事务。

(1)关于重整人的选任。总体而言，重整人的选任可分为两种立法例：一是由法院在裁定重整时任命，重整人直接对法院负责并接受法院监督，不允许债务人在重整期间自行管理财产和营业事务，债权人和股东对此亦不得干涉。这种立法例以英国、日本和我国台湾地区为代表[1]。二是由债务人直接续任为原则，由法院指定为例外。此种立法例以美国、德国为代表[2]。

完全由法院指定重整人，体现了公力救济原则，符合社会本位的价值取向，有利于维持公平清偿，但将债务人排斥在外，过于保守，不利于调动各方的积极性，无异于法

[1] 参见《英国破产法》第13条、《日本公司更生法》第46条、我国台湾地区“公司法”第290条。

[2] 参见《美国破产法典》第1104条第1款、《德国支付不能法》第57条。

院接管企业,恐非法院能力所能胜任。而完全由债务人续任,虽有利于对企业业务的管理,体现了自力救济原则,但如果缺乏完备的程序保障,或疏于监管,将可能导致重整目的落空,甚至损害公众利益。因此,我们认为,我国企业破产法采取的以法院任命管理人为原则,以债务人续任为例外,并对他们实施监督的折中方法较为可取。这种做法既谨慎又灵活,体现了公力救济与自力救济相结合的原则。

(2)关于重整人的职责。由于重整人通常由法院指定,在执行职务过程中须向法院负责并报告工作,接受法院的监督,所以,重整人在重整程序中具有独立的法律地位,其不仅代表债务企业的利益,同时也代表债权人和股东的利益。重整人可以代表债务企业参加诉讼或仲裁。重整人应当勤勉尽责,忠实履行职务,如不尽善良管理人的义务或者违法造成债务企业损害的,应负损害赔偿责任。

关于重整人的具体职责,各国立法都有明确规定,我国《企业破产法》也作了规定,这里不再赘述。

2. 有关营业活动的特别授权

债务人被法院裁定重整后继续营业,必须依照法律的特别规定和一定的法律程序进行。各国重整立法对重整人继续进行债务企业营业,都予以特别授权。这些特别授予的权利主要包括:

(1)债务企业财产的占有、使用和处分权。债务企业的财产是重整程序进行的物质基础,赋予重整人占有、使用和处分债务企业财产的权利,是继续进行营业的前提条件。按照我国《企业破产法》的规定,在管理人担任重整人的情况下,管理人享有占有、使用和处分债务企业财产的权利。但是,如果是由债务企业担任重整人,已依法接管债务企业财产的管理人则应当将此项权利移交给债务企业行使。管理人移交后,依法享有监督权。

(2)经营管理权。重整人可以采取法律允许的各种重整手段,维持企业的继续经营,包括对企业营业的维持、继续或扩大,或者对企业营业的限制或停止。例如,重整人可以将企业全部或部分转让、合并或新设企业。

(3)资金募集权。在债务企业处于破产或濒临破产的状态下,如何募集资金,对重整人来说是一件非常困难的事情。重整人可以采取追加借款、增加资本出资、发行股票等方式筹措资金。至于能否“以债作股”,即公司发行股票时,认股人以其对公司的债权抵缴其应向公司缴纳的股款,是一个值得探讨的问题。应注意的是,债务企业为继续经营而取得的贷款或负债,视为共益债务,不仅享有随时支付的地位,而且享有优先于担保权而受清偿的地位。

(4)履行合同的选择权。在重整期间,重整人有权决定解除或者继续履行在重整程序开始前成立而尚未履行的双务合同,但应书面通知对方当事人。对于重整程序开始前成立并已开始履行的双务合同,重整人决定继续履行的,对方当事人应当履行,但有权要求提供担保。

(5)劳动合同的变更或解除权。债务企业在继续营业的过程中,由于企业规模的调整或资金短缺,裁减企业职工,变更或解除劳动合同不可避免。但因其涉及职工的切身利益,必须慎重从事。对裁减职工的事由应明确规定,裁减前应与职工代表协商,且必须经法院批准。

(6)撤销权。重整程序中的撤销权准用破产程序中的撤销权,是指在重整程序开始后,重整人请求法院对债务企业在程序开始前法律规定的期限内实施的有害于重整关系人的行为予以撤销,并使因此而转让的财产或权益回归债务企业的权利。赋予重整人撤销权,有利于制止债务企业损害债权人利益的行为发生,保全债务企业的财产,从而为债务企业的继续经营提供保障。

(7)诉讼权。在重整期间,若对债务企业的财产或债权发生争议,重整人可以向法院提起诉讼,相对人也可以以重整人为被告提起诉讼。重整人提起诉讼时,应征得法院的批准或监督人的同意。

(二)自动冻结制度

1. 自动冻结的意义

自动冻结(automatic stay),又称自动中止,简言之,就是重整程序一开始,其他程序和行为即自动停止。自动冻结制度主要是从程序上限制债权人,特别是有担保权的债权人以及第三人权利的行使。自动冻结制度是营业授权制度的保障和补充,它使重整企业得以保持重整开始前的状态,有利于重整程序的进行,并给予重整企业以实质的喘息机会,使其能够将全部精力放在重整事务上,放在重整计划的制订上。

2. 自动冻结的立法例

自动冻结的法律效力如何产生,对此主要有两种立法例,即自动冻结主义和裁定冻结主义。(1)自动冻结主义。指重整申请一旦提出,就产生冻结的效力,无须借助专门的冻结请求或命令,也就是说,重整申请本身就可以自动产生冻结的效力,无须依赖任何其他条件。此种立法例以美国、加拿大为代表。[1] (2)裁定冻结主义。指当事人的申请并不产生自动冻结的效力,冻结的效力只有在重整申请被法院裁定认可后才产生。此种立法例以日本[2]、我国台湾地区为代表。两种不同的立法例体现了不同的立法政策,自动冻结主义侧重于债务人利益和社会利益的保护,裁定冻结主义则着眼于债权人利益和债务人利益的综合平衡。从我国《企业破产法》的有关规定来看[3],显然系采裁定冻结主义。

3. 自动冻结的行为种类

自动冻结的行为分为程序上的行为和实体上的行为两大类:

---

[1] [美]大卫·G. 爱泼斯坦、史蒂夫·H. 尼克勒斯、詹姆斯·J. 怀特:《美国破产法》,韩长印等译,中国政法大学出版社2003年版,第60~61页。

[2] 参见《日本公司更生法》第47条。

[3] 参见我国《企业破产法》第19条、第20条。

(1)程序上的行为。自动冻结的程序上的行为,是指重整程序一经开始,对债务人正在进行的破产、和解、强制执行以及因财产关系所产生的诉讼程序等,均产生自动冻结的效力。但对于已经开始尚未终结的有关债务人财产的民事诉讼或者仲裁,在管理人接管债务人的财产后,可以继续进行。

(2)实体上的行为。自动冻结的实体上的行为,是指对债权人及第三人权利行使的限制。对债权人而言,重整程序一经开始即必须依重整程序行使权利,有担保物权的债权人亦不例外。具体来说,就是所有债权人均应依重整程序申报债权,均应按重整计划规定的对各类债权的清偿比例、期限与数额接受清偿。对第三人而言,其权利行使的限制主要表现为:①对于重整程序开始前成立的尚未履行或尚未履行完毕的双务合同,重整人可以决定继续履行或予以解除。②对于债务人在重整程序开始前法律规定的期限内实施的有害于重整关系人利益的行为,重整人有权撤销,并使因此转让的财产或权益回归重整债务人。③重整程序开始后,股东不得请求投资收益分配。债务人的董事、经理以及其他高级管理人员,非经法院同意,不得向第三人转让其个人对债务人持有的股权。

(三)充分保护制度

就整个重整程序而言,重整申请审查制度、重整机构设置中的重整监督人与关系人会议〔1〕,都与债权人利益的保护有关,构成债权人充分保护制度的组成部分。就重整债权人而言,在依重整程序行使权利的前提下,法律特别加强了对其权益的保护。

1. 对担保债权人担保权益的保护

在重整程序中,有物权担保的债权人与普通债权人一样都因自动冻结而暂停行使其权利。在此种情况下,特别是当担保权的标的物有损坏或者价值明显减少的可能时,债权人有三种保护方式可供选择:一是请求重整人提供追加担保权或在其他财产上设定担保权益;二是请求重整人定期支付现金,其数额等于债权人在担保物上价值的减少;三是请求法院恢复行使担保权。对于第三种方式,我国《企业破产法》第75条第1款作了明确规定。

2. 对重整裁定后发生的债权的保护

对于重整裁定后发生的债权,如果与重整债权同等对待,则第三人将不会和重整企业为交易行为。为此,各国法律都规定,此类债权具有优先于重整债权的效力。我国《企业破产法》视其为共益债务,可以随时清偿。

---

〔1〕 关于重整监督人的设置,主要有三种方式:一是由法院兼任,如日本;二是由债权人委员会兼任,如美国;三是设立独立的重整监督人,如我国台湾地区。至于关系人会议,仅有日本等少数国家有规定。它类似于清算程序中的债权人会议。所不同的是,其成员除债权人外,还包括股东;其性质属重整企业的最高决策机关,相当于重整前的股东会。我国《企业破产法》未规定关系人会议,也未规定独立的重整监督人,而是由法院或管理人兼任。

3. 对普通债权人的保护

相对于担保物权人和重整裁定后的债权人而言,法律提供给普通债权人的保护手段较少。其中,最为有效的手段就是请求法院裁定终止重整程序,宣告债务人破产。如根据我国《企业破产法》第 78 条的规定,在重整期间,具备以下三种情况之一的,经管理人或者利害关系人请求,人民法院应当裁定终止重整程序,并宣告债务人破产:(1)债务人的经营状况和财产状况继续恶化,缺乏挽救的可能性;(2)债务人有欺诈、恶意减少债务人财产或者其他显著不利于债权人的行为;(3)由于债务人的行为致使管理人无法执行职务。

三、重整计划的制订和批准

(一)重整计划的制订

1. 重整计划的概念

重整计划是指由债务人或管理人拟定,以维持债务人业务继续经营、清理其债务、谋求其再生为内容,并经债权人会议表决通过和法院批准的方案。

重整计划是重整程序的核心,是债务人实施重整行为的依据,其是否公平合理,是否切实可行,不仅关系到重整的成败,而且与债权人、股东及劳动者等利害关系人的切身利益紧密相连。因此,重整计划所追求的目标是公正基础上的效率最大化。

2. 重整计划的制订人

在重整计划的制订主体上,我国《企业破产法》坚持"谁管理,谁制定重整计划"的原则。按照这一原则,重整期间债务人财产和营业事务由债务人自行管理的,债务人即为重整计划的制订人;如由管理人负责管理财产和营业事务,管理人即为重整计划的制订人。[1] 这一规定的优点是,充分发挥了债务人对自身的财产及财务状况最为熟悉、最有可能制定出可行的计划以及管理人具有丰富的专业知识的优势,有利于重整计划的通过。其不足之处在于,单独由债务人或者管理人制定重整计划均存在无法克服的局限性,因为债务人虽然对自身了解全面透彻,但很难使债权人会议相信因经营管理不善而陷入困境的债务人能够制订出可行的重整计划,而管理人毕竟不是债务人,对债务人的业务和财产状况不是十分熟悉,也不可能单独制定出反映各方利益与意愿的重整计划。最好的办法是将二者结合,以管理人为主、债务人协助制定重整计划。

3. 重整计划制定的时间

根据我国《企业破产法》的规定,债务人或者管理人应当在人民法院裁定债务人重整之日起的 6 个月内制定出重整计划草案,并同时提交法院和债权人会议审查。有正当理由不能在前述 6 个月内制定的,债务人或管理人可请求法院延期 3 个月。债务人或者管理人不能按期提出重整计划草案的,人民法院应当裁定终止重整程序,并宣告

[1] 参见《企业破产法》第 80 条。

债务人破产。

（二）重整计划的内容

重整计划的制订应符合债权人会议表决通过、法院认可及切实可行的要求，同时必须兼顾债权人权利的公平合理，以谋求债权人最大利益为前提。此外，重整计划还应尽可能周详，以便能够顺利执行。根据我国《企业破产法》第81条之规定，重整计划草案应当包括下列内容：

1. 债务人的经营方案

债务人的经营方案，是指旨在维持债务人营业，摆脱困境，以达重建复兴目的的重要措施。它是重整计划草案的核心内容，主要包括企业改组、企业出让、企业合并、企业租赁等继续营业措施以及如何筹集资金等内容。

2. 债权分类

重整计划草案中的债权分为四类，它们分别是：（1）对债务人的特定财产享有担保权的债权；（2）债务人所欠职工的工资和医疗、伤残补助、抚恤费用，所欠的应当划入职工个人账户的基本养老保险、基本医疗保险费用，以及法律、行政法规规定应当支付给职工的补偿金；（3）债务人所欠税款；（4）普通债权。

3. 债权调整方案

所谓债权调整，是指削减全部或部分债权人（包括有担保物权的债权人）的债权数额、免除利息、将债权作价入股等内容。对债权进行调整时，必须对同类债权采取相同的条件。对不同性质及种类的债权，可以有所区别。在特殊情况下，为使重整计划草案获得通过，在不损害债权人共同利益的前提下，可以对某类债权人作出让步，即不削减他们的债权。

4. 债权受偿方案

债权的清偿虽不是重整计划草案的核心内容，但却是主要或重要的内容，因为它关系到所有关系人的切身利益。重整计划草案如不就债权的清偿作出规定，就无法交付债权人会议讨论通过。一般来说，重整计划草案应就债权清偿期限、债务履行担保、偿还条件等事项作出具体规定。

5. 重整计划的执行期限

重整计划的执行期限是指自法院裁定批准重整计划之日起至重整计划执行完毕止的时间段。具体时间多长，应根据个案在重整计划中确定，我国《企业破产法》对此未作任何限制。根据我国台湾地区“公司法”第304条第2款之规定，重整计划之执行，除债务清偿期限外，自法院裁定认可确定之日起算不得超过1年；其有正当理由，不能于1年内完成时，得经重整监督人许可，申请法院裁定延展期限；期限届满仍未完成者，法院得依职权或依关系人之申请裁定终止重整。

6. 重整计划执行的监督期限

重整计划执行的监督期限，是重整计划中确定的管理人监督重整计划执行的期限。重整计划设定的监督期限届满后,经管理人申请,法院可以裁定延长该期限。监督期限届满,管理人应当向法院提交监督报告。自监督报告提交之日起,管理人的监督职责终止。

7. 有利于债务人重整的其他方案

除上述各项内容外,重整计划草案还可以包括有利于债务人重整的其他方案,如股权的变动、员工的调整或裁减等,债务人或管理人可以斟酌记载于重整计划草案中。

(三)重整计划的通过

重整计划是否公平合理、切实可行,除直接关系到债务人重整的成败外,其与债权人、股东的关系也甚为密切,因此,债务人或管理人制定重整计划草案后,必须交由债权人会议审查通过。债权人会议审查通过重整计划草案,以表决的方式进行。

1. 表决的分组

债权人会议对重整计划草案的表决不是采取集体表决的方式,而是采取分组表决的方式,这是重整计划草案表决的一大特色。所谓分组表决,是指按照不同的标准,将债权人分为若干小组,再以小组为单位分别进行表决,然后按各组表决的结果计算债权人会议表决的结果。

(1)分组的原则。各国法律一般按照债权在破产程序中的地位和获得清偿的顺序进行分组,即分组原则上要求每一组内所有成员的权益实质上应相同。也就是说,不同性质的债权应分为不同的小组,如担保债权人为一组,劳动债权人为一组,税收债权人为一组,普通债权人为一组。当然,对于无担保的普通债权人而言,尽管他们在分配顺序上是平等的,但由于他们所持有的债权数额不同,或者是不同性质的债权(如贷款债权或商业债权),他们对债务人的地位和作用会有所差别,因而有时将他们区别对待分为不同的小组,也是符合破产法公平理念的。

(2)分组的标准。虽然各国分组的原则基本相同,但分组的标准却不尽一致,大致可分为强行性分组和任意性分组两种。强行性分组,即由法律明确规定分组的标准,法院及重整参与人不得改变。德国、我国及我国台湾地区均采此标准。任意性分组,即法院或重整参与人可以根据实际情况改变法律规定的分组标准。日本及美国采此标准。我国《企业破产法》采强行性分组标准,将重整债权分为四个表决组,即享有担保权的债权组、劳动债权组、税收债权组和普通债权组。对于债务人的出资人,《企业破产法》并未将其列为单独的有表决权的一组,仅规定重整计划草案涉及出资人权益调整事项的,应当设立出资人组,对该事项进行表决;如果不涉及出资人权益调整事项,债务人的出资人代表可以列席讨论重整计划草案的债权人会议。

2. 重整计划草案的表决

重整计划草案的表决方式分为两种:一种是以表决权额计算的单一标准,此标准以日本及我国台湾地区为代表。另一种是以美国法为代表的双重标准,即同时要求人数标准和债权额标准。按照该标准,只有当各表决组同意重整计划草案的人数和所代表的债权额都达到法律规定的比例,重整计划草案才算由该组通过。

比较两种标准可以看出,双重标准较单一标准更为合理,因为它可以避免实践中少数大的债权人或股东控制表决结果的情况发生。正是基于此,我国《企业破产法》采纳了双重标准。该法第84条第2款规定:出席会议的同一表决组的债权人过半数同意重整计划草案,并且其所代表的债权额占该组债权总额的2/3以上的,即为该组通过重整计划草案。

应注意的是,只有债权人会议各表决组均通过重整计划草案时,重整计划草案才算正式通过。

(四)重整计划的批准

债权人会议各组对重整计划草案表决后,如果获得各组债权人一致通过,债务人或者管理人应当在规定期限内向法院提出批准重整计划的申请,由法院审查后决定是否批准。如果未获得通过,债务人或者管理人可以同未通过重整计划草案的表决组协商后由其再行表决一次。未通过重整计划草案的表决组拒绝再次表决或者再次表决仍未通过重整计划草案,但重整计划草案符合法定条件的,债务人或者管理人可以申请法院批准重整计划草案。前者称为正常批准,后者称为强行批准。

1. 正常批准

重整计划在各个表决组都通过之后,须提请人民法院批准。《企业破产法》第86条规定,自重整计划通过之日起10日内,债务人或者管理人应当向人民法院提出批准重整计划的申请。人民法院经审查认为符合本法规定的,应当自收到申请起30日内裁定批准,终止重整程序,并予以公告。

2. 强行批准

(1)强行批准的意义。强行批准是指当重整计划草案未被债权人会议各表决组一致通过时,如果符合法律规定的一定条件,法院可以裁定批准该项重整计划。

强行批准体现了司法权力对重整计划的干预,是重整程序区别于和解程序的一大特色,同时也是重整制度设立的目的使然。重整制度实现了私权本位与社会本位的相互协调,它把实现企业重建作为首要目的和任务,将企业置于中心地位,不仅着眼于包括企业在内的各方当事人的利益,而且着眼于企业在社会经济生活中的地位及其兴衰存亡对社会生活的影响。重整程序的核心思想就是要为利害关系人创造比企业停业、关闭或清算情况下更高的价值,因此,对重整各方当事人来说,强行批准符合他们的根本利益,不仅合理而且有效。因为只有债务企业重整成功,才能把企业这块“蛋糕”做大,各方当事人才有可能从复兴的企业中获得更多的利益。

(2)强行批准的条件。法院作出强行批准的裁定必须符合一定条件,一般来说,这些条件主要包括:第一,至少有一个或几个权益受到影响的表决组已经接受了重整计划草案。如果没有一组权益受到影响的债权人接受该重整计划草案,法院就强行批准,则带有专制色彩,不符合公平合理原则。第二,重整计划草案符合债权人最大利益原则。即每一个重整债权人,不论他是否同意重整计划草案,在重整程序中都至少可以获得他在清算程序中可获得的清偿。债权人最大利益原则主要是为了保护对重整计划草案持反对意见的反对派。第三,符合公平对待原则。即处于同一优先顺序的债权人必须获得按比例的清偿。第四,符合绝对优先原则。该原则适用于享有不同优先顺序的债权人,包括两层含义:一是如果任何一组债权人反对重整计划,该重整计划就必须保证,只有这个组的成员获得充分清偿后,在优先顺序上低于这个组的其他组才可以获得清偿;二是重整计划必须保证,在这个组获得充分清偿之前,优先顺序低于这个组的其他各组不能获得超过其债权数额百分之百的清偿。也就是说,破产法对清算程序所规定的优先顺序,在重整程序中对那些持反对意见的组同样适用[1]。必须指出的是,公平对待原则和绝对优先原则一般不适用于同意重整计划草案的组。因为按照私法自治原则,任何一组债权人都有权通过协商接受重整计划草案,放弃破产法对其提供的保护。

根据我国《企业破产法》第 87 条第 2 款之规定,法院强行批准重整计划的条件是:

第一,按照重整计划草案,对债务人的特定财产享有担保权的债权就该特定财产将获得全额清偿,其因延期清偿所受的损失将得到公平补偿,并且其担保权未受到实质性损害,或者该表决组已经通过重整计划草案。

第二,按照重整计划草案,债务人所欠职工的工资和医疗、伤残补助、抚恤费用,所欠的应当划入职工个人账户的基本养老保险、基本医疗保险费用,以及法律、行政法规规定应当支付给职工的补偿金以及债务人所欠税款将获得全额清偿,或者相应表决组已经通过重整计划草案。

第三,按照重整计划草案,普通债权所获得的清偿比例,不低于其在重整计划草案被提请批准时依照破产清算程序所能获得的清偿比例,或者该表决组已经通过重整计划草案。

第四,重整计划草案对出资人权益的调整公平、公正,或者出资人组已经通过重整计划草案。

第五,重整计划草案公平对待同一表决组的成员,并且所规定的债权清偿顺序不违反《企业破产法》第 113 条的规定。

第六,债务人的经营方案具有可行性。

3. 批准的效力

重整计划一经法院批准,即产生以下三个方面的法律效力:

(1)约束力。经法院裁定批准的重整计划,对债务人和全体债权人均具有约束力。所谓约束力是指重整计划经法院批准后,不论债权人是否出席债权人会议或是否在会议中同意重整计划,债务人和全体债权人就重整债权法律关系,均以重整计划的内容

---

[1] 潘琪:《美国破产法》,法律出版社 1999 年版,第 224 ~226 页。

为准，不得为相异的主张。

(2)执行力。法院批准的重整计划，除发生约束力外，如果确定有给付义务，且适合强制执行的，还应具有执行力，否则法院的裁定就无法发生作用。

(3)终结其他程序的效力。当重整程序系由破产程序或和解程序转换而来时，因重整程序的开始而中止的破产程序或和解程序应当终结。已中止的其他程序，如强制执行、临时冻结、拍卖等程序也应终结。

四、重整计划的执行

(一)重整计划的执行人

关于重整计划的执行人，各国立法虽有所差异，但不外乎两种人：一为债务人，二为管理人或者重整人。由债务人担当重整程序的执行人，其优点是债务人对企业状况最为了解，执行计划驾轻就熟，宜于操作。而由管理人或者重整人担当重整计划的执行人，则显得更为公正、安全，利于各方当事人。

根据我国《企业破产法》第89条之规定，重整计划由债务人负责执行。债务人作为执行人，无疑有利于计划的执行，但也不可避免会造成利害关系人利益的损害，因而建立有效的监督机制，是我国重整计划执行的关键。

(二)重整计划执行的监督

重整计划无论是由债务人执行还是由管理人或重整人执行，都必须有人对其监督，以确保执行人全面忠实地履行执行职责，从而实现重整的目的。

1.重整计划执行的监督人

关于重整计划执行的监督人，在由债务人担任执行人的情况下，通常都是由管理人担任监督人。而在由管理人或重整人担任监督人的情况下，一般都是由专门的监督机构(如我国台湾地区的重整监督人)或法院担任监督人。按照我国《企业破产法》的规定，重整计划由债务人执行，管理人负责监督。

2.监督人的职责

监督人的职责是：在重整计划规定的监督期限内，对执行人执行重整计划的情况以及企业的财务状况行使监督权，有权要求执行人报告重整计划的执行情况和企业财务状况；发现执行人有违法或不当情形时，应及时加以纠正；如认为需要延长重整计划执行的监督期限，可申请法院裁定予以延长；监督期限届满时，应当向法院提交监督报告。监督人不尽善良管理人的义务履行监督职责，给债务企业造成损害的，应负损害赔偿责任。

(三)重整计划执行的终止

重整计划执行的终止，是指当债务人不能执行或者不执行重整计划时，经利害关系人申请，法院裁定不再执行重整计划。重整计划如能圆满完成，重整目的得以实现，债务人得以再生，是最理想的结果。但实务中往往并非如此，债务人可能因种种原因不能执行重整计划，或者根本就不愿意执行重整计划，此时为保护利害关系人的利益，法院应当裁定终止重整计划的执行,同时宣告债务人破产。

重整计划被法院裁定终止执行后,债权人因重整计划实施所受的清偿仍然有效,未受清偿的部分应作为破产债权行使权利,但只有当其他债权人所受的清偿达到同一比例时,该债权人才能继续接受分配。此外,债权人在重整计划中所作出的让步虽因执行终止失去效力,但为重整计划提供的担保,在重整计划规定的担保范围内继续有效。

第六节 和 解

一、和解制度概述

和解是指具备破产原因的债务人,为避免破产清算而与债权人会议达成以让步方法了结债务的协议,协议经法院认可后生效的法律程序。

(一)和解的意义和特征

1. 和解的意义

破产清算程序虽可实现债权人之间的公平受偿,弥补民事执行程序之不足,但它本身具有无法克服的缺陷:首先,适用破产程序不仅费用高昂,而且出售破产人的财产系以静态而非动态的方式,无形中降低了其价值。因此,债权人实际上获得的清偿率很低,于债权人不利。其次,破产分配消灭了债务人赖以经营的经济基础,不利于债务人的复苏。最后,破产清算往往造成工人失业、生产力浪费,从而引起连锁反应,对社会不利。破产制度本身的不足,使得和解制度应运而生。

破产法上的和解可以分为法院和解和法院外的和解。法院和解属强制性和解,它不需要每一个债权人同意,只由债权人会议以多数表决制度通过即可,一旦生效即对所有债权人产生效力。法院和解又有破产宣告前的和解与破产宣告后的和解之分,破产宣告前的和解具有阻却破产清算程序的功能,而破产宣告后的和解则无此功能。我国破产法上的和解限于破产宣告前的法院和解,本章所称的和解也是指此种和解。

关于法院外的和解,根据我国《企业破产法》第105条规定,破产案件受理后,当事人在法院外自行和解的,经法院认可后具有相当于法院和解的效力。但是,法院外的和解必须经全体债权人一致同意,并不得损害有担保债权人的权益。

2. 和解的特征

破产法上的和解,具有以下特征:

(1)和解的目的是避免破产清算。债务人与债权人会议达成的减少、延缓债务或者第三人承担清偿的和解协议生效后,破产程序即予中止。只要债务人履行和解协议约定的义务,就可避免破产清算,并可终结破产程序。

(2)和解的适用以债务人已具备破产原因为条件。如果债务人不具备破产原因,破产清算程序即无法开始,自然也就没适用和解制度的必要。

(3)和解的成立一般由债务人向法院提出申请并经债权人会议同意。和解的成立,首先,须由债务人向有管辖权的法院提出申请,债权人以及其他利害关系人通常不能申请和解。其次,须经债权人会议表决同意。债权人会议通过和解协议的决议,由出席会议有表决权的债权人过半数通过,且其所代表的债权额必须占无财产担保债权总额的2/3以上。

(4)和解协议须经法院裁定认可后才能生效。由于和解协议能够产生阻止破产程序开始、中止破产程序或者终结破产程序的效果,为防止和解协议违反法律,尤其是损害少数债权人的利益,在债务人与债权人会议达成和解协议后,必须报请法院裁定认可。经法院裁定认可后,和解协议始生效力。

(二)和解与重整的关系

从历史沿革看,破产和解制度的产生早于重整制度的产生,应当说,破产和解制度是为了克服破产清算制度的固有缺陷而生,而重整制度则是为了克服破产和解制度因未触及债务人生产能力而不能从根本上解决债务人的清偿能力、避免破产问题这一先天性缺陷而产生。两种制度相互联系,又相互独立,共同构成现代破产预防制度。

破产和解制度与重整制度在相同之中存在不同。在价值取向上,和解制度与重整制度相对于破产清算制度趋于保护债权人利益而言,表面上更侧重于保护债务人利益,但两者实质有所差异。和解制度是通过保护债务人的利益进而保护债权人利益,即虽然在和解程序中,债权人作出了一定的让步和牺牲,债务人由此获得喘息的机会和重生的希望,但归根结底,其目的是使得债权人获得较依清算程序所获清偿更高的清偿,因而债权人在和解程序中并不关心债务人履行和解协议后是否还能继续生存,其作出的让步也完全是权衡利弊后的自愿行为。而重整制度的目的在于拯救债务人,通过采取各种措施使债务人走出困境,以避免债务人破产给社会造成的巨大冲击和影响,其价值取向更多的是通过保护债务人进而保护社会整体利益,债权人利益被放在了社会整体利益之后。具体地说,破产和解与破产重整的区别在于:

1. 适用对象不同。破产和解的适用对象较重整之适用对象为宽。破产和解适用于自然人、法人及合伙,即所有具备破产能力的主体。关于破产重整的适用对象,各国规定不一,但大多数国家均对此加以严格限制,规定只有公司或股份公司或上市公司才属于重整的适用范围。同时,由于重整程序复杂、耗时长、费用高,而和解程序相对简单、成本低、耗时短,因而在各国司法实务中,选用和解程序的,一般都是自然人以及规模小、人员少、资本小的中小型企业,而采用重整程序的则是规模较大、人员众多的大型企业。

2. 启动原因不同。和解程序开始的原因与破产程序相同,为债务人不能清偿到期债务,即和解程序是在债务人已经出现破产原因时,出于法律规定的和解前置程序或当事人的自行选择而开始。重整程序开始的原因则更为宽泛,除债务人已经出现破产原因外,债务人尚未出现破产原因,但已经产生支付不能的危险和可能或债务人自己认为有支付不能之虞时,均可开始重整程序。

3. 提出申请的主体不同。和解程序和重整程序对于提出申请的主体均采取了当事人申请主义,但对于和解程序,绝大多数国家均规定只能由债务人提出。而在重整程序中,除债务人外,债权人、债务人股东、董事会等均可提出重整申请。

4. 债权人地位不同。一方面,在和解程序中,债权人一旦作出决议通过债务人提出的和解协议草案并经法院认可生效后,债权人只能处于一种消极等待债务人按协议清偿债务并与债务人相对立的地位,而在重整程序中,债权人积极参与其中,并与债务人共同完成重整计划。另一方面,在和解程序中,债权人在对和解协议草案进行表决时完全意思自治,有充分的发言权,和解协议效力也只及于无财产担保的债权人,和解程序的进行并不能限制或影响担保物权人行使担保物权。而重整程序中,债权人的发言权以分组表决的方式被削弱,美国破产法甚至规定,如债权人的债权未受重整计划的削减,该债权人无权对计划通过表示反对,甚而无须征求其意见,完全剥夺了该债权人的发言权。而且,重整程序一经开始,即对包括担保物权人在内的所有债权人均发生效力,担保权人对担保物权的行使或债权的受偿都必须受重整计划的限制。

5. 程序的直接参与者不同。和解程序的参与者只包括债务人、债权人及法院三方,债务人的出资人在此程序中没有任何法律地位,不能直接参与其中。而重整程序的参与者则包括了债务人的出资人,出资人代表可以列席讨论重整计划草案的债权人会议。

6. 采取的措施不同。和解程序因其实质目的仍为偿债,故主要采取债权人让步的方式,措施相对单一。而重整则因其实质目的是帮助债务人走出困境,脱离破产危险区,故其措施则具多样性,除债权人让步外,还可以采取公司依法发行新的股票以筹集资金、转让或部分转让企业、设立子公司等其他措施。

7. 效力不同。重整程序的效力优于和解程序。当破产申请、和解申请和重整申请并存时,法院应首先受理重整申请。重整程序一旦开始,和解程序则不得开始或必须中止。此外,在和解程序开始后,可以转化为重整程序,但重整程序开始后,则不得转化为和解程序。

8. 法院的地位不同。与和解程序相比,在重整程序中,法院所代表的国家公权力对关系人及债务人的干预更强。在和解程序中,债权人以债权人会议的方式实现完全意思自治,一旦债权人会议未通过和解协议草案,法院不得依职权强制认可和解协议;而一旦债权人会议通过和解协议草案,法院也只能对此作程序合法性审查和实体合法性审查。在和解协议的执行期间,法院亦处于消极等待之地位。但重整程序则不同,一方面有的国家如法国规定,法院可以依职权宣告重整程序开始,另一方面法院对重整申请的审查更为严格,除程序和实体合法性审查外,还必须确认债务人是否确有重建可能,否则不得轻易许可开始重整程序,在重整期间法院所处地位也较和解更为积极。

二、和解的成立和生效

(一)和解申请

1. 和解申请的提出

各国对破产和解的成立原则上采申请主义,法院不得依职权启动和解程序。和解申请的提出必须符合法律规定的形式要件和实质要件。

(1)提出和解申请的形式要件。

首先,和解申请的提出者一般是债务人。绝大多数国家的破产法都规定,只有债务人才能提出和解申请。[1] 其主要理由是:①和解制度设置的目的在于对债务人的保护,通过和解程序债务人可获得再生的希望和可能,因此,债务人作为和解程序的最大获益者,由其提出和解申请符合立法目的;②和解能否成立往往取决于和解方案的可行性,而和解方案的可行性则以对债务人经营现状之准确评估为基础,唯有债务人对自身经营现状最为清楚,因此切实可行的和解方案只可能由债务人提出;③和解制度设立的另一目的是更好地保护债权人利益,而和解协议中约定的债权人的权利能否真正、充分实现则与债务人有无诚意息息相关。如果在债务人并无和解之意图和诚意的情况下,由债权人提出和解申请,债务人大可顺水推舟,借成立和解之机,行损害债权人利益之实,这不仅与民法上之诚实信用原则相悖,更与和解制度设置之目的背道而驰。

其次,和解申请提出的时间符合法律规定。根据《企业破产法》第95条的规定,债务人可以直接向人民法院申请和解,也可以在人民法院受理破产案件后宣告债务人破产前申请和解。

最后,提出和解申请时必须同时提交法律规定应当提交的所有文件,包括和解协议草案等,并且所有文件的形式必须符合法律规定。

(2)提出和解申请的实质要件。

第一,提出和解申请的债务人必须具备和解能力。和解能力是民事主体依法申请破产和解的资格。一般来说,有破产能力的主体即具有和解能力,但也有例外。在我国,只有企业法人才有和解能力。

第二,提出和解申请的债务人必须具备破产原因。在破产程序外的和解,只有当债务人已经具备破产原因时,债务人才可以申请和解。在破产程序中的和解,既然破产程序已经开始,债务人则必然已经具备破产原因。

2. 法院对和解申请的审查

不论是破产宣告前的和解还是破产宣告后的和解,债务人提出和解申请后,和解程序并不当然开始,还必须经过法院对和解申请的审查并裁定,和解程序才得以开始。法院除了对前述债务人提出的和解申请的形式要件和实质要件进行审查外,还须审查

---

〔1〕 仅有极少数国家或地区的破产法规定,债权人也可以提出和解申请。

以下两方面的内容：

(1)是否存在和解的障碍。和解的障碍主要包括：①重整申请或重整程序。由于各国普遍规定重整程序的效力优于和解程序，因此，如果同时存在和解申请和重整申请时，法院应受理重整申请，而不得开始和解程序。如果重整程序已经开始，和解程序也不得开始。②债务人被认定不具有履行和解协议的诚意。在债务人有欺诈破产行为，如实施破产法禁止债务人为的行为，或债务人已经以诈欺破产的罪名被审判或正在审判的场合，债务人只是为了回避破产而提出和解申请的场合以及债务人下落不明的场合，均可以被认定其不具有履行和解协议的诚意。在此种情况下，法院应当驳回和解申请，不得开始和解程序。③债权人会议已经否决和解或法院已经作出和解撤销裁定时，债务人再次提出和解申请，法院应驳回其申请。

(2)和解协议草案的内容。如和解协议草案的内容违反法律规定或债权人的一般利益，或者明显不可能履行时，法院不应认可和解协议。

法院经过审查，如认为债务人提出的和解申请符合和解程序开始的条件，应当裁定许可进行和解，和解程序正式开始。

(二)和解的成立

和解程序的开始并不意味着和解的成立，和解的成立取决于债务人与债权人会议达成的和解协议的成立。法院裁定许可进行和解后，应将和解协议草案交由债权人会议讨论。债权人会议对和解协议草案的议决程序，与破产程序的一般事项的议决程序基本相同，所不同者在于：第一，享有优先受偿权的有财产担保的债权人是否享有表决权，各国规定不一。如根据我国《企业破产法》第59条第3款之规定，对债务人的特定财产享有担保权的债权人，未放弃优先受偿权利的，对通过和解协议不享有表决权。而根据《德国支付不能法》第77条的规定，并未当然否定别除权人在债权人会议上的表决权。第二，债权人会议通过和解协议的决议，除必须由出席会议有表决权的债权人过半数同意外，其所代表的债权额还必须占无财产担保债权总额的2/3以上。

和解协议只要债权人会议表决通过即告成立，这是和解协议本身的性质使然，也是意思自治原则在破产法中的体现。如果和解协议草案经债权人会议表决没有通过，法院应当裁定宣告债务人破产。

(三)和解的生效

如果债权人会议表决通过和解协议草案，则债务人与全体债权人之间正式达成和解协议，成立和解。但和解协议的达成并不意味着和解的生效，和解协议要发生法律效力，还有待于法院对和解协议的审查认可。法院对和解协议的审查分程序和实体两个方面：

(1)程序方面的审查，主要是对和解程序、债权人会议决议程序的合法性进行审查，如程序违法存在的瑕疵能够消除，法院仍可以作出认可裁定。

(2)实体方面的审查，包括是否在决议成立后发生和解障碍事由，以及债权人会议关于和解的决议是否违反破产债权人一般利益，是否损害少数债权人、其他利害关系人以及第三人的利益等。

法院可以依职权拒绝认可，也可依破产债权人或其他利害关系人的申请拒绝认可，但通常只有在法律明文规定的情形下才能作出拒绝认可的裁定。对此，我国《企业破产法》第103条第1款规定，因债务人的欺诈或者其他违法行为而成立的和解协议，人民法院应当裁定无效，并宣告债务人破产。

(四)和解的撤销

和解的撤销又称和解的终止或取消，是指和解协议生效后，法院根据债权人等利害关系人的申请或依职权裁定撤销和解协议，终止和解程序。

和解的撤销根据启动主体的不同分为两种：一种是由债权人等利害关系人申请启动，法院依申请裁定撤销和解；另一种是法院直接启动，依职权裁定撤销和解。法院不论是依申请撤销和解还是依职权撤销和解，其法定撤销事由主要包括：(1)和解条件偏颇；(2)债务人不履行和解协议；(3)债务人有欺诈破产行为。

根据我国《企业破产法》第104条、第103条的规定，虽然并未明文规定和解的撤销，但解释上应该是承认的。

三、和解协议的效力

和解协议一经法院裁定认可，即发生法律效力。和解协议的法律效力包括程序上的效力和实体上的效力两个方面。

(一)程序上的效力

和解协议在程序上的效力，通常是指和解对于破产清算程序所产生的效力。“和解优先于破产”是各国破产法确立的一项原则，即是说，和解对于破产程序具有优先效力：

1. 破产清算申请与和解申请同时被提出时，法院应先受理和解申请。只有在和解申请被拒绝或驳回的情况下，法院才会受理审查破产清算申请，这即为和解受理的优先。

2. 和解成立和生效于破产清算程序开始以前，和解即成为阻却破产清算程序开始的事由。和解不被撤销，破产清算程序就不得开始。

3. 当和解成立和生效于破产宣告之后时，和解会导致破产清算程序的终结或中止。德国、日本、英国、荷兰等大多数国家破产法均规定，和解协议一经法院认可，法院应立即裁定终结已经开始的破产清算程序。意大利破产法则规定，法院裁定认可和解协议后，破产程序并不终结，法院、破产管理人和债权人会议继续监督和解协议的执行，俟和解协议完全执行后，经过法院确认并裁定终结破产程序。[1] 我国《企业破产法》的规定与意大利相同，仅导致破产程序终止。

---

〔1〕 陈荣宗：《破产法》，台湾三民书局1986年版，第352页。

(二)实体上的效力

1. 对债务人的效力

(1)和解协议首先是债权人与债务人之间就变更原债权债务关系内容而成立的契约,因此和解协议对债务人有契约上的约束力。一方面债务人应无条件严格按照和解协议的约定履行义务。债务人不执行或不能执行和解协议,将构成撤销和解的法定事由。另一方面债务人不得对个别债权人为和解协议以外的给付,不得给予个别债权人超出和解协议约定范围的利益,否则应为无效行为。

(2)和解协议发生法律效力后,破产程序不论是终结还是中止,债务人都重新取得对财产的管理处分权,但一般来说,债务人对财产的管理处分权应当受限于和解协议对其设定的限制,或受法律规定的限制。在破产程序因和解生效而终结的场合,破产程序对债务人所施加的一切限制都将被解除,债务人只受和解协议的限制和约束。

(3)在破产法规定和解协议一经法院裁定认可,破产程序即告终结的国家,和解能够发生债务人复权的法律效力。如原《日本破产法》第366条之21规定,于强制和解认可的裁定确定时,破产人当然复权。所谓复权,指破产人依据法律的规定或请求法院依照法定的程序,解除其因破产宣告所受破产程序以外之公私权利限制或者资格限制,以求恢复其固有权利的一项制度。

(4)债务人依和解获得相对免责的效力。由于和解协议以债权人作出让步为成立之基础,协议一般均对债务人所负债务作出了延缓清偿期或部分免除之约定,因而债务人依和解协议,可以免除其即时清偿全部债务的责任,或者,只要和解或和解让步未被撤销,债务人对依和解协议免于清偿的部分债务不再负有清偿责任。

2. 对债权人的效力

(1)对债权人范围的效力。和解协议生效后,原破产债权人即转化为和解债权人。和解协议经法院裁定认可后,即对全体和解债权人发生法律效力。我国《企业破产法》第100条第2款就明确规定:"和解债权人是指人民法院受理破产申请时对债务人享有无财产担保债权的人。"

(2)对债权人债权的效力。不论债权人是否已申报债权或是否对和解协议提出异议,和解协议都将使和解债权人的债权清偿期或数额或有无担保等内容发生变更。但和解协议不能对别除权人以及债权成立于和解协议生效后的新债权人行使权利产生影响,即和解协议效力不及于别除权人和新债权人债权的行使。对债务人的特定财产享有法律规定的优先权或者担保权的债权人,自法院裁定许可之日起可以行使其权利。

3. 对保证人、连带债务人的效力

即使在和解协议中规定免除或延缓债务人的债务,和解协议的效力不及于破产债权人对债务人的保证人、连带债务人及物上保证人等所享有的权利,破产债权人仍得按原有债权债务关系的内容向保证人、连带债务人及物上保证人行使权利,这是各国破产法的一致规定,也是主债务减少、从债务随之减少原则的法定例外。

4. 强制执行力

和解协议是否具有强制执行力，我国传统破产法观点认为，和解协议没有强制执行力，债务人不执行和解协议的，只能对其恢复施加破产程序，宣告其破产。无论是我国《企业破产法（试行）》，还是现行《企业破产法》都坚持了这一观点。[1]

四、破产和解协议的无效及终止执行

（一）和解协议的无效

《企业破产法》第103条确立了和解无效制度，即"因债务人的欺诈或者其他违法行为而成立的和解协议，人民法院应当裁定无效，并宣告债务人破产。有前款规定的情形的，和解债权人因执行和解协议所受的清偿，在其他债权人所受清偿同等比例范围内，不予返还"。

（二）和解协议的终止执行

破产和解协议本身就是债权人作出让步，与债务人妥协的结果，如果破产协议不能够得到执行，必然使债权人的权利再次面临更大的损失，基于这个考虑，《企业破产法》第104条规定了和解协议的终止执行制度，即债务人不能执行或者不执行和解协议的，人民法院经和解债权人请求，应当裁定终止和解协议的执行，并宣告债务人破产。人民法院裁定终止协议执行的，和解债权因执行和解协议所受的清偿仍然有效，和解债权未受清偿的部分作为破产债权。前款规定的债权人，只有在其他债权人同自己所受的清偿达到同一比例时，才能继续接受分配。有第104条第1款规定情形的，为和解协议的执行提供担保继续有效。

第七节　破产清算

一、破产财产的变价

破产清算是指破产债务人被法院依法宣告破产后，由破产管理人对破产财产进行收集、清理、变价，最终分配给债权人并最终使破产债务人的人格归于消灭的一种破产程序。

由于破产分配采取货币分配方式比较迅速和便当，而破产财产包括金钱财产与非金钱财产两大类，非金钱财产基于其本身所具有的价值容易损耗、不易分割等特性，不经过恰当估价很难确定其实际价值，不经过变卖折合为金钱，往往也很难直接分配给各个破产债权人。所以，破产管理人在完成对破产财产的收集和清理后，应于一定期间内对破产财产进行价值评估和变卖。

我国《企业破产法》第111条规定，破产清算程序开始后，"管理人应当及时拟订破

---

[1] 参见我国原《企业破产法（试行）》第21条，现行《企业破产法》第104条。

产财产变价方案,提交债权人会议讨论”。管理人应当按照债权人会议通过的破产财产变价方案,适时变价出售破产财产;破产财产的变价方案经债权人会议表决未通过的,由人民法院裁定,此时,管理人应当按照法院裁定的破产财产变价方案,适时变价出售破产财产。

就破产财产变价出售的方式,《企业破产法》第112条规定:“变价出售破产财产应当通过拍卖进行。但是,债权人会议另有决议的除外。破产企业可以全部或者部分变价出售。企业变价出售时,可以将其中的无形资产和其他财产单独变价出售。按照国家规定不能拍卖或者限制转让的财产,应当按照国家规定的方式处理。”

本来,破产财产的变卖可以采取一般变卖或者拍卖两种方式。前者是指管理人个别寻求买主,以使实物形态的破产财产转换为金钱财产的变卖方式;后者则是管理人委托作为中介的拍卖组织,依法以拍卖的方式,将破产财产售予出价最高的买受人的一种财产变卖方式。拍卖方式出售破产财产通常能够保证破产财产以最高的价格予以出售,但考虑到破产财产的实际情况,立法允许在得到债权人会议决议许可的前提下,采用其他更为灵活的方式。

总之,破产财产的变价方式应以维持变价财产的使用价值,减少社会财富的损失,提高破产债权的分配比例,提高破产清算的效率为宗旨。

二、破产财产的分配

破产分配,是指按照法律规定的分配规则和分配顺序,将破产财产在债权人之间进行清偿的程序。

按照企业破产法的规定,破产变价程序完成后,管理人应当及时拟订破产财产分配方案,提交债权人会议讨论。破产财产分配方案应当载明下列事项:(1)参加破产财产分配的债权人名称或者姓名、住所;(2)参加破产财产分配的债权额;(3)可供分配的破产财产数额;(4)破产财产分配的顺序、比例及数额;(5)实施破产财产分配的方法。

债权人会议通过破产财产分配方案后,由管理人将该方案提请人民法院裁定认可。破产分配方案经债权人会议二次表决仍未通过的,由人民法院裁定。法院裁定认可或者直接裁定后的分配方案,由管理人执行。

破产分配可一次完成,也可多次进行,需视破产财产的多少、变价难易程度等情况决定。即使分配终结后,如果发现有可供分配的财产或破产企业的财产请求权,仍可进行追加分配。依照破产分配进行的阶段的不同,可将破产分配分为中间分配、最后分配和追加分配。最后分配是指全部破产财产变价之后,不留剩余地对一般破产债权人进行的分配,最后分配完毕后,破产程序终结。在此之前,有可供分配财产时所进行的分配称为中间分配。追加分配是在最后分配完成和破产程序终结之后,重又发现可分配的破产财产时所进行的分配。按照《企业破产法》第123条的规定,破产程序终结之日起二年内,发现有依法应当追回的财产或者有应当供分配的其他财产的,债权人可以请求人民法院按照破产财产分配方案进行追加分配。

《企业破产法》规定，管理人按照破产财产分配方案实施多次分配的，应当公告每次分配的财产额和债权额。中间分配中对于附生效条件或者解除条件的债权，管理人应当将其分配额提存。

管理人实施最后分配的，应当在公告中指明。管理人对于附生效条件或者解除条件的债权所提存的分配额，在最后分配公告日，生效条件未成就或者解除条件成就的，应当分配给其他债权人；在最后分配公告日，生效条件成就或者解除条件未成就的，应当交付给债权人。

就破产财产的分配顺序，《企业破产法》第 113 条规定，破产财产在优先清偿破产费用和共益债务后，依照下列顺序清偿：(1)破产人所欠职工的工资和医疗、伤残补助、抚恤费用，所欠的应当划入职工个人账户的基本养老保险、基本医疗保险费用，以及法律、行政法规规定应当支付给职工的补偿金；(2)破产人欠缴的除前项规定以外的社会保险费用和破产人所欠税款；(3)普通破产债权。破产财产不足以清偿同一顺序的清偿要求的，按照比例分配。破产企业的董事、监事和高级管理人员的工资按照该企业职工的平均工资计算。

按照规定，破产分配以货币分配为原则，债权人会议另有决议的，也可以采取实物分配方式。对于破产人所享有的债权，在最后分配时仍未获得清偿的，还可以将未获得清偿的债权按比例分配给破产企业的债权人，同时通知破产企业的债务人；[1] 如果破产人所享有的债权在最后分配时尚未到期的，在减去未到期的利息及其他损失后，原则上可作为到期债权列入破产财产进行分配。[2]

按照企业破产法的规定，破产财产进行分配时，管理人应当通知或公告债权人领取财产，逾期不领取的，管理人应当提存。债权人自最后分配公告之日起满 2 个月仍不领取的，视为放弃受领分配的权利，管理人或者人民法院应当将提存的分配额分配给其他债权人。破产财产分配时，对于诉讼或者仲裁未决的债权，管理人应当将其分配额提存。自破产程序终结之日起满 2 年仍不能受领分配的，人民法院应当将提存的分配额分配给其他债权人。

三、破产程序的终结

（一）破产程序终结的原因

1. 破产财产不足以支付破产财产

我国《企业破产法》第 43 条规定，“债务人财产不足以清偿破产费用的，管理人应当提请人民法院终结破产程序。人民法院应当自收到请求之日起十五日内裁定终结破产程序，并予以公告”。

---

〔1〕 这是《破产法意见》第 58 条的规定。从理论上讲，分配时应当虑及将来债务收取的成本和难度，适当听取拟受偿的破产债权人的意见。

〔2〕《破产法意见》第 65 条以及《破产法规定》第 70 条均作出了相似的规定。

2. 全体债权人同意

《企业破产法》第105条规定，人民法院受理破产申请后，债务人与全体债权人就债权债务的处理自行达成协议的，可以请求人民法院裁定认可，并终结破产程序。

3. 债权得到全部清偿

《企业破产法》第108条规定，在破产宣告前，有下列情形之一的，人民法院应当裁定终结破产程序，并予以公告；(1)第三人为债务人提供足额担保或者为债务人清偿全部到期债务的；(2)债务人已清偿全部到期债务的。

4. 无财产可供分配

《企业破产法》第120条规定："破产人无财产可供分配的，管理人应当请求人民法院裁定终结破产程序。"

5. 破产财产分配完毕

《企业破产法》第120条第2款规定，管理人在最后分配完结后，应当及时向人民法院提交破产财产分配报告，并提请人民法院裁定终结破产程序。人民法院应当自收到管理人终结破产程序的请求之日起15日内作出是否终结破产程序的裁定。裁定终结的，应当予以公告。

(二)破产程序终结的法律效力

1. 对破产人的法律效力

《企业破产法》规定，管理人应当自破产程序终结之日起10日内，持人民法院终结破产程序的裁定，向破产人的原登记机关办理注销登记。

2. 对破产管理人的法律效力

管理人于办理注销登记完毕的次日终止执行职务。但是，存在诉讼或者仲裁未决情况的除外。

3. 对连带债务人的法律效力

破产程序终结后，破产人的保证人和其他连带债务人，对债权人依照破产清算程序未受清偿的债权，依法继续承担清偿责任。

◈ 思考题

1. 何谓破产原因？如何评价我国《企业破产法》关于破产原因的规定？

2. 如何认定我国破产法中的"不能清偿债务"？

3. 根据我国《企业破产法》的规定，和解程序、重整程序、破产清算程序开始的原因要件有何异同？

4. 破产案件的管辖应当遵循哪些原则？

5. 人民法院受理破产案件应当审查哪些事项？破产案件的受理对于债务人将产生什么样的影响？破产程序开始对作为非申请人的债权人产生什么影响？

6. 什么是管理人(破产管理人)？管理人有什么特征？管理人应该具有什么资格？

如何选任管理人？破产管理人具有的职责有哪些？

7. 债权人会议的设立依据何在？债权人会议是否拥有对债权进行调查和确认的职权？企业破产法关于债权人会议的议决规则是如何规定的？债权人会议就有关决议事项不能获得表决通过时，应当如何处置？异议债权人对该处置方法有哪些救济方式？

8. 债权人委员会的组成和性质如何？与债权人会议的关系如何？债权人委员会拥有哪些职权？

9. 与破产清算、和解程序相比，破产重整程序有哪些特征？

10. 债务企业申请破产重整，应具备什么条件？法院如何审查这些条件？试述法院强行批准重整计划的意义与条件。

11. 试比较破产和解与破产清算、破产重整在价值目标上的区别。

12. 和解协议是否具有强制执行力？

案例分析

2008 年 12 月 10 日债权人某银行分行向市中级人民法院申请雅光葡萄酒厂破产。经查：雅光葡萄酒厂仅有资产 73.7 万元，债务为 159.7 万元，亏损额达 86 万元，资产负债率为 46.1%。法院立案，在规定时间内通知债权人，并与 2009 年 1 月 5 日在报上公告要求债权人申报债权，规定 2 月 10 日召开第 1 次债权人会议。有些债权人担心自己的债权得不到全额清偿，通过各种途径抢先清偿。例如从仓库提走产品抵债。2 月 10 日主持召开第一次债权人会议，确认：24 家债权人，各种债务累计 159.7 万元。银行的部分债务是有抵押权的。2 月 11 日法院裁定破产。所有财产集体拍卖，全体债权人按比例受偿。

管理人委托拍卖公司公开拍卖。最终，包括手续费以 59.7 万元成交。

银行提出异议，不同意含有抵押债权的财产加入整体拍卖，要求优先受偿。

法院裁定异议不成立，扣除破产费，按原方案分配后，裁定终止破产程序。

试分析：

1. 银行有部分无财产担保债权，申请破产合法吗？

2. 作为债权人某银行分行申请破产应向法院提交的材料包括哪些？

3. 如果是作为债务人雅光葡萄酒厂提出破产申请，应向法院提交的材料包括哪些？

4. 债务人申请破产是否要得到他人同意？

5. 债权人会议召开时间有无不妥？

6. 进入破产程序后，个别清偿是否有效？

7. 银行有部分抵押债权，以上处理合法吗，你认为应该如何处理？

第二十章　破产实体法

◆ 知识结构图

- 破产实体法
  - 破产财产
    - 破产财产概述
    - 破产财产的范围
  - 破产债权、破产费用和共益债务
    - 破产债权
    - 破产费用
    - 共益债务
  - 取回权、别除权抵销权、撤销权
    - 破产取回权
    - 破产别除权
    - 破产抵销权
    - 破产撤销权

◆ 本章导读

破产财产范围的确定，是债务人被破产宣告后，进入破产清算程序进行破产清算的前提。破产费用的数量标准、支付时间、支付方式、支付义务人等方面的制度设计决定着破产程序运作的成本收益。破产撤销权制度是对债务人于破产程序开始前所实施的有害于债权人利益的行为予以撤销并将撤销利益复归破产财团的一种制度；破产取回权制度则是允许他人自现实的破产财团中取回不属于债务人所有而归其支配的财产的权利。别除权是担保物权和法定特别优先权在破产法上的转化形式。破产抵销权则是破产债权人部分或全部消灭其破产债权的有效方式之一。

◉ 司考重点

破产财产的概念与范围；破产债权、破产费用和共益债务的概念和范围；取回权、别除权、抵销权和撤销权的概念、权利基础，权利行使等

第一节 破产财产

一、破产财产概述

对于破产财产,有些国家将其定义为破产财产(the bankruptcy property),有些国家则采用破产财团(the bankruptcy estate)的概念,前者多为英美法系的国家,而后者则多为大陆法系的国家。我国立法都采用"破产财产"的概念。

1. 破产财产的含义

界定破产财产,可以从形式意义和实体意义两方面进行。从形式意义上讲,破产财产是指应依破产清算程序用于清偿债务的破产人的财产。其着眼点在于财产的分配程序与去向。这一概念是学理上的解释,不体现在立法的具体规定中,所以也可以称为学理概念。从实体意义上讲,破产财产是指在破产宣告或者破产申请时,以及在破产清算程序终结前(视所采立法原则而定),破产人所有的可供破产清偿的全部财产,其着眼点在于财产的构成与来源。鉴于破产清算程序主要是指债务人不能清偿到期债务时,对其财产进行破产清算分配的一种特殊程序,所以我们便将形式意义上的破产财产解释作为其概念,而将实体意义上的破产财产解释称之为破产财产的构成范围。[1]

2. 不同于一般财产的破产财产[2]

破产财产与一般财产相比,有着自身的显著特殊性:

(1)破产财产的目的性。作为一种特殊财产,破产财产具有鲜明的目的性,是专门依破产清算程序向全体债权人进行清偿的破产人的财产。

(2)破产财产的法定性。破产财产的范围是由法律明文规定的;不在法律规定范围内的财产,不可列入破产财产的范围。

(3)破产财产的独立性。破产财产原本是由债务人享有财产权的财产,归债务人占有、管理和支配。但是破产宣告后,破产财产就脱离了破产人的支配范围,由破产管理人占有和支配,呈现出相对的独立性。债权人只有通过债权人会议决议,才可以对破产财产进行分配;破产管理人则须经法院许可,债权人会议或监督人同意,才可以对破产财产进行一定的处分。

(4)破产财产的可分配性。破产财产的本质要求之一是破产财产可以通过变价,以金钱方式对破产债权进行清偿,即可分配于各债权人。而专属于债务人的权利,如精神损害赔偿请求权,以及禁止扣押的财产,破产人及其家属所必需的生活物品,则不属于破产财产的范围。

---

〔1〕 王欣新:《破产法专题研究》,法律出版社2002年版,第132页。

〔2〕 王一珺:《破产财产制度研究》,中南财经政法大学2006年硕士学位论文。

二、破产财产的范围

破产宣告后,破产人的财产到底在怎样的范围内构成破产财产以资分配呢?这是非常重要的问题,直接关系到破产人和破产债权人的合法权益。

(一)破产财产的构成要件

破产财产有两种意义:形式上(学理上)的破产财产,是指可以依据破产程序分配给全体债权人的破产人的总财产;实质上(法律上)的破产财产,是指在破产宣告时,为破产人所拥有的,以及在破产程序存续中由破产人所取得的财产集合。

破产财产有如下特征:

1. 破产财产必须是财产或者财产性权利

财产包括积极财产和消极财产两个方面。这里,破产债务人之财产权,仅指作为积极财产的权利和财物,而不包括消极财产的负债。

依照大陆法系立法,积极财产,通常兼指固定资产和流动资金、动产和不动产、物权和债权、有形财产和无形财产在内。无形资产不仅包括属于破产人的著作权、专利权、商标权等,而且还包括凡是与破产人商业活动相关的、含有财产价值性质的权利,如客户名单、进货知识、制造或者营业上的秘诀、商号等。依照我国2005年《公司法》第27条规定:股东可以用货币、实物、知识产权、土地使用权等可以用货币评估并可以依法转让的非货币财产作价出资。股东的这些出资就可以构成公司的破产财产。

2. 破产财产必须为破产人所拥有或者经营管理

以公司为例,破产人所拥有财产,是指由股东出资所形成的资本以及公司营业所获得的收益。当然,这些财产也同时归于公司经营管理。

3. 破产财产必须是在破产宣告时或破产程序开始时为破产人所拥有的财产,以及破产清算程序终结前所取得的财产

这是立法从时间维度所规定的破产财产,它从纵向上为破产财产划定了范围。它有三层含义:(1)破产财产以破产宣告为基准时间奠定了基础范围,依照《企业破产法》的规定,以法院裁定受理破产申请时为基准,这都不同于美国等国家以破产申请为基准。(2)破产财产以破产清算程序终结为停止点,破产财产在破产清算程序的整个过程中具有不断的变动性,这表明我国立法所采取的是膨胀主义立法原则,不同于德国等的固定主义立法原则。(3)破产财产不仅包括破产人现实财产,而且包括未来的财产请求权。

4. 破产财产必须是能够依法强制执行的财产

在民事诉讼法或者民事执行程序中,通常会规定不得强制执行的范围。民事执行程序为个别执行程序,而破产清算程序则是概括执行程序。凡个别执行程序规定不得执行的,则概括执行程序也当然不得执行。

5. 破产财产必须是破产人在国内以及位于国外而可能取回的财产

这是立法从空间维度所规定的破产财产。这是各国所共同面临的法律难题,尽管

存在属地主义、普及主义和折中主义等不同的立法例,但是各国均不能单独解决这个难题,因此只有国际合作才有解决问题的可能性。

(二)破产财产范围的确定

破产财产范围的确定,通常有两个重要的基准:时间标准和空间标准。时间标准有两种立法原则:膨胀主义和固定主义;空间标准有三种立法原则:属地主义、普及主义和折中主义。

1.时间标准

破产财产的时间标准,首先在于破产清算程序开始的时点的确立模式。其中有破产申请受理开始模式和破产宣告开始模式两种。不过,无论采取哪种模式,所确立的只是一个破产清算程序开始的时点,但是这个时点近似于一个数轴上的"零"点,以描述破产清算程序的整个过程。膨胀主义和固定主义都与这个作为时点的"零"点有关。

各国立法例关于破产财产的规定,因为采取限定破产财产的范围的态度不同而出现很大的差异。但是总体上受制于两个不同的立法原则,即固定主义和膨胀主义。在前者,破产财产仅以破产宣告时破产人所有的财产为限;在后者,破产财产则不仅包括破产宣告时破产人所有的财产,而且还包括在破产程序终结前,破产人所取得的财产。

(1)膨胀主义立法准则。膨胀主义立场认为,破产财产由破产人在破产宣告时所有的财产,以及破产宣告后至破产清算程序终结前所取得的财产构成。可见,膨胀主义所确认的破产财产是由两部分构成的:其一为破产人在破产宣告时所有的财产;其二为破产宣告后至破产清算程序终结前所取得的财产。[1]

我国《企业破产法(试行)》第28条所规定的破产财产范围,就是典型的膨胀主义立法准则,[2]而且现行《企业破产法》第30条的规定更进一步将破产财产膨胀到破产申请受理时。

《英国破产法》(Insolvency Act,1986)第436A条规定:"在本法适用于因欧共体规定第3条规定的程序时,所指财产是指在该程序中可以处置的财产。"该法第436条第8项规定:"'财产'包括金钱、货物、无体所有权、土地以及无论处于何处的任何种类的财产,以及无论产生于或附属于财产的,目前或未来,或者既定的或或然的义务及每一种类的权益。"[3]这个规定也是膨胀主义立法准则的表现。

膨胀主义的理论依据主要有以下几点:首先,足以增加破产财团之财产,而使债权

---

〔1〕 邹海林:《破产程序和破产法实体制度比较研究》,法律出版社1995年版,第249页。

〔2〕 学理上通常认为,膨胀主义与固定主义的划分仅仅是就自然人破产而言,正如免责与不免责主义的划分一样。但由于企业形态中有所谓的自然人企业,所以这种划分并非没有任何意义。可以说,企业破产中的免责实际上是通过重整计划或者和解协议中的减免以及破产清算后的当然免责来实现的。

〔3〕 《英国破产法》,丁昌业译,法律出版社2003年版,第334页。

人有受多额清偿的利益；其次，足以预防债务人浪费或者藏匿其新得财产，而即为保全处分的利益；最后，足以预防破产人再次破产，从而节省破产费用。

(2)固定主义立法准则。固定主义立场认为，破产财产以破产人在破产宣告时所有的全部财产为限，不包括破产人在破产宣告后所取得的财产。[1]

固定主义的理论依据主要有以下几点：首先，有利于破产清算程序的迅速终结，因为固定主义立法准则有利于对破产财团的界定；其次，有利于保护新的债权人，因为破产宣告后债务人所取得的新财产，成为破产宣告后新债权人的担保财产，因而有利于保护新的债权人；再次，有利于破产人的再生；最后，可以促进债务人主动申请破产。[2]

2. 空间标准

一国法院所作的破产宣告，在该国领域内具有当然的法律效力，这一点是毋庸置疑的。国际私法中所要研究的破产宣告的地域(空间)效力，主要是破产宣告的"域外效力"问题，它包括内国破产宣告的域外效力和外国破产宣告的域内效力两个方面。[3]

破产财产的空间标准有三种主张：属地主义、普及主义和折中主义。属地主义是指破产宣告的效力只及于国内的财产。如美国、德国采此主义。普及主义是指破产宣告的效力及于国外，换言之，是将债务人国内外所有的财产均划归破产财产范围之内。法国、意大利、比利时、挪威、荷兰等采此主义。该准则贯彻"一人一破产"原则。我国《企业破产法》[4]、日本2004年新破产法均采纳了这种准则。折中主义是指根据财产性质的不同，灵活适用普及主义和属地主义，对债务人的动产适用普及主义，对债务人的不动产适用属地主义。英国采此主义。

第二节　破产债权、破产费用和共益债务

一、破产债权

(一)破产债权的概念和构成要件

破产债权，是指破产程序开始前成立的，依法申报并获得确认的，债务人进入破产清算程序之后有权参与分配的债权。它是对破产程序开始后一般无担保债权的习惯

〔1〕 邹海林：《破产程序和破产法实体制度比较研究》，法律出版社1995年版，第250页。

〔2〕 [日]伊藤真：《破产法》，刘荣军等译，中国社会科学出版社1995年版，第87页。

〔3〕 程清波：《国际破产法研究》，湖南师范大学出版社1995年版，第29页。

〔4〕 《企业破产法》第5条第1款规定，依照本法开始的破产程序，对债务人在中华人民共和国领域外的财产发生效力。可见，就确定债务人财产的空间标准而言，我国现行破产法采取的是普及主义的立法原则。

称谓。[1]

破产债权应当符合以下构成要件：

1. 破产债权限于财产上的请求权。破产程序旨在将破产财产公平地分配给破产债权人，因而，破产人的所有非金钱财产均需估价和变价后始可分配，这样，破产债权也只有在以金钱给付为内容，或以金钱以外的财产为给付但能以金钱为评价的情况下，方可进行。以债务人的特定作为为目的的请求权只有在不履行而给债权人造成损害并发生在破产程序开始前，或者由他人代为履行而产生履行费用的，其损害赔偿额或者代履行费用才可作为破产债权。这一点与强制执行程序不限于财产内容有所区别。

2. 破产债权限于对人请求权。根据债权设置物的担保与否，债的请求分为对物请求和对人请求。有财产担保的债权由于债权人可直接对担保标的物行使权利，故只能作为有优先权之别除权对待而不能作为破产债权，但债权人放弃优先受偿权，或虽未放弃该权利但为别除权所不能包括的债权，也即债权超过担保标的物不能满足的部分，仍可作为破产债权。至于设有保证担保的债权，因其仍属对人请求权范畴，可以作为破产债权。

此外，基于所有权人的身份享有的诸如占有回复请求权或者其他物权性的返还请求权，只能构成取回权的基础，不能构成破产债权。

3. 破产债权限于可强制执行的债权。破产程序具有概括的强制执行程序的特征，破产债权也应限于得请求强制执行的债权。诸如已超过诉讼时效的债权等不得强制执行的债权，自然不能作为破产债权。

4. 破产债权原则上限于以破产程序开始前的原因而成立的债权。破产程序开始后，破产企业原则上停止一切生产经营活动，已不大可能对外负债，即使负债，基于债务人破产程序开始的事实，债权人往往将其债权设定为共益债权（财团债权），况且，将破产程序开始之后基于破产程序的进行而产生的费用和债务仅仅作为破产债权对待，因对债权人过苛而有违公平之嫌。故破产债权的范围应以破产程序开始前的债权为限。即使破产程序开始前请求权尚不存在，但相当于债权发生的基本条件的事实于破产程序开始前已经存在的，也应属于破产债权。比如期限未到的债权、附停止条件的债权及将来的请求权等。作为此项条件的例外，有些发生在破产程序开始后的债权也被列为破产债权，比如破产管理人解除破产程序开始时尚未了结的双务合同时，相对人的损害赔偿请求权；票据的发票人或背书人受破产程序开始时，付款人或承兑人不

---

〔1〕 按照《企业破产法》第44条关于“人民法院受理破产申请时对债务人享有债权的债权人，依照本法规定的程序行使权利”和第107条第2款关于“债务人被宣告破产后，债务人称为破产人，债务人财产称为破产财产，人民法院受理破产申请时对债务人享有的债权称为破产债权”的规定，破产债权仅仅限于破产清算程序中无担保债权人享有的债权，不包括破产和解或者破产重整程序中的债权，显然是采用了狭义上的破产债权概念。本书并不对此作出区分，因为我国破产法的立法名称不是“企业和解、重整与破产清算法”，而是“企业破产法”。

知其事实而付款或承兑,因此产生的债权也可作为破产债权。

5. 破产债权须依破产程序进行申报并得到法定机关的确认。(1)债权人必须在破产案件受理后、法定期间内申报登记债权。(2)债权人未在规定的债权申报期间内进行申报的,只能得到有限保护;其还可以在破产财产最后分配前补充申报,但是,其无权对此前已进行的分配主张权利,只能从剩余的破产财产中获偿。而且,为审查和确认补充申报债权的费用,也要由补充申报人自己来承担。(3)债权人完全未进行债权申报的,不属于破产债权,视为自动放弃债权,失去了在破产程序公平受偿的权利。值得注意的是,债权未经申报仅指不能依据破产程序得到公平受偿,并不意味着实体法上权利的消失。

(二)破产债权的范围

根据我国现行法律规定和司法解释,破产债权的范围包括:

1. 无财产担保的债权、放弃优先权的有财产担保的债权以及债权数额超过担保标的物的价值而不能受清偿的那部分债权。债权可分为有财产担保和无财产担保两类,有财产担保的债权可转化为别除权而个别行使权利;无财产担保的债权并没有取得物上担保的效力,只能以一般破产债权的名义参与分配。但是,有些有财产担保的债权人基于和破产企业之间的合作或者竞争关系等原因,可能放弃优先受偿权,于此情形,其与普通债权的地位并无不同,也应列为破产债权。

2. 附条件、附期限但破产程序开始时尚未到期的债权。附条件债权分为附停止条件债权与附解除条件债权,原则上,二者均可作为破产债权,但在破产程序终结前,因条件的成就与否而应有不同的处理方法。附期限债权未届清偿期时,债务人享有期限利益,原则上债权人不得主张权利,但于债务人进入破产清算程序而对其全部财产进行分配时,如仍等待期限届至,则可能因破产程序的终结而得不到任何分配,故《企业破产法》第46条规定:"未到期的债权,在破产申请受理时视为到期。附利息的债权自破产申请受理时起停止计息。"

3. 诉讼、仲裁未决的债权

诉讼、仲裁未决的债权是指尚在诉讼或仲裁过程中而未确定的债权。诉讼、仲裁未决的债权在性质上类似于附条件债权,诉讼或仲裁结果在将来也是不确定的。但是,债权人的期待权应得到法律保护,避免其失去受偿的机会。因此,诉讼、仲裁未决的债权,债权人可以申报。

4. 连带债权和对连带债务人的债权

《企业破产法》第50条规定,如果破产人存在数个连带债权人,这些连带债权人可以由其中一人代表全体连带债权人申报债权,也可以共同申报债权。值得注意的是,债权人在进行申报时,应当书面说明债权的数额和有无财产担保,并提交有关证据;如果申报的债权是连带债权,债权人有说明的义务。

《企业破产法》第52条规定,连带债务人数人被裁定适用破产程序的,其债权人有权就全部债权分别在各破产案件中进行申报。当然,如果连带债务人中仅有一人或部分适用破产程序,债权人可以选择在破产程序中申报债权,也可以直接向其他未进入破产程序的债务人要求清偿,这样就产生了其他连带债务人针对破产债务人的求偿权。

5. 债务人的保证人或其他连带债务人对债务人的求偿权

《企业破产法》第51条规定,债务人的保证人或其他连带债务人已经代替债务人清偿债务的,以其对债务人的求偿权申报债权。值得注意的是,连带债务人的求偿权分为现实求偿权和将来求偿权。根据《企业破产法》的规定,将来求偿权也可作为破产债权申报。这其中主要是考虑到债权人的债权既定,无论破产程序有没有开始,都不影响债权人与连带债务人之间的关系。如果不承认将来求偿权破产债权的地位,极可能造成对连带债务人的不公。

6. 破产管理人解除未履行的双务合同以及收回投资给他人造成损害的,其损害赔偿额作为破产债权

债务人破产时,相对人本来享有合同解除权,但为破产财产利益考虑,破产法特赋予管理人以双务合同的解除权,此时,作为对相对人风险损失的补救,其损害赔偿额列为破产债权;再者,破产企业的对外投资于破产程序开始后应当收回,不能收回的可以转让。因转让投资或者收回投资及收益而给相对人造成损害的,可作为破产债权。

7. 委托合同的受托人请求权

《破产法》第54条规定,债务人是委托合同的委托人,被裁定适用本法规定的程序,委托人不知该事实,继续处理委托事务的,受托人可以由此产生的请求权申报债权。

8. 票据付款人或承兑人的请求权

票据(含汇票、本票、支票)的发票人或背书人被裁定开始破产程序,而付款人或承兑人不知其事实而付款或承兑,因此所产生的债权为破产债权,付款人或承兑人为债权人。至于何谓“不知其事实”,可以根据破产程序开始公告的发布日期作为时间界限加以判断和推定。

9. 因执行重整计划未受清偿的部分债权

《企业破产法》第93条第2款规定,如果债务人不能执行或不执行重整计划,导致进入破产阶段的,债权人因执行重整计划所受的清偿仍然有效,而未受清偿部分则作为破产债权。

(三)无须申报的债权

并非所有可在破产程序中得到清偿的债权都必须申报。无须申报的债权主要体现为劳动债权:(1)债务人所欠职工的工资和医疗、伤残补助、抚恤费用;(2)债务人所欠的应当划入职工个人账户的基本养老保险、基本医疗保险费用;(3)法律、行政法规规定应当支付给职工的补偿金。

以上劳动债权当然属于破产人应当清偿的债权,这其中蕴含着保护劳动者、保护

破产企业职工利益的法律政策考虑,以免职工因未申报而权利受损。但是,无须申报并不意味着“置之不理”,而是要由管理人进行调查,列出清单并予以公示。职工对清单记载有异议的,可以要求管理人更正;管理人不予更正的,职工可以向人民法院提起权利确认之诉。

无须申报的债权在破产清算阶段的清偿顺序仅次于破产费用和共益债务。

二、破产费用

(一)破产费用的概念和特征

破产费用是指为了破产程序的顺利运行,依法应当从破产财产中优先支付的费用。包括法院裁判费用和破产财产管理费用。

法院裁判费用是人民法院受理破产案件时收取的案件受理费以及其他事关程序进行的费用,同民事诉讼费用一样都具有国家规费性、补偿性。破产财产管理费用则是破产费用的特别内容,是破产财产的清理、变价和分配过程中发生的管理人、专业人员报酬及其相关费用。

基于破产程序的特殊性,我国破产法规定的破产费用有以下特征:

1. 破产费用原则上发生在破产案件受理后破产程序终结前的期间内,即从破产案件受理时,开始发生破产费用。包括破产受理到破产宣告期间所生费用和破产宣告到破产终结所生费用。例外情况是,破产程序终结后,为处理追收的破产财产,追加破产分配而支付的费用,也属破产费用。

2. 破产费用是为破产债权人的利益而支付的费用。理论上认为,破产程序开始后,债务人的财产成为供全体债权人强制执行的财产,针对债务人财产所为的管理行为、清偿行为等都是为了全体债权人的共同利益。

3. 破产费用的支付具有优先性和随时性。破产费用支付的优先性是指破产费用不参加破产清算程序而受偿,并且在特定情况下优先于共益债务。破产费用可以随着支出而随时支付,不受破产程序的影响。破产费用不需列入破产分配表。

4. 破产费用的支付具有足额性。一旦破产财产不足以清偿破产费用,破产程序便无从运行。

(二)破产费用的范围

根据我国《企业破产法》第41条的规定,破产费用的范围包括:

1. 破产案件的诉讼费用

诉讼费用是指当事人根据有关规定,向人民法院提起诉讼时按国家规定的收费项目和标准向人民法院交纳的案件受理费、申请费和其他诉讼费用。

破产案件受理费是指人民法院受理破产案件而依法向债务人征收的费用,具有国家规费性。原则上,案件受理费由破产申请人预交。破产申请人为债务人时,其预交的案件受理费均由债务人负担。破产申请人为债权人时,经审理债务人开始破产程序的,破产申请人预交的案件受理费应当从债务人财产中支付。

诉讼费分为六类:(1)案件受理费;(2)勘察、鉴定、公告、翻译费;(3)证人、鉴定人、翻译人员出庭的交通费、住宿费、生活费和误工补贴费;(4)保全申请费和实际支出;(5)执行判决、仲裁和调解协议的费用;(6)人民法院认为应当由当事人负担的其他诉讼费用。

2. 管理、变价和分配债务人财产的费用

债务人财产的管理费用是指破产管理人占有、清理、保管破产财产或者继续债务人营业所必需支出的费用。主要包括债务人财产的保管费用、清理费用、运输费用、保险费用、日常管理费用、营业税费、公告费用、通知费用等。

变价费用是指管理人转让和处分非金钱破产财产将其变现所必需支出的费用。主要包括估价费、鉴定费、公证费、公告费、拍卖费、执行费、登记费以及变价财产的契税等。

分配费用是指管理人将破产财产分配给债权人所必需支付的费用。主要包括破产财产分配表的制作费用、公告费用、通知费用、提存费用等。

3. 管理人执行职务的费用、报酬和聘用工作人员的费用

管理人执行职务的费用是指管理人履行《企业破产法》第 25 条规定的职责时必需支付的费用。管理人的报酬由人民法院决定,债权人可以监督并提出异议。各国都把管理人的报酬作为破产费用。指定管理人和确定管理人报酬的办法,由最高人民法院规定。管理人经人民法院许可,可以聘用工作人员。聘用工作人员的费用应当指工作人员的报酬。

(三)破产费用的支付原则

1. 随时支付原则

随时支付原则,是指破产费用不依破产分配程序,而是根据破产案件的需要随时支付。《企业破产法》第 43 条第 1 款规定:“破产费用和共益债务由债务人财产随时清偿。”

2. 优先支付原则

优先支付原则,是指破产费用不纳入破产债权,优先于共益债权、一般优先权以及普通破产债权受偿。《企业破产法》第 41 条第 2 款规定:“债务人财产不足以清偿所有破产费用和共益债务的,先行清偿破产费用。”破产费用的满足是破产程序顺利进行的前提条件,凡是纳入破产程序进行分配的债权,如职工工资、劳动保险费用以及国家税款,都只能劣后于破产费用受偿。

3. 比例支付原则

比例支付原则,是指债务人财产不足以支付所有破产费用时,对尚未清偿部分根据费用数额按比例受偿。

三、共益债务

(一)共益债务的概念和特征

共益债务是指破产程序进行中,为了全体债权人的利益所发生的债务和因债务人财产所发生的债务的总称。与共益债务相对的是共益债权,共益债权则指在破产程序

进行期间,针对债务人财产或债务人所产生的请求权的总称。

事实上,共益债务与破产费用虽分别规定,但立法也总是把两者放在一起,体现出两者所具有的共性。即两者都是破产程序在开始后、终结前应当支付的费用和产生的请求权;两者都是以全部破产财产作为清偿对象;两者都是为了全体债权人的利益或者破产程序进行所必需而发生;两者都享有优先于普通债权的受偿权,都可以随时、足额从破产财产中支付和清偿。这些特征足以使共益债务或者共益债权制度与破产别除权、取回权、撤销权、抵销权等制度有所区别。

相对于破产费用,共益债务的特征是:

1. 共益债务发生的事实主要是管理人执行职务、履行合同、继续营业以及因债务人财产发生的无因管理、不当得利及侵权行为等;而破产费用发生的事实是法律规定、法院指定及管理人相关的民事行为。

2. 共益债务的内容具有不确定性。产生共益债务的事实是否发生处于不确定状态,不像破产费用那样确定。破产费用的内容很多都是国家规费或事先规定的。

3. 共益债务相对于破产费用具有劣后清偿性。如破产财产不足清偿破产费用和共益债务的,破产费用优先受偿。破产费用是破产程序运行的前提条件,而共益债务则非破产程序运行所必然发生或者破产程序运行所必需。故共益债务后于破产费用清偿。

(二)共益债务的范围

对共益债务的范围,各国规定不一。[1] 我国《企业破产法》第42条规定,人民法院受理破产案件后发生的下列债务,为共益债务。具体包括:

1. 因管理人等请求履行未履行完毕的合同所产生的债务

未履行完毕的合同,也称待履行合同,是指破产程序开始后,双务合同的当事人都未履行或未完全履行破产程序开始前有效成立的合同。根据《企业破产法》第18条的规定,人民法院受理破产申请后,管理人对破产受理前成立而双方当事人均未履行完毕的合同,有权决定解除或者继续履行。如果管理人请求继续履行的,继续履行合同而产生的债务,属于共益债务。

2. 债务人财产受无因管理所产生的债务

没有法律依据和合同义务,为避免他人受损失而管理他人事务的行为构成无因管理。无因管理人在管理过程中支付的必要费用有权要求本人偿还,因而形成无因管理之债。管理人为债权人,本人为债务人。破产程序开始后,如果有人对债务人财产实施了无因管理行为,为该行为所支付的费用有权请求破产管理人偿还。该债务因发生在破产程序进行期间,是为了全体债权人利益而进行的管理,故应作为共益债务。如果破产程序开始前成立的无因管理,管理人只能作为普通债权人请求分配破产财产。

[1]《德国支付不能法》,杜景林、卢谌译,法律出版社2002年版,第31页。

3. 因债务人不当得利所产生的债务

不当得利是指没有法律依据和合同依据取得利益,使他人受损失的事实。不当得利事实发生后,得利人有义务返还不当利益,为此形成不当得利之债。得利人为债务人,受损人为债权人。破产程序开始后,因受损人、第三人或者自然原因产生的使债务人财产没有依据增加利益而使他人受损的,该利益应作为不当得利返还给受损失的人,该返还应当优先于普通债权作为共益债务清偿。如果破产程序开始之前,债务人财产中有不当利益的,受损人只能作为普通债权人参加破产分配。

4. 为债务人继续营业而应支付的劳动报酬和社会保险费用以及由此产生的其他债务

破产程序开始后,债务人能否继续营业,由管理人决定或者根据所选择破产程序决定。继续营业期间,雇佣职工的劳动报酬和社会保险费用应当作为共益债务。

5. 管理人或相关人员执行职务致人损害所产生的债务

管理人或者相关人员执行职务时,是为了全体债权人的利益,是作为债务人的代表或代理人来执行职务,其执行职务造成的损害对外体现为债务人造成的损害,债务人还是当然的共益债务之名义主体,因此,执行职务致人损害产生的债务应当由债务人的财产承担。

管理人或相关人员执行职务致人损害产生的债务的实质是对其侵权行为所承担的民事责任。判断债务是否存在,应当通过民事责任的构成要件认定。具体构成要件是:必须有损害存在;必须是管理人或相关人员执行职务造成;损害与管理人或相关人员执行职务的行为有因果关系;管理人或相关人员在执行职务时有过错。

6. 债务人财产致人损害所产生的债务

债务人财产致人损害是指债务人财产有缺陷给消费者或他人造成的损失。就该损失应当承担的民事责任为债务人财产致人损害所产生的债务。该规定可以根据《民法通则》第 122 条"产品责任"和第 126 条的"建筑物件致人损害的责任"及其他相关规定确定可能产生的债务。

我国《企业破产法》规定的六项共益债务基本涵盖了破产程序进行期间在债务人财产上可能产生的债务以及应当由债务人财产清偿的债务。即便有遗漏,也可以通过扩大其他事项的解释以达到保护债权人的目的。

(三) 共益债务的清偿原则

在清偿原则上,共益债务与破产费用都有优先、随时、足额、比例受偿的共性,但具体内容不尽相同。

1. 优先清偿原则

共益债务是破产程序进行期间产生的债务,立法赋予共益债务的债权人优先受偿权。共益债务的优先清偿主要指优先于一般破产优先权和普通债权,但劣后于破产费用受偿。我国《企业破产法》第 43 条第 2 款规定:"债务人财产不足以清偿所有破产费用或者共益债务的,先行清偿破产费用。”

2. 随时清偿原则

随时清偿原则是指随着共益债务的发生由管理人从债务人财产中及时给予清偿。当管理人不能给予清偿时,共益债务的债权人可以就破产财团或管理人提起诉讼。

3. 比例清偿原则

比例清偿原则是指当债务人财产在清偿破产费用后不足以清偿共益债务的,按照共益债务的比例分别用债务人财产余额清偿。这是各国破产立法的通例。

第三节 取回权、别除权、抵销权、撤销权

一、破产取回权

(一)破产取回权概说

1. 破产取回权的概念与特征

取回权是指财产权利人主张自破产财团或管理人返还或交付不属于破产财产而归其支配的财产的权利。

破产财产本应以法定财团内的财产为限,但为全体债权人利益考虑,法律不禁止管理人于破产受理后概括接管债务人占有的一切财产,此即所谓管理人的概括占有制度。由于管理人概括占有的这些财产可能包括破产企业基于租赁、委托、保管、承揽等合同关系或基于物上担保等其他关系而占有的他人财产,从而可能与相对人产生利害关系。作为补救,法律允许被占有财产的权利人行使取回权。

取回权具有下列特征:(1)取回权的标的物并不归属于破产债务人所有。这在某种程度上与别除权区别开来。(2)取回权的权利基础主要是所有权以及其他物权,是物的返还请求权在破产法上的体现。(3)破产取回权的行使虽须向破产管理人提出,但不受破产程序尤其是破产清算程序的限制。

2. 破产取回权的类别

依标的物的占有情形不同,可将取回权分为一般取回权和特别取回权。一般取回权发生在标的物被债务人或管理人实际占有的场合;而特殊取回权则适用于标的物即将为破产人所占有但尚未占有的场合,包括出卖人取回权和行纪人取回权。代偿取回权则是指标的物已经由破产人或破产管理人转移他人或实施不当处分进而使权利人对原财产的取回成为不可能,而对可取回财产的替代物实施取回的情形。

(二)一般取回权的权利基础

第三人的财产于破产受理前为债务人占有,于破产受理后被破产管理人依法接收并仍然存在于破产财团的,该财产的权利人可以通过破产管理人从破产财团取回相应财产的权利,即为一般取回权。我国《企业破产法》第38条对此作了规定,按照规定,

“人民法院受理破产申请后,债务人占有的不属于债务人的财产,该财产的权利人可以通过管理人取回”。

一般取回权成立的基础既可能是所有权;也可能是占有返还请求权、特定的用益物权、担保物权;还可能是特定的债权关系,比如租赁、承揽、保管等。

列举起来,下述情况下大多发生取回权:(1)接受定作物的加工承揽人破产;(2)接受货物的承运人破产;(3)承租人破产;(4)保管人破产;(5)质权人破产;(6)遗失物或失散物的拾得人破产;(7)商品的代销人破产;(8)占有委托购买物的行纪人破产等。

最高人民法院2002年《破产法规定》第71条第1项在规定破产财产范围时曾明确指出,债务人基于仓储、保管、加工承揽、委托交易、代销、借用、寄存、租赁等法律关系占有、使用的他人财产不属于破产财产。对于这些财产,财产权利人有权将财产取回。

除此之外,该司法解释第71条第5项至第9项还规定了下列财产,权利人可以取回:(1)特定物买卖中,尚未转移占有但相对人已完全支付对价的特定物;(2)尚未办理产权证或者产权过户手续但已向买方交付的财产;(3)债务人在所有权保留买卖中尚未取得所有权的财产;(4)所有权专属于国家且不得转让的财产;(5)破产企业工会所有的财产。

(三)特别取回权

特别取回权是以标的物尚未被破产管理人所控制为前提,并且发生在双方有买卖关系的场合。特别取回权肇始于英国[1],我国《企业破产法》规定了卖主取回权。

按照《企业破产法》第39条的规定,卖主取回权是指“人民法院受理破产申请时,出卖人已将买卖标的物向作为买受人的债务人发运,债务人尚未收到且未付清全部价款的,出卖人可以取回在运途中的标的物。但是,管理人可以支付全部价款,请求出卖人交付标的物”。

卖主取回权的构成包括以下要件:(1)卖主已经发送货物并且货物尚在途中;(2)买主尚未受领货物时受破产宣告或者开始破产程序;(3)买主未付或未付清全部价款。

卖主行使取回权时,实际上是以解除合同为前提,但解除合同的意思表示却未必于行使取回权之前传达至买受人。卖主解除合同后,应将取回标的物的意思通知买主,如果买主之破产管理人支付全部价金而要求取回权人履行交付义务,取回权人的取回权应该受到限制。因为,卖主解除合同之后,使合同恢复到未履行的状态而类似于一个双方均未履行的双务合同,依照企业破产法规定,对双方均未履行的双务合同,破产管理人享有选择履行或解除的权利。当然,法律允许取回权人就破产管理人是否选择继续履行合同以对抗取回权的行使作出意思表示,并得对破产管理人设定催告期间,于此期间内破产管理人不作表示或拒绝支付价款的,取回权人即可行使取回权。

---

[1] 陈计男:《破产法论》,台湾三民书局1992年版,第209~210页。

二、破产别除权

(一)别除权的概念与特征

1. 别除权的概念

别除权是指在破产程序开始之前,就债务人的特定财产上设定了担保物权或者存在有其他特别优先权的,于债权人宣告破产后,权利人享有就该特定财产不依照破产清算程序优先获得清偿和满足的权利。

我国《企业破产法》第109条规定:"对破产人的特定财产享有担保权的权利人,对该特定财产享有优先受偿的权利。"可见,我国现行法规定的别除权仅仅涵盖了有财产担保的债权,并没有就其他存在于破产人特定财产上的优先权利作出规定,并且没有设定援引一般民商法规范中关于特别优先权的条款。

2. 别除权的特征

理论上来说,与破产程序中的其他权利相比,别除权具有如下特征:

(1)别除权是针对破产人的特定财产行使的权利。债的担保既可以债务人的全部财产作为担保对象,也可以债务人的特定财产作为担保对象,前者称为保证担保,也即人的担保,后者称为物的担保,即所谓的财产担保。无论担保物的设定是为破产人自己的债务担保,还是为他人的债务担保,只要有特定的担保财产并且存在于破产财团,即可构成破产法上别除权的一种。除了担保物权之外,其他民商实体法上列明的需按照别除权对待的法定优先权要想一并纳入别除权的调整范围,也必须符合权利行使对象的特定化这一要求。否则,就不能体现为破产法上的别除权。比如,日本民法典的一般先取特权,由于不是在债务人的特定财产上存在的优先权,[1]因而就不作为别除权对待。

(2)别除权是担保物权和法定特别优先权(大陆法系又称为特别先取特权)在破产法上的转化形式。一般债权取得物权法上的物权保障之后,债权人即可直接对担保标的物或其价值行使权利,且此种权利具有优先性和排他性。这种效力在破产法上的延伸和认同,即构成别除权的内在本质,只是由于其权利在破产法上行使的特点,才赋予其别除之名;一些法定的优先权或先取特权,虽不被明确确定为担保物权,但却具有法定担保权的特质,此种效力也应在破产法上得到体现。

(3)别除权或者可转化为别除权的基础权利的设定应当在破产程序开始之前,破产程序开始之后,如存在需要优先照顾的债权,则多以财团债权对待,并无太大的设置

---

[1] 根据《日本民法典》第八章第二节第一目(第306~310条)的规定:下列各项原因产生的债权,于债务人的总财产上有先取特权,谓之一般先取特权:(1)公益费用(即对债务人的财产实行保存、清算或分配等有关费用的优先);(2)受雇人的报酬(即债务人的受雇人在最后6个月的报酬优先);(3)殡葬费用(债务人或者其应扶养的亲属的殡葬费用优先);(4)日用品的供给(指债务人或其应扶养的同居亲属、佣人等生活所必需的最后6个月的饮食品及柴、煤、油的供给)。

财产担保的必要。[1]

(4)别除权的行使受破产程序的适当约束。破产程序事关债务人营业的存续与否,而别除权的行使又直接威胁着债务人的整体财产的稳定和构成,甚至影响着破产人能否获得和解、整顿等破产预防程序的机会,加之为防止破产财产的流失考虑,别除权人不仅应当参加债权申报,接受债权调查,并且在法院裁定认可和解协议、裁定批准重整计划之前,应当暂停别除权的行使(《企业破产法》第75条、第96条)。因而别除权的行使并不完全游离于破产程序之外。

(二)别除权的权利基础

毫无疑问,担保物权是别除权重要的权利基础之一,其受偿权来自于担保物权的优先性和排他性,所以,依照我国《担保法》的规定,抵押权、质押权和留置权构成别除权的权利基础当属无疑。而作为债的一般保全的撤销权和代位权以及作为特殊担保的保证人所担保的债权则不构成别除权。司法实践中,将抵押权、质权和留置权作为别除权对待以及权利的行使并不存在争议和障碍,但定金担保的债权能否构成别除权则存在争议。

我国现行法律框架内,虽然《民法通则》没有规定统一的优先权制度,但特别法上的优先权规定已陆续出现,如将这些规定列举出来,主要包括:

1. 我国1993年《海商法》确立了船舶优先权制度,依照规定,下列各项海事请求,对产生该海事请求的船舶具有优先受偿的权利:(1)船长、船员和在船上工作的其他在编人员根据劳动法律、行政法规或者劳动合同所产生的工资、其他劳动报酬、船员遣返费用和社会保险费用的给付请求;(2)在船舶营运中发生的人身伤亡的赔偿请求;(3)船舶吨税、引航费、港务费和其他港口规费的缴付请求;(4)海难救助的救助款项的给付请求;(5)船舶在营运中因侵权行为产生的财产赔偿请求。

2. 我国1995年《担保法》和1995年《城市房地产管理法》确立了国有土地使用权出让金的优先权。《担保法》第56条规定,拍卖划拨的国有土地使用权所得的价款,在依法缴纳相当于应缴纳的土地使用权出让金的款额后,抵押权人有优先受偿权。《城市房地产管理法》第50条规定,设定房地产抵押权的土地使用权是以划拨方式取得的,依法拍卖该房地产后,应当从拍卖所得的价款中缴纳相当于应缴纳的土地使用权出让金的款额后,抵押权人方可优先受偿。

3. 我国1996年《民用航空法》确立了民用航空器优先权。该法第19条规定:下列各项债权具有民用航空器优先权:(1)援救该民用航空器的报酬;(2)保管维护该民用

---

[1] 但为防止临近破产程序开始时恶意担保的设定,《企业破产法》第31条规定:人民法院受理破产申请前一年内,涉及债务人"对没有财产担保的债务提供财产担保"行为,管理人有权请求人民法院予以撤销。照此说来,别除权如果在此期间设定,只能限于成立新债权时就同时取得财产担保的债权。债务人于破产案件受理前1年内对于原已存在但无设置财产担保的债权追加提供财产担保的,不构成破产法上的别除权。

航空器的必需费用。前款规定的各项债权,后发生的先受偿。

4. 我国1999年《合同法》确立了建设工程款优先权。[1] 依照规定,"发包人未按照约定支付价款的,承包人可以催告发包人在合理期限内支付价款。发包人逾期不支付的,除按照建设工程的性质不宜折价、拍卖的以外,承包人可以与发包人协议将该工程折价,也可以申请人民法院将该工程依法拍卖。建设工程的价款就该工程折价或者拍卖的价款优先受偿"。

我国企业破产法既没有就诸如上述法定特别优先权作为别除权作出规定,也没有在破产分配顺序规定一般优先权时就此作出规定,在企业破产法实施后的破产法实务中,这些法定特别优先权当可依照别除权进行处理。唯此,方不至于出现适用过程中的疏漏。[2]

(三)别除权的行使

我国《企业破产法》就别除权的行使主要有如下规定:

1. 人民法院受理破产申请后,管理人可以通过清偿债务或者提供为债权人接受的担保,取回质物、留置物;该债务清偿或者替代担保,在质物或者留置物的价值低于被担保的债权额时,以该质物或者留置物当时的市场价值为限(第37条)。

2. 在重整期间,对债务人的特定财产享有的担保权暂停行使。但是,担保物有损坏或者价值明显减少的可能,足以危害担保权人权利的,担保权人可以向人民法院请求恢复行使担保权(第75条)。

3. 对债务人的特定财产享有担保权的权利人,自人民法院裁定和解之日起可以行使权利(第96条第2款)。

---

[1] 有学者指出,《合同法》第286条,从设计、起草、讨论、修改、审议直至正式通过,始终是指法定抵押权。既然是法定抵押权,当然其成立直接根据法律规定,不需当事人间订立抵押合同,也不需办理抵押权登记。参见梁慧星:《工程款拖欠:是优先权还是抵押权》,载《中国律师》2001年第10期。笔者认为,特别优先权与法定抵押权在破产法上均应作为别除权对待,《德国民法典》没有优先权的规定,但其有关法定抵押权的规定自然可以转化为破产法上的别除权。民商法上法定优先权的一个共同特征是无须借助占有或者登记来进行公示。

[2] 最高人民法院法释[2002]23号司法解释第71条在规定破产财产的例外时,明确了"依照法律规定存在优先权的财产不属于破产财产"的精神,其处置方式与有财产担保的财产的处置方式是相同的,即都不作为破产财产对待。然而该条规定在没有区分特别优先权和一般优先权的情况下,将依法存在优先权的财产一律排除在破产财产之外,模糊了特别优先权与一般优先权之间的界限。当然,无论是理论上还是司法实践中,都需要进一步明确各类特别优先权之间的优先顺位问题,比如,对于在抵押物之上后于抵押物产生的留置权,通常的做法是留置权优先于抵押权,因为留置权人在某种意义修复、保持甚至增加了抵押物的价值,为抵押物的实现创造了条件。这类问题仍应由民商实体法规范作出具体的规定,我们注意到,我国《民用航空法》第22条规定,针对同一民用航空器产生的抵押权和依照《民用航空法》第19条产生的民用航空器优先权,享有优先权的债权人优先于该航空器抵押权人受偿。这方面,2000年最高人民法院关于《担保法》的司法解释有着更为具体的规定,虽然这一司法解释存在许多有待改进的地方。

4. 享有别除权的债权人行使优先受偿权利未能完全受偿的，其未受偿的债权作为普通债权；放弃优先受偿权利的，其债权作为普通债权（第110条）。

除前述规定外，别除权的行使通常还需注意以下问题：

1. 别除权人应于法定期间内申报其债权，说明其性质和数额；担保标的物为别除权人占有而管理人要求提示标的物进行估价时，别除权人应予配合而不得拒绝。

2. 别除权人于破产宣告后不主动行使别除权时，除非放弃优先权，否则不得拒绝管理人对标的物进行拍卖，别除权人只能就拍卖价款优先受偿。

3. 当债务人是以自己的财产为自己的债务担保时，别除权人就担保标的物行使优先权不能得到满足的部分，可作为破产债权参加分配。但在中间分配中，别除权人如不能向管理人证明其已着手行使权利并说明其残余额的，不能参加中间分配。而当债务人是以自己的财产为他人债务担保时，一则，该担保权人放弃优先权并不能使该债权转化为破产债权；二则，担保标的物不足清偿的部分也不得作为破产债权对待。

4. 在最后分配期间（又称除斥期间），别除权人如果未表示放弃别除权或不能证明已行使别除权的不足额，可从最后分配中被除斥。

在国务院1994年规定的破产试点城市的破产案件处理中，别除权的行使曾经遇到与劳动债权的先后顺序问题。[1] 现行《企业破产法》对此采用了“新老划段”的区别对待方式，该法第132条规定：“本法施行后，破产人在本法公布之日前所欠职工的工资和医疗、伤残补助、抚恤费用，所欠的应当划入职工个人账户的基本养老保险、基本医疗保险费用，以及法律、行政法规规定应当支付给职工的补偿金，依照本法第一百一十三条的规定清偿后不足以清偿的部分，以本法第一百零九条规定的特定财产优先于对该特定财产享有担保权的权利人受偿。”可以看出，这是一种过渡的做法，基本尊重了担保物权、特别优先权与一般优先权的区分原理。也就是说，劳动债权原则上只能列为一般优先权，因为他们不能特定化到某一项或者某几项财产之上，而一般优先权则

---

〔1〕 比如，国务院《关于在若干城市试行国有企业兼并破产和职工再就业有关问题的补充通知》（国发[1997]10号）曾认可国家经贸委和中国人民银行在1996年第492号文件中就优化资本结构的试点做出的有关规定，同时指出，“安置破产企业职工的费用，从破产企业依法取得的土地使用权转让所得中拨付。破产企业以土地使用权为抵押物的，其转让所得也应首先用于安置职工，不足以支付的，不足部分从处置无抵押财产、抵押财产所得中依次支付”。“破产企业离退休职工的离退休费和医疗费……没有参加养老、医疗保险基金社会统筹或者养老保险、医疗保险基金社会统筹不足的，从企业土地使用权出让所得中支付；处置土地使用权所得不足以支付的，不足部分从处置无抵押财产、抵押财产所得中依次支付”。

只能就破产财产获得优先分配,不能作为别除权对待。[1]

三、破产抵销权

(一)破产抵销权的概念和制度功能

破产抵销权系指破产债权人于债务人破产程序开始之前对该债务人负有债务的,可不依破产分配程序以自己享有的破产债权与该债务相抵销的权利。

《企业破产法》第40条规定:"债权人在破产申请受理前对债务人负有债务的,可以向管理人主张抵销。"[2]

破产抵销权系民法上债的抵销制度在破产法上的运用。抵销作为民法上债的消灭方式之一,[3]其功效主要在于便利债权债务关系的双方当事人。互负同种类债务的双方当事人,于其债务均届清偿期时,本应各自向对方实施履行行为以使债的关系归于消灭,而通过抵销则可免去双方的履行行为,从而节省履行成本。在承认当然抵销主义立法例下,抵销还具有担保的效用,即使当事人一方财产状况恶化,对方当事人仍可通过抵销而获得对应债权的满足。[4] 在一方当事人破产的情况下,抵销对债的担保功能显得更为突出,[5]因而,多数国家的破产法都承认抵销在破产法上的效力。[6]

破产程序之所以规定破产抵销权,是因为该制度的独特功能:

---

[1] 但就一般优先权与特别优先权的优先劣后问题,理论上尚存较大分歧。例如,有学者指出,"一般优先权的设立目的或者是为了推行一定的社会政策,或者是为了保障债务人的生存权,或者为了维护债权人的共同利益或国家利益,具有很强的公益性……都应优先受保护。一般优先权不论登记与否,都应优先于抵押权"(参见申卫星:《论优先权同其他担保物权之区别与竞合》,载《法制与社会发展》2001年第3期);也有学者主张,"原则上,一般优先权应优先于特别优先权,但是在一般优先权与特别动产优先权发生竞合时,依法实际占有该动产的优先权人应优先于不占有该动产的优先权人受偿;在一般优先权与特别不动产优先权发生竞合时,一般优先权人应就债务人的未设定特别不动产优先权的财产先受偿,不足部分才能依法律规定的规则就债务人的已设定特别不动产优先权的财产受偿"(参见季秀平:《优先权制度的几个争议的问题》,载《法学》2002年第5期)。附带提及的是,我国2001年《税收征收管理法》第45条则是按照权利设定和成立的先后对法定担保物权与税收法定优先权之间的受偿顺序作了规定,颇值玩味。

[2] 此处的"债务人"系指破产债务人,《企业破产法》在债务人的称谓上,区分破产清算程序和和解、重整程序使用了不同的用语,该条第2、3项所谓"债务人的债务人"系指破产债务人的债务人。

[3] 关于抵销中的法定抵销的性质,学说上曾有清偿说、拟制清偿说、代物清偿说、质权说、留置权说等,近年的通说认为,抵销乃法律所规定的债的独立消灭原因。

[4] 王家福主编:《中国民法学·民法债权》,法律出版社1991年版,第202页。也有学者指出,这种借助于行使属于形成权性质的抵销权来实现债权,属于一种私自的执行,以之为一种担保权,是欠缺公示手段的,对于善意第三人容易造成不测损害。参见[日]北川善太郎:《债权总论》,有斐阁2000年第2版,第236、237页。转引自韩世远:《合同法总论》,法律出版社2004年版,第635页。

[5] 有学者认为,抵销除了具有简便、担保的作用外,还具有公平的作用。参见郑玉波:《民商法问题研究(一)》,台湾三民书局1983年版,第229页。

[6] 也有一些国家不承认破产法上的抵销效力。参见王欣新主编:《破产法》,中国人民大学出版社2002年版,第198页。

1. 债权人和债务人互享的债权于破产程序开始时均未受偿,但在破产宣告后,破产债权人享有的债权因其性质转化为破产债权而可能仅获比例清偿甚或得不到清偿,如果不允许两者抵销,清偿和分配的结果必然对一方过重而对另一方过轻,形成对破产债权人过苛的结局。因而,破产抵销具有保持公平的效能。

2. 债权人在债务人受破产程序开始前,因有抵销的事实原因存在,可能有恃无恐而怠于对破产人所欠债务实施追索,这样做对债务人并无不利,相反却给债务人带来较多的期限利益。如果破产宣告时不承认债权人抵销权的存在,一则有违抵销权本来的特质属性,二则可能刺激债权人于本来可用抵销方式担保其债权实现的场合要么尽早追索债务而较少运用抵销,要么要求债务人对交易提供担保,增加双方交易的成本开支。所以,破产抵销权具有便利信用拓展的功效。

3. 破产程序的价值目标在于保证公正分配的前提下突出程序的经济、效益和速率,为破产程序的迅速进行计,允许抵销无疑能起到促使程序迅捷之效。

与民法上的抵销权相比,破产抵销权具有以下特点:

1. 侧重的目的不同。后者主要目的在于简化债的消灭程序,省却因履行而产生的时间、费用和精力,避免重复劳动;前者则侧重于保护特定债权人的利益,其虽也追求简化程序的目的,但简化的目的显然位于前述目的之后。

2. 权利的归属主体不同。民法上的抵销权,双方当事人均可享有,而破产法上的抵销权则专属于破产债权人行使,破产债务人和管理人并不享有此项权利。也就是说,一般而言,破产法上的抵销权只归属于破产债权人,这是破产法对民法抵销权附加的限制之一。

3. 权利行使的条件不同。破产法上的抵销权无如民法上的抵销权有给付种类相同且期限届至或条件成就的要求,这是对民法上抵销权的扩张,但同时,破产抵销权对民法抵销权又作了另外的限制,即债权人在破产程序开始后若非基于法定原因所生的债务不能抵销,已知破产程序开始而对债务人负担的债务,不得抵销,换句话说,与破产债权相抵销的债务必须是基于破产程序开始前的原因成立的债务,如果破产债权人于破产程序开始后取得对破产人的债务或者破产人的债务人于破产程序开始之后取得对破产人的债权而主张的抵销,均在破产抵销权的禁止之列。

(二)破产抵销权对民法抵销权的扩张

基于债权设定目的和债的性质的不同,民法上债的抵销的要件大致都有如下严格的限制:(1)须为双方当事人合法地互负债务、互享债权,即债权债务对立;(2)双方债的标的种类必须相同,即均为金钱或可互为替代的同种类物(例外的可允许种类不同但以品质较高之债主动与品质较低之债相抵销);(3)双方债务均须已届履行期限,但主动债权放弃期限利益的除外;(4)须为债的性质允许抵销,如承揽义务与承租义务不能抵销;(5)须不违反法律上禁止抵销的规定。

由于破产抵销权是民法抵销权在破产法上的延伸,因而,符合民法上抵销条件的

债权,其抵销自不待言;即使不完全符合,仍可按下述办法实施抵销:

(1)给付种类不同的债权,经过换价和评估后,可以抵销。

(2)附期限而未到期的债权,在减去和扣除相应的利息后,可以抵销。

(3)附停止条件的债权,不允许直接抵销,但破产债权人可请求破产管理人将与该项债权数额相当的分配额实施提存,于分配程序终结时,视停止条件成就与否再做处理。条件成就的,以提存额用作抵销,反之,视为破产债权不存在而不得抵销。

(4)附解除条件的破产债权,原则上可以抵销,但债权人必须对破产程序终结前解除条件成就时抵销财产的返还提供担保;或者由破产债权人将其对破产债务人应清偿的财产实施提存,破产程序终结时解除条件未成就的,再行抵销。

此外,破产债权人可以以其对破产财团享有的共益债权与其对破产企业欠下的债务相抵销,于此情形,破产管理人也得主张抵销而使破产财团对该破产债权人欠下的财团债务归于消灭。

鉴于破产抵销权系破产债权人将其对破产人享有的债权(即破产债权)与破产人对破产债权人享有的债权相对应时,由破产债权人所主张的抵销权,并且抵销的结果往往使该债权人较之于其他债权人遭受较少的损失,相应地减少了破产财产的价值构成,故而不能不对其适用范围作出严格的限定。这些限制除了包括一般民商法意义上的限制之外,还应包括破产法上的特殊限制。

(三)破产法对抵销的限制

按照《企业破产法》第40条的规定,有下列情形之一的,不得抵销:(1)债务人的债务人在破产申请受理后取得他人对债务人的债权的;(2)债权人已知债务人有不能清偿到期债务或者破产申请的事实,对债务人负担债务的;但是,债权人因为法律规定或者有破产申请一年前所发生的原因而负担债务的除外;(3)债务人的债务人已知债务人有不能清偿到期债务或者破产申请的事实,对债务人取得债权的;但是,债务人的债务人因为法律规定或者有破产申请一年前所发生的原因而取得债权的除外。

以下试就上述三项规定分别做一分析:

(1)破产人的债务人在破产申请受理后取得他人对债务人的债权的。[1]该项规定是指破产人的债务人以受让人身份受让他人对破产人所享有的债权,用以抵销其所欠破产人的债务。本来,破产人的债务人对破产人所负债务应当实施全额清偿,而他人对破产人所享有的债权则可能因为破产程序的开始而大打折扣,如果允许债权经过转手而为抵销,必然纵容破产人的债务人人为创造抵销的适格从而损害破产财团的整体利益。然而,该项规定并没有设定但书条款,那些基于继承、保险代位权等法定原因而产生的债权让与,是否一概列入该项规定的禁止之列,值得进一步推敲。

---

[1] 最高人民法院法释[2002]23号司法解释第60条第2款曾对此类抵销的限制作出过如下规定:"经确认的破产债权可以转让。受让人以受让的债权抵销其所欠债务人债务的,人民法院不予支持。"

再者,破产人的债务人在破产受理之后直接对债务人取得合法债权的,由于其可作为共益债权或财团债权对待,当可与其对破产人所负的债务相抵销。

(2)债权人已知债务人有不能清偿到期债务或者破产申请的事实,对债务人负担债务的;但是,债权人因为法律规定或者有破产申请一年前所发生的原因而负担债务的除外。该项规定中所禁止抵销的债务在国外破产立法上称为危机期间产生的债务,这种债务的产生在很大程度上可能是基于不正当的交易等原因。假如允许抵销,则无异于鼓励破产人的个别债权人损人利己,并且会“激励”债权人对破产人积极负债,乃至设定侵权之债。

然而,该项禁止有一个例外,那就是“债权人因为法律规定或者有破产申请一年前所发生的原因而负担债务的除外”,法律规定的这两种例外情形中,难谓债权人有人为创造抵销适格的用意和行为,为保障破产程序开始之前正常的交易秩序和已经定型化了的权利义务状态,应当允许该类债务的抵销。

(3)债务人的债务人已知债务人有不能清偿到期债务或者破产申请的事实,对债务人取得债权的;但是,债务人的债务人因为法律规定或者有破产申请1年前所发生的原因而取得债权的除外。该项规定的抵销是与本条款第1项规定的抵销在时间上相互对接的。破产人的债务人在破产受理之前,如果已知债务人出现破产原因或者有破产申请的事实而取得对债务人的债权或者受让他人对债务人的债权的,如允许抵销,同样会纵容和“激励”破产人的债务人去人为地创造抵销“适状”,与破产财团和破产债权人的利益均为不利。故有限制抵销的必要。

但破产人的债务人究竟是否对“债务人的破产原因或破产申请的事实”存在“已知”,则需要由管理人负举证责任,在举证责任分配方面,不应当等同于破产受理之后的“推定已知”。

需要特别强调的是,此处所谓“取得债权”应当作出扩大解释,除了包括该项规定中的直接对债务人取得债权外,还应当包括“取得他人对债务人的债权”。

除上述企业破产法对抵销做出的明确限制外,结合民商法一般原理,下列抵销的行为也在限制之列:(1)银行扣划破产企业在其账户上的存款用于抵销破产企业对其所欠的借款和利息;(2)破产企业的股东享有的破产债权与其未到位的注册资金的抵销;[1]

---

〔1〕 最高人民法院1995年4月10日在《关于破产债权能否与未到位的注册资金抵销问题的复函》回答湖北省高级人民法院的请示中指出,“中国外运武汉公司(下称武汉公司)与香港德仓运输股份有限公司(下称香港公司)合资成立的武汉货柜有限公司(下称货柜公司),于1989年3月7日至8日曾召开董事会议,决定将注册资金由原来的110万美元增加到180万美元。1993年1月4日又以董事会议对合资双方同意将注册资金增加到240万美元的《合议书》予以认可。事后,货柜公司均依规定向有关审批机构和国家工商行政管理局办理了批准、变更手续。因此,应当确认货柜公司的注册资金已变更为240万美元,尚未到位的资金应由出资人予以补足。货柜公司被申请破产后,武汉公司作为货柜公司的债权人同货柜公司的其他债权人享有平等的权利。为保护其他债权人的合法权益,武汉公司对货柜公司享有的破产债权不能与该公司对货柜公司未出足的注册资金相抵销”。

(3)破产人在债权人处的信托财产,或者债权人承诺破产债务人交存的财产仅仅作为特别用途使用(如作为保证金)的,破产债权人所主张的抵销;[1](4)破产债权人所享有的时效经过的债权的抵销。这与民法上的抵销不同,民法上的抵销属于自力救济行为,不需要经过法院的裁判和强制执行,因而相对于自然债务仍可自行实现。[2]

(四)破产抵销权的行使方法

破产抵销权的行使,因各国对债的抵销采取态度之不同而有所区别。采取当然抵销主义立法例的国家,破产抵销权也当然于债权对立的事实形成之时产生抵销效力;而采取单独行为立法例的国家,抵销权人行使抵销权须向对方作出意思表示。

我国破产立法对抵销权的行使方式并无明确具体的规定。由于1999年《合同法》将合同的抵销分别两种情况作了规定,因而,破产法上关于合同之债的抵销也可相应地分别进行处理。

我国《合同法》第99条规定:"当事人互负到期债务,该债务的标的物种类、品质相同的,任何一方可以将自己的债务与对方的债务抵销,但依照法律规定或者按照合同性质不得抵销的除外。当事人主张抵销的,应当通知对方。通知自到达对方时生效。"第100条规定:"当事人互负债务,标的物种类、品质不相同的,经双方协商一致,也可以抵销。"

依照上述规定,符合第99条规定的"法定抵销"条件的债权债务,破产债权人只需将抵销的意思表示通知破产管理人即可;仅仅符合第100条规定的"合意抵销"条件的债权债务,鉴于该项抵销权的行使涉及抵销权的种类、品质等问题,有必要经过破产管理人的评估、折算(甚至履行期限、履行地点等不相同时,还会产生破产债权或者破产财产的求偿问题),所以,不应允许不经破产管理人同意而擅自进行的抵销。

四、破产撤销权

(一)破产撤销权制度的理论基础

破产撤销权,是指破产管理人拥有的,对于债务人在临近破产程序开始的期间内实施的有害于债权人利益的行为,于破产程序开始后予以撤销并将撤销利益复归破产财团的权利。

破产程序开始之后,为防止债务人和个别债权人不当处分破产财产或者对破产财产实施个别强制执行,破产法设定了程序开始的"自动冻结"或者"破产保全"的效力制度,债务人原则上丧失对债务人财产的管理处分权,不得主动对所欠的个别债务实施清偿,债权人不经过破产管理人的同意也不得对债务人的财产实施个别执行。但在债务人进入破产程序之前,债务人对自己的营业及财产拥有完全的管领权利,其实施的

[1] 李国光等:《正确理解〈关于审理企业破产案件若干问题的规定〉》,中国法制出版社2002年版,第154~155页。

[2] 李国光等:《正确理解〈关于审理企业破产案件若干问题的规定〉》,中国法制出版社2002年版,第154~155页。

财产处分行为或债务清偿行为，他人原则上无权过问。但当债务人进入破产程序后，如果不对债务人破产程序开始之前、破产原因出现之后这一段时间内债务人实施的有害于债权人的行为加以理会，势必对全体或者部分债权人的正当利益产生消极的影响。破产撤销权正是这样一种对破产程序开始之前债务人实施的交易等行为重新进行检视和甄别，并对那些已经归于消灭的债权债务关系重新加以否认或撤销的制度。

总体上说，撤销权行使的结果的确可能会使个别无辜的债权人受到消极的影响，但如果特定的交易构成偏颇或者甚至带有诈害的因素而不予撤销，对于其他多数债权人的利益而言必然也会受到同样无辜的伤害。破产法正是基于债权人平等原则以及由此决定的债权人公平分配原则的考虑，对临近破产程序或者符合特定条件的交易仍然实施撤销，并追回已经脱离于破产财团的财产及财产利益；同时，撤销权制度还可以弱化债权人与债务人实施诈害性或者偏颇性交易的动机，倡导一种正常的商业伦理，督促债权人善意行事，以利于增进当今交易的诚信程度并建立人们对信用制度的信任。

实际上，破产法的立法目的之一即表现为追求全体债权人利益的公平保护和社会资源的最大节约，也即维持可供债权人分配以及可供社会利用的总财富的价值，而实现该目的的制度运作方式，一方面是靠破产程序启动之时的“自动冻结”制度〔1〕所产生的往后冻结的效力，另一方面是依靠撤销权制度所体现的溯及既往的功能。也就是说，两项制度前后衔接以收共同限制个别的、单独的在这一全体债权人共有的责任财产的“公共鱼塘”内的个别“钓鱼”行为之效，因而要解决债务人的有限财产所引发的债权人利益的公平分配问题，缺少破产撤销权制度是绝对行不通的。

那么，我国破产法规定的破产撤销权是否当然地适用于重整、和解这两项破产预防程序呢？现行《企业破产法》将撤销权制度规定在“债务人财产”一章，作为确定债务人财产范围的一项途径，并且规定，在重整程序中，如果债务人经人民法院批准而自行管理财产和营业事务的，本法规定的管理人的职权由债务人行使（该法第 73 条），这样的话，我们可以解释为管理人或者债务人在重整程序中也可以正常地行使破产撤销权。

而和解程序中没必要强制适用破产撤销权。因为，和解协议按照特别多数的议决规则获得了债权人会议的表决通过，表明了债权人对债务人将来按照和解协议规定的比例、数额及清偿方式清偿债务能力的一种信任，并且协议的通过不以债务人搜集追回因可撤销行为而流失的财产利益为前提，只要债务人能够按照和解协议规定的内容清偿债务，对于债务人的财产整理和其他营业事项，债权人没有必要加以过问。

---

〔1〕 自动冻结制度是指破产程序开始后，一切有关债务人财产的处分行为一律自动停止的制度，在英美立法中有明确的规定，大陆法系多以破产保全或者司法保全制度替代自动冻结的功能。我国立法规定了破产程序开始的效力，虽名称不同，但与自动冻结有异曲同工之效，只是冻结的范围和程度有所差异罢了。

（二）破产撤销权的构成要件

根据《企业破产法》第31条、第32条的规定，破产撤销权的构成要件包括：

1. 有害行为必须发生在法律规定的临界期内

破产法关于撤销权的对象范围限定于破产程序开始前的一定期间，这一点与一般民商法上对于可撤销行为撤销的限制具有相似之处。所不同的是，一般民商法上可撤销行为的撤销与否全凭利害关系人的主观意愿，并且没有可撤销行为存续期间的限制[1]，而破产法上的可撤销行为只要发生在破产程序开始前的临界期间，往往具有一体撤销的效力，也即这种撤销具有法律上的强制属性，除非这种撤销对于破产财团价值的增加是得不偿失的。同时对临近破产程序的开始有一个期限的要求，即所谓"临界期间"或者"嫌疑时期"。

2. 债务人实施了损害债权人利益的行为

从可撤销行为的后果上看，无论是哪种可撤销行为，其后果不外乎两个方面：一是减少了破产财产的总价值，并使全体债权人利益遭受损失；二是在债权人之间设置了厚此薄彼的歧视性待遇，破坏了债权人之间既定的平等分配规则，使部分债权人利益遭受了损失。前者可简单称为行为后果的"诈害性"；后者可简单称为行为后果的"偏颇性"。

3. 第三人或者债权人从中受益

破产撤销权旨在使那些脱离实在财团而又属于法定破产财团的财产重新复归破产财团，或者使债务人财产之上已经设定的财产负担（比如设置抵押担保）得以解除。因而，有关债务人处分财产的结果如没有使第三人或者债权人从中受益，便无破产撤销权可言。我国《企业破产法》第34条就规定，因本法规定的可撤销行为而取得的债务人的财产，管理人有权追回。

（三）破产撤销权的适用范围与例外[2]

确定破产撤销权的适用范围，主要涉及立法是采用类别化的概括式规定还是具体化的一一列举，抑或是两者结合起来而在列举的同时设置相应的兜底条款。

1. 破产撤销权的适用范围

我国《企业破产法》第31条规定："人民法院受理破产申请前一年内，涉及债务人财产的下列行为，管理人有权请求人民法院予以撤销：（一）无偿转让财产的；（二）以明显不合理的价格进行交易的；（三）对没有财产担保的债务提供财产担保的；（四）对未到期的债务提前清偿的；（五）放弃债权的。"该法第32条同时规定："人民法院受理破

[1] 例如，我国《合同法》第75条规定，"撤销权自债权人知道或者应当知道撤销事由之日起一年内行使"。对于行为发生在哪一个时间段内并不作出限定，除非可撤销行为的发生已经经过5年期限。

[2] 我国2006年《企业破产法》的进步之处就在于，将无效行为与撤销行为作了区分，构筑了独立的撤销权制度，而将破产无效行为规定于第33条，即："涉及债务人财产的下列行为无效：（一）为逃避债务而隐匿、转移财产的；（二）虚构债务或者承认不真实的债务的。"

产申请前六个月内,债务人有本法第二条第一款规定的情形,仍对个别债权人进行清偿的,管理人有权请求人民法院予以撤销。但是,个别清偿使债务人财产受益的除外。”

总体上讲,我国企业破产法关于可撤销行为的列举规定具有以下特点:(1)将可撤销行为分为“诈害行为”(第31条)和“到期债务的偏颇清偿行为”(第32条)两大类别;(2)其中的“诈害行为”又包括“无偿行为”、“不合理对价交易”与“诈害性偏颇行为”三种性质;(3)仅仅对于“到期债务的偏颇清偿行为”设置了撤销的例外情况,并没有对第31条规定的“诈害行为”明确规定抗辩或者例外适用的事由。

2. 破产撤销权适用的例外

已如前述,我国企业破产法在破产撤销权的形式方面仅仅对“债务人的到期债务清偿行为”设置了撤销权适用上的例外。也就是说,债务人在破产案件受理前的6个月内,已经出现破产原因的,即使是对到期债务的清偿行为,也是可以撤销的,除非“该个别清偿使债务人财产受益”。

(四)破产撤销权的性质与行使方式

1. 破产撤销权的性质

破产撤销权的性质如何,直接决定着撤销之诉的性质(形成诉讼抑或给付诉讼)、诉的被告(债务人、受益人抑或转得人)、诉的效力(绝对的效力抑或相对的效力)以及判决正文的记载事项(是否在正文中记载对诈害行为的撤销)等。[1] 应当说,破产撤销权的性质与债的一般保全的性质并无二致,实质上它是民法上债权人撤销权在破产法上的应用与延伸。

2. 破产撤销权的行使方式

破产撤销权的行使方式,理论上可分为两种类别:一是裁判外的意思表示行使;二为裁判上的诉讼行使。[2] 就通行的破产立法例言之,破产撤销权的行使均须借助于诉讼实现。之所以要求破产撤销权以诉讼的方式行使,是因为,撤销权的行使对于第三人的利害关系甚为重大,且是否构成诈害行为不易判断,故应由法院审查决定。

我国《企业破产法》第31条、第32条有关“管理人有权请求人民法院予以撤销”的规定,可认为是采用了诉讼撤销的方式。

(五)破产撤销权的行使期限与行使效果

1. 破产撤销权的行使期限

破产撤销权的行使涉及两方面利益的平衡问题,一是破产债权人的正当利益,二是交易相对人对交易安全和交易风险防范的合理预期和判断。

---

〔1〕 耿云卿:《破产法释义》,台湾五南图书出版公司1996年版,第233页;韩世远:《合同法总论》,法律出版社2004年版,第394页。

〔2〕 同时,日本破产法和德国破产法对允许撤销权由破产管理人以诉讼、否认请求或抗辩的方式行使。

我国企业破产法并未对破产撤销权的时效期限作出明确的限定。该法颁布之前曾有学者指出,企业破产法不拟专门规定撤销权的时效期间,认为应适用民法上的一般时效。[1]

2. 破产撤销权的行使效果

我国《企业破产法》第34条对破产撤销权的行使效果作了如下规定:"因本法第三十一条、第三十二条或者第三十三条规定的行为而取得的债务人的财产,管理人有权追回。"可以看出,我国企业破产法并未对破产撤销权的行使效果作出详细的规定,包括没有就破产管理人追回相应的财产后,相对人的地位作出规定。

具体说来,破产撤销权行使的效果通常包括:

1. 对诈害行为和无偿行为的撤销。具体分为:(1)撤销权的行使使破产财团恢复原状,受益人对破产财团应负恢复原状之责任。(2)无偿行为或者准无偿行为之善意受益人,仅就现存之利益负返还或偿还价额之责任。(3)可撤销行为经撤销后,受益人已经向破产财团实施的给付,有权请求破产财团予以返还;不能返还的,有权请求返还其价额;受益人返还所受的给付或者偿还其价额的,其债权恢复效力。[2]

2. 对有偿行为的撤销。按照债权人撤销权的一般法理,如果可撤销的行为系有偿行为的,须要求债务人于行为之时明知有害于债权人,并且第三人于受益之时也明知其事。对于破产法上的可撤销行为,于相对人有恶意的场合,管理人有权要求恢复原状,如果恢复原状将导致破产财团受损的,则可请求相对人返还债务人实施的给付所生的财产利益;[3]于此情形,如果相对人实施的对待给付现存于破产财团的,可请求返还;其实施的对待给付不复存在于破产财团的,可作为财团债权人请求偿还其对待给付的价额。

此处关于相对人恶意的认定,除参照一般标准外,若相对方与破产人之间存在关联关系,则推定其为恶意。[4]

3. 对追加担保、提前清偿行为的撤销。在追加担保以及提前清偿行为被撤销之

---

[1] 李永军:《破产法律制度》,中国法制出版社2000年版,第290页。

[2] 参见《德国破产法》第143条、第144条;《日本破产法》第167条、第168条;我国台湾地区"破产法"第95~96条。关于德国破产撤销权撤销后果的详细分析,可参见谢芝玲:《德国破产法撤销权制度述评》,载《比较法研究》2003年第3期。

[3] 《美国破产法》第550条就规定,法院不仅有权要求返还转让的财产,而且有权要求返还相应的财产价值。转引自 David G. Epstein, Bankruptcy and Related Law in a Nutshell, West Group, 2002, p. 187。

[4] 比如《日本破产法》第161条第2款即规定,若相对方具有以下任何一种情形,则在适用第161条第1款规定的撤销行为时,推定其为明知:(1)破产人为法人时,相对方为董事、执行董事、监事、监察员、清算人或类似人员。(2)破产人为法人时,自身符合以下任何一种情形者:(a)其他破产公司的母公司。(b)子公司持有其他破产公司过半数股份表决权或股东表决权时,该子公司的母公司;或者母公司与子公司共同持有其他破产公司过半数股份表决权或股东表决权时的母公司。(c)破产人为股份公司或有限公司以外的法人时,类似于前两款所示法人者。《德国破产法》第138条也分别就自然人债务人和法人债务人的关联关系人的范围作了列举。

后,其债权复归为无担保;相对方在返还给付或偿还价额后,其债权因此而恢复原状。债务人在破产案件受理前6个月内就到期债务实施的清偿行为的撤销,其后果与此相同。

4. 对于转得人的效力。破产撤销权对于具有下述情形的转得人,也得予以撤销:(1)转得人于转得之时知道其前手有撤销原因的;(2)转得人系无偿取得的(但其转得为善意时,仅就现存之利益负返还或偿还价额之责任);(3)转得人与破产人存在关联关系的(但能证明其于转得时不知有撤销原因的除外)。

◇ 思考题

1. 什么是破产财产?破产财产的构成要件如何?

2. 破产财产的范围如何?如何确立破产财产的范围?

3. 何谓破产费用和共益债务?它们具有哪些特征?破产费用及共益债务的范围如何?为债务人继续营业而应支付的劳动报酬和社会保险费用以及由此产生的其他债务属于破产费用还是共益债务?破产财产不足以支付破产费用或者清偿共益债务时,是否会产生管理人的个人责任?

4. 破产债权的申报规则是什么?允许申报的债权有哪些?债权逾期申报的后果是什么?

5. 债权调查和确认的内容和程序如何?如何确定债权数额?

6. 破产法设定破产撤销权的意义何在?撤销权的行使除了适用于破产清算程序外,是否适用于重整和和解程序?哪些行为可被撤销?撤销的结果是什么?撤销权是怎样行使的?是否须以诉讼为之?《企业破产法》第32条规定的撤销需要具备哪些条件?与第31条规定的对未到期债务的提前清偿有哪些差别?

7. 何谓取回权?破产取回权有哪些具体分类?

8. 别除权人是否应当进行债权申报?法律规定的一些特别优先权在破产法上的处理方法如何?

9. 何谓破产抵销权?其与民法上的抵销在行使目的和行使条件等方面有哪些差别?破产法对抵销的限制表现在哪些方面?

▲ 案例分析

案例一

轻工机械厂系国有企业,拖欠某电力公司的电力款达500万元,久拖不还。电力公司调查了解到该轻工机械厂已严重亏损,负债累累,短期内根本无法偿还贷款,便于2007年7月依法向法院提出破产申请。法院经审查后认为,轻工机械厂符合法定破产条件,便依法宣告破产并制定了管理人,对轻工机械厂的财产进行清理。其清单报告提供的情况如下:

(1)轻工机械厂总资产为2000万元(变现价值),其中流动资金为150万元,长期投资120万元,固定资产1500万元,其他财产230万元。

(2)轻工机械厂现负债2600万元,其中应付职工基本养老保险、基本医疗保险及工资等320万元,应付税款280万元,普通破产债权2000万元(包括欠电力公司500万元),合计2600万元。

(3)在轻工机械厂的固定资产中,有四处厂房拥有产权证。其中新建的3车间和4车间已于2005年3月向某建设银行借款时用于抵押贷款150万元,该两处房产现在变现价值为100万元。

(4)轻工机械厂在破产还债的程序中支付的破产费用和共益债务为150万元。

问:(1)轻工机械厂的破产财产是多少?

(2)轻工机械厂的破产财产应按何种顺序清偿?

(3)电力公司能得到清偿的债权额是多少?

案例二

海航贸易有限责任公司(以下简称贸易公司)系由甲公司和乙公司分别出资300万元和200万元设立,贸易公司实际到位的注册资本为400万元,甲公司尚有100万元出资因公司章程规定的出资期限未到期而没有完全履行出资义务。贸易公司在经营中因投资决策发生严重失误,造成重大损失,不能清偿到期债务,向其所在地的人民法院申请破产。人民法院于2007年2月8日受理了该破产申请后,指定了管理人全面接管贸易公司。经审理人民法院于2008年1月8日依法宣告贸易公司破产。管理人对贸易公司的相关事项清理如下:

(1)2006年4月20日向丙公司无偿赠与一批物资,价值30万元。

(2)2006年1月24日向丁银行借款10万元,借期2年。其借款利息截至2007年2月8日为8万元,其后截至2008年1月8日为15万元。

(3)2006年12月16日与甲公司签订一份买卖合同,约定甲公司为贸易公司定制一批特殊规格的服装,合同标的额为68万元,由甲公司于2007年4月上旬交货,货到付款。现双方均尚未履行该合同,管理人决定解除该合同,由此造成甲公司实际经济损失为10万元。

(4)武汉一债权人因参加债权人会议发生差旅费1万元,南京一债权人为参加贸易公司的破产清算而聘请律师的费用2万元。

(5)2007年6月19日贸易公司的一幢危房突然倒塌,致路人戊不幸受到伤害,遭到损失3万元。

(6)贸易公司经评估确认尚有资产1200万元(变现价值),应付工资300万元、基本养老保险费用100万元、基本医疗保险费用50万元、应缴税金400万元、其他流动负债1950万元;破产费用100万元。

要求:根据以上事实和破产法律制度的规定,分别分析回答下列问题:

(1)甲公司享有的破产债权是多少数额？其尚未缴纳的出资是否应补缴？并分别说明理由。

(2)贸易公司向丙公司赠与物资的行为是否可以撤销？并说明理由。破产财产造成的他人损失如何处理,和破产费用之间是什么关系？

(3)丁银行享有的破产债权是多少？并说明理由。

(4)丁银行享有的破产债权在破产清算中能得到清偿的具体数额是多少？(小数点后保留2位)

第五编　证　券　法

第二十一章　证券与证券法概述

◇ 知识结构图

- 证券与证券法概述
  - 证券与证券市场
    - 证券
    - 证券市场
  - 证券法概述
    - 证券法的概念与调整对象
    - 证券法的特征
    - 证券活动和证券管理原则
    - 我国证券法的制定与修订

◈ 本章导读

证券法是商法学的重要组成部分。本章是证券法学的总论部分，概括介绍了证券、证券市场、证券法的基本知识。证券是各类权利凭证的通称，是用来证明证券持有人按其所记载的内容取得相应权益的书面或电子凭证。

证券法所规范的证券是股票、债券等资本证券。证券市场包括发行市场和交易市场两部分。证券法是调整与证券行为相关的法律法规的总称，三公原则是证券法的核心和灵魂。

◉ 司考重点

证券的含义、特征及种类；证券市场（证券发行市场、证券交易市场）；证券法的概念、调整对象及基本原则

第一节 证券与证券市场

一、证券

(一)证券的含义与特征

证券,是表彰一定权利的书面凭证,即记载并代表一定权利的文书。证券为一纸文书,其本身并无价值可言,然法律为某权利流通化加强之需要,使权利与证券相结合,权利体现为证券。因而,书面形式即成为证券的直观表现形式,也是记载权利的物质寄托。证券所表现的权利仅限于私法的权利,通常是对特定标的的物权或请求对方为一定给付的债权。综观证券的书据形式与其表彰权利的关系,可以看出,证券把无形的权利有形化于书据,使特定的民事权利与书据结合在一起,并表彰于其上,使权利借助于有形的证券载体得以实现。此外,证券不仅使权利与证券结合于表彰行为,而且使表彰的权利与证券结合在一起,归属于一个人,证券上所表彰的权利人如果没有取得证券,他将误失其权利;反之,权利人以外的他人可基于证券之占有而获取权利。

从本质上来说,证券是人们适应经济发展要求而创设的一种技术性根据,尽管因此形成的法律关系不尽相同,但均表现为证券持有人通过支付对价的方式获取证券,而证券发行人则利用募集的资金去创造大量的社会财富,再通过一定的形式回报投资者。证券是完成这一经济技术活动的中介与技术手段,通过证券,各方当事人均达到了自己的特定目的,实现其特殊利益。从宏观角度来看,证券是社会信用高度发达的产物,社会通过证券形成了蓬勃发展的经济形势。

证券的基本法律特征有:

1. 证权性。证券是证明持券人拥有证券权利的凭证。证券的券面都记载着一定的权利,持券人能凭借证券向义务人主张和行使证券券面所载的权利。记名证券的权利人可以凭借证券券面的记载来证明其拥有证券权利,不记名证券的权利人则可以凭借其持有的证券本身来证明其拥有证券权利。

2. 财产性。证券是表彰财产性权利的凭证。在市场经济和社会信用的日益发展下,人们开始超越传统意义上对财富的直接占有、使用、收益和处分,而是使用证券来代表这些财产性权利,对财富进行间接地控制和获取收益,从而更加便于财富的流转。证券的财产性并不是指证券本身的物质载体具有财产性,而是指证券所代表的证券权利的财产性。

3. 投资性。证券是金融活动中的投资工具。证券的发行人通过向持券人发行证券以募集生产经营所需要的资金,证券的持有人可以在二级市场上转让证券,通过低价买入高价卖出的方式赚取差价以获得利润。证券市场上个人投资者往往不及机构投资者能够正确地预见和防范风险,并且市场上投机行为和违法行为的泛滥客观上增加了证券市场的投资风险。

4. 流通性。证券是可以在市场上依法流通转让的投资工具。证券作为财产权利的载体,革命性的简化了财产和权利转让的烦琐程序,通过标准化的证券形式作为财产性权利的代表,实现了交易的高效和快捷。交易人只需简单交付或者登记过户,即可便利地实现财产权利的转移。随着多层次资本市场的建立和完善,证券的流通性将得到进一步的保障和增强。

(二)证券的种类

1. 民法上的证券

民法上的证券是指记载并代表一定权利的凭证,其含义相当广泛。现实生活中的各种入场券、车船票、仓单、提单、存折、邮票、股票和债券等都可称为证券。

一般情况下,证券所代表的权利是依附于现实证券的,证券权利不能离开证券而独立存在,证券权利的行使以持有证券为前提。此种证券所代表权利的存续和行使的状况,被学术界称为民事权利的证券。

证券和证书都为书面凭证,但二者所代表的法律事实和社会关系及二者的权利行使状况不同,证书是记载一定法律事实或法律行为的文书,现实生活中的出生证、死亡证、结婚证等即是证书,证书的作用仅在于证明一定的法律事实或法律行为曾经发生,而不能直接决定当事人之权利是否存在及权利的存在状态。换言之,证书所记载的法律事实可以脱离证书而独立存在并由法律加以确认。证券不仅记载并证明一定的权利,证券与权利密不可分,行使权利必须持有证券。

依照其功能不同,证券可以分为金券、资格证券和有价证券。

(1)金券,又称金额券,是指具有一定金额并为特殊目的而使用的证券。邮票、印花就是典型的金券。

(2)资格证券,是指表明证券持有人具有行使一定权利的资格的证券。资格证券的持券人可凭证券向义务人行使一定权利,义务人向权利人履行完义务后即可免责,故资格证券又称为免责证券。实践中,银行存折、车船票、行李票等即是资格证券。

(3)有价证券,有价证券是记载并代表一定财产权利的证券。

依据不同的标准可以对有价证券进行不同的分类:

按照经济功能不同可将有价证券分为:商品证券、货币证券和资本证券。商品证券是指证明持有人对某项商品享有一定数量请求权和处置权的有价证券,如提单、仓单等。货币证券是替代货币履行支付和结算职能的有价证券,其典型形式为汇票、本票、支票等商业票据。资本证券是证明证券特有人对其投资享有收益分配请求权的有价证券。资本证券具有融资和获取收益的双重职能。通常所说的证券即狭义的证券仅指有价证券,尤其是有价证券中的资本证券。

而现代社会已不满足以众所周知的纸张或文字形态表彰民事权利,凡是能够被人们认同的表彰形式,都可以用来表现权利,其表现形式多种多样。伴随这种观念的改变,现代社会出现了"证券无纸化"现象,证券投资者已几乎不再拥有任何实物形态的证券,其所持证券数量或者证券权利均记载于投资者账户中。

2. 证券法上的证券

证券法上的证券主要指:有价证券中的资本证券。由于各国的证券法律制度不尽相同,其证券立法对证券的含义和范围的拟定存在差别。

根据我国《证券法》第2条的规定,我国的证券主要包括股票、债券、证券投资基金份额、证券衍生品种和国务院依法认定的其他债券。

(1)股票。股票是指股份有限公司发行的,表示股东按其持有的股份数额享受权益和承担义务的书面凭证。投资者通过购买股份有限公司的股份而成为其股东,股东凭股票行使股东权,或者通过交易股票获得收益。股票是一种要式证券,股票的表现形式和记载内容都有法律的规定。我国《公司法》第128条第1款规定:"股票采用纸面形式或者国务院证券监督管理机构规定的其他形式。"传统意义上的股票都是采用纸面形式,主要表现为实物券式股票和簿记券式股票。《股票发行和交易管理暂行条例》第53条"发行人可以发行簿记券式股票、也可以发行实物券式股票"之规定表明股票既可以由股东实际持有的实物券式股票形式发行,也可以由证监会指定机构保管的簿记券式股票的形式发行。但不论以何种形式发行,都要遵守《公司法》第128条第2款之规定,载明公司名称、公司成立日期、股票种类、票面金额及代表的股份数、股票的编号等信息。当然,随着证券无纸化的发展,也有股票开始以电子数据的形式在证券登记结算机构的系统中实行发行和交易。

依照不同的标准可对股票进行不同的分类:以是否记载股东的姓名或名称可分为记名股票和不记名股票。按照股东权利的性质,可分为普通股股票和优先股股票,优先股:先于普通股领取股息,股息固定,不受公司业绩影响,公司破产时先于普通股获得剩余财产,优先股不参加公司管理,没有表决权,不参加红利分配。按照股票是否附有表决权可分为有表决权股票和无表决权股票。按照股票票面是否记载金额,分为额面股股票和无额面股股票。按照股票发行对象不同,可分为发起人股、国家股、法人股、内部职工股和社会公众股,这是我国股票的特殊分类。

(2)债券。债券是发行人依照法定程序发行的,约定按期向持有人支付利息和偿还本金的有价证券,债券是表明债权债务关系的一种书面凭证。债券同股票相比,具有如下特征:债券是债权债务关系的凭证,而股票则是股权凭证;债券的投资风险小,较股票安全;债券具有期限性,而股票一般没有期限;具有流通性;具有收益性。按照发行主体不同,债券可分为:政府债券、金融债券、公司债券、一般企业债券。我国《证券法》规定的债券仅指公司债券。政府债券和金融债券由其他法律和行政法规另行规定。而一般企业债券的发行和转让主要依照《企业债券发行与转让管理办法》的规定执行。

(3)证券投资基金份额。旧《证券法》并未将证券投资基金份额明确列为证券类型之一,在2004年《证券投资基金法》正式施行之后,新《证券法》第2条明确规定:"证券投资基金份额的上市交易,适用本法;其他法律、行政法规另有规定的,适用其规定。"证券投资基金份额是证券投资基金的证券形式,通常表现为基金券的形式。证券投资基金是指通过公开发行基金份额来募集投资者资金,然后由基金管理人管理,基金托管人托管,为了基金份额持有人的利益以资产组合方式进行证券投资的基金形式。根据证券投资基金的组织形式不同,可以将证券投资基金分为契约型基金和公司型基金;根据证券投资基金的运作方式不同,证券投资基金可分为开放式基金和封闭式基金;此外,根据证券投资基金的募集方式不同,还可以将证券投资基金分为公募基金和私募基金等。

(4)证券衍生品种:证券衍生品种是指以证券为基础资产且其价值随着基础资产价值变化而变化的金融产品。证券衍生品种来源于为适应证券市场投资多元化需求而出现的金融创新,证券衍生品种建立在以股票和债券为主的基础证券上,并且通过杠杆性的信用交易实现转让。根据衍生金融工具的一般原理,证券衍生品种包括证券型和契约型两类。证券型证券衍生品种具有直接或间接的融资功能;衍生品种的证券形式依赖于基础证券,其主要表现为权证、存托凭证和可转换公司债。

(5)国务院依法认定的其他证券:我国《证券法》第2条第1款中用"国务院依法认定的其他证券"作为兜底条款,将未明确列举的证券统一涵盖,并且使得《证券法》实施后经国务院认定的证券也一并受《证券法》调整。这一兜底条款是立法技术的有效运用,既可以避免证券类型列举的疏漏,又可以适应金融创新环境下证券类型不断丰富的现实状况。就目前来看,比较具有代表性的应该是资产支持证券。

二、证券市场

证券市场是股票、公司债券、证券投资基金份额、金融债券、政府债券、外国债券等有价证券及其衍生产品(如期货、期权等)发行和交易的场所,其实质是通过各类证券的发行和交易以募集和融通资金并取得预期利益。在现代市场经济中,证券市场是完整的市场体系的重要组成部分,它不仅反映和调节货币基金的运行,而且对整个经济的运行具有重要影响。证券市场由证券发行市场和证券流通市场两部分组成。

1. 证券发行市场

证券发行市场又称一级市场或初级市场,它是通过发行证券进行筹资活动的市场。其功能在于一方面为资本的需求者提供募集资金的渠道,另一方面为资本的供应者提供投资的场所。通过证券发行市场,投资者的闲散资金转化为生产资本。发行市场主要由证券发行人、认购人和中介人组成。其中证券发行人包括政府、金融机构、公司和公共机构(如基金会等);认购人即投资者,包括机构和个人两类;中介人指综合类证券公司和为证券发行服务的注册会计师机构、律师机构和资产评估机构。

2. 证券交易市场

证券交易市场,又称二级市场或次级市场,是指对已发行的证券进行买卖、转让和流通的市场。其功能在于为证券持有人提供了随时卖掉所持证券进行变现的机会,同时又为新的投资者提供投资机会。通过证券交易市场,投资者持有的证券实现了流通。证券交易市场的交易形式主要有两种,即场内交易所和场外交易市场。其中场内交易所,又称证券交易所市场,是指在证券交易所进行证券交易的市场。场外交易市场,也称 OTC(Over The Counter)市场,是指在证券交易所以外的场所进行证券交易的市场。在我国主要有证券公司代办股份转让系统、银行间债券市场和商业银行柜台市场等场外交易市场。

第二节 证券法概述

一、证券法的概念与调整对象

(一)证券法的概念

证券法是指调整证券发行、交易、服务和监督过程中所产生的各种社会关系的法律规范的总称。狭义上的证券法,即形式意义上的证券法,是指以"证券法"命名的证券法典,在我国单指现行《证券法》;广义上的证券法,即实质意义上的证券法,是指调整与证券有关的各种社会关系的法律规范的总称,不仅包括证券法典,还包括公司法、证券投资基金法、刑法等法律中与证券相关的部分,并且包括相关的部门规章、证券交易所规则等规范。

(二)证券法的调整对象

证券法的调整对象是证券法律关系。证券法律关系,是指在证券市场上围绕证券活动产生的权利义务关系。我们认为,证券法律关系有证券发行关系、证券交易关系、证券服务关系和证券监管关系,即我国证券法的调整对象为以上四种关系。对于证券法的调整对象当中的证券服务关系,也有学者持不同观点,认为没有必要将其视为一种独立的证券法律关系[1]。

二、证券法的特征

(一)兼具行为法与组织法属性,以行为法为主

证券法调整的对象是证券发行、交易、服务与监督等活动产生的法律关系。证券法规定了证券的发行、上市交易、信息披露等活动的基本规则,禁止内幕交易、操纵市场、披露虚假信息等交易行为,对证券监督机构的职权和行为规则进行了规定,并且对如证券交易所、证券登记结算机构、证券业协会等特定证券市场主体的活动进行了具体的特殊规定。从这个层面看,证券法对证券市场的活动进行规范,具有行为法的特征,同时,又具有一定的组织法属性。但这些组织法只是原则性的规定,不构成证券法

---

〔1〕 范健、王建文:《证券法》,法律出版社 2007 年版,第 46 页。

的主要内容。

（二）兼具任意法与强制法属性，以强制法为主

证券法赋予证券发行人发行证券、选择承销商、决定承销方式与期限等市场行为的自主选择权，尊重证券交易的自愿、自由与公平。这些都是调整市场上平等主体之间法律关系的任意性规范。同时，由于证券市场的风险性与专业性，证券法更多的是对证券市场行为进行的强制性规范。

（三）兼具实体法与程序法属性，以实体法为主

证券法明确了证券活动中参与者的权利义务。同时，证券法对这些权利义务的实现还进行了一些程序法的规范，如证券发行程序、信息公开程序、上市公司收购程序等。证券法中的程序性内容在证券法典中主要是一些原则性的规定，具体的内容主要以行政法规或规章的形式表现出来。当前我国对于程序法的重视程度尚不够，许多具体的规则和程序尚未完善，需要进一步加强。

（四）兼具国内法与国际法属性，以国内法为主

随着经济全球化的发展，证券市场的国际性也日益提升，尤其是跨境投资与跨境上市的不断深入，对证券法的国际性提出了日益严峻的考验。我国证券法主要规定了在我国境内的证券发行、交易、服务和监管活动所应遵循的规范。但与此同时，随着国际金融监管趋同化以及跨境上市的发展，我国的证券活动开始具有相当的国际因素。

三、证券活动和证券管理原则

《证券法》的立法宗旨是为了规范证券发行和交易行为，保护投资者的合法权益，维护社会经济秩序和社会公共利益，促进社会主义市场经济的发展。

根据《证券法》的规定，在证券活动和证券管理中应坚持如下原则：

（一）公开、公平、公正原则

《证券法》第3条规定："证券的发行、交易活动，必须实行公开、公平、公正的原则。"

公开原则是指市场信息要公开。在内容上，凡是可能影响投资者决策的信息都应当公开，如公司章程、招股说明书、有关财务会计资料等。公开的形式包括向社会公告，将有关信息刊登在报纸或刊物上，将有关资料置备于有关场所，供公众随时查阅等。公开的信息必须及时、完整、真实、准确。

公平原则是指所有市场参与者都具有平等的地位，其合法权益都应受到公平的保护。它们在证券发行和交易中应当机会均等、待遇相同。"证券市场乃至市场所需要的公平理念，是程序的公平、主体地位的平等和等价交换。"[1]

公正原则是指在证券发行和交易的有关事务处理上，要在坚持客观事实的基础上，做到一视同仁，对所有证券市场参与者都要给予公正的待遇，尤其是证券监管机关

---

[1] 杨志华：《证券法律制度研究》，中国政法大学出版社1995年版，第32页。

要坚持公正原则。

(二)自愿、有偿、诚实信用原则

《证券法》第4条规定:“证券发行、交易活动的当事人具有平等的法律地位,应当遵守自愿、有偿、诚实信用的原则。”

自愿是指当事人有权按照自己的意愿参与证券发行与证券交易活动,其他人不得干涉,也不得采取欺骗、威吓或胁迫等手段影响当事人决策。在市场交易活动中,任何一方都不得把自己的意志强加给对方。

有偿是指在证券发行和交易活动中,一方当事人不得无偿占有他方当事人的财产和劳动。

诚实是指要客观真实,不欺人、不骗人;信用是指遵守承诺,并及时、全面地履行承诺。

(三)守法原则

遵守法律、法规是我们在一切社会活动中都必须遵守的原则。《证券法》第5条规定:“证券发行、交易活动必须遵守法律、行政法规;禁止欺诈、内幕交易和操纵证券市场的行为。”

(四)证券业与其他金融业分业经营管理为主,混业经营另作规定的原则

《证券法》第6条规定:“证券业和银行业、信托业、保险业分业经营、分业管理,证券公司与银行、信托、保险业务机构分别设立。国家另有规定的除外。”原《证券法》实行分业经营、分业管理的原则。现行《证券法》在规定分业经营、分业管理原则的同时,规定“国家另有规定的除外”,为混业经营留下了一定的法律空间,也为银行资金间接进入证券市场准备了条件。

(五)政府统一监管与行业自律原则

制约和化解市场风险,维护市场正常秩序,必须对证券市场进行监管。各国对证券市场的监管包括由政府设立证券监管部门进行监管和由证券经营机构等成立自律性组织进行监管两种模式。我国实行政府统一监管与行业自律相结合的模式。《证券法》第7条、第8条分别规定,国务院证券监督管理机构依法对全国证券市场实行集中统一监督管理。国务院证券监督管理机构根据需要可以设立派出机构,按照授权履行监督管理职责;在国家对证券发行、交易活动实行集中统一监督管理的前提下,依法设立证券业协会,实行自律性管理。

(六)国家审计监督原则

国家审计监督是由国家审计机关对证券交易所、证券公司、证券登记结算机构、证券监督管理机构依法进行的审计监督。国家审计监督有利于促使证券机构依法经营和开展活动,有利于国家对证券市场的监督,有利于保护投资者的利益。

四、我国证券法的制定与修订

我国证券法的立法进程是与证券市场的发展相伴相随的。新中国成立后真正意

义上的证券市场起步于改革开放，因此新中国的证券法建设也是从改革开放以后开始的，并且随着证券市场的不断发展和完善，证券法制建设也实现了不断的进步。

20世纪80年代，我国证券立法重新起步。1981年国务院颁布的《国库券条例》开启了这一时期证券立法的先河。随后，国务院及其相关部委陆续颁布了《企业债券管理暂行条例》、《关于加强股票、债券管理的通知》、《证券公司管理暂行办法》、《股票发行与交易管理暂行条例》、《证券交易所管理暂行条例》等一系列法规和规章。与此同时，各地方也就证券市场的发展出台了一些地方性法规。比较有代表性的如1986年广东省人民政府颁布的《广东省股票债券管理暂行办法》、1987年上海市人民政府颁布的《上海市股票管理暂行办法》。

1998年12月29日，第九届全国人民代表大会常务委员会第六次会议通过了历经六载数易其稿的《中华人民共和国证券法》，自1999年7月1日起施行。2004年8月28日，根据第十届全国人民代表大会常务委员会第十一次会议《关于修改〈中华人民共和国证券法〉的决定》，对《证券法》作了个别条款的修正。2005年10月27日，第十届全国人民代表大会常务委员会第十八次会议对《证券法》作了大幅修订后重新颁布，自2006年1月1日起施行。新的《证券法》共12章240条，对我国证券的发行、交易以及证券交易中介机构和监督管理等内容作出了详细的规定，为证券市场的发展排除了法律障碍，完善和强化了证券活动的制度规则、信息披露义务及其责任、证券监督等方面。

2013年6月29日，第十二届全国人民代表大会常务委员会第三次会议对《证券法》进行了微调，将第129条第1款修改为："证券公司设立、收购或者撤销分支机构，变更业务范围，增加注册资本且股权结构发生重大调整，减少注册资本，变更持有5%以上股权的股东、实际控制人，变更公司章程中的重要条款，合并、分立、停业、解散、破产，必须经国务院证券监督管理机构批准。"与原条款相比，修正后的该条款放松了对证券公司注册资本的管制，不再将"变更公司形式"作为报经证监会批准的事项。

2014年8月31日第十二届全国人民代表大会常务委员会第十次会议通过了对《证券法》的最新修订，本次修改幅度较小，主要修改了五处，把向证监机构报送改为了公告制度，删去了第89条第2款，将第1款中的"事先向国务院证券监督管理机构报送"修改为"公告"，第1款第8项中的"报送"修改为"公告"，同时取消了与此相关的一些行政审批手续。

古人云，时变则法移，现行的《证券法》于2005年修订，经过十多年的发展，资本市场的发展水平、复杂程度都不可同日而语。为适应证券市场的变化，2014年起《证券法》再次进入全面修订时期。中国证监会主席肖钢将当前《证券法》修改的法理与逻辑概括为三个方面：以公众投资者利益保护为价值取向，以有效激发市场活力为核心，以行为统一监管为原则。自2014年《证券法》修订被列入立法工作以来已历时三年多，期间几经曲折，但至今仍未落定。2015年4月，全国人大财经委将《证券法》修订草案提交全国人大常委会进行初次审议。修订草案共16章338条,其中新增122条、修改185条、删除22条,针对推进股票发行注册制改革、健全多层次的资本市场、完善投资者保护制度、推动证券行业的创新发展、加强事中事后监管五个方面进行了完善。但由于2015年证券市场遭遇股市剧烈震荡使修订进程被暂且搁置。2017年4月24日,证券法修订草案提请全国人大常委会二审。在充分考虑我国证券市场实际情况、认真总结2015年股市异常波动经验教训的基础上,二审对修订草案进行了修改,进一步完善证券交易规则,强化信息披露要求,加强证券市场监管,加大对证券违法行为的处罚力度,突出对投资者权益的保护。

思考题

1. 简述证券的概念和特征。
2. 简述证券法的基本原则。
3. 股票和债券有何区别?

案例分析

2009年9月9日五粮液发布公告称,因公司涉嫌违反了证券法的规定,被证监会立案调查。2011年5月28日五粮液宣布收到证监会处罚决定书,认定其存在信息重大遗漏、信息披露不完整不及时、年报差错没有更正等违法违规行为,对五粮液公司以及董事长唐桥等8名高管处以累计149万元的罚款。具体事实如下:第一,五粮液关于投资公司对成都智溢塑胶有限公司在亚洲证券的证券投资款《澄清公告》存在重大遗漏,即未披露投资对智溢塑胶在亚洲证券的5500万元证券投资款承担的负责收回责任。第二,五粮液在中国科技证券有限责任公司的证券投资信息披露不及时、不完整。2000年7月20日,五粮液投资公司在中科证券宜宾营业部开立资金账户,由投资公司人员操作并纳入账务核算。2007年11月30日,中科证券破产案第一次债权人会议召开,投资公司委托律师参会,确认投资公司在中科证券证券的投资款已经被法院列为破产债权的事实,但是未披露,直至2009年2月18日公布2008年度报告。第三,五粮液2007年年报存在录入差错未及时更正。第四,五粮液未及时披露董事被司法羁押事项。2006年5月12日起担任董事的王子安同年8月被"双规",五粮液时任董事长王国春知情,但未按照规定及时公告,直至2008年2月28日才在2007年年报中披露。[1]

2011年10月上海嘉澜达事务所宋一欣律师、浙江裕丰律师事务所的厉健以及河北功成律师事务所薛洪增律师等组成律师协作团,代表股民起诉五粮液公司,要求就信息披露违规对股民进行赔偿。

---

[1] 中国证监会行政处罚决定书(2011)17号。

2013 年 5 月信息披露违规诉讼时效截止日临近，成都中院宣布受理这一案件，提起诉讼的股民只有 150 余人，不及五粮液股东总数的万分之五。

2014 年 10 月五粮液公告称，经成都市中级人民法院调解，五粮液向 141 名原告一次性支付人民币 1344 万元，赔偿原告因公司虚假陈述造成的投资损失。

结合本案请回答：公开原则在证券法中的地位和具体体现。

第二十二章　证券市场主体法律制度

◇ 知识结构图

- 证券市场主体法律制度
  - 证券公司
    - 证券公司的设立
    - 证券公司的经营管理
  - 证券交易所
    - 证券交易所的设立和组织机构
    - 证券交易所的职责和交易规则
  - 证券登记结算机构
    - 证券登记结算机构的概念和职能
    - 证券登记结算机构的设立与解散
    - 证券的登记与存管
    - 证券的结算
    - 证券登记结算机构的管理制度

◈ 本章导读

证券公司是依照公司法和证券法之规定经批准设立的专门从事证券经营业务的有限责任公司或股份有限公司，是为证券发行和证券交易提供中介服务的主要机构，是提供证券集中竞价交易场所和服务的自律性法人。证券登记结算机构为证券交易提供集中的登记、托管与结算服务，是不以营利为目的的法人。证券公司、证券交易所与证券登记结算机构是证券市场主体的重要组成部分。

◉ 司考重点

证券公司（证券公司的设立、证券公司的经营管理）；证券交易所（证券交易所的设立、组织机构、职责及交易规则）；证券登记结算机构（证券登记结算机构的概念与设立、证券登记及结算）

第一节　证 券 公 司

一、证券公司的设立

证券公司是指依照《公司法》和《证券法》规定设立的经营证券业务的有限责任公司或者股份有限公司。证券公司依法享有自主经营的权利,其合法经营不受干涉。

设立证券公司,必须经国务院证券监督管理机构审查批准。未经国务院证券监督管理机构批准,任何单位和个人不得经营证券业务。

设立证券公司,应当具备下列条件:

1. 有符合法律、行政法规规定的公司章程;

2. 主要股东具有持续盈利能力,信誉良好,最近3年无重大违法违规记录,净资产不低于人民币2亿元;

3. 有符合《证券法》规定的注册资本;

4. 董事、监事、高级管理人员具备任职资格,从业人员具有证券从业资格;

5. 有完善的风险管理与内部控制制度;

6. 有合格的经营场所和业务设施;

7. 法律、行政法规规定的和经国务院批准的国务院证券监督管理机构规定的其他条件。

证券公司必须在其名称中标明证券有限责任公司或者证券股份有限公司字样。原《证券法》将证券公司分为综合类证券公司和经纪类证券公司,现行《证券法》取消了这种划分,而是对经营不同证券业务的证券公司规定了不同的注册资本限额。根据《证券法》的规定,经国务院证券监督管理机构批准,证券公司可以经营下列部分或者全部业务:

1. 证券经纪;

2. 证券投资咨询;

3. 与证券交易、证券投资活动有关的财务顾问;

4. 证券承销与保荐;

5. 证券自营;

6. 证券资产管理;

7. 其他证券业务。

证券公司经营上述第1项至第3项业务的,注册资本最低限额为人民币5000万元;经营第4项至第7项业务之一的,注册资本最低限额为人民币1亿元;经营第4项至第7项业务中两项以上的,注册资本最低限额为人民币5亿元。证券公司的注册资本应当是实缴资本。

国务院证券监督管理机构根据审慎监管原则和各项业务的风险程度，可以调整注册资本最低限额，但不得少于上述规定的限额。

国务院证券监督管理机构应当自受理证券公司设立申请之日起6个月内，依照法定条件和法定程序并根据审慎监管原则进行审查，作出批准或者不予批准的决定，并通知申请人；不予批准的，应当说明理由。

证券公司设立申请获得批准的，申请人应当在规定的期限内向公司登记机关申请设立登记，领取营业执照。

证券公司应当自领取营业执照之日起15日内，向国务院证券监督管理机构申请经营证券业务许可证。未取得经营证券业务许可证，证券公司不得经营证券业务。

证券公司设立、收购或者撤销分支机构，变更业务范围或者注册资本，变更持有5%以上股权的股东、实际控制人，变更公司章程中的重要条款，合并、分立、变更公司形式，停业、解散、破产，在境外设立、收购或者参股证券经营机构，必须经国务院证券监督管理机构批准。

二、证券公司的经营管理

证券公司应当根据《公司法》和《证券法》的规定建立和完善公司法人治理结构，建立、健全管理制度和内部控制制度，实行监事会制度、信息披露制度，自觉防范和化解经营风险。

1. 资产管理

国务院证券监督管理机构应当对证券公司的净资本，净资本与负债的比例，净资本与净资产的比例，净资本与自营、承销、资产管理等业务规模的比例，负债与净资产的比例，以及流动资产与流动负债的比例等风险控制指标作出规定。证券公司不得为其股东或者股东的关联人提供融资或者担保。

2. 人员管理

证券公司的高级管理人员应符合法定的任职资格。证券公司的董事、监事、高级管理人员，应当正直诚实，品行良好，熟悉证券法律、行政法规，具有履行职责所需的经营管理能力，并在任职前取得国务院证券监督管理机构核准的任职资格。

有《公司法》第146条规定的情形或者下列情形之一的，不得担任证券公司的董事、监事、高级管理人员：

(1)因违法行为或者违纪行为被解除职务的证券交易所、证券登记结算机构的负责人或者证券公司的董事、监事、高级管理人员，自被解除职务之日起未逾5年；

(2)因违法行为或者违纪行为被撤销资格的律师、注册会计师或者投资咨询机构、财务顾问机构、资信评级机构、资产评估机构、验证机构的专业人员，自被撤销资格之日起未逾5年。

因违法行为或者违纪行为被开除的证券交易所、证券登记结算机构、证券服务机构、证券公司的从业人员和被开除的国家机关工作人员，不得招聘为证券公司的从业人员。

国家机关工作人员和法律、行政法规规定的禁止在公司中兼职的其他人员不得在证券公司中兼任职务。

3. 缴纳证券投资者保护基金、提取交易风险准备金

《证券法》规定，国家设立证券投资者保护基金。证券投资者保护基金由证券公司缴纳的资金及其他依法筹集的资金组成，其筹集、管理和使用的具体办法由国务院规定。证券公司从每年的税后利润中提取交易风险准备金，用于弥补证券交易的损失，其提取的具体比例由国务院证券监督管理机构规定。

4. 建立健全内部控制与业务隔离制度

证券公司应当建立健全内部控制制度，采取有效隔离措施，防范公司与客户之间、不同客户之间的利益冲突。证券公司必须将其证券经纪业务、证券承销业务、证券自营业务和证券资产管理业务分开办理，不得混合操作。

5. 健全业务管理制度

证券公司的自营业务必须以自己的名义进行，不得假借他人名义或者以个人名义进行，必须使用自有资金和依法筹集的资金。证券公司不得将其自营账户借给他人使用。

证券公司客户的交易结算资金应当存放在商业银行，以每个客户的名义单独立户管理，具体办法和实施步骤由国务院规定。证券公司不得将客户的交易结算资金和证券归入其自有财产。禁止任何单位或者个人以任何形式挪用客户的交易结算资金和证券。证券公司破产或者清算时，客户的交易结算资金和证券不属于其破产财产或者清算财产。非因客户本身的债务或者法律规定的其他情形，不得查封、冻结、扣划或者强制执行客户的交易结算资金和证券。

证券公司办理经纪业务，应当置备统一制定的证券买卖委托书，供委托人使用。采取其他委托方式的，必须作出委托记录。客户的证券买卖委托，不论是否成交，其委托记录应当按照规定的期限，保存于证券公司。

证券公司接受证券买卖的委托，应当根据委托书载明的证券名称、买卖数量、出价方式、价格幅度等，按照交易规则代理买卖证券，如实进行交易记录，买卖成交后，应当按照规定制作买卖成交报告单交付客户。

证券交易中确认交易行为及其交易结果的对账单必须真实，并由交易经办人员以外的审核人员逐笔审核，保证账面证券余额与实际持有的证券相一致。

证券公司为客户买卖证券提供融资融券服务，应当按照国务院的规定并经国务院证券监督管理机构批准。

证券公司办理经纪业务，不得接受客户的全权委托而决定证券买卖、选择证券种类、决定买卖数量或者买卖价格。证券公司不得以任何方式对客户证券买卖的收益或者赔偿证券买卖的损失作出承诺。

证券公司及其从业人员不得未经过其依法设立的营业场所私下接受客户委托买卖证券。证券公司的从业人员在证券交易活动中,执行所属的证券公司的指令或者利用职务违反交易规则的,由所属的证券公司承担全部责任。

证券公司应当妥善保存客户开户资料、委托记录、交易记录和与内部管理、业务经营有关的各项资料,任何人不得隐匿、伪造、篡改或者毁损。上述资料的保存期限不得少于20年。

6. 证券公司监管制度

证券公司应当按照规定向国务院证券监督管理机构报送业务、财务等经营管理信息和资料。国务院证券监督管理机构有权要求证券公司及其股东、实际控制人在指定的期限内提供有关信息、资料。证券公司及其股东、实际控制人向国务院证券监督管理机构报送或者提供的信息、资料,必须真实、准确、完整。

国务院证券监督管理机构认为有必要时,可以委托会计师事务所、资产评估机构对证券公司的财务状况、内部控制状况、资产价值进行审计或者评估。具体办法由国务院证券监督管理机构会同有关主管部门制定。

证券公司的净资本或者其他风险控制指标不符合规定的,国务院证券监督管理机构应当责令其限期改正;逾期未改正,或者其行为严重危及该证券公司的稳健运行、损害客户合法权益的,国务院证券监督管理机构可以区别情形,对其采取下列措施:

(1)限制业务活动,责令暂停部分业务,停止批准新业务;

(2)停止批准增设、收购营业性分支机构;

(3)限制分配红利,限制向董事、监事、高级管理人员支付报酬、提供福利;

(4)限制转让财产或者在财产上设定其他权利;

(5)责令更换董事、监事、高级管理人员或者限制其权利;

(6)责令控股股东转让股权或者限制有关股东行使股东权利;

(7)撤销有关业务许可。

证券公司整改后,应当向国务院证券监督管理机构提交报告。国务院证券监督管理机构经验收,符合有关风险控制指标的,应当自验收完毕之日起3日内解除对其采取的上述有关措施。

证券公司的股东有虚假出资、抽逃出资行为的,国务院证券监督管理机构应当责令其限期改正,并可责令其转让所持证券公司的股权。在股东按照要求改正违法行为、转让所持证券公司的股权前,国务院证券监督管理机构可以限制其股东权利。

证券公司的董事、监事、高级管理人员未能勤勉尽责,致使证券公司存在重大违法违规行为或者重大风险的,国务院证券监督管理机构可以撤销其任职资格,并责令公司予以更换。

证券公司违法经营或者出现重大风险,严重危害证券市场秩序、损害投资者利益的,国务院证券监督管理机构可以对该证券公司采取责令停业整顿、指定其他机构托管、接管或者撤销等监管措施。

在证券公司被责令停业整顿、被依法指定托管、接管或者清算期间，或者出现重大风险时，经国务院证券监督管理机构批准，可以对该证券公司直接负责的董事、监事、高级管理人员和其他直接责任人员采取以下措施：

(1)通知出境管理机关依法阻止其出境；

(2)申请司法机关禁止其转移、转让或者以其他方式处分财产，或者在财产上设定其他权利。

第二节　证券交易所

一、证券交易所的设立和组织机构

(一)证券交易所的概念

证券交易所是为证券集中交易提供场所和设施，组织和监督证券交易，实行自律管理的法人。证券交易所有会员制证券交易所和公司制证券交易所两种形式。会员制证券交易所是以会员协会形式成立的不以营利为目的的法人组织，其会员主要为证券商，只有会员以及有特许权的经纪人，才有资格在交易所中交易。会员制证券交易所实行会员自治、自律、自我管理。目前，多数国家的证券交易所都实行会员制。公司制证券交易所是以营利为目的的公司法人。公司制证券交易所对在本所内的证券交易负有担保责任。公司制证券交易所的证券商及其股东不得担任证券交易所的董事、监事或经理。我国的证券交易所是会员制证券交易所，是不以营利为目的的法人。

(二)证券交易所的设立

证券交易所的设立和解散由国务院决定。申请设立证券交易所应提交申请书、章程和主要业务规则草案、拟加入会员名单、理事会候选人名单、场地、设备及资金情况说明和拟任用管理人员的情况说明等文件。

设立证券交易所必须制定章程，章程的制定和修改，必须经国务院证券监督管理机构批准。证券交易所章程应载明的法定事项主要包括：证券交易所的名称和设立目的；主要办公及交易场所和设施所在地；职能范围；会员的资格和加入、退出程序；会员的权利、义务和对会员的纪律处分；组织机构及其职权；高级管理人员的产生、任免及其职责；资本和财务事项；解散条件和程序及其他需要在章程中规定的事项。

证券交易所必须在其名称中标明证券交易所字样。其他任何单位或者个人不得使用证券交易所或者近似的名称。

(三)证券交易所的组织机构

1. 理事会。《证券法》规定，证券交易所设理事会。理事会是证券交易所的决策机构，目前每届任期3年。理事会的主要职责是：制定修改证券交易所的业务规则；审定总经理提出的工作计划、财务预算、决算方案；审定对会员的接纳、处分；根据需要决定专门委员会的设置等。

2. 总经理。证券交易所设总经理一人，由国务院证券监督管理机构任免。总经理为证券交易所的法定代表人，主持证券交易所的日常管理工作。证券交易所可根据需要设立专门委员会。如证券发行审核委员会、监察委员会等。

有《公司法》第146条规定的情形或者下列情形之一的，不得担任证券交易所的负责人：

1. 因违法行为或者违纪行为被解除职务的证券交易所、证券登记结算机构的负责人或者证券公司的董事、监事、高级管理人员，自被解除职务之日起未逾5年；

2. 因违法行为或者违纪行为被撤销资格的律师、注册会计师或者投资咨询机构、财务顾问机构、资信评级机构、资产评估机构、验证机构的专业人员，自被撤销资格之日起未逾5年。

因违法行为或者违纪行为被开除的证券交易所、证券登记结算机构、证券服务机构、证券公司的从业人员和被开除的国家机关工作人员，不得招聘为证券交易所的从业人员。

二、证券交易所的职责和交易规则

（一）证券交易所的职责

根据《证券法》的规定，证券交易所的职责包括：

1. 证券交易所依照证券法律、行政法规制定上市规则、交易规则、会员管理规则和其他有关规则，并报国务院证券监督管理机构批准；依据《证券法》的规定，办理证券的上市、暂停上市、恢复上市或者终止上市事务。

2. 证券交易所应当为组织公平的集中交易提供保障，公布证券交易即时行情，并按交易日制作证券市场行情表，予以公布。未经证券交易所许可，任何单位和个人不得发布证券交易即时行情。

3. 因突发性事件而影响证券交易的正常进行时，证券交易所可以采取技术性停牌的措施；因不可抗力的突发性事件或者为维护证券交易的正常秩序，证券交易所可以决定临时停市。证券交易所采取技术性停牌或者决定临时停市，必须及时报告国务院证券监督管理机构。

4. 证券交易所对证券交易实行实时监控，并按照国务院证券监督管理机构的要求，对异常的交易情况提出报告。证券交易所应当对上市公司及相关信息披露义务人披露信息进行监督，督促其依法及时、准确地披露信息。证券交易所根据需要，可以对出现重大异常交易情况的证券账户限制交易，并报国务院证券监督管理机构备案。

5. 筹集、管理风险基金。证券交易所应当从其收取的交易费用和会员费、席位费中提取一定比例的金额设立风险基金。风险基金由证券交易所理事会管理。风险基金提取的具体比例和使用办法，由国务院证券监督管理机构会同国务院财政部门规定。证券交易所应当将收存的风险基金存入开户银行专门账户,不得擅自使用。

6. 证券交易所可以自行支配的各项费用收入,应当首先用于保证其证券交易场所和设施的正常运行并逐步改善。实行会员制的证券交易所的财产积累归会员所有,其权益由会员共同享有,在其存续期间,不得将其财产积累分配给会员。

(二)证券交易规则

1. 进入证券交易所参与集中交易的,必须是证券交易所的会员。

2. 投资者应委托证券公司买卖证券,投资者应当与证券公司签订证券交易委托协议,并在证券公司开立证券交易账户。以书面、电话以及其他方式,委托该证券公司代其买卖证券,不能自己到证券交易所进行证券交易。

3. 证券公司根据投资者的委托,按照证券交易规则提出交易申报,参与证券交易所场内的集中交易,并根据成交结果承担相应的清算交收责任;证券登记结算机构根据成交结果,按照清算交收规则,与证券公司进行证券和资金的清算交收,并为证券公司客户办理证券的登记过户手续。

4. 按照依法制定的交易规则进行的交易,不得改变其交易结果。对交易中违规交易者应负的民事责任不得免除;在违规交易中所获利益,依照有关规定处理。

5. 证券交易所的负责人和其他从业人员在执行与证券交易有关的职务时,与其本人或者其亲属有利害关系的,应当回避。

在证券交易所内从事证券交易的人员,违反证券交易所有关交易规则的,由证券交易所给予纪律处分;对情节严重的,撤销其资格,禁止其入场进行证券交易。

第三节　证券登记结算机构

一、证券登记结算机构的概念和职能

证券登记结算机构是为证券交易提供集中登记、存管与结算服务,不以营利为目的的法人。集中登记包括对投资者证券账户的开立、挂失等证券账户管理登记,上市证券的发行登记,上市证券非流通股份的抵押、冻结以及法人股、国家股股权的转让过户登记和证券持有人名册登记等。存管包括上市证券的股份管理,证券存管与转存管,受发行人的委托派发证券权益等。结算服务指证券交易所上市证券交易的清算和交收,包括证券交易的清算过户,证券交易的资金交收和新股网上发行的资金清算等。

根据《证券法》的规定,证券登记结算机构履行下列职能:

1. 证券账户、结算账户的设立;

2. 证券的存管和过户;

3. 证券持有人名册登记;

4. 证券交易所上市证券交易的清算和交收;

5. 受发行人的委托派发证券权益;

6. 办理与上述业务有关的查询;

7. 国务院证券监督管理机构批准的其他业务。

二、证券登记结算机构的设立与解散

设立证券登记结算机构必须经国务院证券监督管理机构批准。设立证券登记结算机构,应当具备下列条件:

1. 自有资金不少于人民币 2 亿元;

2. 具有证券登记、存管和结算服务所必需的场所和设施;

3. 主要管理人员和从业人员必须具有证券从业资格;

4. 国务院证券监督管理机构规定的其他条件。

证券登记结算机构的名称中应当标明证券登记结算字样。

证券登记结算采取全国集中统一的运营方式。证券登记结算机构章程、业务规则应当依法制定,并须经国务院证券监督管理机构批准。

证券登记结算机构申请解散,应当经国务院证券监督管理机构批准。

三、证券的登记与存管

证券登记是依法确定证券所有权归属的法律行为,包括确定当事人对证券所有权的产生、变更和消失。投资者委托证券公司进行证券交易,应当申请开立证券账户。证券登记结算机构应当按照规定以投资者本人的名义为投资者开立证券账户。投资者申请开立账户,必须持有证明中国公民身份或者中国法人资格的合法证件。国家另有规定的除外。

证券持有人持有的证券,在上市交易时,应当全部存管在证券登记结算机构。证券登记结算机构不得挪用客户的证券。

四、证券的结算

证券结算是指证券交易成交之后对买卖证券双方应收或应付的证券和价款进行计算核定,并转移证券和资金的行为。证券结算包括证券的结算和资金的结算两个方面,在证券交易成交后,卖出方卖出的证券应划转到买入方的账户上,同时将买入方买入证券而需要支付的资金划转到卖出方的账户上。对实物证券交易的结算,需要对证券进行清点、鉴别,并在买卖双方之间交付,对记名证券上所载持有人姓名还须进行更改。对无纸化证券的交易结算,由证券登记结算机构对电脑记载的有关数据资料作出更改。

证券结算有逐笔交收和净额交收两种方式。逐笔交收是每成交一笔证券交易,就进行一次应收应付证券和资金的交收。净额交收是由买卖双方约定交收期限,到期时,对买卖双方进行的证券交易进行清算,得出应收应付净额,然后进行交收。采用逐笔交收方式可防止风险积累,但过于烦琐,一般适用于以大宗交易为主、成交笔数较少的证券市场。采用净额交收方式可以简化手续,提高效率,一般适用于以小额交易为主、成交笔数多的证券市场。

证券登记结算机构为证券交易提供净额结算服务时，应当要求结算参与人按照货银对付的原则，足额交付证券和资金，并提供交收担保。在交收完成之前，任何人不得动用用于交收的证券、资金和担保物。结算参与人未按时履行交收义务的，证券登记结算机构有权按照业务规则处理上述财产。

证券登记结算机构按照业务规则收取的各类结算资金和证券，必须存放于专门的清算交收账户，只能按业务规则用于已成交的证券交易的清算交收，不得被强制执行。

五、证券登记结算机构的管理制度

1. 做好证券持有人名册登记工作。证券登记结算机构应当向证券发行人提供证券持有人名册及其有关资料。证券登记结算机构应当根据证券登记结算的结果，确认证券持有人持有证券的事实，提供证券持有人登记资料。证券登记结算机构应当保证证券持有人名册和登记过户记录真实、准确、完整，不得隐匿、伪造、篡改或者毁损。

2. 采取措施保证业务的正常进行。证券登记结算机构应当采取下列措施保证业务的正常进行：

(1)具有必备的服务设备和完善的数据安全保护措施；

(2)建立完善的业务、财务和安全防范等管理制度；

(3)建立完善的风险管理系统。

3. 保存原始凭证。证券登记结算机构应当妥善保存登记、存管和结算的原始凭证及有关文件和资料。其保存期限不得少于20年。

4. 设立结算风险基金。证券登记结算机构应当设立结算风险基金，用于垫付或者弥补因违约交收、技术故障、操作失误、不可抗力造成的证券登记结算机构的损失。

证券结算风险基金从证券登记结算机构的业务收入和收益中提取，并可以由结算参与人按照证券交易业务量的一定比例缴纳。证券结算风险基金的筹集、管理办法，由国务院证券监督管理机构会同国务院财政部门规定。

证券结算风险基金应当存入指定银行的专门账户，实行专项管理。证券登记结算机构以风险基金赔偿后，应当向有关责任人追偿。

思考题

1. 简述证券公司的设立和经营管理。
2. 简述证券交易所的职责和交易规则。
3. 简述证券登记结算机构的设立与解散。

案例分析

崔某于2007年3月19日在国泰君安证券股份有限公司徐州解放路证券营业部(以下简称国泰君安徐州营业部)以自己的名义开户从事股票买进卖出交易活动。梁某系国泰君安徐州营业部的工作人员，在崔某咨询股票的过程中，双方逐渐熟识。后崔某与梁某达成口头委托协议，崔某委托梁某代其进行股票证券交易，双方口头约定采用保底的收益方式，梁某承诺崔某本金不亏损，盈利双方分成。

崔某于2007年9月6日将账户密码告知梁某，并将市值为159895.66元的证券及账户中的剩余资金675.19元交给梁某由梁某代其进行股票证券交易。后崔某陆续向该股票账户中转入资金，自2007年9月6日至2007年10月30日，崔某共向该账户中转入125.28万元，至2009年4月22日，崔某股票账户中所有证券被卖出，剩余账户资金为28万元，此外在委托交易期间，崔某自2007年11月1日至2008年1月10日陆续从该股票账户中转出49.5万元。自2007年9月6日至2009年4月22日，梁某给崔某操作股票共计亏损637904.38元。故崔某诉至法院请求依法判令梁某赔偿其本金637904.38元及利息损失175423元，共计813327.38元。

问：1. 崔某与梁某之间的委托理财协议是否有效？

2. 崔某的损失谁来承担？国泰君安徐州营业部是否应当赔偿责任？

第二十三章　证券发行法律制度

◇ 知识结构图

- 证券发行法律制度
  - 证券发行
    - 证券发行制度分类
    - 证券发行的基本条件
    - 发行公告
    - 发行中介机构
    - 发行方式
  - 证券承销
    - 承销业务的种类
    - 承销协议的主要内容
    - 承销团及主承销人
    - 证券的销售期限
    - 代销发行失败

◈ 本章导读

证券发行是指证券发行主体以筹集资金为目的，按照法定条件和程序发售证券并由投资者认购的一种单方法律行为。据立法理念及实践的不同，证券发行制度大体分为注册制、核准制和信息公开制度三种。我国《证券法》及其他相关法律法规对股票发行与公司债券发行的条件及程序均作了比较详尽的规定。证券承销是证券发行中采用间接发行方式的必要环节，根据经营机构在承销过程中所承担的责任和风险的不同，证券承销可分为证券代销和证券包销两种方式。

◉ 司考重点

证券发行的基本条件（股票发行的基本条件、公司债券发行的基本条件）；发行公告、发行中介机构（律师事务所、会计师事务所、资产评估机构）；发行方式（传统方式、现行方式）；证券承销（承销业务的种类、承销协议的主要内容、承销团及主承销人、证券的销售期限、代销发行失败）

第一节 证券发行

一、证券发行制度分类

所谓证券发行,是指证券的发行人以筹集资金为目的,依法定条件和程序将自己所发行的证券出售给投资者的行为。证券发行是企业进入资本市场的第一步,与证券发行人利益攸关,更涉及对投资者利益的保护。证券发行人在作出发行证券的决策之前,将正式文件报送国家有关证券管理机构,以此申请获准发行证券。对于证券发行疏于监管,必然会导致证券市场的无序发展,进而损害投资者利益。各国证券法均坚持对证券发行实施监管,但各国的证券管理机构和对证券发行的管理内容有所不同,对于证券发行管理的内容及其方式在不同的证券发行审核制度中也存在差异。据立法理念及实践的不同,证券发行制度大体分为注册制、核准制和信息公开制度三种。

(一)证券发行注册制

注册制又称申报制,或者形式审查制,是指政府对发行人发行证券,事先不作实质性审查,仅对申请文件进行形式审查,发行者在申报申请文件以后的一定时期以内,若没有被政府否定,即可以发行证券。在证券发行注册制下,证券机关对证券发行不作实质条件的限制。凡是拟发行证券的发行人,必须将依法应当公开的,与所发行证券有关一切信息和资料,合理制成法律文件并公之于众,其应对公布资料的真实性、全面性、准确性负责,公布的内容不得含有虚假陈述、重大遗漏或信息误导。证券主管机关不对证券发行行为及证券本身作出价值判断,其对公开资料的审查只涉及形式,不涉及任何发行实质条件。发行人只要依规定将有关资料完全公开,主管机关就不得以发行人的财务状况未达到一定标准而拒绝其发行。在一段时间内,在未对申报书提出任何异议的情况下,注册生效等待期满后,证券发行注册生效,发行人即可发行证券。证券发行注册制的理论认为,市场经济条件下的证券市场,只要信息完全真实,及时公开,市场机制与法律制度健全,证券市场本身会自动作出择优选择管理者的职责是保证信息公开与禁止信息滥用。如果过多用行政手段干预市场,结果往往事与愿违。基于这一理念,公开原则成为证券法律制度的基本指导思想,注册制体现公开原则。注册制的理论基础是自由主义经济学说,经济制度基础是高度发达的自制自律的市场经济,实行买者自负责任的投资理念。美国1933年的《证券法》与日本的《证券交易法》就是提倡这种制度。在这种制度下,发行人提供正式的、真实的、可靠的、全面的材料,监管部门的权限在于保证材料没有虚假的陈述。只要材料真实,哪怕风险高、质量低,监管部门也应该允许上市。信息披露是注册制的核心。站在投资人的立场上看,注册制创造了一个高度透明的市场,也提供了一个公平竞争的场所。站在发行人的立场上看,注册制可以简化审查手续,节约时间与金钱,提高效率。所以,注册制对于发行人与投资人、监督管理人,要求都是很高的,在市场经济规范的国家,才可以实行。

(二)证券发行核准制

核准制又称为准则制,或者实质审查制,是指发行人发行证券,不仅要公开全部的,可以供投资人判断的材料,还要符合证券发行的实质性条件,证券主管机关有权依照公司法、证券交易法的规定,对发行人提出的申请以及有关材料,进行实质性审查,发行人得到批准以后,才可以发行证券。美国部分州的"蓝天法"与欧洲大陆国家的公司法是核准制的代表。在理论上,实行核准制国家认为,发行证券是发行公司的团体行为,虽然基于投资人安全考虑,法律要求发行人必须公开全部资料,但是,不是任何人都可以读懂专业文件的,比如,招股说明书、资产负债表。即使可以读懂文件,也不一定可以对其细节作出合理的理解与判断。为了保护作为个人的投资人的利益,不受团体行为的侵害,政府应该履行职责,对证券发行适当地监督。核准制有利于新兴市场的健康发展,适合于证券市场不完善、投资服务机构的道德水准、业务水平不高、投资人缺乏经验与业务水平、缺少对信息判断的能力的地区。

(三)信息公开制度

证券投资者关心的是未来收益,并希望其投资收益最大化。为此,他们要从证券发行人的营业状况、收益程度和发展潜力等方面去预测和判断投资收益。在法制健全的证券市场上,公开的法律文件就成为投资者与证券发行人之间的重要交流工具。没有正确的信息公开,证券投资者将被误导,内幕人交易将不可遏制,社会公众将对证券市场失去信心。因此,强制信息公开制度可以增加证券发行人内部管理和财务状况的透明度,有利于投资者对其投资收益和风险作出正确的判断,同时又可以强化证券管理机构和社会公众对证券发行人行为的监管,有效地制止违法违规行为,保证证券市场的公正。信息公开制度是维护正义的天平,可以防止证券市场走向崩溃。信息公开制度,又称信息披露制度或公示制度,是指证券发行公司于证券发行与流通诸环节中,依法将有关真实信息予以公开,以供投资者作投资价值判断参考的法律制度。信息披露制度是现代证券市场的核心内容,旨在通过完全公开公司信息,防止公司经营不当或财务制度混乱,以维护股东和债权人的合法权益。源于1884年英国《公司法》,为美国1933年《证券法》和1934年《证券交易法》所确立并且日臻完善,成为美国证券法律制度的核心与基石,是美国联邦证券管理的"金字招牌"。

目前,我国于2015年12月27日最新获准了《关于授权国务院在实施股票发行注册制改革中调整适用〈中华人民共和国证券法〉有关规定的决议(草案)》,决议实施期限为2年,自2016年3月1日起施行。尽管当前注册制真正实施还需要市场推进和具体细化的方案出台,但长远来看,注册制将减少为权力寻租埋单,减少波动,强化价值投资,对中小投资者会带来益处,有助于资金引流到实体经济,促进"万众创新",为资本市场的变革带来可观预期。

二、证券发行的基本条件

公开发行证券,必须符合法律、行政法规规定的条件,并依法报经国务院证券监督管理机构或者国务院授权的部门核准;未经依法核准,任何单位和个人不得公开发行证券。《证券法》第10条指出,有下列情形之一的,为公开发行:(1)向不特定对象发行证券的;(2)向特定对象发行证券累计超过200人的;(3)法律、行政法规规定的其他发行行为。非公开发行证券,不得采用广告、公开劝诱和变相公开方式。发行人申请公开发行股票、可转换为股票的公司债券,依法采取承销方式的,或者公开发行法律、行政法规规定实行保荐制度的其他证券的,应当聘请具有保荐资格的机构担任保荐人。保荐人应当遵守业务规则和行业规范,诚实守信,勤勉尽责,对发行人的申请文件和信息披露资料进行审慎核查,督导发行人规范运作。

(一)股票发行的基本条件

1.股票发行的概念和种类

股票发行是指符合发行条件的股份有限公司,以筹集资金为目的,依法定程序,以同一条件向特定或不特定的公众招募或出售股票的行为。股票发行是股份发行的表现形式。股票发行人必须是有股票发行资格的股份有限公司,包括已成立的股份有限公司和经核准拟设立的股份有限公司。股票发行一般有两种:一是为设立新公司而首次发行股票,即设立发行;二是为扩大已有的公司规模而发行新股,即增资发行。

2.股票发行的条件

第一,设立发行股票的条件。设立发行或称首次发行,是指发起人通过发行公司股票来募集经营资本,成立股份有限公司的行为。设立股份有限公司公开发行股票,应当符合《公司法》规定的条件和经国务院批准的国务院证券监督管理机构规定的其他条件。向国务院证券监督管理机构报送募股申请和下列文件:(1)公司章程;(2)发起人协议;(3)发起人姓名或者名称,发起人认购的股份数、出资种类及验资证明;(4)招股说明书;(5)代收股款银行的名称及地址;(6)承销机构名称及有关的协议。依照证券法规定聘请保荐人的,还应当报送保荐人出具的发行保荐书。法律、行政法规规定设立公司必须报经批准的,还应当提交相应的批准文件。此外,根据《股票发行与交易管理暂行条例》的规定,设立发行还应当符合下列条件:(1)股份有限公司的生产经营符合国家的产业政策。(2)发行的普通股限于一种,同股同权。设立股份有限公司申请发行普通股时,只能申请发行一种,每一股份数额相等,持有相同股份数额的股东,具有同等权利。(3)发起人认购的股本数额不少于公司拟发行的股本总额的35%。本条件是为了维护股份有限公司设立和股票发行的严肃性,使发起人的利益和新设立公司的利益紧密地联系起来,强化发起人设立、经营新公司的责任感,规范发起人的发起行为,使发起人尽力履行职责,从而对发起人规定一定比例的股份认购。(4)在公司拟发行的股本总额中,发起人认购的部分不少于人民币3000万元,但国家另有规定的除外。(5)向社会公众发行的部分不少于公司拟发行股本总额的25%,其中公司职工认购的股本数额不得超过拟向社会公众发行的股本总额10%;公司拟发行的股本总额超过人民币4亿元的,证监会按规定可酌情降低向社会公众发行的部分的比例,但最低不得少于公司拟发行股本总额的10%。规定社会公众的持股比例,其作用在于保障公司股票的市场流通性,扩大公司的利益。通过公众参与投资,有效地利用社会闲散资金,同时加强对公司经营管理行为的严格监督。(6)发起人在近3年内没有重大违法行为。(7)证监会规定的其他条件。

第二,发行新股的条件。股份有限公司成立后,基于增资目的而再次申请公开发行股票,在公司法中称为发行新股。公开发行新股,应当符合下列条件:(1)具备健全且运行良好的组织机构;(2)具有持续盈利能力,财务状况良好;(3)最近3年财务会计文件无虚假记载,无其他重大违法行为;(4)经国务院批准的国务院证券监督管理机构规定的其他条件。上市公司非公开发行新股,应当符合经国务院批准的国务院证券监督管理机构规定的条件,并报国务院证券监督管理机构核准。

公司公开发行新股,应当向国务院证券监督管理机构报送募股申请和下列文件:(1)公司营业执照;(2)公司章程;(3)股东大会决议;(4)招股说明书;(5)财务会计报告;(6)代收股款银行的名称及地址;(7)承销机构名称及有关的协议。依照证券法规定聘请保荐人的,还应当报送保荐人出具的发行保荐书。

新股发行还必须符合有关增资发行的特殊条件:(1)前一次发行的股份已经募足,并间隔1年以上;(2)公司在最近3年内连续赢利,并可向股东支付股利;(3)公司最近3年内财务会计文件无虚假记载,从前一次公开发行股票至本次申请期间没有重大违法行为;(4)公司预期利润率可达同期银行存款利率;(5)前一次公开发行股票所得资金的使用与其招股说明书相同,并且资金使用效益良好。

(二)公司债券发行的基本条件

所谓公司债券是指公司依照法定程序发行的、约定在一定期限还本付息的有价证券。股份有限公司、国有独资公司和两个以上的国有企业或者其他两个国有投资主体投资设立的有限责任公司,为筹集生产经营资金,可以依照证券法规定的条件发行公司债券。这些条件如下:(1)股份有限公司的净资产额不低于人民币3000万元,有限责任公司的净资产额不低于人民币6000万元;(2)公司发行的债券累计余额不超过净资产额的40%;(3)最近3年平均可分配利润足以支付公司债券1年的利息;(4)筹集的资金投向符合国家产业政策;(5)债券的利率水平不得超过国务院限定的利率水平;(6)国务院及其证券监督管理部门规定的其他条件。

公开发行公司债券筹集的资金,必须用于核准的用途,不得用于弥补亏损和非生产性支出。上市公司发行可转换为股票的公司债券,除应当符合上述规定的条件外,还应当符合证券法关于公开发行股票的条件,并报国务院证券监督管理机构核准。申请公开发行公司债券,应当向国务院授权的部门或者国务院证券监督管理机构报送下列文件:(1)公司营业执照;(2)公司章程;(3)公司债券募集办法;(4)资产评估报告和验资报告;(5)国务院授权的部门或者国务院证券监督管理机构规定的其他文件。依照证券法规定聘请保荐人的,还应当报送保荐人出具的发行保荐书。

有下列情形之一的,不得再次公开发行公司债券:(1)前一次公开发行的公司债券尚未募足;(2)对已公开发行的公司债券或者其他债务有违约或者延迟支付本息的事实,仍处于继续状态;(3)违反证券法规定,改变公开发行公司债券所募资金的用途。

三、发行公告

发行公告是指发行人在证券发行前必须依法进行向社会公众公告其招股说明书等募集文件的活动。发行人所公告的招股说明书应当附有发起人制定的公司章程,招股说明书应当按照证监会规定的格式制作,并载明下列事项:公司的名称、住所;发起人、发行人简况及其认购的股份数;筹资目的;每股票面金额和发行价格;初次发行的发起人认购股本的情况、股权结构及验资证明;承销机构的名称、承销方式与承销数量;发行的对象、时间、地点及股票认购和股款缴纳的方式;所筹资金的运用计划及收益、风险预测、公司最近发展规划和经注册会计师审核并出具审核意见的公司下一年的盈利预测文件;涉及公司经营的重要合同;涉及公司的重大诉讼事项;公司董事、监事名单及其简历;公司近3年以来的生产经营状况和有关业务发展的基本情况;经注册会计师事务所审计的公司最近3年或者成立以来的财务报告和由2名以上注册会计师及其所在事务所签字、盖章的审计报告;增资发行的公司前次公开发行股票所筹资金的运用情况;本次募股的起止期限及逾期未募足时认股人可撤回所认股份的说明,以及证监会要求载明的其他事项。

发行人申请首次公开发行股票的,在提交申请文件后,应当按照国务院证券监督管理机构的规定预先披露有关申请文件。

另外,招股说明书的封面还应当载明:"发行人保证招股说明书的内容真实、准确、完整。政府及国家证券管理部门对本次发行所作出的任何决定,均不表明其对发行人所发行的股票的价值或者投资人的收益作出实质性判断或者保证。"

四、发行中介机构

(一)证券资信评估机构

证券资信评估机构是依法设立的对证券质量进行评价从而确定证券投资价值的以营利为目的的经济组织。资信评估机构不经营证券的发行与买卖,仅向证券投资者和证券市场提供某一证券的信用等级评定结果。按国际上通行的做法资信评估机构对证券信用等级进行评定一般采取三等九级制,最高为AAA级,最低为C级。

从事证券业务的资产评估机构是指对股票公开发行、上市交易的公司资产进行评估和开展与证券业务有关的资产评估业务的专门机构。相关法规要求这些评估机构的实有资本不得少于30万元人民币,风险准备金不得少于5万元人民币。自取得从事证券业务资格之年起,每年从业务收入中计提不少于4%的风险准备金。为保证股票发行以及上市交易的公正性,对同一股票公开发行、上市交易的公司,其财务审计与资产评估工作不得由同一机构承担。

(二)会计师事务所

会计师事务所及其注册会计师要从事证券业务,必须根据规定的条件,向财政部和证监会提出申请,分别取得执行证券期货相关业务许可证。从事证券业务的会计师事务所及其注册会计师的主要职责有:(1)向上市公司、投资人及有关中介机构提供有关会计事务的管理咨询;(2)办理资产评估业务并对新建或改组的股份有限公司的资产评估结果进行检查验证工作;(3)股份有限公司投资人资本的验资工作;(4)对股份有限公司的会计科目、会计报表和其他财务资料做常年会计查账验证工作;(5)对发行股票的公司的招股说明书进行审核并签证;(6)协助办理股份有限公司股票上市的有关财务会计业务;(7)协助办理股权转让的有关财务会计工作;(8)接受股份有限公司、有关管理机构和投资人的委托,对公司会计报告、营业报告、利润分配方案和其他财务资料的复审;(9)协助股份有限公司及有关当事人办理公司收购与兼并的有关事项;(10)协助办理股份有限公司的终止与清算事项,等等。

注册会计师本着独立审计的要求,对证券发行人的会计报表发表审计意见,提出书面审计报告。注册会计师需针对不同的审计结果,出具以下四种审计报告:(1)无保留意见的审计报告。这意味着会计师对证券发行人的会计报表的全面肯定。(2)保留意见的审计报告。这意味着会计师对证券发行人的会计报表的基本肯定,但又存在个别财务会计事项的处理或个别重要报表不符合有关会计法规规定的情况。(3)否定意见的审计报告。即认为证券发行人的会计报表不符合合法、公允原则,不能一贯地反映其财务状况、经营状况等。(4)无法表示审计意见的审计报告。由于审计受到委托人、被审计单位或客观情况的限制,不能取得有关数据,无法发表意见。

(三)律师事务所

律师事务所是注册律师执行业务的工作机构。律师在证券市场中主要是通过提供法律咨询,起草必备的文件,出具法律意见书等体现自身的作用,律师的参与有利于促进和推动证券市场的法制化。

律师事务所及其律师从事证券业务必须符合有关规定。申请从事证券业务的律师应有3年以上从事经济、民事法律业务的经验,熟悉证券法律业务;或有2年以上从事证券法律业务、研究、教学工作经验;有良好的职业道德,在以往3年内没有受过纪律处分;经过司法部、证监会或司法部、证监会指定或委托的培训机构举办的专门业务培训并考核合格。从事证券法律业务的律师事务所,必须有3名以上(含3名)取得从事证券法律业务资格证书的专职律师。由律师事务所申请,省、自治区、直辖市司法行政主管部门审核后报司法部,司法部会同证监会审核批准并发给从事证券法律业务许可证。

五、发行方式

(一)传统方式

中国证监会于1996年12月发布了《关于股票发行与认购方式的暂行规定》,根据该规定,我国股票发行有"上网定价"、"全额预缴款"和"储蓄挂钩"三种方式。其中"上网定价"是指承销商或主承销商利用证券交易所的交易系统,以自己作为唯一的卖方,投资者在指定的时间内,按现行委托买入股票的方式申购股票,申购额超过发行额的以摇号抽签而定。"全额预缴款"包括全额预缴、比例配售、余款即退方式,以及全额预缴款比例配售、余款转存方式。"储蓄挂钩"是指在规定的期间内,无限量发售专项定期定额存单,根据存单发售数量、发行股票数量和每张中签存单可认购股票数量的多少决定中签率,再通过摇号抽签决定中签者。

1999 年 7 月中国证监会发布《关于进一步完善股票发行方式的通知》(以下简称《通知》),根据这一《通知》,发行总额在 4 亿元人民币以上的公司,可采用对一般投资者上网发行和对法人配售相结合的方式发行股票。为进一步扩大对一般投资者上网发行和对法人配售相结合发行方式的适用范围,使发行股票公司能够根据市场情况和自身条件选择适当的发行方式,中国证监会于 2000 年 4 月对《通知》中的有关规定作了如下修改:(1)取消《通知》中发行后总股本在 4 亿元以上的公司方可采用对一般投资者上网发行和对法人配售相结合的方式发行股票的限制。发行后总股本在 4 亿元以下的公司亦可采用上述方式发行股票。(2)取消《通知》中用于法人配售部分的股票不得少于公开发行量的 25%、不得多于公开发行量的 75% 的限制。发行人和主承销商在充分考虑上市后该股票流动性等因素的基础上,自主确定对法人配售和对一般投资者上网发行的比例。中国证监会于 2004 年发布《关于首次公开发行股票试行询价制度若干问题的通知》对上述规范进行了修改,2006 年 9 月 17 日中国证监会审议通过《证券发行与承销管理办法》,形成现行的股票发行方式(上述规范同时废止)。

(二)现行方式

现行主要采用战略配售、网下配售与网上发行相结合的方式发售股票,并且网下配售与网上发行同时进行。

1. 战略配售。我国证券法律规定:首次公开发行股票数量在 4 亿元以上的,可以向战略投资者配售股票。战略投资者不得参与首次公开发行股票的初步询价和累计投标询价,并应当承诺获得本次配售的股票持有期限不得少于 12 个月,持有期自本次公开发行的股票上市之日起算。对于首次公开发行股票超过一定规模时引入战略投资者,向其配售一部分股票,并锁定持股期限,既有利于吸引长期增量资金进入证券市场,改善投资者的结构,同时也有利于缓解市场资金压力、稳定投资者预期,对该股票实现平稳发行上市具有重要作用。

在引入战略投资者的同时,为稳定该股票上市后的股价走势,防止股价大起大落,保护投资者的利益,还建立了"超额配售选择权(绿鞋)"这一稳定价格机制。首次公开发行在 4 亿股以上的,发行人可以在发行中授予主承销商超额配售选择权。

2. 网下配售。网下配售是由发行人及其主承销商对参与初步询价并且进行了有效报价的询价对象进行的配售。

网下配售有比例限制,目的在于保障公众投资者获得较高的获配比例。公开发行股票数量少于 4 亿股的,配售数量不得超过本次发行总量的 20%;公开发行股票数量在4亿股以上的,配售数量不超过向战略投资者配售后剩余发行数量的50%。询价对象应当承诺获得网下配售股票持有期限不少于3个月,持有期自本次公开发行的股票上市之日起计算。本次发行向战略投资者配售的,发行完毕后无持有期限限制的股票数量不得低于本次发行股票数量的25%。

对有下列情形之一的询价对象不得配售股票:(1)未参与初步询价的;(2)参与初步询价未进行有效报价的;(3)询价对象或者配售股票对象的名称、账户资料与证券业协会登记不一致的;(4)未在规定时间内报价或者足额划拨申购资金的;(5)有证据表明在询价过程中有违法违规或者有违诚信原则的情形的。另外,主承销商的证券自营账户不得参与初步询价与网下配售,但不影响其资产管理账户参与初步询价与网下配售;与发行人或其主承销商具有实际控制关系的询价对象不得参与初步询价与网下配售。

上市公司向不特定对象公开募股的,主承销商可以对参与网下配售的机构投资者进行分类,对不同的机构投资者设定不同的配售比例,对同一类别的机构投资者应按相同的比例配售。

3.网上发行。网上发行是对公众投资者进行的发售,在指定的时间内当网上申购额超过网上发行额时以摇号抽签而定。网上发行是与网下配售同步进行的,网上发行时发行价格尚未确定的,公众投资者按照初步询价确定的价格区间上限进行缴申购,通过累计投标询价确定的发行价格低于价格区间上限的,差价部分款项再退还给网上申购的公众投资者。

首次公开发行达到一定规模的,发行人及其主承销商应在网下配售与网上发行之间建立回拨机制,依据申购的情况来调整网下配售与网上发行的比例。上市公司向不特定对象公开募股的,如果主承销商未对机构投资者进行分类,也应当在网下配售与网上发行之间建立回拨机制,使得回拨之后二者的获配比例一致。回拨机制的建立目的是为了提高公众投资者的中签率。

第二节　证 券 承 销

一、承销业务的种类

根据我国证券法的规定,我国证券承销业务分为代销和包销两种方式。证券代销,又称代理发行,是指证券公司代发行人发售证券,在承销期结束时,将未售出的证券全部退还给发行人的承销方式。对发行人而言,这种承销方式风险较大,但承销费用相对较低。证券包销,是指证券公司将发行人的证券按照协议全部购入或者在承销期结束时将售后剩余证券全部自行购入的承销方式。包销又可分为全额包销和余额包销两种形式。证券包销合同签订后发行人将证券的所有权转移给证券承销人。因此,证券销售不出去的风险由承销人承担,但其费用高于代销的费用。

二、承销协议的主要内容

证券公司承销证券,应当同发行人签订代销或者包销协议,该协议载明的主要事项如下:(1)当事人的名称、住所及法定代表人姓名;(2)代销、包销证券的种类、数量、金额及发行价格;(3)代销、包销的期限及起止日期;(4)代销、包销的付款方式及日期;(5)代销、包销的费用和结算办法;(6)违约责任;(7)国务院证券监督管理机构规定的其他事项。

三、承销团及主承销人

承销团,又称联合承销,是指两个以上的证券经营机构组成承销人,为发行人发售证券的一种承销方式。根据证券法的规定,向社会公开发行的证券票面总值超过人民币5000万元的,必须采取承销团的形式来销售,这实际上是关于巨额证券销售与承销团的规定。向社会公开发行的证券的票面总额达到5000万元的即为巨额销售,巨额销售涉及的金额大,销售成功后的利润大,但是,销售不成功的损失也大,为了保证销售者对巨额销售有足够的承受能力,证券法规定巨额销售必须要有相当资本实力的销售主体来承担,考虑到分散风险和稳定证券市场的因素,这种销售应当由两个或两个以上的证券公司来联合承销。

主承销人,是指承销团在承销过程中,其他承销团成员均委托其中一家承销人为承销团负责人,该负责人即为主承销人。主承销人与其他各家承销人的关系属于民法上委托代理关系,主承销人的行为后果由承销团承担。根据相关规定,主承销人应当具备的主要条件如下:具有法定最低限额以上的实收货币资本;主要负责人中2/3的人员有3年以上的证券管理工作经历或者有5年以上的金融管理工作经验;有足够数量的证券专业操作人员,其中70%以上的人员在证券专业岗位工作2年以上;全部从业人员在以往3年内的承销过程中,没有因内幕交易、侵害客户利益、工作严重失误受到起诉或行政处分;没有违反国家有关证券市场管理法规和政策,没有受到过证监会给予的通报批评;承销机构及其主要负责人在前3年的承销过程中,无其他严重劣迹,特别是与欺诈、提供虚假信息有关的行为。

四、证券的销售期限

各国证券法之所以对证券的销售期限作出规定,是因为销售证券是一种从社会直接融资的活动,而直接融资对资金市场可能发生较大的影响,包括负面影响,为了减少出现负面影响的机会,有必要对证券的销售期限作出合理的规定,从而达到维护证券市场秩序基本稳定的目的。我国证券法规定,证券的代销、包销期最长不得超过90日。

五、代销发行失败

《证券法》第35条规定:"股票发行采用代销方式,代销期限届满,向投资者出售的股票数量未达到拟公开发行股票数量70%的,为发行失败。发行人应当按照发行价并加算银行同期存款利息返还股票认购人。"

思考题

1. 什么是股票发行注册制？相比于核准制它有什么特点？
2. 我国《证券法》关于股票发行条件是如何规定的？
3. 什么是证券承销？证券代销和证券包销有何异同？
4. 证券发行的中介机构有哪些？各自的职责分别是什么？

第二十四章　证券交易法律制度

◇ 知识结构图

- 证券交易法律制度
  - 证券交易概述
    - 证券交易的一般规则
    - 证券的交易方式
  - 证券上市
    - 股票上市
    - 公司债券上市
    - 证券投资基金上市
  - 上市公司信息披露
    - 上市公司信息披露内容
    - 上市公司信息披露事务管理
    - 公司信息披露中的监督管理和法律责任
  - 上市公司收购
    - 上市公司收购概述
    - 权益披露
    - 要约收购
    - 协议收购
    - 豁免申请
    - 财务顾问
    - 上市公司收购后事项的处理
  - 证券交易中的禁止行为及法律责任
    - 禁止内幕交易行为
    - 禁止操纵市场行为
    - 禁止制造虚假信息行为
    - 禁止欺诈客户行为
    - 其他有关规定

◈ 本章导读

本章主要介绍了证券交易的基本法律制度。证券交易是指证券的流通转让活动，证券交易必须在依法成立的场所进行。证券交易分为场内交易与场外交易，证券交易所交易是证券交易市场的核心。证券法对股票上市与公司债券上市的条件与程序均作了详细的规定，并规定了信息披露制度。上市公司收购是通过股票交易取得公司控

制权的一种重要方式,证券法对上市公司收购的程序有严格规定。为维护证券市场秩序,保护投资者利益,禁止证券交易中的内幕交易、虚假陈述、操纵市场、欺诈客户等违法行为。

◉ 司考重点

证券交易的条件及方式(交易的条件、交易的方式);证券交易的暂停和终止;持续信息披露制;上市公司收购制度;禁止的证券交易行为

第一节　证券交易概述

一、证券交易的一般规则

证券交易,又称证券买卖,是指证券所有人将已经发行并交付的证券有偿转让给他人的法律行为。通过证券交易形成的市场,称为证券交易市场或者证券二级市场,可分为场内交易市场和场外交易市场。前者是指证券交易所,又称集中交易场所;后者则是指证券交易所之外进行交易的场所。

根据《证券法》的规定,在证券交易中,应遵守如下一般规则。

(一)证券交易的标的与主体必须合法

首先,证券交易当事人依法买卖的证券,必须是依法发行并交付的证券。非依法发行的证券,不得买卖。证券交易当事人买卖的证券可以采用纸面形式或者国务院证券监督管理机构规定的其他形式。其次,依法发行的股票、公司债券及其他证券,法律对其转让期限有限制性规定的,在限定的期限内不得买卖。如《公司法》规定,发起人持有的本公司股份,自公司成立之日起 1 年内不得转让;公司董事、监事、高级管理人员在任职期间每年转让其持有的本公司股份总数不得超过规定比例等。

为了防止出现内幕交易、操纵市场等证券欺诈行为,维护证券市场的秩序,立法对有关内幕人员持有、买卖股票作出限制。《证券法》第 43 条规定:“证券交易所、证券公司和证券登记结算机构的从业人员、证券监督管理机构的工作人员以及法律、行政法规禁止参与股票交易的其他人员,在任期或者法定限期内,不得直接或者以化名、借他人名义持有、买卖股票,也不得收受他人赠送的股票。任何人在成为前款所列人员时,其原已持有的股票,必须依法转让。”

《证券法》第 45 条规定:“为股票发行出具审计报告、资产评估报告或者法律意见书等文件的证券服务机构和人员,在该股票承销期内和期满后 6 个月内,不得买卖该种股票。除前款规定外,为上市公司出具审计报告、资产评估报告或者法律意见书等文件的证券服务机构和人员,自接受上市公司委托之日起至上述文件公开后 5 日内,不得买卖该种股票。”

《证券法》第47条规定:“上市公司董事、监事、高级管理人员、持有上市公司股份5%以上的股东,将其持有的该公司的股票在买入后6个月内卖出,或者在卖出后6个月内又买入,由此所得收益归该公司所有,公司董事会应当收回其所得收益。但是,证券公司因包销购入售后剩余股票而持有5%以上股份的,卖出该股票不受6个月时间限制。

公司董事会不按照前款规定执行的,股东有权要求董事会在30日内执行。公司董事会未在上述期限内执行的,股东有权为了公司的利益以自己的名义直接向人民法院提起诉讼。

公司董事会不按照第一款的规定执行的,负有责任的董事依法承担连带责任。”

(二)在合法的证券交易场所交易

依法公开发行的股票、公司债券及其他证券,应当在依法设立的证券交易所上市交易或者在国务院批准的其他证券交易场所转让。我国的证券交易所有上海证券交易所和深圳证券交易所。发行人发行证券可以上市交易,即在证券交易所交易;也可以不上市交易,即在国务院批准的其他证券交易场所转让。

(三)以合法方式交易

证券交易有现货交易和期货交易两种情况。《证券法》规定,证券交易以现货和国务院规定的其他方式进行交易,从而为发展证券期货交易留有法律空间。现中国证监会正在筹备和推动证券期货交易的事宜。

《证券法》第40条规定:“证券在证券交易所上市交易,应当采用公开的集中交易方式或者国务院证券监督管理机构批准的其他方式。”这一规定为证券在证券交易所以公开的集中竞价交易以外的其他方式交易留下了发展余地。

此外,修订后的《证券法》取消了证券公司不得从事向客户融资或融券的证券交易活动的规定,这也为下一步进行该类交易留下空间。

(四)规范证券交易服务

首先,证券交易所、证券公司、证券登记结算机构必须依法为客户开立的账户保密。除法律和行政法规另有规定者,证券交易所、证券公司、证券登记结算等机构不向任何人提供客户开立账户的情况,否则将承担相应的法律责任。

其次,证券交易的收费必须合理,并公开收费项目、收费标准和收费办法。证券交易的收费项目、收费标准和管理办法由国务院有关主管部门统一规定。

二、证券的交易方式

(一)证券交易的主要特征

1. 它是一种具有财产价值的特定权利的买卖。也就是说,证券交易不仅仅是有一定价值的财产的买卖,而且是与财产相关的权利的买卖,如股票上的股权,债券中的债权。

2. 它是一种标准化合同的买卖。由于每一种证券的面值设计是一致的,所以证券具有标准化合同的性质，当事人买卖证券时除了可以选择品种、数量和价格以外，其他均需依统一的规则进行。

3. 它是一种已经依法发行并经投资者认购的证券的买卖。无论是证券内容还是证券形式，都是经法定的主管部门审查认可的；证券已经依法发行且已经达到原始投资者手中。

证券交易是反映证券流通性的基本形式。流通性是确保证券作为融资工具的基础。证券发行完毕后，证券即成为投资者的投资对象和投资工具，赋予证券以流通性和变现性，可以使得证券投资者便利地进入或退出证券市场。

（二）证券交易的方式

证券交易依不同的标准可做不同的分类。按交割期限和投资方式的不同，可分为现货交易、期货交易、信用交易、期权交易等形式。

1. 现货交易

现货交易又称即期交易，是指证券出让方将有价证券立即或在很短时间内交付给购买方，购买方以现款交付的一种证券交易方式。现货交易是比较早的一种证券交易方式，其优点是，现货交易要求及时清算的特点可以有效避免或减少证券欺诈、操纵市场及垄断市场价格等不法行为的发生。其缺点是，证券的现货交易不能适应买卖双方对市场预期价格变动的预测及有效投资选择的要求。证券的现货交易是常规的证券交易方式。

2. 期货交易

我国证券法对于证券期货交易采取否定的态度。期货交易是通过证券合约的买卖，以获得差价收益的证券交易活动。期货交易包括商品证券交易和金融证券交易。在现代社会，期货交易的优点即在于其经济功能的发挥，即第一，套期保值功能。所谓套期保值功能是指套用证券期货合约为现货交易市场上的商品交易进行保值的证券期货合约，以期在未来某一时间在现货市场上买进（或卖出）商品时，能通过在证券市场卖出（或买进）相同数量的该商品的证券合约来补偿和冲抵因现货市场上价格变动所带来的实际价格风险，以一个市场上的盈利来补偿另一个市场上的损失。第二，发现价格的功能。证券市场供需双方通过公开讨价还价，小额保证金即可买卖证券期货合约。期货从成交到交割需经过一段时间，可使企业减少资金积压，降低经营费用。

期货交易有其积极的一面，但也存在负面效应，其负面效应与证券交易的虚拟性有关，主要体现在：第一，期货交易是一纸标准合同的交易，一般不涉及实体商品的转移，这必然增加交易风险。第二，期货交易是金融性交易，交易规模和流量受行情预期、利率、保证金率等影响，证券价格有反应灵敏、波动大的特点。第三，期货交易的投机者是专职的信息加工者，期货交易的主产品是信息，副产品才是实体商品流通。第四，期货价格变动有其特殊规律，即易受政治、军事、金融政策以及社会心理的影响，而产生证券价格变动与现货价格变动相分离，并不一定直接导致现货交易价格变动。

3.信用交易

信用交易,又称保证金交易,是指投资者凭借自己提供的保证金和信誉,当交易证券数量和价款数量超过证券或货币持有量,其差额由经纪人或银行提供贷款或信用的交易方式,即融资和融券。其优点是从事交易的人可以用较少的本金或证券赚取更多的利润;其缺点是若投资者对赚取价格走势判断有误,则损失惨重。一般来讲,保证金交易具有较大的风险,投机性较强,所以各国监管较严。我国2008年《证券公司监督管理条例》第48条规定:"本条例所称融资融券业务,是指在证券交易所或者国务院批准的其他证券交易场所进行的证券交易中,证券公司向客户出借资金供其买入证券或者出借证券供其卖出,并由客户交存相应担保物的经营活动。"2010年1月22日,中国证监会发布《关于开展证券公司融资融券业务试点工作的指导意见》,标志着我国证券融资融券业务试点申请工作正式开始。

4.期权交易

期权交易又称选择交易,是指证券交易当事人为保障或获得证券价格波动利益,约定在一定时间内,以特定价格买进或卖出指定证券,或者放弃买进或卖出指定证券的交易。期权交易其交易过程可分两种:看涨期权交易和看跌期权交易。期权交易的优点是其比证券交易更具灵活性,期权交易者不必像证券交易者那样被局限在某一具体的最低价位和最高价位上,而可以灵活地利用市场的变动趋势。期权交易的投机性小于证券交易,在期权交易中,交易者对价格走势判断准确,可依选择权作出买或卖的决定,自然会取得收益。如果判断有误,交易者可依选择权作出不卖或不买的决定,期交易不予执行,期权交易者只损失期权费。另外,期权交易的风险较证券交易小,期权交易可依期判断,决定卖或不卖,从而降低准确交易风险。

第二节 证券上市

申请证券上市交易,应当向证券交易所提出申请,由证券交易所依法审核同意,并由双方签订上市协议。政府债券的上市交易,由证券交易所根据国务院授权部门的决定安排。申请股票、可转换为股票的公司债券或者法律、行政法规规定实行保荐制度的其他证券上市交易,应当聘请具有保荐资格的机构担任保荐人。

证券交易所可以依法作出对证券不予上市、暂停上市、终止上市的决定,对证券交易所的上述决定不服的,可以向证券交易所设立的复核机构申请复核。

一、股票上市

国家鼓励符合产业政策并符合上市条件的公司股票上市交易。根据《证券法》的规定,股份有限公司申请股票上市,应当符合下列条件:

1.股票经国务院证券监督管理机构核准已公开发行;

2. 公司股本总额不少于人民币 3000 万元；

3. 公开发行的股份达到公司股份总数的 25% 以上；公司股本总额超过人民币 4 亿元的，公开发行股份的比例为 10% 以上；

4. 公司最近 3 年无重大违法行为，财务会计报告无虚假记载。

证券交易所可以规定高于上述规定的上市条件，并报国务院证券监督管理机构批准。新《证券法》的规定降低了上市公司的股本总额标准，取消了开业时间在 3 年以上、最近 3 年连续盈利的要求，放宽了股票上市的条件，并取消了对原国有企业设立的公司的政策优惠，实现了市场主体的平等。

申请股票上市交易，应当向证券交易所报送下列文件：

1. 上市报告书；

2. 申请股票上市的股东大会决议；

3. 公司章程；

4. 公司营业执照；

5. 依法经会计师事务所审计的公司最近 3 年的财务会计报告；

6. 法律意见书和上市保荐书；

7. 最近一次的招股说明书；

8. 证券交易所上市规则规定的其他文件。

股票上市交易申请经证券交易所审核同意后，签订上市协议的公司应当在规定的期限内公告股票上市的有关文件，并将该文件置备于指定场所供公众查阅，同时还应当公告下列事项：

1. 股票获准在证券交易所交易的日期；

2. 持有公司股份最多的前 10 名股东的名单和持股数额；

3. 公司的实际控制人；

4. 董事、监事、高级管理人员的姓名及其持有本公司股票和债券的情况。

上市公司丧失法律规定的上市条件的，其股票应当依法暂停上市或者终止上市。《证券法》规定，上市公司有下列情形之一的，由证券交易所决定暂停其股票上市交易：

1. 公司股本总额、股权分布等发生变化不再具备上市条件；

2. 公司不按照规定公开其财务状况，或者对财务会计报告作虚假记载，可能误导投资者；

3. 公司有重大违法行为；

4. 公司最近 3 年连续亏损；

5. 证券交易所上市规则规定的其他情形。

上市公司有下列情形之一的，由证券交易所决定终止其股票上市交易：

1. 公司股本总额、股权分布等发生变化不再具备上市条件，在证券交易所规定的期限内仍不能达到上市条件；

2. 公司不按照规定公开其财务状况，或者对财务会计报告作虚假记载，且拒绝纠正；

3. 公司最近 3 年连续亏损，在其后一个年度内未能恢复盈利；

4. 公司解散或者被宣告破产；

5. 证券交易所上市规则规定的其他情形。

股票终止上市的公司可以依照有关规定与中国证券业协会批准的证券公司签订协议，委托证券公司办理股份转让。

二、公司债券上市

公司申请公司债券上市交易，应当符合下列条件：

1. 公司债券的期限为 1 年以上；

2. 公司债券实际发行额不少于人民币 5000 万元；

3. 公司申请债券上市时仍符合法定的公司债券发行条件。

申请公司债券上市交易，应当向证券交易所报送下列文件：

1. 上市报告书；

2. 申请公司债券上市的董事会决议；

3. 公司章程；

4. 公司营业执照；

5. 公司债券募集办法；

6. 公司债券的实际发行数额；

7. 证券交易所上市规则规定的其他文件。

申请可转换为股票的公司债券上市交易，还应当报送保荐人出具的上市保荐书。

公司债券上市交易申请经证券交易所审核同意后，签订上市协议的公司应当在规定的期限内公告公司债券上市文件及有关文件，并将其申请文件置备于指定场所供公众查阅。

公司债券上市交易后。公司有下列情形之一的，由证券交易所决定暂停其公司债券上市交易：

1. 公司有重大违法行为；

2. 公司情况发生重大变化不符合公司债券上市条件；

3. 公司债券所募集资金不按照核准的用途使用；

4. 未按照公司债券募集办法履行义务；

5. 公司最近两年连续亏损。

公司有上述第 1 项、第 4 项所列情形之一经查实后果严重的，或者有第 2 项、第 3 项、第 5 项所列情形之一，在限期内未能消除的，由证券交易所决定终止其公司债券上市交易。

公司解散或者被宣告破产的，由证券交易所终止其公司债券上市交易。

三、证券投资基金上市

《证券投资基金法》规定:“封闭式基金的基金份额,经基金管理人申请,国务院证券监督管理机构核准,可以在证券交易所上市交易。国务院证券监督管理机构可以授权证券交易所依照法定条件和程序核准基金份额上市交易。”基金上市交易规则由证券交易所制定,报中国证监会批准。

1. 申请上市的基金必须符合下列条件:(1)基金的募集符合《证券投资基金法》的规定;(2)基金合同期限为5年以上;(3)基金募集金额不低于2亿元人民币;(4)基金持有人不少于1000人;(5)基金份额上市交易规则规定的其他条件。

2. 申请投资基金上市交易,应当向证券交易所提交以下文件:(1)上市申请书。(2)上市公告书,至少应包括如下内容:基金概况;基金持有人结构及前10名持有人;基金设立主要发起人、基金管理人、托管人简介;基金投资组合情况;基金契约摘要;基金运作情况;财务状况;重要事项揭示;备查文件。(3)批准设立和发行基金的文件。(4)基金契约。(5)基金托管协议。(6)基金募集资金的验资报告。(7)证券交易所1~2名会员署名的上市推荐书。(8)国务院证券监督管理机构和中国人民银行对基金托管人的审查批准文件。(9)国务院证券监督管理机构批准基金管理人的营业执照。(10)基金管理人注册登记的营业执照。(11)基金托管人注册登记的营业执照。(12)基金已全部托管的证明文件。(13)证券交易所要求的其他文件。

证券交易所接到基金上市申请后,应进行审查,认为符合上市条件的,将审查意见以及拟订的上市时间连同相关文件一并报国务院证券监督管理机构批准。获得国务院证券监督管理机构批准后,由证券交易所出具上市通知书。证券交易所还须同基金管理人或基金公司、基金托管人签订基金上市协议,以及有关服务合同。

获准上市的基金,须于上市首日前3个工作日内在国务院证券监督管理机构指定的报刊上刊登《上市公告书》。基金管理人还应将《上市公告书》备置于基金管理人所在地、基金托管人所在地、证券交易所、有关证券经营机构及其网点供公众查阅,同时报送国务院证券监督管理机构备案。

3. 基金的暂停上市或终止上市

基金上市期间,出现下列情形之一的,将暂时停止上市:(1)发生重大变更而不符合上市条件;(2)违反国家法律、法规,国务院证券监督管理机构决定暂停上市;(3)严重违反投资基金上市规则;(4)国务院证券监督管理机构和证券交易所认为须暂停上市的其他情形。

基金上市期间,有下列情形之一的,将终止上市:(1)不再具备《证券投资基金法》规定的上市交易条件;(2)基金合同期限届满;(3)基金份额持有人大会决定提前终止上市交易;(4)基金合同约定的或者基金份额上市交易规则规定的终止上市交易的其他情形。

开放式基金在销售机构的营业场所销售及赎回,不上市交易。开放式基金单位的认购、申购和赎回业务,可以由基金管理人直接办理,也可以由基金管理人委托经国务院证券监督管理机构认定的其他机构代为办理。基金管理人应当在每个工作日办理基金申购、赎回业务;基金合同另有约定的,按照其约定办理。投资人申购基金时,必须全额交付申购款项。款项一经交付申购申请即为有效。基金管理人应当于收到基金投资人申购、赎回申请之日起3个工作日内,对该交易的有效性进行确认。除不可抗力等特殊情况外,基金管理人不得拒绝接受基金投资人的赎回申请。

第三节 上市公司信息披露

上市公司的信息对投资者的利益尤为重要。为了规范发行人、上市公司及其他信息披露义务人的信息披露行为,加强信息披露事务管理,保护投资者合法权益,适应我国资本市场改革发展的需要,我国《公司法》、《证券法》等法律、行政法规都对上市公司的信息披露作有规定。2007年1月30日,中国证券监督管理委员会根据我国证券市场发展的新形势,在总结多年来信息披露管理经验的基础上,制定颁布了《上市公司信息披露管理办法》。同时修改制定了《公开发行证券的公司信息披露内容与格式准则第2号——年度报告的内容与格式》、《公开发行证券的公司信息披露内容与格式准则第23号——公开发行公司债券募集说明书》等一系列的信息披露准则。对上市公司的信息披露作出了全面规定。

一、上市公司信息披露内容

凡是对投资者作出投资决策有重大影响的信息都应当予以披露,信息披露文件主要包括招股说明书、募集说明书、上市公告书、定期报告和临时报告等。

(一)招股说明书

发行人首次公开发行股票的信息主要是通过招股说明书进行披露。招股说明书应当按照中国证券监督管理委员会的有关规定编制。在股票发行申请文件受理后、发行审核委员会审核前,发行人应当将招股说明书(申报稿)在中国证监会的网站预先披露。预先披露的招股说明书(申报稿)不是发行人发行股票的正式文件,不能含有价格信息,发行人不得据此发行股票。发行人应当在预先披露的招股说明书(申报稿)的显要位置声明:“本公司的发行申请尚未得到中国证监会核准。本招股说明书(申报稿)不具有据以发行股票的法律效力,仅供预先披露之用。投资者应当以正式公告的招股说明书全文作为作出投资决定的依据。”

公开发行证券的申请经中国证监会核准后,发行人应当在证券发行前公告招股说明书。中国证券监督管理委员会制定颁布的有关公司信息披露内容与格式准则只是信息披露的最低要求,不论准则是否有明确规定,凡是对投资者作出投资决策有重大影响的信息,均应当予以披露。

招股说明书中引用的财务报表在其最近一期截止日后6个月内有效。特别情况下发行人可申请适当延长,但至多不超过1个月。财务报表应当以年度末、半年度末或者季度末为截止日。招股说明书的有效期为6个月,自中国证监会核准发行申请前招股说明书最后一次签署之日起计算。

发行人及其全体董事、监事和高级管理人员应当在招股说明书上签署书面确认意见,保证招股说明书的内容真实、准确、完整。招股说明书应当加盖发行人公章。保荐人及其保荐代表人应当对招股说明书的真实性、准确性、完整性进行核查,并在核查意见上签字、盖章。

保荐人出具的发行保荐书、证券服务机构出具的有关文件应当作为招股说明书的备查文件,在中国证监会指定的网站上披露,并置备于发行人住所,拟上市证券交易所、保荐人、主承销商和其他承销机构的住所,以备公众查阅。

(二)上市公告书

申请证券上市交易,应当按照证券交易所的规定编制上市公告书,并经证券交易所审核同意后公告。发行人的董事、监事、高级管理人员应当对上市公告书签署书面确认意见,保证所披露的信息真实、准确、完整。

(三)募集说明书

公司发行债券应当编制公司债券募集说明书。上述有关招股说明书的规定,适用于公司债券募集说明书。

上市公司在非公开发行新股后,应当依法披露发行情况报告书。

(四)定期报告

定期报告是上市公司和公司债券上市交易的公司进行持续信息披露的主要形式之一,包括年度报告、中期报告和季度报告。

年度报告应当记载以下内容:(1)公司基本情况;(2)主要会计数据和财务指标;(3)公司股票、债券发行及变动情况,报告期末股票、债券总额、股东总数,公司前10大股东持股情况;(4)持股5%以上股东、控股股东及实际控制人情况;(5)董事、监事、高级管理人员的任职情况、持股变动情况、年度报酬情况;(6)董事会报告;(7)管理层讨论与分析;(8)报告期内重大事件及对公司的影响;(9)财务会计报告和审计报告全文;(10)中国证监会规定的其他事项。

中期报告应当记载以下内容:(1)公司基本情况;(2)主要会计数据和财务指标;(3)公司股票、债券发行及变动情况、股东总数、公司前10大股东持股情况,控股股东及实际控制人发生变化的情况;(4)管理层讨论与分析;(5)报告期内重大诉讼、仲裁等重大事件及对公司的影响;(6)财务会计报告;(7)中国证监会规定的其他事项。

季度报告应当记载以下内容:(1)公司基本情况;(2)主要会计数据和财务指标;(3)中国证监会规定的其他事项。

上市公司预计经营业绩发生亏损或者发生大幅变动的,应当及时进行业绩预告。

定期报告披露前出现业绩泄露,或者出现业绩传闻且公司证券及其衍生品种交易出现异常波动的,上市公司应当及时披露本报告期相关财务数据。

年度报告中的财务会计报告应当经具有证券、期货相关业务资格的会计师事务所审计。定期报告中财务会计报告被出具非标准审计报告的,上市公司董事会应当针对该审计意见涉及事项作出专项说明。定期报告中财务会计报告被出具非标准审计意见,证券交易所认为涉嫌违法的,应当提请中国证监会立案调查。

年度报告应当在每个会计年度结束之日起4个月内,中期报告应当在每个会计年度的上半年结束之日起2个月内,季度报告应当在每个会计年度第3个月、第9个月结束后的1个月内编制完成并披露。第一季度季度报告的披露时间不得早于上一年度年度报告的披露时间。

(五)临时报告

临时报告是指在定期报告之外临时发布的报告。凡发生可能对上市公司证券及其衍生品种交易价格产生较大影响的重大事件,投资者尚未得知时,上市公司应当立即提出临时报告,披露事件内容。说明事件的起因、目前的状态和可能产生的影响。

根据《证券法》和《上市公司信息披露管理办法》的规定,这里所说的重大事件包括:(1)公司的经营方针和经营范围的重大变化;(2)公司的重大投资行为和重大的购置财产的决定;(3)公司订立重要合同,可能对公司的资产、负债、权益和经营成果产生重要影响;(4)公司发生重大债务和未能清偿到期重大债务的违约情况,或者发生大额赔偿责任;(5)公司发生重大亏损或者重大损失;(6)公司生产经营的外部条件发生的重大变化;(7)公司的董事、1/3以上监事或者经理发生变动;董事长或者经理无法履行职责;(8)持有公司5%以上股份的股东或者实际控制人,其持有股份或者控制公司的情况发生较大变化;(9)公司减资、合并、分立、解散及申请破产的决定;或者依法进入破产程序、被责令关闭;(10)涉及公司的重大诉讼、仲裁,股东大会、董事会决议被依法撤销或者宣告无效;(11)公司涉嫌违法违规被有权机关调查,或者受到刑事处罚、重大行政处罚;公司董事、监事、高级管理人员涉嫌违法违纪被有权机关调查或者采取强制措施;(12)新公布的法律、法规、规章、行业政策可能对公司产生重大影响;(13)董事会就发行新股或者其他再融资方案、股权激励方案形成相关决议;(14)法院裁决禁止控股股东转让其所持股份;任一个股东所持公司5%以上股份被质押、冻结、司法拍卖、托管、设定信托或者被依法限制表决权;(15)主要资产被查封、扣押、冻结或者被抵押、质押;(16)主要或者全部业务陷入停顿;(17)对外提供重大担保;(18)获得大额政府补贴等可能对公司资产、负债、权益或者经营成果产生重大影响的额外收益;(19)变更会计政策、会计估计;(20)因前期已披露的信息存在差错、未按规定披露或者虚假记载,被有关机关责令改正或者经董事会决定进行更正;(21)中国证监会规定的其他情形。

上市公司披露重大事件后,已披露的重大事件出现可能对上市公司证券及其衍生品种交易价格产生较大影响的进展或者变化的,应当及时披露进展或者变化情况、可能产生的影响。上市公司控股子公司发生重大事件,可能对上市公司证券及其衍生品种交易价格产生较大影响的,上市公司应当履行信息披露义务。

二、上市公司信息披露事务管理

(一)上市公司应当制定信息披露事务管理制度和信息披露程序

根据《上市公司信息披露管理办法》的规定,上市公司应当制定信息披露事务管理制度,经公司董事会审议通过后,报注册地证监局和证券交易所备案。

信息披露事务管理制度应当包括:(1)明确上市公司应当披露的信息,确定披露标准;(2)未公开信息的传递、审核、披露流程;(3)信息披露事务管理部门及其负责人在信息披露中的职责;(4)董事和董事会、监事和监事会、高级管理人员等的报告、审议和披露的职责;(5)董事、监事、高级管理人员履行职责的记录和保管制度;(6)未公开信息的保密措施,内幕信息知情人的范围和保密责任;(7)财务管理和会计核算的内部控制及监督机制;(8)对外发布信息的申请、审核、发布流程及投资者、证券服务机构、媒体等的信息沟通与制度;(9)信息披露相关文件、资料的档案管理;(10)涉及子公司的信息披露事务管理和报告制度;(11)未按规定披露信息的责任追究机制,对违反规定人员的处理措施。

上市公司应当制定定期报告的编制、审议、披露程序和重大事件的报告、传递、审核、披露程序。在定期报告的编制、审议、披露程序中,经理、财务负责人、董事会秘书等高级管理人员应当及时编制定期报告草案,提请董事会审议;董事会秘书负责送达董事审阅;董事长负责召集和主持董事会会议审议定期报告;监事会负责审核董事会编制的定期报告;董事会秘书负责组织定期报告的披露工作。在重大事件的报告、传递、审核、披露程序中,董事、监事、高级管理人员知悉重大事件发生时,应当按照公司规定立即履行报告义务;董事长在接到报告后,应当立即向董事会报告,并敦促董事会秘书组织临时报告的披露工作。

上市公司应当履行关联交易的审议程序,并严格执行关联交易回避表决制度。交易各方不得通过隐瞒关联关系或者采取其他手段。规避上市公司的关联交易审议程序和信息披露义务。上市公司董事、监事、高级管理人员、持股5%以上的股东及其一致行动人、实际控制人应当及时向上市公司董事会报送上市公司关联人名单及关联关系的说明。

依法必须披露的信息,应当在国务院证券监督管理机构指定的媒体发布,同时将其置备于公司住所、证券交易所,供社会公众查阅。

(二)上市公司及其他信息披露义务人在信息披露工作中的职责

上市公司及其他信息披露义务人应当真实、准确、完整、及时地同时向所有投资者公开披露信息,不得有虚假记载、误导性陈述或者重大遗漏。在境内、外市场发行证券及其衍生品种并上市的公司在境外市场披露的信息,应当同时在境内市场披露。

上市公司及其他信息披露义务人应当依法披露信息,应当将公告文稿和相关备查文件报送证券交易所登记,并在中国证监会指定的媒体发布。信息披露义务人应当将信息披露公告文稿和相关备查文件报送上市公司注册地证监局,并置备于公司住处所供社会公众查阅。

信息披露义务人在公司网站及其他媒体发布信息的时间不得先于指定媒体,不得以新闻发布或者答记者问等任何形式代替应当履行的报告、公告义务,不得以定期报告形式代替应当履行的临时报告义务。

根据规定,上市公司应当在最先发生的以下任一时点,及时履行重大事件的信息披露义务:(1)董事会或者监事会就该重大事件形成决议时;(2)有关各方就该重大事件签署意向书或者协议时;(3)董事、监事或者高级管理人员知悉该重大事件发生并报告时。这里说的及时是指自起算日或者触及披露时点的两个交易日内。在上述规定的时点之前出现下列情形之一的,上市公司应当及时披露相关事项的现状、可能影响事件进展的风险因素:(1)该重大事件难以保密;(2)该重大事件已经泄露或者市场出现传闻;(3)公司证券及其衍生品种出现异常交易情况。

上市公司参股公司发生可能对上市公司证券及其衍生品种交易价格产生较大影响的事件的,上市公司应当履行信息披露义务。

(三)上市公司董事、监事等高级管理人员在信息披露工作中的职责

上市公司的董事、监事等高级管理人员应当勤勉尽责,关注信息披露文件的编制情况。保证定期报告、临时报告在规定期限内披露,配合上市公司及其他信息披露义务人履行信息披露义务。上市公司的董事、高级管理人员应当对公司定期报告签署书面确认意见。上市公司监事会应当对董事会编制的公司定期报告进行审核并提出书面审核意见。上市公司董事、监事、高级管理人员应当保证上市公司所披露的信息真实、准确、完整。

董事应当了解并持续关注公司的生产经营情况、财务状况和公司已经发生的或者可能发生的重大事件及其影响,主动调查、获取决策所需要的资料。

监事应当对公司董事、高级管理人员履行信息披露职责的行为进行监督,关注公司信息披露情况。发现信息披露存在违法违规问题的,应当进行调查并提出处理建议。

高级管理人员应当及时向董事会报告有关公司经营或者财务方面出现的重大事件、已披露的事件的进展或者变化情况及其他相关信息。

董事会秘书负责组织和协调公司信息披露事务,汇集上市公司应予披露的信息并报告董事会,持续关注媒体对公司的报道,主动求证报道的真实情况,并负责办理上市公司信息对外公布等相关事宜。

(四)上市公司的股东、实际控制人在信息披露中的义务

上市公司的股东、实际控制人发生以下事件时,应当主动告知上市公司董事会,并配合上市公司履行信息披露义务:(1)持有公司5%以上股份的股东或者实际控制人,

其持有股份或者控制公司的情况发生较大变化的；(2)法院裁决禁止控股股东转让其所持股份，任何一个股东所持公司5%以上股份被质押、冻结、司法拍卖、托管、设定信托或者被依法限制表决权的；(3)拟对上市公司进行重大资产或者业务重组的；(4)中国证监会规定的其他情形。

当应披露的信息在依法披露前已经在媒体上传播或者公司证券及其衍生品种出现交易异常情况的，股东或者实际控制人应当及时、准确地向上市公司作出书面报告，并配合上市公司及时、准确地公告。

上市公司的股东、实际控制人不得滥用其股东权利、支配地位，不得要求上市公司向其提供内幕信息。

上市公司的股东、实际控制人和发行对象在上市公司非公开发行股票时，应当及时向上市公司提供相关信息，配合上市公司履行信息披露义务。

通过接受委托或者信托等方式持有上市公司5%以上股份的股东或者实际控制人，应当及时将委托情况告知上市公司，配合上市公司履行信息披露义务。

(五)保荐人、证券服务机构在信息披露中的义务

为信息披露义务人履行信息披露义务出具专项文件的保荐人、证券服务机构，应当勤勉尽责、诚实守信。按照依法制定的业务规则、行业执业规范和道德准则发表专业意见，保证所出具文件的真实性、准确性和完整性。在为信息披露出具专项文件时，发现上市公司及其他信息披露义务人提供的材料有虚假记载、误导性陈述、重大遗漏或者其他重大违法行为的，应当要求其补充、纠正。信息披露义务人不予补充、纠正的，保荐人、证券服务机构应当及时向公司注册地证监局和证券交易所报告。

注册会计师应当秉承风险导向审计理念，严格执行注册会计师执业准则及相关规定，完善鉴证程序，科学选用鉴证方法和技术，充分了解被鉴证单位及其环境。审慎关注重大错报风险，获取充分、适当的证据，合理发表鉴证结论。

资产评估机构应当恪守职业道德，严格遵守评估准则或者其他评估规范。

恰当选择评估方法，评估中提出的假设条件应当符合实际情况，对评估对象所涉及交易、收入、支出、投资等业务的合法性、未来预测的可靠性取得充分证据，充分考虑未来各种可能性发生的概率及其影响，形成合理的评估结论。

(六)其他相关方的义务

在内幕信息依法披露前，任何知情人不得公开或者泄露该信息，不得利用该信息进行内幕交易。任何机构和个人都不得非法获取、提供、传播上市公司的内幕信息，不得利用所获取的内幕信息买卖或者建议他人买卖公司证券及其衍生品种，不得在投资价值分析报告、研究报告等文件中使用内幕信息。

媒体应当客观、真实地报道涉及上市公司的情况，发挥舆论监督作用。任何机构和个人不得提供、传播虚假或者误导投资者的上市公司信息。

证券交易所应当对上市公司及其他信息披露义务人披露信息进行监督，督促其依

法及时、准确地披露信息,对证券及其衍生品种交易实行实时监控。证券交易所制订的上市规则和其他信息披露规则应当报中国证监会批准。

三、公司信息披露中的监督管理和法律责任

(一)公司信息披露中的监督管理

中国证券监督管理委员会对上市公司年度报告、中期报告、临时报告以及公告的情况进行监督,对上市公司分派或者配售新股的情况进行监督.对上市公司控股股东及其他信息披露义务人的行为进行监督。

中国证券监督管理委员会依法对信息披露文件及公告的情况、信息披露事务管理活动进行监督,对上市公司控股股东、实际控制人和信息披露义务人的行为进行监督。可以要求上市公司及其他信息披露义务人或者其董事、监事、高级管理人员对有关信息披露问题作出解释、说明或者提供相关资料.并要求上市公司提供保荐人或者证券服务机构的专业意见。对保荐人和证券服务机构出具的文件的真实性、准确性、完整性有疑义的,可以要求相关机构作出解释、补充,并调阅其工作底稿。

上市公司及其他信息披露义务人、保荐人和证券服务机构应当及时作出回复,并配合中国证监会的检查、调查。

中国证券监督管理委员会对信息披露义务人及其董事、监事、高级管理人员,上市公司的股东、实际控制人、收购人及其董事、监事、高级管理人员违反信息披露管理办法的。可采取以下监管措施:(1)责令改正;(2)监管谈话;(3)出具警示函;(4)将其违法违规、不履行公开承诺等情况记入诚信档案并公布;(5)认定为不适当人选;(6)依法可以采取的其他监管措施。

(二)公司信息披露中的法律责任

上市公司董事长、经理、董事会秘书应当对公司临时报告信息披露的真实性、准确性、完整性、及时性、公平性承担主要责任。上市公司董事长、经理、财务负责人应对公司财务报告的真实性、准确性、完整性、及时性、公平性承担主要责任。证券监督管理机构、证券交易所、保荐人、承销的证券公司及有关人员,对公司依照法律、行政法规规定必须作出的公告,在公告前不得泄露其内容。

如果披露的信息有虚假记载、误导性陈述或者重大遗漏,致使投资者在证券交易中遭受损失的,发行人、上市公司应当承担赔偿责任;发行人、上市公司的董事、监事、高级管理人员和其他直接责任人员以及保荐人、承销的证券公司,应当与发行人、上市公司承担连带赔偿责任,但是能够证明自己没有过错的除外;发行人、上市公司的控股股东、实际控制人有过错的,应当与发行人、上市公司承担连带赔偿责任。

上市公司未按规定制定上市公司信息披露事务管理制度的,经中国证监会责令改正而拒不改正的;通过隐瞒关联关系或者采取其他手段,规避信息披露、报告义务的;上市公司股东、实际控制人未依法配合上市公司履行信息披露义务的,或者非法要求上市公司提供内幕信息的;信息披露义务人未在规定期限内履行披露义务,或者所披露的信息有虚假记载、误导性陈述或者重大遗漏的，中国证券监督管理委员会都将依法给予处罚。

为信息披露义务人发行信息披露义务出具专项文件的保荐人、证券服务机构及其人员违反《证券法》、行政法规和中国证监会的规定，由中国证监会依法采取责令改正、监管谈话、出具警示函、记入诚信档案等监管措施；应当给予行政处罚的，中国证券监督管理委员会依法给予处罚。

任何机构和个人泄露上市公司内幕信息，或者利用内幕信息买卖证券及其衍生品种；编制、传播虚假信息扰乱证券市场；媒体传播上市公司信息不真实、不客观的；在证券及其衍生品种交易活动中作出虚假陈述或者信息误导的；涉嫌利用新闻报道以及其他传播方式对上市公司进行敲诈勒索的；中国证券监督管理委员会依法给予处罚。

第四节　上市公司收购

一、上市公司收购概述

上市公司收购，是指收购人通过在证券交易所的股份转让活动持有一个上市公司的股份达到一定比例，通过证券交易所股份转让活动以外的其他合法方式控制一个上市公司的股份达到一定程度，导致其获得或者可能获得对该公司的实际控制权的行为。

上市公司收购活动应当遵循公开、公平、公正的原则，相关当事人应当诚实守信，自觉维护证券市场秩序。上市公司的控股股东和其他实际控制人对其所控制的上市公司及该公司其他股东负有诚信义务。收购人对其所收购的上市公司及其股东负有诚信义务，并应当就其承诺的具体事项提供充分有效的履行保证。收购人不得利用上市公司收购损害被收购公司及其股东的合法权益。上市公司的董事、监事和高级管理人员对其所任职的上市公司及其股东负有诚信义务。

收购上市公司中由国家授权投资的机构持有的股份，应当按照国务院的规定，经有关主管部门批准。

投资者可以采取要约收购、协议收购、间接收购及其他合法方式收购上市公司。收购意味控制，这里所指的实际控制是指：(1)投资者为上市公司持股50%以上的控股股东；(2)投资者可以实际支配上市公司股份表决权超过30%；(3)投资者通过实际支配上市公司股份表决权能够决定公司董事会半数以上成员选任；(4)投资者依其可实际支配的上市公司股份表决权足以对公司股东大会的决议产生重大影响；(5)中国证监会认定的其他情形。收购人可以通过取得股份的方式成为一个上市公司的控股股东，可以通过投资关系、协议、其他安排的途径成为一个上市公司的实际控制人，也可以同时采取上述方式和途径取得上市公司控制权。

收购人包括投资者及与其一致行动的他人。这里所谓的一致行动,是指投资者通过协议、其他安排,与其他投资者共同扩大其所能够支配的一个上市公司股份表决权数量的行为或者事实。在上市公司的收购及相关股份权益变动活动中有一致行动情形的投资者,互为一致行动人。如无相反证据,投资者有下列情形之一的为一致行动人:(1)投资者之间有股权控制关系;(2)投资者受同一主体控制;(3)投资者的董事、监事或者高级管理人员中的主要成员,同时在另一个投资者担任董事、监事或者高级管理人员;(4)投资者参股另一投资者,可以对参股公司的重大决策产生重大影响;(5)银行以外的其他法人、组织和自然人为投资者取得相关股份提供融资安排;(6)投资者之间存在合伙、合作、联营等其他经济利益关系;(7)持有投资者30%以上股份的自然人,与投资者持有同一上市公司股份;(8)在投资者任职的董事、监事及高级管理人员,与投资者持有同一上市公司股份;(9)持有投资者30%以上股份的自然人和在投资者任职的董事、监事及高级管理人员,其父母、配偶、子女及其配偶、配偶的父母、兄弟姐妹及其配偶、配偶的兄弟姐妹及其配偶等亲属,与投资者持有同一上市公司股份;(10)在上市公司任职的董事、监事、高级管理人员及其前项所述亲属同时持有本公司股份的,或者与其自己或者其前项所述亲属直接或者间接控制的企业同时持有本公司股份;(11)上市公司董事、监事、高级管理人员和员工与其所控制或者委托的法人或者其他组织持有本公司股份;(12)投资者之间具有其他关联关系。

一致行动人应当合并计算其所持有的股份。投资者计算其所持有的股份,应当包括登记在其名下的股份,也包括登记在其一致行动人名下的股份。投资者认为其与他人不应被视为一致行动人的,可以向中国证监会提供相反证据。

任何人不得利用上市公司的收购损害被收购公司及其股东的合法权益。有下列情形之一的,不得收购上市公司:(1)收购人负有数额较大债务,到期未清偿,且处于持续状态;(2)收购人最近3年有重大违法行为或者涉嫌有重大违法行为;(3)收购人最近3年有严重的证券市场失信行为;(4)收购人为自然人的,存在《公司法》第146条规定情形;(5)法律、行政法规规定以及中国证监会认定的不得收购上市公司的其他情形。

被收购公司的控股股东或者实际控制人不得滥用股东权利损害被收购公司或者其他股东的合法权益。被收购公司的控股股东、实际控制人及其关联方有损害被收购公司及其他股东合法权益的,上述控股股东、实际控制人在转让被收购公司控制权之前,应当主动消除损害;未能消除损害的,应当就其出让相关股份所得收入用于消除全部损害作出安排,对不足以消除损害的部分应当提供充分有效的履约担保或安排,并依照公司章程取得被收购公司股东大会的批准。被收购公司的董事、监事、高级管理人员对公司负有忠实义务和勤勉义务,应当公平对待收购本公司的所有收购人。被收购公司董事会针对收购所作出的决策及采取的措施,应当有利于维护公司及其股东的利益,不得滥用职权对收购设置不适当的障碍,不得利用公司资源向收购人提供任何形式的财务资助，不得损害公司及其股东的合法权益。上市公司收购可以采用现金、依法可以转让的证券以及法律、行政法规规定的其他支付方式进行。被收购公司不得向收购人提供任何形式的财务资助。

《上市公司收购管理办法》（以下简称《收购管理办法》），对上市公司收购的方式、权益披露、要约收购、协议收购、间接收购、豁免申请、财务顾问、监管措施与法律责任等作出了具体的规定。

二、权益披露

投资者的权益是指在一个上市公司中拥有的权益，包括登记在其名下的股份和虽未登记在其名下但该投资者可以实际支配表决权的股份。投资者及其一致行动人在一个上市公司中拥有的权益应当合并计算。根据《证券法》和《收购管理办法》的有关规定，投资者通过证券交易行为，权益发生变化达到一定限度时，应当及时对拥有上市公司的权益进行披露：

（一）证券交易所的证券交易使得权益发生变化的信息披露

通过证券交易所的证券交易，投资者及其一致行动人拥有权益的股份达到一个上市公司已发行股份的5%时，应当在该事实发生之日起3日内编制权益变动报告书，向中国证监会、证券交易所提交书面报告，抄报该上市公司所在地的中国证监会派出机构，通知该上市公司，并予公告；在上述期限内，不得再行买卖该上市公司的股票。投资者及其一致行动人拥有权益的股份达到一个上市公司已发行股份的5%后，通过证券交易所的证券交易，其拥有权益的股份占该上市公司已发行股份的比例每增加或者减少5%，应当依照前述规定进行报告和公告。在报告期限内和作出报告、公告后2日内，不得再行买卖该上市公司的股票。

（二）协议转让使得权益发生变化的信息披露

通过协议转让方式，投资者及其一致行动人在一个上市公司中拥有权益的股份拟达到或者超过一个上市公司已发行股份的5%时，应当在该事实发生之日起3日内编制权益变动报告书，向中国证监会、证券交易所提交书面报告，通知该上市公司，并予公告。

投资者及其一致行动人拥有权益的股份已达到一个上市公司已发行股份的5%后，其拥有权益的股份占该上市公司已发行股份的比例每增加或者减少达到或者超过5%的，应当依照前述规定履行报告、公告义务。

投资者及其一致行动人在作出报告、公告前，不得再行买卖该上市公司的股票。投资者及其一致行动人通过行政划转或者变更、执行法院裁定、继承、赠与等方式拥有权益的股份变动达到前条规定比例的，应当按照前条规定履行报告、公告义务，并参照前条规定办理股份过户登记手续。

（三）权益变动的披露方式

1. 投资者及其一致行动人不是上市公司的第一大股东或者实际控制人，其拥有权益的股份达到或者超过该公司已发行股份的5%但未达到20%的，应当编制简式权益变动报告书。简式权益变动报告书应包括下列内容：(1)投资者及其一致行动人的姓名、住所；投资者及其一致行动人为法人的，其名称、注册地及法定代表人；(2)持股目的，是否有意在未来12个月内继续增加其在上市公司中拥有的权益；(3)上市公司的名称、股票的种类、数量、比例；(4)在上市公司中拥有权益的股份达到或者超过上市公司已发行股份的5%或者拥有权益的股份增减变化达到5%的时间及方式；(5)权益变动事实发生之日前6个月内通过证券交易所的证券交易买卖该公司股票的简要情况；(6)中国证监会、证券交易所要求披露的其他内容。

2. 投资者及其一致行动人为上市公司第一大股东或者实际控制人，其拥有权益的股份达到或者超过一个上市公司已发行股份的5%，但未达到20%的，投资者及其一致行动人拥有权益的股份达到或者超过一个上市公司已发行股份的20%但未超过30%的，应当编制详式权益变动报告书，除须披露前述的信息外，还应当披露以下内容：(1)投资者及其一致行动人的控股股东、实际控制人及其股权控制关系结构图；(2)取得相关股份的价格、所需资金额、资金来源，或者其他支付安排；(3)投资者、一致行动人及其控股股东、实际控制人所从事的业务与上市公司的业务是否存在同业竞争或者潜在的同业竞争，是否存在持续关联交易；存在同业竞争或者持续关联交易的，是否已作出相应的安排，确保投资者、一致行动人及其关联方与上市公司之间避免同业竞争以及保持上市公司的独立性；(4)未来12个月内对上市公司资产、业务、人员、组织结构、公司章程等进行调整的后续计划；(5)前24个月内投资者及其一致行动人与上市公司之间的重大交易；(6)不存在《上市公司收购管理办法》第6条规定的情形；(7)能够按照《上市公司收购管理办法》第50条的规定提供相关文件。

前述投资者及其一致行动人为上市公司第一大股东或者实际控制人的，还应当聘请财务顾问对上述权益变动报告书所披露的内容出具核查意见，但国有股行政划转或者变更、股份转让在同一实际控制人控制的不同主体之间进行、因继承取得股份的除外。投资者及其一致行动人承诺至少3年放弃行使相关股份表决权的，可免于聘请财务顾问和提供前述第(7)项规定的文件。

(四)权益变动的持续披露和披露义务的免除

1. 已披露权益变动报告书的投资者及其一致行动人在披露之日起6个月内，因拥有权益的股份变动需要再次报告、公告权益变动报告书的，可以仅就与前次报告书不同的部分作出报告、公告；自前次披露之日起超过6个月的，投资者及其一致行动人应当按照本章的规定编制权益变动报告书，履行报告、公告义务。

2. 因上市公司减少股本导致投资者及其一致行动人拥有权益的股份变动，出现法定情形，投资者及其一致行动人免于履行报告和公告义务。上市公司应当自完成减少股本的变更登记之日起两个工作日内，就因此导致的公司股东拥有权益的股份变动情况作出公告；因公司减少股本可能导致投资者及其一致行动人成为公司第一大股东或者实际控制人的，该投资者及其一致行动人应当自公司董事会公告有关减少公司股本决议之日起3个工作日内，按照前述有关要求履行报告、公告义务。

(五)权益变动前股票交易异常的信息披露

上市公司的收购及相关股份权益变动活动中的信息披露义务人依法披露前，相关信息已在媒体上传播或者公司股票交易出现异常的，上市公司应当立即向当事人进行查询，当事人应当及时予以书面答复，上市公司应当及时作出公告。

(六)权益变动信息披露的媒体和责任承担

上市公司的收购及相关股份权益变动活动中的信息披露义务人应当在至少一家中国证监会指定媒体上依法披露信息；在其他媒体上进行披露的，披露内容应当一致，披露时间不得早于指定媒体的披露时间。

上市公司的收购及相关股份权益变动活动中的信息披露义务人采取一致行动的，可以书面形式约定由其中一人作为指定代表负责统一编制信息披露文件，并同意授权该指定代表在信息披露文件上签字、盖章。各信息披露义务人应当对信息披露文件中涉及其自身的信息承担责任；对信息披露文件中涉及的与多个信息披露义务人相关的信息，各信息披露义务人对相关部分承担连带责任。

三、要约收购

投资者自愿选择以要约方式收购上市公司股份的，可以向被收购公司所有股东发出收购其所持有的全部股份的要约(简称全面要约)，也可以向被收购公司所有股东发出收购其所持有的部分股份的要约(简称部分要约)。通过证券交易所的证券交易，收购人持有一个上市公司的股份达到该公司已发行股份的30%时，继续增持股份的，应当采取要约方式进行，发出全面要约或者部分要约。根据《证券法》和《收购管理办法》的有关规定，要约收购应当遵守下述规定：

1. 以要约方式收购一个上市公司股份的，其预定收购的股份比例均不得低于该上市公司已发行股份的5%。以要约方式进行上市公司收购的，收购人应当公平对待被收购公司的所有股东。持有同一种类股份的股东应当得到同等对待。

收购人为终止上市公司的上市地位而发出全面要约的，或者向中国证监会提出申请但未取得豁免而发出全面要约的，应当以现金支付收购价款；以依法可以转让的证券支付收购价款的，应当同时提供现金方式供被收购公司股东选择。

以要约方式收购上市公司股份的，收购人应当编制要约收购报告书，并应当聘请财务顾问向中国证监会、证券交易所提交书面报告，抄报派出机构，通知被收购公司，同时对要约收购报告书摘要作出提示性公告。并于15日后，公告其要约收购报告书、财务顾问专业意见和律师出具的法律意见书。在15日内，中国证监会对要约收购报告书披露的内容表示无异议的，收购人可以进行公告；中国证监会发现要约收购报告书不符合法律、行政法规及相关规定的，及时告知收购人，收购人不得公告其收购要约。

收购人发出全面要约的,应当在要约收购报告书中充分披露终止上市的风险、终止上市后收购行为完成的时间及仍持有上市公司股份的剩余股东出售其股票的其他后续安排。

收购人拟收购上市公司股份超过30%,须改以要约方式进行收购的,收购人应当在达成收购协议或者作出类似安排后的3日内对要约收购报告书摘要作出提示性公告,并按照《上市公司收购管理办法》有关规定履行报告和公告义务,同时免于编制、报告和公告上市公司收购报告书;依法应当取得批准的,应当在公告中特别提示本次要约须取得相关批准方可进行。未取得批准的,收购人应当在收到通知之日起两个工作日内,向中国证监会提交取消收购计划的报告,抄送证券交易所,通知被收购公司,并予公告。

收购人向中国证监会报送要约收购报告书后,在公告要约收购报告书之前,拟自行取消收购计划的,应当向中国证监会提出取消收购计划的申请及原因说明,并予公告。自公告之日起12个月内,该收购人不得再次对同一上市公司进行收购。

2. 被收购公司董事会应当对收购人的主体资格、资信情况及收购意图进行调查,对要约条件进行分析,对股东是否接受要约提出建议,并聘请独立财务顾问提出专业意见。在收购人公告要约收购报告书后20日内,被收购公司董事会应当将被收购公司董事会报告书与独立财务顾问的专业意见报送中国证监会,抄送证券交易所,并予公告。

收购人对收购要约条件作出重大变更的,被收购公司董事会应当在3个工作日内提交董事会及独立财务顾问就要约条件的变更情况所出具的补充意见,并予以报告、公告。

收购人作出提示性公告后至要约收购完成前,被收购公司除继续从事正常的经营活动或者执行股东大会已经作出的决议外,未经股东大会批准,被收购公司董事会不得通过处置公司资产、对外投资、调整公司主要业务、担保、贷款等方式,对公司的资产、负债、权益或者经营成果造成重大影响。

在要约收购期间,被收购公司董事不得辞职。

3. 收购人按照本办法规定进行要约收购的,对同一种类股票的要约价格,不得低于要约收购提示性公告日前6个月内收购人取得该种股票所支付的最高价格。

要约价格低于提示性公告日前30个交易日该种股票的每日加权平均价格的算术平均值的,收购人聘请的财务顾问应当就该种股票前6个月的交易情况进行分析,说明是否存在股价被操纵、收购人是否有未披露的一致行动人、收购人前6个月取得公司股份是否存在其他支付安排、要约价格的合理性等。收购人可以采用现金、证券、现金与证券相结合等合法方式支付收购上市公司的价款。收购人聘请的财务顾问应当说明收购人具备要约收购的能力。以现金支付收购价款的,应当在作出要约收购提示性公告的同时,将不少于收购价款总额的20%作为履约保证金存入证券登记结算机构指定的银行。收购人以证券支付收购价款的，应当提供该证券的发行人最近 3 年经审计的财务会计报告、证券估值报告，并配合被收购公司聘请的独立财务顾问的尽职调查工作。收购人以在证券交易所上市交易的证券支付收购价款的，应当在作出要约收购提示性公告的同时，将用于支付的全部证券交由证券登记结算机构保管，但上市公司发行新股的除外；收购人以在证券交易所上市的债券支付收购价款的，该债券的可上市交易时间应当不少于 1 个月；收购人以未在证券交易所上市交易的证券支付收购价款的，必须同时提供现金方式供被收购公司的股东选择，并详细披露相关证券的保管、送达被收购公司股东的方式和程序安排。

4. 收购要约约定的收购期限不得少于 30 日，并不得超过 60 日；但是出现竞争要约的除外。在收购要约约定的承诺期限内，收购人不得撤销其收购要约。采取要约收购方式的，收购人作出公告后至收购期限届满前，不得卖出被收购公司的股票，也不得采取要约规定以外的形式和超出要约的条件买入被收购公司的股票。

收购要约期限届满前 15 日内，收购人不得变更收购要约，但是出现竞争要约的除外。

出现竞争要约时，发出初始要约的收购人变更收购要约距初始要约收购期限届满不足 15 日的，应当延长收购期限，延长后的要约期应当不少于 15 日，不得超过最后一个竞争要约的期满日，并按规定比例追加履约保证金；以证券支付收购价款的，应当追加相应数量的证券，交由证券登记结算机构保管。发出竞争要约的收购人最迟不得晚于初始要约收购期限届满前 15 日发出要约收购的提示性公告，并应当根据《收购管理办法》有关规定履行报告、公告义务。要约收购报告书所披露的基本事实发生重大变化的，收购人应当在该重大变化发生之日起两个工作日内，向中国证监会作出书面报告，抄送证券交易所，通知被收购公司，并予公告。

收购人需要变更收购要约的，必须事先向中国证监会提出书面报告，同时抄报派出机构，抄送证券交易所和证券登记结算机构，通知被收购公司；经中国证监会批准后，予以公告。

5. 同意接受收购要约的股东（以下简称预受股东），应当委托证券公司办理预受要约的相关手续。收购人应当委托证券公司向证券登记结算机构申请办理预受要约股票的临时保管。证券登记结算机构临时保管的预受要约的股票，在要约收购期间不得转让。这里所说的预受，是指被收购公司股东同意接受要约的初步意思表示，在要约收购期限内不可撤回之前不构成承诺。在要约收购期限届满 3 个交易日前，预受股东可以委托证券公司办理撤回预受要约的手续，证券登记结算机构根据预受要约股东的撤回申请解除对预受要约股票的临时保管。在要约收购期限届满前 3 个交易日内，预受股东不得撤回其对要约的接受。在要约收购期限内，收购人应当每日在证券交易所网站上公告已预受收购要约的股份数量。出现竞争要约时，接受初始要约的预受股东撤回全部或者部分预受的股份，并将撤回的股份售予竞争要约人的，应当委托证券公司办理撤回预受初始要约的手续和预受竞争要约的相关手续。

6. 收购期限届满，发出部分要约的收购人应当按照收购要约约定的条件购买被收购公司股东预受的股份，预受要约股份的数量超过预定收购数量时，收购人应当按照同等比例收购预受要约的股份；以终止被收购公司上市地位为目的的，收购人应当按照收购要约约定的条件购买被收购公司股东预受的全部股份；未取得中国证监会豁免而发出全面要约的收购人应当购买被收购公司股东预受的全部股份。收购期限届满后3个交易日内，接受委托的证券公司应当向证券登记结算机构申请办理股份转让结算、过户登记手续，解除对超过预定收购比例的股票的临时保管；收购人应当公告本次要约收购的结果。

收购期限届满，被收购公司股权分布不符合上市条件，该上市公司的股票由证券交易所依法终止上市交易。在收购行为完成前，其余仍持有被收购公司股票的股东，有权在收购报告书规定的合理期限内向收购人以收购要约的同等条件出售其股票，收购人应当收购。

收购期限届满后15日内，收购人应当向中国证监会报送关于收购情况的书面报告，抄送证券交易所，通知被收购公司。

除要约方式外，投资者不得在证券交易所外公开求购上市公司的股份。

四、协议收购

采取协议方式收购上市公司的，收购人可以依照法律、行政法规的规定同被收购公司的股东协议转让股份。收购协议达成后，收购人必须在3日内将该收购协议向国务院证券监督管理机构及证券交易所作出书面报告，并予公告。在公告前不得履行收购协议。

协议收购的双方可以临时委托证券登记结算机构保管协议转让的股票，并将资金存放于指定的银行。

采取协议收购方式的，收购人收购或者通过协议、其他安排与他人共同收购一个上市公司已发行的股份达到30%时，继续进行收购的，应当向该上市公司所有股东发出收购上市公司全部或者部分股份的要约。但是，经国务院证券监督管理机构免除发出要约的除外。

收购人依照上述规定以要约方式收购上市公司股份，应当遵守《证券法》第89条至第93条有关要约收购的规定。

五、豁免申请

收购人收购上市公司一定股份时，并不必然履行收购要约的义务，中国证监会可以针对实际情况行使豁免权，免除收购人发出收购要约的义务。当出现规定的特殊情形时，投资者及其一致行动人可以向中国证监会申请豁免。未取得豁免的，投资者及其一致行动人应当在收到中国证监会通知之日起30日内将其或者其控制的股东所持有的被收购公司股份减持到30%或者30%以下；拟以要约以外的方式继续增持股份的，应

当发出全面要约。根据《上市公司收购管理办法》的有关规定,可申请的豁免事项为:

(一)免于以要约收购方式增持股份的事项

该事项包括:(1)收购人与出让人能够证明本次转让未导致上市公司的实际控制人发生变化;(2)上市公司面临严重财务困难,收购人提出的挽救公司的重组方案取得该公司股东大会批准,且收购人承诺3年内不转让其在该公司中所拥有的权益;(3)经上市公司股东大会非关联股东批准,收购人取得上市公司向其发行的新股,导致其在该公司拥有权益的股份超过该公司已发行股份的30%,收购人承诺3年内不转让其拥有权益的股份,且公司股东大会同意收购人免于发出要约;(4)中国证监会为适应证券市场发展变化和保护投资者合法权益的需要而认定的其他情形。

中国证监会在受理豁免申请后20个工作日内,就收购人所申请的具体事项作出是否予以豁免的决定;取得豁免的,收购人可以继续增持股份。

(二)存在主体资格、股份种类限制或者法律、行政法规、中国证监会规定的特殊情形的事项

该事项包括:(1)经政府或者国有资产管理部门批准进行国有资产无偿划转、变更、合并,导致投资者在一个上市公司中拥有权益的股份占该公司已发行股份的比例超过30%;(2)在一个上市公司中拥有权益的股份达到或者超过该公司已发行股份的30%的,自上述事实发生之日起1年后,每12个月内增加其在该公司中拥有权益的股份不超过该公司已发行股份的2%;(3)在一个上市公司中拥有权益的股份达到或者超过该公司已发行股份的50%的,继续增加其在该公司拥有的权益不影响该公司的上市地位;(4)因上市公司按照股东大会批准的确定价格向特定股东回购股份而减少股本,导致当事人在该公司中拥有权益的股份超过该公司已发行股份的30%;(5)证券公司、银行等金融机构在其经营范围内依法从事承销、贷款等业务导致其持有一个上市公司已发行股份超过30%,没有实际控制该公司的行为或者意图,并且提出在合理期限内向非关联方转让相关股份的解决方案;(6)因继承导致在一个上市公司中拥有权益的股份超过该公司已发行股份的30%;(7)中国证监会为适应证券市场发展变化和保护投资者合法权益的需要而认定的其他情形。

出现上述事项时,当事人可以向中国证监会申请以简易程序免除发出要约。中国证监会自收到符合规定的申请文件之日起5个工作日内未提出异议的,相关投资者可以向证券交易所和证券登记结算机构申请办理股份转让和过户登记手续。中国证监会不同意其以简易程序申请的,相关投资者应当按照前述规定申请。

六、财务顾问

根据有关规定,收购人进行上市公司的收购,应当聘请在中国注册的具有从事财务顾问业务资格的专业机构担任财务顾问。收购人未按照规定聘请财务顾问的,不得收购上市公司。财务顾问应当勤勉尽责,遵守行业规范和职业道德,保持独立性,保证其所制作、出具文件的真实性、准确性和完整性。财务顾问认为收购人利用上市公司

的收购损害被收购公司及其股东合法权益的,应当拒绝为收购人提供财务顾问服务。财务顾问为履行职责,可以聘请其他专业机构协助其对收购人进行核查,但应当对收购人提供的资料和披露的信息进行独立判断。

(一)财务顾问的职责

根据《上市公司收购管理办法》的规定,财务顾问应当履行下列职责:(1)对收购人的相关情况进行尽职调查;(2)应收购人的要求向收购人提供专业服务,全面评估被收购公司的财务和经营状况,帮助收购人分析收购所涉及的法律、财务、经营风险,就收购方案所涉及的收购价格、收购方式、支付安排等事项提出对策建议,并指导收购人按照规定的内容与格式制作申报文件;(3)对收购人进行证券市场规范化运作的辅导,使收购人的董事、监事和高级管理人员熟悉有关法律、行政法规和中国证监会的规定,充分了解其应当承担的义务和责任,督促其依法履行报告、公告和其他法定义务;(4)对收购人是否符合本办法的规定及申报文件内容的真实性、准确性、完整性进行充分核查和验证,对收购事项客观、公正地发表专业意见;(5)接受收购人委托,向中国证监会报送申报材料,根据中国证监会的审核意见,组织、协调收购人及其他专业机构予以答复;(6)与收购人签订协议,在收购完成后 12 个月内,持续督导收购人遵守法律、行政法规、中国证监会的规定、证券交易所规则、上市公司章程,依法行使股东权利,切实履行承诺或者相关约定。

(二)财务顾问报告

财务顾问应当出具财务顾问报告,并对以下事项进行说明和分析,并逐项发表明确意见:(1)收购人编制的上市公司收购报告书或者要约收购报告书所披露的内容是否真实、准确、完整;(2)本次收购的目的;(3)收购人是否提供所有必备证明文件,根据对收购人及其控股股东、实际控制人的实力、从事的主要业务、持续经营状况、财务状况和诚信情况的核查、说明收购人是否具备主体资格,是否具备收购的经济实力,是否具备规范运作上市公司的管理能力,是否需要承担其他附加义务及是否具备履行相关义务的能力,是否存在不良诚信记录;(4)对收购人进行证券市场规范化运作辅导的情况,其董事、监事和高级管理人员是否已经熟悉有关法律、行政法规和中国证监会的规定,充分了解应承担的义务和责任,督促其依法履行报告、公告和其他法定义务的情况;(5)收购人的股权控制结构及其控股股东、实际控制人支配收购人的方式;(6)收购人的收购资金来源及其合法性,是否存在利用本次收购的股份向银行等金融机构质押取得融资的情形;(7)涉及收购人以证券支付收购价款的,应当说明有关该证券发行人的信息披露是否真实、准确、完整以及该证券交易的便捷性等情况;(8)收购人是否已经履行了必要的授权和批准程序;(9)是否已对收购过渡期间保持上市公司稳定经营作出了安排,该安排是否符合有关规定;(10)对收购人提出的后续计划进行分析,收购人所从事的业务与上市公司从事的业务存在同业竞争、关联交易的,对收购人解决与上市公司同业竞争等利益冲突及保持上市公司经营独立性的方案进行分析,说明本次收购对上市公司经营独立性和持续发展可能产生的影响;(11)在收购标的上是否设定其他权利,是否在收购价款之外还作出其他补偿安排;(12)收购人及其关联方与被收购公司之间是否存在业务往来、收购人与被收购公司的董事、监事、高级管理人员是否就其未来任职安排达成某种协议或者默契;(13)上市公司原控股股东、实际控制人及其关联方是否存在未清偿对公司的负债、未解除公司为其负债提供的担保或者损害公司利益的其他情形,存在该等情形的,是否已提出切实可行的解决方案;(14)涉及收购人拟提出豁免申请的,应当说明本次收购是否属于可以得到豁免的情形,收购人是否作出承诺及是否具备履行相关承诺的实力。

(三)独立财务顾问报告

上市公司董事会或者独立董事聘请的独立财务顾问,不得同时担任收购人的财务顾问或者与收购人的财务顾问存在关联关系。独立财务顾问应当根据委托进行尽职调查,对本次收购的公正性和合法性发表专业意见。独立财务顾问报告应当对以下问题进行说明和分析,发表明确意见:(1)收购人是否具备主体资格;(2)收购人的实力及本次收购对被收购公司经营独立性和持续发展可能产生的影响分析;(3)收购人是否存在利用被收购公司的资产或者由被收购公司为本次收购提供财务资助的情形;(4)涉及要约收购的,分析被收购公司的财务状况,说明收购价格是否充分反映被收购公司价值,收购要约是否公平、合理,对被收购公司社会公众股股东接受要约提出的建议;(5)涉及收购人以证券支付收购价款的,还应当根据该证券发行人的资产、业务和盈利预测,对相关证券进行估值分析,就收购条件对被收购公司的社会公众股股东是否公平合理、是否接受收购人提出的收购条件提出专业意见;(6)涉及管理层收购的,应当对上市公司进行估值分析,就本次收购的定价依据、支付方式、收购资金来源、融资安排、还款计划及其可行性、上市公司内部控制制度的执行情况及其有效性、上述人员及其直系亲属在最近24个月内与上市公司业务往来情况以及收购报告书披露的其他内容等进行全面核查,发表明确意见。

(四)财务顾问的督导职责

财务顾问在收购过程中和持续督导期间,应当关注被收购公司是否存在为收购人及其关联方提供担保或者借款等损害上市公司利益的情形,发现有违法或者不当行为的,应当及时向中国证监会、派出机构和证券交易所报告。

自收购人公告上市公司收购报告书至收购完成后12个月内,财务顾问应当通过日常沟通、定期回访等方式,关注上市公司的经营情况,结合被收购公司定期报告和临时公告的披露事宜,对收购人及被收购公司履行持续督导职责:(1)督促收购人及时办理股权过户手续,并依法履行报告和公告义务;(2)督促和检查收购人及被收购公司依法规范运作;(3)督促和检查收购人履行公开承诺的情况;(4)结合被收购公司定期报告,核查收购人落实后续计划的情况,是否达到预期目标,实施效果是否与此前的披露内容存在较大差异,是否实现相关盈利预测或者管理层预计达到的目标;(5)涉及管理层收购的，核查被收购公司定期报告中披露的相关还款计划的落实情况与事实是否一致；(6)督促和检查履行收购中约定的其他义务的情况。

在持续督导期间，财务顾问应当结合上市公司披露的季度报告、半年度报告和年度报告出具持续督导意见，并在前述定期报告披露后的15日内向派出机构报告。在此期间，财务顾问发现收购人在上市公司收购报告书中披露的信息与事实不符的，应当督促收购人如实披露相关信息，并及时向中国证监会、派出机构、证券交易所报告。财务顾问解除委托合同的，应当及时向中国证监会、派出机构作出书面报告，说明无法继续履行持续督导职责的理由，并予公告。

七、上市公司收购后事项的处理

收购期限届满，被收购公司股权分布不符合上市条件的，该上市公司的股票应当由证券交易所依法终止上市交易；其余仍持有被收购公司股票的股东，有权向收购人以收购要约的同等条件出售其股票，收购人应当收购。收购行为完成后，被收购公司不再具备股份有限公司条件的，应当依法变更企业形式。

在上市公司收购中，收购人持有的被收购的上市公司的股票，在收购行为完成后的12个月内不得转让。

收购行为完成后，收购人与被收购公司合并，并将该公司解散的，被解散公司的原有股票由收购人依法更换。

收购行为完成后，收购人应当在15日内将收购情况报告国务院证券监督管理机构和证券交易所，并予公告。

第五节 证券交易中的禁止行为及法律责任

一、禁止内幕交易行为

内幕交易是指证券交易内幕信息的知情人员利用内幕信息进行证券交易的行为。内幕交易的主体是内幕信息知情人员，行为特征是利用其掌握的内幕信息买卖证券，或者建议他人买卖证券。内幕信息知情人员自己未买卖证券，也未建议他人买卖证券，但将内幕信息泄露给他人，接受内幕信息者依此买卖证券的，也属内幕交易行为。内幕交易行为是一种违法行为。它不仅侵犯了广大投资者的利益，违反了证券发行与交易中的“公开、公平、公正”原则，而且还会扰乱证券市场，所以，各国的证券立法都将其列为禁止的证券交易行为之一。

《证券法》禁止证券交易内幕信息的知情人和非法获取内幕信息的人利用内幕信息从事证券交易活动。证券交易内幕信息的知情人包括：

1. 发行人的董事、监事、高级管理人员；

2. 持有公司5%以上股份的股东及其董事、监事、高级管理人员，公司的实际控制人及其董事、监事、高级管理人员；

3. 发行人控股的公司及其董事、监事、高级管理人员；

4. 由于所任公司职务可以获取公司有关内幕信息的人员；

5. 证券监督管理机构工作人员以及由于法定职责对证券的发行、交易进行管理的其他人员；

6. 保荐人、承销的证券公司、证券交易所、证券登记结算机构、证券服务机构的有关人员；

7. 国务院证券监督管理机构规定的其他人。

证券交易活动中，涉及公司的经营、财务或者对该公司证券的市场价格有重大影响的尚未公开的信息，为内幕信息。下列信息皆属内幕信息：

1.《证券法》第 67 条第 2 款所列应报送临时报告的重大事件；

2. 公司分配股利或者增资的计划；

3. 公司股权结构的重大变化；

4. 公司债务担保的重大变更；

5. 公司营业用主要资产的抵押、出售或者报废一次超过该资产的 30%；

6. 公司的董事、监事、高级管理人员的行为可能依法承担重大损害赔偿责任；

7. 上市公司收购的有关方案；

8. 国务院证券监督管理机构认定的对证券交易价格有显著影响的其他重要信息。

证券交易内幕信息的知情人和非法获取内幕信息的人，在内幕信息公开前，不得买卖该公司的证券，或者泄露该信息，或者建议他人买卖该证券。

持有或者通过协议、其他安排与他人共同持有公司 5% 以上股份的自然人、法人、其他组织收购上市公司的股份，《证券法》另有规定的，适用其规定。

内幕交易行为给投资者造成损失的，行为人应当依法承担赔偿责任。

二、禁止操纵市场行为

操纵市场是指单位或个人以获取利益或者减少损失为目的，利用其资金、信息等优势或者滥用职权影响证券市场价格，制造证券市场假象，诱导或者致使投资者在不了解事实真相的情况下作出买卖证券的决定，扰乱证券市场秩序的行为。

《证券法》规定，禁止任何人以下列手段操纵证券市场：

1. 单独或者通过合谋，集中资金优势、持股优势或者利用信息优势联合或者连续买卖，操纵证券交易价格或者证券交易量；

2. 与他人串通，以事先约定的时间、价格和方式相互进行证券交易，影响证券交易价格或者证券交易量；

3. 在自己实际控制的账户之间进行证券交易，影响证券交易价格或者证券交易量；

4. 以其他手段操纵证券市场。

操纵证券市场行为给投资者造成损失的,行为人应当依法承担赔偿责任。

三、禁止制造虚假信息行为

制造虚假信息包括编造、传播虚假信息和进行虚假陈述或信息误导两种情况。《证券法》规定,禁止国家工作人员、传播媒介从业人员和有关人员编造、传播虚假信息,扰乱证券市场;禁止证券交易所、证券公司、证券登记结算机构、证券服务机构及其从业人员,证券业协会、证券监督管理机构及其工作人员,在证券交易活动中作出虚假陈述或者信息误导。各种传播媒介传播证券市场信息必须真实、客观,禁止误导。

四、禁止欺诈客户行为

欺诈客户是指证券公司及其从业人员在证券交易中违背客户的真实意愿,侵害客户利益的行为。《证券法》规定,禁止证券公司及其从业人员从事下列损害客户利益的欺诈行为:

1. 违背客户的委托为其买卖证券;
2. 不在规定时间内向客户提供交易的书面确认文件;
3. 挪用客户所委托买卖的证券或者客户账户上的资金;
4. 未经客户的委托,擅自为客户买卖证券,或者假借客户的名义买卖证券;
5. 为牟取佣金收入,诱使客户进行不必要的证券买卖;
6. 利用传播媒介或者通过其他方式提供、传播虚假或者误导投资者的信息;
7. 其他违背客户真实意思表示.损害客户利益的行为。

欺诈客户行为给客户造成损失的,行为人应当依法承担赔偿责任。

五、其他有关规定

《证券法》规定,依法拓宽资金入市渠道,禁止资金违规流入股市。这一规定修改了原有的"禁止银行资金违规流入股市"规定,为拓宽证券公司融资渠道提供了法律依据。

《证券法》规定,禁止法人非法利用他人账户从事证券交易;禁止法人出借自己或者他人的证券账户。禁止任何人挪用公款买卖证券。国有企业和国有资产控股的企业买卖上市交易的股票,必须遵守国家有关规定。

证券交易所、证券公司、证券登记结算机构、证券服务机构及其从业人员对证券交易中发现的禁止的交易行为,应当及时向证券监督管理机构报告。

思考题

1. 简述证券交易的一般规则和交易方式。
2. 股票上市的条件有哪些?
3. 简述上市公司收购的程序。
4. 什么是内幕交易?
5. 什么是操纵市场?

6. 什么是虚假陈述？

案例分析

2007年4月至5月，时任中山公用事业集团股份有限公司董事长的谭庆中筹划将公司优质资产注入上市公司公用科技，实现公用集团整体上市。其间，他多次就此事向时任中山市长的李启红汇报，并获得支持。6月11日，谭庆中又将此事向中山市委书记陈根楷作了汇报，陈根楷让李启红具体负责此事。随后，谭庆中将此事告知郑旭龄，要求郑就重组事项草拟一份书面材料，当月26日，他就该建议书正式汇报给李启红。7月3日，李启红、谭庆中、郑旭龄等向中国证监会汇报了公用科技重大资产重组并实现公用集团整体上市的情况。同日，公用科技公告称公司近期拟讨论重大事项。次日，公用科技股票停牌。

但在2007年6月，谭庆中向李启红汇报公用科技筹备资产重组事宜时，提到公用科技股价会上涨，建议李启红让丈夫林永安购买。6月中旬，谭庆中在办公室约见林永安，向其泄露资产重组的内幕信息，建议其出资购买股票。6月下旬，李启红向其弟媳林小雁泄露了上述内幕信息，并委托她购买200万元的公用科技股票。随后，林小雁筹集款项共677.02万元，于2007年6月29日至7月3日期间累计买入股票89.68万股，后于9月18日至10月15日陆续卖出，账面收益1983万余元。[1]

阅读上述资料，结合证券法的相关知识分析本案中的内幕人员有哪些？本案中的内幕信息是什么，该内幕信息的形成时间及内幕信息价格敏感期为何时？本案中哪些人的行为构成内幕交易行为，应承担什么法律责任？

---

〔1〕 http://www.cs.ecitic.com/lawPublic/law06.html.

第二十五章　证券监管法律制度

◇ 知识结构图

- 证券监管法律制度
  - 证券监管概述
    - 各国证券管理体制比较
    - 我国证券市场的监管体制
  - 证券监管机构
    - 证券监督管理机构的概念
    - 国务院证券监督管理机构的职责
    - 国务院证券监督管理机构的内部管理
  - 证券业协会
    - 证券业协会的概念
    - 证券业协会的职责

◈ 本章导读

国际上存在集中型、自律型与中间型三种证券监管模式。我国证券市场的监管体制是政府集中统一监督管理与行业自律管理相结合的监管体制。国务院证券监督管理机构即中国证监会依法对全国证券市场实行集中统一监督管理。在国家对证券发行、交易活动实行集中统一监督管理的前提下，依法设立证券业协会，实行自律性管理。

◉ 司考重点

证券监督管理机构（证券监督管理机构的性质、证券监督管理机构的职责）；证券业协会（证券业协会的性质与机构设置、证券业协会的职责）

第一节　证券监管概述

证券市场监督管理是金融监督的重要组成部分,是国家证券主管机关或者证券监管执行机构根据证券法规,对证券发行和交易实施的监督与管理,以确保证券市场有效运行。世界各国证券法及其监管规则都与其所处的经济及社会环境相衔接,简单地将某国证券法归入任何一个法律体系都是极具风险的,但对这些监管体系进行适当分类,显然有助于把握各国证券法的精神。按照学术界惯常的划分,世界各国证券监管体制大致分为美国法系、英国法系和欧陆法系三大体系。

一、各国证券管理体制比较

证券监管体制即证券监督管理体制的简称,是指一个国家通过立法设立或认可的对该国证券进行监督、管理、控制与协调的整个体系与职责权限划分的制度。它包括组织机构体系、目标体系、功能体系以及运行机制。从组织体系看既包括国家授权监管机构,也包括自律性组织机构。

证券监管体制的类型,按照不同的标准可以进行不同的分类。按照政府监管与证券市场自律的关系,证券监管体制通常可分为三种类型:一是市场主导的自律型监管体制;二是政府主导的集中型监管体制;三是中间型监管体制。

(一)各国证券管理体制类型比较

1. 美国证券管理体制——集中型监管体制

集中型监管体制是指政府通过制定专门的证券市场管理法规,并设立全国性的专门的证券监督管理机构来实现对全国证券市场的集中统一管理。美国是集中型证券监管体制的典型代表。

以美国为例,通过长期的发展完善,美国证券市场的监管体制形成联邦政府的监督与管理,各州政府的监督与管理以及证券业行业自我监督与管理三个层次。美国联邦政府为加强对证券市场的监督与管理,专门成立了美国证券交易委员会(SEC)。SEC是一个独立的、非党派的、准司法性的管理机构,它的职能是执行由国会制定的各项与证券有关的法律,以保护投资者的利益和维持证券市场的有序运转。SEC下设四个执行机构:第一,公司财务部,负责监管证券的公开发行和上市公司,监督上市公司符合信息披露的要求。第二,市场管理部,负责监管二级市场的交易活动,管理、指导、监督证券交易所以及证券经纪商、自营商、证券清算公司的一切活动。第三,投资管理部,负责监督管理投资银行、投资基金在证券市场上的所有活动,管理投资银行的注册登记,制定并贯彻投资银行的注册登记及报告制度。第四,执法部,负责对证券法律及其规则进行解释,调查证券法实施过程中的违法条件,必要时对违法者提起法律诉讼,参加法庭审判,并具体行使各种警告、罚款、注销注册等处罚措施。

另外,美国联邦SEC将全国分为9个证券交易区,每区设立1个地区SEC,协助联邦SEC管理本地区的证券交易所、证券发行公司、投资银行的注册及信息公开披露,并负责该地区证券发行与交易活动的具体调查、检查等工作。各州政府对证券市场的监管,是各州政府对发生在其境内的证券发行和证券交易进行监督管理,实施本州的证券法规,尽管各州法规相似条款甚多,但各州都有其自己的解释。

由于证券市场的监管是一项相当复杂而艰巨的工作,涉及面广,单靠全国性的证券主管机关而没有证券交易所和证券业协会的配合,就难以实现既有效管理又不过多行政干预的目标。因此,随着证券市场的发展,实行集中立法型监管体制的国家也越来越注重证券交易所和证券业协会的自律管理,以充分发挥证券交易所作为第一道防线的职能。美国建立了一套非官方的行业自律组织,包括全美证券商协会和各证券交易所。这些自律组织同样具有高度的独立性,他们负责上市审核,对上市公司的日常监管,仲裁纠纷,规范场外交易市场等。

该体制的优点在于:首先,其法规、机构均超脱于证券市场的当事者之外,能严格、公平、有效地发挥其监管作用;其次,重视立法管理,使其管理手段具有严肃性和公平性;再次,全国性管理机构可以协调全国各证券市场,防止出现由于群龙无首、过度竞争而出现的混乱现象;最后,管理者的相对超脱地位,使其注重保护投资者利益。

2. 英国证券市场的监管——自律型监管体制

自律型监管体制,是指政府除了某些必要的国家立法外,不干预证券市场,对证券市场的管理主要由证券交易所及证券商协会等组织自我管理。实行自律型监管体制的典型代表是英国,其他原英联邦国家和地区也多采用这一监管体制,如澳大利亚、新加坡、马来西亚和我国香港特区都采用这一监管体制。该体制一般没有设立全国性的证券管理专门机构,而是靠证券市场组织及其参与进行自我管理。

英国的证券管理在立法上是由1958年的《反欺诈(投资)法》、1948年和1967年的《公司法》、1973年的《公平交易法》以及1986年的英国"金融大爆炸"后的《金融服务法案》等一系列法规组成。其证券业自我管制系统分为两级,一级由"证券交易商协会"、没有立法地位的"收购与合并问题专门小组"和"证券业理事会"三个机构组成,其他政府机构如贸易部、注册署等也实施监管管理;二级是证券交易所的管理。

该体制的优点在于:首先,为充分的投资保护与竞争提供了最大的可能性;其次,证券交易商参与制定并执行证券市场管理条例,使市场的管理更有效;再次,证券交易商参与制定并执行管理条例,在经营上具有更大的灵活性;最后,证券交易商对现场发生的违法行为有充分准备,并能迅速而有效地做出反应。

该体制的缺陷在于:首先,把重点放在保证市场的有效运行和保护证券交易所会员的经济利益上,而对投资者往往没有提供充分的保障;其次,管理者的非超脱性难以保证管理的公正;再次,由于没有立法做后盾,其管理手段软弱;最后,没有专门的管理机构,使全国证券市场的协调发展难以实现,容易造成混乱。

3. 欧陆法系的证券市场监管——中间型监管体制

中间型监管体制强调立法监管,又注重自我监管。原来实行中间型监管体制的国家有德国、意大利、泰国等。目前世界上大多数实行集中型和自律型监管体制的国家已逐渐向中间型过渡。德国证券法律由若干相关法律、法规共同组成,没有制定全国统一的证券法,也没有建立起监管证券市场的联邦机构或者州权力机关。

由于集中型监管体制和自律型监管体制各有优点,也各有缺陷,因此在经历了多次股灾之后,以及随着证券市场日益国际化,各国都十分重视吸收其他类型的证券监管体制的优点,改革国内证券监管体制。因此出现了证券市场监管体制融合的趋势,即实行了集中型监管体制的国家也开始重视通过立法和监管制度的改革,承认和加强自律监管的作用;实行自律型监管体制的国家也开始重视通过立法和建立统一的证券监管机构,加强证券市场的政府监管和立法管制。

(二)各国证券管理体制内容比较

1. 证券发行市场的监管比较

第一,证券发行审核制度比较,美国实行的是注册制度,规定凡在美国证券交易所公开挂牌上市的证券发行,必须向证券交易委员会和证券交易所进行发行注册。英德等西欧各国则实行核准制度,在英国,证券交易所规定了批准证券上市和在证券交易所买卖的条件,这些条件主要体现在《证券上市的批准书》中。

第二,证券发行信息披露制度比较,美国的证券法体系以信息公开为基础,信息公开是证券监管体系的基础性原则和制度,最早确立于《1933 年证券法》和《1934 年证券交易法》。德国拥有相对宽松的信息披露规则。根据德国法律,证券发行人应当承担信息披露义务,但相关法律要求比较宽松。《股份法》规定,证券发行人的信息披露义务仅限于公司法关于会计制度、审核和公布年度资产负债表的一般规定。

2. 证券交易市场的监管比较

第一,对开设证券交易所的监管比较,美国证券交易法规定,除交易量过少,经证券管理委员会豁免的以外,对有相当交易量的全国性证券交易所需向证券管理委员会登记注册,经批准后方能经营。在日本,证券交易所的设立须经大藏省的特许。特许后经复查,不符合条件者可以根据一定理由撤销其特许。由于英国对证券交易所的管理以"自律"为原则,因此对证券交易所的开设实行认可制,经认可的证交所在业务上完全自由。

第二,对证券上市的管理比较,各国证交所关于证券上市标准的规定很不一致。以纽约证交所、东京证交所、香港联交所为例。纽约证交所对证券上市的标准是正在经营中的公司,在全国有一定的影响,并对其在同行业中的地位及相对稳定程度,产品的适销程度,以及资产盈利等最低数字都有规定。东京证交所对证券上市的标准规定少数人(即 10 个最大的股东和对发行者拥有特别利益的人)持股数量是临时性标准为不超过拟发行股票数量的 80%,上市后第一个营业年度结束时不超过 70%。香港联交所对证券上市的标准是公开有限公司,公司的市价总额至少为 5000 万港元,公众持有的股票数额至少为2450万港元或已发行股本的25%等。

二、我国证券市场的监管体制

(一)我国证券市场的监管的演变

我国的证券市场是随着经济体制改革的不断深入而产生发展起来的，其监管体制则是随着证券市场的发展不断变化，经历了从地方监管到中央监管、从分散监管到集中监管的发展过程。这一发展过程大致经历了四个阶段：

1. 财政部独立管理阶段(1981年~1985年)

这一阶段是我国证券市场的萌芽期。依据《中华人民共和国国库券条例》，由财政部管理为弥补财政赤字而以行政摊派形式的国库券。由此可知，当时，证券的主要形式是国库券，基本上不存在股票市场和企业债券市场。1984年上海飞乐公开发行股票，但股份制试点和股票交易范围非常狭窄，操作也不规范。[1] 可以说，这一时期并不存在真正的监管体制或明确的监管主体，国库券的发行与管理均由财政部负责，这一阶段特点是，证券市场的监管完全靠计划和行政手段。

2. 主要由中国人民银行主管阶段(1986年~1992年10月)

这一阶段是我国证券市场初步形成规模的阶段，证券交易市场证券品种由单一的国库券，发展为多样化的债券和股票。这一时期以中国人民银行为主要监管部门，按证券品种划分部门分工的监管格局初步形成。中国人民银行负责金融债券、企业债券等的发行管理以及证券交易市场管理，并审批股票公开发行试点；财政部负责国债发行并参与国债交易市场管理。这一阶段最具标志性的事件是1991年11月26日上海证券交易所的成立和1990年12月1日深圳证券交易所的成立。这一阶段证券监管体制的特点是，没有专门的证券监管部门，证券市场的监管以中国人民银行为主，各相关部门共同参与，中央和地方分级管理。1992年10月以前，在中央一级的管理部门和机构就有中国人民银行，财务部、体改委、计委、国有资产管理局、全国证券协调小组、全国股票市场办公室会议等，而沪深地方政府则成立地方管理机构，并制定各自的地方性证券管理法规进行管理。以致证券市场监管政出多门，难以实施统一有效的管理。

3. 国务院证券委员会主管阶段(1992年10月~1998年8月)

这一阶段是国家对证券市场加强宏观管理的阶段。1992年2月以后，在国务院的指示下，体改委联合有关部委制定了13项股份制试点配套法规，各地股份制公司很快发展起来，出现了新一轮股票热。

---

[1] 1986年，美国证券代表团来北京召开研讨会，对新中国刚刚启动的股票市场发生了浓厚的兴趣，想寻找一张股票带回美国。当时的天桥商场股票是定期、定息加分红，严格地说不能算是股票，而1984年1月上海飞乐音响股份有限公司发行的股票相对比较规范，就送了一张给美国人，自此，在美国纽约交易所的展览柜台里就有了新中国第一张股票。

1992年深圳发生了“8·10”事件。[1] 事件平息后，中央决定成立专门的证券监管部门，以改变时而多头管理、时而无人管理的状态。经过充分研究论证，国务院设计了一个中国证券市场的四层监管体系上报中央。根据设计，这个体系的第一层是社会监管体系，主要指的是中介机构，包括注册会计师、律师等。他们要对公开发行股票的股份公司的招股说明书、财务报告、资产评估报告和法律意见书等进行审核、签证，承担法律责任。第二层是证券交易所和证券经营机构组织的证券业协会，是自律性监管体系。第三层是准政府性质的证券监督管理委员会。政府赋予监管委员会有关证券市场监管的权力，它的人员由有证券方面知识和经验的人士以及有关专家组成——他们不能同时在其他政府机构和营利机构任职；主席和委员由国务院任命。第四层是政府管理机构。因此，国务院在1992年10月成立了国务院证券委和证监会。证券监管机构的设立，在解决统一监管方面大大迈进了一步。

1992年10月17日，国务院发布了《关于进一步加强证券市场宏观管理的通知》，规定国务院证券委员会是国家对全国证券市场进行统一宏观管理的机关。国务院证券委员会由国家体改委、中国人民银行、财政部、国有资产管理局、国家工商局、国家税务局、经贸委、对外经贸部、外汇管理局、法制局、监察部、最高人民法院、最高人民检察院等14个部委、机关的官员组成。证券委的主要职责是：负责组织拟定有关证券市场的法律、法规草案；研究制定有关证券市场的方针政策和规章，制定证券市场发展规划和提出计划建议；指导、协调、监督和检查各地区、各有关部门与证券市场有关的各项工作；归口管理证监会。中国证券监督管理委员会是证券委的监督执行机构，由有关证券专业知识和实践经验的专家组成，按事业单位管理，其主要职责是：根据证券委的授权，拟定有关证券市场管理的规则；对证券经营机构从事证券业务，特别是股票自营业务进行监管；依法对有价证券的发行和交易以及对向社会公开发行股票的公司实施监管；对境内企业向境外发行股票实行监管；会同有关部门进行政权统计，研究分析证券市场形势并及时向证券委报告工作，提出建议。

国务院有关部门和地方人民政府关于证券工作的职责分工是：国家计委根据证券委的计划建议进行综合平衡，编制证券计划；中国人民银行负责审批归口管理证券机构，同时报证券委备案；财政部归口管理注册会计师和会计师事务所，其从事证券业有关的会计事务的资格由证监会审定；国家体改委负责拟定股份制试点的法规并组织协调有关试点工作；上海、深圳证券交易所由当地政府归口管理，由证监会实施监督，设立新的证券交易所必须由证券委审核，报国务院批准；现有企业的股份制试点，地方企业由省级或计划单列市人民政府授权的部门会同企业主管部门负责审批，中央企业由

---

[1] 1992年8月10日，深圳发行新股认购申请表，共500万份，每份认购表100元。但是，500万张认购表不到2小时就被抢购一空。由于发行认购表的有关部门存在大量私分认购表的现象，一部分未买到认购表的人上街游行，引发“8·10”事件。主管部门于当晚另印50万张认购申请表，并以一当十销售，才使事态平息。参见郑振龙等：《中国证券法发展简史》，经济科学出版社2000年版，第189页。

国家体改委会同企业主管部门负责审批。

《通知》虽然针对证券管理政出多门的状况,规定了国务院有关部门的权限和职责分工,但未能从根本上改变多头管理的状况与弊端,体制性问题越来越突出。1997 年 11 月,国务院批准经修改的《证券交易所管理办法》,明确对证券交易所的管理,由地方政府转为中国证券监督管理委员会。

4. 中国证券监督管理委员会阶段(1998 年 8 月至今)

这一阶段是我国证券监管体制的确立和发展阶段。1998 年 8 月,国务院批准《证券监管机构体制改革方案》,决定逐步建立与社会主义市场经济相适应的证券监管体制,理顺中央与地方监管部门的关系,实行集中统一领导的管理体制,根据各地区证券业发展的实际情况,在部分中心城市设立证监会派出机构。

1998 年 12 月 29 日,第九届全国人民代表大会常务委员会第六次会议通过了《证券法》。《证券法》的起草过程中,在证券监管体制方面存在一些争论。如是否建立集中统一的证券市场的监督管理体制,有人认为设立单独的证券监管委员会,其职权过于集中,并且证券市场中所有关于证券发行和交易的行政诉讼的被告都将落在国家证券监管委员会头上,使国家证券监管委员会陷在诉讼中,对加强我国证券市场管理、有效维护证券市场的秩序未必有利;有人认为应当设立证券监管委员会,行使统一的证券市场管理职能,理顺法律关系,便于发挥其权威性。经过充分论证,《证券法》最终确定,国务院证券监督管理机构依法对全国证券市场实行集中统一监督管理。国务院证券监督管理机构根据需要可以设立派出机构,按照授权履行监督管理职能。在国家对证券发行、交易活动实行集中统一监督管理的前提下,依法设立证券业协会,实行自律性管理。至此,我国证券监管体制基本形成,并最终通过《证券法》予以确认。

我国现行《证券法》第 7 条规定:"国务院证券监督管理机构依法对全国证券市场实行集中统一监督管理职责。"第 8 条规定:"在国家对证券发行、交易活动实行集中统一监督管理的前提下,依法设立证券业协会,实行自律性管理。"这些规定表明,我国的证券监督管理体制的特点是以政府监管为主,并与证券业自律性管理相结合。

(二)我国证券监管体制的特点

我国 1998 年新形成的监管体制具有以下特点:

第一,证券监管机构的地位得到进一步的强化,增强了证券监管机构的权威性,为我国证券市场的有效监管提供了更好的组织保证。第二,地方证券监管机构改由中国证监会垂直领导,提高了证券监管工作的效率。改革后按大区的业务需要设置了 9 个派出机构和 2 个直属办事处,精简了人员,提高了机构运转效率。第三,加强了对交易所主要人事管理和上市公司高级管理人员任职资格的管理,加强了交易所一线监管的作用。

但这种监管体制也存在明显的不足之处,即过于将监管权力集中到一个部门,使得无法对监管效果进行再监管。与美国证监会 SEC 相比,中国证监会还拥有证券规章制度制定的话语权。现行的证券规章基本上是出自证监会之手,而且这些规章已经把证监会权力延伸到整个证券市场。在没有权力约束机制的状况下,证监会管制的内容和范围不断扩张,包括行业准入许可、律师事务所证券业务准入审批、会计师事务所证券业务审批、资产评估机构审批以及对这些机构成员进入相关业务的资格审批、对基金管理公司从业审批等。

从证券市场角度看,一个成熟的市场需要有成熟的监管体制相配套。而能够成功运作的监管体制应将政策制定、政策执行和监督三者分开。试想,如果一个人既是运动员又是裁判员,还是规则的制订者,游戏根本无法进行,更谈不上有序运转。即便是裁判员,这个裁判员还有很多"话语权",在裁判过程中任意发挥、更改规则都会对游戏产生震动。要建立良好的证券市场秩序,就是要有一个稳定、制衡的现代证券监管体系和现代证券监管制度。政策不稳定、监管机构运转缺乏制衡、缺乏对监管的监管,难免会使政策忽左忽右、或严或松,引发市场信心不足,证券市场的稳定发展只能成为目标和理想,而不能成为现实。

(三)我国证券监管体制的完善

监管本身是制衡的产物,我们不能因为监管的存在而放弃对监管的监管。要使我国证券市场健康有序发展,消除市场过分波动,应从监管角度入手,厘清监管机构的职能和范围,建立政策稳定的监督机制和制衡的监督机构,适时评估市场监管效果,建立健全监管人员行为监督制度,使"消息市"、"政策市"的基础牢固、稳定。为此,我们提出以下建议供同行商榷:

1. 建立健全证券市场监督法律体系。除了目前正在执行的《证券法》、《公司法》等以外,还应制定其他相关市场监管法律,完善证券市场监管法律体系。一是应抓紧制定《证券市场监管法》,弥补《证券法》在市场监管操作上的程序、方法、处罚等方面的空白,加强在监管政策制定程序、监管政策实施程序、处罚的对象和程序的规定。二是应制定《证券监管机构管理规定》,明确证券监管机关的机构设置、职能界定、人员配备、工作范围等,从法规上进一步规范各机构的权力与责任。三是应制定《证券市场监管从业人员操守规范》,对从业人员的行为进行规范。四是应制定具有可操作性的行政复议、行政诉讼程序。

2. 从机构框架角度重塑证券市场监督体制。我国证券市场实行统一监管模式,即由一个统一的机构中国证监会实施对所有证券机构、上市公司和证券市场的监管,监管者不仅要对证券市场安全和稳定负责,还要防范和化解系统风险,对上市公司的信息披露、股本经营、公司行为进行全面的合法性监管。证监会的监管任务重、责任大、权力大也构成将其职责分解的原因。因此,从立法、执法、行政相制衡的角度出发,建议分别建立健全行使上述职能的机构。

3. 监督。设立国家证券业再监督委员会。狭义的监督由司法监督来承担。国家证券业再监督委员会负责对证券市场监管政策的执行进行评估及监督,负责对监管从业人员进行监督，负责对监管机关的实际绩效进行监督，并对一切违法、违规机构、人员依法进行处罚。涉及刑罚处罚的，由司法机关进行管辖，此时该机构参与公诉。国家证券业再监督委员会直属国务院，机构单设，待金融混业经营后与其他金融业再监督机构合并，共同组建新的国家金融业再监督委员会。国家证券业政策制定委员会可不设地方机构。

4. 行政执法。行政执法职责由现存的中国证券监督管理委员会承担。对中国证监会的机构可保留现存机构，但须改变内部机构设置，以适应职能改变的需要。改革后的中国证监会应是一个完完全全的执法机构，负责对监管对象进行监督及做出处罚，以及对监管政策向国家证券业政策制定委员会提出反馈意见。在行政监管执法中应注重市场准入管理、日常性技术性监管，以便避免行业性普遍违规行为的发生，在监管中应将自由裁量权控制到最小。

一般来说，一个行业（机构）的永续发展离不开有效的制度安排。政策制定、政策执行、监督三者分别行使证券监管职能，是合理的制度框架基础。现今我国证券业监管机关集三者职能为一身，从根本上制约了证券市场监管的效率和效果。在我国宏观经济如此向好的形势下，证券市场却难以给投资者以满意的回报。如果将现在的中国证券市场不稳定原因做深入剖析，证券市场监管理论的天然不足是证券市场不稳定的始作俑者。目前中国证监会的部分权力开始下放到证券交易所，这能够在一定程度上解决问题，但不能从根本职能划分上解决问题。对证券交易所下放权力，形式上又是多开设一家分支机构，如此而已，权力既然可以下放，在想收回时还可收回。总之，如果不改变证券市场行政监管的自由裁量，我国证券市场理论上应达到的稳定就极难实现。因此，要保证我国证券市场长期稳定、健康发展，就应改变我国证券市场监管运作体系，分别建立单独机构行使政策制定、政策执行和监督职能，建立和完善稳定、制衡的市场监管法律体系、制度体系、行政执法体系、监督体系。

第二节 证券监管机构

一、证券监督管理机构的概念

《证券法》中所称国务院证券监督管理机构是指中国证券监督管理委员会。中国证券监督管理委员会是国务院直属事业单位，是全国证券期货市场的主管部门。《证券法》规定："国务院证券监督管理机构依法对证券市场实行监督管理，维护证券市场秩序，保障其合法运行。"国务院证券监督管理机构根据需要可以设立派出机构，按照授权履行监督管理职责。

二、国务院证券监督管理机构的职责

国务院证券监督管理机构在对证券市场实施监督管理中履行下列职责：

1. 依法制定有关证券市场监督管理的规章、规则，并依法行使审批或者核准权；

2. 依法对证券的发行、上市、交易、登记、存管、结算，进行监督管理；

3. 依法对证券发行人、上市公司、证券交易所、证券公司、证券登记结算机构、证券投资基金管理公司、证券服务机构的证券业务活动，进行监督管理；

4. 依法制定从事证券业务人员的资格标准和行为准则，并监督实施；

5. 依法监督检查证券发行、上市和交易的信息公开情况；

6. 依法对证券业协会的活动进行指导和监督；

7. 依法对违反证券市场监督管理法律、行政法规的行为进行查处；

8. 法律、行政法规规定的其他职责。

国务院证券监督管理机构可以和其他国家或者地区的证券监督管理机构建立监督管理合作机制，实施跨境监督管理。

国务院证券监督管理机构依法履行职责，有权采取下列措施：

1. 对证券发行人、上市公司、证券公司、证券投资基金管理公司、证券服务机构、证券交易所、证券登记结算机构进行现场检查；

2. 进入涉嫌违法行为发生场所调查取证；

3. 询问当事人和与被调查事件有关的单位和个人，要求其对与被调查事件有关的事项作出说明；

4. 查阅、复制与被调查事件有关的财产权登记、通讯记录等资料；

5. 查阅、复制当事人和与被调查事件有关的单位和个人的证券交易记录、登记过户记录、财务会计资料及其他相关文件和资料；对可能被转移、隐匿或者毁损的文件和资料，可以予以封存；

6. 查询当事人和与被调查事件有关的单位和个人的资金账户、证券账户和银行账户；对有证据证明已经或者可能转移或者隐匿违法资金、证券等涉案财产或者隐匿、伪造、毁损重要证据的，经国务院证券监督管理机构主要负责人批准，可以冻结或者查封；

7. 在调查操纵证券市场、内幕交易等重大证券违法行为时，经国务院证券监督管理机构主要负责人批准，可以限制被调查事件当事人的证券买卖，但限制的期限不得超过15个交易日；案情复杂的，可以延长15个交易日。

国务院证券监督管理机构依法履行职责，进行监督检查或者调查，其监督检查、调查的人员不得少于两人，并应当出示合法证件和监督检查、调查通知书。监督检查、调查的人员少于两人或者未出示合法证件和监督检查、调查通知书的，被检查、调查的单位有权拒绝。

国务院证券监督管理机构依法履行职责，进行监督检查或者调查时，被检查、调查的单位和个人应当配合，如实提供有关文件和资料，不得拒绝、阻碍和隐瞒。国务院证券监督管理机构依法履行职责，发现证券违法行为涉嫌犯罪的，应当将案件移送司法机关处理。

三、国务院证券监督管理机构的内部管理

国务院证券监督管理机构的工作人员必须忠于职守，依法办事，公正廉洁，不得利用职务便利谋取不正当利益，不得泄露所知悉的有关单位和个人的商业秘密。国务院证券监督管理机构的人员不得在被监管的机构中任职。

国务院证券监督管理机构依法制定的规章、规则和监督管理工作制度应当公开。国务院证券监督管理机构依据调查结果，对证券违法行为作出的处罚决定，应当公开。

国务院证券监督管理机构应当与国务院其他金融监督管理机构建立监督管理信息共享机制。

第三节　证券业协会

一、证券业协会的概念

证券业协会是证券业的自律性组织，是社会团体法人。协会的宗旨是根据发展社会主义市场经济的要求，贯彻执行国家有关方针、政策和法规，发挥政府与证券经营机构之间的桥梁和纽带作用，促进证券业的开拓发展。加强证券业的自律管理，维护会员的合法权益，建立和完善具有中国特色的证券市场体系。中国证券业协会于1991年8月28日成立，总部设在北京。

中国证券业协会的会员分为团体会员和个人会员，团体会员为证券公司。《证券法》规定，证券公司应当加入证券业协会。个人会员只限于证券市场管理部门有关领导以及从事证券研究及业务工作的专家，由协会根据需要吸收。

证券业协会的权力机构为由全体会员组成的会员大会。证券业协会章程由会员大会制定，并报国务院证券监督管理机构备案。会员大会每两年举行一次，必要时经常务理事会决议可临时召开。证券业协会设会长、副会长。证券业协会设理事会，理事会成员依章程的规定由选举产生，每届任期两年，可连选连任。

二、证券业协会的职责

证券业协会履行下列职责：(1)协助证券监督管理机构教育和组织会员执行法律、行政法规；(2)依法维护会员的合法权益，向证券监督管理机构反映会员的建议和要求；(3)收集整理信息，为会员提供服务；(4)制定会员应遵守的规则，组织会员单位从业人员的业务培训，开展会员间的业务交流；(5)调解会员之间、会员与客户之间发生的纠纷；(6)组织会员就证券业的发展、运作及有关内容进行研究；(7)监督、检查会员行为，对违反法律、行政法规或者协会章程的，按规定给予纪律处分；(8)国务院证券监督管理机构赋予的其他职责。

思考题

1. 比较集中型监管体制和自律型监管体制的异同。
2. 简述我国的证券监管体制。
3. 我国证券业协会的性质如何?

第六编　票　据　法

第二十六章　票据与票据法概述

◆ 知识结构图

- 票据与票据法概述
  - 票据概述
    - 票据的概念
    - 票据的种类
    - 票据的功能
    - 票据的特征
  - 票据法概述
    - 票据法的概念和特征
    - 票据法的历史沿革
    - 我国的票据立法
    - 我国现行的票据法概述

◆ 本章导读

票据作为媒介商品交换的重要工具，是中世纪商人们在商事活动中创造的，可以说没有票据工具的运用就没用现代的市场交易行为。除具有一般有价证券的特征外，票据还具有独特的性质，其中最典型的是票据的无因性和文义性。19 世纪以后多数国家均以立法的形式，确认了票据的有价证券的地位。票据法作为特别商法，具有较强的技术性和国际性，因此，世界三大票据法系逐渐趋于统一。票据法是调整票据关系的法律，其内容主要涉及三个方面，即创设抽象的票据体系、规范票据行为、设计票据权利的结构和内容。

◉ 司考重点

票据的无因性，票据的要式性，票据的文义性，汇票，本票，支票等

第一节 票据概述

一、票据的概念

票据是指由出票人签发的、约定由自己或委托他人于见票时或确定的日期,向持票人或收款人无条件支付确定金额的有价证券。我国《票据法》明确规定,在我国票据仅指汇票、本票和支票[1],在三种票据中最重要的是汇票。对票据的概念应当有以下几点理解:

1. 票据是一种有价证券。有价证券是依据法律规定,代表一定权利的凭证,如股票、债券、国库券、提单、仓单、车船票、票据等。

2. 票据是依法签发的有价证券。这里的"依法"强调出票人签发票据必须严格按照票据法所规定的条件和程序进行,否则,出票人所签发的票据不具有票据法上的效力。

3. 票据可以是出票人自己签发自己付款的,也可以是自己签发,但委托他人付款的有价证券。

4. 票据金额的给付是无条件的。"无条件"可以从两个角度理解:一是票据债务人应当在持票人有效提示请求付款时,及时足额地给付票据金额;二是票据债务人不得随意或者按照约定对持票人进行抗辩,除非法律有明确规定。

二、票据的种类

票据种类是按照一定规则对票据所做的划分,其意义在于对票据概念和特性的进一步解释。对票据种类的划分,票据法理论上主要有两种方式:其一是从立法的角度,对票据所进行的划分,是对票据概念的进一步解释,体现了法定种类原则;其二是从学理的角度,对票据所作的划分,是依据票据的不同特性,对票据所作的划分。

(一)立法上的票据种类

从立法的角度分析,各国票据法对票据的种类均采取法定主义,由票据法对票据的种类作出明确的、封闭性的规定,不允许有法律规定以外的票据存在。不过,不同国家票据法对票据种类的划分有所差别,但主要有以下几种:

1. 两票合一

以德国、法国、日本、瑞士等国家为代表的票据法认为,票据是指汇票和本票,而支票是与票据并列的概念,有专门指定的支票法规范。

2. 三票合一

三票合一,是指票据法规定的票据包括汇票、本票和支票三种。在"三票合一"中,又可以分为两种类型:一是以英国为代表的,认为票据包括汇票和本票,支票是汇票的

---

[1] 我国《票据法》第2条。

一种特殊形式;二是我国《票据法》和我国台湾地区"票据法",认为票据包括汇票、本票和支票,支票是与汇票并列的概念。

3.《美国统一商法典》的票据种类

《美国统一商法典》第四篇规定了"商业票据",其中规定了汇票、本票、支票和存单。

(二)学理上的票据种类

1. 依照付款人是出票人还是出票人委托的人,将票据分为自付票据和委托票据

凡是出票人本人向持票人无条件支付确定金额的票据就是自付票据,如本票。凡是出票人自己不是付款人,而是委托他人向持票人支付票据金额的票据就是委托票据,如汇票和支票。

2. 依照票据所强调的功能不同,将票据分为信用票据和支付票据

强调信用功能的票据是信用票据,其在票面上表现为有明确的到期日记载,如远期票据均为信用票据。强调支付功能的票据是支付票据,即期票据为支付票据。

3. 依照出票时是否记载收款人名称,把票据分为记名式票据和不记名式票据

出票时记载收款人名称的是记名式票据,其转让时只能以背书方式转让。出票时不记载收款人名称的是不记名式票据,其转让只需单纯交付票据即可。

三、票据的功能

票据之所以能成为市场经济制度的一种重要工具,是因为它在经济生活中发挥着多种功用,这些功能主要表现在以下六个方面。

(一)汇兑功能

这是票据的原始功能。从票据的最早起源来看,正是"汇"和"兑"的需要,才孕育了票据的诞生。在商业交易中交易双方往往分处异地,正是基于异地转移金钱的需要,票据可以充当异地之间兑换、兑取现金的工具。以票据的转移代替实际的金钱的转移,可以大大减少现金的往返运送,从而避免风险,节省交易费用。

(二)支付功能

这是现代票据的基本功能。用票据代替现金的使用,可用于同城或异地贸易,在国际贸易中,更是普遍使用。用票据代替现金作为支付工具,既可以避免携带大量现金的不安全性,又可以避免清点现钞可能产生的错误和所花费的时间。以票据作为商品交换活动中的主要支付手段,既是商品经济发展的需要,也是商品经济发展到较高阶段的表现。特别是在支票制度产生后,人们发现使用支票进行支付比使用现金更加方便、安全,使得支票的支付作用日益普及,票据支付的方式也得到了更加广泛的认同。

(三)流通功能

票据除了具有汇兑和支付功能外,还具有流通功能。票据是一种金钱债权证券,其流通方式比民法上的普通财产权利更为灵活、快捷。所以,票据本身就具有流通转让的属性。一方面,票据可以作为信用货币代替现金用于支付和流通,从而节约商品流通环节中货币资金,加快商品周转速度。另一方面,由于依照背书制度,背书人对票

据付款负有担保义务，因此，背书的次数越多，对票据负责的人数也越多，该票据的可靠性也就越高，这样就又提高了票据的流通性，使票据的流通日益频繁和广泛。汇票、本票和支票都具有这种功能。

(四)信用功能

这是票据的核心功能。票据的信用功能既体现在延期付款上，也体现在票据的贴现制度中，而票据的流通功能也会在客观上增强票据的信用功能。现代商品交易中，信用交易是大量存在的，卖方通常不能在交付货物时就获得价款。如果卖方可以提供货物，而买方当时没有足够的现金支付货款时，买方可以向卖方签发一张远期票据，从而使交易完成。在交易结束的同时，在买卖双方之间产生新的法律关系，即票据关系。此时一般债权随即转化成了票据债权，而挂账信用转化为票据信用，使得权利外观明确、清偿时间确定、转让手续简便，同时也获得了更大的资金效益。同时，贴现制度的存在又使得持票人可以提前将票据转化为现金，将商业信用进一步转化为银行信用。票据的信用功能已成为票据最主要的功能，在商品经济发展中，发挥着巨大的作用。

(五)结算功能

其又称债务抵销功能，就是指使用票据在债权人与债务人之间进行支付，从而使当事人之间的债权债务相互抵销，原来的账目因此得以结清。简单的结算就是互有债务的双方当事人各签发一张票据给对方，待两张票据都到期日即可抵销债务，差额部分仅一方以现金支付。复杂的结算可以银行为中介，通过票据交换制度完成，将到期票据相互抵销。

(六)融资功能

这是票据的新型功能，就是利用票据筹集、融通或调度资金。票据可以有偿转让，实现资金周转。持票人急需现金时，可以向银行请求贴现，也可以将票据转让给他人，以满足需要。票据的融资功能主要是通过票据贴现完成的。所谓票据贴现，是指通过对未到期的票据的买卖，使持有未到期票据的持有人通过出售票据获得现金。银行经营票据贴现业务，实际上是向需要资金的经营者提供资金。当需要资金的经营者为了调度资金而专门开出票据时，这时的票据实际上成了单纯的融资手段。一般来说，各国的商业银行均经营票据的贴现业务，中央银行则经营票据的再贴现业务。银行经营贴现业务的目的就是向持有未到期票据而又急需使用现金的人提供资金。

四、票据的特征

由于票据属于有价证券，因此它具有有价证券的全部特征。票据体现的是一种财产权利，而且是权利与证券的结合体，票据权利的发生、转移和行使都必须以证券的存在为前提。除此之外，还具有自己独特的性质。

(一)票据是金钱债权证券

根据证券权利所代表的经济内容，可以将证券分为物品证券、资本证券和货币(金钱)证券。票据所代表的权利内容，是一种以给付一定的金额为标的的债权，持票人有权向票据债务人请求给付票面记载的金钱,因此票据是金钱债权证券。可见,票据表示的是一种债法上的请求权(而非物权或股权),而且此项权利是以给付一定数量的金钱为内容的(而非给付其他物权或为一定行为)。

(二)票据是设权证券

以证券的作用为标准,证券有证权证券和设权证券之分。权利与义务产生于证券作成之前,证券的作用在于进一步证明权利的存在,为证权证券。权利与义务在证券作成的同时才发生,证券的作用在于创设一定的权利,为设权证券。票据作为设权证券是指票据权利的产生必须首先作成证券。在证券作成之前权利不存在,票据权利是在票据作成的同时才发生的。没有票据,也就没有票据上的权利。

(三)票据是无因证券

所谓无因,是指票据权利仅以票据法的规定发生,而不需要考虑票据权利发生的原因或基础。权利人享有票据权利只以持有符合票据法规定的有效票据为必要,至于票据赖以发生的原因,在所不问。即使原因关系无效或有瑕疵,均不影响票据的效力。对此需注意以下几点:一是无因性首先承认票据产生是有原因的;二是当票据有效产生后,立即与其产生的原因相分离,即原因关系是否有效、合法与否均不对票据的效力产生影响;三是在谈及票据的无因性时的前提是票据已经有效产生。如出票人A基于和收款人B之间的买卖关系,向B签发汇票,B又基于和C之间的借贷关系,将该汇票背书转让给C,则C在请求付款时,无须证明A、B之间的买卖关系及B和C之间的借贷关系的存在,即使A、B之间的买卖关系不存在了,或有瑕疵,C也可以以背书连续的票据当然地行使票据权利。这就是票据的无因性。

(四)票据是要式证券

所谓要式,是指票据的作成必须以票据法规定的格式进行,票据上的记载事项也必须严格遵循票据法的规定。票据的要式性体现为以下四点:一是纸张法定。表现为是纸张技术规格法定和纸张印制法定。二是条款法定。表现为法律对抽象的票据权利义务内容的界定,票据当事人不得改变条款,也不得增加条款。三是格式法定。表现为票据上记载事项的布局法定,不能任意改变。四是记载方式法定。法律对票据事项的记载方式进行了一般的规定,对于特定事项的记载,法律做了特殊的规定。如果不依票据法的规定作成票据或不按票据法的规定记载事项,就会影响票据的效力,甚至会导致票据本身无效。除此之外,票据的背书、保证、承兑、付款、追索等行为,也必须严格按照票据法规定的程序和方式进行。

(五)票据是文义证券

这是指票据所体现的权利义务严格按照票据所载文义加以确定,不得依照票据记载以外的事实,对行为人的意思作出与票据所载文义不同的解释,或对票据所载文义予以补充或变更。即使票据记载的文义有错,也要以该文义为准,而不得以当事人的意思或其他有关事项来确定票据上的权利义务关系。

（六）票据是完全有价证券

以证券与权利可否发生分离为标准，可以将有价证券区分为完全有价证券和不完全有价证券。证券与权利在一定情况下可以分离的，为不完全有价证券。不完全有价证券的持票人在行使权利时无须占有或提示证券。证券与权利在任何情况下都不可以分离的，为完全有价证券。票据是完全有价证券，票据权利与票据的占有不可分离，票据上权利的发生、移转、行使，都必须持有票据。由此可以派生出票据的提示性、交付性和交回性三个性质。票据的提示性是指票据权利人在向票据债务人行使权利时必须提示票据。票据的交付性是指票据权利人如果要移转票据上的权利必须将票据实际交付给受让人。票据的交回性是指票据权利人在实现了自己的权利（即从票据债务人那里受领了票据金额）后，必须将票据交还给票据债务人。如果持票人不交回票据，票据债务人有权拒绝支付票据金额。

（七）票据是流通证券

票据之所以是流通证券，是因为票据所具有的功能只能在票据流通的状态下才能实现。票据作为流通证券的实质是票据债权在不同当事人之间的移转。票据较民法上的一般财产权利的流通方式更为灵活简便。票据上的权利经背书或单纯的交付即可转让于他人，而无须以民法有关债权转让的规定转让。一般来说，无记名票据仅以单纯交付即可转让，而记名票据须经背书交付才能转让。

第二节　票据法概述

一、票据法的概念和特征

（一）票据法的概念

票据法是规范票据制度和调整票据关系的法律规范的总称。票据法有广义和狭义之分。广义的票据法，是指各个法律部门中关于票据规定的总和，即除了票据专门立法之外，还包括其他法律、法规中有关票据的一切规定，如民法、刑法、诉讼法、破产法、税法等法律中有关票据的规定。狭义的票据法，仅指有关票据的专门立法。狭义的票据法既可以是以“票据法”为名称的单行法律，也可以是民法典或商法典中以票据为名称的编、章或节，还可以是有关票据法的施行法及有关实施细则等。一般所说的票据法，主要是指狭义的票据法，规定票据的种类、形式和内容，明确票据当事人之间的权利义务，调整因票据而发生的各种社会关系的法律规范。

由于票据最初只通行于商人之间，票据行为是一种商行为，因此以前许多国家都在商法典中规定票据，票据法因而成为商法的一个组成部分。后来许多国家将票据从商法典中独立出来，制定了专门的票据法，票据法在立法上取得了独立地位。在现代社会中，虽然票据的使用范围已不限于商人和企业，但商人和企业在商事交易中使用票据仍然属于最普遍的情形,因此通说认为票据法属于商法的范畴,是以调整票据关系为对象的特别商法。

(二)票据法的特征

票据法是商法传统的分支,现代商法虽说是公法私法兼具、以私法为主,但具有强烈的公法色彩,票据法的特征是商法公法色彩的典型体现。

1. 票据法具有强行性

票据法的强行性主要体现为:票据关系的设定、变更或消灭,均以法律的规定为行为准则,票据的内容由法律直接规定,不允许当事人加以变更,除法律另有规定外,一般也不承认当事人约定的优先效力。我国《票据法》首先规定了三种法定的票据种类——汇票、本票和支票,除此之外,任何单位和个人不得创设新的票据形式;其次,票据是严格的要式证券,票据行为也是严格的要式行为。违反法定方式的票据及票据行为一律无效,这就客观上对票据当事人意思自治进行了限制。

2. 票据法具有技术性

票据法的技术性主要体现为:创造票据工具本身、票据法的权利结构设置、票据行为的规则均具有技术性。如票据形式的严格规定、关于票据行为无因性的规定、背书连续的规定、票据抗辩切断的规定以及付款责任的规定等,都是为了保证票据使用的安全、确保票据的流通和付款,从方便合理的角度出发,由立法者专门设计出来的,而不是基于一般的道德理念,或者遵循一般的法律原则而规定的。由此可见票据法类似于交通法规,具有较强的技术性。

3. 票据法具有国际性

票据的产生始于国际贸易,而贸易国际化是票据法国际化的动因,同时技术性使票据法具有国际性成为可能。票据法的国际性主要体现为,各国国内法在内容上具有趋同性,基本上都规定了涉外票据的法律适用;同时国际社会致力于票据法的统一,比较统一的国际公约已经形成。随着世界经济一体化进程的进一步推进,各国票据法的国际统一将是大势所趋。

二、票据法的历史沿革

近代的票据法起初是在欧洲中世纪末期的商事习惯法的基础上形成和发展起来的。17 世纪之前,各国均无成文的票据法,票据关系由当时商人团体的规章、惯例以及商人裁判所的判例进行调整。随着中央集权国家的逐渐形成,这种习惯也随之演变为成文法。1673 年法国路易十四时期颁布的《陆上商事条例》在第五章、第六章规定了票据,因此,被公认为是票据立法的开端。直至 20 世纪 30 年代以前,形成了以法国、德国、英国为代表的三大票据法系,在世界范围内呈现了三足鼎立的局面。在第一次世界大战以后,国际联盟着手重新推动因战争而中断的票据法国际统一运动。在随后的发展中各国票据法进一步融合,三大法系向两大法系转变,直到今天世界上仍然存在日内瓦统一票据法系和英美票据法系这两大票据法系。

(一)传统的三大票据法系

在立法体例上,法国法系和德国法系都将汇票和本票统一立法,此外还单独制定一部支票法,而英国法系则采用汇票、本票、支票三票合一的立法形式。

1. 法国法系

以法国1807年颁布的《法国商法典》为代表,其内容仅含汇票与本票。随着银行制度的发展,法国在1865年又制定了《支票法》。法国法系的最大特点是将汇票与本票作为主要汇兑工具,且不对票据关系和票据基础关系作分离,即不承认票据的无因性。

2. 德国法系

以德国1871年颁布的《票据法》为代表,1908年德国颁布了《支票法》。德国法系注重票据的信用功能和流通功能,为此将票据关系和票据基础关系相分离,使票据成为无因证券。德国法系后来成为欧洲大陆法系的代表,影响日益扩大。

3. 英国法系

以英国1882年颁布的《票据法》为代表,1957年制定了《支票法》。英国法系影响及于整个普通法系国家,也注重票据的信用功能和流通功能,承认票据的无因性,强调对正当持票人的保护,与德国法系重视形式相比其更重视实质。

三大票据法系比较如下:

项目	法国法系	德国法系	英国法系
票据种类	汇票、本票	汇票、本票	汇票、本票、支票
票据性质	契约	有价证券、无因证券 强调形式外观	有价证券、无因证券 对形式要求不高,更重视实质
票据功能	汇兑	汇兑、支付、信用、融资	汇兑、支付、信用、融资

(二)票据法的国际统一运动

国际贸易的不断扩大,使得各国票据法的统一成为一种需要。为促进国际贸易,必须协调票据法律,促使票据立法遵循国际贸易的一般规则,走国际统一的道路。20世纪以来,国际票据法的统一先后经历了海牙统一票据法、日内瓦统一票据法和联合国统一票据法三个发展阶段。其中最具代表意义、影响最大的是1930年和1931年日内瓦统一票据法。

1. 海牙统一票据法

1910年和1912年,荷兰政府在海牙两次召集票据法统一会议,有37个国家参加会议。会议制定了统一票据规则共12章80条,统一支票规则草案共34条。后因第一次世界大战爆发,第一次票据法的统一活动终止。海牙统一票据规则虽未生效,但对当时各国的票据法产生了很大的影响。

2. 日内瓦统一票据法

1930年和1931年，国际联盟在瑞士日内瓦先后召开国际票据法统一会议，解决统一票据法的相关问题。会议产生了《统一汇票和本票法公约》、《解决汇票本票法律冲突公约》、《汇票本票印花税法公约》、《统一支票法公约》、《解决支票法律冲突公约》、《支票印花税法公约》六个公约，统称为"日内瓦票据公约"。这些公约是相互独立的，各国可以分别加入。公约主要以德国票据法系为基础，签署或参加公约的国家基本上都是大陆法系国家，包括德国、法国及其他绝大多数欧洲大陆国家、日本及部分拉丁美洲国家。英、美两国没有派代表参加日内瓦会议，也一直拒绝参加这些公约，仍然坚持自己的票据法传统。事实上，日内瓦国际票据法统一会议基本上实现了法国票据法系和德国票据法系的统一，形成了日内瓦统一票据法系。

3. 联合国统一票据法

为了进一步推动各国票据法的国际统一，扩大票据的国际流通，促进国际贸易的发展，联合国国际贸易法委员会于1971年开始着手起草国际统一适用的票据法草案。1988年12月，联合国第43次大会通过了《联合国国际汇票与国际本票公约》，该公约共9章，90条。根据第89条第1项的规定，该公约须经至少10个国家送交批准文件或加入文件后，才能生效。该公约考虑了日内瓦统一票据法和英美票据法的差异，但并不试图加以调和。而仅着眼于解决国际贸易中汇票和本票使用上的不便，其适用范围仅限于"作为国际贸易结算手段"而使用的"国际票据"，并且该公约在法律效力上不具有强制适用的效力，只有任意性效力，即由出票人或承兑人自行选择是否适用该公约。

三、我国的票据立法

我国古代虽然很早就使用了票据（如飞钱、交子、帖等），但并未真正定型，也未正式产生票据法。我国正式的票据立法是在清末时期，清王朝和北洋政府曾起草过多部票据法草案，但都没有公布。1928年国民党南京政府草拟了新的票据法草案，于1929年10月30日公布施行。这是中国历史上第一部正式的票据法，后几经修订，至今仍在我国台湾地区适用。该法主要参照了日内瓦统一票据法和德、日票据法，同时采纳了英美票据法的长处。

1949年，旧中国的票据法同其他旧法一起被废除。20世纪50年代至70年代末，国家实行严格的现金管理，信用集中到银行，限制和取消了商业信用。汇票和本票被取消，只允许使用支票，而且以转账为主，支票实际上仅仅是企事业单位之间的一种结算工具。在这种情况下，自然无须制定票据法。随着经济体制改革的深入和商品经济的发展，票据制度得以逐渐确立。1988年12月，中国人民银行颁发了《银行结算办法》。该办法规定在全国推行银行汇票、商业汇票、银行本票和支票，并规定个人可以使用支票。1995年5月10日，第八届全国人大常委会第十三次会议审议通过了《中华人民共和国票据法》，自1996年1月1日起施行。2004年8月28日，第十届全国人大常委会第十一次会议对《票据法》作了细小的修改,删去了原第75条[1]。此次修改并未涉及票据法的基础性问题,而只是回应《行政许可法》施行的要求,减少了中国人民银行的审批事项。

为了加强票据管理,维护金融秩序的稳定,我国设有票据管理部门。我国的票据管理部门是中国人民银行。《票据法》施行以后,经国务院1997年6月23日批准,中国人民银行于1997年8月21日发布了《票据管理实施办法》,自1997年10月1日起施行。2000年2月24日,最高人民法院通过了《关于审理票据纠纷案件若干问题的规定》,对票据纠纷案件的受理和管辖、票据保全、举证责任、票据权利及抗辩、失票救济、票据效力、票据背书、票据保证、法律适用、法律责任等问题作出了解释。

四、我国现行的票据法概述

各国票据立法为了避免法律条款的重复,一般都以汇票的规定为中心内容,除对本票和支票另有规定的以外,其他有关制度都适用或准用汇票的规定。我国现行《票据法》接受了西方票据制度中的基本概念、原则和基本规则,将汇票、本票和支票统一规定在一部票据法中,并以汇票的规定为其主要内容。如我国《票据法》第80条规定:"本票的背书、保证付款行为和追索权的行使,除本章规定外,适用本法第二章有关汇票的规定。本票的出票行为,除本章规定外,适用本法第二十四条关于汇票的规定。"第93条也规定:"支票的背书、付款行为和追索权的行使,除本章规定外,适用本法第二章有关汇票的规定。支票的出票行为,除本章规定外,适用本法第二十四条、第二十六条关于汇票的规定。"但与其他国家的票据法相比较,我国《票据法》也具有自己的特征。我国的《票据法》主要规定了三种票据种类(即汇票、本票和支票)以及四种票据行为(即出票、背书、保证、承兑)。

(一)票据的种类

1. 汇票

我国《票据法》第19条规定,汇票是出票人签发的,委托付款人在见票时或者在指定日期无条件支付确定的金额给收款人或者持票人的票据。

(1)依出票人身份不同可分为银行汇票和商业汇票。银行汇票是以银行为出票人,同时以银行为付款人,出票人与付款人通常为同一银行。商业汇票是以银行以外的其他公司、企业为出票人,以银行或其他公司、企业等为付款人。商业汇票又可分为商业承兑汇票和银行承兑汇票。商业承兑汇票由银行以外的付款人承兑,而银行承兑汇票则是由银行承兑。

(2)依付款期限不同可分为即期汇票和远期汇票。其中远期汇票又可分为定日付款汇票、出票后定期付款汇票和见票后定期付款汇票。

---

[1] 《票据法》原第75条规定:"本票出票人的资格由中国人民银行审定,具体管理办法由中国人民银行规定。"

(3)我国的汇票是记名式票据。我国《票据法》第22条规定,收款人名称为汇票出票时的绝对记载事项,汇票上未记载的,汇票无效。

(4)汇票有出票、背书、保证和承兑制度,但承兑制度只存在于远期汇票中。

(5)在《票据法》(共110条)条文中对汇票的规定多达54条,足以见得在三种票据中最重要的是汇票。

2. 本票

我国《票据法》第73条规定,本票是出票人签发的,承诺自己在见票时无条件支付确定的金额给收款人或者持票人的票据。

(1)在我国,《票据法》所称的本票仅指银行本票,不包括商业本票和个人本票。银行本票是银行签发的,承诺自己在见票时无条件支付确定的金额给收款人或者持票人的票据。

(2)我国《票据法》只规定了即期本票,强调本票的支付职能。

(3)本票是记名式票据。我国《票据法》第75条规定,收款人名称为本票出票时的绝对记载事项,本票上未记载的,本票无效。

(4)本票有出票、背书和保证制度,但没有承兑制度。

(5)本票的出票、背书、保证、付款行为和追索权的行使,除法律有特殊规定的,适用《票据法》有关汇票的规定。

综上所述,本票与汇票相比,除了不具有承兑、拒绝承兑证明等特征外,其他各项制度与汇票均相同。本票与汇票之间的不同之处在于:本票是自付证券,汇票是委付证券;本票是出票人自己付款的承诺,汇票是出票人要求他人付款的委托或指示;本票无须承兑,汇票除见票即付的以外均可以或应当请求承兑,以确定汇票的到期日;本票的出票人始终是第一债务人,汇票在承兑以前不存在第一债务人,在承兑后付款人为第一债务人。在我国《票据法》中,本票仅指银行本票,而汇票包括银行汇票和商业汇票两种;本票仅限于见票即付,而汇票可以是见票即付、定日付款、出票后定期付款、见票后定期付款。

3. 支票

我国《票据法》第81条规定,支票是出票人签发的,委托办理支票存款业务的银行或者其他金融机构在见票时无条件支付确定的金额给收款人或者持票人的票据。

(1)以支票的付款方式为标准,可以分为现金支票和转账支票。支票上印有“现金”字样的为现金支票,现金支票只能用于支取现金。支票上印有“转账”字样的为转账支票,转账支票只能用于转账。

(2)以支票上权利人的记载方式为标准,可以分为记名支票、无记名支票和指示支票。我国《票据法》第84条未将支票的收款人名称作为法定绝对必要记载事项,而第86条规定,支票上未记载收款人名称的,经出票人授权,可以补记。说明我国是承认无记名支票的。

(3)以支票当事人是否兼任为标准,可以分为一般支票和变式支票。变式支票又分为对己支票(出票人自己为付款人)、指己支票(出票人自己为收款人)、付收支票(付款人也是收款人)。我国《票据法》第86条第4款规定,出票人可以在支票上记载自己为收款人。

(4)支票是见票即付的票据,因为支票是支付证券,其主要功能在于代替现金进行支付。

支票限于见票即付,不得另行记载付款日期。另行记载付款日期的,该记载无效。支票的持票人应当自出票日起十日内提示付款;异地使用的支票,其提示付款的期限由中国人民银行另行规定。

(5)对支票付款人的资格有严格限制,仅限于银行或其他金融机构,不能是其他法人或自然人。

(6)支票可以签发空白票据。我国《票据法》第85条、第86条规定了空白支票。支票上的金额可以由出票人授权补记,未补记前的支票,不得使用。支票上未记载收款人名称的,经出票人授权,可以补记。我国汇票和本票不能签发空白票据。

(7)禁止签发空头支票。我国《票据法》第87条规定,支票的出票人所签发的支票金额不得超过其付款时在付款人处实有的存款金额。出票人签发的支票金额超过其付款时在付款人处实有的存款金额的,为空头支票。禁止签发空头支票。这一规定使支票的无因性受到一定限制。

(8)支票有出票和背书制度,但没有保证和承兑制度。

(9)支票的出票、背书、付款行为和追索权的行使,除法律有特殊规定的,适用《票据法》有关汇票的规定。

可见,支票与汇票之间存在许多相同之处,主要体现在:支票和汇票都是委付证券;支票和汇票都有三个基本当事人,即出票人、付款人和收款人。支票和汇票之间的不同之处主要体现在:支票的付款人限于银行或其他金融机构,而汇票的付款人没有此项限制;支票一般没有主债务人,而汇票在承兑前也没有主债务人,承兑后付款人为主债务人;支票出票时,出票人与付款人之间必须存在资金关系,而汇票则无此要求;支票的出票人承担担保付款责任,而汇票的出票人负有担保承兑和担保付款责任;支票是见票即付的票据,无到期日规定,而汇票则有到期日的规定;支票无承兑和保证制度,而汇票有承兑和保证制度。

(二)票据行为的种类

在我国《票据法》上,就票据行为来说,汇票包括出票、背书、保证和承兑;本票包括出票、背书和保证;支票包括出票和背书。

1.出票

出票是指出票人签发票据并将其交付给收款人的票据行为。它是最基本的票据行为,其他票据行为必须在出票行为的基础上才能进行。

2. 背书

背书是持票人将票据权利转让给他人或者将一定的票据权利授予他人行使的票据行为。根据我国《票据法》第 31 条的规定，持票人以背书连续证明自己的合法持票人身份。

3. 承兑

承兑是指汇票付款人承诺在汇票到期日支付汇票金额的票据行为。汇票上的付款人一经承兑，就必须承担无条件的绝对的付款责任。

4. 保证

保证是指行为人对特定票据债务人的票据债务承担连带责任的票据行为。

思考题

1. 简述票据的功能。

2. 简述票据是完全有价证券。

3. 简述票据的无因性。

4. 简述票据的要式性、文义性。

5. 结合商法的基本原理，谈谈票据法的特征。

6. 比较我国票据法中汇票、本票、支票的异同。

7. 甲、乙签订一份买卖合同。甲以由银行承兑的汇票付款，在汇票的背书栏记载有“若乙不按期履行交货义务，则不享有票据权利”，乙又将此汇票背书转让给丙。对于本案的事实，请运用票据法原理分析以下观点是否正确。

(1) 该票据的背书行为为附条件背书，效力待定。

(2) 背书上所附条件不产生汇票上效力，乙无论交货与否均享有票据权利。

(3) 乙在未履行交货义务时，不得主张票据权利。

(4) 无论乙是否履行交货义务，票据背书转让后，丙取得票据权利。

第二十七章　票据法律关系

◇ 知识结构图

- 票据法律关系
  - 票据关系
    - 票据关系的当事人
    - 票据关系的客体
    - 票据关系的内容
  - 票据法上的非票据关系
    - 票据法上的非票据关系
    - 利益返还关系
    - 票据返还关系
    - 损害赔偿关系
  - 票据基础关系
    - 票据原因关系
    - 票据预约关系
    - 票据资金关系
    - 票据基础关系与票据关系的关系

◈ 本章导读

票据法律关系是指由票据法规定的法律事实引起的,受票据法调整的权利义务关系。根据引起票据法律关系的法律事实不同,票据法律关系可以分为由票据行为引起的法律关系和由票据法规定的法律事件引起的法律关系。由票据行为引起的法律关系,学者称之为票据关系;由票据法规定的法律事件引起的法律关系,学者们一般称之为票据法上的非票据关系。概言之,票据法律关系包括票据关系和票据法上的非票据关系。票据基础关系是票据当事人之间授受票据、给付票据金额的原因关系。传统票据法理论上称票据基础关系为民法上的非票据关系,它不是票据法律关系,但与票据关系有密切关系,是票据关系产生、变动的基础。

◉ 司考重点

汇票关系的当事人,支票关系的当事人,本票关系的当事人,利益偿还请求权,票据原因关系,票据预约关系,票据资金关系,票据关系与票据基础关系的关系等

第一节　票 据 关 系

票据关系是指票据当事人基于票据行为的存在而形成的，体现在各种票据行为下当事人的权利义务关系。票据关系从性质上讲是一种金钱债权债务关系，具有无因性。

首先，票据关系是基于票据行为而产生的。实施票据行为需具备特殊的形式要件和实质要件，如果行为人不实施相应的票据行为，也就不发生票据关系。

其次，票据关系的内容具有不对等性。票据关系的内容包括票据权利和票据义务。一般而言，权利和义务是对等的，但是由于票据是无因证券，在票据关系中享有票据权利的主体，不承担相应的票据义务，而承担票据义务的主体则不享有票据权利。无因性使得票据所表彰的财产性权利仅仅是单纯的金钱债权，至于金钱债权产生的原因则不是票据法的调整范围。在某一特定票据关系中，票据权利人所享有的票据权利（包括付款请求权和追索权）并不以履行对等的义务为前提。因此，这种单纯的金钱债权反映在票据关系中，就体现为权利义务的不对等性、不对称性。

再次，票据关系具有独立性。票据行为人的票据行为各自独立，即票据关系中的每一个票据行为的效力是根据各该行为本身的效力确定的，而其他相关联的行为不发生联系。因此，基于票据行为而发生的各个票据关系具有独立性。

最后，票据关系的主体具有动态性。票据关系本质上是一种金钱债权债务关系，而债权债务关系的一个基本特征是权利主体与义务主体的确定性，但是由于票据是流通证券，与一般债权不同，票据的持票人在转让票据权利后，并不因此脱离票据关系，而是转为票据义务人继续存在于票据关系之中。基于此，票据关系的主体在票据的存续期间，始终处于一种相对稳定的状态，一旦发生票据权利的转让，其主体就要发生一定的变动。在票据关系中同时存在多个主体之间的多个法律关系，如出票关系、背书关系、保证关系、承兑关系。从形式上看每个法律关系都是在特定的当事人之间发生的，而实质上，在所有这些关系中，票据权利主体都是确定的、唯一的，而义务主体则是动态的、相对不确定的。

一、票据关系的当事人

票据关系的当事人是指票据权利的享受者和票据责任的承担者以及票据关系的参加人。其中，票据的持有人（持票人）享有票据权利，对于在票据上签章的人可以主张行使票据法规定的一切权利；在票据上签章的票据债务人负担票据责任，即依自己在票据上的签章按照票据上记载的文义，承担相应的义务。在票据关系中，有前手和后手之分。前手是指在票据签章人或者持票人之前签章的其他票据债务人。后手就是以某一个票据债务人为基点，在该债务人之后签章的其他票据债务人。在前手后手的关系中,后手相对于前手而言是权利主体,或者是潜在的权利主体,而前手只能是票据义务主体。

票据关系的基本当事人是指票据一经成立即已存在的当事人,他们是构成票据法律关系的必要主体,如出票人、付款人和收款人就是汇票关系的基本当事人。基本当事人在票据形式上不存在或不完全,票据法律关系就不能成立,票据也就无效。票据的非基本当事人则是指票据已经成立,通过各种票据行为而加入票据关系中的当事人,如背书人、保证人等。非基本当事人并不是任何票据都存在的。

根据票据的种类不同,票据关系分为汇票关系、本票关系和支票关系。汇票关系的当事人包括出票人、付款人、收款人、承兑人、背书人、保证人和持票人,其中出票人、付款人和收款人为基本当事人,其余的为非基本当事人;本票关系的当事人主要包括出票人、收款人、背书人、保证人和持票人,其中出票人和收款人为基本当事人,其余的为非基本当事人;支票关系的当事人包括出票人、收款人、背书人、持票人,其中出票人、付款人和收款人为基本当事人,其余的为非基本当事人。从票据关系的形成来看,虽然汇票、本票和支票三种票据关系的基本主体有所不同,但都是在票据有效作出时就存在的,而非基本当事人是在票据有效形成以后,随着票据的流通才出现的。

1. 票据权利主体

在上述当事人之中,持票人是权利主体,持票人在票据流通过程中,是一个相对的概念。如汇票在出票时,收款人为持票人;在背书时,被背书人为持票人;当票据义务人清偿票据金额后,取得票据后即成为持票人。

2. 票据义务主体

在票据上签章的人都是义务主体,其中出票人和承兑人是基本义务人,对持票人承担无条件绝对付款的义务,而其他义务主体是附属义务人,只有在持票人被拒绝承兑或被拒绝付款的情况下,才承担担保付款责任。我国《票据法》中,出票人和承兑人除了履行基本义务人的义务之外,在追索权行使中与其他票据义务人共同对持票人承担担保付款责任。

3. 票据关系中的关系主体

票据关系中的关系主体是指在票据上被记载为付款人的主体,他们不享有票据权利,也不必然承担票据义务,只是因票据上的记载而取得付款或者承兑的资格。付款人是否给持票人付款,或者付款人是否对提示的汇票予以承兑,完全取决于付款人自己的意志,票据法并没有强制其承担付款的义务。

通过以上分析,票据关系的权利主体具有单一性,而义务主体具有群体性。票据关系的权利主体只能是一个人即持票人,不能存在两个或者两个以上的权利人,对票据权利转让各国法律都规定了不允许分别转让和部分转让,这也说明了票据关系的权利主体虽然在票据存续期间可能发生变动,但不论如何变动,权利主体必须是一个人,票据关系形成之时其义务主体只有一人即出票人,但票据属于流通证券,在票据的流通过程中,持票人因转让权利而对新的持票人承担担保责任,付款人因承兑而成为绝对付款的义务人,保证人,参加承兑人也可能因保证行为和参加承兑行为加入票据义务人的行列中来,因此,动态地去分析票据关系的义务主体其具有群体性的特征。

二、票据关系的客体

票据关系的客体是指票据权利主体和票据义务主体所指向的对象。票据关系的客体具有确定性、唯一性和单纯性,仅指票据上记载的票据金额。票据金额是票据有效成立的法定条件之一,一旦确定以后就不得更改,更改的票据无效。

三、票据关系的内容

票据关系的内容就是票据权利和票据义务。票据权利是指持票人向票据债务人请求支付票据金额的权利。票据义务在我国《票据法》中被称为票据责任,是指票据债务人向持票人支付票据金额的义务。

与一般的债权不同,票据权利具有层次性,其权利的结构具有二重性和法定性,包括付款请求权和追索权。付款请求权所针对的票据义务是基本义务主体所承担的无条件的、绝对的付款义务,包括汇票、支票的付款人对出票人付款的代付行为,汇票承兑人的付款行为,本票出票人的付款行为。追索权所针对的票据义务是其他附属义务主体所应承担的担保义务,一旦票据权利人被基本义务人拒绝承兑或者拒绝付款,附属义务人就应当对持票人承担担保责任。

票据义务与票据权利相对应,包括票据金额给付和担保票据金额给付两个层次。票据金额给付义务,是指出票人或者承兑人在持票人提示票据时,按照票面文义支付票据金额的义务,是第一性的义务。担保票据金额给付义务,是指票据签章人对持票人,或者票据上的前手对其后手,承担的担保承兑和担保付款的义务,是第二性的义务。

第二节　票据法上的非票据关系

一、票据法上的非票据关系

票据法上的非票据关系是由票据法规定的法律事件引起的法律关系,是基于票据法的直接规定而发生的法律关系,而不是基于票据行为而存在的法律关系。这种法律关系主要包括因利益返还所引起的法律关系、因票据返还所引起的法律关系和损害赔偿关系。

二、利益返还关系

为了实现票据的流通功能,保障票据流通的安全性,我国《票据法》对票据权利实行短期时效主义,并对票据权利的行使规定了严格的形式要件。在实践中,持票人因某种原因没有遵守这些规定,就有可能丧失票据权利,而使自己遭受损失。在持票人丧失权利受损的情况下,出票人或者承兑人则可能因此获得利益,造成事实上的不公平。为了使各方利益达到平衡,各国票据法都规定了利益偿还请求权。我国《票据法》第18条规定:"持票人因超过票据权利时效或者因票据记载事项欠缺而丧失票据权利的,仍享有民事权利,可以请求出票人或者承兑人返还其与未支付的票据金额相当的利益。"这就在持票人与出票人或者承兑人之间形成了利益返还关系。

三、票据返还关系

只有持有票据才能享有票据权利,这是由票据是完全有价证券的特性所决定的。但在实际生活中可能会出现票据权利人丧失票据的情形。如票据被他人以非法手段取得、付款人支付票据金额后未收回票据以及被追索人清偿票据金额后未收回票据。这时虽然票据由他人占有,但该占有人并非该票据的合法持有人。因此,我国《票据法》第12条规定,对以非法手段或出于恶意取得票据的人不得享有票据权利。丧失票据或已履行票据义务的人享有票据返还的请求权,即要求不当占有票据的人返还票据。

四、损害赔偿关系

无论是票据权利的行使还是票据义务的履行,均须遵守法定的规则。如果票据关系主体不遵守法定规则,就要承担因此而造成的损害赔偿责任。我国《票据法》规定的承担损害赔偿责任的情形主要有三种:一是在发生票据追索时,追索权人没有在规定期间内及时将追索事由通知其前手而给前手造成的损害,追索权人应当承担损害赔偿责任;二是当承兑人或付款人在拒绝承兑或拒绝付款的情形下,而未出具拒绝证明或不作出不予以付款理由的,该承兑人或付款人应当承担由此产生的损害赔偿责任;三是对实施伪造、变造票据的人,虽然可以根据票据文义性的特点不承担票据责任或依票据变造规则承担相应的票据责任,但还要承担因伪造、变造票据而产生的损害赔偿责任。特别是在变造票据的情形下,因将变造票据的票据责任与变造票据的损害赔偿责任相区别。

第三节 票据基础关系

票据基础关系,是发生在票据当事人之间授受票据、给付票据金额的原因关系,是票据关系产生、变动、消灭的基础关系,包括票据原因关系、票据资金关系、票据预约关系。虽然票据须具备票据法上的条件,票据权利才得以成立,但是当事人之间发生票据关系是有原因的。即在票据关系形成前,当事人之间存在某种法律关系,如票据当事人之间有买卖关系、有资金预付关系、有票据预约关系等。这种关系存在于票据形成之前,因而不是由票据法调整,而是由民法调整的,所以传统票据法理论上称票据基础关系为民法上的非票据关系,由于这些关系是票据关系赖以产生的基础关系,因此一般称为票据基础关系。在现代商事环境中,票据的使用范围越来越广,因此,票据基础关系并不局限于民事关系,如买卖、赠与、继承等,凡是具有金钱给付关系的法律关系,包括公法上的法律关系和私法上的法律关系,均可能成为具体票据关系的基础关系。

一、票据原因关系

票据原因关系是指授受票据的直接当事人之间基于授受票据的理由而产生的法律关系。如出票人与收款人之间签发和接受票据的理由、背书人与被背书人之间转让票据的理由等。票据原因关系是以一般的民商事交易关系为主要表现形式,主要有买卖关系、赠与关系、借贷关系、继承关系等,但只要具有金钱给付关系的法律关系,都可以成为票据原因。依照票据法的规定,原因关系只存在于授受票据的直接当事人之间,票据一经转让,其原因关系对票据效力的影响力即被切断。

二、票据预约关系

票据预约关系是指票据当事人在授受票据之前,就票据的种类、票据金额、出票日、到期日、付款人、付款地等事项做出预先约定而产生的法律关系。这种约定就是票据预约,它实际上是沟通票据原因和票据行为的桥梁。但该合同约定仅为民事合同,当事人不履行票据预约合同所产生的权利义务仅构成民法上的债务不履行,不属于票据法规范的对象。

三、票据资金关系

票据资金关系是指存在于出票人与付款人之间就票据金额的给付达成的委托付款关系。不是所有的票据都有资金关系,只有委付票据上存在票据资金关系。汇票中的付款人,因此取得付款和承兑的资格,支票中付款人,仅仅取得了付款资格,但资金关系并不能使付款人承担票据义务。一般来说,资金关系的存在或有效与否,均不影响票据的效力。

四、票据基础关系与票据关系的关系

票据基础关系与票据关系的不同之处在于:第一,票据关系是由当事人的票据行为而发生的,而票据基础关系存在于票据形成之前,不是由票据法调整的;第二,票据关系的内容是票据权利义务关系,它与票据紧密相连,权利人行使权利以持有票据为必要;而票据基础关系则不需要。票据基础关系与票据关系以彼此分离、独立为原则,特殊情况下相互牵连为例外。票据基础关系虽然是票据关系产生的基础,但是票据关系一经有效成立,就与它立即相分离,两种关系各自独立存在,分属不同的法律规范,基础关系的存在与否、效力如何,对票据关系没有影响,即票据关系一旦有效产生,无论票据基础关系是否有效、是否合法,均不影响已经发生效力的票据关系。对此理论上称为“相分离原则”,这一原则是票据无因性的体现,其目的是促进票据流通,保障票据的安全、便捷。

但是“相分离原则”不是绝对的,在特定的情况下,票据基础关系也能对票据关系产生影响。各国票据法都规定了“相分离原则”的例外,这种例外就是两者之间的特殊规则。特殊规则规定,票据基础关系与票据关系的关系在某些法定情形下相牵连。所谓相牵连是指在法定情形下,票据债务人可以依据票据基础关系抗辩票据债权人。主要包括四种情形:一是原因关系有效与否直接影响授受票据的直接当事人之间票据关系的效力;二是对无代价或者不以相当对价取得票据者,受其前手票据原因关系的影响,持票人不得享有优于其前手的票据权利;三是持票人明知票据债务人与出票人或自己的前手之间存在抗辩事由而取得票据的,票据债务人可以原因关系进行抗辩;四是票据债务人有权对非法持票人进行抗辩。

◎ 思考题

1. A公司从B公司购进一批家具,总价款50万元。家具运抵后,A公司为B公司签发一张以A公司为出票人和付款人、以B公司为收款人的,3个月后到期的商业承兑汇票。出票日期为2015年5月11日。2015年6月7日,B公司从C公司购进木材一批,B公司就把A公司开的汇票背书转让给C公司,余下的4万5千元用支票方式支付完毕。2015年7月12日,C公司向A公司提示汇票要求承兑,A公司承兑时,在承兑栏记载,“B公司如约履行合同义务后,在到期日无条件支付汇票金额”。2015年8月16日,C公司把汇票提交A公司要求付款,A公司拒绝付款,理由是B公司供给的家具不合格,拒绝付款。结合本案,谈谈票据关系与票据基础关系的关系。

2. 潇湘公司为支付货款向楚天公司开具一张金额为20万元的银行承兑汇票,付款银行为甲银行。潇湘公司收到楚天公司货物后发现有质量问题,立即通知甲银行停止付款。另外,楚天公司尚欠甲银行贷款30万元未清偿。对于本案的事实,请运用票据法原理分析以下观点是否正确。

(1)潇湘公司有权以货物质量瑕疵为由请求甲银行停止付款。

(2)根据票据的无因性原理,甲银行不得以楚天公司尚欠其贷款未还为由拒绝付款。

(3)如甲银行在接到潇湘公司通知后仍向楚天公司付款,由此造成的损失甲银行应承担责任。

第二十八章　票据行为

◇ 知识结构图

- 票据行为
  - 票据行为概述
    - 票据行为概念
    - 票据行为的特征
  - 票据行为的构成
    - 票据行为的有效要件
    - 票据行为的法律效力
    - 票据行为的代理
  - 票据行为的瑕疵
    - 票据的伪造
    - 票据的变造
    - 票据的更改
    - 票据的涂销

◈ 本章导读

票据行为是以负担票据债务为目的的要式法律行为。票据权利产生、变动，皆因票据行为。与其他商行为不同，票据行为具有自己鲜明的特征，其构成也不能按照一般商行为的规则来套用。瑕疵的票据行为，并不能简单的适用无效民商事行为的规定。

◉ 司考重点

票据行为的独立性，票据能力，票据行为的绝对记载事项和相对记载事项，票据行为的代理，票据的伪造，票据的变造，票据的更改等

第一节 票据行为概述

一、票据行为的概念

票据行为有广义和狭义之分,广义的票据行为是指能够引起票据关系产生、变更或者消灭的行为,包括出票、背书、保证、承兑、参加承兑、保付、参加付款、划线、见票、付款等行为,狭义的票据行为仅指以行为人在票据上进行必备事项的记载、完成签名并予以交付为要件,以负担票据上债务为目的的要式法律行为。票据法理论中所称的票据行为主要是指狭义票据行为。就我国《票据法》所指的票据行为而言,汇票包括出票、背书、保证、承兑四种;本票包括出票、背书和保证三种;支票包括出票和背书两种。

按照不同票据行为对票据及票据权利的法律效果不同,票据行为可以分为基本票据行为和附属票据行为。

(一)基本票据行为

基本票据行为就是出票行为,它是实施其他票据行为的基础,没有出票行为的发生,其他票据行为也无从谈及其效力。基本票据行为具有创设票据和票据权利的功能,有出票行为,才可能有具体票据产生和票据权利的创设。

(二)附属票据行为

附属票据行为是指出票行为以外的其他票据行为,即背书、保证、承兑,这些票据行为的发生,是以参加已存在的票据债务为直接法律效果的,无论是背书,还是保证、承兑,只要行为人在票据上为这些行为,该行为人即成为票据债务人。附属票据行为不具有创设票据权利和变更票据权利内容的效力,只是附属票据行为人参加票据债务的行为。

二、票据行为的特征

与其他商行为相比,票据行为具有自己的特征,主要有以下五点:

(一)票据行为具有要式性

票据行为是典型的要式行为,是通过对票据的填写加交付完成的。票据法对各种票据行为都规定了严格的行为方式。对每一种票据行为,法律均规定该行为的记载内容、书写格式、书写位置、签章要求等。只有符合这些行为规则,才能认定票据行为有效。

(二)票据行为具有文义性

票据行为的具体内容完全以票面记载的文义为准,即使票据上记载的文字与实际情况不符,仍应以文字记载为准。不允许票据当事人以票据文字以外的事实或证据,对票据上的文字记载作变更或者补充。

(三)票据行为具有无因性

票据是无因证券,只要票据行为符合法定形式就产生效力,引起其发生的原因是否存在或者是否有效都不影响票据行为的效力。

(四)票据行为具有独立性

将票据上发生的票据行为联系在一起考察,每一个具体行为的效力都是独立存在,相互之间并不发生影响。换言之,就是在同一票据上所为的若干票据行为分别依各行为人在票据上所作记载独立地发生效力,在先票据行为无效不影响后续票据行为的效力,某一票据行为无效不影响其他票据行为效力。

(五)票据行为具有关联性

票据是流通证券,在流通中票据行为人虽然有变化,但票据上所记载的债务并不因流通而改变。在同一张票据上进行的各种票据行为,都是为负担同一张票据债务而进行的票据行为,所有进行票据行为的人应对票据债务共同负责以实现票据权利。因此,在同一票据上所为的票据行为又具有连带性。关联性与独立性是票据行为的两个不同方面,独立性是从票据行为的效力而言的,关联性是从票据行为的后果而言的。

第二节　票据行为的构成

一、票据行为的有效要件

票据行为除必须具备一般民商事法律行为应具备的要件,即票据行为的实质要件。还必须具备票据法规定的特别要件,即票据行为的形式要件。

(一)票据行为的实质要件

实质要件就是票据法对票据行为人的要求,包括行为人的票据能力和意思表示两个方面。票据能力包括票据权利能力和票据行为能力。前者指票据行为人可以享受票据权利、承担票据义务的资格;后者是指行为人通过独立的票据行为取得票据权利、承担票据义务的资格或能力。对于票据权利能力,我国《票据法》并没有任何明确的限制性规定。因此,只要具备民事主体资格,无论自然人、法人还是其他团体或组织,都具有票据权利能力。对于票据行为能力各国的规定有所不同,我国《票据法》对自然人作了明确的限制。要求票据行为人应当是完全民事行为能力人,无民事行为能力或者限制民事行为能力人在票据上所为的签章是无效的。至于法人和其他团体或组织的票据行为能力,应同于其票据权利能力,《票据法》对此并无限制。《票据法》第96条明确规定,对于涉外票据[1]的票据债务人的民事行为能力,适用其本国法律。票据债务人的民事行为能力,依照其本国法律为无民事行为能力或者为限制民事行为能力而依照行为地法律为完全民事行为能力的,适用行为地法律。

票据行为属于商行为,票据行为人在为票据行为时应当意思表示一致,而且意思

〔1〕 我国《票据法》第94条第2款。

表示必须合法、真实。因此,民法中有关意思表示真实的规定一般仍适用于票据行为。不过票据作为文义证券和无因证券,经常在不特定的主体之间流通,为了保护善意第三人的权利,促进票据流通,票据法更强调对行为人的意思表示做客观的解释。这样,民法上有关意思表示无效或可撤销的规定,不适用或只能有限制地适用于票据行为。

票据法对票据行为实质要件的规定,对票据效力的影响是有限的。在通常情况下,票据行为的实质要件出现问题时,一般只是影响到某一个具体票据行为的效力,不会影响到整个票据关系的效力。

(二)票据行为的形式要件

票据行为的形式要件是票据法上规定的使票据义务产生的必要条件。票据行为的形式要件主要包括书面、签章、记载事项和交付四项。与票据行为的实质要件相比,若形式要件出现问题时,就可能对整个票据关系的效力产生影响。

1. 书面

票据为文义证券,因此各种票据行为都必须以书面形式作成才能生效,任何以口头形式所为的票据行为均属无效。另外,票据法对票据用纸也有严格的要求,票据行为人在非法定的纸张上为票据行为,不可能产生票据权利义务关系。我国《票据法》第108条第2款规定:"票据凭证的格式和印制管理办法,由中国人民银行规定。"中国人民银行作为我国的票据管理部门有权对票据的格式、联次、颜色、规格及防伪技术要求和印制作出规定。

2. 签章

各种票据行为的内容虽然不一,但签章是所有票据行为共同的要件。在票据上签章的人按照票据所记载的事项承担票据责任。在票据上签章的意义,在于识别行为人,辨别行为人的真伪,并确定行为人的票据责任。如汇票的付款人在承兑之前并不承担票据责任,而一旦签章承兑必须承担付款责任。票据上的签章,为签名、盖章或者签名加盖章。在票据上的签名,应当为该当事人的本名,不得使用别名、代号、乳名、笔名等签名。我国《票据法》规定,法人和其他使用票据的单位在票据上的签章,为该法人或者该单位的盖章加其法定代表人或者其授权的代理人的签章。可见,我国《票据法》对法人或其他单位的签章要求比较严格,不但需要在票据上加盖公章,而且还必须由单位的法定代表人或者其授权的代理人的签章,二者缺一不可。

3. 记载事项

票据行为要有效成立,还必须根据票据法的具体规定,在票据上记载有关事项。根据记载事项的不同效力,可以将其分为绝对必要记载事项、相对必要记载事项、禁止记载事项、任意记载事项和记载后不发生票据法上效力的事项五种规定。

绝对必要记载事项是指必须在票据上记载的事项,欠缺任何一项都会导致票据无效。我国《票据法》第22条、第75条和第84条分别规定了汇票、本票和支票上的绝对必要记载事项。票据名称字样、无条件支付的委托或承诺、确定的金额(中文大写与数码不一致时，票据无效）、出票日期、出票人签章是汇票、本票和支票共同的绝对必要记载事项。此外，汇票还必须记载付款人和收款人名称，本票须记载收款人名称，支票须记载付款人名称。

相对必要记载事项是指某些事项虽然票据法规定应予以记载，但如果票据上不记载，而是适用法律对此所作的一般规定，票据并不因此无效。如出票地、付款地、到期日、背书日期、被保证人等记载事项。《票据法》第23条、第76条和第86条规定的内容就属于相对必要记载事项。

禁止记载事项是指票据法禁止行为人在票据上记载的事项。根据记载行为所产生的不同后果，可将禁止记载事项分为两种：一种是记载无效事项，即行为人虽然作了记载，但此项记载本身无效，票据法上视作未作记载，但票据的效力并不因此受到影响。例如，我国《票据法》第90条规定："支票限于见票即付，不得另行记载付款日期。另行记载付款日期的，该记载无效。"另一种是记载有害事项，即行为人记载了此类事项不仅记载本身无效，而且终将导致整个票据无效的记载。例如，我国《票据法》第22条规定，汇票必须记载无条件支付的委托和确定的金额，如果出票人在汇票上记载的是附条件的委托支付或者金额不确定，那么该记载就会使整个票据无效。

任意记载事项是指票据法既没有规定应记载，也未规定不得记载，是否记载可由票据当事人自由选择，但是票据行为人一经记载于票面上则发生票据法上的效力。如我国《票据法》规定了不得转让、设质背书、委任背书三种任意记载事项。

记载后不发生票据法上效力的事项在形式上与任意记载事项相同，即是否记载可由票据当事人自由选择，但是在实质上二者迥异。任意记载事项一经记载，即发生票据法上的效力，而此类事项记载后不发生票据法上的效力。例如，我国《票据法》第24条规定："汇票上可以记载本法规定事项以外的其他出票事项，但是该记载事项不具有汇票上的效力。"票据当事人记载了票据法没有规定的事项，因其不符合票据法的规定，因此不发生票据法上的票据效力。但是该记载内容只是不发生票据法上的效力而已，它有可能发生民法上的效力。

4. 交付

交付，是指票据行为人将票据实际交给对方持有。不同的票据行为，其接受交付的相对人也不一样。例如，出票人须将票据交付给收款人，背书人须将票据交付给被背书人，而承兑人及保证人则须将票据交付给持票人。票据的交付是否是票据行为的构成要件，各国票据法对此规定不一，认为票据行为是单方行为的国家，票据的交付一般不构成票据行为的形式要件，只要票据行为人按照票据法的规定作成票据或者填写完成并签章，该票据行为即发生法律效力。而将票据行为定性为契约行为的国家，则认为交付是票据行为的必要条件。我国《票据法》虽然没有明文规定票据行为必须以交付为要件，但它在总则第10条中使用的是"票据的签发"，在对汇票、本票和支票下定义时也都使用了"签发"一词，所谓"签发"，应当理解为"签章"和"发出"，而发出即为交付。[1] 从商事实践来看,因为票据的交付不具有规范的形式,票据行为人很难举证证明持票人是未经交付取得票据的。只要持票人是票面上记载的票据权利人,一般来讲,法律就推定为有合法的交付行为。

二、票据行为的法律效力

票据行为的法律效力主要体现为对物的效力和对人的效力两方面。所谓对物的效力是指对票据本身效力的影响,包括票据效力的产生、票据效力的终止等;所谓对人的效力是指对在票据上签章的人和记载的人所发生的效力。

(一)对物的效力

对物的效力主要有两种效力:其一是票据因出票行为而产生。不论是哪一种票据,其发生法律效力都是以出票为必要条件,只要出票在形式上符合法定要件,即产生票据权利义务关系。一般来讲,票据一旦有效成立,其他票据行为的效力不会影响到票据的效力,即便是出票行为因实质要件欠缺而无效时,只要形式要件符合法律规定,也不会影响票据产生的效力。[2] 其二是票据的效力因出票人(包括票据上记载的付款人)或者承兑人的付款行为,或者因出票人或者承兑人取得票据而消灭。前一种情况属于票据的正常消灭,后一种情况是回头背书行为引起的票据消灭。

(二)对人的效力

因具体的票据行为不同对人的效力也不同。出票行为主要对出票人、收款人和付款人发生效力。出票人因出票行为而成为最终的付款义务,收款人因出票行为取得票据权利,付款人因出票人在票据上的记载取得了对票据承兑、付款的资格;承兑行为使汇票上记载的付款人成为票据义务人即承兑人,承担到期无条件付款的第一债务人;背书、保证等票据行为发生之后,背书人、保证人成为第二债务人,对持票人承担担保责任。

三、票据行为的代理

(一)概述

票据行为的代理又称票据代理,是指在票据当事人授权的情况下,由代理人代本人为一定的票据行为。票据代理具有以下特征:

1. 票据代理是委托代理

传统民商法将代理分为委托代理、法定代理和指定代理三种形式。我国《票据法》第5条规定,票据当事人可以委托其代理人在票据上签章。这说明我国票据法上规定的票据代理仅限于委托代理。

2. 票据代理是显名代理,具有要式性

通常形态的票据代理适用一般民事代理的显名代理原则,但是由于票据行为具有

---

[1] 刘家琛主编:《票据法原理与法律适用》,人民法院出版社1996年版,第70页。

[2] 最高人民法院《关于审理票据纠纷案件若干问题的规定》第66条。

要式性和文义性的特点，票据代理也必须在票据上进行。首先，票据当事人授权的形式具有要式性和文义性。我国《票据法》第5条规定，当事人可以委托其代理人在票据上签章，但必须在票据上表明代理关系。这说明具有票据法上效力的授权形式，只能通过在票据上记载实现，没有在票据上表明代理关系的票据代理不具有票据法上的效力。其次，代理人为票据行为时必须按照法律对票据行为的规定进行，因此，代理人必须在票据上签章，其所为的票据行为也必须具有要式性和文义性。

（二）关于无权代理和越权代理

我国票据法规定，没有代理权而以代理人名义在票据上签章的，应当由签章人承担票据责任；代理人超越代理权限的，应当就其超越权限的部分承担票据责任。这一规定说明，在票据代理过程中发生的无权代理以及越权代理行为，其所产生的法律后果应当由行为人承担。在这里需要说明的是在判断代理人是否无权或者越权代理时，可以引入票据以外的其他材料予以证明，因为法律要求在票据上记载的内容仅仅是表明代理关系，而授权的内容并没有在票据上反映出来，无权或者越权代理一般都是不符合授权内容或者根本就没有授权而为的票据行为，因此，只凭票据本身无法证明代理人的行为是否无权或者越权。

第三节　票据行为的瑕疵

一、票据的伪造

（一）概念

票据伪造是指假冒他人名义在票据上为一定的票据行为，包括假冒出票人的名义签发票据的行为，以及假冒他人名义而为的背书、承兑、保证行为。一般来说，票据法意义上的票据的伪造仅指票据签章的伪造，而不包括其他事项的伪造。据此，我们可以说票据法上的票据伪造仅仅是对人的伪造，因此会产生形式合法的票据。

票据伪造不同于越权代理、无权代理和表见代理，在这三种瑕疵票据代理中代理人都是以被代理人名义，为被代理人的利益为票据行为的，而第三方即对方当事人之所以接受票据，是基于相信这种代理关系存在而为之的。在票据伪造中，伪造人实质上是以被伪造人的身份为票据行为的，而对方当事人也是将伪造人作为被伪造人本人来对待的，这是两者之间本质的区别。

（二）法律后果

票据伪造的法律后果有两个方面，即对票据本身的法律后果和对伪造票据所涉及的人的法律后果。

1. 对票据本身的法律后果

票据是一种强调形式外观主义的有价证券，具有要式性、文义性和无因性的特征。

接受票据的人只要看到形式符合法律规定的票据,就可以认定该票据是一张有效的票据。票据的接收人没有义务去考察票据产生的原因是否有效、合法、真实,即使出票时假冒了他人名义签发了一张票据,但只要出票行为在形式上符合票据法规定的形式要件,即法定的纸张、法定的格式、法定的记载事项和法定的记载方式,就可以产生有效的票据,即合法的票据形式和真实的票据权利。

2. 对伪造票据所涉及的人的法律后果

(1)对伪造人的法律后果。在伪造票据的情形下,伪造人因未在票据上签章,因此不承担票据责任。但根据我国《票据法》的相关规定,伪造人应当承担其他法律责任。依《票据法》第102条第1项、第103条的规定,伪造人应当承担刑事责任、行政责任。需要指出的是,伪造人的行政责任是在不构成犯罪的情况下适用的,而且做出行政处罚的行政机关应当是公安机关,而非中国人民银行。[1] 但在实践中公安机关对票据伪造进行处罚时,缺少可操作的法律依据。此外,最高人民法院《关于审理票据纠纷案件若干问题的规定》第67条规定,伪造人除应当依法承担刑事、行政责任外,给他人造成损失的,还应当承担民事赔偿责任。

(2)对被伪造人的法律后果。在票据伪造中,被伪造人并未在票据上签章,所以被伪造人不承担票据责任。此项抗辩事由,被伪造人可以对抗一切持票人,即使持票人为善意持票人,也不得对被伪造人主张票据权利。同时,被伪造人有权要求伪造人承担侵权责任。

(3)对真实签章人的法律后果。票据上有伪造的签章的,不影响票据上其他真实签章的效力。即根据票据行为独立性的原则,在伪造票据上的真实签章人依据票面文义承担票据责任,不得以存在票据伪造因素而对抗持票人。

(4)对付款人付款行为的法律后果。从各国法律规定来看,对票据伪造中付款人付款行为的效力,都是持肯定的态度。即付款人或代理付款人在付款时,只要按照法律规定对票据签章和各记载事项进行了通常审查,即使未能辨认出伪造的签章,付款行为的效力仍然有效。

二、票据的变造

(一)概念

票据变造是指无合法变更权限的人在已有效产生的票据上,对除签章以外的票据其他记载事项加以变更。票据变造必须具备下列条件:第一,必须是无合法变更权限的人所为的变更行为。如果是有变更权限的人对票据记载事项进行变更,则这种行为叫作票据的更改。我国《票据法》第9条第3款规定:"对票据上的其他记载事项,原记载人可以更改,更改时应当由原记载人签章证明。"第二,必须是对签章以外的其他记载事项的变更。无变更权的人变更票据上的签章的行为,属票据的伪造。票据变造仅

---

[1] 我国1997年发布的《票据管理实施办法》第30条。

限于无变更权的人对票据上签章以外的其他记载事项的变更。第三,变更票据的其他记载事项足以引起票据权利内容的变化。如果对票据上一些无关紧要的其他事项作变更,变更后并未使票据权利内容发生变化,则不构成票据的伪造。

(二)法律后果

票据变造的法律后果主要涉及对人的法律后果,即票据变造行为对变造人、真实的签章人和付款人付款行为的法律后果。

1. 票据变造行为对变造人的法律后果

变造行为为违法行为,变造人因其行为而承担四种法律责任:

(1)在票据变造的情形下,由于变造人在票据上没有签章,则不承担票据责任。但根据我国《票据法》的相关规定,变造人应当承担其他法律责任。依《票据法》第102条第1项、第103条规定以及有关司法解释的规定,变造人应当承担刑事责任、行政责任、民事赔偿责任。

(2)如果变造人在被其变造的票据上有签章,无疑就是票据债务人,此时并不因其承担刑事责任或者行政责任、民事责任,而免除其票据责任,变造人依然要按照票面文义承担票据责任。

2. 票据变造行为对真实的签章人的法律后果

票据变造使得票据上的权利义务关系发生了变化,所以票据变造涉及的就不仅是被变造的记载事项的原记载人,而是所有票据当事人。票据是文义证券,票据变造前的效力显然与变造后效力不同,对于变造前的票据签章人和变造后的票据签章人,要求依其签章时的票据的文义承担责任才符合法律的公平和正义。真实签章人,是在票面上签章的人,其签章时是以发生票据债务为目的,其在票据上的签章,反映了行为人有意思表示且意思表示真实,因此,真实签章人应当依据其签章时票面的文义承担票据责任。也就是说,变造前签章的,依据变造前票面文义承担票据责任,变造后签章的依据变造后的票面文义承担票据责任,如果不能确定是变造前或变造后签章的,我国《票据法》规定一律视为变造前签章的。

3. 票据变造行为对付款人付款行为的法律后果

付款人不是票据上的签章人,而是与出票人有资金关系、被出票人作为付款人记载于票面上的人,其付款行为具有消灭票据债权债务关系的功能,只要付款人在付款时履行了法定的审查义务,但未能辨认出票据发生了变造,该付款行为有效,付款行为的后果由出票人承担。

三、票据的更改

票据的更改是指有更改权限的人依照票据法的规定,以法定方式对票据上的可更改记载事项加以更改的行为。

(一)更改的事项

我国《票据法》第9条规定,票据金额、日期、收款人名称任何人不得更改,更改会导致票据无效。另外,根据最高人民法院《关于审理票据纠纷案件若干问题的规定》,更改银行汇票的实际结算金额,也会导致票据无效。对票据上的其他记载事项如付款人名称、付款日期、付款地、出票地等,原记载人可以更改,更改时只需签章证明即可。

(二)原记载人更改权限制

原记载人有权更改其记载的内容,但当票据行为完成之后,即依法填写完毕,并交付票据后,原记载人的更改权则受到其后手权利的限制。如果是出票人或承兑人在交付票据流通后,行使票据更改权,应当取得全体票据当事人的同意,包括票据上所有的签章人和持票人;如果是其他票据行为人在交付票据后,行使票据更改权,应当取得其后手的一致同意,否则不发生票据法上更改的法律后果。

四、票据的涂销

票据的涂销,是指涂抹消除票据上的签名或其他记载事项的行为。涂销人可以是有涂销权者,也可以是无权涂销的人。有涂销权的当事人一般是指票据的持票人及其授权的人,其他人均无权涂销。

(一)有权涂销的法律后果

权利人故意所为票据的涂销行为就其实质来说就是票据内容的更改,应发生上述票据更改的法律后果。权利人非故意所为的涂销,涂销行为无效,票据依其未涂销时的记载事项发生法律效力。

(二)无权涂销的法律后果

非权利人所为的票据涂销行为,发生票据伪造、变造的法律后果。

◈ 思考题

1. 简述票据行为的特征。

2. 简述票据行为实质要件的法律意义。

3. 简述票据行为代理。

4. 简述票据伪造及其法律后果。

5. 简述票据变造及其法律后果。

6. 简述我国对票据更改的规定。

7. 甲向乙开具金额为100万元的汇票以支付货款。乙取得该汇票后背书转让给丙,丙又背书转让给丁,丁再背书转让给戊。现查明,甲、乙之间并无真实交易关系,丙为未成年人,票据金额被丁变造。对于本案的事实,请运用票据法原理分析以下观点是否正确。

(1)尽管甲、乙之间没有真实交易,但该汇票仍然有效;

(2)尽管丙为未成年人,但其在票据上的签章仍然有效;

(3)尽管票据金额已被丁变造,但该汇票仍然有效;

(4)戊不能向甲、乙行使票据上的追索权。

8. 甲公司签发一张汇票给乙，票面记载金额为10万元，乙取得汇票后背书转让给丙，丙取得该汇票后又背书转让给丁，但将汇票的记载金额由10万元变更为20万元。之后，丁又将汇票最终背书转让给戊。其中，乙的背书签章已不能辨别是在记载金额变更之前，还是在变更之后。对于本案的事实，请运用票据法原理分析以下观点是否正确。

(1)甲应对戊承担10万元的票据责任；

(2)乙应对戊承担20万元的票据责任；

(3)丙应对戊承担20万元的票据责任；

(4)丁应对戊承担10万元的票据责任。

第二十九章　票据权利和票据义务

◇ 知识结构图

- 票据权利和票据义务
  - 票据权利和票据义务概述
    - 票据权利概述
    - 票据义务概述
  - 票据权利的取得
    - 票据权利的原始取得
    - 票据权利的继受取得
  - 票据权利的行使与保全
    - 票据权利的行使
    - 票据权利的保全
    - 票据权利的行使与保全的时间和地点
  - 票据权利的消灭
    - 票据权利消灭的概念
    - 票据权利消灭的事由
  - 票据抗辩
    - 票据抗辩的概念与特点
    - 票据抗辩的理由
    - 票据抗辩的限制

◈ 本章导读

票据权利和票据义务是票据关系的内容，具有单向的相对性和绝对性，其结构具有法定性。票据权利和票据义务是因票据行为而发生变动的。

◉ 司考重点

票据权利的善意取得，票据时效，拒绝证明材料，票据抗辩，票据抗辩的限制等

第一节　票据权利和票据义务概述

一、票据权利概述

（一）票据权利的概念和种类

1. 票据权利的概念

票据权利是指持票人向票据债务人请求支付票据金额的权利，包括付款请求权和追索权。

2. 票据权利的种类

第一，付款请求权。指持票人对主债务人所享有的、依票据而请求支付票面金额的权利。付款请求权是持票人享有的第一次的请求权，具有主票据权利的性质，持票人必须首先向债务人行使第一次请求权，而不能越过它直接行使追索权。

第二，追索权。指在付款请求权因法定原因未能实现时发生的、持票人对从债务人所享有的、请求支付票面金额、利息及相关费用的权利。追索权的行使以持票人第一次请求权未能实现为前提，相对于付款请求权来说，是第二次的权利。

（二）票据权利的特征

1. 票据权利是一种金钱债权

票据权利是要求票据债务人为一定行为的请求权，以一定数量的货币为权利内容。

2. 票据权利具有无因性

权利人享有票据权利只以持有符合《票据法》规定的票据为必要，即使原因关系无效或存在瑕疵，票据效力也不受影响。持票人只要具有合法的形式要件，就无须再证明自己是票据权利人，票据义务人必须以票据文义无条件支付票面金额。

3. 票据权利具有绝对性和相对性

所谓绝对性是指票据当事人对于自己的前手而言只享有票据权利，而并不承担相对应的票据义务，也就是说，票据上的后手相对于其前手而言，是绝对的票据权利人。所谓相对性是指票据当事人享有的票据权利，只是针对自己前手，而对自己的后手而言并不享有票据权利，只能是承担票据义务。

4. 票据权利结构上具有法定性

所谓法定性是指票据权利在结构上具有二重性和序位性，即包含付款请求权和追索权。作为票据权利的基本构架，这两项权利是由票据法直接规定和设计的，任何当事人不能排除适用。票据权利人首先可以向票据主债务人或其他付款义务人行使付款请求权；在付款请求权未能实现时，可以向付款人以外的其他票据债务人行使追索权。

二、票据义务概述

(一)票据义务的概念

票据义务是指票据上签章人向持票人支付或者担保支付票据金额的义务,我国《票据法》称之为票据责任。在票据上签章的人为票据义务人,包括出票人、背书人、保证人、承兑人等。票据义务是与票据权利相对应,包括票据金额给付和担保票据金额给付两个层次。

票据金额给付义务,是指出票人或者承兑人在持票人提示票据时,按照票面文义支付票据金额的义务,是第一性的义务。需要说明的是,在汇票和支票中,付款人的付款行为,其实质是出票人履行义务的代行行为。担保票据金额给付义务,是指票据签章人对持票人,或者票据上的前手对其后手,承担的担保承兑和担保付款的义务,是第二性的义务。

(二)票据义务的特征

票据义务具有连带性,出票人、背书人、承兑人和保证人对持票人承担连带责任。票据义务人之间是连带责任关系,每一个义务人都对持票人负有票据上记载的给付义务或者担保义务。票据义务人不得对持票人主张按份连带,除出票人和承兑人外,其他票据义务人履行票据义务,并不发生票据权利消灭的法律后果,义务履行人取得对其前手的追索权,而其后手免责。

基于票据权利与票据义务的对应性,本章主要讲述票据权利。

第二节 票据权利的取得

按照各国票据法通行之规则,票据权利的取得有原始取得和继受取得两种方式。

一、票据权利的原始取得

(一)概念

票据权利的原始取得,是指持票人不经其他任何前手权利人,而最初取得票据。包括发行取得和善意取得。

(二)种类

1. 发行取得

其是指权利人依出票人的出票行为,而原始取得票据权利。它是票据权利最主要的原始取得方式,也是其他取得方式的基础,没有票据权利的发行取得,其他取得方式无从谈起。由于出票是创设票据权利的票据行为,出票人将依法作成的票据交付持票人,持票人即最初地取得票据权利。

2. 善意取得

其是指票据受让人依票据法规定的转让方法,善意地从无处分权人处取得票据,从而取得票据权利。票据权利的善意取得是商法上一个重要的制度,其制度设计的目的在于促进票据流通,侧重于维护债权人的利益,但善意取得只有在票据法有明确规定的前提下,方可适用。票据权利的善意取得必须符合以下构成要件:

(1)必须是从无票据处分权人处取得票据。无票据处分权人主要是指非票据权利人,包括以欺诈、胁迫、偷盗、恶意、重大过失等取得票据者;合法占有票据但没有票据处分权的人,如委任背书和设质背书中的被背书人等,此外,还包括出票的伪造人等。因为如果其前手为有票据处分权人,受让人当然取得票据权利,无适用善意取得的必要。

(2)受让人取得票据时必须是善意。所谓善意是指无恶意或重大过失。恶意就是受让人取得票据时明知转让人无让与权利;重大过失就是欠缺一般人应有的注意,没有发现转让人无让与权。对于受让人善意的判断,应以受让人取得票据时的情况为判断标准;且其注意义务也仅限于其直接前手。如果受让人明知或者应当知道形式上的转让人为无票据处分权人,仍然接受票据的其不享有票据权利。但是受让人对其善意与否不负举证责任。

(3) 受让人必须依票据法规定的权利转让方式取得票据。票据法规定,记名式票据依背书方式转让,无记名式票据,适用票据交付转让方式。在背书转让的情形下,受让人依背书方式取得票据,并且能够以背书连续证明自己为合法持票人。我国《票据法》仅规定支票可为无记名的票据,因此,只有无记名的支票才能适用单纯交付方式转让。

(4) 受让人必须给付了相应的对价。由于票据权利善意取得制度使善意取得人取得票据权利,同时原来的真正权利人丧失票据权利,因此要求受让人在取得票据权利时必须给付了相应的对价,以求公平合理。我国《票据法》第 10 条第 2 款规定:“票据的取得,必须给付对价,即应当给付票据双方当事人认可的相对应的代价。”第 11 条规定:“因税收、继承、赠与可以依法无偿取得票据的,不受给付对价的限制。但是,所享有的票据权利不得优于其前手的权利。”据此可见,如果受让人是无偿取得票据的,或者仅仅象征性地给付了一点代价,那么受让人虽可取得票据权利,但是其所享有的票据权利不得优于其前手的权利。

此外,在适用善意取得时,应当注意法律上的其他限制,如我国《民事诉讼法》第 220 条第 2 款规定:“公示催告期间,转让票据权利的行为无效。”由此可见,在此期间,无论受让人是否善意均不能发生善意取得的法律效果。

二、票据权利的继受取得

(一)概念

票据权利的继受取得指受让人从票据权利人手中以法定方式取得票据或者依法律的直接规定取得票据,从而取得票据权利。包括票据法上的继受取得和非票据法上的继受取得。

(二)种类

1. 票据法上的继受取得

其是指依票据法规定的转让方式,从票据权利人手中取得票据,从而取得票据权利。票据的背书转让是最主要的票据权利继受取得方式。此外,保证人履行保证义务或追索义务人偿还追索金额后取得票据,也是票据法上的继受取得。

2. 非票据法上的继受取得

其是指非依票据法规定的转让方式而是依民事权利的转让方式取得票据权利,如依赠与取得。非票据法上的继受取得包括依普通债权的转让方式取得票据权利,也包括依继承、公司合并或分立、清算等方式取得票据权利。此种继受取得只能得到一般法律的保护,而不能得到票据法对合法持票人权利的特别保护,不能主张票据法上的抗辩切断和善意取得等。

第三节 票据权利的行使与保全

一、票据权利的行使

票据权利的行使,是指票据权利人向票据债务人提示票据请求履行票据债务的行为。票据权利的行使的特别之处在于票据权利人应进行票据提示,即实际地将票据向票据债务人出示,以此请求票据义务人履行义务。票据提示的处所通常为票据上载明的票据权利行使处所,票据上未指明处所的,则应在票据当事人的营业场所进行。票据权利的行使方式包括提示付款和提示承兑。

1. 提示付款

我国《票据法》第 53 条规定,见票即付的汇票,自出票日起 1 个月内向付款人提示付款;定日付款、出票后定期付款或者见票后定期付款的汇票,自到期日起 10 日内向承兑人提示付款。根据第 78 条和第 79 条的规定,本票自出票日起 2 个月内向付款人提示付款。第 91 条规定,支票的持票人应当自出票日起 10 日内提示付款;异地使用的支票,其提示付款的期限由中国人民银行另行规定。

2. 提示承兑

提示承兑是指持票人向付款人出示汇票,并要求付款人承诺付款的行为。我国《票据法》第 39 条规定,定日付款或者出票后定期付款的汇票,持票人应当在汇票到期日前向付款人提示承兑。第 40 条规定,见票后定期付款的汇票,持票人应当自出票日起 1 个月内向付款人提示承兑。见票即付的汇票、本票和支票无须提示承兑。

综上所述,票据权利的行使可以简单表述为遵期提示。各国票据法均规定,持票人应当按照票面文义记载行使票据权利。其中"遵期"是核心,持票人应当在票据到期日起法定期间的营业时间内,行使票据权利,不得在到期日之前,或者到期日起法定期间后,行使票据权利。此外,持票人应当按照票面记载的付款地点、票据金额提示请求付款。“提示”是指票据权利人实际地将票据向票据债务人出示,以此请求票据义务人履行义务,即意味着持票人行使付款请求权。此外,付款请求权的行使是一次性的,也就是说,无论是向付款人提示,还是向承兑人或者出票人提示,一旦提示完成,即意味着,持票人行使付款请求权完毕,当然有两种可能性:一是因给付票据金额,票据权利消灭,二是付款请求权不能实现,而启动追索权程序。追索权的行使主要包括两个程序:一是通知。我国《票据法》明确规定,持票人应当自收到被拒绝承兑或者被拒绝付款的有关证明之日起3日内,将被拒绝事由书面通知其前手;其前手应当自收到通知之日起3日内书面通知其再前手。持票人也可以同时向各汇票债务人发出书面通知。二是请求。我国《票据法》规定,持票人可以不按照汇票债务人的先后顺序,对其中任何一人、数人或者全体行使追索权。持票人对汇票债务人中的一人或者数人已经进行追索的,对其他汇票债务人仍可以行使追索权。

二、票据权利的保全

票据权利的保全指票据权利人为防止票据权利丧失所进行的行为。票据权利的保全方式包括进行票据提示、作成拒绝证书、通过起诉中断时效。

1. 进行票据提示

持票人在法定期间提示票据行使票据权利,就是保全票据权利的方式之一。我国《票据法》明确规定,持票人只有在法定期间提示票据请求付款被拒绝时,方可行使追索权;期前追索的进行也以按期提示请求承兑被拒绝为条件之一。

2. 作成拒绝证书

我国《票据法》规定,持票人行使追索权时,应当提供被拒绝承兑或者被拒绝付款的有关证明。而在持票人提示承兑或者提示付款被拒绝时,承兑人或者付款人必须出具拒绝证明,或者出具退票理由书。证明应记载被拒绝承兑或被拒绝付款的票据种类和主要记载事项、拒绝承兑或拒绝付款的事实依据和法律依据、拒绝承兑或拒绝付款的时间、拒绝承兑人或拒绝付款人的签章。若持票人通过票据交换系统进行提示,并由承兑人或付款人的代理银行代理承兑或代理付款时,应由相应的代理付款银行出具退票理由书,退票理由书与拒绝证书具有相同法律效力;持票人因承兑人或者付款人死亡、逃匿或其他原因,不能取得拒绝证书的,可以依法取得其他有关证明,包括医院或有关单位出具的承兑人或者付款人死亡证明,司法机关出具的承兑人或者付款人逃匿证明,公证机关出具的具有拒绝证明效力的文书,承兑人或者付款人被人民法院依法宣告破产时的有关司法文书,承兑人或者付款人因违法被责令终止业务活动时的有关行政主管部门的处罚决定等,都具有拒绝证明的效力。

3. 通过起诉中断时效

一般来说,与普通民事债权相同,诉讼可以中断时效,保全票据权利。但时效中断的效果只对发生时效中断事由的当事人有效。

三、票据权利的行使与保全的时间和地点

我国《票据法》第16条规定，持票人对票据债务人行使票据权利，或者保全票据权利，应当在票据当事人的营业场所和营业时间内进行，票据当事人无营业场所的，应当在其住所进行。关于营业时间，如果期限的最后一日为非营业日，则以非营业日之后的第一个营业日为最后一日。持票人应根据票据债务人或票据当事人具体的营业时间，行使或保全票据权利。

第四节 票据权利的消灭

一、票据权利消灭的概念

票据权利的消灭，是指票据上的付款请求权或者追索权因法定事由的出现而归消灭。票据权利的消灭其实就是票据法律关系的消灭。当票据法律关系消灭后，票据上的当事人基于票据法律关系而享有的权利归于消灭，义务也归于消灭。当然，票据权利消灭后，当事人基于其他法律关系如合同关系等享有的权利可以继续存在，但与票据法无关。

二、票据权利消灭的事由

票据权利的消灭有些是基于票据权利得到了完全的实现和满足而消灭，这是通常的消灭原因，也有一些是在票据权利并未得到实现的情况下而归于消灭。除票据物质形态消灭，民法上一般债权的消灭事由如抵销、混同、提存、免除等也可以使票据权利消灭。票据权利主要因下列事由而消灭：

1. 付款

我国《票据法》第60条规定，付款人依法足额付款后，全体汇票债务人的责任解除。票据债务人付款之时，持票人将票据交付付款人，票据关系终止，票据权利自然终止。需要指出的是，这里所说的“付款”是指付款人或者承兑人或者出票人的付款行为。其他票据债务人的付款行为，只发生相对的消灭，即清偿义务人与其后手的债务消灭。

2. 追索义务人清偿票据债务及追索费用

根据我国《票据法》第72条的规定，被追索人因持票人行使追索权，而进行相应金额的清偿后，其责任解除。这时，并不是所有的票据债务都归于消灭，以被追索人在票据关系中的地位不同而有所不同。汇票的承兑人或其他票据的出票人履行完追索义务，票据权利完全消灭；被追索人如果是还有前手的背书人或保证人的，在履行完追索义务后，还可以行使再追索权，这时的票据权利仍未彻底消灭，而只是“相对消灭”。

3. 票据时效期间届满

票据时效是指票据权利人在法定期间内不行使其票据权利，该权利即行消灭的法

律制度。票据时效是商法基本原则中短期时效主义的具体体现，从性质上讲票据时效属于消灭时效。根据我国《票据法》第 17 条第 1 款的规定，票据权利在下列期限内不行使而消灭：

(1)持票人对票据的出票人和承兑人的权利，自票据到期日起 2 年。见票即付的汇票、本票，自出票日起 2 年。

(2)持票人对支票出票人的权利，自出票日起 6 个月。

(3)持票人对前手的追索权，自被拒绝承兑或者被拒绝付款之日起 6 个月。

(4)持票人对前手的再追索权，自清偿日或者被提起诉讼之日起 3 个月。

4. 票据记载事项欠缺

我国《票据法》第 18 条规定，票据可以因记载事项的欠缺而使持票人丧失票据权利，这时，持票人只享有利益偿还请求权。

5. 保全手续欠缺

我国《票据法》第 65 条规定，持票人不能出示拒绝证明、退票理由书或者未按照规定期限提供其他合法证明的，丧失对其前手的追索权。

第五节　票 据 抗 辩

一、票据抗辩的概念与特点

1. 概念

票据抗辩，是指票据债务人对于票据权利人提出的请求，根据票据法的规定提出相应的事由加以拒绝的行为。票据抗辩是票据债务人保护自己利益的一种手段。我国《票据法》第 13 条第 3 款规定："本法所称抗辩，是指票据债务人根据本法规定对票据债权人拒绝履行义务的行为。"票据抗辩所依据的事由，称为抗辩原因；票据债务人享有拒绝债权人行使权利的权利，称为抗辩权。票据债务人行使抗辩权，旨在阻止票据债权人行使票据权利。

2. 特点

票据抗辩以民法上的抗辩制度为基础，但又明显地有别于民法上的抗辩制度。票据抗辩有其自己的特点：

(1)票据抗辩可以是一种绝对的抗辩。票据抗辩权人可以作出根本否认票据权利的抗辩，而一般民法上的抗辩具有相对性，即仅能进行时效消灭抗辩、期限未至抗辩、同时履行抗辩、不安抗辩、先履行抗辩等。

(2)票据抗辩具有独立性。相对于一般民事债权而言，债务人可以以同一抗辩理由对抗任何债权人，而票据抗辩理由往往只发生在直接当事人之间，非直接当事人之间的抗辩理由是切断的。

(3)票据抗辩是对票据金额的全额抗辩。相对于一般民事债权而言,债务人可以全部拒绝履行,也可以部分拒绝履行,而票据债务人的拒绝只能是对票据全部金额的拒绝。

(4)票据抗辩没有先诉抗辩权。民法上的一般保证中保证人享有先诉抗辩权,而在票据法中票据保证人不具有先诉抗辩权。

(5)票据抗辩的理由具有法定性。一般民法上的抗辩理由主要是因约定而产生的,这是私法上意思自由的体现。但票据抗辩与之不同,抗辩理由具有法定性。抗辩理由的法定性,意味着排除了票据当事人之间约定抗辩理由的普遍适用,任何票据当事人所用以主张抗辩的理由,必须是法律明确规定的,否则不具有票据抗辩的法律效力。

(6)票据抗辩的理由具有限制性。票据抗辩理由的限制,是指票据权利人在转让自己的权利时,仅仅是对权利本身的转让,即票据上记载的权利的转让,而票面以外的权利瑕疵并不发生转让。这一规定体现了商法中的交易便捷和安全原则。而民法上债权转让的一般规则是,受让人在接受债权的同时,该债权的瑕疵则一并概括承受。

二、票据抗辩的理由

票据抗辩的核心要素是抗辩的理由,也称抗辩原因,是指法律规定票据债务人可以对票据债权人进行抗辩的情形。票据法学一般将票据抗辩的原因分为两大类:物的抗辩和人的抗辩。

(一)物的抗辩

物的抗辩,是指基于票据本身的事由,票据债务人可对任何票据债权人所作的抗辩。由于这种抗辩不以持票人的恶意或有重大过失为要件,因此,物的抗辩又称为客观抗辩、绝对抗辩或对世抗辩。物的抗辩根据抗辩人的不同,又可分为以下两类:

1. 一切票据债务人可以对一切票据债权人行使的抗辩

此类抗辩可以由任何票据债务人对任何票据债权人行使,具体包括以下四种情形:

(1)票据上欠缺票据法规定的绝对必要记载事项,或票据中记载了法定禁止记载的事项而使票据无效。如票据上没有记载票据金额、没有签章或者票据上记载了附条件的付款。

(2)票据的付款日期尚未届至。

(3)票据债务人已依法付款或依法提存而使票据权利归于消灭。

(4)票据因法院作出除权判决而被宣告无效。

2. 特定票据债务人可以对一切票据债权人行使的抗辩

此类抗辩只能由特定票据债务人对任何票据债权人行使,具体包括以下五种情形:

(1)欠缺票据行为能力抗辩。我国《票据法》第6条规定,无民事行为能力人或者限制民事行为能力人在票据上签章的,其签章无效。因此,无民事行为能力人或限制民事行为能力人为票据行为的,可以自己欠缺票据行为能力为由,向票据债权人行使抗辩。

(2)无权代理或超越代理权的票据行为的抗辩。我国《票据法》第5条第2款规定,没有代理权而以代理人名义在票据上签章的,被代理人不承担票据责任;代理人超越代理权的,被代理人对超越权限部分不承担票据责任。因此,如果在这两种情况下票据权利人向被代理人主张票据权利,被代理人就可以行为人无代理权或超越代理权为由,对权利人进行抗辩。

(3)票据伪造或变造的抗辩。发生票据伪造时,被伪造人未在票据上签章,因此不负票据责任,所以,被伪造人可以对任何据债权人进行抗辩。发生票据变造时,在变造前签名的票据债务人,只对变造前的票据文义负责,因此,他可以对票据权利人主张变造后的票据权利进行抗辩。

(4)欠缺票据权利保全手续的抗辩。欠缺票据权利行使或保全手续,即未为票据提示或未作成拒绝证明或未收到退票通知的,票据债务人可以依此抗辩拒绝向票据债权人履行票据责任。

(5)票据权利因时效届满而消灭的抗辩。票据权利如果因法律规定的时效届满而消灭,票据债务人可以以此为由对抗票据权利人。我国《票据法》第17条对票据权利的消灭时效期限有明确规定。

(二)人的抗辩

人的抗辩,又称相对的抗辩或主观的抗辩,是指基于持票人自身或者票据债务人与特定的持票人之间的关系而发生的抗辩。人的抗辩是基于票据债务人与特定的票据债权人之间的关系而发生的抗辩,离开了特定的债权人,抗辩事由即被切断。在债权人发生变更时,债务人不得再以原来的抗辩事由对抗新的持票人。根据行使抗辩权的债务人的不同,人的抗辩也可以分为两类,即一切票据债务人可以对特定票据债权人行使的抗辩以及特定票据债务人可以对特定票据债权人行使的抗辩。

1. 一切票据债务人对特定票据债权人行使的抗辩

这类抗辩主要是针对特定票据债权人的资格而言的,具体包括以下三种情形:

(1)票据债权人欠缺实质上受领票据金额资格的抗辩。比如,作为票据债权人的自然人为无行为能力人,或作为票据债权人的法人被宣告破产。

(2)票据债权人欠缺形式上受领票据金额资格的抗辩。主要指票据背书不具有连续性的抗辩。

(3)票据债权人恶意取得票据因而不享有票据权利的抗辩。

2. 特定票据债务人对特定票据债权人行使的抗辩

这类抗辩是基于直接当事人之间的原因关系或者特别约定而产生的抗辩,具体包括以下四种情形:

(1)欠缺原因关系的抗辩。票据是无因证券,因此,签发票据或转让票据的原因关系是否有效,原则上与票据权利没有关系。但是在直接当事人之间,原因关系的当事人与票据关系的当事人具有同一性,因此,票据债务人可以原因关系无效或不成立为由,对票据债权人进行抗辩。

(2)欠缺对价的抗辩。在票据直接当事人之间,签发和受领票据是以给付对价为条件的。如果票据债权人在没有给付对价或者给付的对价不相当的情况下取得票据,票据债务人可以此为由进行抗辩。

(3)基于当事人之间特别约定的抗辩。如果直接当事人之间在签发和受领票据时有特别约定(如延期付款),则不履行特别约定的一方如果向对方请求行使票据权利,对方可以此特别约定为由,行使抗辩。

(4)欠缺交付行为的抗辩。票据行为作成票据和交付而成立。如出票人在作成票据以后、交付票据之前,将票据丢失或票据被盗,虽然出票人必须对善意第三人承担票据责任,但是对于盗窃票据的人或拾得票据的人,可以票据没有交付因而票据行为无效为由进行抗辩。

三、票据抗辩的限制

票据抗辩的限制,也称票据抗辩切断,是指票据债务人不得对特定票据权利人行使抗辩权的规定。对物抗辩是绝对的,所以不存在限制问题,票据抗辩的限制主要是指对人抗辩的限制。票据法规定票据抗辩限制制度主要目的是对票据权利人实现票据权利保护,促进票据流通,使人们乐意使用和接受票据。但票据的抗辩应限制在直接当事人之间适用,而不能将特定债权债务人之间的抗辩扩大到全部票据关系中去。即只能将票据的个别风险限制在直接当事人之间,而不允许其危及整个票据关系或扩大为全部风险。

(一)票据抗辩限制的内容

我国《票据法》第13条明确规定了票据抗辩限制的两种情形:

(1)票据债务人不得以自己与出票人之间的抗辩事由对抗持票人。票据债务人与出票人之间的关系,可能是资金关系,也可能是交易关系。票据债务人不得以这种关系中产生的抗辩事由对抗持票人。

(2)票据债务人不得以自己与持票人的前手之间的抗辩事由对抗持票人。也就是说,即使票据债务人与持票人的前手之间存在抗辩事由,票据债务人可以对持票人的前手行使抗辩权,但不得以此抗辩事由对抗持票人。

(二)票据抗辩限制的例外

票据抗辩限制的例外是相对于票据抗辩限制制度而言的,也就是票据债务人仍可以以自己与出票人或与持票人的前手之间的抗辩事由对抗持票人的特殊情形。因此,也有称此为票据抗辩的反限制。根据《票据法》第11条、第12条和第13条第1款以及最高人民法院《关于审理票据纠纷案件若干问题的规定》第15条规定,票据抗辩限制的例外有以下五种情形：

(1)持票人与票据债务人之间存在直接的债权债务关系,而持票人未履行该约定的义务。在此类情形下,票据债务人可以此为由对持票人提出抗辩。

(2)持票人以欺诈、偷盗或者胁迫等手段取得票据的,或者明知有前列情形,出于恶意取得票据。在此类情形下,持票人当然不得享有票据权利,票据债务人可以此为由对持票人提出抗辩。

(3)持票人明知票据债务人与出票人之间或者与出票人的前手之间存在抗辩事由而取得票据,票据债务人可以此为由对持票人提出抗辩。

(4)持票人因重大过失取得不符合票据法规定的票据的,依法不得享有票据权利,票据债务人可以此为由对持票人提出抗辩。

(5)持票人无对价而取得票据的,所享有的票据权利不得优于其前手的权利。这是将对无对价持票人的前手的抗辩延续至无对价取得票据的持票人。

思考题

1. 比较付款请求权、追索权和利益偿还请求权。

2. 简述票据权利的善意取得。

3. 简述票据权利的消灭。

4. 列举我国票据法上规定的票据抗辩理由。

5. 简述票据抗辩的限制。

6. 朱某持一张载明金额为人民币50万元的承兑汇票,向票据所载明的付款人某银行提示付款。但该银行以持票人朱某拖欠银行贷款60万元尚未清偿为由拒绝付款,并以该汇票票面金额冲抵了部分届期贷款金额。根据我国《票据法》的规定,对付款人(即某银行)行为进行评析。

7. 甲拾得某银行签发的金额为5000元的本票一张,并将该本票背书送给女友乙作为生日礼物,乙不知本票系甲拾得,按期持票要求银行付款。假设银行知晓该本票系甲拾得并送给乙,对于乙的付款请求,银行是否可以拒绝支付?

第三十章　票据丧失及补救措施

◆ 知识结构图

- 票据丧失及补救措施
  - 票据丧失概述
    - 票据丧失的形态
    - 票据丧失的法律后果
  - 票据丧失的补救措施
    - 挂失止付
    - 公示催告
    - 诉讼

◆ 本章导读

票据是完全有价证券，票据与票据权利不可分离。票据丧失后，使得票据权利人无法依照票据法的规定行使票据权利，还可能会产生善意的持票人，票据法对此规定了一定的补救措施。公示催告和诉讼，是基于不同的出发点设计的补救措施，可以根据票据丧失的不同状况选择适用；挂失止付是一种临时性补救措施，其效力是有限的，不能独立适用。

◉ 司考重点

公示催告，诉讼，挂失止付，除权判决等

第一节 票据丧失概述

一、票据丧失的形态

票据的丧失,又称失票,是指持票人并非出于自己的本意而丧失对票据的占有。票据丧失的情况一般包括两种:一是票据绝对丧失,如因票据物质形态上毁灭而失去对票据的占有;二是票据相对丧失,如因票据被盗、遗失、被抢等失去票据占有的,此时票据物质形态上依然存在,只是脱离了原票据权利人的占有而已。

二、票据丧失的法律后果

票据丧失后,失票人会因此而承担一定的法律风险,其主要表现在以下两方面:

1. 票据丧失后,失票人不能以常态行使和处分票据权利。票据是完全有价证券,无论票据是绝对丧失还是相对丧失,失票后失票人则丧失对票据的占有,无法提示票据。因此,失票人也就无法正常行使票据权利,同时,失票人无法交付票据,也就无法转让票据权利。

2. 票据丧失后,可能出现善意持票人或者票据金额被他人冒领,失票人因此会承担利益损失。这种情况只会在票据相对丧失的情形下发生,因为票据绝对丧失后任何人都已无法占有原有的票据,也就不能发生意外情况。根据票据法原理,如果在票据丧失后出现善意持票人,此时善意持票人为合法的票据权利人。付款人如果未收到失票人的挂失止付申请,或者人民法院的止付通知,付款人对提示的票据按照票据法的规定审查并予以付款,失票人不得要求无过失的付款人承担责任,只能按民法上侵权行为法的规定,要求冒领者退款。如果冒领者无法查明,失票人即要自负损失之后果。据此可见,在此情形下付款人对善意持票人付款后,发生付款的法律后果,即票据债权债务关系消灭,而失票人无法实现票据权利的法律风险,则由其自己承担。

第二节 票据丧失的补救措施

由于票据丧失并非出于持票人的本意,因此各国票据法对此规定了一定的补救措施。我国《票据法》第15条规定:"票据丧失,失票人可以及时通知票据的付款人挂失止付,但是,未记载付款人或者无法确定付款人及其代理付款人的票据除外。收到挂失止付通知的付款人,应当暂停支付。失票人应当在通知挂失止付后三日内,也可以在票据丧失后,依法向人民法院申请公示催告,或者向人民法院提起诉讼。"可见,我国《票据法》规定了挂失止付、公示催告和诉讼三种补救方法。

一、挂失止付

挂失止付是我国传统商事习惯上对票据丧失的一种补救方法。所谓挂失止付,是指失票人将失票情况及时通知付款人,并要求付款人在止付有效期间对票据停止付款的票据权利补救措施。挂失止付通知必须采用书面方式,由丧失票据的票据权利人在失票后及时向付款人发出。付款人接到挂失止付通知后,不得再履行付款义务,若发生付款,付款人就不能免责。

需要指出的是,挂失止付仅仅是失票人丧失票据后可以采取的一种临时性的补救措施,其效力是不确定的。因为挂失止付本身存在以下局限性:一是挂失止付仅能防止冒领票据金额,票据本身并不因挂失止付而无效,失票人的票据责任并不因此而免除,因此,不能防止票据被他人善意取得的风险。二是挂失止付既不能使失票人恢复票据权利,也不意味着失票人可以行使票据权利,所以失票人的票据权利并不能通过挂失止付的方法得到最终恢复。三是挂失止付本身的效力期间很短。如果付款人或者代理付款人自收到挂失止付通知书之日起12日内还没有收到人民法院的止付通知书,则自第13日起,失票人的挂失止付通知书失效。[1] 如果付款人或者代理付款人在收到失票人的挂失止付通知书前,已经依法向持票人付款,则不应当再接受失票人的挂失止付。因此,失票人在采用挂失止付措施时,应注意与其他救济方法的衔接,即失票人应当在挂失止付后3日内,也可以在票据丧失后,依法向人民法院申请公示催告,或者向人民法院提起诉讼。

二、公示催告

公示催告主要是大陆法系国家票据法规定的一种票据丧失补救方法。作为一种法律制度,公示催告,是指失票人在丧失票据后申请法院宣告票据无效,从而使票据权利与票据本身相分离。作为一种法律程序,公示催告是指法院应失票人的申请,以公示的方法,催告票据利害关系人在一定时间内向法院申报权利,如果在该时间内不予以申报,即发生失权的法律后果。对于公示催告的程序,一般由民事诉讼法予以规定。

公示催告具有四个方面的意义:一是暂停支付,防止票据金额冒领;二是防止善意取得,保全票据失票人权利不予以丧失;三是查明利害关系人,以便提起确认之诉;四是恢复票据权利,公示催告期满,如果无人申报票据权利,依人民法院的除权判决,失票人可以恢复票据权利。

1. 管辖法院

根据我国《民事诉讼法》第218条和我国《票据法》的相关规定,汇票、本票和支票都可以依背书方式转让,这些票据的持有人在票据被盗、遗失或者灭失的情况下,可以向票据支付地的基层人民法院申请公示催告。申请公示催告的失票人,是指按照规定可以背书转让的票据在丧失票据占有以前的最后合法持票人。

2. 公示催告程序

我国《民事诉讼法》第18章以及最高人民法院《关于审理票据纠纷案件若干问题

---

〔1〕 中国人民银行《票据管理实施办法》第20条。

的规定》对公示催告程序作了具体规定。

(1)失票人应当在向付款人发出挂失支付通知后3日内,依法向人民法院申请公示催告。未发出挂失支付通知的,在票据丧失后可以随时向人民法院申请公示催告。

(2)人民法院收到公示催告的申请后,应当立即审查,并决定是否受理。经审查认为符合受理条件的,通知予以受理,并同时通知支付人停止支付;认为不符合受理条件的,7日内裁定驳回申请。

(3)法院受理申请后应立即向票据付款人及代理付款人发出止付通知,并于3日内发出公告,催促利害关系人申报权利。

(4)国内票据公示催告期间为自公告发布之日起60日,涉外票据催告期间可据具体情况适当延长,但最长不得超过90日。

(5)催告期间内或催告期满、除权判决作出之前,有人提出权利申报或权利主张,法院应立即裁定终结公示催告,并通知申请人和付款人。

(6)如果在公示催告期间届满后,没有人申报权利,人民法院应当根据申请人的申请,作出除权判决,宣告该票据无效。判决应当公告,并通知付款人。法院作出除权判决后,被宣布为无效的票据就与票据权利相分离,任何持票人都不得再依票据主张票据权利。与此同时,失票人虽然不占有票据,但可依法院的除权判决行使票据权利,亦即失票人有权向付款人请求支付票据金额。付款人向失票人支付票据金额后,其票据责任即告免除。

三、诉讼

失票人在丧失票据后,可以直接向人民法院提起民事诉讼,要求法院判令票据债务人向其支付票据金额。诉讼方法与公示催告方法不同,诉讼方法忽视了票据是完全有价证券的特性,把票据权利作为一般金钱债权来对待,通过确权之诉和给付之诉,使失票人实现票据权利。我国《票据法》虽然明文规定诉讼是票据丧失的一种补救方法,但是没有具体规定诉因是什么以及谁是原告谁是被告等问题。最高人民法院《关于审理票据纠纷案件若干问题的规定》第35条和第36条规定,失票人在丧失票据后,在票据权利时效届满之前,在提供相应担保的情况下,可以请求出票人补发票据,或者请求债务人付款。如果出票人拒绝补发票据,或者债务人拒绝付款,则失票人可以因此向人民法院提起诉讼。在此类诉讼中,原告为失票人,被告为与失票人具有票据债权债务关系的出票人、拒绝付款的票据付款人或者承兑人。此外,如果行为人采用欺诈、胁迫、抢夺、恐吓等非法手段剥夺票据所有人对票据的占有,则失票人有权向非法持有票据的人提起诉讼,要求返还票据。在此类诉讼中,原告为失票人,被告为非法持有票据的人。在失票人选择诉讼途径使自己的票据权利获得最终救济的情况下,失票人应当向人民法院提供有关证明,说明自己曾经持有票据、该票据上的有关记载事项,同时还应说明自己丧失票据的情形。此外,失票人在起诉时还应当提供担保,担保的数额相当于所失票据载明的金额。

◈ 思考题

1. 分析持票人丧失票据后的法律风险。

2. 比较公示催告、诉讼补救措施制度设计的票据法原理。

3. 甲的汇票遗失,向法院申请公示催告。公告期满后无人申报权利,甲申请法院作出了除权判决。后乙主张对该票据享有票据权利,只是因为客观原因而没能在判决前向法院申报权利。根据我国《票据法》和《民事诉讼法》的规定,乙可以采取哪种法律对策?

第三十一章　票据权利的创设

◇ 知识结构图

- 票据权利的创设
  - 概述
    - 票据权利的创设与出票
    - 对出票的解析
    - 对出票人的要求
  - 出票的方式
    - 法定的纸张和格式
    - 法定的记载事项和方式
    - 出票的效力
  - 空白票据的签发
    - 空白票据的构成
    - 空白票据的效力

◈ 本章导读

票据权利的创设是出票行为的结果，出票是出票人依法作成并交付票据给收款人的行为。出票作为最基本的票据行为，应当符合票据行为的基本要求。票据法对汇票、本票和支票的出票分别作出了规定，既有联系也有区别。

◉ 司考重点

出票的构成要件，出票的效力，空白票据及其效力等

第一节 概 述

一、票据权利的创设与出票

出票,是指出票人签发票据并将其交付给收款人的票据行为,也称为发票、开票、票据发行。票据是设权证券,只有依法作成票据,票据权利方可有效产生,票据权利的创设是出票行为的结果。出票是最基本的、主要的票据行为,没有出票也就没有背书、承兑、保证等附属的票据行为。

二、对出票的解析

(一)从形式意义上讲,出票是出票人作成票据和交付票据的行为

出票由作成票据和交付票据两项行为构成,欠缺作成或交付行为中的任何一项,出票行为皆不成立。作成票据就是指按照票据法的规定,在法定的票据用纸上,以法定方式记载法定事项并签章的行为。从单方法律行为说的角度讲,作成票据意味着出票人创设票据权利的意思表示,这种表示的法律后果就是票据权利有效产生。交付票据就是出票人将作成的票据实际交给他人占有的行为。我国《票据法》对票据行为的法律性质未有明确规定,笔者认为,我国现行《票据法》对票据行为的性质,采纳的是单方法律行为说中的发行说。首先,无因性是票据的本质特性,票据的出票人和其他债务人不以订立合同为承担票据责任的前提,而是严格依据票据行为的文义性,按照票据上所记载的事项承担票据责任。其次,《票据法》在第10条中以及在对三种票据下定义时,使用的都是"票据的签发"。所谓"签发",即是"签章"和"发出",而"发出"也就是交付。而且《票据法》第10条、第12条规定票据的签发、取得和转让应当遵循诚实信用的原则,以恶意或有重大过失取得票据的人不得享有票据权利。这说明《票据法》以票据的合法交付为票据债务成立的条件,未经合法交付而以恶意或重大过失取得票据者不享有票据权利,票据债务人也不负票据责任。

(二)从实质意义上讲,出票是出票人创设票据权利,负担票据债务的行为

出票是基本票据行为,具有创设票据权利的功能。因为出票行为意味着出票人通过出票,为收款人在票据上设定了票据权利,而为自己设定了相应的票据义务。

三、对出票人的要求

针对不同种类的票据,我国《票据法》对出票人的要求有不同规定。出票人除了要符合票据行为的一般实质要件,在银行汇票和银行本票中出票人只能是银行,对于商业汇票而言,出票人可以为一般主体;但对于支票,则要求出票人须在办理支票存款业务的银行或者其他金融机构开立支票存款账户。对于委付票据而言,《票据法》还要求出票人必须与付款人具有真实的委托付款关系,并且具有支付票据金额的可靠资金来源,出票人不得签发无对价的票据用以骗取银行或者其他票据当事人的资金。需要注

意的是，虽然《票据法》明确规定要求持票人签发汇票要有对价，但司法机关在审理有关票据纠纷时如果持票人签发无对价汇票，该汇票并不因此而绝对无效。[1]

第二节　出票的方式

出票作为最基本的票据行为，应当符合票据行为的基本要求。其实质要件完全遵循票据行为的一般规则，而形式要件就是在法定的纸张上以法定的方式和格式记载法定事项，体现了出票行为的要式性和文义性。

一、法定的纸张和格式

票据用纸法定，是票据要式性的体现，各国法律都有所规定，所不同的是票据用纸的法定，有的国家规定了严格法定，有的国家规定了一般法定。严格法定要求票据不仅仅符合票据法规定的技术规格，而且票据也应当由法定的机构印制。我国《票据法》第108条规定，汇票、本票、支票的格式应当统一。票据凭证的格式和印制管理办法，由中国人民银行规定。

二、法定的记载事项和方式

(一)绝对记载事项

绝对记载事项是指依票据法规定要求出票人必须记载于票面上的事项，不记载将导致票据无效。我国《票据法》第22条、第75条、第84条分别规定了汇票、本票和支票的绝对记载事项，其中汇票七项，本票和支票都是六项。

1. 记载票据种类的字样

票面上记载的票据种类的字样是法定的，不能是任意称谓。在我国汇票的法定种类包括银行汇票、银行承兑汇票和商业承兑汇票三种；本票仅限于银行本票，而支票包括现金支票、转账支票和普通支票。

2. 无条件支付的文句

记载无条件支付的文句，其意义在于增强票据的支付性和流通性。对于汇票和支票而言，应当在票面记载无条件支付的委托，对于本票而言，在票面应当记载无条件支付的承诺。

3. 确定的金额

票据是金钱证券，因此必须记载确定的金钱数额。票据金额的记载应当是确定、唯一的，金额不得采用最高额或最低额的记载方式(如10万元以上、15万元以下)，也不得采用选择式的记载方式(如10万元或15万元)。我国《票据法》第8条规定，票据金额以中文大写和数码同时记载，二者必须一致，二者不一致的，票据无效。付款人或

---

[1] 最高人民法院《关于审理票据纠纷案件若干问题的规定》第14条。

者代理付款人对此类票据付款的,应当承担责任。[1] 但我国《票据法》第85条规定,支票上的金额可以由出票人授权补记,未补记前的支票,不得使用。

4. 出票人签章

签名或盖章是出票人负担票据义务的意思表示,出票人签章与出票人意思表示之间的关系,体现了票据强调外观主义、形式主义的特征。出票人在票据上签名或盖章说明他愿意成为票据债务人,负有担保承兑、付款的责任。我国《票据法》规定,出票人的签章应当为其本名。签章的形式可以是签名、盖章或者签名加盖章。法人和其他使用票据的单位在票据上的签章,为该法人或者该单位的盖章加其法定代表人或者其授权的代理人的签章。根据我国有关行政规章和司法解释的规定,票据出票人的签章除必须符合票据法的一般规定外,还有特殊的要求。商业汇票上的出票人的签章,必须是该法人或者该单位的财务专用章或者公章加其法定代表人、单位负责人或者其授权的代理人的签名或者盖章;银行汇票上的出票人的签章,为该银行的汇票专用章加其法定代表人或者其授权的代理人的签名或者盖章。银行本票上的出票人的签章,为该银行的本票专用章加其法定代表人或者其授权的代理的签名或者盖章。支票上的出票人的签章,出票人为单位的,为与该单位在银行预留签章一致的财务专用章或者公章加其法定代表人或者其授权的代理人的签名或者盖章;出票人为个人的,为与该个人在银行预留签章一致的签名或者盖章。

5. 出票日期

出票日期即票据的签发日期,是指出票人在票据上记载的票据发行的年月日。出票日期是创设票据权利之日,对确定票据到期日具有重要意义。对于即期票据而言,出票日期是确定付款期间的依据,远期票据根据到期日的记载方式不同,出票日期也是计算到期日的或者提示承兑期间的起点。以汇票为例,如果汇票是见票即付的,出票日决定着付款提示的时间。如果汇票是出票日后定日付款的,则必须首先确定了出票日,才能确定到期日。如果汇票是在见票日后定日付款的,则首先必须见票,即以出票日为标准确定提示见票期间,然后才能确定汇票到期日。此外,出票日对出票人在出票时是否具有完全行为能力或是否具有代理权,对利息的起算,对票据权利的消灭时效的起算,也都具有重要意义。

6. 付款人名称

付款人是在委付票据中与出票人存在资金关系的,被出票人记载为付款人的人。付款人名称记载事项只存在于委付票据上,即该事项是汇票和支票的绝对记载事项,本票上无付款人名称。

7. 收款人名称

收款人是出票人的直接当事人,签发票据,就是将作成的票据交付给收款人。根

---

〔1〕 最高人民法院《关于审理票据纠纷案件若干问题的规定》第43条。

据我国《票据法》的规定,汇票和本票上必须记载收款人名称,而支票上未记载收款人名称的,经出票人授权,可以补记。因此,此事项在支票签发时不属于绝对记载事项。

(二)相对记载事项

相对记载事项是指出票时出票人应当予以记载的事项,但如果未记载的,票据法另有补充性规定,票据并不因此而无效。一般来讲,相对必要记载事项主要包括付款日期、付款地、出票地。

1. 付款日期

付款日期也称到期日,我国《票据法》第25条规定,汇票上付款日期的记载包括以下四种方式:(1)见票即付;(2)定日付款;(3)出票后定期付款;(4)见票后定期付款。汇票上未记载付款日期的,为见票即付。

2. 付款地

付款地是指票据支付地,即票据债务人履行票据义务的地点,对确定支付货币的种类、拒绝证明的作成、管辖法院[1]等具有重要意义。票据上未载明付款地的,汇票付款人或者代理付款人的营业场所、住所或者经常居住地,本票出票人的营业场所,支票付款人或者代理付款人的营业场所所在地为票据付款地。[2] 代理付款人即付款人的委托代理人,是指根据付款人的委托代为支付票据金额的银行、信用合作社等金融机构。

3. 出票地

出票地是指出票人在发行票据时,形式上所记载的出票地点。我国《票据法》第23条第4款规定:"汇票上未记载出票地的,出票人的营业场所、住所或者经常居住地为出票地。"第76条第3款规定:"本票上未记载出票地的,出票人的营业场所为出票地。"第86条第3款规定:"支票上未记载出票地的,出票人的营业场所、住所或者经常居住地为出票地。"

需要指出的是,在涉外票据中记载付款地和出票地,主要是为了确定行为的准据法。汇票、本票出票时的记载事项,适用出票地法律。支票出票时的记载事项,适用出票地法律,经当事人协议,也可以适用付款地法律。票据追索权的行使期限,适用出票地法律。票据的提示期限、有关拒绝证明的方式、出具拒绝证明的期限,适用付款地法律。票据丧失时,失票人请求保全票据权利的程序,适用付款地法律。

(三)任意记载事项

任意记载事项是指出票人可以自由选择是否记载的事项,但是一经记载,即发生票据法上的效力。我国《票据法》第27条第2款规定:"出票人在汇票上记载'不得转

---

〔1〕 最高人民法院《关于审理票据纠纷案件若干问题的规定》第6条第1款规定:"因票据权利纠纷提起的诉讼,依法由票据支付地或者被住所地人民法院。"

〔2〕 最高人民法院《关于审理票据纠纷案件若干问题的规定》第6条第2款。

让’字样的,汇票不得转让。”可见,出票人可以自由决定是否在汇票上记载“不得转让”。如果不作记载,汇票效力不因此受到影响;如果作了记载,即发生票据法上的效力,汇票就不得转让了。如果票据持有人背书转让的,背书行为无效。背书转让后的受让人不得享有票据权利,票据的出票人、承兑人对受让人不承担票据责任。[1]

(四)不具有票据法上效力的记载事项

我国票据法规定,汇票上可以记载本法规定事项以外的其他出票事项,但是该记载事项不具有汇票上的效力。根据我国《票据法》第24条的规定,出票人在汇票上可以记载票据法规定事项以外的其他出票事项,但是这些记载事项不具有汇票上的效力。如当事人之间约定记载的出票原因的说明等。

(五)不得记载的事项

有些事项,出票人在出票时是不得记载的,否则此项记载无效。如根据我国《票据法》第26条的规定,出票人签发汇票后,即承担保证该汇票承兑和付款的责任。如果出票人违反此项规定,在汇票上记载了“免除担保承兑和免除担保付款”,该项记载无效,汇票的效力则并不因此受影响。另外有些事项,出票人如记载的,不仅此项记载本身无效,而且整个汇票也因此无效。如出票人违反《票据法》第22条第1款规定,在汇票上记载了附条件的委托付款或不确定的金额,则整个汇票无效。

三、出票的效力

出票是创设票据权利的行为,出票的效力应当依照票据法规定的要件来评判。出票行为完成后,会产生以下两方面的效力:

(一)对物的效力

所谓对物的效力,是指创设票据的效力。票据是设权证券,随着出票行为的完成,在票据作成的同时票据权利被创设出来。出票对物的效力,也是出票对人效力的基础和前提。票据在外观上是一张纸,其实质是金钱债权证券。如果出票行为不能使这张纸转化为有价证券(即票据),那么就不会有票据权利的创设和票据义务的承担。只有符合票据法规定的出票行为,才可以产生有效的票据。

(二)对人的效力

所谓对人的效力,是指出票行为一经完成后,对票据基本当事人产生的票据法上的效力。票据基本当事人通常包括出票人、收款人和付款人,但在本票的基本当事人中没有付款人。

1. 对出票人的效力

出票行为作为基本票据行为,一经完成后出票人就成为第一债务人。出票人的付款义务是绝对的、最终的、无条件的付款义务,但汇票和支票出票人的这种付款义务是通过委托他人付款履行的。我国《票据法》第26条规定,出票人签发汇票后,即承担保

[1] 最高人民法院《关于审理票据纠纷案件若干问题的规定》第48条。

证该汇票承兑和付款的责任。汇票的出票人承担担保付款和担保承兑的责任,本票和支票的出票人承担担保付款责任。所谓担保承兑,是指出票人保证其签发的汇票能够获得承兑,如果持票人在请求承兑时遭到拒绝,出票人就必须向持票人负偿还责任。所谓担保付款,是指出票人保证持票人到期能够获得付款,如果票据到期不获付款,出票人就必须向持票人负偿还责任。出票人的这种担保承兑和担保付款责任,是票据法强行规定的绝对性义务。这种责任的存在与出票人是否具有担保的意思无关,出票人也不得通过在票据上作有关记载来免除自己的担保责任。即使出票人在票据上作了免除担保责任的记载,此记载无效。

2. 对收款人的效力

出票人作成票据并将票据实际交付给收款人后,收款人便取得了票据权利,包括付款请求权和追索权。不过,收款人因出票行为享有的权利是一种期待权。如在付款人对远期汇票进行承兑之前,收款人的付款请求权尚处于不确定状态,仅仅是一种期待权。只有在付款人承兑以后,该期待权才成为现实权。此外,收款人行使追索权也必须符合一定的条件。

3. 对付款人的效力

付款人之所以成为票据当事人,是因为出票人的记载,但这种记载对付款人没有强制性效力,付款人并不因出票行为而负有票据义务,只是因出票而取得了一种对持票人付款的资格。如在远期汇票中,是否承兑是付款人的权利。付款人可以对汇票进行承兑,也可以不进行承兑。付款人不对汇票作承兑的,他就不负任何付款义务。只有在付款人对汇票进行承兑后,才成为汇票的第一债务人,对收款人或持票人负有绝对的付款义务。

第三节 空白票据的签发

空白票据是出票人在票据上签章后,出票时将票据应记载事项的某些部分或者全部,授权持票人补记的票据。我国《票据法》仅确认了空白支票的效力,对汇票和本票则不准许签发空白票据。

一、空白票据的构成

1. 出票人的签章。出票人的签章是空白票据的最基本要件,也是出票人欲创设票据权利的意思表示。因此,签发空白票据必须要有出票人签章,否则,不能产生空白票据之效力。出票人在空白票据上的签章,必须符合票据法关于签章的规定。

2. 出票人有意空缺票据记载事项。我国《票据法》规定,支票上的金额可以由出票人授权补记,未补记前的支票,不得使用。支票上未记载收款人名称的,经出票人授权,可以补记。

3. 出票人授权持票人补记。出票人签发空白授权票据时有意空缺应记载事项，授权持票人进行补记。出票人在票据上签章并将票据交付给持票人，就是授权的明示。

二、空白票据的效力

1. 持票人获得补充权。基于出票人的授权，持票人获得的补充权属于形成权。依照与出票人的约定，持票人有权以自己认为适当的文义加以补充，自无争议。出票人对补记记载事项有异议的，不得对抗补记后善意取得票据的持票人。对越权补记者，出票人有权要求赔偿损失，但应负举证责任。

2. 票据债务人不得以票据有补充记载而对抗持票人，补充记载事项的票据，效力与完全出票相同。

3. 未补充完整的票据，具有票据效力，但不得行使。

4. 对恶意或重大过失取得越权补充的票据的持票人，票据债务人可以行使抗辩权。

◈ 思考题

1. 比较我国票据法对汇票、本票、支票的出票行为记载事项规定的异同。

2. 简述出票行为的效力。

3. 什么是空白票据？空白票据的效力如何？我国票据法上对空白票据是如何规定的？

4. 甲公司购买乙公司电脑20台，向乙公司签发金额为10万元的商业承兑汇票一张，甲公司在签发汇票时签注“以收到货物为付款条件”。丁公司在汇票上签章承诺：“本汇票已经本单位承兑，到期日无条件付款。”请评析该出票行为的效力。

第三十二章　票据权利的转移

◇ 知识结构图

- 票据权利的转移
  - 概述
    - 票据权利的转移与背书
    - 背书的特点
    - 背书的种类
    - 背书转让的方式
  - 背书的效力
    - 转让背书的效力
    - 非转让背书的效力

◈ 本章导读

票据权利的转移是票据权利存续期间，票据权利人对票据权利的处分。票据权利转移的方式主要有背书和交付两种。从形式上看，票据权利的转移具有形式性；从转移的效力上看，票据权利的转移不同于一般债权的转移。背书有转让背书和非转让背书之分，两者的目的不同，所产生的法律后果也不同。

◉ 司考重点

背书，回头背书及其效力，期后背书及其效力，权利担保效力，权利证明效力，设质背书，委任背书等

第一节 概　　述

一、票据权利的转移与背书

票据权利的转移是指持票人以转让票据权利为目的的行为。票据是流通证券,其功能大多是通过其流通来实现的,而票据流通的前提就是票据的转让。不同的票据其转让方式不同,我国《票据法》规定票据转让的方式有两种,一种是背书交付,另一种是单纯交付。所谓背书是指持票人在票据的背面或者粘单上记载有关事项,完成签章,并将其交付给相对人,从而将票据权利转让给他人或者将一定的票据权利授予他人行使的票据行为。通过以上概念的表述,可以明显看出票据权利的转移与背书之间的联系和区别。

1. 两者都是持票人所为的行为。持票人是合法取得票据权利的人,有权处分票据权利。

2. 两者行为的目的有交叉关系。票据权利的转移以转让票据权利为唯一目的,而背书的目的既可以是转让票据权利,也可以是其他法定目的,如设定质权、委托授权他人行使票据权利等。

3. 两者的行为方式有交叉关系。票据权利的转移按照法律规定,可以采用背书形式,也可以采用单纯交付形式;而背书只能是在票据背面或者粘单上记载有关事项并签章的票据行为。

鉴于以上分析,本章主要讲述背书。

二、背书的特点

票据上的权利是一种表现为有价证券的特殊债权,其权利与证券相结合。背书具有票据行为的共同性特点,除此以外,背书还具有自己的特殊性。

1. 背书是一种附属的票据行为,必须在基本的票据行为完成后才能进行,即背书只能在已经作成并交付的有效票据上才能为之。如果出票时因欠缺某一绝对必要记载事项而使票据无效,则在该票据上所为的背书行为亦无效,但背书行为无效并不影响出票行为的效力。

2. 背书是由持票人单方所为的票据行为。背书是由背书人独立进行的,在依背书而将票据权利转让时,背书人无须通知票据债务人或者经其同意。但票据被拒绝付款或者超过付款提示期限的,不得背书转让;背书转让的,背书人应当承担票据责任。

3. 背书是要式行为。从技术要求上讲,背书必须由背书人在票据的背面或者粘单上签名或盖章。

4. 背书人实施背书行为后,不得退出票据关系。背书转让时,转让人(背书人)并不退出票据关系，而是由先前的票据权利人转变为票据义务人，并对票据受让人承担担保付款或担保承兑的责任。

5. 背书以转让票据权利或者授予他人一定的票据权利为目的。

6. 背书具有单纯性。背书的单纯性，是指以转让票据权利为目的的背书中，背书人不能附带任何条件。附条件的背书，所附条件无效。如《票据法》第 33 条第 1 款规定，背书不得附有条件。背书时附有条件的，所附条件不具有汇票上的效力。

7. 背书具有不可分性。背书的不可分性，主要体现在两个方面：一是在以转让票据权利为目的的背书中，票据和票据权利不可分，转让票据权利必须交付票据；二是背书中票据金额的不可分。无论是以转让票据权利为目的，还是其他法定目的，背书必须针对全部的票据金额，不能为部分背书转让或者分别背书转让。《票据法》第 33 条第 2 款规定，将汇票金额的一部分转让的背书或者将汇票金额分别转让给二人以上的背书无效。

三、背书的种类

1. 转让背书与非转让背书

以背书的目的为标准，可将背书分为转让背书和非转让背书。转让背书是指持票人以转让票据权利为目的的背书；非转让背书，是指持票人非以转让票据权利为目的，而是以授予他人一定的票据权利为目的的背书。转让背书是通常意义上的背书，非转让背书是特殊意义上的背书。

2. 完全背书与空白背书

这是对转让背书的进一步分类。完全背书又称为记名背书，是指背书人在票据背面或粘单上记载背书的意思、被背书人的名称并签章的背书。空白背书又称无记名背书，是背书人不记载被背书人的名称，仅仅由背书人自己签章的背书。我国《票据法》第 30 条规定，汇票以背书转让时必须记载被背书人的名称，可见我国《票据法》不承认空白背书。

3. 委任背书与设质背书

这是对非转让背书的进一步分类。以委托他人代为取款为目的的背书是委任背书，以为担保债务而在票据上设定质权为目的的背书为设质背书。我国《票据法》第 35 条规定了这两种背书。在委任背书中，背书人为委托人，被背书人为受托人及代理人，被背书人虽持有票据，可以代理人身份，行使请求承兑、请求付款等权利，但他不得以背书转让票据权利。

在设质背书中，背书人为出质人，被背书人为质权人；背书人应将出质之票据交付被背书人占有；被背书人虽占有出质之票据，但依背书之文义仅有质权，在其质权实现之前不能行使票据权利。

四、背书转让的方式

通常在票据的背面，都事先印制好若干背书栏的位置，载明表示将票据权利转让给被背书人的文句,而留出背书人及被背书人的空白,供背书人进行背书时填写。票据法一般并不限制背书的次数,在背书栏或票据背面写满时,可以在票据上粘贴"粘单",黏附于票据凭证上规定的粘接处进行背书。但粘单上的第一记载人,应当在票据和粘单的粘接处签章。

背书应当由背书人签章并记载背书日期。如果未记载背书日期,视为在到期日前背书。背书也必须记载被背书人名称。可见背书日期是记名背书的相对记载事项,记名背书的绝对记载事项包括两项内容,即背书人签章和被背书人名称。所以,由此可见我国《票据法》只承认完全背书。背书人签章是背书人的意思表示,是所有背书行为的最基本构成要件,如果无背书人签章,则无背书,如果背书人签章有瑕疵,则背书行为有瑕疵。被背书人名称,是由背书人记载的。

第二节　背书的效力

由于转让背书与非转让背书的目的不同,因此产生的法律效力也不同。我国《票据法》只承认完全背书,不承认空白背书,因此转让背书的效力也就是指完全背书的效力。

一、转让背书的效力

一般来说,转让背书具有三个方面的效力,即权利移转效力、权利担保效力和权利证明效力。

1. 权利移转效力

转让背书本来就是以转让票据权利为目的的票据行为,因此背书人的本意便是要移转票据上的权利。所以,背书成立后,票据上的一切权利便由背书人移转给被背书人,被背书人取代背书人成为票据权利人。依背书移转的权利,具体包括对付款人的付款请求权和对出票人、背书人以及保证人的追索权等。依背书移转权利时不必通知原债务人,而且被背书人可以取得优先于背书人的权利。权利移转效力是转让背书的主要效力。

2. 权利担保效力

这是指背书人对被背书人及其后手负有担保承兑和担保付款的责任。即如果持票人请求承兑或请求付款遭到拒绝,就可以向背书人行使追索权。我国《票据法》第37条规定:"背书人以背书转让汇票后,即承担保证其后手所持汇票承兑和付款的责任。背书人在汇票得不到承兑或者付款时,应当向持票人清偿本法第七十条、第七十一条规定的金额和费用。"可见,背书的权利担保效力是由《票据法》直接规定的,与背书人是否具有担保的意思无关,背书人也不得免除其担保责任。此外,背书人也不仅对其直接后手承担这种担保责任,而且对全体后手都负此责任。背书的权利担保效力使票据的信用功能得以充分发挥。

票据权利从性质讲是一种金钱债权,普通债权的转让不具有权利担保效力,也就是说,普通债权一旦全部转让后,原债权人则脱离了债权债务关系,并不担保受让人能够实现债权,除非双方有特别约定。而票据权利转让的特殊之处在于,只要转让背书发生效力,背书人就对被背书人承担担保承兑和担保付款的责任,这种责任具有法定性,当事人不可以排除适用,除非法定情形出现。

特殊转让背书是相对于一般转让背书而言的,是指在背书时有特殊情形出现的转让背书,其特殊性可以体现在背书的款式上,也可以体现在背书的目的上。根据不同的特殊情形,特殊转让背书可以分为禁止转让背书、期后背书、回头背书和无担保背书。一般转让背书具有完全的权利担保效力,但在特殊转让背书中则会因类型不同,而有所区别。

(1)禁止转让背书的权利担保效力。禁止转让背书,是指背书人在票据上记载"不得转让"字样或相同意思的字样,从而对转让的票据权利给予一定限制的背书。如我国《票据法》第 34 条规定,背书人在汇票上记载"不得转让"字样,其后手再背书转让的,原背书人对后手的被背书人不承担保证责任。也就是说,禁止转让背书也具有权利担保效力,但禁止转让背书中的背书人只对其直接的后手承当权利担保责任,对于此后的后手受让人,则不承担任何担保责任。所以,禁止转让背书的权利担保效力是一种限定的权利担保效力。

(2)期后背书的权利担保效力。期后背书是指票据被拒绝承兑、被拒绝付款或者超过付款提示期限所为的背书。主要有两个含义:一是指在票据到期日以后作成的背书,可以称为到期日后背书;二是指在作成拒绝付款证书后或在作成拒绝付款证书期限届满后作成的背书,可以称为期限后背书。我国《票据法》第 36 条规定:"汇票被拒绝承兑、被拒绝付款或者超过付款提示期限的,不得背书转让;背书转让的,背书人应当承担汇票责任。"最高人民法院《关于审理票据纠纷案件若干问题的规定》第 58 条明确规定:"依照票据法第三十六条的规定,票据被拒绝承兑、被拒绝付款或者超过提示付款期限,票据持有人背书转让的,背书人应当承担票据责任。"

(3)回头背书的权利担保效力。回头背书是指已经在票据上签名的出票人、背书人等票据债务人为被背书人的背书。票据法并不限制被背书人的资格,因而不妨碍原票据债务人成为票据的权利人。在原票据债务人成为票据债权人(类似于民法中的债的混同)的情况下,并不使票据关系消灭(承兑人成为被背书人的除外)。回头背书具有一般背书的效力。我国《票据法》第 69 条规定:"持票人为出票人的,对其前手无追索权。持票人为背书人的,对其后手无追索权。"

(4)无担保背书的权利担保效力。无担保背书,也称免责背书,是指在票据上记载"免除担保责任"字样,对票据承兑或者票据的付款不承担担保责任的背书。这种免除不仅对其直接的受让人免除担保责任,同时对其后的所有后手受让人均不承担担保责任。我国票据法没有规定无担保背书。

3. 权利证明效力

也称资格授予效力,是指持票人所持票据上的背书只要具有连续性,票据法就推定其为正当的票据权利人从而享有票据权利。即持票人只需持有背书连续的票据,就可以证明自己的合法权利人身份,而无须提供其他证明。反过来说,持票人行使票据权利时,也应当以背书的连续来证明自己是权利人。背书的权利证明效力还体现为:票据债务人对于背书连续的持票人的付款具有免除责任的效力;如果票据债务人主张背书连续的持票人不是真正的权利人,应负举证责任。根据《票据法》的规定,背书连续是指在票据转让中,转让票据的背书人与受让票据的被背书人在票据上的签章依前后次序衔接。可见,背书连续仅是就形式上而言的。第一次背书的背书人为收款人,第二次背书中的背书人必须是前一次背书中的被背书人,依次前后连接不间断,一直到最后持票人。根据司法解释,背书连续的第一背书人应当是票据上所载的收款人,持票人应当是最后一次背书的被背书人。[1] 票据法之所以设计这样的制度就是为了更好地保障票据受让人的权利,使受让人得到更充分的保护。

二、非转让背书的效力

以非转让背书的具体目的不同,我国《票据法》规定了委任背书和设质背书两种。

1. 委任背书的效力

委任背书,又称委任取款背书,是指背书人以行使票据权利为目的,授予被背书人一定代理权限的背书。我国《票据法》第 35 条第 1 款规定,背书记载"委托收款"字样的,被背书人有权代背书人行使被委托的汇票权利。但是,被背书人不得再以背书转让汇票权利。因为票据是文义证券,所以委任背书除必须有背书人签章外,还必须记载委托收款的字样。

委任背书属于非转让背书,并不以转让权利为目的,而是以授予被背书人一定代理权限,代替背书人收取票据金额为目的。因此,在委任背书中票据权利人仍是背书人,票据权利并未移转,故不发生权利移转和权利担保的效力。被背书人因委任背书持有票据,但依委任背书文义只证明其享有代理收款的权限,这是委任背书的权利证明效力。

2. 设质背书的效力

设质背书,又称质权背书、质押背书,是指背书人以在票据权利上设定质权目的所为的背书。我国《票据法》第 35 条第 2 款规定,汇票可以设定质押;质押时应当以背书记载"质押"字样,被背书人依法实现其质权时,可以行使汇票权利。因为票据是文义证券,所以设质背书除必须有背书人签章外,还必须记明"质押"或"设质"的文句。如果出质人在票据上只记载了"质押"等字样而未在票据上签章,或者出质人

---

[1] 最高人民法院《关于审理票据纠纷案件若干问题的规定》第 50 条。

未在票据或粘单上记载“质押”等字样，而另行签订质押合同、质押条款，则都不构成票据质押。[1]

设质背书的法律效力主要体现为质权设定效力，被背书人经设质背书即取得票据质权，有权行使票据权利，收取汇票金额。由于票据是无因证券，因此即使被担保的债权未届清偿期，被背书人也可提示付款；如遭拒绝，被背书人也有权行使追索权。此外，设质背书也具有权利证明效力，不过它仅证明被背书人享有质权而非票据权利。

思考题

1. 比较票据权利的转让与背书。

2. 我国票据法规定的特殊转让背书有哪几种？每种特殊转让背书的效力如何规定？

3. 分析非转让背书的法律效力。

4. 简述一般转让背书的效力。

5. 甲公司在交易中取得汇票一张，金额10万元，汇票签发人为乙公司，甲公司在承兑时被拒绝。其后，甲公司在一次交易中需支付丙公司10万元货款，于是甲公司将该汇票背书转让给丙公司，丙公司承兑时亦被拒绝。对于本案的事实，请运用票据法原理分析以下观点是否正确。

(1) 丙公司有权要求甲公司给付汇票上的金额；

(2) 丙公司有权要求甲公司返还交易中的对价；

(3) 丙公司有权向乙公司行使追索权要求其给付汇票上的金额；

(4) 丙公司应当请求甲公司承担侵权赔偿责任。

[1] 最高人民法院《关于审理票据纠纷案件若干问题的规定》第55条。

第三十三章　票据权利的保障

◇ 知识结构图

- 票据权利的保障
  - 承兑
    - 承兑的概念和意义
    - 承兑的原则
    - 承兑的程序和款式
    - 承兑的效力
  - 票据保证
    - 票据保证的概念和意义
    - 票据保证的种类
    - 票据保证的特征
    - 票据保证的效力

◈ 本章导读

票据权利的保障指通过制度的设计,增强票据信用,以助长票据流通。票据法的这种制度设计,体现在诸多方面,如票据抗辩的限制、利益偿还请求权、转让背书的担保责任等,但这里所研究的是汇票承兑和票据保证两种制度设计。承兑是远期汇票上特有的制度,是汇票上的付款人所为的行为。付款人在汇票上为承兑行为后,即成为第一债务人。票据保证是票据债务人以外的其他人在票据上所为的保证行为。票据保证不同于一般民事保证,具有其自身的特征。

◉ 司考重点

承兑自由原则,承兑的撤回,票据保证,票据保证的独立性

第一节 承 兑

一、承兑的概念和意义

承兑,是指汇票付款人在汇票上明确表示在汇票到期日支付汇票金额的一种附属票据行为。我国《票据法》第38条规定:"承兑是指汇票付款人承诺在汇票到期日支付汇票金额的票据行为。"

具体说来,承兑的概念包括以下几个要素:首先,承兑与背书一样,是一种附属票据行为,它以存在有效的出票为前提。其次,承兑是远期汇票付款人所为的票据行为,见票即付的汇票及其他票据(本票、支票)的付款人不需要为承兑行为,因此承兑是远期汇票特有的一项制度。再次,承兑是汇票付款人表示愿意在汇票到期日支付汇票金额的行为,是单方的法律行为。最后,承兑是要式行为,必须由付款人在汇票正面记载"承兑"字样和承兑日期并签章。

承兑的意义在于确定汇票上的权利义务关系。汇票是出票人单方面委托付款人支付汇票金额给收款人的票据,出票是出票人所为的单方法律行为。付款人可以接受这种委托,也可以拒绝这种委托,付款人甚至可能根本不知道有这种委托。因此,出票人的委托行为不能拘束付款人,即付款人并不因出票人的委托行为而承担付款义务。所以,在汇票承兑以前,付款人的付款义务是不确定的。就收款人方面来说,他虽然取得了汇票,但是由于出票人的出票行为不能拘束付款人,付款人并不一定付款,因此收款人的汇票权利仅仅是一种期待权。远期汇票是一种典型的信用证券,从出票日至到期日往往有一段时间,如果说这段时间中汇票上的权利义务关系都处于不确定状态,汇票的流通必然受到不利影响。票据法设立承兑制度,正是为了使付款人的汇票义务、收款人的汇票权利得以确定。

二、承兑的原则

(一)承兑自由原则

承兑自由,是指汇票上所记载的付款人可以依自己的意思,决定是否进行承兑,即使付款人与出票人之间存在某种基础关系,在这个基础关系中约定付款人承担对汇票的承兑义务,付款人仍可以不受其限制而拒绝承兑。承兑自由有两方面的含义:从付款人角度来说,付款人并没有承兑的义务,可以承兑,也可以不承兑;从持票人角度来说,是否请求承兑是持票人的自由。

(二)完全承兑原则

完全承兑,是指付款人在对汇票承兑时,应该对票据金额全部给予承兑,而不能仅对票据金额作部分承兑。我国票据法只规定在付款人完全承兑的情况下,持票人的票据权利才能获得充分的保障。我国《票据法》第42条规定,付款人承兑汇票的,应当在汇票正面记载“承兑”字样和承兑日期并签章;见票后定期付款的汇票,应当在承兑时记载付款日期。汇票上未记载承兑日期的,以付款人收到提示承兑的汇票之日起的第3日为承兑日期。

(三)单纯承兑原则

单纯承兑,也可以称为无条件承兑,是指付款人在承兑时,仅记载承兑文句,不对承兑附加其他条件。我国《票据法》第43条规定:“付款人承兑汇票,不得附有条件;承兑附有条件的,视为拒绝承兑。”

三、承兑的程序和款式

承兑作为一项制度,由持票人和付款人的行为构成。票据是要式证券,所以汇票的承兑也必须符合一定的程序和款式。

(一)提示承兑

提示承兑,是指汇票持票人向汇票上记载的付款人出示汇票,并要求付款人在票据上表示在票据到期时愿意对票据付款的行为。提示承兑由两种行为组成:提示和承兑。提示是由汇票的持票人向汇票上记载的付款人现实地出示票据,其目的是请求付款人同意到期付款。承兑则是汇票上的付款人所作的同意到期付款的意思表示。我国《票据法》规定,持票人进行提示承兑时,应在汇票上载明的付款人的营业场所和营业时间内进行;付款人无营业场所时,则应在其住所进行。持票人应当在规定期限内进行提示,我国《票据法》第40条规定,汇票未按照规定期限提示承兑的,持票人丧失对其前手的追索权。具体说来,定日付款或者出票后定期付款的汇票,持票人应当在汇票到期日前向付款人提示承兑;见票后定期付款的汇票,持票人应当自出票日起一个月内向付款人提示承兑。

(二)承兑的款式

承兑是要式法律行为,必须由承兑人签章并在汇票正面记载相应的事项。这些记载事项包括:

1. 绝对必要记载事项

我国《票据法》第42条规定:“付款人承兑汇票的,应当在汇票正面记载‘承兑’字样和承兑日期并签章;见票后定期付款的汇票,应当在承兑时记载付款日期。”在见票后定期付款的汇票中,由于承兑日期关系到汇票到期日的确定和计算,因此,付款人必须记载承兑日期。

2. 相对必要记载事项

我国《票据法》第42条第2款和第41条第1款规定,汇票上未记载承兑日期的,以持票人提示承兑之日起的第3日为承兑日期。

3. 不得记载事项

付款人在承兑时,不得记载与汇票的性质或承兑的特性相违背的事项。例如,我国《票据法》第43条规定:“付款人承兑汇票,不得附有条件;承兑附有条件的,视为拒绝承兑。”

(三)承兑或拒绝承兑

持票人按照提示承兑期间向付款人提示汇票请求承兑时,付款人应当在一定时间内作出承兑或不承兑的决定。我国《票据法》第41条第1款规定:“付款人对向其提示承兑的汇票,应当自收到提示承兑的汇票之日起3日内承兑或拒绝承兑。”付款人在3日内未作表示的,视为拒绝承兑。

(四)汇票的回单与交还

持票人向付款人提示承兑时,必须将汇票临时交给付款人。在付款人决定是否对汇票作承兑的考虑时间内,汇票由付款人占有。我国《票据法》第41条第2款规定:“付款人收到持票人提示承兑的汇票时,应当向持票人签发收到汇票的回单。回单上应当记明汇票提示承兑日期并签章。”付款人在汇票正面记载完“承兑”字样后,应立即将汇票交还给持票人。

四、承兑的效力

付款人承兑汇票并将汇票交还给持票人后,承兑即发生法律效力。我国《票据法》第44条规定:“付款人承兑汇票后,应当承担到期付款的责任。”付款人一经承兑汇票,对付款人、持票人、出票人和背书人都会产生一定的效力。

(一)对付款人的效力

付款人承兑汇票后便成为承兑人,对汇票债务承担第一位的或主要的责任,即承担绝对的、无条件的付款义务。付款人的这种责任具有绝对性,除非汇票权利因时效届满而消灭,否则不受其他因素的影响,特别是不受付款人是否已经从出票人处接受资金的影响。

(二)对持票人的效力

在付款人承兑之前,汇票上的付款记载对付款人没有约束力,持票人享有的汇票权利仅仅是一种期待权,其能否实现处于不确定状态。付款人一旦承兑,持票人的期待权便成为现实权,以承兑人的责任为保障。只要汇票到期日已至,持票人就可以向承兑人请求付款。持票人的这一请求权是确定的,除非因时效届满而消灭,持票人不会丧失这一权利。

(三)对出票人和背书人的效力

出票人和背书人在汇票尚未承兑前,可能要承担期前追索的责任,即汇票未得到承兑时,持票人可以向出票人或前手行使追索权。汇票一经承兑后,出票人和背书人的这一责任即可免除。承兑行为发生效力后,持票人可以请求承兑人承担票据金额的给付义务,在被拒绝付款后,可以请求全体票据债务人承担担保付款责任。

第二节 票据保证

一、票据保证的概念和意义

票据保证,是指票据债务人以外的第三人在已签发的票据上进行保证文句的记载并签章,从而表明对特定票据债务人的票据债务履行承担保证的一种票据行为。我国《票据法》第45条第1款规定:"汇票的债务可以由保证人承担保证责任。保证人由汇票债务人以外的他人担当。"据此可见,票据保证的当事人是保证人和被保证人。被保证人是票据债务人,包括出票人、背书人和承兑人等,而保证人是票据债务人以外的第三人。需注意的是,我国《票据法》规定只有汇票和本票存在票据保证制度,而支票不存在票据保证制度。[1]

票据保证旨在对特定票据债务人履行其债务提供担保。在仅有票据出票人及付款人尚不足以确立票据信用,即尚不足以保证到期支付票据金额的情况下,票据债务到期能否履行就处于一种不确定的状态。如果由票据债务人以外的第三人对票据债务的按期履行予以保证,就可以增强票据的信用,确保持票人实现其票据权利。票据保证作为一种附属票据行为,其目的是担保票据债务的履行,保证人必须是票据债务人以外的第三人,并须在票据上作相应的记载。

二、票据保证的种类

票据保证按不同的标准,可以分为不同的类型:

(一)单独保证与共同保证

这是以保证人的人数为标准而进行的划分。单独保证是指只有一个作为保证人进行的保证;共同保证是指由两个或两个以上保证人就同一票据债务所进行的保证。我国《票据法》既承认单独保证,也承认共同保证。第51条明文规定,保证人为二人以上的,保证人之间承担连带责任。

(二)全部保证与部分保证

这是以所担保的金额为标准而进行的划分。就票据全部金额进行的保证为全部保证;仅就票据金额的一部分进行的保证为部分保证。我国《票据法》仅承认全部保证,不承认部分保证。[2]

(三)正式保证与略式保证

这是以在汇票上所记载的内容为标准而进行的划分。保证人在签章的同时,记载有"保证"字样的保证为正式保证;仅有保证人签章而没有记载"保证"字样的保证为略

---

〔1〕 参见《票据法》第93条。

〔2〕 参见《票据法》第50条。

式保证。我国《票据法》仅规定了正式保证。

（四）单纯保证与不单纯保证

这是以保证是否附有条件为标准而进行的划分。不附加任何条件的保证为单纯保证；附加一定条件的保证为不单纯保证。我国《票据法》第48条规定：“保证不得附有条件；附有条件的，不影响对汇票的保证责任。”

三、票据保证的特征

票据保证作为一种附属票据行为，是以出票行为的成立为前提的。与民事一般债务保证相比有以下特征：

1. 票据保证是单方法律行为

所谓单方法律行为，是指票据保证只须保证人一方意思表示，即可成立，无须与其他票据当事人合意；而一般民事债务保证为双方法律行为，民事保证是保证当事人的合意行为，即契约行为。

2. 票据保证是属于要式法律行为

票据保证必须依票据法规定的事项在票据上记载才能生效。一般民事债务保证不是一种要式法律行为，依当事人任意约定、书面或口头形式均可。

3. 票据保证具有独立性

票据保证的独立性是票据行为特征的体现，即使票据债务人的债务因实质上的原因而无效，保证人仍要承担票据责任。而一般民事债务保证原则上具有从属性，若主债务无效或可撤销，则保证债务也将无效或可撤销。

4. 票据保证中保证人无先诉抗辩权

相对于票据债权人而言，保证人和被保证人及其他票据债务人为同一顺序的债务人，票据保证的保证人与被保证人的责任承担无先后顺序之分。根据《票据法》的规定，持票人可以不按照票据债务人的先后顺序，对其中任何一人、数人或者全体行使追索权。民法上一般保证的保证人享有先诉抗辩权，在主合同纠纷未经审判或者仲裁，并就债务人财产依法强制执行仍不能履行债务前，对债权人可以拒绝承担保证责任。换言之，在民法上的一般保证中债权人必须先向被保证人主张权利，否则保证人可以行使先诉抗辩权。

5. 票据保证人在履行清偿义务后取得票据而有追索权

按照《票据法》的规定，保证人清偿票据债务后，票据债权债务关系并不消灭，保证人可以行使持票人对被保证人及其前手的追索权；而一般民事债务保证的保证人清偿后，原债权债务关系消灭，保证人因履行保证责任而取得向被保证人的求偿权。

四、票据保证的效力

保证行为一经成立，即对票据中的当事人发生效力。保证的基本效力，是担保被保证票据债务的履行，因此，在保证人、票据权利人和被保证人之间，就票据保证将发生一定的票据责任或享受一定的票据权利。

(一)对票据保证人的效力

1. 保证人的票据责任

保证人为票据保证行为后,对合法持票人承担保证责任。作为票据行为,票据保证具有独立性和无因性。保证人承担的保证责任独立于被保证的票据债务,即使被保证的票据债务无效(因票据形式欠缺无效的除外),也不影响保证责任的成立。票据保证人的责任具有连带性,即保证人与被保证人之间为连带责任关系。在共同保证中共同保证人对票据债务承担法定的连带责任。

2. 保证人清偿被保证债务后的权利

被保证人对清偿票据债务的保证人负有票据责任。保证人清偿被保证债务后,可以行使持票人对被保证人及其前手的追索权。

(二)对持票人的效力

票据保证,对持票人来讲又多了一层担保关系,持票人权利实现的可能性得到了加强。

(三)对票据被保证人及其后手的效力

票据保证行为本身并不免除任何票据债务人的责任,但是如果票据保证人履行了保证责任,清偿了持票人的债务,则对被保证人及其后手来讲,即可免除被追索的责任。

◈ 思考题

1. 简述承兑自由原则的意义。

2. 简述承兑的程序。

3. 简述承兑的法律效力。

4. 比较票据保证和一般民事保证。

5. 乙公司与丙公司交易时以汇票支付。丙公司见汇票出票人为甲公司,遂要求乙公司提供担保,乙公司请丁公司为该汇票作保证,丁公司在汇票背书栏签注“若甲公司出票真实,本公司愿意保证”。后经了解甲公司实际并不存在。丁公司对该汇票承担什么责任?请运用票据法原理分析此案。

6. 甲从乙处购置一批家具,给乙签发一张金额为40万元的汇票。乙将该汇票背书转让给丙。丙请丁在该汇票上为“保证”记载并签章,随后又将其背书转让给戊。戊请求银行承兑时,被银行拒绝。对于本案的事实,请运用票据法原理分析以下观点是否正确。

(1)丁可以采取附条件保证方式。

(2)若丁在其保证中未记载保证日期,则以出票日期为保证日期。

(3)戊只有在向丙行使追索权遭拒绝后,才能向丁请求付款。

(4)在丁对戊付款后,丁只能向丙行使追索权。

第三十四章　票据权利的实现

◇ 知识结构图

- 票据权利的实现
  - 付款
    - 付款的概念
    - 付款的程序
    - 付款的效力
  - 追索权
    - 追索权概述
    - 追索权的特征
    - 追索权的种类
    - 追索权的行使要件
    - 追索权的效力

◈ 本章导读

票据权利的实现是票据权利人的最终目的，也是全体票据债务人的最终解脱。与民法中一般债权实现不同，票据权利的实现唯一途径即票据的持票人行使票据权利，如果持票人不行使权利，则票据债务人不会主动履行给付义务，最终持票人的票据权利会因时效而消灭。

◉ 司考重点

提示付款期间，付款人的审查责任，追索权行使的前提条件，追索权行使的方式等

第一节 付 款

一、付款的概念

票据付款有广义和狭义两种解释。广义的票据付款,泛指票据债务人依票据而对票据权利人进行的一切金钱支付,既包括付款人或承兑人在票据到期时,对持票人进行的支付;也包括追索义务人对追索权利人进行的支付,以及保证人对持票人进行的支付。狭义的票据付款,仅指付款人或承兑人在票据到期时,对持票人所进行的票据金额的支付。通常情况下,票据付款指的是狭义付款。这里的付款,是指消灭票据关系的狭义付款,付款产生的后果是消灭票据关系。

二、付款的程序

付款作为最终消灭票据关系的行为,在程序上包括三个阶段,即提示付款、实际付款和交回票据。

(一)提示付款

提示付款是指持票人或其代理人向付款人或代理付款人现实地出示票据,以请求其付款的行为。提示付款是持票人行使其付款请求权的必要前提,也是付款人支付票据金额的必经程序。提示付款是持票人行使和保全票据权利的行为,因此,有其法律效力。从权利行使方面讲,是行使付款请求权;从保全权利方面讲,是保全追索权。持票人不为提示付款,便无法得知付款人是否付款,是否拒绝,就无从得到拒绝证明,我国《票据法》第65条规定,持票人不能出示拒绝证明的,丧失对其前手的追索权。所以,不提示付款也就无法保全追索权。持票人提示付款时,如果付款人拒绝付款,持票人可以据此作成拒绝证明,向其他票据债务人行使追索权。如果持票人未提示付款或未在法定期间提示付款,不能出示拒绝证明、退票理由书或者未按照规定期限提供其他合法证明的,丧失对其前手的追索权。对于支票的持票人超过提示付款期限提示付款的,我国《票据法》第91条第2款规定付款人可以不予付款。[1] 但对汇票的持票人未在法定期间提示付款的情况作了灵活性规定,即持票人如果未在法定期间内为付款提示,只要持票人对其行为作出说明,承兑人或付款人仍应对持票人承担付款责任。可以说,对于汇票的付款人和承兑人来说,持票人是否在《票据法》规定的提示付款期内提示付款,其效力并无实质区别。但持票人未在法定期限内提示付款,则会丧失对其前手的追索权。

---

〔1〕 参见《票据法》第91条。

1. 提示付款的期限

提示付款的期限由法律直接规定，我国《票据法》分别对汇票〔1〕、本票〔2〕和支票〔3〕的提示付款的期限作出了规定。

(1)见票即付的汇票，自出票日起1个月内向付款人提示付款。

(2)定日付款、出票后定期付款、见票后定期付款这三种汇票，自到期日起10日内向承兑人提示付款。

(3)本票的出票人在持票人提示见票时，必须承担付款的责任。本票自出票日起，付款期限最长不得超过2个月。

(4)支票的持票人应当自出票日起10日内提示付款；异地使用的支票，其提示付款的期限由中国人民银行另行规定。

2. 提示付款的当事人

提示付款的当事人包括提示人和被提示人。提示人是指有权向票据债务人提示付款的人，包括持票人及其代理人。我国《票据法》第53条第3款规定："通过委托收款银行或者通过票据交换系统向付款人提示付款的，视同持票人提示付款。"被提示人是指接受付款提示的人，包括付款人、代理付款人和票据交换系统。

3. 提示场所和时间

依据我国《票据法》第16条的规定，持票人对票据债务人行使票据权利，或者保全票据权利，应当在票据当事人的营业场所和营业时间内进行，票据当事人无营业场所的，应当在其住所进行。

(二)实际付款

1. 付款原则

我国《票据法》第54条规定，持票人依照规定提示付款的，付款人必须在当日足额付款。由于支票是见票即付的票据，因此持票人在提示期限内提示付款时，付款人应立即付款。我国《票据法》第89条第2款规定，出票人在付款人处的存款足以支付支票金额时，付款人应当在当日足额付款。由此可见，我国《票据法》采用付款人即时足额原则，不允许付款人延期付款、部分付款。

2. 付款人的审查义务

我国《票据法》第57条第1款规定，付款人及其代理付款人付款时，应当审查票据背书的连续，并审查提示付款人的合法身份证明或者有效证件。由此可知，付款人或付款代理人实施付款行为时负有审查的义务，但仅需要审查背书是否连续等票据形式上的要件，并审查提示付款人的合法身份证明。而对诸如背书的真伪、持票人是否为

〔1〕参见《票据法》第53条。

〔2〕参见《票据法》第78条。

〔3〕参见《票据法》第91条第1款。

真正权利人等实质要件则没有审查的义务。支票付款人的这一审查义务,原则上与汇票付款人的审查义务相同,即仅需审查票据形式上的要件。此外,由于支票出票人在开立支票存款账户时必须使用本名,而且预留了本名的签名式样和印鉴,因此付款人在支付金额时,还必须对支票上的签名或印鉴是否与预留签名和印鉴相符进行审查。

3. 付款损失的承担

根据我国《票据法》的规定,付款人在进行付款时,只需对所提示的票据进行形式审查,并无实质审查义务。付款人在履行法定审查义务后进行的付款是有效付款,即使发生错付,亦可善意免责。但在下列情况下,付款人须承担付款的损失:

(1)付款人或代理付款人以恶意或者重大过失付款的,应当自行承担责任。如因恶意或重大过失欠缺对提示付款人的合法身份证明或有效证件的审查;欠缺对票据记载事项的审查包括绝对必要记载事项是否完备、是否有绝对有害的记载事项、背书是否连续等的审查;对在公示催告期间的票据进行付款的;收到止付通知后进行付款的。

(2)对定日付款、出票后定期付款或者见票后定期付款的汇票,付款人在到期日前付款的,如果发生错付,付款人应自行承担所产生的责任。

(三)交回票据

持票人在获得足额付款后,付款人可以要求其在票据上记载"收讫"字样并签章,以此来证明付款人已经依法履行完付款义务。我国《票据法》第55条规定:"持票人获得付款的,应当在汇票上签收,并将汇票交给付款人。持票人委托银行收款的,受委托的银行将代收的汇票金额转账收入持票人账户,视同签收。"

三、付款的效力

付款人的依法付款行为具有免除其责任的效力。我国《票据法》第60条规定:"付款人依法足额付款后,全体汇票债务人的责任解除。"第92条也明确规定:"付款人依法支付支票金额的,对出票人不再承担受委托付款的责任,对持票人不再承担付款的责任。但是,付款人以恶意或有重大过失付款的除外。"付款人按照票据记载的文义,即时足额支付票据金额后,票据法律关系全部归于消灭,付款人和全体票据债务人的票据责任因此而解除。

第二节　追　索　权

一、追索权概述

追索权,是指持票人在汇票到期不获付款或期前不获承兑或有其他法定原因时,在依法行使或保全了票据权利后,向其前手请求偿还票据金额、利息及其他法定款项的一种票据权利。追索权是票据上的第二次权利,是为补充票据上的第一次权利即付款请求权而设立的。持票人只有在行使第一次权利未获实现时才能行使第二次权利。[1] 根据我国最高人民法院的司法解释,如果持票人不先行使付款请求权而先行使追索权遭拒绝而提起诉讼的,人民法院不予受理。如果持票人的付款请求权得以实现,则追索权随之消灭。

追索权的当事人为追索权人和被追索人。追索权人,包括最后持票人和已为清偿的票据债务人。最后持票人是票据上唯一的债权人,在其所持票据于期前不获承兑或有其他法定原因无从请求承兑或到期不获付款时,他有权行使追索权。其他票据债务人被持票人追索而清偿债务后,享有与持票人同一权利,可以向自己的前手行使再追索权。我国《票据法》第 68 条第 3 款规定:“持票人对汇票债务人中的一人或者数人已经进行追索的,对其他债务人仍可以行使追索权。被追索人清偿债务后,与持票人享有同一权利。”被追索人,是指追索权人行使追索权所针对的义务人,包括出票人、背书人和其他债务人。我国《票据法》第 61 条第 1 款规定:“汇票到期被拒绝付款的,持票人可以对背书人、出票人以及汇票的其他债务人行使追索权。”这里的其他债务人可以是保证人,也可以是承兑人。承兑人作为被追索人是在出票人作为偿还债务后的持票人的情形下形成的。

二、追索权的特征

追索权是票据法为票据权利人规定的一项特别票据权利,而有关追索权制度的规定,则是对票据权利人行使票据权利的一种法律救济措施。根据我国《票据法》第 68 条的规定,追索权的特征可概括为以下三个方面:

1. 追索权具有随意性

持票人在付款请求权得不到满足时,既可以依《票据法》的规定行使追索权,但也可以向其直接前手行使民事权利而实现自己的权利。如果持票人行使追索权,对追索对象的确定也具有随意性。由于票据的出票人、背书人、承兑人和保证人对持票人承担连带责任,持票人可以不按照票据债务人的先后顺序,对其中任何一人、数人或者全体行使追索权。

2. 追索权具有连续性

持票人行使追索权获得清偿后,票据关系并没有消灭,被追索人履行清偿义务后,即成为该票据的新持有人,仍可以向其前手行使再追索的权利。

3. 追索权具有追加性

持票人在已经开始的追索中,可以追加被追索人。我国《票据法》第 68 条第 3 款规定,持票人对汇票债务人中的一人或者数人已经进行追索的,对其他汇票债务人仍可以行使追索权。

三、追索权的种类

1. 根据持票人行使追索权的时间不同,追索权可以分为期前追索权和到期追索权

---

〔1〕 最高人民法院《关于审理票据纠纷案件若干问题的规定》第 5 条。

期前追索权,是指到期日之前,票据被拒绝承兑,或因承兑人或付款人死亡、逃匿、破产、终止或其他法定原因,不获承兑或不获付款,持票人得以行使的追索权。我国《票据法》第61条第2款规定了这种追索权。

到期追索权,是指票据到期而被拒绝付款时,持票人得以行使的追索权。《票据法》第61条第1款有其规定。

2. 以追索权行使主体的不同,追索权可以分为最初追索权和再追索权

最初追索权是最后持票人在提示承兑或提示付款遭到拒绝或有其他法定原因时,所行使的追索权。

再追索权是票据债务人向追索人清偿了最初追索金额后,所获得的向其前手再为追索的追索权。

四、追索权的行使要件

行使追索权必须具备一定的要件,包括实质要件和形式要件两个方面。

(一)实质要件

行使追索权的实质要件,即持票人行使追索权的法定原因。从根本上说,持票人行使追索权的实质要件是其所持票据不获承兑或不获付款。以持票人在票据到期日前还是在到期日后行使追索权为标准,追索权的实质要件有所不同。

1. 到期追索的实质要件

持票人在票据到期日后行使追索权的唯一法定原因是票据到期被拒绝付款。如《票据法》第61条第1款规定:"汇票到期被拒绝付款的,持票人可以对背书人、出票人以及汇票的其他债务人行使追索权。"通常行使的追索权,大都属于到期追索。

2. 期前追索的实质要件

在通常情况下,持票人都是因票据到期不获付款而行使追索权,在票据到期日届至前,持票人一般不得行使追索权。但是,如果在票据到期日前客观上发生了某些情况,使持票人票据权利有可能无法实现,则持票人也可以在到期日前行使追索权。如根据《票据法》第61条第2款规定,发生下列情形之一时,持票人也可以在汇票到期日之前行使追索权:

(1)汇票被拒绝承兑的;

(2)承兑人或者付款人死亡、逃匿的;

(3)承兑人或者付款人被依法宣告破产的或者因违法被责令终止业务活动的。

(二)形式要件

行使追索权的形式要件,是指行使追索权必须遵循一定的程序,履行法定的保全追索权的手续。保全追索权的手续包括遵期提示承兑或提示付款、作成拒绝证明以及拒绝事由的通知三项。

1. 遵期提示承兑或提示付款

有关票据提示承兑和提示付款的期限,前面已作过介绍,在此不再赘述。持票人

未按照《票据法》规定提示承兑和提示付款的，原则上丧失对其前手的追索权。不过，根据我国《票据法》第 61 条第 2 款的精神，如果持票人提示承兑遭拒绝，或者付款人或承兑人死亡、逃匿或有其他原因使持票人无从为承兑提示或付款提示，或者付款人或承兑人受破产宣告或者解散、歇业，那么，持票人可以不为承兑提示或付款提示而直接向其前手行使追索权。

2. 作成拒绝证明

所谓拒绝证明，是指依票据法规定，对持票人依法提示承兑或提示付款而被拒绝，或无法提示承兑或提示付款这一事实具有证据效力的文字证明。

由于追索权是持票人向其前手行使的，因此被追索的前手必须知道持票人已依法提示承兑或提示付款而遭拒绝，进而确定持票人因此对自己享有追索权。作成拒绝证明，就是为了证明持票人已为提示而未获承兑或未获付款，或因其他法定原因无从提示的客观事实，为持票人行使追索权铺平道路。因此，作成拒绝证明是保全追索权手续的一项重要程序，也是持票人行使追索权的一个重要步骤。我国《票据法》第 62 条第 1 款规定："持票人行使追索权时，应当提供被拒绝承兑或者被拒绝付款的有关证明。"这里的"有关证明"就是指拒绝证明。如果持票人不能出示拒绝证明或其他合法证明，则丧失对其前手的追索权。我国《票据法》对作成拒绝证明的程序作了简化。该法所规定的拒绝证明包括两种形式：一是（狭义的）拒绝证明，二是退票理由书。我国《票据法》第 62 条第 2 款规定，持票人提示承兑或者提示付款被拒绝的，有权要求承兑人或付款人出具拒绝证明，或者出具退票理由书。可见，我国《票据法》将作成拒绝证明或出具退票理由书规定为承兑人或付款人的一项义务。拒绝承兑人或拒绝付款人分别为拒绝证明的作成义务人，同时也是拒绝证书的作成主体。

拒绝证明没有一个统一的格式，对于拒绝证明具体应包括哪些内容，我国《票据法》未作规定。根据我国行政规章的规定，拒绝证明应当包括下列事项：被拒绝承兑、付款的票据的种类及其主要记载事项；拒绝承兑、付款的事实依据和法律依据；拒绝承兑、付款的时间；拒绝承兑人、拒绝付款人的签章。[1]

退票理由书，是指承兑人或付款人或付款人委托的付款银行出具的，记载不承兑或不付款理由的书面证明。依我国《票据法》第 62 条第 2 款的规定，退票理由书的作成义务人和作成主体，既可以是承兑人或付款人，也可以是付款人委托的付款银行。退票理由书应当包括下列事项：所退票据的种类、退票的事实依据和法律依据、退票时间以及退票人签章。[2]

我国《票据法》规定，在有些情况下，可以用其他证明文件来代替拒绝证明。根据该法第 63 条的规定，如果持票人因承兑人或者付款人死亡、逃匿或者其他原因而不能

---

〔1〕 中国人民银行《票据管理实施办法》第 27 条第 1 款。

〔2〕 中国人民银行《票据管理实施办法》第 27 条第 2 款。

取得拒绝证明,则可以依法取得其他有关证明。其他有关证明,包括:(1)人民法院出具的宣告承兑人、付款人失踪或者死亡的证明、法律文书;(2)公安机关出具的承兑人、付款人逃匿或者下落不明的证明;(3)医院或者有关单位出具的承兑人、付款人死亡的证明;(4)公证机关出具的具有拒绝证明效力的文书。[1] 此外,根据《票据法》第64条的规定,如果承兑人或者付款人被人民法院依法宣告破产,或者因违法被责令终止业务活动,则人民法院的有关司法文书或者有关行政主管部门的处罚决定也具有拒绝证明的效力。

3. 拒绝事由的通知

拒绝事由的通知,也称追索通知,是指持票人为向其前手行使追索权而事先将票据不获承兑或不获付款的事实告知其前手的行为。将拒绝事由通知前手,可以使前手知道票据的承兑或付款遭拒绝的事实,明确其担保票据承兑和付款的责任已发生。因此,将拒绝事由通知前手也是持票人行使追索权的一项形式要件。

我国《票据法》第66条第1款规定,持票人应当自收到被拒绝承兑或者被拒绝付款的有关证明之日起3日内,将被拒绝事由书面通知其前手。该持票人的前手应当自收到通知之日起3日内书面通知其再前手。持票人也可以同时向各汇票债务人发出书面通知。该条第3款规定,持票人或其前手在规定期限内将通知按照法定地址或者约定的地址邮寄的,视为已经发出通知。第67条规定,拒绝事由的通知必须采用书面形式,内容方面应当记载汇票的主要事项,并说明该汇票已被退票的事实。第66条第2款规定,持票人未按照票据法规定的期限发出拒绝事由的通知的,仍可以行使追索权。因延期通知给其前手或者出票人造成损失的,由没有按照规定期限为通知的汇票当事人,承担对该损失的赔偿责任,但所赔偿的金额以汇票金额为限。

五、追索权的效力

追索权的效力可分为对人效力和对物效力两个方面。前者是指对追索权人和被追索人所产生的效力,后者是指对追索金额所产生的效力。

(一)对人效力

1. 对追索权人的效力

持票人行使追索权,必须确定被追索人。票据法为了保障持票人的追索权能够得到实现,赋予持票人选择追索权、变更追索权和代位追索权。我国《票据法》第68条第1款规定,汇票的出票人、背书人、承兑人和保证人对持票人承担连带责任。

选择追索权,又称飞越追索权,是指持票人在行使追索权时,可以根据自己的意思,自由选择其前手债务人为被追索人。我国《票据法》第68条第2款规定,持票人可以不按照汇票债务人的先后顺序,对其中任何一人、数人或者全体行使追索权。

变更追索权,也称转向追索权,是指持票人即使已对票据债务人中的一人或数人

---

〔1〕 最高人民法院《关于审理票据纠纷案件若干问题的规定》第71条。

行使追索权,只要票据上还存在其他未被追索的债务人,持票人仍可以对这些债务人行使追索权。我国《票据法》第68条第3款规定,持票人对汇票债务人中的一人或者数人已经进行追索的,对其他汇票债务人仍可以行使追索权。

代位追索权,是指被追索人对持票人已为清偿后,与持票人享有同一权利,可以对其前手债务人行使追索权。此时的追索权即为再追索权。我国《票据法》第68条第3款规定,被追索人清偿债务后,与持票人享有同一权利。

2. 对被追索人的效力

持票人行使追索权,对被追索人产生下列两方面的效力:一是票据出票人、背书人、承兑人和保证人对持票人承担连带责任;二是被追索人清偿票据债务后,与持票人享有同一权利,即被追索人在清偿了票据债务后,可取得持票人的追索权,对其前手进行追索。在汇票中,如果票据未经承兑,则出票人履行了追索义务,汇票法律关系消灭,所有票据债务人的票据债务解除。如果票据已经承兑,则只有承兑人追索义务的履行,才能消灭票据关系,使票据上的权利义务同时消灭。在本票中,由于本票的出票人是主票据债务人,承担着最终的追索义务,所以,本票出票人追索义务的履行,才能消灭本票关系。在支票中,由于支票的出票人是支票的主债务人,所以,支票出票人的清偿,才是最终的追索义务的履行,才能消灭支票关系。否则,追索义务人仍可以行使再追索权。

(二)对物效力

追索权的对物效力表现为一定的追索金额,包括最初追索金额和再追索金额。最初追索金额是指持票人向票据债务人行使追索权请求支付的金额,一般包括票据金额、法定利息和追索费用三部分。我国《票据法》第70条规定:"持票人行使追索权,可以请求被追索人支付下列金额和费用:(一)被拒绝付款的汇票金额;(二)汇票金额自到期日或者提示付款日起至清偿日止,按照中国人民银行规定的利率计算的利息;(三)取得有关拒绝证明和发出通知书的费用。"再追索金额是指偿还义务人行使再追索权时要求其前手清偿的金额,一般也包括三部分,即已清偿的追索金额、法定利息和再追索费用。根据有关解释,这里所说的"中国人民银行规定的利率"是指中国人民银行规定的企业同期流动资金的贷款利率。[1]

◈ 思考题

1. 简述付款的程序。
2. 简述付款人的审查义务。
3. 简述追索权的含义。
4. 根据我国票据法,简述拒绝证明材料类型及其意义。

---

〔1〕 最高人民法院《关于审理票据纠纷案件若干问题的规定》第22条。

5. 简述追索权的行使。

6. 简述追索权的行使后的法律效力。

7. 汇票持票人甲公司在汇票到期后即请求承兑人乙公司付款，乙公司明知该汇票的出票人丙公司已被法院宣告破产仍予以付款。对于本案的事实，请运用票据法原理分析以下观点是否正确。

(1) 乙公司付款后可以向丙公司行使追索权；

(2) 乙公司可以要求甲公司退回所付款项；

(3) 乙公司付款后可以向出票人丙公司的破产清算组申报破产债权；

(4) 在持票人请求付款时乙公司不能以丙公司被宣告破产为由而抗辩。

第七编　保　险　法

第三十五章　保险和保险法概论

◇ 知识结构图

- 保险和保险法概论
  - 保险概述
    - 危险和保险
    - 保险的要素
    - 保险的分类
    - 保险与相关制度比较
  - 保险法概述
    - 保险法的概念和特征
    - 我国保险立法概况
    - 保险法的基本原则

◈ 本章导读

保险是指投保人根据合同约定，向保险人支付保险费，保险人对于合同约定的可能发生的事故因其发生所造成的财产损失承担赔偿保险金责任，或者当被保险人死亡、伤残、疾病或者达到合同约定的年龄、期限时承担给付保险金责任的商业保险行为。本章是保险法的基础理论，主要介绍保险与保险法的基本知识，其中涉及大量重要的概念，是学习保险法的核心部分。主要内容包括保险的特点、作用、种类，保险发生作用的机制以及保险法的立法特点、基本原则等。法学专业学生尤其要对保险法的基本原则有较为深入的理解。

◉ 司考重点

保险的概念；保险的分类；保险的要素；保险法的基本原则

第一节 保险概述

一、危险和保险

保险是以危险的存在为前提的，没有危险就没有保险。保险的基本原理就在于“无危险即无保险”。保险以危险为经营对象，对因危险造成的损失给予补偿。保险的基本功能就在于消化损失、分散危险。可以说，保险是一种为应对危险而设立的特殊制度。

(一)危险

危险又称风险，虽然目前对于危险并没有一个精确的学理定义，但是学者们大都认同危险是损失的不确定性;[1]危险是灾害或事故发生的不确定性;危险是人们对未来不确定事件的担忧和疑虑。在人类的生产与生活中，危险处处存在，给人们的生产、生活造成严重威胁。自然灾害和意外事故是造成人们财产损失或人身伤亡危险的主要来源，危险事故的发生给人们带来伤害和损失，但危险及损失的发生具有不确定性，即危险是客观存在的现象，但危险是否发生是不确定的，损失发生的时间、地点、程度及其承担的主体是不确定的。损失的不确定性是其最为显著的特性，也是保险得以存在的理由和原因。

从理论上讲，危险包括主观危险和客观危险。主观危险是指危险是主观的、个人的和心理上的一种观念，是人们主观上的一种认识。客观危险则以危险的客观存在为前提，以对危险事故的观察为基础，以数学和统计观点加以定义，危险可以用客观的尺度来衡量和测算。根据概率论，危险的大小决定于灾害事故发生的概率及其发生后果的严重性。在保险学说中，根据是否有获利的机会，又可以将危险区分为纯粹危险和投机危险。纯粹危险是指只有损失机会而无获利可能的危险。这种危险所导致的结果只有两种情况:没有损失或者遭受损失。投机危险是指既有损失机会，又有获利可能的危险。这种危险所导致的结果有以下三种情况:(1)获得收益;(2)没有损失也没有收益;(3)遭受损失。比如，在证券市场或者外汇市场进行投资活动时所面对的收益的不确定性，就是投机危险。投机危险的发生常常与个人投资(或者说投机)决策的选择密切相关，同时也与社会经济环境的变化紧密相连。保险法中的可保危险仅限于纯粹危险，只有纯粹危险才是保险公司承担的可保危险。

危险具有客观性、偶然性、损失性、多样性和可测性的特点。客观性是指危险的发生不依人的意志为转移。偶然性是指危险的发生时间地点及损失的大小都难以预计

---

〔1〕 覃有土:《保险法概论》，北京大学出版社2001年版，第2页;朱羿锟:《商法学》，北京大学出版社2006年版，第643页;粟芳、许谨良:《保险学》，清华大学出版社2006年版，第3页。

和确定。损失性是指危险的发生必然造成一定的经济损失或者产生的特殊的生活需要。多样性是指人类所遭受的自然灾害和意外事故是多种多样的。随着社会的进步，危险越来越多，损失越来越大。可测性是指虽然危险造成的损失随机不确定性，但在许多的不确定中，某一结果的发生具有一定的规律，可以在概率论和数理统计的基础上，利用损失分布的方法来计算危险损失发生的概率和损失的大小。概率论是从数量的角度来研究随机现象，并从中获得这些随机现象所服从的规律。有一些现象就个别来看是无规则的，但是通过大量的试验和观察后，就其整体来看却呈现出一种严格的、无偶然性的规律。根据大数法则，风险单位数量越多，实际损失的结果更接近预期的损失额。保险正是在这一数理基础上，长时期地积累大量危险损失的资料数据，进行分析，计算出不同危险的损失概率，将个别危险单位遭遇损失的不确定性，变成多数危险单位可以预知的损失，使保险费的计算较为准确。否则，保险事业本身就成为一种冒险。

危险管理是人们对各种偶然事故的认识、控制和处理。当事人可以通过采用合理的经济和技术手段对危险加以处理，以尽量小的成本去争取最大的安全保障和经济利益。各种经济单位，如个人、家庭、企业以及其他法人团体都可以成为独立的危险管理的主体。在危险管理的过程中，对危险进行识别和衡量，采取合理的手段有目的地、有计划地控制危险和处理危险，目的是以尽可能小的成本来换取最大的安全保障和经济利益。人们在实践中形成的危险管理方法有以下三种：(1)避免危险；(2)预防危险；(3)危险转移。在当今社会，保险已成为最重要的、运用最广泛的危险转移方法，是个人和大多数机构常用的转移危险的手段。

(二)保险

保险是什么？有人说它是“人类文明发展至此最佳之制度”，发挥了人性中“自助助人，人溺己溺；有福同享，有难同当”的高贵情操。也有人把它看成包治百病的灵丹妙药，以至于在法学学术论文中常常出现以“保险”来兜底相关对策的现象。对此，有人不以为然地指出：保险不过是人类社会无可奈何的选择，而且还是人类社会中一项最没有效益的创造。从历史沿袭考察，保险肇始于奴隶社会的互助救济的群体方法和活动。约在公元前四五世纪，古埃及的石匠曾采取集体扶助办法，帮助石匠及其亲属解决生活困难。古希腊也有由宗教信仰相同的人或同行业的工匠集体采取救济受难者的方法。古罗马的丧葬互助会，以参加者按规定交纳的摊款支付死亡后焚尸和坟穴的费用。古马勒斯坦对被盗或被野兽吞噬的牲口，采取由群体的牲口饲养人共同负担损失的办法。公元前20世纪，在古巴比伦时代，国王曾命令僧侣、法官及市长等，对其所辖境内居民征收赋金，以备救济火灾及其他天灾损失之用。现代商业保险则起源于14世纪地中海地区兴起的海上保险。

在日常生活中，保险一般被理解为有把握或者稳妥的意思。但作为一个专业术语，现代保险学者一般从两方面来界定保险的定义：(1)从经济学角度研究，保险是分担意外损失的一种财务安排。许多被保险人把损失风险转移给保险组织，而保险组织在集中了大量同质的风险后，根据保险规则收取所有投保人的保险费，用以补偿少数将来可能遭受风险的被保险人，也就是把实际发生的损失向全体参加保险的人进行合理的分摊，实现分散风险、分摊损失。（2）从法律角度来看，保险则是一方同意补偿另一方损失的合同安排。保险合同是一种双务有偿合同，保险法律行为的实质在于按合同约定投保人负有支付保险费的义务，在保险事故发生时保险人承担赔偿或给付保险金的责任。保险作为一种法律制度，还体现在由法律规定保险人的资格；保险的范围、方法和程序；索赔和理赔的条件及程序。

保险有商业保险和社会保险之分，保险法上所称的保险是指商业保险。我国《保险法》第2条规定，本法所称保险，是指投保人根据合同约定，向保险人支付保险费，保险人对于合同约定的可能发生的事故因其发生所造成的财产损失承担赔偿保险金责任，或者当被保险人死亡、伤残、疾病或者达到合同约定的年龄、期限等条件时承担给付保险金责任的商业保险行为。可见保险的基本含义是通过集中危险和分散危险而实现经济补偿的商业行为。"保险为分散危险，消化损失之制度，即将不幸而集中于一人之意外危险及由是而生之意外损失，透过保险而分散于社会大众，使之消化于无形。"[1]保险人通过向众多的投保人收取保险费形成某个险种的保险机制，这种机制必然是保费收入多、保险赔偿支出少，保险人对此险种有利可图，于是该保险制度存在下来。而对投保人来说，交纳少量的保费能够在发生风险损失时得到赔偿，及时恢复财产价值或生产能力，以小额的支出保障大额财产的安全，从而达到最大限度地避免或者减少风险的目的。保险集合了众多的可能发生损失的危险单位，保险人向参加保险的单位或个人收取合理的保险费，建立保险基金，对遭灾受损的被保险人予以补偿或给付。

我国《保险法》中规定的商业保险法律制度与社会保险法律制度不同。在商业保险中，投保人需要付出保险的成本，保险人需要得到商业的利润，它是一种自助与互助相结合的经济制度，保险公司与投保人一致同意为了特定的危险事故或特定的事件所作的赔偿或给付，需要投保人交纳必要的保险费，保险公司依法将这些保险金集合起来，建立赔偿和给付的基金，以及运用这些资金投资增值，巩固和增加保险赔付能力，当出现符合保险合同约定的保险事项时，根据合理的计算，对被保险人作出赔偿或给付。商业保险是以追求营利为目的的，而社会保险则是为了一定的社会宏观目的、不以营利为目的的公益制度，比如社会养老保险、社会医疗保险、社会失业保险等。它是根据法律规定，通过对劳动者的生、老、病、死等强制保险而给劳动者及其家属提供基本生活保障的制度，其保险费来源由政府、单位和个人共同负担，通过国家立法强制实施。经办社会保险的机构具有行政权力，在经营过程中不以营利为目的。商业保险是

---

〔1〕 桂裕：《保险法论》，台湾三民书局1981年版，第1页。

保险人和投保人通过订立保险合同而进行的一种自愿保险行为,投保与不投保、投保哪个险种以及向哪家保险公司投保等均由当事人双方协商,不允许强迫。

保险这种商业活动具备以下几方面的特征:

1. 保险的互助性

保险是多数人在互助共济基础上建立起来的,是聚集多数人的力量来分担少数人的危险的保障措施。保险具有"人人为我,我为人人"的互助特点,其核心在于多数投保人通过缴纳保险费,由保险人建立保险基金,对因保险事故的发生而受到损失的被保险人进行补偿。因此,互助共济是保险制度建立的基础。

2. 保险的补偿性

保险作为一种经济补偿制度,是以保险人经过科学计算收取保险费的方式建立起保险基金,对被保险人因所保危险的发生而造成的财产损失予以补偿,或者对人身损失给予物质保障的制度。在财产保险和人身保险中,保险的补偿性表现不尽相同,前者就是对损失按照赔偿原则进行经济补偿,后者则是按照约定金额进行给付。进行经济补偿既是保险的目的,也是保险合同的主要内容。

3. 保险的射幸性

也称保险的损益性。在保险中,投保人缴纳保险费的义务是确定的,而保险人是否承担赔偿或给付保险金的责任则是不确定的,取决于不确定的危险是否发生。当保险事故发生时,保险人就要承担赔偿或给付保险金的责任;但若没有发生保险事故,则保险人只收取保险费,而无需承担保险责任。这就是保险的射幸性。

4. 保险的自愿性

也称保险的契约性。保险需通过投保人与保险人之间订立保险合同,从而确立双方的权利义务。保险的基础是保险合同,而保险合同作为合同的一种,以合同自由为最高原则,保险公司和其他人不得强制他人订立保险合同(除法律、行政法规规定必须保险的以外)。

5. 保险的储蓄性

这主要体现在人身保险中,人身保险的特征之一是将现实收入的一部分通过保险的方式进行储存,以备急需时或年老时使用。

二、保险的要素

保险的要素是指保险得以成立的条件。它包括以下三个条件:

(一)可保危险存在是保险成立的前提要素

"无危险则无保险"是保险理论中的信条。保险制度建立的目的就在于应付自然灾害和意外事故的发生。所以,危险的存在是构成保险的第一要件。但并非任何性质的危险都可以成为保险的对象。只有符合一定条件的危险,才能成为保险的要素,保险人才予以承保。这种危险通常称为"承保危险"或"可保危险"。可保危险一般必须具备两个条件:

1. 危险的发生具有偶然性

偶然性条件要求人们对于危险发生与否很难确定。如果约定的某一事件根本不可能发生,投保人不可能愿意花钱去买这种毫无意义的保险。反之,如果能确定某一事故一定会发生,承保就意味必然赔偿,则保险公司必然不会愿意承担这种责任。另外,有一些偶然事件虽然可以判断,但究竟何时发生,很难预料。例如,人的生老病死,这是自然规律,但人何时生病、何时死亡,谁都无法预知,这也给保险"集合投资、分散风险"的机制创造了实施空间。

2. 对危险承保具有可行性

保险公司有着自身营利性的需要,只有当它现有的保险技术和保险经营条件相对于需要担当支付保险金或履行赔偿金义务具有可能性和必要性时,才能实现营利性要求。因此,作为可承保的危险必须在实际操作中符合保险公司现有技术和经营的基本要求。如果超越了保险人现有的经营能力和技术界限,分担风险的机制将不能得到实现。

(二)多数人参加保险是保险实现的基础要素

多数人参加保险即所谓的众人协力,它强调保险是多数人在经济上的互助共济关系。由众多的社会成员参加保险,通过缴纳保险费以积聚巨额的保险基金,才能够抵补保险人因承担保险补偿而需支付的保险金以及经营保险业务的费用开支,才能在少数成员因遭受危险导致损失时给予其足额、及时的补偿。基于众人协力这一条件,参加保险的人越多,每个人的负担就越小,危险的分散就越广泛,保险基金就越稳定,从而参加保险者的损失补偿就越有保障。

(三)损失赔付是保险成立的功能要素

保险不可能也不能消灭客观存在的危险,所以保险的功能在于经济补偿,即"损失填补"。投保人以缴纳保险费为代价,在未来保险事故发生后,由保险人对事故损失进行补偿或给付约定数额的金钱。另外,由于人身保险和财产保险的性质不同,所以保险的功能在人身保险和财产保险中有着明显的区别。由于财产保险的标的是可以用金钱衡量其价值的,因此保险人完全可以按照损失的实际情况根据保险合同约定的赔偿原则进行补偿;而人身保险的标的是人的身体和寿命,是无法以金钱衡量其价值的,因此保险人在保险事故发生后,只能按事先的约定金额给付保险受益人一定数额的金钱。

三、保险的分类

根据不同的标准,可对保险作如下分类:

(一)财产保险与人身保险

以保险标的的不同为标准,可将保险分为财产保险与人身保险两大类。人身保险和财产保险存在本质区别。财产保险属损失保险,其标的为有形或无形的物,可以用货币来衡量;但人身保险标的是人的寿命或身体健康,不能用货币来衡量,因此人身保险的实质不是赔偿,而是按约定予以给付。

1. 财产保险

财产保险是以财产及其有关利益为保险标的的保险。以保险标的的具体不同为标准,可将财产保险进一步分为财产损失保险、责任保险、信用保险和保证保险。

(1)财产损失保险是指以各种有形财产为保险标的的财产保险。财产损失保险的保险标的须是以物质形式存在、可以用货币价值衡量的财产。财产损失保险主要包括企业财产保险、家庭财产保险、工程保险、运输工具保险、货物运输保险等。财产损失保险是财产保险中最典型的类别。

(2)责任保险是指以被保险人对第三者依法应负的赔偿责任为保险标的的保险。这种保险以第三者请求被保险人赔偿为保险事故,以被保险人向第三者应赔偿的损失价值为实际损失。责任保险包括的范围十分广泛,从内容上看,主要包括机动车第三者责任险、公众责任保险、产品责任保险、雇主责任保险、职业责任保险等类型。

(3)信用保险是以信用交易中债务人的信用作为保险标的,在债务人未能如约履行债务清偿义务而使债权人遭受经济损失时,由保险人向债权人提供风险保障的一种保险。按保险标的性质的不同,可以将信用保险分为商业信用保险、银行信用保险和国家信用保险。按保险标的所处地理位置的不同,可以将信用保险分为进口信用保险和出口信用保险。

(4)保证保险是指由商品交易活动的债务人向保险人投保并交纳保险费,而保险人则以债权人作为被保险人向其提供保险保障,当债务人不履行债务给债权人造成经济损失时由保险人负责赔偿的一种财产保险。保证保险包括合同保证保险、房地产贷款保证保险等。

2. 人身保险

人身保险是以人的寿命和身体为保险标的的保险。按投保的风险,可以将人身保险划分为人寿保险、健康保险和意外伤害保险三种。

(1)人寿保险,是指以被保险人的生命为保险标的的保险。若被保险人在保险期间死亡或生存到保险期满,保险人应按合同约定对受益人或被保险人给付保险金。

(2)健康保险,又称疾病保险,是指以人的身体为对象,以被保险人在保险期限内因患病、生育所致医疗费用支出和工作能力丧失、收入减少及因疾病、生育、致残或死亡为保险事故的人身保险合同。

(3)意外伤害保险,是指被保险人在保险期间因遭受意外伤害导致残疾或死亡时,保险人给付约定保险金的保险。

(二)自愿保险与强制保险

以当事人订立保险合同的意愿为标准,可以将保险分为自愿保险与强制保险。

1. 自愿保险

自愿保险是指投保人和保险公司在意思自治原则的基础上,通过协商一致订立保险合同。对于自愿保险来说,任何一方均不得把自己的意志强加给对方,任何单位或个人不得非法干预保险行为。自愿原则是保险活动的基本原则,除法律、行政法规规定必须保险的以外,保险公司和其他单位不得强制他人订立保险合同。依据自愿原则,保险合同当事人订立保险合同的行为完全是各自真实的意思表示,投保人可以自由选择保险公司,与保险公司协商约定保险标的、保险责任、责任免除、保险期限、保险金额、保险费率等保险合同内容。现实中大部分保险都属于自愿保险。

2. 强制保险

强制保险又称法定保险,指根据国家的有关法律法规,对于某些特殊的群体或行业不管当事人愿意与否,都必须参加的保险。我国《保险法》第11条第2款规定:"除法律、行政法规规定必须保险的外,保险合同自愿订立。"强制保险通常是指对危险范围较广、影响公众利益较大、与人民群众生活密切相关,以颁布法律、法规的形式实施的保险,如机动车交通事故责任强制保险(简称交强险)。由于强制保险在某种意义上表现为国家对个人意愿的干预,所以强制保险的范围是受严格限制的。

(三)单保险、共同保险与重复保险

依据保险人的人数不同,可以分为单保险、共同保险与重复保险。

1. 单保险

单保险是指投保人以同一保险标的、同一保险利益和同一保险事故向一个保险人订立保险合同的保险。

2. 共同保险

共同保险是指两个或两个以上的保险人与投保人使用同一合同、就同一保险标的、同一保险责任订立的保险。当同一个危险或同一物的危险是在数个保险人之间按份额分担时,尽管由全体保险人签字的契约是同一个契约,但是,每一个保险人仅按照确定的份额比例向被保险人承担给付保险金的责任。在实务中,保险金额比较大的保险往往采取共保的方式,如为卫星发射而投保。

3. 重复保险

重复保险是指投保人对同一保险标的、同一保险利益、同一保险事故分别与两个以上保险人订立保险合同,且保险金额总和超过保险价值的保险。为了防止投保人通过重复保险谋取超过保险价值的不当利益,同时又使重复保险合同的各保险人合理分担保险赔偿金额,我国《保险法》第56条第1~2款规定:"重复保险的投保人应当将重复保险的有关情况通知各保险人。重复保险的各保险人赔偿保险金的总和不得超过保险价值。除合同另有约定外,各保险人按照其保险金额与保险金额总和的比例承担赔偿保险金的责任。"关于重复保险合同的适用范围问题,学界普遍认为,从我国《保险法》把重复保险规定在财产保险合同项下而非总则中可以看出,重复保险仅适用于财产保险,而不适用于人身保险,这是由财产保险的补偿性质所决定的。

(四)原保险与再保险

依据保险人承担责任的次序,可以将保险分为原保险与再保险。

1. 原保险

原保险又称第一次保险，是指投保人和保险人最初订立的保险。

2. 再保险

再保险也称分保或第二次保险，是保险人将其承担的保险业务，以分保形式部分转移给其他保险人的保险。再保险是由原保险的保险人与再保险接受人订立的保险。我国《保险法》第28条第1款规定："保险人将其承担的保险业务，以分保形式部分转移给其他保险人的，为再保险。"

原保险是保险人与投保人之间的保险合同关系，而再保险则是原保险人与再保险人之间的保险合同关系，是原保险人对其所承担的风险责任进行转移的法律行为。原保险是再保险的基础，再保险人的保险责任以原保险人的责任为前提。但是，再保险合同又是独立的合同，再保险合同的当事人是分出人与分入人，原保险合同的投保人、被保险人、受益人是再保险合同的利害关系人。因而，再保险人与原保险合同的投保人不发生任何直接的权利义务关系。据此，再保险接受人不得向原保险的投保人要求支付保险费。原保险的被保险人或者受益人，不得向再保险接受人提出赔偿或者给付保险金的请求。再保险的分出人不得以再保险接受人未履行再保险责任为由，拒绝履行或者迟延履行其原保险责任。

四、保险与相关制度比较

（一）保险与赌博

保险与赌博类似之处在于：保险中保险金的给付与否和赌博中能否得到赌彩一样具有或然性。但两者也存在显著差异：(1)法律评价不同。保险是合法行为，为法律所提倡和保护；而赌博则为大多数国家法律所禁止和制裁。(2)目的不同。保险是一种带有互助救济性质的经济补偿制度，人们投保是为了分担可能出现的风险；而赌博是基于人的妄图侥幸获利的贪婪恶念。(3)引发危险的原因不同。赌博中的危险是由赌博行为本身引起的；而保险中的危险是客观存在的，危险的存在与否并不依赖保险本身的行为。赌博本身对参与者产生并从总体上增加了危险，而且这种危险损失无法转移；保险没有增加危险的总量，它只是将客观存在的、可能发生的危险损失，由参加保险的一方转移到另一方。(4)面对的危险类别不同。赌博面对的危险是投机危险，有可能使参与者获利，也有可能受损，甚至不输不赢；保险面对的危险是纯粹危险，只有损失的可能，而无额外获利的机会。

（二）保险与储蓄

保险和储蓄都是作为处理经济不稳定的善后措施而积存资金的一种方式，但二者有着明显的区别。(1)体现的经济关系不同。储蓄不具备转移危险的功能，是自助行为；而保险则可以分散危险、消化损失，是互助合作行为。(2)成立的基础要素不同。储蓄可以单独地、个别地进行，而保险则必须依赖多数人的集合。(3)遵循的原则不同。保险法有许多特殊的要求和规则，只有满足这些规则后保险才能得到法律的保护和支持,而储蓄则适用商业银行法的有关原则。(4)所涉资财的处理方式不同。储蓄存款的所有权归存款人所有,储蓄金额可以由储蓄者任意处分,储存的数额多少、何时储存、何时提取,完全由存款人自己决定;而保险中投保人应该交纳多少保险费,其数额是由保险人精确计算出的费率来决定的。通过投保人交纳的保险费而积聚起来的保险基金的所有权暂时处于不确定状态,由保险人统一管理和使用,被保险人或受益人只有在符合保险合同中规定的保险事故或保险事件发生造成经济损失或人身伤亡时,才能获得远远高于保险费的保险赔款或领取保险金;存款人可以利用的金额以其存款和利息为限。保险金的数额是应支付的保险赔款或给付的保险金,并且必须遇到保险危险发生而导致损失,否则就不能索取。保费所形成的共同财产要由保险人根据保险条件来决定其使用途径与方法,投保人一般无权干涉。如果退保的话,要扣除管理费、手续费,领回的退保金小于所缴保费之和。储蓄的金额可以用来补偿意外经济损失,也可以用来消费,用来赠与、捐献等。其用途完全由存款人自主决定;而保险仅是针对保险事故所造成的损失进行填补。

(三)保险与保证

保险与保证的相似之处,一是都具有信用性质。保险人以其偿付能力承担保险责任,保证人则以其偿付能力对他人的债权承担保证责任。二是都以合同为表现形式。保险是对他人偶然事故所致的损失负赔偿责任,而保证则在债权人的权利不能实现时代替债务人履行债务。保险与保证的区别是:(1)法律性质不同。保险是一种双方法律行为,投保人缴纳保险费,保险人在保险事故发生后要对被保险人赔偿或给付保险金,保险双方都有义务;而在保证行为中,保证人负有单方面义务,在出现主债务人违约的情况下,保证人负赔偿责任。(2)建立的基础不同。保险的基础在于对危险事故发生概率的精确计算,有保险基金积累;保证则没有这种基础,它仅仅出于当事人在主观上的确信及财产准备。保险人的赔偿责任必须以参加保险人支付保险费为必要条件,保证可以有偿,也可以无偿。(3)合同关系不同。保险行为是当事人独立的法律行为,保险合同是不依附于其他合同而独立存在的合同。保证行为是带有补充性与从属性的,它以主合同的存在为前提。换言之,保险合同是独立的契约,而保证合同则是建立在主债权合同基础上的从合同。

(四)保险与救济

救济与保险的相似之处在于都是危险的善后对策,都是对灾害事故进行补偿的行为,都能减轻灾害事故给人们造成的损失,但二者的性质并不相同。救济是一种单方面的行为,除国家机关外,一般救济方没有义务一定对受害者实施救济,数量可多可少,形式也可以多样;民间救济完全依赖救济人的心愿随意给定,政府救济则要按法律办事。保险是一种合同行为,双方都要受合同的约束,任何一方违约都会受到处罚。保险公司的损失补偿行为是受到法律约束的,保险赔偿金的大小要根据损失情况而定,也与投保人支付的保险费有联系,赔偿人也是特定的,保险双方都要受合同的约束，任何一方违约都会受到惩罚。救济所用资金不需要受益者的分担，救济资金的多少也无法律约束；保险由参加保险的成员分担费用，集中建立保险基金来补偿意外损失，保险中双方的行为是对价交易，双方存在相互支付的情况。救济的对象不受限制，受灾单位或个人都可以接受救济；保险的损失补偿只向参加保险的人提供，即保险保障的主体是特定的。救济的受益者没有给付的请求权，给付救济的义务是自愿的；参加保险的成员可依法或依约定要求保险公司按一定标准赔偿或给付。

第二节　保险法概述

一、保险法的概念和特征

（一）保险法的概念

保险法是商法的重要内容之一，历史悠久，源远流长，可追溯到公元前罗马法中共同海损的规定。罗德《海商法》被誉为保险法的起源，现代意义上的保险法形成于14世纪的海上保险。1906年英国颁布了《海上保险法》，继而成为世界各国保险法的范本。当今世界各国都制定了自己的保险法并发展了较为完备的国际惯例。

保险法是调整保险关系的法律规范的总称。保险法有广义和狭义之分，狭义的保险法仅仅指以保险法命名的法律，如我国《保险法》。广义的保险法，除了狭义的保险法之外，还包括其他法律、行政法规中关于保险的规定。

（二）保险法的特征

1. 保险法具有社会性

保险法的社会性是指保险业在营利之外还肩负着一定的社会公共责任。作为商法领域的重要构成，保险法的一大突出特点就是赋予保险行业社会责任，从而修正了保险企业单纯的营利要求，这也是由保险的互助救济的特点决定的。同时，保险还是金融产业的重要组成部分，在一定程度上负担着维持经济秩序的重要角色，如果忽视它们的社会责任，则有可能使公众的社会生活蒙受重大影响。

2. 保险法具有技术性

保险业的经营对象是各种风险，保险学建立在大数法则和概率方法之上，以风险损失为衡量点，建立起一系列数学模型，因此，保险法在立法技术上也有特定的要求。保险法中一般都有关于保险费率的厘定、保险事故损失计算以及保险赔款计算等方面的规定。这些规定体现出了保险法在保险经营方面的特定技术要求。

3. 保险法具有强制性

如前所述，基于保险法涉及公众领域，关乎社会利益，所以在当代各国的保险法中都使用了大量强制性规定，要求当事人必须遵守。

4. 保险法具有国际性

保险法从中世纪海上保险商人的习惯法发展至今，已显著地再现出具有国际性的特征。各国对于旅客的旅行、货品的输出输入因意外事故、政治或其他危险事故的发生及所致损失，分别开办了人身保险、货物输出输入保险等予以救济。因此，一国的保险法与国际贸易和往来关系密切，使保险法必须具有国际性。国际上也有国际保险法学会定期举行会议，此外，国际上还订有《海牙规则》、《约克—安特卫普规则》等通行的保险规则或公约。一国的保险立法因涉及具有国际性的商业往来已成为国际性的法律，且有全世界统一的趋势。在发达国家，为了适应世界保险业发展的需要，大都放松了对外国保险机构进入本国保险市场的管制。我国也开放了保险市场，以吸引外国投资者。英国学者施米托夫曾指出："没有任何一个国家把商法完全纳入到国内法。即使在这一个时期，商法的国际性的痕迹依然存在，凡是了解商法的渊源和性质的人，都能看到这一点。"[1]

二、我国保险立法概况

（一）我国的保险制度与立法

我国古代民间商业保险产生于货物运输。镖局是为一些商家、个人提供安全保障的专门机构，是一种带有保险性质的武装押运组织，货主给镖局一定费用，类似于保险费和运费。如护送人路上失镖（货物遗失或被劫），镖局要赔偿损失。镖户走镖是镖局诞生前的主要走镖形式，一趟镖安全地送到一个地方之后就可以拿到应得的报酬。其与商业的产生和发展同步，即所谓"商不离镖，镖不离商"。在中国历史上与镖局性质相近的是驿站，但驿站仅限于朝廷与官僚之间，专门为朝廷押送一些来往信件。盐运与槽船也是为了减少和分散路途事故危险，补偿损失，由政府从官盐税收中提取钱款，在商盐中收取基金，发生损失后，免费补配盐斤，进行经济补偿，以保障盐运的正常进行。这些做法都是危险分散、共同承担或实行约定的损失赔偿责任制，体现了经济补偿的作用和基本的保险原理。

近代中国的保险立法源于清朝末年。1904 年颁布的《钦定大清商律》依照大陆法国家商法典立法体例，保险法为单独一章。1917 年、1927 年北洋政府先后制定了《保险业法案》、《保险契约法草案》，这两部法律草案因北洋政府的倒台而未颁布生效。1927 年以后，民国政府先后颁布了《保险法》、《保险业法》、《简易人寿保险法》，这些法律后来一直被国民党政府修改沿用。[2] 新中国成立后，中央人民政府先后颁布了一批保险法规，如 1951 年颁布的《关于实行国家机关、国营企业、合作社财产强制保险及旅客强制保险的决定》、《船舶强制保险条例》、《铁路车辆强制保险条例》、1957 年颁布的《公民财产自愿保险办法》等。

---

[1] [英]施米托夫：《国际贸易法文选》，赵秀文译，中国大百科全书出版社 1993 年版，第 10～11 页。

[2] 孙积禄：《保险法论》，中国法制出版社 1997 年版，第 48～49 页。

1979年11月19日至27日全国保险会议在北京举行。经国务院批准,中国人民保险公司从1980年开始逐步恢复停办了20年的国内保险业务,以适应现代化建设的需要。改革开放之后,伴随着保险业发展的迫切需要,我国保险立法有了很大发展,先后制定了一批保险法律法规。进入20世纪80年代,我国颁布了《中华人民共和国财产保险合同条例》、《保险公司管理暂行条例》等法规。1995年6月《中华人民共和国保险法》的颁布,确立了我国保险法的基本框架。1996年2月我国制定了《保险代理人管理暂行规定》,同年7月公布了《保险管理暂行规定》;1998年2月公布了《保险经纪人管理规定》。

1998年11月18日中国保险监督管理委员会成立(简称中国保监会)。这是全国商业保险的主管部门,根据国务院授权履行行政管理职能,依照法律、法规统一监督管理全国保险市场,维护保险业的合法、稳健运行。1999年1月中国保险监督管理委员会公布了《保险机构高级管理人员任职资格暂行规定》;2000年1月中国保险监督管理委员会又制定了《保险公估人管理规定》。2001年11月16日中国保险监督管理委员会颁布了《保险代理机构管理规定》、《保险经纪公司管理规定》、《保险公估机构管理规定》。中国保监会依法制定的部门规章和规范性文件对于我国保险市场的正常运营发挥着重要的作用。如2004年12月1日的《保险代理机构管理规定》,具体规范了保险代理机构及其分支机构的经营行为,起到了维护公平竞争的市场秩序,促进保险业健康发展的作用。2004年12月30日颁布实施的《保险保障基金管理办法》,发挥着规范保险保障基金的缴纳、管理和使用,保障保单持有人利益,有效化解金融风险的作用。2007年5月11日,为了加强保险许可证的管理,规范保险业许可活动,维护保险市场秩序,中国保监会主席办公会审议通过《保险许可证管理办法》,自2007年9月1日起施行。该办法规定中华人民共和国境内的保险类机构,应当依法取得保险许可证。2008年6月30日,为了加强保险公司偿付能力监管,维护被保险人利益,《保险公司偿付能力管理规定》公布,规定保险公司应当具有与其风险和业务规模相适应的资本,确保偿付能力充足率不低于100%。保监会建立以风险为基础的动态偿付能力监管标准和监管机制,对保险公司偿付能力进行综合评价和监督检查,并依法采取监管措施。2014年8月国务院又出台了《关于加快发展现代保险服务业的若干意见》,要求加快发展现代保险服务业。

2008年9月16日中国保险保障基金有限责任公司成立,被认为是给保险业加固了“最后一道保障防线”,为我国按照市场原则建立保险市场的退出机制、更有效地保护被保险人利益提供了制度和物质上的保障。2008年11月18日中国保监会稽查局正式成立。稽查局的主要职责是:负责拟定各类保险机构违法违规案件调查的规则;组织、协调保险业综合性检查和保险业重大案件调查;负责处理保险业非法集资等专项工作;配合中国人民银行组织实施保险业反洗钱案件检查;调查举报、投诉的违法违规问题,维护保险消费者合法权益;开展案件统计分析、稽查工作交流和考核评估。此外，稽查局还履行稽查委员会办公室的职责，承担稽查委员会的日常工作。

保险业是现代金融体系的重要支柱，近年来我国保险业发展迅速，我国保险业正从保险大国向保险强国迈进，在国家的经济社会发展中发挥着越来越重要的作用。随着保险业的繁荣发展，保险纠纷案件数量呈连续增长态势。针对我国加入世贸组织承诺对保险业的要求，2002年10月28日第九届全国人民代表大会常务委员会第三十次会议通过了《关于修改〈中华人民共和国保险法〉的决定》，对《保险法》进行了第一次大的修改，修正内容重在保险业法部分。此次修订的《保险法》根据变化了的客观条件，参照国际惯例，调整和修改了38个条文，加强了对保险人的规范，增加了关于保险公司业务范围、保险代理人、经纪人行为的规则以及偿付能力监管等方面的规定，进一步保护了投保人和被保险人的利益。随着我国保险业超乎寻常的快速发展，保险监管中新情况与新问题不断涌现，原有《保险法》已严重滞后，保险业界对再次系统修改和完善《保险法》提出了强烈要求。尤其是2002年修订基本未涉及的保险合同法部分存在较大缺陷，保险法律实践中的纠纷也集中发生于该领域，因而迫切需要对《保险法》进行全面修订。2009年2月28日第十一届全国人民代表大会常务委员会第七次会议再次修订了《保险法》，并从2009年10月1日起实施。修订后的《保险法》最核心的三大变化是突出了保护被保险人，突出了加强监管和防范风险，突出了拓宽保险服务领域，对保险业的依法合规经营提出了更高的要求。因为这次修改是一次比较全面和系统的修改，因此新《保险法》生效以后，涉及相当多的规章需要进行修改和调整，如一些关于产品的审批办法、条件和原则，还有大量的监管制度和规章，以及行政处罚规定等都需要修改。但受制于各方面原因，《保险法》中保险合同章所占的比重轻，相关规定较为原则，未能满足保险市场发展和保险审判实践的需要。有鉴于此，最高人民法院启动了《保险法》司法解释的起草工作。2009年10月和2013年6月，最高人民法院先后出台了《关于适用〈中华人民共和国保险法〉若干问题的解释(一)》和《关于适用〈中华人民共和国保险法〉若干问题的解释(二)》，以解决新旧《保险法》衔接适用以及《保险法》第二章保险合同所涉一般规定部分适用中存在的问题。2014年8月31日第十二届全国人民代表大会常务委员会第十次会议通过关于修改《保险法》等五部法律的决定，此次修改《保险法》仅涉及了2个条文，将第82条中的“有《中华人民共和国公司法》第一百四十七条规定的情形”修改为“有《中华人民共和国公司法》第一百四十六条规定的情形”；将第85条修改为“保险公司应当聘用专业人员，建立精算报告制度和合规报告制度。”2015年4月24日第十二届全国人民代表大会常务委员会第十四次会议通过关于修改《保险法》等五部法律的决定，此次修改主要对其有关行政审批等进行了调整。自2015年12月1日起施行的最高人民法院《关于适用〈中华人民共和国保险法〉若干问题的解释(三)》着重解决《保险法》第二章保险合同所涉人身保险部分在适用中存在的争议。上述一系列法律、法规和司法解释的出台，标志着我国以《保险法》为核心的保险法律体系已初步形成。

（二）我国保险法的内容

综观我国现行的《保险法》全文，其由保险合同法律制度、保险业法律制度和保险监督管理法律制度三大部分构成。

1. 保险合同法律制度。这是调整保险合同双方当事人关系的法律制度。投保人和保险人之间的权利义务关系就是通过保险合同来确立的。凡是有关保险合同的订立、变更、终止以及当事人之间的权利义务关系均属于保险合同法的调整范围。

2. 保险业法律制度。这是关于保险组织的法律规定，包括保险经营机构的设立、变更、解散与清算以及保险业的经营管理等方面的法律规范。同时，保险业法律制度还包括有关保险代理和保险经纪方面的法律规定。

3. 保险监督管理法律制度。这是有关国家对保险业的监管关系方面的法律制度。如保险监管机关对保险条款、保险费率、保险公司、保险代理人、保险经纪人及其业务的经营管理等方面的监督管理。

三、保险法的基本原则

（一）最大诚信原则

最大诚信原则是指保险合同当事人订立保险合同及在合同的有效期内，应依法向对方提供影响对方作出是否缔约及缔约条件的全部实质性重要事实，同时绝对信守合同订立的约定与承诺。否则，受到损害的一方，可以以此为理由宣布合同无效或不按合同的约定履行义务或承担责任，还可以对因此而受到的损害要求对方予以赔偿。我国《保险法》第5条规定："保险活动当事人行使权利、履行义务应当遵循诚实信用原则。"由于保险活动具有不确定的保险风险和赔付风险，所以要求当事人讲求诚信，恪守诺言，以诚相待，善意从事，不欺不诈，严格履行自己的义务。

最大诚信原则的基本内容包括告知与说明和保证两项。对投保人而言，诚信原则主要表现为应当承担的两项义务：一是在订立保险合同时如实告知义务，即应当将有关保险标的的重要情况如实向保险人作出陈述；二是履行保险合同时的信守保险义务，即严守允诺，完成保险合同中约定的作为或不作为义务。对保险人而言，诚信原则也表现为其应当承担的两项义务：一是在订立保险合同时将保险条款告知投保人的义务，特别是保险人的免责条款；二是及时与全面支付保险金的义务。

（二）保险利益原则

保险利益亦称可保利益，是指投保人或者被保险人对保险标的具有的法律上承认的利益。保险利益是由投保人或被保险人与保险标的之间所存在的利害关系产生的，当投保人将财产或人的生命或身体作为保险的对象时，保险利益的有无便具有特别重要的意义。我国《保险法》第12条第1款、第2款规定："人身保险的投保人在保险合同订立时，对被保险人应当具有保险利益。财产保险的被保险人在保险事故发生时，对保险标的应当具有保险利益。"第31条第3款规定："订立合同时，投保人对被保险人不具有保险利益的，合同无效。"第48条规定："保险事故发生时，被保险人对保险标的不具有保险利益的,不得向保险人请求赔偿保险金。”由此可见,保险合同的成立必须以保险利益的存在为前提。

保险利益原则的根本目的在于防止道德风险的发生,从而更好地实现保险分散危险和消化损失的功能,具体表现为:禁止将保险作为赌博的工具以及防止故意诱发保险事故而牟利的企图。如果不要求投保人或被保险人具有保险利益,那么保险事故发生后,投保人或被保险人不但毫无损失,反而可获得保险金,这就会诱使投保人或被保险人有意促成保险事故发生或故意制造保险事故,或者消极地放任保险事故发生而不采取必要的预防和补救措施,这种道德风险的诱发显然有损公共利益。

保险利益是保险合同的客体,同时,保险利益也是保险合同生效的依据。保险利益必须是合法的、确定的、客观存在的经济利益。我国《保险法》对财产保险和人身保险的保险利益界定有所不同。财产保险的目的在于填补被保险人的损害,要求被保险人在发生保险事故时对保险标的具有保险利益就足够了。人身保险合同则是例外,投保人对保险标的的保险利益在订立合同时必须存在,否则保险合同无效;但在被保险人发生保险事故时,保险利益是否存在则对保险合同效力不产生影响。所以,我国《保险法》对于人身保险和财产保险的保险利益对于保险合同效力的影响采取了不同的表述,即前述第31条第3款和第48条分别所作的表述。前者强调的是订立合同时若不具有保险利益则人身保险合同无效,后者强调的是保险事故发生时若被保险人对保险标的不具有保险利益则其不得请求赔偿保险金。另外,保险合同不为投保人利益存在,而只为被保险人的利益存在,特别是投保人和被保险人不是同一人时,投保人对标的丧失保险利益的情况十分复杂,在此状态下仍强调投保人对保险标的的保险利益没有现实性,也不合理。所以,在保险合同有效成立后,被保险人对保险标的是否具有保险利益对保险合同的维持至关重要,投保人对保险标的是否具有保险利益不应对保险合同的效力产生影响。

1. 财产保险的保险利益

财产保险的保险利益,是指投保人或者被保险人对于保险标的所具有的法律承认的经济利益。财产保险利益的构成要件为:(1)须为法律上承认的利益;(2)须为金钱利益,凡无法以金钱计算的利益不能成为保险利益;(3)须为确定利益,无论是现有利益还是预期利益都是客观存在,并且可以计算的。

财产保险利益可概括为财产权利、合同权利和法律责任。其中财产权利包括基于财产权利而享有的财产利益,主要有所有权利益、占有利益、股权利益、担保利益等;合同权利为依照合同产生的债权请求权;法律责任则是因为侵权行为、违约行为或者法律规定而产生的责任。也有人根据保险利益的直观形式,将财产保险利益分为所有利益、支付利益、使用利益、受益利益、责任利益、费用利益和抵押利益七类。我国一般将其分为现有利益、基于现有利益而产生的期待利益、责任利益等。

实践中下列主体对财产具有保险利益:(1)对保险标的享有所有权的人;(2)对保

险标的享有经营管理权的人;(3)合法占有人,包括保管人、承租人、承包人、承揽人、承运人等;(4)对保险标的享有担保权的人;(5)期待权人。

2. 人身保险的保险利益

人身保险的保险利益,是指投保人对于被保险人的生命或身体所具有的法律上所承认的利益。人身保险利益的构成要件:(1)投保人与保险标的之间须有利害关系,包括经济上和人身上的利害关系;(2)须为适法利益,即投保人与被保险人之间的利害关系必须符合法律的规定。人身保险的保险利益,包括由法律的直接规定所产生的利益和依当事人的约定所产生的合法利益。人身保险的保险利益所具有的确定性为现有利益,是投保人与被保险人在订立人身保险合同时已经确定的既存利害关系,如亲属关系、抚养关系、信赖关系等。人身保险的保险利益不能用金钱来衡量,不存在代位求偿的问题。根据我国《保险法》第 31 条的规定,投保人对下列人员具有保险利益:(1)本人;(2)配偶、子女、父母;(3)前项以外与投保人有抚养、赡养或者扶养关系的家庭其他成员、近亲属;(4)与投保人有劳动关系的劳动者。除前款规定外,被保险人同意投保人为其订立合同的,视为投保人对被保险人具有保险利益。

(三)近因原则

近因原则是判断保险事故与保险标的损失之间的因果关系,从而确定保险赔偿责任的一项基本原则。近因原则是英美法系的称谓,大陆法系一般称为因果关系。英国学者斯蒂尔先生解释道:"近因是指引起一系列事件发生,由此出现某种后果的能动的、起决定作用的因素;在这一因素的作用过程中,没有来自新的独立渠道的能动力量的介入。"[1] 据此,"近因"是指除非存在这种原因,否则,损失根本不可能发生或几乎不可能发生。近因是指对造成承保损失起决定性、有效性、直接性的原因。[2] 在判断某一原因是否符合近因原则的要求时,不是看该原因是否最接近损失的发生时间,而是看该原因是否直接促成了保险事故的发生。在我国,一般把直接促成结果发生的原因称为直接原因。若引起保险事故发生、造成保险标的损失的近因属于保险责任,则保险人承担损失赔偿责任;若近因属于除外责任,则保险人不负赔偿责任。

近因原则的里程碑案例发生在"一战"期间。英国 Leyland 公司一艘货船被德国潜艇的鱼雷击中后严重受损,被拖到法国勒哈佛尔港,港口当局担心该船沉没后会阻碍码头的使用,于是该船在港口当局的命令下停靠在港口防波堤外,在风浪的作用下该船最后沉没。Leyland 公司索赔遭拒后诉至法院,审理此案的英国上议院大法官 Lord-Shaw 认为,导致船舶沉没的原因包括鱼雷击中和海浪冲击,但船舶在鱼雷击中后始终没有脱离危险,因此,船舶沉没的近因是鱼雷击中而不是海浪冲击。

(四)损失补偿原则

损失补偿原则是指,当保险标的发生保险责任范围内的损失时,被保险人有权按

---

〔1〕 [英]约翰·T. 斯蒂尔:《保险的原则与实务》,孟兴国等译,中国金融出版社 1992 年版,第 40 页。

〔2〕 王卫国主编:《保险法》,中国财政经济出版社 2003 年版,第 46 页。

照合同的约定获得保险赔偿,用于弥补所遭受的损失,但被保险人不能因损失的弥补而获得额外的利益。获得额外的利益。这包括两重含义:一是损失补偿以保险责任范围内的损失发生为前提,即有损失发生则有损失补偿,无损失无补偿。二是损失补偿以被保险人的实际损失为限,而不能使其获得额外的利益。其目的是通过保险赔偿使被保险人的经济状态恢复到事故发生前的状态。

被保险人的实际损失既包括保险标的的实际损失,也包括被保险人为防止或减少保险标的损失所支付的必要的合理的施救费用和诉讼费用。合理费用主要是指施救费用和诉讼支出。例如,我国《保险法》第 57 条第 2 款规定:“保险事故发生后,被保险人为防止或者减少保险标的的损失所支付的必要的、合理的费用,由保险人承担;保险人所承担的费用数额在保险标的损失赔偿金额以外另行计算,最高不超过保险金额的数额。”该法第 66 条规定:“责任保险的被保险人因给第三者造成损害的保险事故而被提起仲裁或者诉讼的,被保险人支付的仲裁或者诉讼费用以及其他必要的、合理的费用,除合同另有约定外,由保险人承担。”在保险实务中,有时还有其他费用,如为确定保险责任范围内的损失所支付的受损标的的检验、估价、出售等的费用。保险标的本身的损失应与费用的支出分别计算,费用支出的最高赔偿额以不超过保险金额为限。保险赔付包含这些金额,能使被保险人恢复到受损失前的经济状态,同时不会获得额外利益。

损失补偿原则是由保险的经济补偿性质和职能所决定的,它最直接地体现了保险的经济补偿职能,也派生出来保险法中的代位求偿等重要内容。损失补偿原则的补偿限制主要分为以下三种:(1)损失补偿以被保险人的实际损失为限;(2)损失补偿以投保人投保的保险金额为限进行赔偿;(3)在具体赔偿时要同时考虑投保人或被保险人所具有的保险利益。

损失补偿原则的意义在于:第一,维护保险双方的正当权益,真正发挥保险的经济补偿职能。保险的基本职能是损失补偿,按照合同约定的责任范围和投保价值额度内的实际损失数额给予等额赔付。损失补偿原则正是该职能的体现,坚持损失补偿原则维护了保险双方的正当权益。如果被保险人发生保险事故所发生的经济损失不能得到补偿,则违背了保险的职能,该原则保证了其正当权益的实现;对保险人而言,在合同约定条件下承担保险赔偿责任的同时,其权益也通过损失补偿的限额约定得到了保护——超过保险金额或实际损失的金额无须赔付。第二,防止被保险人通过保险赔偿而得到额外利益。损失补偿原则中关于有损失赔偿而无损失不赔偿的规定,还有被保险人因同一损失所获得的补偿总额不能超过其损失总额的规定,都使得被保险人不能因投保而得到超过损失的额外利益。因此,该原则有利于防止被保险人利用保险,通过保险赔偿而获得额外利益的可能。第三,防止道德危险的发生。由于损失补偿原则不能使被保险人获得额外利益,就能防止被保险人以取得赔款为目的的故意制造损失的不良企图和行为的发生,从而保持良好的社会秩序和风尚。

◈ 思考题

1. 简述商业保险的特征。

2. 保险的要素有哪些?

3. 财产保险的分类有哪些?

4. 简述保险法的特征。

5. 保险法的最大诚信原则的内涵有哪些?

6. 保险利益原则在我国人身保险和财产保险中有何不同?

7. 2015 年 6 月 23 日,生病在家的李俐与上门推销保险的业务员张平签订了保险合同。李俐请张平代填投保书。投保书健康询问栏的事项为是否:(1)残疾。(2)低能。(3)癌症、肝硬化、癫痫病、严重脑震荡、精神病、心脏病、高血压。张平觉得这些与李俐情况不符,就没有填写。李俐看后没有异议,也就签了字。保险公司在核对时也没有注意这点,签发了保险单。2015 年 9 月 15 日李俐因病亡故,受益人向保险公司申请给付保险金。保险公司在审核时发现李俐在投保时就已经重病在家,而李俐没有将真实情况告知保险公司,故保险公司拒付保险金。受益人要求未果,遂起诉。法院审理后,判保险公司给付保险金。

根据我国《保险法》的规定,结合本案谈谈保险法的最大诚信原则。

8. 原告刘某于 2014 年 7 月以 35 万元的价格购入宝马轿车一辆,并以该轿车为标的,于当年 9 月与被告保险公司签订了一份机动车辆保险合同。原告投保的险种为车辆损失险、第三者责任险等,其中车辆损失险的保险金额为 100 万元,保险期为 1 年。2015 年 2 月 17 日,原告驾驶该宝马车发生交通事故,轿车因路滑冲出公路与路边树木相撞,造成车体因严重损坏而报废。原告在事故发生后,立即通知被告保险公司。被告保险公司随即派人对事故现场进行了勘查。原告在事故发生 15 日后向被告保险公司提出索赔请求,被告保险公司认为原告为价值 35 万元的轿车投保 100 万元的保险金,且未履行应有的如实告知义务,存在欺诈行为,遂拒绝赔付保险金。请结合保险法的有关基本原则对上述问题加以分析。

第三十六章　保险合同

◇ 知识结构图

- 保险合同
  - 保险合同概述
    - 保险合同的概念和特征
    - 保险合同的分类
  - 保险合同的主体
    - 保险合同的当事人
    - 保险合同的关系人
    - 保险合同的辅助人
  - 保险合同的订立与效力
    - 保险合同的订立过程
    - 保险合同的内容
    - 保险合同的效力
  - 保险合同的履行
    - 投保人权利义务的履行
    - 保险人权利义务的履行
    - 索赔和理赔

◈ 本章导读

本章是关于保险合同知识的介绍。保险合同是投保人与保险人约定保险权利义务关系的协议。根据不同的标准，保险合同可以划分出许多不同的种类。保险合同的分类是保险学研究的重点。本章要求学生在理解保险活动基本原理的基础上，结合自己所学过的合同法学知识，对保险合同的主体、客体、保险合同的订立、保险合同的变更与转让、保险合同的履行等有较为深入的理解，并能运用保险法的原理解决具体的保险合同纠纷。

◉ 司考重点

保险合同的特征；保险合同的分类；保险合同的当事人；保险合同的条款；保险合同的形式；保险合同的生效；保险合同订立；双方当事人的权利义务；保险合同的无效；保险合同的履行等

第一节　保险合同概述

一、保险合同的概念和特征

（一）保险合同的概念

保险合同是合同的一种，我国《保险法》第 10 条第 1 款规定："保险合同是投保人与保险人约定保险权利义务关系的协议。"但该定义过于简单，没有揭示出保险合同较之其他合同的特殊之处。有些国家或地区对保险合同的定义是从保险合同双方当事人的具体的权利义务方面加以阐释的。如《德国保险契约法》第 1 条（1）规定：损害保险的被保险人有义务于保险事故发生之后，按照契约填补要保人因保险事故所引起的财产损害。人寿保险与伤害保险以及其他种类的人身保险的保险人有义务于保险事故发生后，以固定金额或年金方式给付约定的金额或为其他约定的给付。《日本商法典》第 629 条规定：损失保险契约，因当事人约定，一方赔偿他方因偶然事故而发生的损失，他方给予报酬而发生其效力。第 673 条规定：生命保险契约，因当事者相约，一方就相对人或第三人的生死交付一定金额，他方付予报酬而发生效力。《韩国商法典》第 638 条规定：保险合同，因当事人一方支付约定的保险费而对方在发生财产、生命、身体上的不确定事故时支付一定的保险金额及其他金额而发生效力。我国台湾地区"保险法"（2004 年 2 月 4 日修正）第 1 条规定：本法所称保险，谓当事人约定，一方交付保险费于他方，他方对于因不可预料，或不可抗力之事故所致之损害，负担赔偿财物之行为。根据前项所订之契约，称为保险契约。我国澳门特区《商法典》第 962 条规定："保险合同系指保险人对于因承保标的之可能发生之事件发生而对被保险人所造成之损害按约定之限额承担或支付合同所定之保险金、定期金或其他给付之责任，以作为他方支付保险费之回报之合同。"

参考上述国家或地区立法例，笔者认为，保险合同这一概念有以下含义：其一，保险合同的当事人只能是投保人和保险人；其二，保险合同所约定的权利义务关系，其实质内容在于一方当事人（投保人）应当依约定向另一方当事人（保险人）支付费用，而保险人对于合同约定的可能发生的事故在确实发生事故后对造成的损失承担赔偿保险金责任，或者当被保险人死亡、伤残、疾病或者生存到合同约定的年龄、期限时承担给付保险金的责任[1]；其三，保险合同是投保人和保险人就保险标的、保险责任和责任免除、保险期间、保险价值、保险金额、保险费、保险金给付等事项意思表示一致的结果。

---

〔1〕 王保树主编：《中国商事法》，人民法院出版社 2001 年版，第 572 页。

(二)保险合同的特征

1. 保险合同是双务有偿合同

双务合同是双方当事人互负对待给付义务的合同,即一方当事人在对方为对待给付的前提下负担自己一方的给付义务。保险合同中接受保险费的一方(保险人)在发生约定的保险事故并造成财产或人身损害时,或者在约定的给付保险金的其他条件具备时,有义务按照合同约定向他方给付保险金,而他方则负有支付保险费的义务,故保险合同为双务合同。

有偿合同是指当事人一方享有合同规定的权益,须向对方给付相应对价的合同。保险人向投保人收取保险费,相应地负担消化保险风险的责任。缴纳保险费是投保人的义务,被保险人或者受益人所获得的保险赔偿或者给付正是以投保人缴纳保险费为对价的。可见,保险人和投保人依保险合同享受的权利或者利益都不是无偿的,所以,保险合同为有偿合同。

2. 保险合同是诺成性合同

所谓诺成性合同,是指当事人一方的意思表示一旦为对方同意即能产生法律效果的合同,即"一诺即成"的合同。此种合同的特点在于当事人双方意思表示一致之时合同即告成立。我国《保险法》第13条第1款规定:"投保人提出保险要求,经保险人同意承保,保险合同成立……"第3款规定:"依法成立的保险合同,自成立时生效。投保人和保险人可以对合同的效力约定附条件或者附期限。"根据第14条的规定,保险合同成立后,投保人按照约定交付保险费。从上述法律规定来看,保险合同成立与否取决于双方当事人是否就合同的条款达成一致意见,并不以保险费的交付为条件。所以说,保险合同是诺成性合同。

3. 保险合同是最大诚信合同

我国《保险法》第5条规定:"保险活动当事人行使权利、履行义务应当遵循诚实信用原则。"保险合同的签订要以双方当事人的诚意为基础,最大诚信作为当事人签订保险合同必须遵守的一项原则,对双方当事人都有约束力,但在实际运用中更多地约束投保人。由于保险制度使得保险人承担了分散危险、弥补损失的义务,所以要求投保人要尽到最大的诚实信用义务方为公平。曾有学者说:"保险契约则尤重善意与诚信,若违背此一原则者,在其他契约有时或可予以宽容,在保险契约,则往往不予宽容,盖所需善意之程度有别也。"[1]这是因为保险合同是射幸合同,保险危险是不确定的,保险人主要是依据投保人对保险标的的告知和保证来决定是否承保和确定保险费的多少。事实上,在保险合同中,只有投保人或被保险人对保险标的的状况是清楚的,保险人则是不清楚的。如果投保人欺诈或隐瞒,就有可能导致保险人判断失误和上当受骗。所以,最大诚信原则是维持保险业务正常进行的必不可少的条件。因此法律对保

---

〔1〕 桂裕:《保险法论》,台湾三民书局1981年版,第30页。

险合同的诚信程度要求特别高，学者称保险合同为“善意契约”。[1] 保险合同在最大诚信原则的效力范围内，实行三项法定原则制度：(1)如实告知义务[2]。(2)危险增加的通知义务。[3] (3)保险人不承担道德风险引发的风险。[4]

4. 保险合同是格式合同

所谓格式合同，也称附和合同、标准合同，是指由一方预先拟定合同的条款，对方只能表示接受或不接受，即订立或不订立合同，而不能就合同的条款内容与拟定方进行协商的合同。现代保险业的发展已经完全实现了保险合同的格式化，保险合同的条款是由保险人单方面预先制定而成立的标准化合同。投保人在申请保险时，一般只能决定是否接受保险人出具的保险条款，而没有拟定或者充分磋商保险条款的自由，所以保险合同是典型的格式化合同。可见在订立保险合同时，投保人只能被动地服从、接受或者拒绝保险人所提出的条件，所以，保险合同具有较强的附和性。保险合同的附和性显然是对合同自由的一种极大限制，它使得投保人处于极为不利的地位。为了对这种情形加以平衡，在对保险合同的文义进行解释时，通常采取不利于保险人的解释原则。《保险法》第30条规定，采用保险人提供的格式条款订立的保险合同，保险人与投保人、被保险人或者受益人对合同条款有争议的，应当按照通常理解予以解释。对合同条款有两种以上解释的，人民法院或者仲裁机构应当作出有利于被保险人和受益人的解释。这样规定的目的显然在于对处于优势地位的保险人的对抗和对处于弱势地位的被保险人或者受益人的保护。

5. 保险合同是射幸合同

根据民法理论，有偿契约分为实定契约和射幸契约。实定契约是指在契约订立时当事人的给付义务即已确定的契约。而射幸契约指在契约订立时，当事人的给付义务尚未确定的契约。《法国民法典》第1105条规定：“当事人各方根据不确定的时间而在取得利益或遭受损失方面存在偶然性时，此种契约成为射幸契约。”射幸合同的两大特点是：一方履行给付义务的不确定性和双方交换关系的非等价性。保险合同恰恰具备这两个特点：首先，保险人是否履行赔偿或给付保险金的义务具有不确定性，有赖于保险事故是否发生；其次，保险人赔偿或给付的保险金通常远远大于投保人支付的保险费，两者之间没有等价交换关系。所以保险合同是最典型的射幸合同。

6. 保险合同是不要式合同

所谓不要式合同，是指当事人订立的合同依法并不需要采取特定的形式，当事人可以采取口头形式，也可以采取书面形式。合同除法律有特别规定以外，均为不要式合同。根据合同自由原则，当事人有权选择合同形式，但对于法律有特别的形式要件

---

〔1〕 梁宇贤：《保险法新论》，中国人民大学出版社2004年版，第28页。
〔2〕 参见《保险法》第16条。
〔3〕 参见《保险法》第52条。
〔4〕 参见《保险法》第27条。

规定的，当事人必须遵循法律规定。我国《保险法》第 13 条第 1 款规定："投保人提出保险要求，经保险人同意承保，保险合同成立。保险人应当及时向投保人签发保险单或者其他保险凭证。"第 13 条第 2 款规定："保险单或者其他保险凭证应当载明当事人双方约定的合同内容。当事人也可以约定采用其他书面形式载明合同内容。"从这一规定可以看出，保险合同的成立取决于投保人与保险人之间的合意，即双方对保险合同的条款达成一致，而无须采用或履行特定方式。保险合同并不是必须采用保险单或其他保险凭证的形式，也可以采用其他书面协议的形式。所以，保险合同是不要式合同。另外，签发保险单或其他保险凭证的行为只是保险人的法定义务，并非合同成立的要件。

二、保险合同的分类

根据不同的标准，可对保险合同作如下分类：

（一）财产保险合同和人身保险合同

依据保险标的的不同性质，保险合同可以分为财产保险合同和人身保险合同。

1. 财产保险合同是以财产及其有关利益为保险标的的保险合同。财产保险合同的标的是财产，既包括有形的财产，如房屋、机器设备、生产资料等，也包括无形的财产，如责任、保证和信用等。纳入保险责任范围的财产损失，可以是直接财产的损失，也可以是可得利益的损失。财产保险合同大多属于损失补偿性质的合同。保险人的责任以补偿被保险人的实际损失为限，且不超过保险金额。财产保险合同的种类很多，如海上保险合同、航空保险合同、国内货物运输保险合同、火灾保险合同、企业财产保险合同、家庭财产保险合同、机动车辆保险合同、农业保险合同、责任保险合同、信用保险合同和保证保险合同等。

2. 人身保险合同是以人的寿命和身体为保险标的的保险合同。人身保险合同中的被保险人仅限于有生命的自然人，法人或未出生的胎儿以及死者都不可以作为保险对象。人的生命提前或者延后结束，必然会给被保险人、受被保险人供养或有经济利益关系人的生活带来影响。因此，人的寿命成为保险合同的标的具有合理性。人身保险往往带有储蓄的性质，大多数的人身保险合同都是非补偿性的定额保险合同。因为人的生命和健康很难用一个固定的金额来衡量，只要发生责任范围内的保险事故或生存到约定的保险期限，保险人都要履行给付义务。人身保险合同一般还可分为人寿保险合同、健康保险合同和人身意外伤害保险合同。

（二）定值保险合同和不定值保险合同

依据保险标的的价值在订立合同时确定与否，可以将保险合同区分为定值保险合同和不定值保险合同。我国《保险法》第 55 条第 1～2 款规定："投保人和保险人约定保险标的的保险价值并在合同中载明的，保险标的发生损失时，以约定的保险价值为赔偿计算标准。投保人和保险人未约定保险标的的保险价值的，保险标的发生损失时，以保险事故发生时保险标的的实际价值为赔偿计算标准。"

1. 定值保险合同是指保险合同当事人事先约定保险标的的价值并在保险单中载明的保险合同。当事人订立定值保险合同的,当发生保险事故时,保险人和被保险人不需要再对保险标的进行估价,而是直接按照保险合同订立时约定的价值以及保险标的实际损失与保险金额之比来确定应当赔偿的数额。定值保险合同的优点在于:第一,由于保险价值事先已协商确定,因而发生保险事故时,不必对损失额再行估定,减少了理赔的环节;第二,由于赔偿金额是以合同约定的保险价值为根据,而不考虑保险标的实际价值,因此,确定赔偿额简单方便,从而避免或减少了保险人与被保险人之间因赔偿额的确定而发生的纠纷。在实践中,较为常见的定值保险合同是海上保险合同和国内货物运输保险合同。此外,以古玩、字画、矿石等不易确定价值的财产为保险标的的财产保险合同、某些农业保险合同也往往采用定值保险合同的形式。

2. 不定值保险合同指保险合同当事人事先不约定保险标的的价值,仅约定保险金额,在保险事故发生后再确定保险标的的实际价值的保险合同。在保险实践中,不定值保险合同大多为财产保险合同。与定值保险合同中确定赔偿金额的方法不同,不定值保险合同是根据保险标的在保险事故发生时的实际价值估定其损失额的。而确定保险标的实际价值最常用、最简便的依据就是保险标的的市场价格。这就可能出现两种情况,即发生保险事故时,保险标的的市场价格比投保时高者,保险人可按较高的市价予以赔偿;反之,按较低的市场价格进行赔偿。保险标的的损失无法用市价进行估算的,则采用重置成本减折旧的方法或其他估价方法来确定保险标的的保险价值。但保险标的的价格不管发生多大的变化,在确定赔偿额时都不得超过保险金额。

(三)定额给付保险合同和损失补偿保险合同

以保险人给付保险金的目的为标准,保险合同可以分为定额给付保险合同和损失补偿保险合同。

1. 定额给付保险合同简称给付性保险合同,是指当保险合同约定的事故发生或约定期限届满时,保险人按照合同约定的保险金额给付保险金的保险合同。定额给付保险合同的特征是:保险事故发生不一定造成损失,即使造成损失,也不能或很难用货币计量损失金额。因此,合同双方当事人在保险合同中约定,只要保险事故发生,保险人就按照约定的保险金额给付保险金,而不必考虑被保险人有无经济损失以及损失金额是多少。人寿保险合同属于典型的定额给付保险合同,这是因为人的生命或身体和健康都是难以对其价值做出衡量,也是无法用具体的金钱作价赔偿的,只能起到一种象征性的补救措施。

2. 损失补偿性保险合同简称补偿性保险合同,是指在保险事故发生时,由保险人评估被保险人所遭受的实际损失,并在保险金额限度内给付保险金,以弥补被保险人所受实际损失的保险合同。损失补偿保险合同的特征是:保险事故发生所造成的后果表现为被保险人的经济损失,而且这种经济损失可以用货币计量。保险人支付保险赔款只是补偿被保险人的经济损失,保险赔款以不超过被保险人所受的实际损失为原则，这一原则称为“补偿原则”。损失补偿性合同的保险金额，不得超过保险标的预期可能发生的最大损失。以实物财产为保险标的的保险合同，保险金额不得超过保险价值。凡财产保险合同，均属损失补偿性合同。人身保险合同中的健康保险、意外伤害保险是否具有损失填补的性质，关键看双方的约定。

（四）强制保险合同和自愿保险合同

这是依据保险合同实施形式的不同进行的分类。

1. 强制保险合同又称为法定保险合同，是指依据法律的规定而强制实施的保险合同，如铁路、飞机、轮船旅客意外伤害强制保险以及机动车第三者责任强制保险。强制保险多基于国家社会经济政策需要而举办，主要适用于诸如交通工具责任、产品责任、公共责任、雇工责任、职业责任等领域。

2. 自愿保险合同是指基于投保人自己的意思而订立的保险合同。投保人与保险人订立保险合同，应当遵循公平互利、协商一致、自愿订立的原则，除法律、行政法规规定必须保险的以外，保险公司和其他单位不得强制他人订立保险合同。我国《保险法》第 11 条第 2 款明确规定：“除法律、行政法规规定必须保险的外，保险合同自愿订立。”

（五）足额保险合同、不足额保险合同和超额保险合同

以保险金额与保险价值的关系为标准，保险合同可以分为足额保险合同、不足额保险合同和超额保险合同。这种分类只适用于财产保险合同。

1. 足额保险合同又称全额保险合同，是指保险金额与保险价值完全相等的保险合同。保险金额是指保险人承担赔偿或者给付保险金责任的最高限额。订立足额保险合同后，当保险标的全部受损（实际全损），保险人当然依照保险金额全部赔偿；如保险标的一部受损，则采取“实际损失填补原则”，保险人按照实际损失赔偿保险金。但在海上保险方面有例外，我国《海商法》第 249 条关于“委付”的规定，即被保险人于一部分损失时，得以标的物的未受损部分，以委付方式移转于保险人，而请求全部补偿。

2. 不足额保险合同又称部分保险合同，即保险合同中确定的保险金额小于保险价值的保险合同。我国《保险法》第 55 条第 4 款规定：“保险金额低于保险价值的，除合同另有约定外，保险人按照保险金额与保险价值的比例承担赔偿保险金的责任。”据此可见除合同另有约定外，我国对不足额保险合同采取比例分担原则。

3. 超额保险合同是指保险金额高于保险价值的保险合同。关于超额保险的效果，各国立法例不尽相同。我国《保险法》第 55 条第 3 款规定：“保险金额不得超过保险价值。超过保险价值的，超过部分无效，保险人应当退还相应的保险费。”可见我国立法例采取部分无效主义。

（六）特定危险保险合同与综合危险保险合同

根据保险人承担责任的危险是否特定或者以危险发生的数量作为分类标准，保险合同可以分为特定危险保险合同与综合危险保险合同。

1. 特定危险保险合同是指保险人仅对一种或若干种特殊的危险事故造成标的损

失承担责任的一种保险合同。例如,火灾保险合同,任何其他意外事故原因所致的损害结果,保险人均不承担责任,故又称为单一危险保险合同。

2. 综合危险保险合同,又称一切危险保险合同,是指保险人对于标的的几乎所有损失(免责条款除外)都负赔偿责任的一种保险合同。例如,承运人以全体旅客为被保险人,而无须单独列举出特定旅客姓名的人身保险合同就是综合保险合同。目前,中国人民财产保险股份有限公司所开办的财产一切险、建筑工程一切险、安装工程一切险均属综合危险保险合同。

(七)为自己利益保险合同和为他人利益保险合同

以投保人订立保险合同的目的是使自己获得保障还是为了使他人获得保障为标准,保险合同可以分为为自己利益保险合同和为他人利益保险合同。

1. 为自己利益保险合同是指投保人以自己为被保险人与保险人订立的保险合同。为自己利益保险合同是保险合同的基本形态。

2. 为他人利益保险合同是指投保人以他人为被保险人订立的保险合同。为他人利益保险合同也是大量存在的,尤其是人身保险合同,很多都是为第三人的利益订立的。

第二节 保险合同的主体

一、保险合同的当事人

保险合同的当事人是指订立保险合同,并享有和承担保险合同权利义务的人,包括保险人和投保人。

(一)投保人

投保人又称为要保人,是指与保险人订立保险合同,并按照合同约定负有支付保险费义务的人。投保人可以是法人,也可以是自然人或者其他组织。无论财产保险合同,还是人身保险合同,投保人可以是被保险人本人,也可以是被保险人以外的其他人。但无论属于何种情形,作为保险合同当事人一方的投保人必须具备法律所规定的以下条件:

第一,投保人应当具备完全的民事权利能力和民事行为能力。一般来说,无民事行为能力人或限制民事行为人签订的保险合同无效。但限制民事行为能力人签订的保险合同,经其法定代理人追认后,认定为有效。就法人而言,法人从成立时起即具有投保资格。对于其他组织而言,应当是依法登记并且能够独立承担民事责任的组织。

第二,投保人对保险标的应当具有保险利益。我国《保险法》第12条规定:"人身保险的投保人在保险合同订立时,对被保险人应当具有保险利益。财产保险的被保险人在保险事故发生时,对保险标的应当具有保险利益。人身保险是以人的寿命和身体为保险标的的保险。财产保险是以财产及其有关利益为保险标的的保险。被保险人是指其财产或者人身受保险合同保障,享有保险金请求权的人。投保人可以为被保险人。保险利益是指投保人或者被保险人对保险标的具有的法律上承认的利益。"法律要求投保人对保险标的具有保险利益的目的是预防保险诈骗的发生。

第三,投保人应当按约定缴纳保险费。这是因为缴纳保险费是投保人的义务,被保险人或者受益人所获得的保险赔偿或者给付正是以投保人缴纳保险费为对价的。

(二)保险人

保险人又称承保人,根据我国《保险法》的规定,保险人是指与投保人订立保险合同,并按照合同约定承担赔偿或者给付保险金责任的保险公司。依各国通例,保险人只能是依法成立的、经营保险事业的组织,即保险公司。作为保险合同当事人一方的保险人应具备以下条件:

第一,必须是依法成立的经营保险事业的组织。我国《保险法》第6条规定:"保险业务由依照本法设立的保险公司以及法律、行政法规规定的其他保险组织经营,其他单位和个人不得经营保险业务。"

第二,保险人必须在核准的经营范围内经营业务,超出经营范围,则其进行的保险活动无效。

第三,保险人承担在发生保险事故时,按照合同约定承担赔偿或者给付保险金责任。

二、保险合同的关系人

保险合同的关系人是指在保险事故发生或者保险合同约定的条件满足时,对保险人享有保险金给付请求权的人,包括被保险人和受益人。

(一)被保险人[1]

被保险人是指其财产或者人身受保险合同保障,享有保险金请求权的人。在财产保险合同中,被保险人可以是自然人,也可以是法人或其他组织;在人身保险合同中,被保险人只能是自然人。被保险人是合同约定的保险事故可能在其财产或人身上发生的人。在财产保险中,被保险人必须是保险标的的所有人或其他权利人,而人身保险则直接以被保险人的生命或身体作为保险标的,因此被保险人作为保险合同的关系人,也是事故损失的承受人。

被保险人作为享有保险金请求权的人,但在财产保险和人身保险中并不相同。在财产保险中由于只是财产上的毁损灭失,被保险人可自己行使赔偿请求权,但在人身保险尤其是人寿保险的死亡保险中,一旦保险事故发生,被保险人无法行使保险金请求权,所以法律规定可由受益人享有保险金请求权。

被保险人与投保人的关系有两种情况,一种是投保人为自己的利益而签订合同,

---

〔1〕 参见《保险法》第12条第5款。

这时投保人就是被保险人。另一种是投保人为他人利益而签订保险合同,这时投保人和被保险人是不同的两个人。被保险人是否必须具有行为能力,要视保险合同的性质而定。在财产保险合同中,保险合同的标的是财产及其相关利益,不论被保险人是否有行为能力,都可以享受保险合同的保障。所以,法律对被保险人的行为能力没有规定。在人身保险合同中,保险合同的标的是被保险人的寿命和身体,关系到被保险人的人身权,出于对被保险人的人身权的尊重,为了防止道德危险的发生,法律要求被保险人在某些情况下必须具有行为能力:

(1)法律禁止投保人以无民事行为能力人为被保险人投保人身保险,保险人也不得承保。如我国《保险法》第 33 条规定:"投保人不得为无民事行为能力人投保以死亡为给付保险金条件的人身保险,保险人也不得承保。父母为其未成年子女投保的人身保险,不受前款规定限制。但是,因被保险人死亡给付的保险金总和不得超过国务院保险监督管理机构规定的限额。"

(2)在以死亡为给付保险金条件的合同中,被保险人必须具有行为能力。我国《保险法》第 34 条规定:"以死亡为给付保险金条件的合同,未经被保险人同意并认可保险金额的,合同无效。按照以死亡为给付保险金条件的合同所签发的保险单,未经被保险人书面同意,不得转让或者质押。父母为其未成年子女投保的人身保险,不受本条第一款规定限制。"在需要指定受益人或同意投保人指定的受益人的合同中,被保险人也必须具有行为能力。

(二)受益人〔1〕

受益人即保险金受领人,是指人身保险合同中由被保险人或者投保人指定的享有保险金请求权的人。投保人、被保险人可以为受益人,受益人也可以由投保人、被保险人以外的第三人充任。对于被保险人或投保人指定其以外的第三人为受益人,法律原则上没有过多的限制。但是,投保人为与其有劳动关系的劳动者投保人身保险,不得指定被保险人及其近亲属以外的人为受益人〔2〕。

依我国《保险法》的规定,受益人应当满足下述三个条件:

第一,受益人必须是享有保险金请求权的人。受益人是享受保险合同利益,领取保险金的人。但其并非保险合同的当事人,所以不负交付保险费的义务,保险人不得请求其交付保险费。由于受益人的赔偿请求权属于固有权,并非继受而来,因而受益人所应领取的保险金不能作为被保险人的遗产。需指出的是,受益人享有的保险金请求权是被保险人让与的,其来源是被保险人享有的保险金请求权。可以说,没有被保险人的保险金请求权,就没有受益人的受益权。受益人所享有的受益权是一种期待权,只有在保险事故发生后才能具体实现,转变为现实的财产权。这种期待权在保险

〔1〕 参见《保险法》第 18 条第 3 款。

〔2〕 参见《保险法》第 39 条第 2 款。

事故发生前,往往会因投保人或被保险人随时撤回或变更受益人而取消。受益人先于被保险人死亡、依法丧失受益权或者放弃受益权,而又没有其他受益人的,由保险人向被保险人的继承人履行给付保险金的义务。[1] 受益人故意造成被保险人死亡、伤残、疾病的,或者故意杀害被保险人未遂的,该受益人丧失受益权。[2]

第二,受益人应当由被保险人或者投保人指定,投保人指定或变更受益人时须经被保险人同意。可以指定一个受益人,也可以指定数个受益人。其他任何未经指定的人均不能成为受益人。人身保险合同成立时没有指定受益人的,合同成立后,被保险人还可以追加指定受益人;被保险人或者投保人经被保险人同意,可以变更受益人,但非经通知不得对抗保险人,即保险人在获得通知前对原先指定的受益人给付保险金后,对于新的受益人不再负有给付义务。我国《保险法》第 40 条规定:"被保险人或者投保人可以指定一人或者数人为受益人。受益人为数人的,被保险人或者投保人可以确定受益顺序和受益份额;未确定受益份额的,受益人按照相等份额享有受益权。"

第三,受益人只存在于人身保险合同中。尤其是在以死亡为给付保险金条件的保险中,必须要有受益人存在。因为人身保险合同的保险标的是人的寿命和身体,当被保险人死亡时就会发生谁来享有和行使保险金请求权的问题。人的寿命和身体上的权利具有法律专属性,不得继承,不像财产保险合同可以通过继承制度加以解决。所以,人身保险合同的受益人有存在必要,以确定被保险人死亡后保险金请求权的享有与行使的主体。恰如学者所言:"人身保险,包括人寿死亡保险、健康保险及伤害保险常有以被保险人死亡为保险事故发生之要件,故除要保人、被保险人之外,尚须有受益人存在之必要,以于保险事故发生时,受领保险契约上之利益,即保险赔偿金额。此为受益人制度由来之始因。"[3]

三、保险合同的辅助人

保险合同的辅助人是指与保险合同的订立或履行具有一定辅助关系的人。保险业务的经营,主要是围绕保险合同进行的。在保险合同的订立及履行过程中,涉及了许多环节,如核保、费率和合同条款的拟定、索赔理赔等,几乎每一个环节都需要专门知识和技术,这就需要由掌握专门知识和技术的专业人士来辅助;而且,这也可以避免保险人在机构设置及人员安排上的过于庞杂,降低经营成本。另外,保险本来就是对风险进行分担,保险经营也是如此。参加保险经营的人越多,越有利于保险经营风险的分散。因此,在保险合同的订立及履行过程中,除了保险合同当事人及关系人外,还有辅助人。保险辅助人包括保险代理人、保险经纪人和保险公估人,本书只介绍保险代理人和保险经纪人。

---

〔1〕 参见《保险法》第 42 条。

〔2〕 参见《保险法》第 43 条第 2 款。

〔3〕 江朝国:《保险法基础理论》,中国政法大学出版社 2002 年版,第 135 页。

（一）保险代理人[1]

保险代理人是根据保险人的委托，向保险人收取佣金，并在保险人授权的范围内代为办理保险业务的机构或者个人。从保险代理的性质来看，保险代理人根据保险人的授权代为办理保险业务的行为，由保险人承担责任。[2] 由此可见，保险代理是民事代理的一种，所以，关于保险代理的法律适用，当然适用民法有关代理的一般规定。但保险代理又是一种特殊的代理，具有其自身的特征，主要体现在：

第一，保险代理人应当具备法定条件，一般须经过考核和政府有关部门的批准，才能取得代理资格或能力。我国《保险法》第119条规定："保险代理机构、保险经纪人应当具备国务院保险监督管理机构规定的条件，取得保险监督管理机构颁发的经营保险代理业务许可证、保险经纪业务许可证。"第122条规定："个人保险代理人、保险代理机构的代理从业人员、保险经纪人的经纪从业人员，应当品行良好，具有从事保险代理业务或者保险经纪业务所需的专业能力。"

第二，表见代理的适用。我国《保险法》第127条第2款规定："保险代理人没有代理权、超越代理权或者代理权终止后以保险人名义订立合同，使投保人有理由相信其有代理权的，该代理行为有效。保险人可以依法追究越权的保险代理人的责任。"如果是投保人与保险代理人恶意串通实施的行为，则对保险人没有约束力。

第三，个人保险代理人在代为办理人寿保险业务时，不得同时接受两个以上保险人的委托。[3]

（二）保险经纪人[4]

保险经纪人是基于投保人的利益，为投保人与保险人订立保险合同提供中介服务，并依法收取佣金的机构。虽然保险经纪人与保险代理人都是保险合同的辅助人，但保险经纪人具有自己的特征：

第一，保险经纪人是依法成立的单位，个人不能成为保险经纪人。

第二，保险经纪人以独立名义从事中介活动，对自己的行为承担独立责任。保险经纪人是具有独立法律地位的经营组织，具有一定的组织机构，有一定的资金作为保证金，并能以自己的名义享有民事权利，承担民事义务。在进行保险经纪活动时，保险经纪人是以自己的名义与保险人发生交往，并承担由此产生的法律后果。《保险法》第128条规定："保险经纪人因过错给投保人、被保险人造成损失的，依法承担赔偿责任。"

第三，保险经纪人必须是基于投保人的利益，为投保人和保险人订立保险合同提供中介服务。一般情况下，保险经纪人都是接受投保人、被保险人的委托为其安排投保事宜，因此，保险经纪人应当维护投保人、被保险人的利益。

---

〔1〕 参见《保险法》第117条第1款。

〔2〕 参见《保险法》第127条第1款。

〔3〕 参见《保险法》第125条。

〔4〕 参见《保险法》第118条。

第四,保险经纪行为是营利行为,保险经纪人依法收取佣金。保险代理人和保险经纪人都是通过劳动获取报酬的,即通过向委托人提供劳务而获取报酬。但是,两者获取报酬的方式是不同的。保险代理人是为保险人提供服务的,只能从保险人处获取代理费。而保险经纪人不同,一方面,保险经纪人虽为投保人的利益而从事保险经纪活动,但通常却是由保险人从收取的保险费中提取一定比例作为佣金支付给保险经纪人的;另一方面,如果被保险人委托保险经纪人向保险人索赔,佣金则由被保险人支付。

第五,业务范围广。保险经纪人从事保险经纪活动的范围不限于投保环节,而是涉及参加投保谈判、帮助进行保险索赔、设计保险方案、提供保险咨询、担当风险管理顾问等诸多方面。

(三)保险代理人和保险经纪人的业务规则

1. 执业规则

保险代理人、保险经纪人应当具备保险监督管理机构规定的资格条件,并取得保险监督管理机构颁发的经营保险代理业务许可证或者保险经纪业务许可证,向工商行政管理机关办理登记,领取营业执照,并缴存保证金或者投保职业责任保险。保险专业代理机构、保险经纪人的注册资本或者出资额必须为实缴货币资本。保险代理人、保险经纪人应当有自己的经营场所,设立专门账簿记载保险代理业务或者经纪业务的收支情况,并接受保险监督管理机构的监督。

2. 禁止的行为

保险代理人、保险经纪人及其从业人员在办理保险业务活动中不得有下列行为:[1]

(1)欺骗保险人、投保人、被保险人或者受益人;

(2)隐瞒与保险合同有关的重要情况;

(3)阻碍投保人履行本法规定的如实告知义务,或者诱导其不履行本法规定的如实告知义务;

(4)给予或者承诺给予投保人、被保险人或者受益人保险合同约定以外的利益;

(5)利用行政权力、职务或者职业便利以及其他不正当手段强迫、引诱或者限制投保人订立保险合同;

(6)伪造、擅自变更保险合同,或者为保险合同当事人提供虚假证明材料;

(7)挪用、截留、侵占保险费或者保险金;

(8)利用业务便利为其他机构或者个人牟取不正当利益;

(9)串通投保人、被保险人或者受益人,骗取保险金;

(10)泄露在业务活动中知悉的保险人、投保人、被保险人的商业秘密。

---

〔1〕 参见《保险法》第131条。

第三节　保险合同的订立与效力

一、保险合同的订立过程

根据合同法的一般原则,合同的订立要经过要约和承诺两个基本程序。在保险合同中这个过程则表现为需经投保人投保和保险人承诺两个阶段。

(一)投保

投保是指投保人向保险人提出确定的、明确的订立保险合同的意思表示,即提出保险要求,也称为"要保"。投保是保险合同成立的先决条件,投保经保险人接受后才可能产生保险的效力。我国《保险法》第13条第1款规定:"投保人提出保险要求,经保险人同意承保,保险合同成立。保险人应当及时向投保人签发保险单或者其他保险凭证。""在保险实务中,虽然保险公司及其代理人会主动开展业务,但这不是法律意义上的要约,仅为要约邀请。"[1]只有在投保人提出投保申请,即填写好投保单并交给保险公司或其代理人时,才构成要约。

投保的形式一般为投保单或其他书面形式。在保险实务中多由保险公司向投保人提供事先印制好的投保单,由投保人填写。投保人投保时只需向保险人或其代理人提出保险要求,索取相应的保险单证,并按照投保单的要求如实填写,表明其对投保事项的真实意思,并将填写的投保单交给保险人。投保人有特殊要求的,可与保险公司协商约定特别条款。

(二)承保

承保是保险人完全同意投保人提出的保险要约的行为。承保为保险人的单方法律行为,构成保险合同成立的要件。在保险实务上,保险人收到投保人填写的投保单后,经过核保审查认为符合承保条件,在投保单上签字盖章并通知投保人的,构成承诺。保险人承诺保险要约,不得附加任何条件或对要约进行变更。保险人在承诺保险要约时,附加任何条件或对要约进行变更,不发生承诺的效力,构成反要约。也就是说,保险合同的成立,不总是表现为投保人投保和保险人承诺的简单过程,有时要经过要约、反要约和承诺这样一个反复协商的过程。

承诺生效时保险合同成立。保险人应当及时向投保人签发保险单或者其他保险凭证,并在保险单或者其他保险凭证上加盖保险公司公章、经授权出单的分支机构公章或上述两者的合同专用章,不能只盖法定代表人、负责人名章或内部职能部门印章。但若没有签字盖章,当事人一方已经履行主要义务且对方接受的,该保险合同也应视为成立。因为签字、盖章表明当事人对合同的内容达成协议,当事人没有签字、盖章,

---

〔1〕　黎建飞:《保险法的理论与实践》,中国法制出版社2005年版,第143页。

一般说明订约过程未完成,合同不成立。但若当事人一方已经履行主要义务且对方接受的,事实上证明当事人认可了合同的内容,合同成立。应当引起注意的是,签发保险单不是保险合同成立的要件,而是保险人的合同义务。我国《保险法》第13条第1款规定:"投保人提出保险要求,经保险人同意承保,保险合同成立。保险人应当及时向投保人签发保险单或者其他保险凭证。"但在保险实务中,保险公司在签发保险单之前,往往不发承诺通知,而是把保险单既作为承保的凭证,又作为承诺的通知。

(三)保险合同的形式

我国《保险法》第13条第1~2款规定:"投保人提出保险要求,经保险人同意承保,保险合同成立。保险人应当及时向投保人签发保险单或者其他保险凭证。保险单或者其他保险凭证应当载明当事人双方约定的合同内容。当事人也可以约定采用其他书面形式载明合同内容。"从这条规定可以看出,保险合同成立后必须采用书面形式将这一法律行为表现出来。

保险合同是经济生活中重要的合同,具有广泛的社会性,并且专业性与技术性也很强。为了使保险合同条款更加严密与科学,也为了保护广大投保人、被保险人的利益,保险合同通常根据国家保险监督管理部门规定的主要险种基本保险条款和保险费率,制定成统一的、标准式保险合同。在标准式保险合同中,其主要条件、内容与形式已被格式化、统一化。标准化的保险合同条件是订约双方当事人磋商合同内容时参考的基础,它只有经双方当事人完全同意并确认后才产生相应的法律效力。当事人双方订立保险合同时,可以在国家保险监督管理部门制定的基本条款和保险费率允许的范围内,对标准式保险合同(如保险单)进行批改、批注,以期进行补充和修改。当然,保险合同的双方当事人也可以根据本合同的特殊内容与需要,不采用保险单等标准化合同而直接在法律、行政监管部门许可的范围内签订其他书面保险合同。

实践中,常用的标准式保险合同文书有投保单、保险单、暂保单、保险凭证和其他书面协议。多数保险合同订立之要约以投保人填写投保单的形式来表示,承诺以保险人同意承保,即接受投保单来表示。由此,保险单、其他保险凭证或者有关书面文件事实上已经成为保险合同成立的证明文件。

1.投保单

投保单,又称投保书或要保书,它是投保人向保险人申请订立保险合同的要约。投保单由保险人事先制作,印制成标准格式。投保单列具与保险当事人及保险标的有关的栏目,由投保人依其所列项目逐项填写。如财产保险合同中保险标的、坐落地点、保险金额、保险责任及责任期限等。人身保险合同应包括被保险人姓名、年龄、职业、健康状况、保险期限、受益人姓名、保险金额等。投保单送达保险人时,就产生要约的效力。我国《保险法》第17条第1款规定:"订立保险合同,采用保险人提供的格式条款的,保险人向投保人提供的投保单应当附格式条款,保险人应当向投保人说明合同的内容。"投保单本身不是正式合同的文本,如果投保人填写后并且保险人接受,它可以成为保险合同的一部分。

2. 保险单

保险单,通常简称保单,是投保人与保险人就保险合同条款达成一致后,保险人向投保人签发的证明保险合同成立的正式书面凭证。保险单载明了保险合同的全部内容,包括双方当事人的权利义务、合同的标的和其他主要条款。在保险合同成立后,保险单是双方当事人享有权利、履行义务的主要依据,也是保险事故发生后被保险人、受益人据以索赔的最重要的凭证。虽然保险单所载内容与保险合同条款基本相同,但两者仍有区别。保险单是保险合同成立的书面凭证,不是合同本身。保险合同的成立与否取决于投保人与保险人之间的合意,不取决于保险单是否签发。即使这时保险人尚未出具保险单,保险合同也已经成立。

3. 暂保单

暂保单又称为临时保险单,是保险人在签发正式保单之前发出的一种临时保险凭证。暂保单的内容较为简单,只载明被保险人的姓名、保险标的、承保的危险种类、保险金额、保险费率以及保险责任起讫时间等。有关保险合同双方当事人的权利义务,以保险单的规定为准。暂保单与保险单一样具有证明保险合同的法律效力,待正式保险单签发后,暂保单则自动失效。如果在正式保险单签发之前发生保险事故,保险人仍应履行赔偿或给付保险金的义务。暂保单一般适用于财产保险,人寿保险一般不使用暂保单。暂保单在以下情况下使用:

(1)保险代理人或经纪人在争取到业务而尚未向保险人办妥保险单手续之前,可以开具暂保单给被保险人以作证明;

(2)保险公司的分支机构在接受投保后,总公司审批前,可以开具暂保单;

(3)保险合同双方当事人虽已就保险合同的主要条款达成协议,但还有一些条款需进一步协商,在没有完全商妥之前,可以先开具暂保单;

(4)在出口贸易结汇时,保险人在出具保险单或保险凭证前,可先出具暂保单,以证明出口货物已经办理保险,从而作为结汇的凭证之一。

4. 保险凭证

保险凭证也称"小保单",是保险人向投保人签发的证明保险合同已经成立的书面凭证,是一种简化了的保险单,其法律效力与保险单相同,只是内容较为简单。在实践中,保险凭证没有列明的内容,以同一险种的正式保险单为准;保险凭证与正式保险单内容相抵触的,以保险凭证的特约条款为准。我国通常在下述保险业务中使用保险凭证:

(1)为简化单证手续而使用保险凭证,即以保险凭证代替保险单。例如,在货物运输保险业务中,保险公司与外贸公司根据预约保险合同,将保险凭证印制在外贸公司的发票上,当外贸公司印制发票时,保险凭证也就同时办妥。其内容包括被保险人名称及住所、承运船舶名称、航程及开航日期、货物的名称及数量、运输标志、承保险别、保险金额等。保险凭证经被保险人填写后,将副本交给保险人。保险人亦无须另行签发保险单,保险事故发生后,即按该保险凭证条款理赔。

(2)在保险单以外签发保险凭证。这主要是指团体保险,在主保险单之外,对参加团体保险的个人再分别签发保险凭证。保险凭证的法律意义在于既具有保险单的法律效力,又简化了单证手续。

(3)对于某些强制保险,如机动车交通事故强制保险,为了便于被保险人携带及有关部门查询,保险人通常出具保险凭证。

5. 其他书面协议

其他书面协议是指投保人和保险人不采用上述形式订立的书面保险合同,是订立保险合同的辅助形式。投保人和保险人或其代理人应当在协议上签字或盖章,并注明签字或盖章的日期和地点。

二、保险合同的内容

保险合同的内容,又称保险合同的条款,因为保险合同的内容通常以条款形式表现在保险合同之中。保险合同的条款是指保险合同中规定保险责任的范围和确定合同当事人的权利义务及其他有关事项的合同条款。

(一)保险合同条款的分类

依据不同的分类标准,可以对保险合同条款进行不同的分类。

1. 依据保险合同条款产生效力的基础,可以将保险合同条款分为法定条款和约定条款

法定条款是指法律规定保险合同必须明确记载的条款,其内容也为法律所规定,投保人和保险人不得任意变更。法定条款构成保险合同的基本内容之一,但不是保险合同必备的条款,保险合同缺乏法定条款时也能成立。我国《保险法》第18条以列举的形式规定了保险合同应当具备的条款共10项:(1)保险人的名称和住所;(2)投保人、被保险人的姓名或者名称、住所,以及人身保险的受益人的姓名或者名称、住所;(3)保险标的;(4)保险责任和责任免除;(5)保险期间和保险责任开始时间;(6)保险金额;(7)保险费以及支付办法;(8)保险金赔偿或者给付办法;(9)违约责任和争议处理;(10)订立合同的年、月、日。

约定条款,又称为特约条款,是指投保人和保险人在保险合同的法定条款之外,根据保险合同特别需要就保险有关的其他事项作出约定的条款。我国《保险法》第18条第2款规定:"投保人和保险人可以约定与保险有关的其他事项。"投保人和保险人约定的保险条款,不能违反法律的规定或者违反社会公共利益。

2. 依据保险合同条款在保险合同中的地位,保险合同条款分为基本条款与附加条款

基本条款又称为普通条款,是保险人在事先准备或印就的保险单上根据不同险种而规定的有关当事人双方的权利义务的基本事项,它构成保险合同的基本内容。基本

条款是一种险种的保险合同所固有的、必备的条款，进而构成区分不同种类保险合同的根本依据。

附加条款是用以扩大或限制基本条款中所规定的权利义务的补充条款。它的目的在于：第一，扩大基本条款的伸缩性，以适应投保人的特别需要；第二，变更保险单原规定的内容，如扩大承保的危险责任、增加保险标的。附加条款通常也由保险人事先印好一定格式，待保险人与投保人特别约定，填好后附贴在保险单上。

（二）保险合同的主要条款

与一般商事合同相比，保险合同的内容有一定的特殊性。现选择几个有代表意义的条款予以具体说明：

1. 保险合同主体的姓名或名称和住所

保险合同主体包括投保人、保险人、被保险人以及人身保险的受益人，他们是合同所约定的权利和义务的享有者和承担者。由于保险合同多采用保险单形式，通常保险人的姓名或名称和住所印制在保险单上，其他当事人的姓名或名称和住所在投保时予以记载。姓名或名称是某一主体区别于其他主体的直观标志。住所是法律确认的自然人及法人的主要生活和办事机构所在地，进而会影响到合同的履行和法律的管辖。所以为了顺利地完成合同行为，如保费的催缴、提出索赔、给付保险金等，法律规定在保险合同中，要载明保险人、投保人、被保险人及受益人的姓名或名称和住所。

2. 保险标的

保险标的是指保险合同双方当事人的权利与义务所共同指向的对象，即作为保险对象的财产及其有关利益或者人的寿命和身体。财产保险合同的保险标的是各种财产及与其有关的利益。人身保险合同的保险标的是人的寿命及身体健康。保险标的是决定保险业务的种类，判断投保人是否对其具有可保利益的直接判断标准。同时，根据保险标的的实际价值或者存在状况可以确定保险金额、厘定保险费率，计算赔付数额。

3. 保险责任和责任免除

保险责任，是指保险合同所约定的危险发生并造成保险标的损失，或人身保险事故发生或期限届满时，保险人依合同对被保险人或受益人承担补偿或给付保险金的责任。保险责任通常分为基本保险责任和特约保险责任。基本保险责任是指保险单基本条款规定的保险人应该承担的保险责任；特约保险责任是指保险单的附加条款规定的保险人应该承担的保险责任。保险责任因保险种类的不同而有所差异，通常由保险人确定保险责任的范围并作为合同的一部分内容记载于保险合同中。

责任免除，也称除外责任，是指保险合同规定的保险人不应承担保险金支付的情形。它是保险合同中对保险责任的限制性规定。责任免除涉及被保险人或受益人的切身利益，所以必须在保险合同中载明。如果损害是由于除外责任列明事项造成的，保险人不承担支付保险金的责任。除外责任的事项主要有：一是不可保危险，如世界大战、核战争等；二是道德危险，如投保人、被保险人或者受益人故意制造的保险事故；三是由专门的特别附加保险承保的危险，如战争、罢工等，往往是一般险种的除外责任。

需注意的是，保险责任与保险危险既有联系，又有区别。保险危险是造成保险人承担支付保险金责任的原因，如火灾、爆炸、地震等。保险责任是保险危险造成的应由保险人支付保险金的结果。保险危险只能是那些尚未发生的，且发生与否不能确定的事项。此外，保险合同所约定的险种不同，保险责任和责任免除也不一样。

4. 保险期间和保险责任开始的时间

保险期间是保险人和投保人约定的保险责任的有效期限，又称保险期限。它既是计算保费的依据，又是界定保险人和被保险人享有权利和承担义务的有关时限的依据。保险期间是保险人承担保险责任的起讫期间，保险人仅对承保期间内发生的保险事故承担赔偿或者给付保险金的义务。如合同可以在某年10月1日成立，而保险期间可以从该年11月1日开始。如果事故发生于该年10月1日至10月31日之间，即使该事故属于保险责任范围内，保险人也不承担责任。由于保险事故的发生是不确定的，因而明确保险期间是十分重要的。保险期间有两种表示方式，它可以按保险业务全过程的起止计算，也可以按年、月、日计算。前者多适用于运输保险合同和工程保险合同，后者多适用于一般保险合同。

保险责任开始时间是保险人开始承担保险责任的时间。我国保险实务中通行的惯例是以约定起保日的零点为保险责任开始时间，以合同期间届满日的24时为保险责任终止时间。我国《保险法》第14条规定："保险合同成立后，投保人按照约定交付保险费，保险人按照约定的时间开始承担保险责任。"从该条规定可以看出，保险责任开始时间与保险合同成立时间不是同一概念，两者可以一致，也可以不一致。但保险责任开始时间一般应迟于保险合同生效时间，且保险责任一般以投保人缴纳保险费为前提条件。投保人不缴纳保险费，虽然保险合同可以成立、生效，但保险责任一般不开始，保险公司对保险责任开始前发生的保险事故不承担保险责任。

5. 保险金额与保险价值

保险金额简称"保额"，是指保险人承担赔偿或者给付保险金责任的最高限额。保险金额是计算保费的依据，是双方享有权利和承担义务的重要依据。财产保险的保险金额根据保险价值确定，人身保险的保险金额则由投保人和保险人双方约定。

保险价值是投保人与保险人订立保险合同时作为约定保险金额计算基础的保险标的的价值。通常保险标的的保险价值应相当于保险标的的实际价值，它是财产保险合同的基本条款之一。在我国根据承保方式的不同，保险金额与保险价值的关系也不尽相同〔1〕：前者高于后者的部分无效；低于后者的，除合同另有约定外，依比例确定赔

〔1〕参见《保险法》第55条。

偿额。

6. 保险费以及支付办法

保险费简称“保费”,是投保人为换取保险人承担其保险标的风险责任而付出的代价,也是保险人承担保险标的风险责任应取得的报酬。保险费是保险金额与保险费率的乘积,保险费的多少主要取决于保险金额和保险费率这两个因素。

保险费的具体交付办法可以由双方当事人在保险合同中约定,如以票据交付保险费、以红利抵缴保险费、以保险单的价值自动展期或者自动垫缴,以及由投保人与代理人就保险费的交付作特别约定。

7. 保险金赔偿或者给付办法

在保险合同中,还应载明保险金赔偿或者给付的标准和方式,保险人应当及时履行给付保险金的义务。由于投保人投保的险别不同,保险金赔偿或给付的具体做法也是不同的。责任保险、信用证保险、人身意外伤害与疾病保险中的医疗费及其他人身保险的给付通常采用货币赔偿的方式。财产保险除货币赔偿外,还可以选择修复原物、更换部件、重置重建等方式。

8. 违约责任和争议处理

违约责任是指保险合同当事人违反保险合同约定的义务,造成对方经济损失所应承担的经济责任,即基于法律规定或合同约定所必需承担的法律后果,我国《保险法》对保险合同的违约责任有明确规定。有关违约责任的内容,当事人可以自行约定,也可以直接载明按照法律的有关规定处理。

保险合同争议处理是指当事人双方发生纠纷后的解决方式,主要有协商、仲裁和诉讼。协商是当事人双方对争议事项进行磋商,达成共识,以双方都可以接受的条件达成和解,消除纠纷。仲裁是根据当事人的仲裁协议,将争议提交给仲裁机构进行裁决,以保障合同的履行。诉讼是当事人将争议提交给有管辖权的人民法院,由人民法院对保险争议进行审理和判决。

9. 订约的时间和地点

在保险合同中必须明确订约的时间,即要明确订约的年、月、日、时。订约的时间关系到投保人是否有保险利益、保险危险是否发生或消灭、保险费的交纳期限以及合同生效期限等,所以应当具体和准确。保险合同的缔结地会影响到保险争议发生后的诉讼管辖、法律适用等,所以也应当在保险合同中载明。

三、保险合同的效力

(一)保险合同的生效

保险合同的生效,是指保险合同对当事人双方发生约束力,即合同条款产生法律效力。

根据我国《保险法》第 14 条的规定,保险合同成立后,投保人按照约定交付保险费,保险人按照约定的时间开始承担保险责任。这说明,通常情况下保险合同的成立时间就是保险合同的生效时间。具体地说,法律对保险合同的生效有规定的,依其规定;没有规定的,依照当事人之间的约定;如果保险合同也无特别约定的,保险合同生效于保险合同成立之时。根据我国《保险法》第 13 条第 2 款的规定,投保人和保险人可以对保险合同的效力约定附条件或者附期限。如果当事人对保险合同的生效附加了条件,使合同成为附延缓条件的合同,则当该条件成就时合同才生效;如果是约定附期限,则当期限届至时合同才生效。

但是保险合同成立与保险合同生效是两个完全不同的概念。保险合同成立是指保险合同的当事人对保险合同的主要条款达成一致。我国《保险法》第 13 条第 1 款规定:“投保人提出保险要求,经保险人同意承保,保险合同成立。保险人应当及时向投保人签发保险单或者其他保险凭证。”我国《保险法》第 13 条之所以规定由投保人提出要约,由保险人最终承诺,主要与保险文书的标准化有关。实践中,由投保人填写投保单作为要约,保险人承诺后,在保险单上签章,并向投保人出具保险单或其他保险凭证,作为保险合同成立的证明。在投保人与保险人就保险合同条款达成一致时,保险合同已经成立。按照学者的一般见解,合同成立是指合同订立过程的完成,即当事人经过平等协商对合同的基本内容达成一致意见,要约承诺阶段宣告结束,合同成立是当事人合意的成果。但合同成立只是解决了合同是否存在的问题,已经成立的合同是否有效则是合同生效制度所要解决的问题。也就是说,即使合同已经成立,如果不符合法律规定的生效要件,仍然不能产生效力。合法合同从成立时起具有法律效力,而违法合同虽经成立也不会发生法律效力。正如我国《合同法》第 44 条第 1 款规定的那样,依法成立的合同,自成立时生效。而作为一种特殊的合同,保险合同生效一般须具备以下要件:

(1)保险合同的订立者必须具备法律规定的民事行为能力。一般而言,投保人必须具有完全民事行为能力,无民事行为能力人或限制民事行为能力人订立的保险合同只有经其法定代理人同意或追认,才能生效。而作为保险人必须是依法成立的保险公司。

(2)双方意思表示真实,即保险合同双方当事人签订保险合同系出于真实意思表示。如果一方采取欺诈、胁迫的手段与对方订立合同,损害国家利益的,则合同无效;若未损害国家利益,则受欺诈、受胁迫方有权请求法院或仲裁机构变更或撤销该合同。如果乘人之危或一方因重大误解而订立保险合同的,受损害方有权请求法院或仲裁机构予以变更或者撤销。

(3)保险合同不得违反法律规定,不得损害国家、集体或者第三人利益以及社会公共利益,否则保险合同无效。

(4)投保人对保险标的必须具有保险利益。投保人对保险标的不具有保险利益的,保险合同无效。

(5)投保人不得为未成年子女以外的无民事行为能力人订立以死亡为给付保险金

条件的人身保险合同,保险人也不得承保,否则该保险合同无效。[1]

(6)为被保险人订立以死亡为给付保险金条件的人身保险合同,未经被保险人同意并认可保险金额的,该保险合同无效。[2]

(二)保险合同的变更

1. 保险合同变更的概念

保险合同的变更,是指保险合同在其有效期内,由于订立合同时的条件发生变化,合同当事人按照法律规定的条件和程序,对原合同的某些条款进行修改或补充,从而使合同的主体、内容或效力发生变化。[3] 变更保险合同是法律赋予合同双方当事人的正当权利,对此,我国《保险法》第20条规定:"投保人和保险人可以协商变更合同内容。变更保险合同的,应当由保险人在保险单或者其他保险凭证上批注或者附贴批单,或者由投保人和保险人订立变更的书面协议。"

保险合同的变更有广义和狭义之分。广义的保险合同的变更是指保险合同的主体、客体或内容的变更;而狭义的保险合同的变更则仅指内容的变更。保险合同主体的变更又分为当事人的变更和关系人的变更,当事人的变更包括投保人和保险人的变更,关系人的变更包括被保险人和受益人的变更。保险合同当事人的变更实际上是保险合同的转让。保险合同客体的变更是通过保险标的的变更来实现的,而每一个保险标的所面临的风险都是不同的。不论是财产保险合同,还是人身保险合同,保险标的的状况直接影响到保险人决定是否承保或提高保险费率。以一个保险标的取代另一个保险标的,当事人之间的权利义务就必将随之发生实质性的变化,其结果将是原保险合同关系的结束和一个新保险合同的产生。[4]保险合同内容的变更,是指在保险合同主体不变的情况下,对保险合同的部分内容予以变更,比如对保险标的的种类、数量、存放地点、用途、危险程度、危险责任、保险期限或保险金额等予以变更。

2. 保险合同变更的类型

保险合同的变更可以分为两种情形:一是合同主体的变更;二是合同内容的变更。

(1)保险合同主体的变更。保险合同主体的变更有两个基本特征:一是不改变合同的权利义务和客体,二是合同主体变更的对象主要是投保人、被保险人或者受益人。主体的变更属于合同的转让或者保险单的转让,投保人或者被保险人在保险合同有效期内将保险合同利益转让给第三人,从而引起保险合同的变更。但这种主体的变更一般只限于投保人或者被保险人,保险人一般不会发生变更。这是因为保险人作为从事保险业经营的保险公司,如需他人分担保险责任,可以将自己承担的部分保险业务,通过再保险转移给其他保险人。因而保险人除发生合并、分立、破产、因违法而被撤销等

[1] 参见《保险法》第33条。

[2] 参见《保险法》第34条。

[3] 范健主编:《商法》,高等教育出版社、北京大学出版社2011年版,第494页。

[4] 黎建飞:《保险法的理论与实践》,中国法制出版社2005年版,第169页。

情形外,一般不存在转让保险合同即主体变更的问题。根据我国《保险法》第49条的规定,保险标的的转让应当通知保险人,保险人同意继续承保后,依法变更合同。

(2)保险合同内容的变更。这是指在保险合同有效期内对保险合同的内容进行的修改或者补充,如保险标的的数量、品种的增减,用途、存放地点的变化,保险金额、保险价值、保险费的增减以及人身保险合同中所指定受益人的变更等。合同内容的变更通常有两种情形:一是投保人基于某种原因变更合同某些条款;二是特定情况发生导致必须变更合同内容,否则将导致不良后果。合同内容的变更,须得到保险人的同意才产生法律效力。

3. 保险合同变更的程序

根据我国《保险法》第20条的规定,保险合同变更的程序为:

(1)经投保人和保险人协商同意。一般是由投保人、被保险人向保险人提出变更的建议,经保险人同意即形成合同的变更。投保人和保险人协商同意变更保险合同,一般不必征得被保险人和受益人的同意。但以死亡为给付保险金条件的人身保险合同的变更应征得被保险人的同意。

(2)采取法定形式。即由保险人在保险单或者其他保险凭证上批注或者附贴批单,或者由投保人和保险人订立变更的书面协议。

4. 保险合同变更的效力

当事人对保险合同变更未达成一致的协议以前,保险合同继续有效。保险合同变更生效后,当事人应按照变更后的保险合同的内容履行各自的义务。但保险合同的变更没有溯及力,只对将来发生效力。另外,保险合同的变更也不影响当事人要求赔偿损失的权利。

(三)保险合同的中止与复效

1. 保险合同中止与复效的概念

所谓保险合同的中止,是指在保险合同有效期间内,因某种事由出现而使合同的效力处于暂时停止的状态。所谓保险合同的复效,是指当导致保险合同中止的事由消除后,其效力即行恢复,恢复后的合同是恢复前合同的继续。保险合同的中止与复效,是保险合同效力的一种特有状态。从保险合同中止到复效时为止,保险合同的效力处于待定状态。从一个有效合同而变成效力待定的合同,也属于保险合同效力变动的范畴。保险合同的中止并不直接导致保险合同效力的丧失,投保人可在一定的条件下向保险人提出恢复保险合同效力的申请。

2. 保险合同中止的条件

关于保险合同中止的适用范围,各国(地区)保险立法则不尽相同。根据我国《保险法》的规定,保险合同的中止仅适用于人身保险合同。长期人身保险具有投资和储蓄功能,投保人可以分期交付保险费。在投保人交付第一期保险费以后,如未能按期交付后续保费,且逾期达到一定期间,即可导致保险合同效力的中止。《保险法》第36

条第1款规定:"合同约定分期支付保险费,投保人支付首期保险费后,除合同另有约定外,投保人自保险人催告之日起超过三十日未支付当期保险费,或者超过约定的期限六十日未支付当期保险费的,合同效力中止,或者由保险人按照合同约定的条件减少保险金额。"30日或60日习惯上称为宽限期。由此规定可见,保险合同的中止应满足以下条件:

(1)投保人逾期未交付保险费,即投保人在支付首期保险费后,未能在合同约定的缴纳保险费的日期或缴费宽限期向保险人缴纳保险费;

(2)投保人逾期未缴保险费的期间已超过60日,即投保人在保险合同约定的缴费日后经过60日仍未缴纳保险费,或者自保险人发出催缴保险费的催告通知后超过30日仍未缴纳当期保险费;

(3)保险合同没有约定其他补救办法,如解除合同、减少保险金额、保险费自动垫交等。

保险合同的中止,仅暂时中止保险合同的效力,虽然仍可通过一定方式使保险合同复效,但在保险合同效力中止期间,保险人不负保险责任。同时,在前述30日或者60日的宽限期或催告期内发生保险事故的,保险人仍应当按照约定给付保险金,但可以扣减欠缴的保险费。

3.保险合同复效的条件

保险合同的复效是指保险合同效力中止以后重新开始生效。我国《保险法》第37条第1款规定,保险合同效力中止的,经保险人与投保人协商并达成协议,在投保人补交保险费后,合同效力恢复。但是,自合同效力中止之日起满二年双方未达成协议的,保险人有权解除合同。复效的具体条件是:

(1)投保人有申请复效的意思表示。保险合同效力中止后,不存在自行复效的问题。投保人愿意恢复合同效力的,必须向保险人提出复效申请,投保人的复效申请一般通过填写复效申请书来完成。

(2)被保险人的身体健康状况符合投保条件。

(3)投保人补交合同中止所欠的保险费及利息。引起保险合同效力中止的主要原因就是投保人不缴纳保险费,要使中止的合同复效就应当消除导致合同中止的因素,即补交保费。

(4)投保人提出复效申请,必须经过保险人的同意。根据我国《保险法》的规定,保险人对投保人提出的复效申请表示同意,是合同复效的必要条件之一。

只有同时具备以上条件,中止的保险合同才能复效。如果双方当事人未达成复效协议,保险合同中止期间未满2年,保险人行使解除权的条件尚未成就,或者虽然成就但保险人未行使解除权的,合同效力仍处于中止状态;如保险合同中止期间已满2年,且保险人解除合同,则合同效力终止。在此情况下解除合同的,保险人应当按照约定退还保险单的现金价值。

（四）保险合同的终止

保险合同的终止是指保险合同的效力永久性的停止，从而使保险合同规定的当事人之间权利义务归于消灭。[1] 保险合同终止的原因有：

1. 自然终止

保险合同一般都有事先确定的保险期限，在保险期限届满时，合同当事人的权利义务也随之终止。这是保险合同终止最普遍、最基本的原因。因此，只要保险期限经过，无论约定的保险事故是否出现或条件是否满足，保险合同均自然终止。

2. 履约终止

保险人在履行了赔偿或给付保险金额的义务后，保险合同即行终止。

3. 协议终止

保险合同的成立是双方当事人意思表示一致的结果，同样双方也可以协商终止保险关系。但是，为了保护在保险合同中处于相对劣势群体的利益，投保人和保险人在解除合同的权利方面受到了保险法律的不同约束。除《保险法》另有规定或者保险合同另有约定外，一般来说，保险合同成立后，投保人可以解除合同，保险人不得解除合同。[2] 同时，解除合同不得违反法律的强行性规定，比如在货物运输保险和运输工具航程保险合同中，在保险责任开始后，合同当事人不得解除合同。[3] 可见，协议终止合同不能违背法律规定、国家利益和社会公众利益。

4. 违约终止

在保险合同成立后，保险合同的当事人双方都必须严格履行合同义务，如果有一方违反了保险合同中的主要条款和保证事项，则另一方就可以以此为依据要求解除合同，同时还可以请求损害赔偿。

（五）保险合同的无效

保险合同可因法律规定或者当事人约定的原因而发生全部或者部分无效。引起保险合同无效的原因主要有：

1. 基于民法上原因

如保险合同的内容违反法律和行政法规，违反公序良俗，损害国家利益和社会公共利益等，将导致保险合同无效。我国《保险法》第4条规定："从事保险活动必须遵守法律、行政法规，尊重社会公德，不得损害社会公共利益。"

2. 基于保险法上的原因

（1）超额保险；（2）投保人对保险标的无保险利益；（3）未经被保险人同意的以死亡为给付保险金条件的保险（法律另有规定的除外）；（4）保险人未对投保人作出说明

〔1〕 刘凯湘主编：《商法原理与实务》，北京大学出版社2009年版，第303页。

〔2〕 参见《保险法》第15条。

〔3〕 参见《保险法》第50条。

的免责条款等。

保险合同无效,自始不发生法律效力,在发生保险合同约定的保险事故时,保险人不承担保险责任。当事人因无效保险合同取得的利益应当依照民法上对无效合同处理的原则,予以返还或者予以收缴。

第四节　保险合同的履行

一、投保人权利义务的履行

(一)投保人的权利

投保人在整个保险合同履行过程中,其权利主要表现在:

(1)根据保险合同约定的内容,在发生保险事故后投保人有向保险人索赔的权利。

(2)根据最大诚信原则,投保人在订立合同时有了解保险条款的真实意思的权利。

(3)投保人有权指定和变更受益人。各国保险法一般均规定人身保险合同的投保人享有指定和变更受益人的权利。我国《保险法》第 39 条规定:"人身保险的受益人由被保险人或者投保人指定。投保人指定受益人时须经被保险人同意。投保人为与其有劳动关系的劳动者投保人身保险,不得指定被保险人及其近亲属以外的人为受益人。被保险人为无民事行为能力人或者限制民事行为能力人的,可以由其监护人指定受益人。"第 40 条规定:"被保险人或者投保人可以指定一人或者数人为受益人。受益人为数人的,被保险人或者投保人可以确定受益顺序和受益份额;未确定受益份额的,受益人按照相等份额享有受益权。"第 41 条规定:"被保险人或者投保人可以变更受益人并书面通知保险人。保险人收到变更受益人的书面通知后,应当在保险单或者其他保险凭证上批注或者附贴批单。投保人变更受益人时须经被保险人同意。"

(4)投保人享有保险合同的变更权。我国《保险法》第 20 条规定:"投保人和保险人可以协商变更合同内容。变更保险合同的,应当由保险人在保险单或者其他保险凭证上批注或者附贴批单,或者由投保人和保险人订立变更的书面协议。"因为投保人是指与保险人订立保险合同,并按照保险合同负有支付保险费义务的人,是保险合同的当事人。因此,享有保险合同的变更权,这也是权利和义务相一致的体现。

(5)投保人享有保险合同的解除权。我国《保险法》第 15 条规定:"除本法另有规定或者保险合同另有约定外,保险合同成立后,投保人可以解除合同,保险人不得解除合同。"第 50 条规定:"货物运输保险合同和运输工具航程保险合同,保险责任开始后,合同当事人不得解除合同。"所以,保险合同成立后,投保人原则上可以任意解除保险合同,但货物运输保险合同和运输工具航程保险合同除外。

(6)投保人享有申请复效权。我国《保险法》第 36 条第 1 款规定:"合同约定分期支付保险费,投保人支付首期保险费后,除合同另有约定外,投保人自保险人催告之日起超过三十日未支付当期保险费,或者超过约定的期限六十日未支付当期保险费的,合同效力中止,或者由保险人按照合同约定的条件减少保险金额。"第37条第1款规定:"合同效力依照本法第三十六条规定中止的,经保险人与投保人协商并达成协议,在投保人补交保险费后,合同效力恢复。但是,自合同效力中止之日起满二年双方未达成协议的,保险人有权解除合同。"交纳保险费是投保人的合同义务,如果出现《保险法》第36条的情况,投保人可以提出申请,与保险人协商并达成协议,补交保险费后,合同效力恢复。

(二)投保人承担的义务

1. 如实告知义务

按照我国《保险法》第16条第1款的规定,在订立合同时,投保人应履行如实告知义务。

2. 缴纳保险费的义务

我国《保险法》第14条规定:"保险合同成立后,投保人按照约定交付保险费;保险人按照约定的时间开始承担保险责任。"但是,保险费的交付不构成保险合同发生效力的先决条件。此外,我国《保险法》第38条明确规定,保险人对人寿保险的保险费,不得用诉讼方式要求投保人支付。

3. 出险通知义务

投保人、被保险人或者受益人知道保险事故发生后,应当及时通知保险人。保险事故发生后及时通知保险人,有利于保险人采取必要的措施,防止损失的扩大或者保全保险标的的残余部分;有利于保险人及时勘查现场,收集证据和确定事故性质,及时赔付。我国《保险法》第21条规定:"投保人、被保险人或者受益人知道保险事故发生后,应当及时通知保险人。故意或者因重大过失未及时通知,致使保险事故的性质、原因、损失程度等难以确定的,保险人对无法确定的部分,不承担赔偿或者给付保险金的责任,但保险人通过其他途径已经及时知道或者应当及时知道保险事故发生的除外。"

4. 维护保险标的安全的义务

我国《保险法》第51条规定:"被保险人应当遵守国家有关消防、安全、生产操作、劳动保护等方面的规定,维护保险标的的安全。保险人可以按照合同约定对保险标的的安全状况进行检查,及时向投保人、被保险人提出消除不安全因素和隐患的书面建议。投保人、被保险人未按照约定履行其对保险标的的安全应尽责任的,保险人有权要求增加保险费或者解除合同。保险人为维护保险标的的安全,经被保险人同意,可以采取安全预防措施。"

5. 危险增加的通知义务〔1〕

危险增加的通知义务是指在保险合同的有效期内,保险标的的危险程度显著增加

〔1〕 参见《保险法》第52条。

的,投保人或被保险人应依照合同规定及时通知保险人。最大诚信原则要求被保险人对已经保险的财物须尽谨慎照看义务,如果标的物所处环境或自身性状发生了不利的变化时,投保人和被保险人有义务审慎判断该变化是否会对保险标的造成危险增加。我国《保险法》第52条明确规定,在合同有效期内,保险标的的危险程度显著增加的,被保险人应当按照合同约定及时通知保险人,保险人可以按照合同约定增加保险费或者解除合同。被保险人未履行前款规定的通知义务的,因保险标的的危险程度显著增加而发生的保险事故,保险人不承担赔偿保险金的责任。

6. 采取必要措施防止或者减少损失的义务

我国《保险法》第57条明确规定,保险事故发生时,被保险人应当尽力采取必要的措施,防止或者减少损失。保险事故发生后,被保险人为防止或者减少保险标的的损失所支付的必要的、合理的费用,由保险人承担;保险人所承担的费用数额在保险标的的损失赔偿金额以外另行计算,最高不超过保险金额的数额。

7. 保险标的转让时的通知义务

根据我国《保险法》第49条的规定,被保险人转让保险标的的,保险合同继续有效,保险标的的受让人承继被保险人的权利和义务。但是被保险人或者受让人应当及时通知保险人,但货物运输保险合同和另有约定的合同除外。如果被保险人、受让人未履行上述通知义务,因转让导致保险标的危险程度显著增加而发生的保险事故,保险人不承担赔偿保险金的责任。

二、保险人权利义务的履行

（一）保险人的权利

1. 保险人享有保险费收取权

缴纳保险费是投保人的主要合同义务。但从保险人的角度来说,保险合同成立后,保险人依据保险合同的约定向投保人收取保险费,则是保险人享有的主要合同权利。

2. 保险人享有保险合同的解除权

虽然我国《保险法》第15条规定:"除本法另有规定或者保险合同另有约定外,保险合同成立后,保险人不得解除保险合同。"但在一定条件下,保险人也享有保险合同的解除权。保险人享有的解除合同的条件包括法定条件和约定条件。根据我国《保险法》的规定,保险人在下列情况下,有权解除保险合同:

(1)投保人故意或者因重大过失未履行前款规定的如实告知义务,足以影响保险人决定是否同意承保或者提高保险费率的,保险人有权解除合同。[1]

(2)未发生保险事故,被保险人或者受益人谎称发生了保险事故,向保险人提出赔

---

〔1〕 参见《保险法》第16条第2款。

偿或者给付保险金请求的,保险人有权解除合同,并不退还保险费。[1]

(3)投保人、被保险人故意制造保险事故的,保险人有权解除合同,不承担赔偿或者给付保险金的责任;除本法第43条规定外,不退还保险费。[2]

(4)合同效力依照本法第36条规定中止的,经保险人与投保人协商并达成协议,在投保人补交保险费后,合同效力恢复。但是,自合同效力中止之日起满2年双方未达成协议的,保险人有权解除合同。[3]

(5)投保人、被保险人未按照约定履行其对保险标的的安全应尽责任的,保险人有权要求增加保险费或者解除合同。[4]

(6)在合同有效期内,保险标的的危险程度显著增加的,被保险人应当按照合同约定及时通知保险人,保险人可以按照合同约定增加保险费或者解除合同。保险人解除合同的,应当将已收取的保险费,按照合同约定扣除自保险责任开始之日起至合同解除之日止应收的部分后,退还投保人。[5]

3. 保险人的代位追偿权

我国《保险法》第60条第1款规定:"因第三者对保险标的的损害而造成保险事故的,保险人自向被保险人赔偿保险金之日起,在赔偿金额范围内代位行使被保险人对第三者请求赔偿的权利。"保险人的代位追偿权只适用于财产保险合同,不适用于人身保险合同。

(二)保险人承担的义务

1. 保险条款的说明义务

我国《保险法》第17条规定:"订立保险合同,采用保险人提供的格式条款的,保险人向投保人提供的投保单应当附格式条款,保险人应当向投保人说明合同的内容。对保险合同中免除保险人责任的条款,保险人在订立合同时应当在投保单、保险单或者其他保险凭证上作出足以引起投保人注意的提示,并对该条款的内容以书面或者口头形式向投保人作出明确说明;未作提示或者明确说明的,该条款不产生效力。"根据上述规定,保险人的说明义务是法定义务。

2. 赔偿或给付保险金的义务

发生保险事故,保险人应当履行赔偿或给付保险金的义务。保险金的赔偿或给付是保险人承担的主要义务。保险人收到被保险人或受益人的索赔请求后,在对被保险人或受益人提供的证明、资料进行审核、调查的基础上给予赔付。根据法律的规定,保险人承担保险责任或给付义务的条件是:

---

〔1〕参见《保险法》第27条第1款。
〔2〕参见《保险法》第27条第2款。
〔3〕参见《保险法》第37条第1款。
〔4〕参见《保险法》第51条第3款。
〔5〕参见《保险法》第52条第1款。

(1)必须是保险标的受到损害(在财产保险合同中)。

(2)必须是在承保范围内的财产,对于未承保的财产及间接损失,保险人不负赔偿责任。就人身保险而言,必须是保险人承保并在保险合同中列明的被保险人,否则,保险人没有支付保险金的义务。

(3)必须是由保险事故引起的。在各类保险合同中,只有发生保险事故并造成损失时,保险人才负赔偿或给付责任。

(4)保险金的给付,必须在保险合同规定的限额内。

(5)保险标的的损失必须是在保险期限内发生的。

3. 保密义务

根据我国《保险法》第116条的规定,保险人对在办理保险业务中知悉的投保人、被保险人的商业秘密负有保密的义务,不得向外界非法透露,否则会引致民事侵权责任。

4. 保险人的先予支付义务

根据我国《保险法》第25条的规定,保险人自收到赔偿或者给付保险金的请求和有关证明、资料之日起60日内,对其赔偿或者给付保险金的数额不能确定的,应当根据已有证明和资料可以确定的数额先予支付;保险人最终确定赔偿或者给付保险金的数额后,应当支付相应的差额。

5. 解约金的返还义务

保险合同解除时,保险人负有退还保险费或保险单现金价值的义务。对于财产保险合同来说,我国《保险法》第54条规定:"保险责任开始前,投保人要求解除合同的,应当按照合同约定向保险人支付手续费,保险人应当退还保险费。保险责任开始后,投保人要求解除合同的,保险人应当将已收取的保险费,按照合同约定扣除自保险责任开始之日起至合同解除之日止应收的部分后,退还投保人。"对于人身保险合同来说,我国《保险法》第37条第2款规定:"保险人依照前款规定解除合同的,应当按照合同约定退还保险单的现金价值。"

6. 拒赔时的通知义务

根据我国《保险法》第24条的规定,保险人依照本法第23条的规定作出核定后,对不属于保险责任的,应当自作出核定之日起3日内向被保险人或者受益人发出拒绝赔偿或者拒绝给付保险金通知书,并说明理由。

三、索赔和理赔

(一)索赔

索赔是被保险人在保险标的出险后,按照保险合同的有关规定,向保险人要求支付赔偿金的行为。索赔按下列程序进行:

1. 提出出险通知[1]

保险事故发生后，投保人、被保险人或受益人应将发生保险事故的时间、地点、原因及其他有关情况尽快通知保险人并提出索赔要求。同时，应当采取合理的施救、整理措施，并保护出险现场，接受保险人的检验，以便保险人能够正确、迅速地审核损失，给付赔偿。

2. 提供索赔证明

保险事故发生后，按照保险合同请求保险人赔偿或者给付保险金时，投保人、被保险人或者受益人应当向保险人提供其所能提供的与确认保险事故的性质、原因、损失程度等有关的证明和资料。[2] 如保险单、保险标的的原始单据、出险报告、损失鉴定证明、财产损失清单和施救费用等索赔单证。

3. 提出索赔请求

被保险人必须在法定的时间内行使索赔权，否则，将丧失对保险人的索赔请求权。我国《保险法》第26条规定："人寿保险以外的其他保险的被保险人或者受益人，向保险人请求赔偿或者给付保险金的诉讼时效期间为二年，自其知道或者应当知道保险事故发生之日起计算。人寿保险的被保险人或者受益人向保险人请求给付保险金的诉讼时效期间为五年，自其知道或者应当知道保险事故发生之日起计算。"

4. 领取保险赔偿金或保险金

经保险人对索赔资料审查，一旦符合规定，投保人、被保险人或受益人可以领取保险赔偿金或保险金。通常保险赔偿金或保险金以现金方式给付，但对于特殊标的或合同另有约定，保险人可以采用修复、重建或重置等形式赔偿。

（二）理赔

理赔是指保险人依据规定的工作程序处理被保险人所提出的索赔要求的行为。理赔按下列程序进行：

1. 立案检验

保险人接到出险通知后，应立即核对保险单，立案并派人到现场查勘，了解损失情况及原因。

2. 审核损失，赔付或拒绝赔付保险金

保险人须审核被保险人提供的单证是否齐全、真实，审核损失是否发生在保险有效期内，是否属于保险事故，是否在责任范围之内。针对投保人索赔时保险人以有关证明和资料不完整为借口拖延理赔的情况，我国《保险法》第22条第2款规定保险人应当"及时一次性"通知投保人、被保险人或者受益人补充提供，直指投保容易理赔难的顽症。

---

[1] 参见《保险法》第21条。

[2] 参见《保险法》第22条第1款。

根据我国《保险法》第23条和第24条的规定，保险公司在收到索赔申请后（除合同另有约定外），应当及时作出核定；情形复杂的，应当在30日内作出核定，并应将核定结果通知被保险人或者受益人。如果属于理赔范围，保险公司要在与被保险人或者受益人达成赔偿或者给付保险金的协议后10日内，履行赔偿或者给付保险金义务；对不属于保险责任的，应当自作出核定之日起3日内向被保险人或者受益人发出拒绝赔偿或者拒绝给付保险金通知书，并说明理由。

3. 损余处理

受灾的保险财产有时还有一定的价值，保险事故发生后，保险人已支付了全部保险金额，并且保险金额等于保险价值的，受损保险标的的全部权利归于保险人；保险金额低于保险价值的，保险人按照保险金额与保险价值的比例取得受损保险标的的部分权利。

◈ 思考题

1. 简述保险合同的特征和种类。
2. 保险合同的主体包括哪些人？他们各自的法律特征是什么？
3. 保险合同的主要条款有哪些？
4. 保险合同中投保人和保险人的义务分别是什么？
5. 受益人应该符合哪些条件？其法律地位如何？
6. 保险合同的终止有哪些原因？
7. 张平以自己为被保险人向某保险公司投保健康险，指定其子张华为受益人，保险公司承保并出具保单。两个月后，张平突发心脏病死亡。保险公司经调查发现，张平两年前曾做过心脏搭桥手术，但在填写投保单以及回答保险公司相关询问时，张平均未如实告知。试问保险公司是否有权解除保险合同。

第三十七章　人身保险合同

知识结构图

- 人身保险合同
  - 人身保险合同概述
    - 人身保险合同的概念和特征
    - 人身保险合同的分类
    - 人身保险合同的常见条款
  - 人身保险合同的主要类型
    - 人寿保险合同
    - 健康保险合同
    - 意外伤害保险合同

本章导读

本章主要介绍人身保险的基本知识。人身保险合同是以人的寿命和身体为保险标的的保险合同。人身保险投保人按照保险合同的约定向保险人交纳保险费，当被保险人死亡、伤残、疾病或者达到合同约定的年龄、期限等条件时由保险人承担给付保险金。人身保险具有定额给付性、长期性、储蓄性等特点。按照不同的标准可以将人身保险分为人寿保险、健康保险、人身意外伤害保险。人身保险与财产保险有着较大的差异，在学习本章内容时应注意各种险种自身的特点和保险责任范围以及除外责任的内容。

司考重点

人身保险合同的特点；人身保险合同的常见特殊条款的规定；人寿保险、健康保险、意外伤害保险的具体内容等

第一节　人身保险合同概述

人身保险最早出现在15世纪后期海上奴隶的贩运过程中，当时被长途贩卖的奴隶很容易在艰苦的海上航程中出现意外，因此欧洲的奴隶贩子就把运往美洲的非洲奴隶当作货物进行投保，如果这些被投保的奴隶遇到了意外伤害，就由保险人给予经济补偿。后来被保险人的范围慢慢扩大到船上的船员。17世纪中叶，意大利银行家伦佐·佟蒂提出了一项联合养老办法，规定参与者每人交纳一定数额的法郎，筹集起一定法郎的资金，按年龄把认购人分成若干群体，保险期满后平均每人每年支付一定比例作为养老金，年龄大些的可以获得比较多的分配额。这个办法后来被称为“佟蒂法”，并于1689年正式实行。

著名的天文学家哈雷在1693年以西里西亚的勃来斯洛市的市民死亡统计为基础，编制了第一张生命表，精确表示了每个年龄的死亡率，提供了寿险计算的依据。18世纪四五十年代，辛普森根据哈雷的生命表，做成依死亡率增加而递增的费率表。之后，陶德森依照年龄差等计算保费，并提出了“均衡保险费”的理论，从而极大地促进了人身保险的发展。1762年成立的伦敦公平保险社是真正根据保险技术基础而设立的人身保险组织。

一、人身保险合同的概念和特征

（一）人身保险合同的概念

我国《保险法》第12条第3款规定：“人身保险是以人的寿命和身体为保险标的的保险。”《保险法》按照保险标的的不同，将保险合同分为财产保险合同和人身保险合同两大类，财产保险合同以财产及其相关利益为保险标的，而人身保险合同以人的寿命和身体为保险标的。根据我国《保险法》第2条的规定，人身保险合同可以定义为：人身保险合同是以人的寿命和身体为保险标的的保险合同。投保人根据合同约定，向保险人支付保险费，当被保险人死亡、伤残、疾病或者达到合同约定的年龄、期限等条件时由保险人给付保险金。

（二）人身保险合同的特征

1. 保险标的人格化

按照我国《保险法》第12条第3款的规定，人身保险合同的保险标的是被保险人的寿命或者身体，以被保险人的寿命或者身体为存在形式的保险利益，属于被保险人的人格利益或者人身利益。但是被保险人具有限定性，特指已经出生而具有生命的自然人。所以，法人作为拟制的主体，未出生的胎儿以及死者，都不能作为被保险人。

2. 保险利益的特殊性

与财产保险不同，人身保险的保险利益取决于投保人与被保险人之间的关系。根据我国《保险法》第31条的规定,投保人对下列人员具有保险利益:(1)本人;(2)配偶、子女、父母;(3)前项以外与投保人有抚养、赡养或者扶养关系的家庭其他成员、近亲属;(4)与投保人有劳动关系的劳动者。除上述范围外,被保险人同意投保人为其订立合同的,视为投保人对被保险人具有保险利益。订立合同时,投保人对被保险人不具有保险利益的,合同无效。

3. 人身保险的保险事故涉及人的生死、健康

人身保险合同的保险事故可以是任何导致保险人对被保险人或者受益人承担给付保险金责任的各种法律事实,包括被保险人生存到保险期限、被保险人在保险期限内发生死亡、伤残、疾病和分娩等。

4. 保险期限的长期性

人身保险合同大都属于长期性合同,保险有效期可以持续几年甚至几十年、终身,因为人身保险合同是投保人借以转嫁人身寿命风险和身体风险的一种法律手段,人身存在的寿命风险和身体风险在人的一生中都存在。并且,被保险人的年龄越大,其寻求保险保障的需要越大,而其交费的能力却在下降,人身保险合同采取长期保险形式,有利于降低保险费用,增强对老年人的保障作用。

5. 人身保险具有储蓄和投资性质

人身保险在为被保险人提供危险保障的同时,兼有储蓄性的特点。由于人身保险合同主要是将投保人多次缴纳的保险费集中起来,构成人身保险责任准备金,而最终由保险人以保险金的形式返还给被保险人或受益人。投保人、被保险人多次缴纳的保险费汇集在一起,从而使人身保险单具有现金价值,在解除或终止人身保险合同时,投保人或被保险人可以请求保险人予以返还。特别是终身死亡保险和两全保险,其储蓄性非常强,储蓄保费的投资收益使投保人不仅可以获得危险的保障,还可以享受到投资所带来的收益。投资性则是人身保险长期性的派生特点,由于投资资金充裕且期限较长,保险人往往用其获得的长期稳定的保险费收入进行各种投资。

6. 保险费不得强制请求

投保人不按照人身保险合同的约定支付保险费,保险人不得以强制方式要求投保人支付保险费。我国《保险法》第38条规定:"保险人对人寿保险的保险费,不得用诉讼方式要求投保人支付。"就投保人而言,在应当支付保险费时可以选择缴纳保险费以维持合同,也可以选择不缴纳保险费以终止合同。

7. 保险金定额支付

保险标的的人格化使得人身保险的保险标的不能用具体的金钱价值来衡量。因而人身保险合同的保险金额无法以保险标的的价值作为依据,而是由保险人事先综合各种因素进行科学计算而规定固定的金额由投保人选择适用,或者由保险人与投保人协商确定一个数额,以此作为保险人给付保险金的最高限额。在发生约定的保险事故时,保险人向被保险人或者受益人,依照保险条款给付保险金。因此,人身保险合同中

约定的保险金额不构成人身保险合同的保险标的的价值,除非保险人限定或者法律规定人身保险合同的最高保险金额,投保人可以投保任何金额的人身保险,而不会发生像财产保险中的超额保险的问题。

8. 保险金义务履行的给付性

人身保险合同的保险保障功能,是通过保险人给付保险金来实现的。只要保险事故发生使被保险人死亡、生病或伤残,或者合同约定的期限届满,保险人即应按照约定的金额向被保险人或受益人给付保险金,而不以被保险人的实际损失为前提,也不论被保险人或受益人是否已从其他途径得到补偿。因此,人身保险不适用损失填补原则。

9. 人身保险不适用代位求偿权

我国《保险法》第46条规定:"被保险人因第三者的行为而发生死亡、伤残或者疾病等保险事故的,保险人向被保险人或者受益人给付保险金后,不享有向第三者追偿的权利,但被保险人或者受益人仍有权向第三者请求赔偿。"

二、人身保险合同的分类

(一)按投保的风险可以划分为人寿保险合同、意外伤害保险合同和健康保险合同

1. 人寿保险合同,即以被保险人的生命为保险标的,以生存、死亡或生死两全为给付保险金条件的人身保险合同。人寿保险是人身保险中最主要、最基本的种类。

2. 意外伤害保险合同,即以被保险人因遭受意外伤害事故造成死亡或残疾为保险事故的人身保险合同。

3. 健康保险合同,即以人的身体为对象,以被保险人在保险期限内因患病、生育所致医疗费用支出和工作能力丧失、收入减少及因疾病、生育、致残或死亡为保险事故的人身保险合同。

(二)按保险期间可以划分为长期保险合同和短期保险合同

1. 长期保险合同,即保险期限超过1年的人身保险合同,人寿保险合同大多属于长期保险合同。

2. 短期保险合同,即保险期限为1年或1年以下的人身保险合同,人身意外伤害保险中的许多险种均为短期保险,如航空旅客人身意外伤害保险,保险期限仅为一个航程。

(三)按保险产生的根据可以划分为自愿保险合同和强制保险合同

1. 自愿保险合同,即由投保人与保险人共同自愿协商订立的人身保险合同。

2. 强制保险合同,即根据有关法律的规定,强制投保人与保险人订立的人身保险合同。在西方发达国家,人身保险范围内的强制保险合同较多,而我国目前的人身保险业务,则以自愿保险合同居多。

(四)按投保主体可以划分为个人保险合同、联合保险合同和团体保险合同

1. 个人保险,即以一个人为保险对象的人身保险。

2. 联合保险,即将存在一定利害关系的两个或两个以上的人视为联合被保险人而同时投保的人身保险。联合保险中的一个被保险人死亡,保险金将给付给其他生存的人;如果保险期限内无一死亡,保险金给付给所有联合被保险人或其指定的受益人。

3. 团体保险,即以机关、团体、企事业单位或其他单位为承保对象,以单位名义投保并由保险人签发一份总的保险合同,保险人按合同规定向其单位中的成员提供保障的保险。团体保险有团体人寿保险、团体年金保险、团体意外伤害保险和团体健康保险等。

三、人身保险合同的常见条款

人身保险合同基于其特殊性,除应包含投保人、被保险人以及受益人的姓名和住所、保险责任、除外责任、保险金额、保险期限、保险费的交纳与保险金的给付等基本条款外,保险人在人身保险单上往往还订有以下一些常见条款。

(一)不可抗辩条款

所谓不可抗辩条款,是指保险合同成立一段时间后,保险人不得以投保人违反重要事实告知义务为由拒绝给付保险金或解除保险合同。保险人只能在一定期间内,以投保人和被保险人告知不实为理由解除合同,超过这一期限,保险人的这个权利即告丧失。一般2年内为可抗辩期,2年后即为不可抗辩期。

不可抗辩条款由古老的保证制度发展演变而来。保证是指投保人所作的关于其陈述完全符合事实的一项声明。“在保险业的发展初期,投保人所作出的所有声明均被视为保证。如果保险合同某个方面的声明不真实,即使投保人并不知情或者该项声明并不十分重要,保险合同也将被撤销。”[1]保证学说首先在海上保险中应用,后来逐渐进入寿险领域,但是保证学说在寿险领域的推行并不顺利。在当时如果寿险投保人保证的事实与其声明并非完全一致,法院认为保险人有权利随时宣布该寿险保险合同无效。人们发现它对受益人的权益有很大的负面影响。多数寿险属于长期保险,缴费期间和保险期间长达数年甚至数十年,即使投保人在投保当时作出无关紧要的错误声明,保险人也可以在数年甚至数十年后宣告保险合同无效,拒绝向受益人支付保险金。受益人可以向法院提起诉讼主张权利,但很难获得法院支持。因为受益人需对多年前的错误声明举出反证,而受益人可能对该错误声明一无所知,同时,作为声明人的投保人或者被保险人很可能已经死亡,致使证据无从寻觅。

在发达国家的保险业发展进程中,由于个别保险公司滥用合同解除权,拒不承担保险合同约定义务,侵犯保险消费者的合法利益,曾出现过严重的行业信任危机。为此,一些保险机构率先在保险合同条款中明确承诺适用“不可抗辩条款”,实现了消费者权利和义务的平等。“严格的保证制度使人们担心寿险保险人滥用权利,因而公众对保险人产生了不信任。为缓解这种不信任,英国的伦敦信用寿险公司1848年在其保

---

〔1〕[美]缪里尔·L.克劳福特:《人寿与健康保险》,周伏平等译,经济科学出版社2000年版,第374页。

险合同中增加了一项条款,规定该公司将在任何情况下放弃保险合同抗辩的权利。"[1]不可抗辩条款由此产生。而今在寿险合同中加入不可抗辩条款在西方保险业发达国家已经成为普遍现象。我国《保险法》对不可抗辩条款也有明确规定,如第16条第3款规定:"前款规定的合同解除权,自保险人知道有解除事由之日起,超过三十日不行使而消灭。自合同成立之日起超过二年的,保险人不得解除合同;发生保险事故的,保险人应当承担赔偿或者给付保险金的责任。"第32条第1款规定:"投保人申报的被保险人年龄不真实,并且其真实年龄不符合合同约定的年龄限制的,保险人可以解除合同,并按照合同约定退还保险单的现金价值。保险人行使合同解除权,适用本法第十六条第三款、第六款的规定。"

(二)自杀条款

我国《保险法》第44条规定:"以被保险人死亡为给付保险金条件的合同,自合同成立或者合同效力恢复之日起二年内,被保险人自杀的,保险人不承担给付保险金的责任,但被保险人自杀时为无民事行为能力人的除外。保险人依照前款规定不承担给付保险金责任的,应当按照合同约定退还保险单的现金价值。"这就是在人身保险中所特有的"自杀条款"。

保险法上规定的自杀条款其实是保险人的除外责任的表现,因为自杀情况一般是被保险人故意行为导致的,被保险人的故意行为导致保险事故发生的,不应当属于保险人的承保范围。将自杀列入保险人的免责条款也是为了防止被保险人发生道德危险,蓄意自杀企图通过保险方式为其受益人谋取巨额保险金。同时,出于保障受益人或被保险人家属利益的考虑,也不应该对自杀行为一律拒付保险金,必须对实际情况加以分析和判断。所以在大多人寿保险合同中都将自杀列入了保险责任的范围中,但规定是在保险合同生效的一定期限后,发生在被保险人身上的自杀行为,保险人才承担给付保险金责任。各国法律通常支持这一做法,有的学者遂将"自杀条款"称为"不完全免责条款"。

(三)宽限期条款

宽限期条款,又称交纳保险费宽限期条款,是指保险人和投保人在保险合同中约定的,允许投保人向保险人缓交保险费的期限的条款。宽限期条款设定的目的是不使保险合同轻易失效,巩固保险人的已有业务。因为人身保险合同一般都是长期性合同,并且多是分期交纳保险费,因而应在合同中明确第二次及以后各期应交纳保险费的数额与每次交款的间隔周期。由于保险费需要投保人几年甚至长达几十年不断地交纳,在长期的交费期间中,可能会有投保人并非故意不按时交纳保险费,而是因为疏忽或暂时经济困难等客观原因,未能按时交纳保险费的情况出现。如果保险人不给予一定时间的宽限,必然导致许多合同中途停效,进而失效终止,这对合同双方都是不利

---

[1] [美]缪里尔·L.克劳福特:《人寿与健康保险》,周伏平等译,经济科学出版社2000年版,第375页。

的。这对保险人而言,会影响保单的继续率,不利于稳定经营;对投保人而言,会因其客观原因(并非主观愿望)而使保险保障毁于一旦。

依照交纳保险费宽限期条款,投保人虽未在保险合同约定的交纳保险费的时间交费,但只要未超过宽限期,保险合同仍然继续有效。如果在交纳保险费宽限期内发生保险事故,不论投保人是否实际交纳保险费,保险人均应当承担保险责任,不过要从给付金额中扣除相应欠交保险费。但是,超过交费宽限期条款允许的期间,投保人不交纳保险费的,将导致保险合同效力中止或失效。宽限期限的产生有两种方式:(1)合同约定的期限,合同中如有约定的,双方当事人应遵守合同的约定;(2)法定的期限,如果合同没有约定的,即按照法律的规定。《保险法》第36条第1款规定:"合同约定分期支付保险费,投保人支付首期保险费后,除合同另有约定外,投保人自保险人催告之日起超过三十日未支付当期保险费,或者超过约定的期限六十日未支付当期保险费的,合同效力中止,或者由保险人按照合同约定的条件减少保险金额。"由此,我国的法定宽限期限为30天或60天。

(四)中止、复效条款

我国《保险法》第36条第1款规定:"合同约定分期支付保险费,投保人支付首期保险费后,除合同另有约定外,投保人自保险人催告之日起超过三十日未支付当期保险费,或者超过约定的期限六十日未支付当期保险费的,合同效力中止,或者由保险人按照合同约定的条件减少保险金额。"第37条第1款规定:"合同效力依照本法第三十六条规定中止的,经保险人与投保人协商并达成协议,在投保人补交保险费后,合同效力恢复。但是,自合同效力中止之日起满二年双方未达成协议的,保险人有权解除合同。"

由于保险人对人寿保险的保险费,不得用诉讼方式要求投保人支付,法律规定投保人未按规定缴付保险费的,合同效力中止,希望借此促使投保人及时缴费,并借此避免保险人既要承担保险责任又不能按期收取保费的尴尬后果。但是,保险人也不希望因合同效力中止而最终失去该保险业务,于是法律同时规定允许投保人依照一定的条件申请保险合同复效。按照我国《保险法》的规定和保险实践,投保人申请保险合同复效必须满足如下条件:(1)保险人与投保人就合同复效达成协议,即投保人提交复效申请书,保险人审核后表示同意。(2)投保人按照协议的约定补缴保费,若协议有加费约定,投保人还须同时缴付该加费。(3)复效协议自合同效力中止之日起2年内达成。但是,自合同效力中止之日起满2年双方未达成协议的,保险人有权解除合同。复效制度是人身保险合同的一项特殊的制度,人身保险合同复效制度的立法价值在于能够更加充分地满足保险合同各方当事人的利益需求,确保各自利益的充分实现。

(五)年龄误报条款

年龄误报条款是指人身保险投保时如果误报了被保险人的年龄,保险合同将根据实际真实年龄予以调整。根据最大诚信原则,投保人在办理投保手续时应当如实申报被保险人年龄。保险人对此一般不进行严格的审查,只有在保险事故发生后,保险人审核各种单证时才会核实被保险人的年龄。年龄误报条款的立法价值在于一方面平衡了保险法律关系双方当事人的利益,在保护保险人利益的同时,也有效地保证了投保人的合法权益;另一方面通过矫正保险中的瑕疵保险进而促进保险的发展,符合保险法律与保险事业发展的客观规律。

根据我国《保险法》第32条的规定,如果发生年龄误报,通常会产生如下的法律后果:

1.解除合同。投保人申报的被保险人年龄不真实,并且其真实年龄不符合保险合同约定的年龄限制的,保险人可以解除合同,并按照合同约定退还保险单的现金价值。此时保险人享有的解除权自保险人知道有解除事由之日起,超过30日不行使而消灭。自合同成立之日起超过2年的,保险人不得解除合同;发生保险事故的,保险人应当承担赔偿或者给付保险金的责任。但是如果保险人在合同订立时已经知道投保人未如实告知的情况的,保险人不得解除合同;发生保险事故的,保险人应当承担赔偿或者给付保险金的责任。

2. 保险费的更正、补交或者保险金的减少。投保人申报的被保险人年龄不真实,致使投保人支付的保险费少于应付保险费的,保险人有权更正并要求投保人补交保险费,或在给付保险金时按照实付保险费与应付保险费的比例支付。

3. 保险费的退还。投保人申报的保险人年龄不真实,致使投保人实付保险费多于应付保险费的,保险人应当将多收的保险费退还投保人。

(六)保险单现金价值条款

长期人身保险合同(如终身寿险和生死两全保险)具有保险单的现金价值,现金价值又称解约退还金、退保价值。在保险有效期内投保人要求退保或保险人解除保险合同时,保险人应按规定将提存的责任准备金扣除解约退保费用后的余额退还给投保人,这部分余额即解约金,也就是解除合同时保险单具有的现金价值。保险单具有现金价值是投保人能够进行保单贷款和行使不丧失价值选择权的前提,保单所具有的现金价值不得因投保人退保或者保单失效而丧失。

现金价值的产生与保费的计收方式直接相关。这是因为寿险保费由性质不同的两部分组成:一部分是作为保险金来源的保费,这是保险人为了自己将来支出的保险金而收取的,称为净保费或者纯保费。另一部分是补偿保险人在经营管理上必要开支的费用,称为附加保费。早期的保险曾经采用自然保费法计收净保费,它的数额按照每年被保险人出险率计算得出。在人寿保险中,被保险人的年龄越大,死亡率越高,净保费就越高,这使人到老年时,由于保险费负担过重,交不起保费而失去保险保障。为了克服这一缺点,保险人开始采用均衡保费法计收净保费,把每年计算一次的自然保费在长期内平均化,使得投保人可以每隔一段时期缴纳相等数额的保费。在均衡保费法下,一方面,投保人在被保险人年轻时缴纳的净保费与该年龄段较低的死亡率不匹配，保险人早期收取的净保费将超过保单当年的索赔金额；另一方面，投保人在被保险人年老时缴纳的净保费与该年龄段较高的死亡率不匹配，保险人后期收取的净保费将不足以支付保单当年索赔金额。

保险人必须将早期多收的部分净保费提取出来，设立责任准备金以弥补后期之不足。可以认为，责任准备金实质上是投保人的储蓄，是保险人对投保人的一种负债，在退保时应当予以返还。但是，在确定具体的返还数额时还需考虑费用因素。经营保险业务需要大量费用支出，保险人往往通过逐期收取附加保费的方法将这些费用支出在缴费期间内进行摊销，但投保人有权利随时中断保险计划，要求退保而不再继续缴费，这将导致保险人所收取的附加保费在数值上低于保险人已经支出的费用额。为填补费用支出缺口，保险人在投保人退保时将不返还全部的责任准备金，而是返还责任准备金扣减被称为解约退保费用的特定费用支出后的余额，即现金价值。用公式表示，即为：现金价值 = 责任准备金 - 解约退保费用。

保险经营费用支出在缴费期间内进行摊销，并不意味着每期摊销的数额都相等。由于前期需要付给代理人高额佣金，保险人通常在缴费期的前两年内摊销更多的费用，这使得责任准备金扣减解约退保费用后的余额可能为零，即没有现金价值。我国《保险法》第 37 条第 2 款、第 43 条第 1 款、第 44 条第 2 款、第 45 条、第 47 条均规定，投保人投保或者保险人解除保险合同时，投保人已交足 2 年以上保费的，保险人应退还保单的现金价值。

（七）受益人条款

受益人是指人身保险合同中由被保险人或者投保人指定的享有保险金请求权的人。投保人、被保险人可以为受益人。人身保险的受益人由被保险人或者投保人指定。投保人指定受益人时须经被保险人同意。投保人为与其有劳动关系的劳动者投保人身保险，不得指定被保险人及其近亲属以外的人为受益人。被保险人为无民事行为能力人或者限制民事行为能力人的，可以由其监护人指定受益人。被保险人或者投保人可以指定一人或者数人为受益人。受益人为数人的，被保险人或者投保人可以确定受益顺序和受益份额；未确定受益份额的，受益人按照相等份额享有受益权。被保险人或者投保人可以变更受益人并书面通知保险人。保险人收到变更受益人的书面通知后，应当在保险单或者其他保险凭证上批注或者附贴批单。投保人变更受益人时须经被保险人同意。如果没有指定受益人，或者受益人指定不明无法确定或受益人先于被保险人死亡，且没有其他受益人或受益人依法丧失受益权或放弃受益权，也没有其他受益人的，被保险人死亡后的保险金视为被保险人的遗产，由其继承人领取。受益人与被保险人在同一事件中死亡，且不能确定死亡先后顺序的，推定受益人死亡在先。

（八）人身保险合同的除外责任

人身保险合同的除外责任的范围包括：

1. 投保人故意造成被保险人死亡、伤残或者疾病的,保险人不承担给付保险金的责任。投保人已交足2年以上保险费的,保险人应当按照合同约定向其他权利人退还保险单的现金价值。

2. 受益人故意造成被保险人死亡、伤残、疾病的,或者故意杀害被保险人未遂的,该受益人丧失受益权。

3. 以被保险人死亡为给付保险金条件的合同,自合同成立或者合同效力恢复之日起2年内,被保险人自杀的,保险人不承担给付保险金的责任,但被保险人自杀时为无民事行为能力人的除外。保险人在不承担给付保险金责任的情形下,应当按照合同约定退还保险单的现金价值。由此可见,以被保险人死亡为给付保险金条件的合同,自合同成立或者合同效力恢复之日起满2年后,被保险人自杀的,保险人应当按合同约定承担给付保险金的责任。

4. 因被保险人故意犯罪或者抗拒依法采取的刑事强制措施导致其伤残或者死亡的,保险人不承担给付保险金的责任。投保人已交足2年以上保险费的,保险人应当按照合同约定退还保险单的现金价值。

(九)保险费条款

投保人可以按照合同约定向保险人一次支付全部保险费或者分期支付保险费。合同约定分期支付保险费的,投保人支付首期保险费后,应当按合同约定按期支付其余各期的保险费。

(十)保险金给付条款

给付保险金,是保险人在保险合同约定的保险事故发生时,或者其他给付保险金的条件具备保险法的规定或者人身保险合同的约定所承担的基本义务。保险人应当向被保险人或者受益人给付保险金。保险合同约定或者投保人或者被保险人指定有受益人的,在发生保险事故时,保险人应当依照约定向受益人支付保险金。

(十一)战争条款

战争条款是指在人身保险合同有效期间,如果被保险人因战争或军事行动死亡或残废,保险人不承担给付保险金的责任的条款。一般而言,在战争中容易导致大规模的人员伤亡,战争所致的死亡率或者损失程度是比较高的,而且难以预料。如果不把战争作为除外责任,在战争爆发前或爆发中,必然会有大量的军人投保。因此,为了稳定保险人的经营,在人身保险合同中规定战争条款是必要的。我国《保险法》对战争所致的死亡,保险人是否承担给付保险金的责任没有规定,通常由投保人和保险人在合同中约定。一般情况下,保险人不承担给付因战争所致死亡的保险金的责任。

第二节　人身保险合同的主要类型

我国《保险法》第95条第1款第1项规定:“人身保险业务,包括人寿保险、健康保险、意外伤害保险等保险业务。”本节内容主要介绍人身保险合同的这三种主要类型。

一、人寿保险合同

(一)人寿保险合同的概念

人寿保险合同是投保人和保险人约定,被保险人在合同规定的年限内死亡,或者在合同规定的年限届满时仍然生存,由保险人按照约定向被保险人或者受益人给付保险金的合同。最初的人寿保险是为了保障由于不可预测的死亡而可能造成的经济负担,后来人寿保险中引进了储蓄的成分,所以对在保险期满时仍然生存的人,保险公司也会给付约定的保险金。人寿保险合同的标的为被保险人的寿命,保险事故为被保险人的生存或者死亡,被保险人在约定的期限内死亡,或者生存到保险期限届满时,保险人依约承担给付保险赔偿金的责任。

(二)人寿保险合同的险种

以人寿保险承保的保险事故为标准,人寿保险分为死亡保险、生存保险和生死两全保险。

1. 死亡保险

死亡保险是指以被保险人在保险有效期内死亡为保险公司给付保险金条件的保险。死亡保险又可根据保险的期限分为终身保险和定期保险。终身保险是指以被保险人的终身为保险期限,不论被保险人何时死亡,保险人均给付保险金的保险。定期保险是指投保人和保险人约定一定期限为保险期间,被保险人在保险期限内死亡时,保险人给付保险金的保险。

死亡保险合同是以被保险人死亡为给付保险金条件的合同。由于死亡保险要在被保险人死亡后给付,死亡保险不可能由被保险人本人领受,而只能由其他人受益,所以有可能发生为了获取保险金而故意致被保险人死亡的事件。若诱发故意致被保险人死亡的事件,显然违背人身保险的宗旨。为了防止上述事件的发生,各国法律均对投保死亡保险有所限制。我国《保险法》第33条、第34条对于死亡保险的被保险人条件、合同的订立、保险金额、保险单的转让或质押,作出了一些限制性的规定。第33条规定:“投保人不得为无民事行为能力人投保以死亡为给付保险金条件的人身保险,保险人也不得承保。父母为其未成年子女投保的人身保险,不受前款规定限制。但是,因被保险人死亡给付的保险金总和不得超过国务院保险监督管理机构规定的限额。”第34条规定:“以死亡为给付保险金条件的合同,未经被保险人同意并认可保险金额的,合同无效。按照以死亡为给付保险金条件的合同所签发的保险单,未经被保险人书面同意，不得转让或者质押。父母为其未成年子女投保的人身保险，不受本条第一款规定限制。”

2. 生存保险

生存保险是指以被保险人在保险期限内的生存为保险事故的保险。在保险人生存到保险期限届满时，保险人按照合同的约定给付保险金。如果被保险人在保险期限内死亡，保险合同失效，保险人不承担给付保险金的责任。因此，生存保险的给付，是以被保险人的生存为条件。生存保险是建立在储蓄的基础上。生存保险主要有终身年金保险和定期年金保险两类。

3. 生死两全保险

生死两全保险又称为生死合险，也就是无论被保险人在保险期内死亡，或保险期满时仍然生存，都由保险公司依保险合同给付约定的保险金。这种保险，或者以生存保险为基础而对保险金的给付附以死亡条件，或者以死亡保险为基础而对保险金的给付附以生存条件。

二、健康保险合同

（一）健康保险合同的概念

健康保险合同又称为疾病保险合同，是指投保人和保险人约定，被保险人在保险有效期内发生疾病、生育或因疾病、生育而致死、致残或丧失劳动能力时，保险人承担给付保险金责任的保险合同。

（二）健康保险合同的分类

根据承保风险的不同，健康保险合同可以分为医疗给付保险合同、工资收入保险合同和死亡与残疾健康保险合同。

1. 医疗给付保险合同

医疗给付保险合同是指大额医疗费支出保险合同。因为一般医疗给付保险的作用，在于保障大额医疗费用支出，而不在于补偿轻微疾病所致的低额医疗费用支出，所以轻微疾病所致的低额医疗费用支出不作为健康保险合同的标的。保险人在医疗给付保险合同中给付的保险金一般包括住院费、检查费、治疗费、手术费、护理费和药品费等。

2. 工资收入保险合同

工资收入保险合同是指投保人支付保险费，约定被保险人因疾病或者分娩造成无法从事正常工作，造成不能取得工资收入或者完全丧失劳动能力时，由保险人承担给付保险金责任的人身保险合同。工资收入保险合同的保险金给付，以被保险人丧失劳动能力为条件，给付具有一定的期限，在这一期限内被保险人可以得到平均工资一定百分比的保险金给付。

3. 死亡与残疾健康保险合同

死亡与残疾健康保险合同是指被保险人因疾病、分娩而造成死亡或伤残的，保险人依合同约定给付保险金的健康保险合同。

健康保险合同与人寿保险合同均属于人身保险合同的范畴,它们既有相同之处,又有较大区别。它们的区别具体表现如下:

(1)保险事故不同。人寿保险合同的保险事故是人的生存或死亡,而健康保险合同却以疾病、分娩及其所致的残废或死亡为保险事故。人寿保险合同保险金的给付,以被保险人在一定条件下死亡或生存为条件,而健康保险合同以疾病、分娩或因疾病、分娩而死亡、残废为保险金给付条件。

(2)保险费的计算方法不同。人寿保险合同的保险期限较长,投保人每次所交的保费从数额上说应当是相等的。经过一定期间后,保险单应当具有其现金价值。保险合同时间越长、保险费率越高,保险单的现金价值就越大。而健康保险合同,期限通常比较短,保险费也多一次交付,保险单一般不具有现金价值。

(3)保险金额不同。人寿保险合同是定额保险合同,其保险金额在订立时就已经约定并载明。健康保险合同的保险金额,有的在合同中约定,有的在保险事故发生后约定,根据被保险人疾病或身体健康的状况决定,它可能取决于医疗费、收入的减少等具体损失数额。因此,人寿保险合同是具有储蓄性质的保险合同,在保险合同期满时,应当给付保险金。而健康保险合同,其中相当一部分具有损失补偿性,主要根据被保险人因保险事故受到的损失进行补偿;在期满时,不进行保险金给付,也不退还保费。

三、意外伤害保险合同

(一)意外伤害保险的概念

意外伤害保险合同,又称意外事故保险合同,是指投保人和保险人约定的,在被保险人遭受意外伤害或者因意外伤害而致残、死亡时,由保险人依照约定向被保险人或者受益人支付保险金的保险。

(二)意外伤害保险的种类

按被保险人的范围分类,可以分为普通意外伤害保险合同和特种意外伤害保险合同。

1.普通意外伤害保险

普通意外伤害保险又称一般意外伤害保险,是适用于被保险人为单个自然人的一种意外伤害保险。其是指个人为被保险人,若在保险期间内发生意外伤害事故,保险人依照约定,向被保险人或者受益人给付保险金的保险。普通伤害保险一般为短期保险,保险期间为1年或者低于1年。普通意外伤害保险的给付,包括因为伤害致死的死亡保险金给付和因为伤害致残的残废保险金给付;经保险合同当事人的协议,普通意外伤害保险可以附加医疗保险金给付。

2.特种意外伤害保险

特种意外伤害保险通常为某种特殊需要或特种危险而承保,保险期限一般较短,多是1年以下的短期或某一事项的过程。特种意外伤害保险合同的保险范围仅限于特种原因或特定地点所造成的伤害，主要包括旅游意外伤害保险合同、交通事故意外伤害保险合同和电梯乘客意外伤害保险合同等。

需要指出的是，并非一切原因造成的意外伤害都是可保风险，意外伤害保险合同也存在免责范围。对于违反法律规定或社会公共利益的行为而导致的意外伤害，保险公司不予承担保险责任。

思考题

1. 人身保险合同有哪些特点？

2. 人身保险合同的特殊条款有哪些？

3. 人身保险合同有哪些分类？

4. 意外伤害险的除外责任有哪些？

5. 人寿保险的具体险种有哪些？

6. 健康保险的具体险种有哪些？

7. 甲于2014年1月20日经其婆婆乙同意后为乙投了一份简易人身保险，指定受益人为乙之孙、甲之子丙，丙当时10岁。保险费从甲的工资中扣交。交费半年后，甲与乙之子丁离婚，法院判决丁享有对丙的抚养权。离婚后甲仍自愿按每月从自己工资中扣交这笔保险费，从未间断。2015年9月11日乙病故，10月甲向保险公司申请给付保险金，认为自己是投保人，一直交纳保险费，而且自己是受益人丙的母亲；与此同时，丁提出本保险合同的受益人是丙，自己作为丙的监护人，这笔保险金应由他领取；保险公司则以甲因离婚而对乙无保险利益为由拒绝给付保险金。试回答以下问题：

(1)甲要求给付保险金的请求是否合法？为什么？

(2)丁要求给付保险金的请求是否合法？为什么？

(3)保险公司拒付的理由是否成立？为什么？

(4)本案应当如何处理？为什么？

第三十八章　财产保险合同

◇ 知识结构图

- 财产保险合同
  - 财产保险合同概述
    - 财产保险合同的概念和特征
    - 财产保险合同的种类
    - 代位求偿权
    - 重复保险
  - 财产保险合同的主要类型
    - 财产损失保险合同
    - 责任保险合同
    - 保证保险合同
    - 信用保险合同

◈ 本章导读

本章是关于财产保险法律知识的介绍。财产保险是以财产及其有关利益为保险标的的保险。由于保险标的的特殊性，财产保险在保单条款、法律规定方面均有许多独特之处。随着经济的发展，财产保险的范围越来越广泛，除了基本的财产损失险以外，又创立了责任保险、保证保险等众多险种。本章介绍了常见的财产保险类型，要求学生掌握财产保险的主要原理，并对主要的财产保险险种有一个基本了解，还需要对代位求偿制度、委付制度、重复保险制度有比较深入的学习和掌握。

◉ 司考重点

财产保险合同的特征；财产保险合同当事人的权利与义务；保险事故的处理；保险人的代位求偿权；委付制度；重复保险制度等

第一节　财产保险合同概述

一、财产保险合同的概念和特征

(一)财产保险合同的概念

财产保险合同是指以财产及其有关利益为保险标的的保险合同。财产保险的范围最初仅限于具有客观实体的物,所以又称为“对物的保险”或“损害保险”。后来,随着社会经济生活的发展,财产保险的范围逐渐扩大到了无形的财产,即与财产有关的利益。

(二)财产保险合同的特征

财产保险合同作为保险合同中的一大类别,除具有一般保险的共同特征外,还具有自己的一些特点,具体表现为:

1. 财产保险合同的标的是财产及其有关利益

财产保险合同的保险标的为财产及其有关利益,这既是财产保险合同区别于人身保险合同的根本特征,也是财产保险合同其他特征赖以存在的基础。财产保险合同以财产及其有关利益作为其标的,决定了这种保险标的可以随其所有权的转移而转移。

2. 财产保险合同是典型的补偿性保险合同

首先,财产保险合同严格适用填补损害原则,无损失即无赔偿。财产保险只是对危险所造成的损失给予经济补偿,赔偿数额也不得超过其实际损失,从这个意义上说,财产保险不能成为任何人谋利的工具。其次,由于财产保险的标的是物质财产及其有关的利益,它的损失是可以用价值形式表现的,可用货币进行衡量的。对于危险事故所造成的经济损失,可以通过估价等办法来确定,补偿方法主要是通过货币的支付。因此,危险事故所导致的损失,必须在经济上能够计算价值,否则保险的补偿难以实现。

3. 财产保险合同实行保险责任限定制度

财产保险合同保险金额的确定以保险标的的价值为依据,在财产保险合同中,保险人的保险责任以保险合同约定的保险金额为限,超过合同约定的保险金额的损失,保险人不负保险责任。保险标的的保险价值可以由投保人和保险人约定并在合同中载明,也可以按照保险事故发生时保险标的的实际价值确定。就保险金额的约定而言,保险金额不得超过保险价值,超过保险价值的,超过的部分无效。保险金额低于保险价值的,除合同另有约定的外,保险人按照保险金额与保险价值的比例承担赔偿责任。

4. 财产保险合同具有周期性短的特征

财产保险合同通常以1年为限,1年以上的长期性保险合同较少。财产保险合同到期后,经双方当事人协商一致可以续保。1年的期限是指从约定起保的当日零时起,到保险期限届满之日的24时止。相比较之下,人身保险的期限则根据不同的保险类型有很大的变化,如为空中索道提供的人身意外伤害保险,期限可能只有几分钟,航空人身意外伤害保险的保险期限一般在几小时到几十小时之间,但是人寿保险的保险期限可能会从几年到几十年不等。

5. 财产保险合同适用保险代位原则

在财产保险中如果事故的发生是由第三人造成的,被保险人有权向该责任者请求损害赔偿,为了避免被保险人获得双重赔偿,被保险人只能获得选择权,或者请求保险人赔偿,或者请求第三人赔偿。如果被保险人从保险人那里获得了赔偿,那么,他必须将对第三人的求偿权让渡给保险人,保险人获得代位求偿权。我国《保险法》第 60 条第 1 款规定:"因第三者对保险标的的损害而造成保险事故的,保险人自向被保险人赔偿保险金之日起,在赔偿金额范围内代位行使被保险人对第三者请求赔偿的权利。"

二、财产保险合同的种类

对财产保险合同的分类,也是对财产保险的分类,通常有很多分法。由于进行分类的不同需要,以及对保险的不同划分标准,财产保险合同的种类可谓林林总总,很难全面列举。以保险标的为标准,可以将财产保险合同分为财产损失保险合同、责任保险合同、信用保险合同和保证保险合同。

(一)财产损失保险合同

财产损失保险合同是指以补偿财产的损失为目的的保险合同,其保险标的限于以物质形式存在、可以用货币价值衡量的财产。财产损失是指某一财产的毁损、灭失所导致的财产价值的减少或丧失,包括直接物质损失以及因采取施救措施等引起的必要、合理的费用支出。具体又可分为企业财产保险合同、家庭财产保险合同、运输工具保险合同、货物运输保险合同以及农业保险合同等。

(二)责任保险合同

责任保险合同是指以被保险人对第三者依法应负的赔偿责任为保险标的的保险合同。这种保险以第三者请求被保险人赔偿为保险事故,以被保险人向第三者应赔偿的损失价值为实际损失。责任保险包括的范围十分广泛,从内容上看,主要包括机动车第三者责任险、公众责任保险、产品责任保险、雇主责任保险、职业责任保险等类型。

(三)信用保险合同

信用保险合同是以信用交易中债务人的信用作为保险标的,在债务人未能如约履行债务清偿义务而使债权人遭受经济损失时,由保险人向债权人提供风险保障的一种保险合同。按保险标的性质的不同,可以将信用保险分为商业信用保险、银行信用保险和国家信用保险。按保险标的所处地理位置的不同,可以将信用保险分为进口信用保险和出口信用保险。

(四)保证保险合同

保证保险合同是指由商品交易活动的债务人向保险人投保并交纳保险费,而保险人则以债权人作为被保险人向其提供保险保障,当债务人不履行债务给债权人造成经济损失时由保险人负责赔偿的一种财产保险合同。保证保险主要包括诚实保证保险与确实保证保险等险种。

三、代位求偿权

代位求偿权，又称代位追偿权，是指在财产保险中，保险人在履行保险合同并赔偿被保险人的损失后，所取得的在其赔付保险金的限度内要求被保险人转让其依法享有的向造成损失的第三者（责任人）请求赔偿的权利。代位求偿权是由保险法的损失补偿原则派生出来的。当第三人的行为造成保险标的损害而引起保险事故时，被保险人一方面因保险事故的发生而取得对保险人的保险赔偿请求权；另一方面又作为第三人行为的受害者而取得对第三人的损害赔偿请求权。为贯彻损失补偿原则，被保险人如果行使保险赔偿请求权，就必须将其对第三人的损害赔偿请求权让渡给保险人代位行使。

（一）代位求偿权的构成要件

我国《保险法》第60条第1款规定："因第三者对保险标的的损害而造成保险事故的，保险人自向被保险人赔偿保险金之日起，在赔偿金额范围内代位行使被保险人对第三者请求赔偿的权利。"依此规定，保险人行使代位求偿权的要件为：

1. 第三人对保险事故的出现负有损害赔偿责任

保险人要行使代位求偿权必须满足：(1)保险事故必须是由第三者造成的，第三人的行为可以是违约、侵权、不当得利等可以产生债权请求权的行为，也可以是犯罪行为、违法行政行为；(2)根据法律或合同规定，第三者对保险标的的损失负有赔偿责任；(3)被保险人对该第三人享有赔偿请求权。

2. 保险标的损失原因属于保险责任范围

保险标的损失虽然是由第三人造成，但是仍属于保险责任的范围内，保险人对此负有赔偿义务。如果损失发生原因属于除外责任，那么保险人没有赔偿义务，也就不会产生代位求偿权。

3. 保险人已向被保险人支付保险赔偿

保险赔偿可以是全部的，也可以是部分的，保险人在未向被保险人支付赔偿前不得行使代位求偿权。对第三者的赔偿请求权转移的时间界限是保险人已经支付了赔偿金。这种转移是基于法律规定，不需要被保险人授权或第三者同意，只要保险人已向被保险人支付保险赔偿，请求权便自动转移给保险人。

4. 代位求偿权的数额以支付的保险金额为限

保险人行使代位求偿所得的金额不得超出保险人已支付的保险金额。对于超过保险人已支付的保险金额以外的部分，保险人无权要求第三人赔偿，求偿权仍由被保险人所享有。

（二）代位求偿权的行使

1. 代位求偿权的行使范围

我国《保险法》第60条第1款规定："因第三者对保险标的的损害而造成保险事故

的,保险人自向被保险人赔偿保险金之日起,在赔偿金额范围内代位行使被保险人对第三者请求赔偿的权利。"可见,我国保险法所规定的代位求偿权存在于财产保险中。同时,《保险法》第46条的规定则表明了我国现行立法中代位求偿权只适用财产保险而不能适用于人身性质的保险。[1]

财产保险合同的性质是属于补偿性的合同,在财产保险中以损失补偿为原则;而人寿保险合同属于定额保险合同,不存在超额投保的情形,而且也不受重复投保的限制,它的性质是属于给付性的保险合同,因而不能适用损失补偿原则,不存在保险代位求偿的问题。同时,在财产保险合同中,被保险人对保险标的具有可以以金钱来衡量的现有利益,还可以因现有利益而产生期待利益、责任利益;而人寿保险中体现的保险利益是建立在被保险人的法定身份关系或者经济上切身利害关系的基础上的,该种利益是无法用金钱来估价的。另外,由于人寿保险关系中,在发生保险事故时,被保险人或者其他受益人享有的对致害第三人的请求赔偿权是专属的,具有人身性,不能转让给他人,因此,在人寿保险中不能适用保险代位求偿权。

2. 保险代位求偿的对象限制

一般情况下,任何对保险标的损害负有赔偿责任的第三人,都可以成为保险人代位求偿的对象。但同时,各国保险法也都对代位求偿的对象有所限制。第三者通常不包括被保险人一定范围的亲属或雇员,除非是由他们的故意行为引起保险事故。我国《保险法》第62条规定:"除被保险人的家庭成员或者其组成人员故意造成本法第六十条第一款规定的保险事故外,保险人不得对被保险人的家庭成员或者其组成人员行使代位请求赔偿的权利。"在这里对"家庭成员或者其组成人员"应作广义理解,家庭成员应包括与被保险人共同生活的配偶和亲等较近的血亲或者姻亲,组成人员指为被保险人的利益或者受被保险人的委托与被保险人存在某种特殊法律关系而进行活动的人,包括代理人、合伙人。

3. 对代位求偿权的保护规则

(1)保险事故发生后,在保险人未赔偿保险金之前,被保险人放弃对第三者的赔偿请求权的,保险人因此不再承担赔偿保险的责任。被保险人无论以何种方式放弃对第三者的请求权,例如通过和解协议的方式,或者单方声明放弃的方式,均产生上述后果。

(2)保险人向被保险人承担了赔偿保险金的责任后,被保险人未经保险人同意而放弃对第三者的赔偿请求权的,该放弃行为无效,对保险人无约束力,保险人仍然可以向第三者行使请求权。

---

[1] 《保险法》第46条规定:"被保险人因第三者的行为而发生死亡、伤残或者疾病等保险事故的,保险人向被保险人或者受益人给付保险金后,不享有向第三者追偿的权利,但被保险人或者受益人仍有权向第三者请求赔偿。"

(3)根据《保险法》第61条第3款的规定,如果被保险人故意或者因重大过失而致使保险人无法或不能行使代位求偿权的,若保险人尚未支付保险赔偿金,保险人可以相应地扣减部分保险金;若保险人已经支付保险赔偿金的,保险人可以要求被保险人返还相应的保险金。

(4)保险事故发生后,被保险人已经从第三者取得损害赔偿的,保险人在承担保险赔偿金时可以相应扣减被保险人已经获得赔偿的部分的赔偿金。

四、重复保险

重复保险是指投保人对同一保险标的、同一保险利益、同一保险事故分别与两个以上保险人订立保险合同,且保险金额总和超过保险价值的保险。[1] 我国《保险法》把重复保险规定在财产保险合同项下而非总则中可以看出,重复保险仅适用于财产保险,而不适用于人身保险,这是由财产保险的补偿性质所决定的。

在投保人进行重复保险的情形下,虽然每一个保险合同中的保险金额并未超过保险标的的保险价值,但由于各个保险合同的保险标的都相同,各个保险合同的保险金额累计起来,其总和就有可能超过保险价值,形成超额保险。由于财产保险以赔偿金额不超过实际损失为原则,因此,《保险法》第56条第2款明确规定了重复保险赔偿的一项基本原则,即重复保险的各保险人赔偿保险金的总和不得超过保险价值。这一制度的基本意义在于防止被保险人利用重复保险谋取超过保险价值的不当利益。同时为了使重复保险合同的各保险人合理分担保险赔偿金额,我国《保险法》第56条第2款还规定,除合同另有约定外,各保险人按照其保险金额与保险金额总和的比例承担赔偿保险金的责任。

第二节　财产保险合同的主要类型

我国《保险法》第95条第1款第2项规定:"财产保险业务,包括财产损失保险、责任保险、信用保险、保证保险等保险业务。"本节内容将这四种财产保险合同做一介绍。

一、财产损失保险合同

财产损失保险合同是指以补偿财产的损失为目的的保险合同,其保险标的限于有形财产。财产损失保险合同是财产保险合同中的一个组成部分,其具体又可分为企业财产保险合同、家庭财产保险合同、运输工具保险合同、货物运输保险合同以及农业保险合同等。

(一)企业财产保险合同

企业财产保险是以企业存放在固定地点的财产为保险标的的保险业务。企业财

[1] 参见《保险法》第56条第4款。

产保险是目前我国保险业务中的主要险种之一，适用范围十分广泛，任何性质的企业都可以投保。企业财产保险合同是指企业作为投保人以其自己所有或者经营管理的财产或者以与其有利害关系的他人的财产为保险标的，向保险人缴纳保险费，由保险人依照保险合同的约定负担被保险财产的毁损、灭失风险责任的合同。

企业财产保险合同的标的可以是有形的动产或者不动产。具体表现为如下财产：房屋、建筑物及附属装修设备；建造中的房屋、建筑物和建筑材料；机器及设备；工具、仪器及生产设备；交通运输工具；管理用具及低值易耗品；原材料、半成品；在产品、产成品、库存商品；账外或摊销的财产等。下列财产不在企业财产的保险范围内：土地、矿藏、森林、水产资源以及未经收割和收割后尚未入库的农产品；货币、票证、有价证券、文件、账册、图表、技术资料以及无法鉴定其价值的财产；违章建筑、非法占用以及正处于危险状态下的财产；在运输过程中的物资。

在企业财产保险中，保险人承担被保险财产的风险责任为自然灾害事故，一般包括：火灾；爆炸；雷击；暴风、龙卷风、暴雨、洪水、海啸；地震、地陷、崖崩；雪灾、雹灾、冰凌；泥石流；空中运行物体的坠落等，以及被保险人在发生保险事故时，为了抢救财产或者防止灾害蔓延，采取合理的必要措施而造成的被保险财产的损失。保险人不承担保险责任的除外责任范围包括：战争风险、军事行动或暴力行为；核风险；道德风险；间接损失；保险标的自身瑕疵；未经采取防护措施的暴风、雨、雪损失；当事人之间特约的其他事件。

（二）家庭财产保险合同

家庭财产保险合同是保险人以被保险人的家庭财产为保险标的，在保险标的发生保险事故而受损失时，依照保险合同的约定承担赔偿责任的保险合同。我国从 1981 年开始办理家庭财产保险。但由于家庭财产保险具有涉及面广、业务分散、工作量大、保费收入零星、广大公民保险意识淡薄等特点，发展较缓慢。目前我国家庭财产保险的种类主要包括家庭财产个人保险合同、家庭财产团体保险合同和家庭财产两全保险合同。（1）家庭财产个人保险合同，是指城乡居民以其自有的家庭财产为保险标的，向保险人支付一定数额的保险费，在被保险财产发生保险合同约定的损失时，由保险人负责赔偿损失的保险。（2）家庭财产团体保险，是指城乡居民（被保险人）的所在单位（投保人）以被保险人自有的、共有的或者照管的家庭财产为标的，以集体为单位向保险人支付一定数额的保险费，在被保险财产发生保险合同约定的损失时，由保险人向被保险人负责损害赔偿的保险。（3）家庭财产两全保险，是在长期有效的家庭财产还本保险基础上，对赔付条款进行修改后产生的新险种，是一种包含储蓄保底概念的保险险种。该保险期限一般分为 3 年、5 年和 10 年，每千元财产一次性交纳保险储金 50 元，到期后无论是否在保险期内发生过赔款，保险公司都将向投保者如数退还全部储金。如在保险有效期内发生保险责任事故，一次赔偿可达到约定保险金额的最高限度，但若重复出险，则保险公司不负责重复多次赔偿。与长效家庭财产还本保险相比，家庭财产两全保险对出险的一次性赔付金额较大,但不能反复赔付。

(三)运输工具保险合同

运输工具保险合同,是指运输工具的所有人或者经营管理人以运输工具作为保险标的,向保险人缴纳一定数额的保险费,保险人根据约定在保险事故发生时承担保险责任的合同,包括机动车辆保险、船舶保险、飞机保险以及铁路机车保险、卫星保险、自行车保险等。

(四)货物运输保险合同

货物运输保险,是指货物的托运人向承运人交运货物时,向保险人支付保险费,在被保险货物发生保险合同约定的损失时,由保险人负责赔偿损失的保险。货物运输保险的目的在于补偿被保险货物在运输过程中因自然灾害或者意外事故所造成的经济损失,以加强对运输货物的安全防损工作。货物运输保险合同运用于所有的货物运输,包括水路货物运输、公路货物运输、铁路货物运输、航空货物运输以及海洋货物运输等方面。

(五)农业保险合同

农业保险合同,是指农业生产者以其种植的农作物或者养殖的畜禽等为保险标的,向保险人支付保险费,并同保险人约定,在被保险农作物因保险责任范围内的原因欠收或者毁损时,或者被保险畜禽等因保险责任范围内的原因发生死亡时,由保险人给付保险赔偿金的保险合同。农业保险合同可以分为农作物收获保险和养殖业保险两大类。

农业保险在许多国家事实上被全部或部分地纳入政策保险范畴。但是,农业保险并非完全属于政策性保险范围,各国对农业政策保险的界定,通常限于某些种类或某些危险,以采取限额责任承保方式经营;因此,超过政策规定的标的危险及利益,依然需要通过商业保险的途径,才能得到危险保障。因此,农业保险仍然可以采取商业保险方式来经营。

二、责任保险合同

(一)责任保险合同的概述

责任保险合同是指保险人承保被保险人因疏忽或过失造成第三者人身伤亡或财产损失而依法应承担赔偿责任的保险合同。我国《保险法》第65条第4款规定:“责任保险是指以被保险人对第三者依法应负的赔偿责任为保险标的的保险。”责任保险不仅可以保障被保险人因为履行损害赔偿责任所受利益丧失或者损害,实现被保险人自身损害的填补,而且可以保护被保险人的致害行为的直接受害人,使受害人可以获得及时赔偿。因此,责任保险在一定程度上保障加害人和受害人的利益,从而具有特殊的安定社会的效能。

责任保险的历史并不十分久远。19世纪时法国的《拿破仑法典》首创了责任保险,德国随后效仿法国也开办了责任保险,英国和美国也逐渐开始办理责任保险业务。

随着汽车工业的发展和汽车使用的普及,汽车责任保险获得了迅速发展。[1] 责任保险虽然只有一百多年的历史,但它的发展速度却相当迅速,从某种意义上说,责任保险的产生是社会工业化进程高速发展的必然结果。“现在,责任保险成为衡量一国保险业发展水平的重要标志。”[2] 我国直到1984年才出现独立存在的责任保险险种,2006年首家专业责任保险公司挂牌,责任保险业务收入占整个非寿险业务收入的比例远低于发达国家。目前,尽管我国责任保险已涵盖公众责任、产品责任、雇主责任、职业责任等各个方面,开办的险种多达数百个,服务范围涉及社会的各个领域,各家保险公司也相继在责任保险方面作了一些有益的探索,但是责任保险的规模和功效并未得到长足发展,在经营中仍然存在业务规模小、新险种发展缓慢等问题,与现实的社会需求相比极不适应,因此大力发展责任保险势在必行。

(二)责任保险合同的分类

依据不同的标准,可将责任保险合同分为不同的种类。以责任保险发生效力的方式不同,可以分为自愿责任保险和强制责任保险。法律规定投保人必须投保的责任保险就是强制责任保险,如机动车辆第三者责任险、航空运输险等。以责任保险承保的范围和对象予以划分,可以分为企业责任保险、职业责任保险和个人责任保险。以责任保险承保的险别为标准,其主要险种包括公众责任保险、产品责任保险、雇主责任保险、职业责任保险等。公共责任保险主要承保被保险人在公共场所进行生产、经营或其他活动时,因发生意外事故而造成他人人身伤亡和财产损失,依法应由被保险人承担的经济赔偿责任。产品责任险是指当产品的生产者、销售者(包括批发商和零售商)因其生产或销售的产品发生意外事故,造成第三者的人身伤亡或财产损失所应承担的法律赔偿责任,由保险公司予以赔偿。雇主责任保险是指被保险人所雇佣的员工在受雇过程中从事与保险单所载明的与被保险人业务有关的工作而遭受意外或者与业务有关的国家规定的职业病,所致伤残或死亡,被保险人根据我国《劳动法》及劳动合同应承担的医药费用及经济赔偿责任,包括应支出的诉讼费用,由保险人在规定的赔偿限额内负责赔偿的一种保险。职业责任保险是指承保各种专业技术人员因工作上的疏忽或过失,造成对第三者的经济损失或人身伤亡,依法应承担的经济赔偿责任的一种保险。

(三)责任保险的特征

与其他财产保险相比较,责任保险具有下列特征:

1.保险标的的特殊性

责任保险所承保的标的不同于财产保险和人身保险,不是有形的,而是被保险人因过失造成第三者损失应承担的民事损害赔偿责任。

---

〔1〕 邹海林:《保险法》,人民法院出版社1998年版,第361页。

〔2〕 彭喜锋编:《保险学原理》,复旦大学出版社2000年版,第242页。

2. 保险金额的限额性

在一般财产保险中,保险标的的价值是可以确定的,保险金额也可依此确定。但在责任保险中,保险人承担的是被保险人因造成第三者的损害而依法应负的民事赔偿责任。由于这种责任是无形的,无法判定其价值大小,所以也无法确定其保险金额。因此,责任保险保单中只载明了保险人所承担的赔偿责任的最高限额,以代替保险金额。一旦发生保险责任索赔,责任保险人即在这一事先规定的赔偿限额内赔偿。

3. 保险的第三人性

责任保险的目的在于分散和转移被保险人对第三人应当承担的赔偿责任,性质上为第三人的利益而订立的保险。第三人对被保险人的赔偿享有请求权是责任保险得以成立和存在的基础。如果没有第三人的存在,被保险人的损害赔偿责任无从谈起,也就失去了责任保险的适用前提。所以当被保险人的人身或者财产因意外事故发生损失时,保险人并不承担保险责任。但是,被保险人可以通过意外伤害保险或者财产损失保险加以填补。因此,"若保险合同约定,保险人对被保险人本人之身体伤害亦负赔偿责任,其性质应属意外伤害保险的范围,并非责任保险之范围"[1]。

4. 偿付的替代性

正是因为责任保险的第三人性,责任保险的保险人承担了被保险人的赔偿责任,其居于代被保险人向受害人赔偿的地位,使得责任保险在功能上除具有保障性外,还具有替代性的特征。在责任保险的场合,当被保险人未向受损害的第三者赔偿的,保险人不得向其赔偿保险金。在被保险人怠于行使请求权的情形下受损害的第三者有权就其应获赔偿部分直接向保险人请求赔偿保险金。

(四)责任保险的保险责任范围

责任保险的保险责任,一般包括以下两项内容:

1. 被保险人对造成他人财产损失或人身伤亡应承担的经济赔偿责任。这是责任保险中基本的保险责任,其数额以受害人的损害程度及索赔金额为依据,以保险单上的赔偿限额为最高赔付额,由保险人予以赔偿。对于财产损失的赔偿金额取决于损失财产的程度和市价,同时保险人支付的这种赔偿金仅限于被保险人因过失行为造成第三者的财产损失,对被保险人本身受到的财产损失不予赔偿。此外,保险人仅对财产的直接损失支付赔偿金,对间接损失一般不予负责。人身伤害事故所带来的后果一般包括肉体上的疼痛以及感情和心理上的痛苦,所以对人身伤害的经济补偿一部分是有客观依据的,如医疗费用、丧葬费用、收入损失和整容费用;另一部分则具有主观色彩,如疼痛和痛苦。相对来说,确定财产损害赔偿金、医疗费用、丧葬费用及收入损失比较容易,而确定疼痛和痛苦的赔偿金则比较困难。各国运用的法律不同,判处的标准和金额也不相同。近年来,我国司法实践中对精神损害赔偿的诉讼请求予以支持,对一

[1] 桂裕:《保险法论》,台湾三民书局1984年增订版,第345页。

些案件作出了数万元至十几万元的精神损害赔偿判决。

2. 因赔偿纠纷引起的由被保险人支付的仲裁或者诉讼费用以及其他必要的、合理的费用。我国《保险法》第66条规定："责任保险的被保险人因给第三者造成损害的保险事故而被提起仲裁或者诉讼的，被保险人支付的仲裁或者诉讼费用以及其他必要的、合理的费用，除合同另有约定外，由保险人承担。"

三、保证保险合同

（一）保证保险合同的概述

保证保险合同，是指由商品交易活动的债务人向保险人投保并交纳保险费，而保险人则以债权人作为被保险人向其提供保险保障，当债务人不履行债务给债权人造成经济损失时由保险人负责赔偿的一种财产保险合同。

保证保险作为一种保险业务，产生的时间并不长。最早办理保证保险业务的是美国，然后是西欧，日本在近十几年也开办了保证保险业务。保证保险类似于银行的担保业务，即由保险人提供保证保险单，负责赔偿权利人因被保证人的不履行合同义务或不忠实行为而遭受的损失。传统上对涉外经济合同的履行是由银行出具信用证来担保，但是由于出立银行信用证条件较为苛刻，手续比较烦琐，就导致了对合同保证保险需求的增加，从而促进了保证保险业务的发展。保证保险正是随着商业信用的普遍化和道德危险的频发而发展起来的，西方国家的保证保险体系已趋于完善，可以对货物买卖、租赁、借贷、工程承包等各种类型的合同提供保证保险。

（二）保证保险合同的特征

保证保险合同与一般保险合同不同，有其独有的特征：

1. 在主体构成上，保证保险合同涉及债权人、债务人和保险人三方当事人。其中投保人和被保险人两种身份是处于相互分离状态的，债务人是投保人，而债权人则是被保险人，保险人根据债务人的要求就其信用向债权人提供保险保障。与此不同，信用保险合同发生在债权人与保险人之间，因此，投保人和被保险人是同一主体，即商品交易活动中的债权人。债权人要求保险人对于其商品交易的相对人——债务人的信用风险提供保险保障。

2. 保证保险合同的保险标的是基于债务人的信用风险而形成的一种经济利益，具体表现为三方当事人在保险合同中的权利、义务是以债务人不履行债务而给债权人造成的经济损失为对象的。

3. 保证保险合同承保的危险是一种信用风险，具有特殊性，即债务人出于主观过错而不履行债务的行为。故保险人在订立保证保险合同时，应当调查债务人的资信情况，调查内容包括被保证人在各国的政治经济状况、资金财务状况、信誉状况、经营范围、经营能力等。只有经过可靠的资信调查，认为确有把握的，才能承保，并且据此决定所应适用的保险费率。当然，保证保险合同一般将债务人因不可抗力而不能履行债务的情况列为责任免除事项。

4. 保证保险合同的保险人在向被保险人(债权人)履行了保险赔偿责任后,适用代位求偿制度。即保险人在向债权人进行保险赔偿之后,债权人应当将其享有的向债务人的追偿权转让给保险人,由保险人代位向债务人追偿。

5. 保证保险合同强调损失的共担。承保风险的特殊性,使得保证保险合同的风险范围很难估算和控制,因此,在保险实务中,保证保险合同一般采取保险人与被保险人共担损失的办法,由保险人和被保险人各负担一定比例的损失责任。

(三)保证保险合同的种类

保证保险合同一般分为诚实保证保险合同和确实保证保险合同。

1. 诚实保证保险合同

诚实保证保险合同,又称雇员忠诚保险合同。它主要承保雇主因雇员的不诚实行为或者疏于职守而受到的损失,如雇员的贪污、盗窃、侵占、非法挪用、伪造、欺骗等行为。按承保方式不同,诚实保证保险又可分为三类,即业务保证保险、职位保证保险和总括保证保险。

2. 确实保证保险合同

确实保证保险合同,是指被保险人(债务人)由于不履行法律或合同义务给权利人造成损失时,保险人负赔偿责任的一种财产保险合同。该合同以法律义务或者民事、商事债的存在为保险利益,保险人居于保证人的地位,投保人同时又是被保险人,他有义务向保险人提供有关其偿付能力的各种证明材料。

四、信用保险合同

(一)信用保险合同的概述

信用保险合同,是以信用交易中债务人的信用作为保险标的,当债务人在信用贷款或售货交易过程中未能如约履行债务时,由保险人向债权人提供风险保障,给予赔偿的一种财产保险合同。在该合同中,投保人和被保险人是同一人,即债权人。

我国《保险法》第95条第1款第2项规定:"财产保险业务,包括财产损失保险、责任保险、信用保险、保证保险等保险业务",可见,信用保险与财产损失保险、责任保险、保证保险处于同等地位。信用保险是一种比较新型的财产保险。经营工商、金融事业常常依靠信用,债务人信用不佳致使债务不能清偿时,债权人往往受到损失,这种危险的存在使得信用保险业务得以产生和发展。

(二)信用保险合同的特征

1. 信用保险合同是针对被保险人的信用贷款或信用赊销而订立的一种保险合同。当债务人不能清偿债权人贷款或货款时,由保险人给予债权人保险赔偿。

2. 信用保险合同中的投保人,只能是信用贷款合同或信用赊销合同中的权利人。

3. 在信用保险合同中,投保人与被保险人为同一主体(债权人),债务人不是信用保险合同的当事人。

4. 信用保险合同的保险标的是被保险人在信用贷款或信用赊销中因义务人不能

如约履行债务而遭受的损失。

5. 在信用保险中,为了防止滥用贷款或赊销,被保险人必须自行承担一部分风险。

6. 保险人的特定性。在各国保险市场上,并非所有的保险组织都能够经营信用保险,而是由政府机构直接办理(政策性)信用保险业务(如英国出口信用保险部);或者是政府以出资参股的形式,支持保险公司办理出口信用保险(如加拿大的出口发展公司);或者是政府授权私人保险公司经营信用保险业务(如德国的赫尔梅斯保险公司)。

(三)信用保险合同的种类

按保险标的性质的不同,可以将信用保险合同分为商业信用保险合同、银行信用保险合同和国家信用保险合同。在我国,信用保险合同一般分为出口信用保险合同、投资信用保险合同和商业信用保险合同。

1. 出口信用保险合同

出口信用保险合同是指以出口信用为标的,在外贸企业或银行从事商品外销或者贷款业务中,债务人因主客观原因不履行合同义务时,保险人对债权人的损失给予补偿的一种财产保险合同。按照承保业务的性质,出口信用保险合同又可分为普通出口信用保险合同、寄售出口信用保险合同、出口融资信用保险合同、托收方式出口信用保险合同、中长期延付出口信用保险合同、海外工程出口信用保险合同等。

出口信用保险是国家为了扩大出口,保障本国出口商的利益,由政府直接或间接办理的一项政策性保险业务,它保障本国出口商按合同规定出口货物或付出服务后,因政治危险或商业危险而不能按期收回合同款项的损失能够得到赔偿。英国早在1929年就成立了出口信用担保局。1934年,英国、法国、意大利、西班牙的信用保险机构联合组建了一个名为“国际信用与投资保险人联合会”的国际组织,通称“伯尔尼组织”。我国在1989年1月开始试办出口信用保险。

2. 投资信用保险合同

投资信用保险合同,又称政治风险保险合同,指投保人(主要指海外投资商)向保险人所在国投资经营,因政治原因造成经济损失,由保险人负赔偿责任的一种财产保险合同。为了配合引进外资,适应外国和我国港澳地区投资者的需要,我国于1979年开办了投资保险。

3. 国内商业信用保险合同

它是指国内的商品出卖人因买受人的信用危险,致使货款无法收回时,由保险人依约定给予赔偿的一种财产保险合同。主要有贷款信用保险合同和消费信用保险合同。

(四)信用保险合同的保险责任

信用保险合同的保险责任主要包括商业信用危险责任和政治危险责任两个方面。

1. 商业信用危险责任

商业信用危险责任,是指债务人信用不良而导致被保险财产或利益的损失,保险人依照合同应承担赔偿责任。对债务人的恶意违约行为而导致的被保险人的利益或财产损失,保险人也应承担赔偿责任。当然,债权人(要保人)应尽到必要的注意义务去核查债务人的信用情况,运用交易惯例手段去防止因债务人的欺诈而损害保险人的利益的行为发生。商业信用危险责任主要有:

(1)买方无力偿付债务。主要包括以下几种情况:法院已宣告买方破产;买方已接到法院关于破产清算的判决或裁定;买方已由法院委任的清算人或破产清算人接管;买方已作出将其全部资产用于清理债务的安排;买方的债权人已接收买方的全部或大部分资产。

(2)买方收货后超过付款期一定期限以上仍未支付货款。

(3)非被保险人违约,买方拒绝收货及付款。被保险人已采取必要措施迫使买方收货付款,包括必要时对买方起诉。

2. 政治危险责任

一般来说,政治性危险责任不能在国内商业信用保险业务中适用,只能适用于出口信用保险和投资信用保险。政治危险责任适用的情况有:

(1)战争、类似战争行为、叛乱、罢工及暴动;

(2)政府有关部门的征用或没收;

(3)政府有关部门的汇兑限制,使被保险人不能将按投资合同规定应属被保险人所有并可汇出的款项汇出。

除上述原因外,普通出口信用保险的政治危险责任还有以下情况:出口国以外与本合同交易有关国家及地区发生的上述行为;由于上述原因导致出口货物中止运输;上述原因发生在本国以外的抵制、禁止、增加关税等。

(五)信用保险合同的除外责任

信用保险合同的除外责任因具体险种的不同而有所差别,主要是因被保险人过失而造成的损失应由被保险人自己承担。

在出口信用保险合同中,属于除外责任的有:

(1)应由货物运输保险或其他保险承担的损失;

(2)由于汇率变更引起的损失;

(3)由于被保险人或代表他的任何人违反合同或不遵守法律引起的损失;

(4)在将货物交付承运前,由于买方根本违反合同或预期违反合同,被保险人有权解除或中止合同,却仍向其出口货物而发生的损失;

(5)在交付货物时,由于买方没有遵守所在国法律、法令等,因而未得到进口许可而引起的损失;

(6)由于被保险人或买方的代理人、被保险人的承运人、任何有关的银行或金融机构破产、欺诈、违约或其他行为引起的损失。

在投资风险保险合同中,除外责任包括:

(1)被保险人的投资项目受损引发的被保险人其他一切商业损失；

(2)被保险人或其代理人违反投资协议,或者故意的违法行为导致政府有关部门的征用或没收而造成的损失；

(3)政府有关部门对汇出汇款期限有明确规定,由于被保险人没有按照规定汇出汇款而造成的损失；

(4)原子弹、氢弹等核武器造成的损失；

(5)投资合同范围以外的任何其他财产被征用、没收等造成的损失。

(六)信用保险与保证保险的区别

在保险实务中,与信用保险类似的是保证保险,二者容易混淆。保证保险和信用保险,均以债务履行为保险标的,均以债务人届期不履行债务为保险事故,差别仅在于投保人不同。

在信用保险中,投保人(债权人)对于保险标的(债务履行)具有保险利益,且保险事故(债务不履行)是否发生,不受投保人(债权人)的影响,属于客观存在的不确定风险。实质上,借款合同的债权人以支付保险费为代价,将债务不履行的风险转嫁给保险人。因此,信用保险完全符合保险法关于保险标的、保险事故和保险利益的规定,属于真正的保险合同。

在保证保险中,投保人(债务人)对于保险标的(债务履行)不具有保险利益,且保险事故(债务不履行)是否发生,实际上取决于投保人(债务人)的主观意愿,不符合保险事故必须是客观的不确定风险的基本原理。所以保证保险不符合保险法关于保险标的、保险事故和保险利益的规定,不是本来意义上的保险合同。

思考题

1. 怎样理解财产保险的补偿性?

2. 财产损失保险的种类有哪些?

3. 如何处理超额保险和重复保险?

4. 保险代位权制度的主要内容有哪些?

5. 简述责任保险的主要类型。

6. 2015年5月李某购买了一辆富康新款轿车,并就这辆轿车向保险公司投保全险。在保险合同有效期间,李某的车辆被后面的车辆追尾,李某下车后发现追尾的是其朋友张某,就说:“我的车已经保险了,我先找保险公司赔偿,如果保险公司不赔再说。”保险公司验车定损后,指定修理厂维修,材料费、工时费共计4800元,保险公司予以赔付。之后,保险公司要求李某告知肇事者的姓名,李某如实告知。后来保险公司向张某行使代位求偿权,张某对保险公司称,李某对自己已经明确放弃赔偿的权利,因此拒绝赔付给保险公司。请运用保险法原理分析此案。

第三十九章　保险业法律制度

知识结构图

- 保险业法律制度
  - 保险公司
    - 保险机构的组织形式
    - 保险公司的设立
    - 保险公司的变更、终止与清算
    - 保险公司的子公司、分支机构和外国保险机构
  - 保险经营规则
    - 保险经营原则
    - 保险公司偿付能力的维持
    - 保险公司的风险管理与资金营运限制
  - 保险业的监督管理
    - 保险监管的概念和意义
    - 保险监管机构及其职责
    - 保险业监督管理的内容
    - 偿付能力不足时的重点监管
    - 保险公司的整顿
    - 保险公司的接管
    - 保险监督管理机构履行职责时有权采取的措施
    - 保险行业自律组织

本章导读

本章对保险业中的保险公司、保险监管等问题进行介绍。保险业是金融产业的重要组成部分，保险公司是重要的金融机构。学生学习的重点应当在于理解保险公司的概念；掌握保险公司的组织形式、设立条件；保险公司的整顿与接管；保险经营规则等。除了对保险公司的法律规定外，国家重视对保险行业的监督管理，我国有保险业的统一监管机构——中国保监会，也有保险行业的自律组织——保险业协会。

司考重点

保险公司的概念；保险公司的设立条件；保险公司的设立程序；保险公司的组织形式；保险公司的整顿与接管；保险经营规则；保险业监管等

第一节 保险公司

一、保险机构的组织形式

保险经营组织是保险业务活动的基础,各国立法都对保险经营组织给予规范。保险经营组织的设立和组织形式直接关系到公众利益和社会的稳定,所以各国一般都实行保险业务经营许可证特许管理,特别规定经营者的资格。保险业经营者经营保险业务必须采取一定的组织形式,成立经营机构。除英国等极少数国家和地区外,各国的保险经营者必须是法人组织,禁止个人经营保险业务。依照我国《保险法》的规定,保险公司是指经过国务院保险监督管理机构核准经营保险业而设立的专营保险业务的组织。

保险机构组织形式从其经营目的而言,可分为营利保险组织和非营利保险组织。从其经营主体而言,可分为公营保险组织和民营保险组织。公营保险组织指由政府或其他公共团体设立的经营保险业务的机构。这些组织通常为非营利性的,其成立主要是为了增加财政收入或实施某项政策。民营保险组织是由私人或私法上的团体设立的经营保险业务的机构,一般以营利为目的。在大陆法系国家或地区,保险业的组织形式主要包括保险股份有限公司和相互保险组织。英美法系国家保险人的组织形式除保险股份有限公司外,还包括个人保险组织、相互保险社和相互保险组织。下面简单介绍一下相互保险公司。

相互保险公司是指所有参加保险的人自己设立并为自己提供保障的法人组织。相互保险公司是保险业特有的公司组织形态,属于社团法人。相互保险公司由所有参加保险的人共同组成,创立时的费用以及业务费用和担保基金来源于社员事先缴纳的一定的资金。此种资金是公司的债务,在一定条件下是需要偿还的,投保人还须按时缴纳保险费,由公司承担被保险人的风险损失。相互保险公司由被保险人控制,有选举或被选举为公司董事的权利,并参加公司的年会,行使表决权等。相互保险公司均签发分红保单,以分享公司的盈余。公司盈余是公司资产扣除负债后的余额,盈余中可以分给被保险人的部分为可分割盈余。公司亏损的,则以由投保人摊交保险费的方式或者用公司以前的盈余去弥补。

相互保险公司的投保人具有双重身份,即相互保险公司股东、保单持有人的地位与股份公司的股东地位类似,公司为他们所拥有。他们既是公司所有人,又是公司的顾客;既是投保人或被保险人,同时又是保险人。他们只要缴纳保险费,就可成为公司成员,而一旦解除保险关系,也就自然脱离公司,成员资格随之消失。相互保险公司没有资本金,以各成员缴纳的保险费形成公司的责任准备金,来承担全部保险责任,各成员也以缴纳的保险费为依据,参与公司盈余分配和承担公司发生亏空时的弥补额。相互保险公司的组织机构类似于股份公司。相互保险公司的最高权力机关是会员大会或会员代表大会,即由保单持有人组成的代表大会,由他们选举董事会,由董事会任命公司的高级管理人员。

日本的相互保险公司最为典型。按照日本《保险业法》的规定,设立相互公司时,必须由发起人制定公司章程,并在章程上签名。设立相互公司所必需的成员人数为100人以上。发起人在认购基金的总额全部缴齐,并且达到规定的人数之后,应立即召开创立大会。公司成立后,能成为其成员者,在创立大会中具有表决权。创立大会应由半数以上的成员出席。其决议须经具有表决权的3/4以上成员通过,公司的设立登记应在创立大会结束起两周内完成。投保人为公司社员,以其交付的保险费为限承担责任。成员可以根据下列事由退出公司:一是保险关系的消灭,二是发生章程规定的事由。退出成员根据章程或保险条款的规定,可以向公司提出要求归还属于退出成员所有的金额的请求。相互保险公司的组织机构由成员大会、成员代表会、董事及董事会和监事组成。成员大会、成员代表会是最高权力机关。成员出席成员大会,每个成员均有一表决权。成员享有提案权、召集成员大会的请求权和选任成员大会检查人的请求权。根据章程的规定,可以设置从成员中选出来的成员代表组成的成员代表会,以代替成员大会。董事和监事均由成员选举产生。董事会为业务执行机构,监事会为业务监督机构。〔1〕

二、保险公司的设立

保险公司的设立,是为取得保险组织的主体资格而依法定程序进行的。保险公司因其以风险为经营对象,直接关系到社会经济秩序的稳定,所以必须具备比一般企业设立更为严格的条件,这是世界各国保险法的普遍规定。保险组织需经国家主管部门核准才能成立,而且法律对其核准考查的文件都有明确规定。保险公司的设立首先应当适用《保险法》的规定,《保险法》没有规定的,应当适用《公司法》以及其他行政法规的规定。

2014年3月1日起施行的新《公司法》对原有《公司法》作了12处修改,此外,对条文顺序作了相应调整。这次《公司法》修改主要涉及三个方面:首先,将注册资本实缴登记制改为认缴登记制。也就是说,除法律、行政法规以及国务院决定对公司注册资本实缴有另行规定的以外,取消了关于公司股东(发起人)应自公司成立之日起两年内缴足出资,投资公司在五年内缴足出资的规定;取消了一人有限责任公司股东应一次足额缴纳出资的规定。转而采取公司股东(发起人)自主约定认缴出资额、出资方式、出资期限等,并记载于公司章程的方式。此次修法为推进注册资本登记制度改革提供了法制基础和保障。其次,放宽注册资本登记条件。除对公司注册资本最低限额有另行规定的以外,取消了有限责任公司、一人有限责任公司、股份有限公司最低注册资本

---

〔1〕 许崇苗等:《中国保险法适用与案例精解》,法律出版社2008年版,第591页。

分别应达3万元、10万元、500万元的限制;不再限制公司设立时股东(发起人)的首次出资比例以及货币出资比例。最后,简化登记事项和登记文件。有限责任公司股东认缴出资额、公司实收资本不再作为登记事项。且有限责任公司登记时,不需要提交验资报告。

设立保险公司的条件一般包括实体条件和程序条件。实体条件是指设立保险公司所应达到的能承担责任的物质标准和其他标准,诸如组织的章程,资本金的规定,高级管理人员的规定,有关组织机构和管理制度的规定,还有关于营业场所和与业务有关的其他设施的规定等。设立保险公司的程序条件,是指法律法规规定的设立保险公司须遵循的程序方面的要求。

(一)设立保险公司的条件

根据我国《保险法》的相关规定,设立保险公司应当具备下列条件:

(1)主要股东具有持续盈利能力,信誉良好,最近3年内无重大违法违规记录,净资产不低于人民币2亿元。

(2)有符合《保险法》和《公司法》规定的章程。保险公司的章程是规范保险公司业务经营活动和组织结构的行为准则,也是《保险法》和《公司法》要求的保险公司必须具备的法律文件,是成立保险公司的必要条件。

(3)有符合《保险法》规定的注册资本。根据2014年2月7日《国务院关于印发〈注册资本登记制度改革方案〉的通知》(国发〔2014〕7号)的精神,现行法律、行政法规以及国务院决定明确规定实行注册资本实缴登记制的保险公司,实行注册资本认缴登记制问题,另行研究决定。在法律、行政法规以及国务院决定未修改前,暂按现行规定执行。设立保险公司,其注册资本的最低限额为人民币为2亿元。保险公司注册资本最低限额必须为实缴货币资本。保险监督管理机构根据保险公司业务范围、经营规模,可以调整其注册资本的最低限额,但是不得低于前述法定的最低限额即2亿元人民币。

(4)有具备任职专业知识和业务工作经验的董事、监事和高级管理人员。

(5)有健全的组织机构和管理制度。

(6)有符合要求的营业场所和与经营业务有关的其他设施。

(7)法律、行政法规和国务院保险监督管理机构规定的其他条件。

(二)设立保险公司的程序

1. 申请和审查

设立保险公司,应向保险监督管理机构提出申请并提交规定的文件资料。这些文件资料包括:设立申请书;可行性研究报告;筹建方案;投资人的营业执照或者其他背景资料,经会计师事务所审计的上一年度财务会计报告;投资人认可的筹备组负责人和拟任董事长、经理名单及本人认可证明等。

2. 审批

在我国,对保险公司的设立采取许可主义,设立保险公司,必须经保险监督管理机构批准。审批部门对设立保险公司的条件进行实质审查。审批部门自受理之日起 6 个月内作出批准或者不批准筹建的决定，并书面通知申请人。决定不批准的，应当书面说明理由。

3. 登记

经批准设立的保险公司，由批准部门颁发经营保险业务许可证，并凭经营保险业务许可证向工商行政管理机关办理登记，领取营业执照。营业执照是保险公司取得企业法人资格和经营保险业的合法凭证。申请人应当自收到批准筹建通知之日起 1 年内完成筹建工作；筹建期间不得从事保险经营活动。

三、保险公司的变更、终止与清算

（一）保险公司的变更

保险公司的变更是指保险公司的名称、组织机构、业务范围等方面的变化。根据我国《保险法》第 84 条的规定，保险公司有下列变更事项之一的，须经保险监督管理机构批准：（1）变更名称；（2）变更注册资本；（3）变更公司或者分支机构的营业场所；（4）撤销分支机构；（5）公司分立或者合并；（6）修改公司章程；（7）变更出资额占有限责任公司资本总额 5% 以上的股东，或者变更持有股份有限公司股份 5% 以上的股东；（8）国务院保险监督管理机构规定的其他情形。

（二）保险公司的终止

保险公司的终止是指保险公司的消灭。我国《保险法》第 93 条规定："保险公司依法终止其业务活动，应当注销其经营保险业务许可证。"根据《保险法》的有关规定，保险公司终止的原因主要有以下两项：

1. 解散

我国《保险法》第 89 条第 1 款规定："保险公司因分立、合并需要解散，或者股东会、股东大会决议解散，或者公司章程规定的解散事由出现，经国务院保险监督管理机构批准后解散。"第 3 款规定："保险公司解散，应当依法成立清算组进行清算。"应当指出，经营人寿保险业务的保险公司，除分立、合并或者被依法撤销外，不得解散。

2. 破产

我国《保险法》第 90 条规定：保险公司有《企业破产法》第 2 条规定情形的，经国务院保险监督管理机构同意，保险公司或者其债权人可以依法向人民法院申请重整、和解或者破产清算；国务院保险监督管理机构也可以依法向人民法院申请对该保险公司进行重整或者破产清算。

根据我国《保险法》第 91 条的规定，破产财产在优先清偿破产费用和共益债务后，按照下列顺序清偿：（1）所欠职工工资和医疗、伤残补助、抚恤费用，所欠应当划入职工个人账户的基本养老保险、基本医疗保险费用，以及法律、行政法规规定应当支付给职工的补偿金；（2）赔偿或者给付保险金；（3）保险公司欠缴的除第（1）项规定以外的社会保险费用和所欠税款；（4）普通破产债权。破产财产不足以清偿同一顺序的清偿要求的,按照比例分配。破产保险公司的董事、监事和高级管理人员的工资,按照该公司职工的平均工资计算。

四、保险公司的子公司、分支机构和外国保险机构

保险公司在中国境外设立子公司、分支机构,应当经国务院保险监督管理机构批准。

外国保险机构在中国境内设立代表机构,应当经国务院保险监督管理机构批准,代表机构不得从事保险经营活动。

第二节　保险经营规则

一、保险经营原则

(一)分业经营原则

分业经营有两层含义:一是保险业与其他金融业务实行分业经营,二是保险业内部财产保险与人身保险的分业经营。我国《保险法》第8条规定:保险业和银行业、证券业、信托业实行分业经营、分业管理,保险公司与银行、证券、信托业务机构分别设立。国家另有规定的除外。第95条第2款规定:保险人不得兼营人身保险业务和财产保险业务。但是,经营财产保险业务的保险公司经国务院保险监督管理机构批准,可以经营短期健康保险业务和意外伤害保险业务。

(二)禁止兼营原则

禁止兼营原则是指保险公司不得同时兼营非保险业务。保险公司的业务范围由保险监督管理机构核定,保险公司只能在被核定的业务范围内从事保险业务,而不得兼营保险法及其他法律、行政法规规定以外的业务。

(三)保险专营原则

保险专营原则是指保险业务只能由依照保险法设立的商业保险公司经营,非保险业者不能经营保险业务。我国《保险法》规定,经营商业保险业务,必须是依照《保险法》设立的保险公司,其他任何单位和个人不得经营商业保险业务。

二、保险公司偿付能力的维持

(一)保险公司偿付能力的概念

保险公司的偿付能力是指保险公司对承担的保险责任所具有的赔偿或者给付能力。保险公司是否具备履行保险合同的能力,就要看它是否具有偿付能力,所以偿付能力是国家对保险公司监督管理的核心内容。为了维持保险公司正常的偿付能力,法律要求保险公司要提取相应的基金。根据我国《保险法》的规定,保险公司应当按规定提取保证金、保险公司公积金、责任准备金、保险保障基金等。

(二)最低偿付能力的维持

保险公司应当具有与其业务规模相适应的最低偿付能力。保险公司的实际资产减去实际负债的差额不得低于保险监督管理机构规定的数额；低于规定数额的，应当增加资本金，补足差额。根据《保险法》的规定，保险监督管理机构应当建立健全保险公司偿付能力监管指标体系，对保险公司的最低偿付能力实施监控。

（三）保证金

保证金是法律规定由保险公司成立时向国家交纳的保证金额。根据我国《保险法》第 97 条的规定，保险公司应当按照其注册资本总额的 20% 提取保证金，存入国务院保险监督管理机构指定的银行，除公司清算时用于清偿债务外，不得动用。

（四）保险公积金

保险公积金是保险公司的储备基金，它是保险公司为了增强其自身的资产实力、扩大经营规模以及预防亏损而依法从公司每年的税后利润中提取的积累资金。根据我国《保险法》第 99 条的规定，保险公司应当依法提取公积金。

（五）保险准备金

保险准备金是保险公司为了承担未到期责任或者未决赔款而从保险费收入中提取的准备基金，包括未到期责任准备金和未决赔款准备金。未到期责任准备金是指保险公司为了承担未了结的预期保险责任，依据法律规定从保险费中提取的责任准备基金。未决赔款准备金是指保险公司应当按照已经提出的保险赔偿或者给付金额，以及已经发生保险事故但尚未提出的保险赔偿或者给付金额中提取的未决赔款准备金。

（六）保险保障基金

根据我国《保险法》第 100 条的规定，保险公司应当缴纳保险保障基金。保险保障基金是保险公司的总准备金或者自由准备金，是指保险公司为发生周期较长、后果难以预料的巨灾或巨大危险而提存的资金，属于后备资金。其目的是保障被保险人的利益，支持保险公司的稳健经营。保险保障基金应当集中管理，并在下列情形下统筹使用：(1)在保险公司被撤销或者被宣告破产时，向投保人、被保险人或者受益人提供救济；(2)在保险公司被撤销或者被宣告破产时，向依法接受其人寿保险合同的保险公司提供救济；(3)国务院规定的其他情形。保险保障基金筹集、管理和使用的具体办法，由国务院制定。

三、保险公司的风险管理与资金营运限制

（一）再保险的强制

再保险是指保险人将其承担的保险业务，以承保形式，部分转移给其他保险人的保险行为。根据我国《保险法》第 105 条的规定，保险公司应当按照国务院保险监督管理机构的规定办理再保险，并审慎选择再保险接受人。

（二）自留保险费的限制

根据我国《保险法》第 102 条的规定，经营财产保险业务的保险公司当年自留保险费不得超过其实有资本金加公积金总和的 4 倍。但对于经营人身保险业务的保险公司，其当年的自留保险费不受限制。

（三）承保责任的限制

根据我国《保险法》第103条第1款的规定，保险公司对每一危险单位，即对一次保险事故可能造成的最大损失范围所承担的责任，不得超过其实有资本金加公积金总和的10%；超过的部分应当办理再保险。

（四）资金营运的限制

根据我国《保险法》第106条的规定，保险公司的资金运用必须稳健，遵循安全性原则。保险公司的资金运用限于下列形式：(1)银行存款；(2)买卖债券、股票、证券投资基金份额等有价证券；(3)投资不动产；(4)国务院规定的其他资金运用形式。

（五）经营禁止行为

根据我国《保险法》的规定，保险公司及其工作人员在保险业务活动中不得有下列行为：

(1)欺骗投保人、被保险人或者受益人；

(2)对投保人隐瞒与保险合同有关的重要情况；

(3)阻碍投保人履行《保险法》规定的如实告知义务，或者诱导其不履行《保险法》规定的如实告知义务；

(4)承诺向投保人、被保险人给予保险合同规定以外的保险费回扣或者其他利益；

(5)拒不依法履行保险合同约定的赔偿或者给付保险金义务；

(6)故意编造未曾发生的保险事故、虚构保险合同或者故意夸大已经发生的保险事故的损失程度进行虚假理赔，骗取保险金或者牟取其他不正当利益；

(7)挪用、截留、侵占保险费；

(8)委托未取得合法资格的机构从事保险销售活动；

(9)利用开展保险业务为其他机构或者个人牟取不正当利益；

(10)利用保险代理人、保险经纪人或者保险评估机构，从事以虚构保险中介业务或者编造退保等方式套取费用等违法活动；

(11)以捏造、散布虚假事实等方式损害竞争对手的商业信誉，或者以其他不正当竞争行为扰乱保险市场秩序；

(12)泄露在业务活动中知悉的投保人、被保险人的商业秘密；

(13)其他违法违规行为。

第三节　保险业的监督管理

一、保险监管的概念和意义

对保险业进行严格监督和管理是各国保险法的重要内容。保险监管是国家设立监管机关对保险业的组织及其经营活动等进行的监督和管理。鉴于保险业所具有的社会公益性以及经营的特殊性,各国设立专门的监管机关来负责对其实施监督管理,并对监管机关的职责明确加以规定。

加强监管的意义在于确保保险人有足够的偿付能力,维护被保险人及受益人的合法利益,维护保险市场的公平竞争。保证保险人具有足够的偿付能力,不仅有利于保险人自身的健康发展,而且有利于保护被保险人、受益人的合法权益,稳定社会的经济秩序。同时保证保险人与投保人之间的公平交易和保险人之间在同等保险条款和保险费率的条件下公平竞争,对保险交易条件进行严格的监督和管理,限制保险人在保险条件和保险价格上各行其是,制定共同的保险条件和费率标准,保险人之间在共同的保险条款和保险费率的条件下,展开公平竞争。为了防止保险人在竞争中采用不正当的手段,法律强调保险人及其工作人员不得承诺向投保人、被保险人或者受益人给予保险合同规定以外的保险费回扣或者其他利益。[1]

二、保险监管机构及其职责

我国保险业的监督管理机构是与保险监管的发展历程密不可分的。我国保险监管的发展历程大体经历了四个阶段:第一阶段是国内保险业刚恢复的初始阶段,保险监管和保险经营没有明确分离。第二阶段是以1985年3月国务院颁布《保险企业管理暂行条例》为标志,我国保险监管与保险经营正式分离,国务院用行政法规的形式明确中国人民银行履行保险监管的职责。第三阶段是以1995年6月《中华人民共和国保险法》的正式颁布为标志,我国保险监管开始进入了一个依法监管的新阶段。第四阶段是以1998年11月中国保监会的成立为标志,我国的保险监管开始进入一个专业化监管的新时期。

从我国保险监管的发展历程分析,我国的保险监管从整体上仍然属于美国式的较为严格的监管模式,即以政府监管为主,而以行业自律和社会监督为辅。主要特点如下:(1)单一的分业监管机构。1998年成立的中国保监会为全国商业保险的主管机关,独立行使保险市场的监管职能。(2)直接的实体监管方式。通过一系列法规条文严格规定了保险企业的经营规则,对保险企业进行直接监管。(3)严格的监管内容。对保险企业的监管内容不仅涉及范围广,并且限制性很强:第一,对保险企业的组织监管,实行严格的市场准入限制。我国保险法规定内资保险企业设立的开业资本最低限额为2亿元人民币,且必须为实缴货币资本。对外资保险公司进入中国则规定了更为严格的市场准入限制。而对保险企业的组织形式规定仅限于股份有限公司和国有独资公司。第二,对保险企业经营活动也作了严格的限制,如保险人在经营范围上不能完全兼业和兼营。[2]

根据我国《保险法》及《保险公司管理规定》的有关规定,保险监管机关的职责主要

---

〔1〕 黎建飞、王卫国:《保险法教程》,北京大学出版社2009年版,第322页。

〔2〕 许崇苗等:《中国保险法适用与案例精解》,法律出版社2008年版,第665页。

包括:(1)依法制定和执行国家关于保险业发展的方针、政策;(2)根据法律、行政法规的规定,拟订保险业管理的规章和实施办法;(3)审批和管理保险机构的设立、变更和终止;(4)制定、修改主要险种的保险条款和保险费率;(5)监督保险准备金的提取以及保险资金的运用;(6)对保险公司进行整顿或接管;(7)监督、管理、检查和稽核保险业;取缔和查处擅自设立的保险机构及非法经营或变相经营保险业务的行为。

三、保险业监督管理的内容

(一)一般监督管理

保监会有权检查保险公司的业务状况、财务状况及资金运用状况,有权要求保险公司在规定的期限内提供有关的书面报告和资料。保险公司的业务状况、财务状况和资金运营状况关系到公司的命运和社会责任,关系到千家万户的利益,因此保监会有权利也有义务对之进行检查,以外部的力量约束保险公司依法经营和按章经营。

(二)保险条款和保险费率的审批和备案

保险条款是保险合同的核心内容,保险费率是保险人按照单位保险金额向投保人收取保险费的计算标准。保险条款格式化后,拟订或审核保险条款、厘定保险费率是保险监管机关的主要职责。根据我国《保险法》第135条第1款的规定,保险公司经营保险险种的保险条款和保险费率应当报经中国保监会审批的有:(1)依法实行强制保险的险种;(2)新开发的人寿保险险种;(3)中国保监会认定的其他关系社会公众利益的险种。保险公司使用的其他险种的保险条款和保险费率,应报中国保监会备案。

(三)保险公司偿付能力的监督管理

保险公司未按照《保险法》规定提取或者结转各项责任准备金,或者未按照《保险法》规定办理再保险,或者严重违反《保险法》关于资金运用的规定的,由保险监督管理机构责令该保险公司限期改正,并可以责令调整负责人及有关管理人员。

(四)关联交易的监管

保险公司的股东利用关联交易严重损害公司利益,危及公司偿付能力的,由国务院保险监督管理机构责令改正。在按照要求改正前,国务院保险监督管理机构可以限制其股东权利;拒不改正的,可以责令其转让所持的保险公司股权。

四、偿付能力不足时的重点监管

根据我国《保险法》第138条的规定,对偿付能力不足的保险公司,国务院保险监督管理机构应当将其列为重点监管对象,并可以根据具体情况采取下列措施:(1)责令增加资本金、办理再保险;(2)限制业务范围;(3)限制向股东分红;(4)限制固定资产购置或者经营费用规模;(5)限制资金运用的形式、比例;(6)限制增设分支机构;(7)责令拍卖不良资产、转让保险业务;(8)限制董事、监事、高级管理人员的薪酬水平;(9)限制商业性广告;(10)责令停止接受新业务。

五、保险公司的整顿

整顿是指保监会对经营管理不善,已经发生赔付风险或者可能发生赔付风险的保险公司采取的一种行政措施。

(1)保险公司未依照《保险法》规定提取或者结转各项责任准备金,或者未依照《保险法》规定办理再保险,或者严重违反《保险法》关于资金运用的规定的,由保险监督管理机构责令限期改正,并可以责令调整负责人及有关管理人员。

(2)保险监督管理机构依照《保险法》规定作出上述限期改正的决定后,保险公司逾期未改正的,国务院保险监督管理机构可以决定选派保险专业人员和指定该保险公司的有关人员组成整顿组,对公司进行整顿。

(3)整顿决定应当载明被整顿公司的名称、整顿理由、整顿组成员和整顿期限,并予以公告。整顿组有权监督被整顿保险公司的日常业务。被整顿公司的负责人及有关管理人员应当在整顿组的监督下行使职权。整顿过程中,被整顿保险公司的原有业务继续进行。但是,国务院保险监督管理机构可以责令被整顿公司停止部分原有业务、停止接受新业务,调整资金运用。

(4)被整顿保险公司经整顿已纠正其违反本法规定的行为,恢复正常经营状况的,由整顿组提出报告,经国务院保险监督管理机构批准,结束整顿,并由国务院保险监督管理机构予以公告。

六、保险公司的接管

1. 接管条件

保险公司违反《保险法》的规定,保险公司的偿付能力严重不足的,或者保险公司违反《保险法》规定,损害社会公众利益,可能造成严重危害或者已经危及保险公司的偿付能力的,保险监督管理机构可以对该保险公司实行接管。

2. 接管目的和期限

接管的目的是对被接管的保险公司采取必要措施,以保护被保险人的利益,恢复保险公司的正常经营。被接管的保险公司的债权债务关系不因接管而发生变化。接管期限届满,保险监督管理机构可以决定延期,但接管期限最长不得超过2年。

3. 接管终止

接管期限届满,被接管的保险公司已恢复正常经营能力的,由国务院保险监督管理机构决定终止接管,并予以公告。接管组织认为被接管的保险公司的财产已不足以清偿所负债务的,经保险监督管理机构批准,依法向人民法院申请宣告该保险公司破产。

七、保险监督管理机构履行职责时有权采取的措施

保险监督管理机构依法履行职责,可以采取下列措施:

(1)对保险公司、保险代理人、保险经纪人、保险资产管理公司、外国保险机构的代表机构进行现场检查;

(2)进入涉嫌违法行为发生场所调查取证;

(3)询问当事人及与被调查事件有关的单位和个人,要求其对与被调查事件有关的事项作出说明；

(4)查阅、复制与被调查事件有关的财产权登记等资料；

(5)查阅、复制保险公司、保险代理人、保险经纪人、保险资产管理公司、外国保险机构的代表机构以及与被调查事件有关的单位和个人的财务会计资料及其他相关文件和资料；对可能被转移、隐匿或者毁损的文件和资料予以封存；

(6)查询涉嫌违法经营的保险公司、保险代理人、保险经纪人、保险资产管理公司、外国保险机构的代表机构以及与涉嫌违法事项有关的单位和个人的银行账户；

(7)对有证据证明已经或者可能转移、隐匿违法资金等涉案财产或者隐匿、伪造、毁损重要证据的，经保险监督管理机构主要负责人批准，申请人民法院予以冻结或者查封。

保险监督管理机构采取前款第(1)项、第(2)项、第(5)项措施的，应当经保险监督管理机构负责人批准；采取第(6)项措施的，应当经国务院保险监督管理机构负责人批准。保险监督管理机构依法进行监督检查或者调查，其监督检查、调查的人员不得少于2人，并应当出示合法证件和监督检查、调查通知书；监督检查、调查的人员少于2人或者未出示合法证件和监督检查、调查通知书的，被检查、调查的单位和个人有权拒绝。

八、保险行业自律组织

(一)保险行业自律组织的含义

保险行业自律组织是指在保险及其相关领域中从事活动的非官方组织，是保险行业自律管理的具体实施机构。

(二)保险行业自律组织的性质

中国保险行业协会是中国商业保险业的行业自律组织，是一个自愿结成的不以营利为目的的社团法人。中国保险行业协会是一种民间社团组织，不经营保险业务。其主要工作在于促进、发展和保护成员的利益，并且通过各种形式约束会员的行为，保证保险业的稳定健康运行。

(三)我国保险业协会的组织机构与入会

1. 组织机构

我国保险业协会下设：会员大会、理事会、秘书处、寿险工作委员会、产险工作委员会、中介工作委员会、精算工作委员会和秘书长联席会议八个机构。

2. 会员入会

我国保险业协会只接纳单位会员，即经过批准成立并具备经营能力和资格的保险公司，或者是经省、自治区、直辖市社团登记机关注册的保险行业组织。要求入会必须提交申请书，经理事会审议通过之后授予会员证后即取得会员身份。

◈ 思考题

1. 保险业监管的主要目的是什么?
2. 保险业监督管理的必要性何在?
3. 保险监管机构的主要职责有哪些?
4. 保险业监督管理的具体方式有哪些?
5. 保险业监督管理的主要内容是什么?
6. 保险公司的设立条件有哪些?
7. 保险公司的经营规则有哪些?
8. 对保险公司的监管应当从哪几方面进行?

后　　记

本教材分为七编，三十九章，以我国现行法律及司法解释为依据，结合司法考试大纲要求，阐述了商法的基本理论和基本制度，注重法学理论与司法实务的结合。本教材除了介绍基本知识外，还增加了知识结构图、本章导读、司考重点、思考题及案例分析等部分。

本教材由王旭霞担任主编，刘倚源、谢静担任副主编，具体编写分工如下：

王旭霞：第一章至第八章，第十五章至第十八章，第二十一章至第二十二章，第二十六章至第二十八章，第三十四章。

刘倚源：第九章至第十四章。

徐爱水：第十九章至第二十章。

巴于茜：第二十三章至第二十五章。

谢　静：第二十九章至第三十三章，第三十五章至第三十九章。

图书在版编目(CIP)数据

商法学 / 王旭霞主编. -- 北京 : 法律出版社,
2017
ISBN 978-7-5197-1265-5

Ⅰ. ①商… Ⅱ. ①王… Ⅲ. ①商法-法的理论-中国
-高等学校-教材 Ⅳ. ①D923.991

中国版本图书馆 CIP 数据核字(2017)第 207035 号

商法学
SHANGFAXUE

王旭霞 主编

责任编辑 徐 蕊
装帧设计 贾丹丹

编辑统筹 法律教育出版分社
出版 法律出版社
开本 720 毫米×960 毫米 1/16
总发行 中国法律图书有限公司
印张 36
经销 新华书店
字数 701 千
印刷 三河市龙大印装有限公司
版本 2017 年 12 月第 1 版
责任印制 沙 磊
印次 2017 年 12 月第 1 次印刷

法律出版社/北京市丰台区莲花池西里 7 号(100073)
网址/www.lawpress.com.cn
投稿邮箱/info@lawpress.com.cn
举报维权邮箱/jbwq@lawpress.com.cn
销售热线/010-63939792
咨询电话/010-63939796

中国法律图书有限公司/北京市丰台区莲花池西里 7 号(100073)
全国各地中法图分、子公司销售电话:
统一销售客服/400-660-6393
第一法律书店/010-63939781/9782
西安分公司/029-85330678
重庆分公司/023-67453036
上海分公司/021-62071639/1636
深圳分公司/0755-83072995

书号:ISBN 978-7-5197-1265-5
定价:78.00 元
(如有缺页或倒装,中国法律图书有限公司负责退换)